# HISTOIRE
### DE LA
# RESTAURATION

IV

Paris. — Typ. de P.-A. Bourdier et Cie, rue des Poitevins, 6.

# HISTOIRE

DE LA

# RESTAURATION

PAR

## M. ALFRED NETTEMENT

TOME QUATRIÈME

RÈGNE DE LOUIS XVIII. — MINISTÈRE RICHELIEU-DECAZES.

JACQUES LECOFFRE ET Cⁱᴱ, LIBRAIRES-ÉDITEURS

PARIS | LYON
RUE BONAPARTE, 90 | ANCIENNE MAISON PERISSE

1866

# HISTOIRE
### DE LA
# RESTAURATION

## LIVRE PREMIER

### CONSPIRATIONS DE 1816

### I

#### SITUATION DE LA FRANCE AU COMMENCEMENT DU MOIS DE MAI 1816.

Lorsque le 25 avril 1816 la Chambre, prorogée par une ordonnance royale, se retira, elle partit convaincue que, selon la teneur de cette ordonnance, elle serait convoquée de nouveau au 1er octobre suivant. Le comte d'Artois avait donné cette assurance aux chefs de la majorité, au nom du Roi son frère. La session avait été vive sans doute, et il était impossible qu'elle ne le fût pas dans des circonstances aussi difficiles, et que la Chambre demeurât seule calme et froide au milieu d'une atmosphère enflammée. Mais, sauf la loi d'élection, sur laquelle on n'avait pu s'entendre, la Chambre et le gouvernement s'étaient mis d'accord sur les points les plus essentiels. On avait traversé les premières difficultés de la seconde Restauration : les exceptés de l'amnistie étaient désignés, les grands procès politiques avaient eu leur cours; le ministère était armé des lois défensives et préventives qu'il avait déclarées nécessaires; il avait un budget suffisant pour pourvoir aux dépenses du dedans et à celles que nécessitaient la contribution militaire imposée à la France et les frais de l'armée d'occupation. La Chambre des députés croyait d'autant plus revenir le 1ᵉʳ octobre qu'il n'y avait pas de loi d'élection; l'année précédente une ordonnance royale, rendue au nom de la nécessité, avait réglé les conditions dans lesquelles s'étaient faites les élections de 1815 dont la Chambre était sortie, en affirmant, de la manière la plus expresse, que cette Chambre ferait la loi électorale attendue par la France. Il n'entrait dans l'idée de personne que, l'excuse de la nécessité manquant au gouvernement, il entreprît de faire de nouvelles élections d'après les bases fixées par cette ordonnance pour un cas exceptionnel, celui dans lequel la France se trouvait en 1815, à la fois sans loi électorale et sans Chambre élue.

Ceux qui raisonnaient ainsi n'étaient ni en dehors de la logique ni en dehors de la réalité des choses. Il est constant qu'au commencement du mois de mai 1816 le Roi ne songeait pas à dissoudre la Chambre. M. le duc de Richelieu n'y songeait pas plus que le Roi. M. Lainé, appelé à remplacer au ministère de l'intérieur le comte de Vaublanc, qui ne s'était pas montré au niveau de ses difficiles fonctions dans la dernière session, surtout dans la discussion de la loi électorale, où il n'avait su être ni avec la majorité ni avec le ministère [1], n'y pensait pas plus que le duc de Richelieu; ni le duc de Feltre, ministre de la guerre, ni M. Dubouchage, ministre de la marine, tous deux unis à la droite, encore moins M. Corvetto, renfermé dans sa spécialité financière, ne pouvaient nourrir une telle idée. M. Barbé-Marbois venait de sortir du ministère

---

1. Il s'était ouvertement déclaré pour le renouvellement intégral.

pour aller reprendre ses fonctions de premier président de la Cour des comptes, qu'il s'était précédemment assurées, et c'était M. le marquis Dambray qui tenait les sceaux à sa place. Ce changement au ministère de la justice avait amené la retraite de M. Guizot, remplacé par M. Trinquelague, récemment nommé procureur général près la cour de Pau, et dont les relations avec la droite étaient connues; M. Trinquelague, en devenant secrétaire général de la justice, obtint le titre de sous-secrétaire d'État. Un seul ministre avait arrêté dans son esprit la dissolution de la Chambre de 1815; j'ai nommé M. Decazes. Il faudra bientôt examiner et apprécier les considérations qui le conduisirent à cette résolution, les motifs qui pouvaient conseiller une pareille mesure, les motifs qui devaient en détourner, les moyens employés pour amener à cet avis le duc de Richelieu, M. Lainé et le reste du cabinet, enfin le Roi lui-même. Mais, avant de passer outre, il convient d'exposer la situation du pays au commencement du mois de mai 1816, et de mentionner quelques événements qui prennent date immédiatement après la fin de la session.

Cette situation était sombre, triste et pleine de périls. Ceux qui se rappellent ce que nous avons dit des passions violentes, des divisions intestines, des rancunes furieuses et réciproques, des défiances mutuelles que les Cent-Jours avaient laissées comme un legs funeste à la France, ne sauraient en être surpris. Le pays continuait à être divisé en partis violents qui s'entre-regardaient avec des yeux de haine. La dissolution de l'armée avait répandu dans toute la France une population militaire mécontente du présent et qui, tournée vers le passé, pouvait facilement ouvrir son cœur à l'espoir de le voir redevenir l'avenir. Ces combattants des grandes guerres communiquaient autour d'eux l'indignation qu'ils éprouvaient contre la victoire de l'étranger attribuée, selon la tendance naturelle de l'esprit du soldat, à la trahison, et contre l'occupation du territoire dont ils rendaient le gouvernement royal responsable. La partie de la nation qui appartenait aux opinions royalistes n'était pas moins animée. Le renversement si prompt et si facile de la maison de Bourbons, dans la journée du 20 mars 1815, n'avait pas cessé d'être à ses yeux l'effet d'une conspiration qu'elle n'avait point pardonnée, et dont elle ne croyait pas toutes les ramifications extirpées. Soucieuse et ardente, elle veillait pour l'administration et sur l'administration elle-même, dont la clairvoyance et l'activité, une première fois mises en défaut, pouvaient l'être encore. Il y avait là, quoique dans des proportions bien moindres, quelque chose du sentiment qui mit toute la population catholique debout, dans cette grande association qu'on appela la Ligue, quand elle crut que le catholicisme n'était pas suffisamment défendu par Henri III. Ces deux colères, — l'une contre la royauté, qui paraissait aux esprits prévenus solidaire de la catastrophe militaire et de l'humiliation de la France vaincue à Waterloo et occupée par les armées européennes, l'autre contre les Cent-Jours et tous les hommes qui, de près ou de loin, avaient pris part ou adhéré à cette révolution éphémère, non moins funeste à la patrie qu'à la monarchie, — ces deux colères se surexcitaient mutuellement. Il se dégageait de ces deux pôles contraires une électricité morale et politique contenue dans des nuages qui menaçaient à chaque instant de se heurter et de produire une explosion.

Entre ces deux éléments hostiles se trouvaient placés un grand nombre d'hommes dont la conduite avait été équivoque ou incertaine pendant les Cent-Jours et qui, dans un intérêt de fortune, cherchaient, en donnant des gages, à faire oublier les reproches qu'ils avaient encourus ou les défiances dont ils pensaient être l'objet. Cette classe d'hommes intermédiaires qui s'efforcent de se mettre, après coup, en règle avec le succès, en surfaisant leur dévouement et en se montrant plus violents que tout le monde, est la peste des époques agitées par des troubles civils, et le fléau des gouvernements qui succèdent aux révolutions. Ils étaient nombreux, en 1816, dans l'armée, dans l'administration, dans l'ordre judiciaire, partout. Les hommes qui ne doutaient pas d'eux-mêmes et qui ne craignaient point qu'on doutât d'eux étaient encore les plus calmes, et la force de la vérité a arraché à un historien qui a tracé de ces années difficiles un tableau rembruni par son imagination troublée et noirci par la haine, cet aveu remarquable : « Si parfois une voix s'élevait pour l'indulgence, c'était celle d'un émigré[1]. »

Le ministère, à mesure qu'il s'éloignait de la droite, n'échappait point à l'influence de ce besoin de prouver à tout propos que personne ne le dépassait en ardeur pour prévenir les entreprises des ennemis de la royauté, en rigueur quand il s'agissait de punir ces entreprises. M. Decazes surtout, qui voyait là un moyen de témoigner son zèle au Roi, tout en se séparant des royalistes, allait très-loin dans ce sens. On se souvient que la commission de la loi d'amnistie, formée presque exclusivement de membres de la droite, avait été d'avis de rayer de la loi l'article V, qui exceptait de l'amnistie « les personnes contre lesquelles avaient été dirigées des poursuites ou étaient intervenus des jugements avant la promulgation de la loi. » M. de Villèle surtout avait insisté sur le danger de laisser ainsi une porte ouverte à l'arbitraire des poursuites ; mais il ne fut pas écouté, et le ministère obtint le maintien de l'article. On a dit depuis, non sans raison, qu'il en résulta un assez grand nombre de procès pour que l'honneur de l'amnistie en fût compromis[2]. Ce mauvais article de loi rendit possible une mesure plus fâcheuse encore. M. Decazes avait adressé aux préfets, le 12 janvier 1816, jour de la promulgation de l'amnistie, une circulaire ainsi conçue :

---

1. *Histoire de la Restauration*, par M. de Vaulabelle, tome V, page 211.
2. M. Guizot, *Mémoires pour servir à l'histoire de mon temps*.

« Vous pouvez continuer ou prescrire, avant la promulgation de la loi, toutes les poursuites pour délits politiques qui seraient réclamées par la gravité des accusations et par la nécessité de faire des exemples. Vous inviterez MM. les procureurs du Roi à agir d'office, à commencer des instructions, à mettre enfin les prévenus dans la situation particulière qui a motivé les termes précis de l'article V, dont il est ici question[1]. »

Des procédés pareils étaient peu propres à limiter le nombre des procès politiques, et l'on comprend mal que M. Decazes, qui avait insisté pour qu'on ne sortît pas de la liste des exceptions proposées, faussât ainsi l'amnistie. Ce n'était pas une loi de rigueur mais de faveur pour les justiciables ; tous ceux qu'elle n'exceptait pas devaient donc en bénéficier à partir du moment qu'elle était sanctionnée. L'article ainsi interprété eut de fâcheux résultats. Ce fut, dit-on, sur une dépêche rédigée dans le même sens et émanée du ministère de la guerre, que fut entrepris le procès contre le général Travot, un des procès les plus regrettables de cette époque. Le ministère aurait dû comprendre que, dans l'état où étaient les esprits, il fallait se hâter de fermer l'inventaire des haines du passé. Placé plus haut, il était moins excusable que les partis d'ouvrir, par ces poursuites rétroactives, l'arène aux passions contraires, dans un temps où il était si difficile, même aux âmes les plus droites, d'être juste, parce qu'on ne peut séparer la justice du sang-froid, qui manquait à peu près à tout le monde. Les complications du présent étaient assez graves, sans y joindre encore les complications du passé.

---

1. Pour bien comprendre la portée de cette circulaire, il faut se souvenir qu'une loi était réputée connue à Paris *un jour après* que le Bulletin des lois où elle était insérée avait été reçu par le ministre de la justice, et que dans les départements ce délai s'augmentait d'autant de jours qu'il y avait de fois dix myriamètres (environ vingt lieues anciennes) entre la ville où la promulgation avait été faite et le chef-lieu de chaque département. Il s'ensuivait que la loi d'amnistie, insérée au Bulletin le 12 janvier, n'était exécutoire à Paris que le 13 et dans les départements le 14, le 15 et jours suivants, selon l'éloignement, en ajoutant un jour au délai par dix myriamètres de distance.

J'ai dit que le souvenir fatal des Cent-Jours pesait sur la situation. A deux points de vue, il exerçait une influence néfaste. Aux hommes qui avaient sympathisé avec cette révolution, il persuadait que la royauté, si facilement renversée en 1815, pouvait l'être de nouveau, et il ajoutait ainsi à une mauvaise pensée une mauvaise espérance. Il rendait ceux qui s'en souvenaient avec colère, défiants, irritables, prêts à frapper avec une implacable sévérité, dans le cas où quelque mouvement serait tenté, par suite de la persuasion où ils étaient que c'était par trop d'indulgence, de mollesse et de lenteur dans la répression que la première Restauration avait péri. C'est dire que le souvenir des Cent-Jours ôtait le sang-froid à tout le monde.

Pour ne rien omettre, il importe de faire remarquer qu'à côté des hommes les plus violents appartenant aux partis ennemis de la Restauration, disposés à tout oser, parce qu'ils espéraient tout; des hommes les plus ardents du parti royaliste, décidés à en finir avec les révolutionnaires si ceux-ci levaient la tête, et à voir dans tout mouvement qui serait tenté la résurrection du 20 mars; des ministres enfin qui, effrayés à la fois de la gravité des circonstances, de l'audace passionnée des adversaires de la royauté et de la responsabilité que le cabinet encourait devant la droite si, malgré les pouvoirs extraordinaires dont il était armé, il laissait éclater un mouvement bonapartiste ou révolutionnaire, la police de Fouché avait laissé à celle de M. Decazes des traditions mauvaises et une classe d'agents redoutables, prêts à exploiter les imprudences des uns et les appréhensions des autres. Rien de plus difficile à extirper d'un État que cette lèpre de la police qui cultive les mauvaises passions et nourrit les pensées coupables pour en tirer parti. On serait tenté de croire qu'à l'appât de l'or, facilement gagné par ces moyens impurs, il faut ajouter je ne sais quel instinct d'une jouissance âpre et sauvage, assez semblable à celle du chien qui fait passer la proie sous le fusil du chasseur [1]. Malheureusement M. Decazes n'était pas à l'abri de l'influence de ces limiers de la police élevés à l'école de Fouché, et qui, s'abattant sur cette situation troublée, y cherchaient leur vie et l'emploi de leur activité malfaisante et souterraine. A côté de la grande police qui surveille et prévient, distingue les dupes des coupables et arrête à temps ceux-ci pour empêcher ceux-là de courir à leur perte, la basse police, qui travaille dans l'ombre, attise la flamme jusqu'à ce qu'elle éclate, et prend part aux complots qu'elle veut dénoncer et qui souvent, sans elle, resteraient à l'état d'idée, disposait ses embûches et tendait ses lacs.

C'est sous l'influence de toutes ces causes de péril que la situation allait se développer. Le gouvernement avait l'esprit éveillé sur plusieurs éventualités d'attaques. En premier lieu, sans doute, venaient les complots bonapartistes et révolutionnaires. Mais deux autres espèces de mouvements étaient à redouter.

Le duc d'Orléans continuait, par ordre de Louis XVIII, à résider en Angleterre. Son attitude personnelle, depuis la seconde Restauration, sans être ouvertement hostile, avait eu un caractère d'opposition. Sans qu'on pût l'accuser de diriger un des partis ennemis de la Restauration, il en faisait assez pour que les hommes hostiles à la Branche aînée songeassent

---

[1]. Un procès qui eut lieu précisément à cette époque entre Fauché-Borel, agent des princes pendant l'émigration, et Perlet, l'un des agents de la police de Fouché pendant l'Empire, donnera une idée de ces procédés. Perlet, agent de la police impériale, avait tendu des embûches à un neveu de Fauche-Borel et l'avait attiré à Paris, où ce malheureux jeune homme avait été arrêté et fusillé clandestinement. Perlet, non content de la prime qu'il avait gagnée, écrivit à l'oncle de la victime, qui ignorait son sort funeste, en lui disant que, moyennant une somme de 12,000 francs, il était sûr de faire évader le jeune homme. Il escroquait ainsi sur une tombe la rançon d'un homme mort. Fauche-Borel gagna son procès; Perlet fut condamné à restituer la somme qu'il avait volée.

à lui. Il mettait du reste une extrême prudence dans ses démarches, comme le prouve le fait suivant. Ses amis l'ayant engagé, au commencement de la session de 1815, à faire imprimer clandestinement l'opinion qu'il avait émise contre celle du comte d'Artois, à la Chambre des pairs, dans l'affaire du serment que le comte Jules de Polignac refusait de prêter à la Charte, à cause de l'article sur la religion catholique; il avait cédé à leurs instances. Par un étrange concours de circonstances, Didier, que nous allons rencontrer bientôt, fut, d'après un témoignage digne de foi, chargé de trouver un imprimeur qui consentît à reproduire cette séance de la Chambre des pairs en contrevenant à la loi. Tout était arrangé, mais Louis XVIII eut avis de l'affaire par des rapports émanés de la police de la librairie, et fit aussitôt mander au duc d'Orléans, par M. Decazes, de partir pour Londres. Le duc d'Orléans fit courir à l'imprimerie avec ordre de payer les dépenses, de faire briser la planche, de reprendre le manuscrit, et, quelques jours après, il était sur la route de l'Angleterre; ceci donne la mesure de son opposition. Elle aurait voulu se cacher à Louis XVIII en se laissant voir aux adversaires du gouvernement. Cependant le duc d'Orléans en avait fait assez pour que sa candidature parût posée au dedans et au dehors. Il était question de cette éventualité dans une lettre de lord Grey saisie chez Robert Wilson, un des Anglais qui avaient favorisé l'évasion de Lavalette. « Les Bourbons, y était-il dit, qui occupent le trône, ne pouvant manquer d'en être précipités, leur place attend *le Cousin.* » On citait des paroles analogues de plusieurs personnages considérables appartenant à l'aristocratie whig, et ce qui aggravait la chose, c'est que des propos de ce genre avaient été tenus chez sir Charles Stuart. M. de Humboldt avait, dit-on, exprimé une opinion pareille, et un agent supérieur de la police prussienne, en mission à Paris, avait parlé dans le même sens. Enfin les journaux de

Londres traitaient publiquement cette affaire, et la *Revue d'Édimbourg*, dont les relations avec le parti whig étaient avérées, et dont l'importance politique était beaucoup plus grande que celle des journaux quotidiens, alors peu estimés en Angleterre, avait, dès le mois d'octobre 1815, étudié cette question comme si, d'un moment à l'autre, elle pouvait s'ouvrir. Après avoir affirmé que, les fautes des Bourbons de la branche aînée s'aggravant avec les difficultés qui, déjà grandes en 1814, étaient devenues inextricables en 1815 et avaient rendu une catastrophe inévitable et prochaine, la *Revue d'Édimbourg* ajoutait que le pressentiment de cette catastrophe était universel. La substitution de la royauté du duc d'Orléans à celle de Louis XVIII lui paraissait un événement heureux pour la cause de la Révolution et de la liberté. Elle ajoutait en terminant :

« Nous sommes de simples narrateurs. Dans notre opinion, en effet, ce que la France aurait de mieux à faire, ce serait de ne point se jeter dans les hasards d'une nouvelle révolution et de se borner à peser sur sa dynastie et sur son gouvernement pour leur imposer des mesures libérales. Mais, si la France, comme cela est probable, n'est pas de cet avis, et si elle renverse le roi Louis XVIII pour mettre sur le trône le duc d'Orléans ou tout autre, l'Angleterre doit garder une stricte neutralité. Le duc d'Orléans, après tout, vaudrait mieux que Louis XVIII et donnerait à la paix générale de l'Europe plus de garanties. »

On comprend que ce débat public en Angleterre, sur la succession politique de la branche aînée, que l'on considérait comme ouverte au profit du duc d'Orléans, n'était point de nature à rassurer Louis XVIII sur les intentions du premier prince du sang, dont la conduite à l'intérieur semblait déjà assez équivoque. Il paraissait difficile d'admettre que tout ce bruit se fît autour de ce nom parmi les whigs avec lesquels les relations du prince étaient connues, sans qu'on eût sondé ses sentiments. Sa présence en Angleterre ajoutait un degré de vraisemblance de plus à cette présomption. Sans doute la *Revue d'Edimbourg* avait soin de décerner un brevet d'innocence au duc d'Orléans qui, disait-elle, « était incapable d'intriguer ou de conspirer contre son parent. » Mais cette assurance même paraissait aux esprits émus une complicité de plus. On voulait, disait-on, éviter de le compromettre, tout en le mettant en avant, et le servir sans le gêner.

Pendant que le gouvernement de Louis XVIII suivait d'un œil inquiet les démarches du duc d'Orléans et de ses amis, un autre mouvement plus grave encore attirait son attention. Les exceptés politiques de l'amnistie avaient dû sortir de France, et plusieurs personnages, ou compromis et craignant des poursuites judiciaires, ou hostiles à la maison de Bourbon et cherchant un terrain où l'on pût lui faire une guerre à ciel découvert, en étaient sortis avant eux. La plupart avaient cherché un asile à Bruxelles. La communauté de la langue, et plus encore la proximité de la frontière française qui facilitait leurs rapports avec les partis de l'intérieur, avaient déterminé leur choix. Là, ils avaient créé le *Nain Jaune réfugié*, journal rédigé avec les colères de l'exil, une verve d'épigrammes toute française, et un esprit de dénigrement systématique, dont un grand nombre de numéros pénétraient en France à l'aide d'une contrebande savamment organisée. C'était un pamphlet périodique, qui paraissait tous les cinq jours, un engin de guerre dans lequel l'invective et l'épigramme s'étaient coalisés : on y disait ce qu'il eût été impossible de dire en France. Parmi les écrivains les plus animés de ce recueil, on comptait M. Cauchois-Lemaire, exilé volontaire. C'était peu que d'attaquer la Restauration par la presse, les exilés et les réfugiés de Bruxelles espéraient la renverser par les armes. Bonapartistes, républicains ou orléanistes pour la plupart, ils comprirent, avec la sagacité de la haine, que ce n'était sous aucune de ces bannières qu'on pouvait mettre à bas les Bourbons. Napoléon, dont le nom seul remuait les masses, était à Sainte-Hélène, et son fils dans la main de l'Autriche, peu disposée à le placer à la tête des conspirateurs de Bruxelles. La République, cette grande homicide, était en France un sanglant épouvantail plutôt qu'un drapeau. Le nom du duc d'Orléans, outre que ce prince se tenait à l'écart et qu'on ne pouvait compter sur aucune initiative personnelle de sa part, ne parlait qu'à l'esprit d'un petit nombre de politiques, membres pour la plupart des anciennes assemblées révolutionnaires. Ce pouvait être un but, mais ce n'était pas un moyen. Les conspirateurs de Bruxelles eurent donc une idée qui, pour sembler étrange à la distance où nous sommes des événements, n'en fut pas moins sérieuse de leur part, et parut même un moment avoir quelques chances de succès. On sait que les dates historiques produisent en politique une espèce de mirage. Il avait paru aux conspirateurs de Bruxelles que la révolution la plus facilement réalisable en France était une révolution de 1688. Jacques II, c'était Louis XVIII; le prince d'Orange, leur hôte, leur sembla devoir être le Guillaume de cette révolution [1]. Ils trouvaient dans cette combinaison plusieurs avantages : d'abord, celui de pouvoir librement conspirer à Bruxelles en jouissant de la liberté de la presse poussée jusqu'à la licence quand il s'agissait d'attaquer le gouvernement français; licence que ne pouvait leur refuser leur hôte devenu, dans une certaine mesure, leur complice, du moment qu'il les laissait travailler pour lui. En second lieu, ils avaient une base d'opération et des moyens d'action organisés. En effet, d'après leur plan, le prince d'Orange qui avait,

---

1. M. de Hauranne, dans son *Histoire du gouvernement parlementaire en France*, émet l'opinion que, s'il n'y avait pas eu de bannis, il n'y aurait pas eu de conspirations. L'honorable historien aurait pu se souvenir que la première Restauration n'avait banni personne, ce qui n'empêcha point la conspiration des frères Lallemand et de Lefèvre-Desnouëttes. En outre, il n'y eut pas que les bannis qui conspirèrent; la conspiration de Didier et toutes celles qui suivirent ne furent pas organisées par des bannis.

encore son armée réunie, lui ferait prendre le drapeau tricolore et marcherait sur Paris, en proclamant la constitution des Cent-Jours largement remaniée dans le sens de la liberté, et la réunion de la Belgique à la France, apport territorial qui, selon eux, ferait passer par-dessus la singularité de l'avénement d'une royauté hollandaise en France. Ils comptaient sur l'appui de l'empereur Alexandre dont le prince d'Orange venait d'épouser la sœur, et auquel un des leurs était allé porter un mémoire; sur la tolérance des autres puissances qui ne paraissaient pas très-attachées aux Bourbons. Des documents diplomatiques attestent que ce projet fut réellement conçu par les réfugiés et réellement accueilli par le prince d'Orange et même par le roi de Hollande son père. Le duc de Wellington dénonça le fait dans plusieurs dépêches et en fit l'objet d'un blâme sévère. L'Autriche s'en montra alarmée et mécontente, et M. de Fagel, ministre du roi des Pays-Bas, à son retour de la Haye, exprima lui-même le regret qu'il éprouvait de voir son souverain prêter l'oreille à un projet si peu sensé. Deux faits incontestables mettaient hors de doute cette intrigue qui causait de graves appréhensions au gouvernement de Louis XVIII, vers la moitié de l'année 1816 : l'audace du *Nain Jaune* et la tolérance du gouvernement hollando-belge. Les rédacteurs du *Nain Jaune* déclaraient ouvertement dans leur journal que les périls de l'Europe et de la France ne cesseraient que lorsque la première laisserait la seconde expulser les Bourbons qui, deux fois ramenés par l'étranger, étaient incompatibles avec la nation française. Ne se croyant pas obligés de faire mystère de leur plan, ils ajoutaient que Louis XVIII serait avantageusement remplacé par un prince libéral, pacifique, ayant l'esprit ouvert aux idées modernes, semblable enfin à ce stathouder hollandais qui était allé porter à l'Angleterre le bienfait d'un gouvernement constitutionnel que lui refusait Jacques II. Pour que l'ombre d'un doute ne pût rester sur le nom de leur candidat, ils ajoutaient qu'il existait en 1816 comme en 1688, et que, pour le trouver, on ne serait pas forcé d'aller bien loin. Comme le journal des exilés et des réfugiés se répandait en éloges journaliers, adressés à la haute raison politique, à la loyauté, à toutes les qualités morales et intellectuelles du roi de Hollande et de son fils le prince d'Orange, tous les voiles de l'allégorie tombaient et la candidature de ce dernier au trône de France se trouvait ouvertement posée. Ce qui achevait la démonstration, c'était la résistance opiniâtre opposée par le roi de Hollande à toutes les réclamations du duc de Richelieu. Celui-ci s'appuyait en vain sur les conventions signées entre les puissances alliées et qui, en fixant les lieux où les expulsés français pouvaient résider, leur interdisaient formellement tous les pays limitrophes, comme la Belgique. En vain invoquait-il les rapports de bon voisinage qui faisaient une loi aux gouvernements de ne pas permettre que des conspirations politiques se nouassent sur leur frontière contre un gouvernement allié. Ces réclamations, appuyées par celles des ministres européens, demeuraient sans succès. Le roi de Hollande, se fondant d'un côté sur ce que les conventions invoquées n'étaient applicables qu'aux exceptés de l'amnistie nominativement désignés dans la loi, et non aux individus expulsés par mesure de simple police et à ceux qui avaient volontairement cherché un asile en Belgique, d'un autre côté sur un article de la loi fondamentale du royaume qui assurait aux étrangers résidant sur le sol des Pays-Bas une protection égale à celle dont jouissaient les nationaux, refusait obstinément d'obtempérer aux réclamations du cabinet français qui commençaient à devenir menaçantes. Chaque jour les rapports du cabinet de France et du cabinet de la Haye devenaient plus tendus, et l'on pouvait craindre que ce différend ne finît par aboutir à une rupture ouverte.

## II

MENÉES DE DIDIER DANS LE RHONE ET DANS L'ISÈRE. — SES PRÉCÉDENTS.

Pendant que le gouvernement de Louis XVIII était sous le coup de ces appréhensions, une conspiration que des symptômes précurseurs auraient pu faire pressentir, se nouait dans le département de l'Isère, où l'opinion était généralement défavorable au gouvernement. Dès le mois de janvier précédent, des rapports venus de la division militaire de Lyon, et confirmés par une note confidentielle émanée du commissaire général de police Sainneville, avertissaient le ministre « qu'un sieur Didier, connu de ses complices sous le seul nom d'Auguste, avait présidé à Lyon une réunion de factieux » qui méditaient une insurrection. « Les principaux acteurs de cette insurrection, ajoutait Sainneville, sont déjà, du moins en grande partie, à la disposition de la police, et elle suit avec une infatigable activité toutes les ramifications de ce projet criminel. » Il disait encore qu'on avait vainement essayé de séduire la légion du Rhône; que le sieur Didier, qui avait présidé la première réunion, avait annoncé « qu'il venait de parcourir un grand nombre de départements, qu'en général la nation était disposée à un soulèvement, que Carnot et Fouché s'étaient rendus en Autriche, que cette puissance était décidée à appuyer l'insurrection pour replacer sur le trône Marie-Louise et son fils. » Après quelques autres détails, le commissaire général de police continuait ainsi : « Les individus arrêtés sont les sieurs Rosset, Lavalette, Simon, Montain; les ordres les plus précis sont donnés pour s'assurer du sieur Didier, et, s'il n'est pas déjà hors de France, il paraît difficile qu'il puisse se soustraire aux recherches. » Puis il terminait en donnant des détails sur le personnel de la conspiration, et notamment sur Didier, qu'il dépeignait ainsi : « Le sieur Didier est un intrigant, noyé de dettes, doué de beaucoup de talent, d'un esprit naturel et orné, en un mot, un homme extrêmement dangereux [1]. »

Ces détails sont curieux, en ce qu'ils établissent qu'en janvier 1816 la police civile, comme la police militaire, avait déjà les yeux ouverts sur les démarches de Didier, qu'elle regardait comme un homme très-dangereux. Le commissaire général de police Sainneville concluait ainsi : « Les factieux n'ont pu penser qu'un coup de main suffirait pour renverser le gouvernement actuel, mais ils ont atteint un autre but. Ils ont

---

[1]. Le rapport contenait sur les autres conspirateurs les détails suivants :

« Simon, officier de l'ex-garde, a suivi Bonaparte à l'île d'Elbe et en est revenu avec lui.

« Montain, médecin, bonapartiste très-prononcé, a pris une part fort active aux événements qui se sont succédé pendant les Cent-Jours.

« Rosset, bonapartiste décidé, dispose d'*environ* deux cents ouvriers attachés à sa manufacture de papiers peints, fortune dérangée, mauvais fils et mauvais époux. »

J'emprunte ce document au *Projet de la proposition contre M. le duc Decazes*, par M. Clausel de Coussergues, qui dit avoir la pièce originale entre les mains. Elle avait été adressée par M. Sainneville à un aide de camp du ministre de la guerre, — c'était alors le duc de Feltre, — ce qui explique comment la note pouvait être entre les mains de M. Clausel de Coussergues. M. Auguste Ducoin, dans son *Histoire de la conspiration de 1816*, publiée en 1844, ajoute de nouveaux détails. « Les premières investigations judiciaires, dit-il, révélèrent : qu'il existait, sous le nom d'*Association de l'indépendance nationale*, une association insurrectionnelle, dont le centre était à Paris sous la protection immédiate des ministres démissionnaires (Fouché et Talleyrand), et les extrémités aux quatre coins de la France; qu'envoyé par le comité directeur de Paris, Paul Didier avait, sous le nom d'Auguste, présidé les réunions tenues chez Rosset; enfin que dans ces conciliabules, dans des proclamations écrites, dans des lettres interceptées ou saisies, de hauts personnages avaient été compromis. Les noms propres furent couverts d'un voile, l'*Association de l'indépendance nationale* fut laissée à sa quiétude ; Paul Didier s'en alla tranquillement continuer ses pérégrinations insurrectionnelles, et l'affaire fut étouffée pendant six mois. Sans M. de Chantelauze, qui occupait le siége du ministère public, elle eût été étranglée. Dans un réquisitoire énergique il accusa, pour ainsi dire pièces sur table, Fouché, Carnot, M. de Talleyrand, d'avoir ourdi les trames dont il tenait un fil entre ses mains. » (Page 52.)

paralysé le recouvrement des contributions, suspendu le mouvement du commerce, excité de vives inquiétudes et présenté comme possible une nouvelle révolution. »

Cette disposition des populations à croire à la possibilité d'une révolution nouvelle était un des plus graves obstacles à la consolidation du gouvernement royal. Une pareille opinion, en effet, ôtait tout calme et tout sang-froid à ses amis, et donnait toute confiance à ses adversaires.

Quel était donc ce Didier, qui avait été l'âme du mouvement avorté de Lyon, en janvier 1816, et qu'on n'avait pu réussir à arrêter? C'était une de ces têtes ardentes et un de ces caractères aventureux et énergiques qui, dans les temps de révolution, se jettent à corps perdu dans les grands courants d'idées et d'intérêts, et arrivent au premier rang ou se brisent contre les écueils. Avocat au Parlement de Grenoble avant 89, on le voit adopter avec une fougue impétueuse les principes nouveaux. Les excès du 10 août le jettent dans la réaction monarchique; il brigue, un peu plus tard, le périlleux honneur de défendre Louis XVI, et quand Lyon lève le drapeau de la résistance contre la Convention, il court combattre au milieu des Lyonnais. Après la paix de Lyon, Didier, dont la tête est mise à prix, se réfugie dans le Midi et prend part à la réaction royaliste qui suit le 9 thermidor. C'est ainsi que commence pour lui cette vie d'intrigues politiques, de luttes, de conspirations qui a quelque chose d'enivrant. En butte aux poursuites des autorités républicaines, il émigre en Suisse, paraît un moment en Allemagne auprès de Louis XVIII, visite les États-Unis, et, après cinq années d'émigration, rentre en France. En 1799, on le trouve à Paris, dirigeant un cabinet d'affaires, qui s'occupe spécialement des démarches nécessaires pour la radiation des émigrés et la restitution de leurs biens non vendus. Cette occupation lucrative, qui, dans l'espace de trois années à peine, lui produit en honoraires la somme de six cent mille francs, ne suffit ni à son goût pour la dépense ni à son activité dévorante. Ceux qui ont touché à la politique ne savent plus résister à son attrait. Didier, à cette époque, écrit des brochures ; il en publie une en 1799, presqu'à la veille de la journée du 18 brumaire, pour réclamer le retour des Bourbons : « *Vive le Roi*, s'écriait-il dans cette brochure hardie et pleine du sentiment royaliste. Dieu tout-puissant qui le protégez, daignez jeter sur nous un regard favorable..... Venez, famille de Henri IV, vous appartenez à la France. Votre présence rappellera dans son sein les vertus, la paix et le bonheur ; elle réconciliera notre coupable patrie avec un Dieu trop justement irrité[1]. » Le 18 brumaire change la face des choses : Bonaparte, premier consul, signe en 1802 le Concordat avec Pie VII ; Didier devient l'ardent admirateur du premier consul, il se précipite dans cette nouvelle voie avec l'impétuosité de son caractère, et célèbre dans une brochure la religion rétablie. La police consulaire fait distribuer à profusion cette brochure favorable au gouvernement nouveau. L'auteur a changé d'amis, il hante les salons de MM. de Montalivet, Portalis, Fouché et Cambacérès. Didier obtient une chaire à l'École de droit de Grenoble, nouvellement fondée, puis devient directeur de cette école. Cette occupation sédentaire convenait peu à cette organisation ardente et à cette fiévreuse activité. Laissant sa chaire à un suppléant, Didier se jette dans les entreprises ; le tracé d'un chemin dans les montagnes de l'Oisans, entre l'Italie et la France, le desséchement des marais de Bourgoin, le creusement d'un canal à Pierrelatte, une exploitation de mines, occupent simultanément cet esprit que rien ne fatigue autant que le repos. En 1810, il donne sa démission. Cependant, il succombait à la peine, et ses res-

---

1. Les liaisons de Didier à cette époque de sa vie sont toutes royalistes. Il fréquente MM. de Dreux-Brézé, de Juigné, du Belloy. Il est reçu chez madame de la Porte. Il avait publié sa brochure sous le voile de l'anonyme.

sources financières pliaient sous le fardeau de ces grandes affaires, quand les catastrophes des dernières années de l'Empire précipitèrent sa ruine, en détruisant le crédit. Il lui faut quitter le Dauphiné et Grenoble. L'année 1813, cette année du désastre de l'Empire, le retrouve à Paris, épiant à l'horizon une occasion favorable pour relever l'édifice de sa fortune renversée. L'idée des Bourbons se représente alors à son esprit, mais où sont-ils? En France, on ignore profondément leur destinée; le dernier d'entre eux dont Didier ait entendu parler, c'est le duc d'Orléans, qui a fait une démarche auprès des Cortès espagnoles, pour obtenir un commandement dans les armées espagnoles qui prenaient le dessus. C'est vers lui que son esprit se tourne, il rêve la reprise du plan de Dumouriez, et il projette un voyage à Palerme. Mais les événements se précipitent avec une rapidité incroyable; l'Empire tombe, la Restauration s'accomplit; Louis XVIII est assis sur le trône de ses pères. Alors Didier retourne à ses sentiments monarchiques, il publie des brochures dans ce sens, il réclame le prix des services autrefois rendus. Après bien des démarches, il obtient le titre de maître des requêtes au conseil d'État et la décoration de la Légion d'honneur, rémunérations insuffisantes selon lui. Ses plaintes et ses murmures arrachent aux ministres la promesse d'un siége à la Cour de cassation, promesse qui n'était pas réalisée avant la fin de la première Restauration. Le 20 mars trouve Didier dans un état d'exaspération inexprimable contre les Bourbons. Un dernier coup l'attendait; quoiqu'il se hâte d'offrir ses services au Gouvernement impérial, il est rayé du Conseil d'État par l'Empereur, à cause de l'éclat qu'il a naguère donné à ses opinions royalistes. C'est alors que, séparé des Bourbons de la branche aînée par son mécontentement, de Napoléon par la disgrâce, réduit à vivre d'emprunts, il se rapproche du parti qui, cherchant à se frayer une voie entre la Restauration et l'Empire, complotait à la veille du 20 mars l'établissement d'un gouvernement de nature à donner des gages à l'opinion révolutionnaire, et dont on espérait trouver la personnification dans le duc d'Orléans ; tout le monde a reconnu l'intrigue et la conspiration dont Fouché était l'âme, dont les généraux Drouet-d'Erlon, Lefèvre-Desnouëttes et Lallemand étaient le bras. Didier avait espéré que cette combinaison, reprise après Waterloo, serait le dénoûment des Cent-Jours. Quand la force des choses, dont il n'avait pas tenu compte, eut ramené à Paris Louis XVIII, Didier, dont l'indomptable volonté ne pliait pas sous les événements, voulut lutter encore, et il se mit en rapport avec les généraux de l'armée de la Loire, à l'aide desquels il espérait provoquer un vaste soulèvement. Ces généraux hésitèrent devant une entreprise désespérée, qui pouvait attirer sur leur patrie d'incalculables malheurs, puis ils refusèrent d'une manière absolue. Pourquoi, pour qui risquer une pareille partie? L'armée de la Loire fut disloquée, puis licenciée ; ce levier se brisa encore dans la main de Didier, vainement étendue pour le saisir. N'importe, il persista. Le renversement des Bourbons de la branche aînée devenait pour cet esprit à outrance, excité encore par sa position précaire, une gageure, une passion politique, un besoin. Sa fortune détruite ne pouvait plus se relever que sur une révolution.

Tel était l'homme qui, depuis le commencement de 1816, parcourait les campagnes du Rhône et de l'Isère, en cherchant à nouer contre les Bourbons les fils d'une vaste conspiration. Sa vie, on vient de le voir, était loin d'avoir conservé son unité. Elle avait plusieurs fois changé de voie. Épris des idées nouvelles de 1789, réactionnaire le 10 août, devenu un des défenseurs de Lyon, engagé dans le mouvement thermidorien, ardemment royaliste, émigré, bonapartiste enthousiaste après le Concordat, orléaniste en 1813, royaliste de nouveau en 1814, Didier, redevenu orléaniste en 1815, avait joué toutes les parties, il avait cherché et cherchait encore les voies qui pouvaient le conduire à l'influence, à la domination, à la fortune, à la célébrité, à la vengeance : toujours exalté, sans l'avoir toujours été pour les mêmes opinions, dupe peut-être de son imagination, dont tant d'autres allaient être victimes, et parcourant les campagnes et les bourgs, annonçant une grande organisation dont Carnot, Fouché et le prince de Talleyrand étaient, disait-il, les chefs; donnant ses désirs pour des réalités, ses chimères pour des faits accomplis, et, à force de supposer des ennemis à la Restauration, espérant lui en faire de nouveaux et encourager ceux qui la haïssaient.

Parti de Lyon à la fin de janvier, Didier avait employé trois mois dans son œuvre de propagande. Vers la fin du mois d'avril 1816, à l'ombre de cette organisation dont l'existence est restée problématique et qu'il appelait « la société de l'indépendance nationale, » il avait créé réellement une organisation insurrectionnelle à Grenoble et dans les environs. Le terrain était bien choisi. C'était là qu'au mois de mars de l'année précédente, le succès du retour de l'île d'Elbe avait été décidé par l'adhésion militaire de Labédoyère et l'acclamation des populations. Les officiers à demi-solde et les soldats de l'armée de la Loire, récemment licenciés, étaient nombreux dans le département de l'Isère. La population, comme il arrive dans les pays frontières, était belliqueuse; elle supportait plus impatiemment qu'aucune autre la présence des étrangers, et leur expulsion faisait naturellement partie du programme insurrectionnel. Il y avait une école de droit à Grenoble, et cette ardente jeunesse promettait des auxiliaires à Didier. Il exploitait tout contre les Bourbons, les regrets comme les espérances, les passions patriotiques comme les passions révolutionnaires, les déceptions des fonctionnaires destitués, les colères militaires, les mécontentements excités par le système de répression, de compression et de surveillance, qu'avait motivé une situation troublée, et que le gouvernement exerçait à l'aide des lois extraordinaires dont les Chambres l'avaient armé. Son plan consistait à se ménager des intelligences dans Grenoble, et à entourer la ville d'un réseau insurrectionnel, capable, au moment marqué à la conspiration, de fournir les forces nécessaires pour provoquer les adhésions sur lesquelles il comptait, et les défections qu'il espérait trouver dans la garnison. A Grenoble, il se met d'abord en rapport avec le chef de bataillon en demi-solde Biolet, le capitaine en retraite Pélissier, l'officier de gendarmerie en demi-solde Joannini, et l'ex-garde général des eaux et forêts Cousseaux. Tous quatre lui promirent de s'entremettre pour lui assurer le concours des officiers en demi-solde, et des employés du gouvernement impérial destitués, enfin de ce qu'il y avait de plus ardent et de plus décidé dans la jeunesse de l'École de droit et dans celle du commerce. Didier se chargea de trouver dans les campagnes la force insurrectionnelle qui, en se portant sur Grenoble, devait donner le signal de l'insurrection. Il établit ses principaux centres de ralliement dans les communes situées en demi-cercle autour de la ville; c'étaient: au nord, la commune de Quaix; au nord-est, la commune des Adrets; à l'est, dans les montagnes de l'Oisans, les villages d'Allemond, de Vaujany; et au sud, sur la route de Gap, les communes de Vizille et de la Mure. Sur tous ces points, il avait des coopérateurs actifs, ardents et intelligents qui lui recrutaient des auxiliaires. Il suffira de nommer le colonel en retraite Brun, maire destitué de la commune de Quaix, connu dans le pays sous le sobriquet de Dromadaire, parce qu'il avait commandé en Égypte les guides montés sur ce cheval du désert; dans le Grésivaudan, le sieur Brunet, notaire aux Adrets, Clément, propriétaire, et Sauton, maître de poste à Lumbin; Joly, officier en demi-solde à Tencin, trois officiers de l'inspection des douanes de Pontcharra ; dans l'Oisans, Dussert, ancien guide de l'armée des Alpes et son parent Durif, l'un et l'autre maires récemment destitués ; à Vizille, l'huissier Charvet ; à la Mure, les frères Buisson, l'un pharmacien, l'autre marchand épicier ; le notaire du lieu et deux officiers à demi-solde, Dufresne et Dumoulin. Par l'intermédiaire du notaire Brunet, qui avait donné asile, peu de temps auparavant, au général Drouet d'Erlon, actuellement réfugié en Suisse, Didier s'était mis en relation avec ce chef militaire, l'un des principaux meneurs de la conspiration organisée par Fouché, dans les derniers mois de la première Restauration. Drouet d'Erlon avait promis sa coopération aux conspirateurs de Grenoble. Il devait aller attendre à Genève le succès de la première tentative. Si Grenoble était enlevé, Drouet d'Erlon entrait en France, il prenait la direction militaire des forces réunies et marchait sur Lyon.

La conspiration de Didier était largement conçue et habilement préparée. Si, par une illusion d'optique facile à comprendre, le lendemain du retour de l'île d'Elbe, l'on s'exagéra son importance quand elle éclata, on l'a singulièrement amoindrie depuis par une autre illusion d'optique, et parce qu'elle n'a pas réussi, on a voulu n'y voir que le roman irréalisable d'une imagination échauffée. Le succès de telles entreprises tient à si peu de chose, que ce n'est point uniquement par la réussite ou la non-réussite qu'on peut les juger. Que Napoléon, trouvant un général résolu pour l'arrêter aux défilés qui précèdent Grenoble, fût tombé sous une balle, faudrait-il pour cela représenter le retour de l'île d'Elbe comme une échauffourée romanesque, dont le succès était impossible ? Dans toutes les aventures de cette espèce, il faut tenir compte de la fortune, elle vous sourit ou vous est contraire, mais cela ne change rien au fond des choses. Didier s'était assuré dans les communes rurales le concours de plus d'un millier d'hommes ; il avait des intelligences dans Grenoble, où résidaient trois cents officiers à demi-solde ; ses affidés dans cette ville, le commandant Biollet et les autres officiers à demi-solde, s'engageaient à lui livrer une des portes au moyen des complices qu'ils avaient dans la garnison, et à s'emparer de la personne du général qui commandait la place. Le mouvement était bien entendu. Pour le comprendre, il faut se rendre un compte exact des lieux. Grenoble, assise sur les deux rives de l'Isère, s'adosse sur la rive droite à une montagne d'une grande élévation qu'on appelle la Bastille, montagne couverte aujourd'hui de forts, mais à l'époque où ces événements se passaient, simplement couronnée d'une tour, la tour de Rabot, et d'une muraille démantelée qui serpentait à ses flancs. Deux des cinq portes de la ville, celle de France à l'est, à laquelle aboutit la route de Paris, celle de Saint-Laurent à l'ouest, d'où l'on plonge sur la vallée du Grésivaudan traversée par la route de Chambéry, s'ouvrent sur la rive droite. Les trois autres s'ouvrent sur la rive gauche. Ce sont les portes de Bonne, Créquy et des Trois-Cloîtres. Toutes trois donnent sur un carrefour dit de la *Croix-Rouge*, où la route de Gap, qui traverse la Mure, Vizille et le village d'Eybens, rencontre les chemins qui descendent de l'Oisans et de la partie du Grésivaudan située sur la rive gauche de l'Isère. C'était par là que les insurgés de toute la rive gauche, parmi lesquels on comptait les douaniers de Pontcharra, devaient se porter en masse, dès que les insurgés de la rive droite, venus de Quaix, auraient allumé sur la Bastille des feux auxquels répondraient aussitôt, de l'autre côté de la rivière, les feux allumés par les insurgés d'Eybens. On ne doutait pas que la porte de Bonne livrée n'équivalût à ville gagnée.

Ce qui achevait de donner toute confiance à Didier et à ses

coopérateurs, c'était le peu de forces qu'ils devaient trouver devant eux. Le chef militaire à Grenoble était le général Donnadieu, vigoureux soldat de la république, parvenu très-jeune encore au grade de colonel, après des actions d'éclat; mais d'un esprit inquiet, turbulent, qui remuait plus d'idées qu'il n'en gouvernait, d'un caractère indiscipliné, aventureux, avec une pointe de jactance méridionale. Compromis en l'an X dans une conspiration contre le premier Consul, longtemps tenu en surveillance à Saint-Jean de Luz, admis plus tard à reprendre du service, nommé général de brigade en 1811, commandant des îles d'Hyères, bientôt après mis à la retraite pour cause d'insubordination contre le général commandant la huitième division militaire, il avait accueilli la Restauration avec l'enthousiasme d'un mécontent dont l'avancement a été retardé et le zèle d'un disgracié impatient de regagner, par des services éclatants, le temps perdu. On peut dire qu'il s'était précipité dans la nuance la plus ardente du royalisme, plutôt qu'il n'y était entré; c'était un homme d'exécution qui avait conservé et qui conserva toute sa vie quelque chose de révolutionnaire dans ses allures. On devait compter sur son ardeur et son énergie militaire, mais il pouvait devenir un serviteur dangereux. Le sang-froid et la mesure lui manquaient. Tout en lui était excessif, et il servait le gouvernement, comme il combattait ses adversaires, à outrance.

Il avait pour second le colonel de Vautré, comme lui soldat de l'Empire, et qui venait d'organiser la légion de l'Isère; le colonel de Vautré avait de beaux états de service. En Italie, à Austerlitz, à Eylau, à la Moskowa, il avait conquis ses grades et ses décorations à la pointe de l'épée et par des faits d'armes. Appartenant à une famille dévouée aux Bourbons, l'un des défenseurs des Tuileries dans la journée du 10 août, il avait vu revenir avec joie en 1814 les princes; bien accueilli par eux, il avait persisté dans sa fidélité à l'époque des Cent-Jours en maintenant le drapeau blanc à Calvi, en Corse, jusqu'au 26 avril, et arrêté pour ce fait par ordre de l'Empereur, la seconde Restauration le trouva prisonnier dans la citadelle de Grenoble, où elle alla le prendre pour le charger d'organiser la légion de l'Isère dont elle le nomma colonel. Il avait du reste des analogies de caractère avec le général Donnadieu; c'était la même ardeur, la même fougue, avec le même défaut de mesure, de sang-froid. M. de Montlivaut, préfet du département, venait de l'Empire, comme le général Donnadieu et le colonel de Vautré. Il avait été chambellan de Napoléon et intendant général de l'Impératrice Joséphine, et on le regardait comme une créature de M. Decazes. L'Empire, il faut s'en souvenir, avait créé une génération de fonctionnaires habitués aux allures énergiques du pouvoir absolu. La Restauration ne les avait point formés, elle les trouvait. On se souvient quelle rigueur impitoyable ces administrateurs impériaux avait déployée contre le général Malet et ses complices, quand sa conspiration, un moment triomphante, eut été définitivement comprimée. Ils avaient espéré se faire pardonner par ce déploiement de sévérité la faiblesse qu'ils avaient montrée, et ils avaient noyé dans le sang le ridicule dont ils avaient été couverts. Ces traditions n'étaient point perdues. Après le général et le préfet venaient le commissaire général de police, M. Bastard de l'Étang, qui dépendait directement de M. Decazes, et le prévôt de l'Isère, M. Planta. Le maire de Grenoble, le marquis de la Valette, était encore à Paris où l'avaient appelé, pendant la session, ses devoirs de député. Son premier adjoint était M. Beyle, père de l'écrivain du même nom, homme circonspect, mais dont les sympathies appartenaient au gouvernement impérial. Il y avait entre M. de Montlivaut et le général Donnadieu des rivalités d'influence. Le général, avec la jactance naturelle de son caractère et son idée de la supériorité du militaire sur le civil, aurait voulu reléguer le préfet sur le second plan en se posant comme un homme qui suffisait à tout. Cependant le préfet et le général s'étaient entendus pour réclamer un supplément de forces, qui leur parut nécessaire au milieu des circonstances troublées où l'on se trouvait, et de l'agitation croissante des esprits. Dans l'Isère comme partout il ne restait que l'ombre d'une organisation militaire.

En tenant compte des soldats qui composaient les cadres de la légion de l'Isère, d'une compagnie d'infanterie dite départementale, d'une compagnie de garde nationale à cheval, de quelques gendarmes et de quelques canonniers, Grenoble, en effet, ne renfermait pas plus de quatre ou cinq cents hommes au commencement de 1816. Sur les instances réitérées du général, le ministre de la guerre avait envoyé vers les premiers jours de mars un renfort qui portait les forces disponibles à 700 hommes [1].

C'était le seul obstacle immédiat que Didier dût trouver devant lui, et il n'y avait pas une témérité excessive de sa part à espérer le surmonter, d'autant plus que ses coopérateurs de Grenoble l'assuraient qu'ils avaient des intelligences dans cette garnison. Une fois Grenoble emporté, il comptait sur le général Drouet d'Erlon pour marcher sur Lyon, où les forces militaires dont disposait le gouvernement royal n'étaient pas beaucoup plus considérables qu'à Grenoble, et où les éléments d'insurrection étaient bien plus nombreux; c'était, on le remarquera, la marche de Napoléon de Grenoble sur Lyon, qu'il s'agissait de recommencer. Une circonstance acheva de décider

---

[1]. La légion de l'Hérault comptait 400 baïonnettes, celle de l'Isère 200, dont 70 détachées au fort Barreaux sur la frontière de Savoie ; le général Donnadieu avait appelé de Valence 60 dragons de la Seine. Il y avait 15 à 20 canonniers royaux du régiment d'artillerie de Grenoble. Le préfet avait formé une compagnie départementale de 100 hommes environ. C'était à peine si l'on arrivait à un effectif de 700 hommes.

Didier à brusquer le coup et à indiquer la soirée du 4 mai pour l'exécution de son plan. Il croyait être sûr que le général et le préfet s'absenteraient ce jour-là de Grenoble, avec une partie des troupes, pour aller au-devant de la jeune duchesse de Berry qu'on attendait de Naples à cette époque, et ils en avaient en effet conçu le dessein. Tout devait donc servir son plan, jusqu'au mariage sur lequel les Bourbons comptaient pour perpétuer leur dynastie.

L'ardeur des conjurés était grande; Didier, qui au fond comptait travailler pour le duc d'Orléans, parce que ce prince répondait seul à l'idéal politique qu'il avait dans l'esprit, n'avait pas tardé à comprendre, quand il fut en contact avec les masses, qu'un nom seul pouvait les mettre en branle, celui de Napoléon. Il avait d'abord essayé d'user de réticence, de ne parler que de la revendication de l'indépendance nationale et de l'établissement de la liberté politique; mais, dans un de ces conciliabules tenu aux portes de Grenoble, il s'était aperçu de la manière la plus claire que, s'il demeurait sur le terrain de ces abstractions politiques et de ces généralités, il ne serait pas suivi. « Arborons l'étendard de l'honneur français, disait-il dans la proclamation qu'il avait lue aux conjurés, marchons sous le drapeau de l'indépendance nationale, et méritons, par notre conduite, que le ciel puisse protéger la plus sainte des entreprises et l'humanité la couvrir de ses vœux. »

L'assistance, qui avait applaudi à la peinture assombrie et déclamatoire de la situation, était demeurée préoccupée et silencieuse quand elle avait vu la proclamation se terminer ainsi. Elle attendait évidemment un nom qui ne venait pas. L'un des principaux complices de Didier, cet officier qu'on appelait le Dromadaire, se fit l'écho de la pensée générale, en disant au chef de l'entreprise : « Que diable venez-vous de nous lire? Ce n'est pas une proclamation : vous ne parlez ni de l'Empereur ni du roi de Rome. » Didier comprit qu'il fallait, sous peine d'échouer, satisfaire à cette exigence : « Vous avez raison, reprit-il vivement, c'est une omission, j'arrangerai cela. » A quelques jours de là, dans un conciliabule tenu aux Adrets, chez le notaire Brunet, il lut la même proclamation, mais avec cette addition : « L'association de l'indépendance nationale donne naturellement un chef au peuple français. C'est le fils de celui dont le trône héréditaire, consacré par la religion, fut reconnu par l'Europe, l'héritier légitime au profit de qui l'abdication de son père fut sanctionnée par une loi solennelle. Nous sommes ses lieutenants, et nous vous disons : « Vive Napoléon II, Empereur des Français. » Cette fois le nom était prononcé, la fibre populaire remuée; d'unanimes applaudissements éclatèrent. Au milieu de ces applaudissements, un des conjurés, plus sagace que les autres, M. Milliet, entraînant Didier dans une embrasure de croisée : « Voilà qui est bien, dit-il, ces choses-là vont aux braves officiers et aux soldats que nous enrôlons. Mais Napoléon est à Sainte-Hélène et son fils est à Vienne. Franchement, pour qui travaillons-nous? — Soyez tranquille, répliqua Didier, à coup sûr, c'est pour quelqu'un de notre temps et qui connaît nos besoins. L'essentiel est de réussir; nous ne remuerions pas un seul homme, si nous ne parlions pas de Napoléon. »

Le secret de Didier, qu'on a tant cherché, est là tout entier. Il travaillait au fond pour le duc d'Orléans, selon toute vraisemblance, sans y être formellement autorisé par le prince en personne, mais avec la conviction qu'il serait avoué s'il réussissait, et il se servait du nom de Napoléon parce que c'était le seul avec lequel on pût remuer les masses. Le bonapartisme était son moyen, l'orléanisme son but. Il se servait du levier avec le vulgaire de la conspiration, il laissait entrevoir le but aux augures.

Sa conspiration était d'autant plus coupable, qu'elle ne pouvait aboutir qu'à aggraver les souffrances et les épreuves de la patrie. Son succès partiel et local ne pouvait en effet devenir général; en supposant Grenoble enlevé et Lyon surpris par une marche rapide, restaient cent cinquante mille étrangers occupant le territoire qui, en une marche, pouvaient écraser ce faible noyau mal organisé. Du sang versé, l'occupation de la France prolongée, peut-être une nouvelle armée d'invasion foulant aux pieds son territoire, tel était, en supposant que la conspiration rencontrât ses meilleures chances de succès, le résultat définitif qu'elle devait avoir.

### III

DÉPÊCHE DU GÉNÉRAL DONNADIEU. — EFFET PRODUIT A PARIS PAR LA NOUVELLE DE LA CONSPIRATION. — RÉCIT DES ÉVÉNEMENTS.

Le 6 mai 1816, au moment même où M. Lainé, successeur de M. de Vaublanc au ministère de l'intérieur, prêtait serment entre les mains du roi, le télégraphe apporta au ministre de la guerre quelques extraits d'une dépêche du général Donnadieu, dont nous reproduisons ici le texte complet :

« *Vive le Roi!* Monseigneur. Les cadavres de ses ennemis couvrent tous les chemins à une lieue à l'entour de Grenoble! Je n'ai que le temps de dire à Votre Excellence que les troupes de S. M. se sont couvertes de gloire. A minuit les montagnes étaient éclairées par les feux de la rébellion dans toute la province. Ils me croyaient parti pour aller occuper la ligne que doit parcourir S. A. R. Madame la duchesse de Berry; mais ils ont bientôt appris que les fidèles troupes du Roi étaient là. Je ne saurais trop faire l'éloge de la brave légion de l'Isère et de son digne colonel le chevalier de Vautré. Déjà plus de soixante scélérats sont en notre pouvoir; la cour prévôtale va en faire une prompte et sévère justice. J'aurai l'honneur de rendre compte à Votre Excellence aussitôt que tout sera terminé. Je remonte à cheval à l'instant. Toutes les autorités civiles et militaires ont fait leur devoir; on évalue le nombre des brigands qui ont attaqué la ville à quatre mille. »

Il est aisé d'imaginer l'effet que produisit cette dépêche partie de Grenoble où l'année d'avant s'était décidé le succès du retour de l'île d'Elbe, et arrivant comme un coup de tonnerre à Paris. Les ministres, dont le devoir est de connaître les agents qu'ils emploient, auraient peut-être tenu compte du caractère ardent, de l'imagination fougueuse du général Donnadieu et de sa jactance, si l'émotion leur avait laissé tout leur sang-froid; le ton même de la dépêche était de nature à faire réfléchir des hommes moins préoccupés. L'hyperbole y apparaissait dès la première ligne : « Les cadavres des ennemis du Roi couvrent tous les chemins à une lieue à l'entour de Grenoble, » rapprochée de ce passage : « Déjà soixante scélérats sont entre nos mains. » Quand on livre un combat assez vif pour couvrir de cadavres tous les chemins aboutissant à une ville, on fait plus de soixante prisonniers.

L'émotion du moment était trop vive pour qu'on fît ces réflexions. On ne vit dans cette dépêche, à la fois terrifiante et vague, que les détails de nature à effrayer : le chiffre de quatre mille insurgés; « les montagnes éclairées par les feux de la rébellion dans toute la province, » circonstance qui paraissait surtout menaçante parce qu'elle annonçait que la conspiration avait des ramifications dans tout le Dauphiné. C'était l'opinion de M. Lainé, qui disait dans une lettre écrite à M. Decazes : « Les feux annoncés par le télégraphe m'empêchent de dormir. » Le ministère, qui se rappelait, en outre, les reproches adressés, l'année précédente, à l'époque du 20 mars, au gouvernement pour avoir manqué de promptitude et de vigueur, ne voulut pas encourir le même blâme. Les membres du cabinet furent unanimes à penser que les autorités locales devaient être armées de pouvoirs extraordinaires, et M. Decazes expédia à Grenoble, après le conseil, une dépêche ainsi conçue :

« 6 mai, six heures du soir.

« Le département de l'Isère doit être regardé comme en état de siége. Les autorités civiles et militaires ont un pouvoir discrétionnaire. »

Au moment même où cette dépêche télégraphique partait pour Grenoble, des courriers portaient aux quinze départements qui avoisinent l'Isère les instructions les plus pressantes afin que les autorités eussent à prendre des mesures énergiques pour prévenir et, au besoin, réprimer tout mouvement qui se rattacherait à celui de Grenoble. Il était dit dans ces instructions :

« Si vous apercevez le plus léger symptôme de soulèvement, ne balancez pas. La plus grande vigueur et une rigueur égale doivent être déployées dès le principe. L'hésitation seule serait coupable, parce que les suites en seraient incalculables. En pareil cas un pouvoir discrétionnaire est laissé aux magistrats. La gendarmerie doit toujours rester sur pied et ne faire aucun quartier aux premiers rebelles qui oseraient se montrer. Tout canton insurgé doit être considéré comme en état de siége. Mettez la garde nationale en mouvement; veillez à ce que les points les plus importants soient occupés; stimulez le zèle des fidèles serviteurs du Roi; promettez des récompenses à ceux qui feraient des révélations; ne négligez rien pour connaître les chefs et l'étendue du complot et les moyens des affiliés... Multipliez vos relations, expédiez-moi un courrier au moindre mouvement. »

Ces instructions ont un intérêt pour l'histoire, parce qu'elles permettent de lire dans le secret de la pensée du gouvernement. Terrifié par les nouvelles de Grenoble, il croyait à une vaste conspiration; il s'attendait à voir l'insurrection se lever sur plusieurs points; et cette espèce de *garde à vous!* général envoyé aux préfets de quinze départements témoigne du trouble profond où l'avait jeté la dépêche du général Donnadieu. Il est juste de dire que le mouvement qu'il redoutait n'aurait eu rien d'impossible, d'invraisemblable même, si le coup frappé contre Grenoble avait réussi. Les éléments contraires au gouvernement royal étaient nombreux et ardents dans cette partie de la France, et les conspirations heureuses et triomphantes trouvent des auxiliaires que ne rencontrent pas les conspirations malheureuses et vaincues.

Le moment est venu d'exposer sommairement les faits qui s'étaient passés à Grenoble dans la soirée du 4 mai.

Le secret du complot, quoique mille ou douze cents personnes y fussent initiées, avait été fidèlement gardé. Cependant l'émotion même qui précède les événements de ce genre et qui devenait plus vive à Grenoble et dans les communes environnantes à mesure que le jour marqué approchait, avait commencé à donner l'éveil dans les dernières semaines du mois d'avril. Mille bruits alarmants, quelques-uns absurdes, circulaient. On parlait d'un débarquement de Bonaparte en Italie, tantôt à la tête d'une armée turque, tantôt à la tête des insurgés d'Amérique. D'après d'autres nouvelles, Marie-Louise et le roi de Rome allaient paraître en Savoie, avec une armée autrichienne. Cependant des colporteurs, des mendiants, des soldats à demi-solde, sillonnaient les campagnes en répandant des rumeurs menaçantes. Il fallait que le général Donnadieu eût des inquiétudes réelles puisqu'il ne cessa, dans le mois de février, de demander des renforts qui arrivèrent le 24 mars, et puisqu'appelé à présider le 26 avril à Besançon le Conseil de guerre devant lequel devait comparaître le général Marchand, il répondit que Grenoble réclamait impérieusement sa présence. Dans un si grand nombre de conjurés, il y a toujours des caractères qui, plus ardents et plus expansifs que les autres, éprouvent le besoin d'épancher au dehors la passion dont ils sont animés. Des cris de *Vive l'Empereur ! vive la liberté !* avaient été proférés dans les communes; des placards annonçant l'arrivée prochaine de Napoléon II avaient été affichés pendant la nuit [1]. A la veille même de l'événement ce fut l'autorité civile qui reçut les premiers avis. M. de Montlivaut, à qui ses agents signalaient une effervescence inaccoutumée dans les faubourgs, ordonna que des patrouilles fussent faites par la garde nationale et la compagnie départementale. Le 3 mai, dans la soirée, un conducteur des ponts et chaussées introduit chez le préfet par le prévôt, ayant déclaré qu'il avait entendu annoncer dans un café qu'il y aurait un mouvement insurrectionnel dans deux jours et que deux cents conjurés devaient se réunir en armes au Jardin de ville pour s'emparer des autorités, le préfet fit immédiatement une enquête, à l'issue de laquelle il ordonna plusieurs visites domiciliaires et plusieurs arrestations qui furent opérées pendant la nuit. Ces recherches, qui ne furent pas très-habilement dirigées, car les quatre arrestations opérées mirent dans les mains de l'autorité civile trois hommes étrangers au complot qu'il fallut élargir au bout de trois semaines, et un seul conspirateur, le chef de bataillon en demi-solde Ravix, qu'on eut la maladresse de mettre sur-le-champ en liberté, devinrent le lendemain 4 mai le sujet d'une vive altercation entre le préfet et le général Donnadieu, irrité de n'avoir été ni consulté ni averti. Il déclara avec sa fougue ordinaire que, si l'autorité civile se permettait de lancer des patrouilles de la garde nationale sans son autorisation, il les ferait arrêter par la troupe. Les explications, échangées à deux reprises dans la matinée du 4 mai, à onze heures et à une heure de l'après-midi, entre le général et le préfet, furent très-animées ; elles duraient encore, quand on vint apporter au préfet une carte à jouer sur laquelle le maire de Theys avait tracé à la hâte ces lignes : « N'êtes-vous donc pas instruits à Grenoble de ce qui doit ar-

---

1. Dès le 6 mars 1816 un placard de ce genre avait été affiché.

river ce soir? On doit faire des feux sur la Bastille, et toutes les communes marcheront sur la ville pour s'emparer des autorités et changer le gouvernement. » Quelques heures après la réception de cet avis, circonstance qui doit être notée, M. Beyle, premier adjoint, envoyait sa démission.

Bientôt les indices se succédèrent. Dans ce temps de passions politiques, les royalistes étaient organisés, vigilants et debout comme leurs adversaires, et le gouvernement, ardemment attaqué, était ardemment servi. Toutes les autorités se mirent, pour ainsi dire, en permanence. La préfecture et l'hôtel du commandant du département échangèrent leurs nouvelles. A huit heures du soir, M. de Montlivaut sortait de chez le général Donnadieu, lorsque son neveu, tout effaré, lui remit une lettre. C'était l'adjoint de la commune de Vif qui l'avertissait qu'au moment même où il écrivait, les paysans insurgés se rassemblaient en grand nombre dans les bois d'Échirolles. En rentrant à la préfecture, le préfet trouva trois personnes dans son cabinet : l'adjoint de la Mure, le suisse de l'église d'Eybens et un gendarme. Le premier avait assisté au départ des insurgés de sa commune ; le second, envoyé par le curé de la paroisse, annonça que la commune d'Eybens se remplissait de paysans en armes ; le troisième, envoyé probablement à la découverte, avait rencontré un détachement de paysans armés et n'avait dû son salut qu'à la vitesse de son cheval.

Ce n'étaient plus de simples ouï-dire. L'insurrection était en marche. Rien d'étonnant à ce que le préfet fût le premier averti. Les autorités municipales étaient ardemment royalistes et le dévouement de l'homme de parti éveillait chez elles le zèle du fonctionnaire. Cependant, à cette heure tardive de la soirée, le général Donnadieu reçut des avis si précis, que ses appréhensions devinrent des certitudes. Il sortait de la préfecture où il était venu pour conférer avec le préfet des mesures à prendre, lorsqu'il passa auprès d'un jeune homme qui se jeta vivement de côté pour l'éviter. Le général Donnadieu marcha droit à lui; et, comme l'inconnu faisait un nouveau mouvement pour se dérober, le général le saisit au collet, le conduisit dans un café, et, l'examinant de plus près à la lumière, découvrit, en écartant sa redingote, la poignée d'un sabre suspendu à sa ceinture et deux pistolets d'arçon. Alors, sur son aveu qu'il était officier en demi-solde et qu'il faisait partie d'une conjuration qui allait éclater, il le conduisit lui-même au corps de garde de l'hôtel de la préfecture. Dès ce moment, il n'y avait plus de doute, et le général Donnadieu prit toutes les dispositions militaires nécessitées par les circonstances. Il y eut une distribution de cartouches ; la moitié de la compagnie départementale et une compagnie de gardes nationaux furent envoyées contre la Bastille où des feux allumés annonçaient la présence des insurgés; les voltigeurs de la légion de l'Isère, soixante-quinze hommes de la légion de l'Hérault et un certain nombre de gardes nationaux à cheval qui s'étaient présentés, reçurent l'ordre d'éclairer la route d'Eybens par laquelle, suivant les avis reçus, devait arriver la masse des insurgés. On avait, en effet, en ce moment, — il était neuf heures et demie du soir, — les renseignements les plus précis; le lieutenant Aribert (c'était le nom du jeune officier en demi-solde mis en état d'arrestation), le lieutenant Aribert, à qui le général Donnadieu avait engagé sa parole que, quoi qu'il arrivât, il ne serait pas poursuivi, avait fait les révélations les plus complètes sur l'étendue, la portée, le but, les moyens d'exécution du complot, sur la part qu'il y avait prise lui-même et le rôle qu'il devait y jouer en arrêtant, avec le concours d'un camarade, le général Donnadieu dont il se trouvait le prisonnier[1]. Le reste de

---

1. Le général Donnadieu résume lui-même en ces termes les révélations du lieutenant Aribert : « Le complot, me dit-il, s'étend dans toute la France et à l'étranger; c'est l'occupation de Grenoble par Didier, qui est un des princi-

la légion de l'Isère, qui composait la principale force dont pouvait disposer le général, attendait des ordres, l'arme au pied, dans la caserne, sous le commandement du colonel Vautré. Le général Donnadieu achevait de recevoir les aveux du lieutenant Aribert quand on vint lui annoncer que la petite colonne expéditionnaire qu'il avait envoyée pour éclairer la route d'Eybens rentrait en désordre. Elle avait rencontré, à peu de distance de la ville, une colonne d'insurgés qui l'avait accueillie par une vive fusillade, et elle s'était aussitôt mise en retraite. En ce moment même, les voltigeurs de l'Hérault, vivement poursuivis, rentraient à Grenoble en criant : « Les voilà ! » Sans permettre à M. de Lestelet, le chef de la troupe qui se repliait, de descendre de cheval, le général Donnadieu lui prescrivit de porter immédiatement au colonel de Vautré l'ordre de marcher avec sa troupe contre les rebelles. Le colonel de Vautré se mit à la tête de quatre-vingts hommes, c'était probablement ce qu'il y avait de plus sûr dans la garnison, et s'élança vers la porte de Bonne par laquelle les insurgés, animés par un premier succès, arrivaient.

Les insurgés arrivaient en effet; Didier, qui avait donné l'ordre du mouvement pour la nuit du 4 au 5 mai, ne crut pas devoir donner un contre-ordre dans la crainte qu'il ne parvînt point partout, quoique ses chances de succès se trouvassent sensiblement diminuées par deux causes bien imprévues.

paux agents, qui doit être le signal de la prise d'armes partout et de la marche sur Paris de tous les conjurés des divers départements dirigés sur tous les points par des chefs militaires, généraux et colonels ; qu'il ignorait lui-même si ce serait Napoléon ou la république que l'on proclamerait après la chute de la royauté ; que le département de l'Isère tout entier était en armes ; que la légion de ce département, les douaniers et tous les officiers à demi-solde entraient dans ce complot et se réunissaient cette nuit même, marchaient de toutes parts pour s'emparer de la ville. Que lui, de sa personne, lorsque je l'avais arrêté, allait prendre un détachement qui l'attendait dans une maison du faubourg Saint-Laurent pour venir s'emparer de moi, et m'enfermer à la prison de la citadelle qui leur serait livrée. »

La première était le délai apporté au départ du général Donnadieu, sur lequel il avait compté, départ contremandé parce qu'il y eut un retard dans l'arrivée de Madame la duchesse de Berry. Les conspirateurs pouvaient espérer, il est vrai, que le coup monté pour arrêter à Grenoble le général Donnadieu et le colonel de Vautré[1] laisserait la défense sans initiative et sans direction. Mais les arrestations opérées dans la nuit du 3 au 4 mai par les ordres du préfet avaient jeté la terreur parmi les conspirateurs de Grenoble. Le commandant Biollet, l'ex-garde général Cousseaux, et l'ex-capitaine de gendarmerie Joannini, chefs du mouvement dans la ville, craignant à chaque instant d'être dénoncés et arrêtés, s'évadèrent le 4 mai à midi de Grenoble, et vinrent rejoindre Didier dans les bois d'Échirolles. Dès lors sa meilleure chance lui échappait. Les rôles entre le gouvernement et les insurgés étaient intervertis; le gouvernement était sur ses gardes et prêt à frapper; le mouvement intérieur qui devait livrer les portes de la ville aux insurgés de la campagne restait sans direction. En voyant arriver les trois hommes sur lesquels il avait le plus compté, Didier hésita un moment; mais il était trop tard pour avertir les communes qui devaient descendre des montagnes. Didier résolut de risquer le tout pour le tout. Il se dit que de deux choses l'une : ou les portes seraient ouvertes, et dans ce cas ses auxiliaires de Grenoble, qui étaient encore en nombre, auraient réussi à mettre la main sur les autorités et seraient les maîtres de la ville; ou ils n'auraient pas cru pouvoir opérer le mouvement, et les portes seraient fermées; alors les bandes

---

1. D'après les détails donnés par M. Boullée dans la biographie du colonel, biographie écrite sur des documents fournis par la veuve de M. de Vautré, cet officier n'échappa à ceux qui devaient l'arrêter que parce qu'il dînait le 4 mai à l'hôtel du général au lieu de dîner chez lui. M. Ducoin, dans son *Histoire de la conspiration de* 1816, montre également le colonel de Vautré assis à une table de jeu, chez le général, dans la soirée du 4 mai, avec le baron Prévôt, colonel des dragons de la Seine, et le chef d'escadron de la Villette.

qu'il conduisait en seraient quittes pour se disperser. Il n'avait pas prévu une dernière chance : celle où les autorités royales mises en éveil seraient en mesure de recevoir les insurgés à coups de fusil et de les poursuivre. C'était celle qui allait se réaliser.

On a reproché au général Donnadieu[1] d'avoir fait mentir le dilemme de Didier, en recevant à coups de fusil les colonnes insurrectionnelles, quand il était si facile, en fermant les portes, de faire échouer l'insurrection sans verser une goutte de sang. C'est là un reproche qui n'a rien de sérieux. Quand des conjurés attaquent à main armée un gouvernement, le droit et le devoir de celui-ci est de désorganiser la conspiration, et pour y parvenir, il faut qu'il mette la main sur ceux qui ont levé le drapeau contre lui. Si le général Donnadieu s'était contenté de faire fermer les portes de la ville, il n'y aurait eu que partie remise, et Didier aurait continué à nouer les fils du complot qui aurait éclaté dans des circonstances plus propices pour les conspirateurs. Il n'y a que l'esprit de parti qui, en proclamant le droit d'insurrection d'une manière absolue, puisse dénier au gouvernement le droit de légitime défense.

La première colonne d'insurgés au nombre de quatre cents hommes environ, composée des montagnards descendus de leurs communes dans l'après-midi du 4 mai, s'était mise en marche à dix heures du soir vers Grenoble en chantant des refrains révolutionnaires. Quoiqu'ils n'eussent pas rencontré à la Croix-Rouge, comme ils s'y attendaient, les douaniers de Pontcharra et les détachements de l'Oisans, qui par un malentendu peu étonnant dans ces sortes d'aventures n'avaient pas été avertis à temps, ils étaient pleins de confiance, et le premier succès qu'ils venaient d'obtenir sur les chasseurs de l'Hérault ne leur laissait aucun doute sur le résultat de la

---

[1]. M. de Vaulabelle a le premier formulé ce reproche, plusieurs fois reproduit depuis.

journée. Ils s'engagèrent vivement derrière les fuyards, sous les voûtes qui viennent après les ouvrages extérieurs de Grenoble ; l'horloge de l'église de Saint-Louis, située en face de la caserne, sonnait en ce moment minuit. Tout à coup, au lieu des leurs qu'ils croyaient maîtres de la place, les insurgés se heurtèrent contre la petite colonne du colonel de Vautré, en tête de laquelle celui-ci avait placé trente grenadiers, vieux soldats éprouvés, conduits par un homme de résolution, le capitaine Friol. Le colonel de Vautré poussa le cri de *Vive le Roi !* commanda le feu qui, donnant dans cette masse compacte, renversa sept hommes mortellement atteints et plusieurs autres seulement blessés ; puis, ordonnant une charge à la baïonnette, il mit en déroute la colonne insurrectionnelle qui, déçue dans son espérance, ne soutint pas le choc et lâcha pied. Le colonel de Vautré continua vivement la poursuite, et, à moitié chemin d'Eybens, il rencontra une seconde colonne insurrectionnelle, commandée par Didier en personne. Les insurgés, déjà ébranlés par le mouvement que leur imprimaient les fuyards revenant des portes de Grenoble, ne tinrent pas devant la première charge de la troupe, et malgré les efforts désespérés de Didier pour les ramener au combat, ils se dispersèrent dans toutes les directions. Emporté dans la fuite des siens par son cheval grièvement blessé, Didier eut de la peine à se dégager, et se réfugia dans le bois de Saint-Martin d'Hières, désespéré de voir une conspiration si laborieusement nouée, et dont les ramifications s'étendaient si loin, finir par une échauffourée. Une troisième colonne que rencontra le colonel de Vautré ne tint pas mieux que les deux premières[1]. Pendant que ces choses se passaient, le général Donnadieu avait envoyé un détachement contre la Bastille, qui n'avait pas

---

1. Il est fait mention de cette troisième colonne dans la biographie de M. de Vautré, par M. Boullée, et dans l'*Histoire de la conspiration de 1816*, par M. Ducoin.

tardé à être évacuée. De sorte qu'avant la fin de la nuit, la résistance avait cessé sur tous les points. Les feux allumés sur les hauteurs s'éteignaient peu à peu, et le colonel de Vautré, continuant, par l'ordre du général, son mouvement sans rencontrer d'ennemis, entra à la pointe du jour dans Eybens, un des foyers de l'insurrection. Un insurgé était étendu mort à l'entrée du village, il portait l'uniforme d'officier de hussards, c'était Joannini, qu'un coup de feu avait atteint à la première décharge, et qui était venu mourir en cet endroit. Il avait dans la bouche la moitié d'une liste des conjurés que la mort, venant trop promptement, ne lui avait pas permis d'avaler. Le colonel de Vautré a depuis raconté que cette liste contenait tant de noms, que, dans l'intérêt des familles comme dans l'intérêt de la cause royale, il avait cru devoir la détruire. Un fait vient à l'appui de cette déclaration : le premier nom porté sur cette liste était celui du commandant Ravix, arrêté la veille et presque immédiatement relâché ; or, l'on ne voit pas qu'il ait été impliqué dans les procès qui suivirent. Le colonel de Vautré, qui avait poursuivi sa route lentement à cause de la nuit, se porta au point du jour sur la Mure, dont il désarma les habitants, comme le général Donnadieu lui avait prescrit de le faire. Il a répété lui-même, dans une lettre adressée au colonel de la légion des Bouches-du-Rhône et qui fut affichée à Marseille, les dures et violentes paroles qu'il adressa aux habitants de la Mure, en invitant l'un d'eux à aller voir ses deux fils tués à l'attaque de Grenoble. L'exaltation des passions politiques si vives à cette époque et la surexcitation du combat expliquent à peine la violence de ces paroles sans les excuser. Il faut, pour être juste, ne pas oublier que le bourg de la Mure avait été le centre de l'insurrection, et que l'on avait répété à Grenoble des paroles menaçantes des femmes de cette commune qui, en poussant leurs maris et leurs enfants au combat, disaient la veille « qu'il y aurait le lendemain quinze mille joueurs de boules sur la grande place de Grenoble. » On ajoutait que des marques en craie blanche, tracées sur les maisons des royalistes les plus ardents, indiquaient suffisamment le sens de ces sinistres pronostics. Y avait-il quelque réalité dans ces rumeurs? Faut-il seulement y voir ces vagues terreurs qui viennent attiser les colères dans les jours troublés? Nul ne saurait le dire. Ce qu'il y a d'incontestable, c'est que le sentiment du péril couru venait ajouter à la passion politique surexcitée par la chaleur du combat; l'idée que les insurgés vainqueurs auraient été impitoyables ne disposait pas les esprits à la pitié.

Ce sentiment était si vif dans la population royaliste de Grenoble, que la rentrée du colonel de Vautré, dans la ville, où il ramenait une centaine de prisonniers et trois charrettes pleines d'armes, fut une véritable ovation. Cette insurrection qui paraissait avoir de si vastes proportions réprimée en quelques heures, la royauté sauvée d'un grand péril, la France d'une nouvelle conflagration, Grenoble de l'invasion des populations des campagnes qui pouvait amener des vengeances sanglantes, tout contribuait à augmenter l'enthousiasme, et quand le colonel de Vautré entra dans Grenoble, pavoisé de drapeaux blancs, au milieu des vivats de la population royaliste, il entendit des voix répéter autour de lui qu'on devrait le porter en triomphe.

## IV

ACTION JUDICIAIRE. — COUR PRÉVOTALE. — CONSEILS DE GUERRE. EXÉCUTIONS.

Jusque-là, sauf quelques paroles trop vives, les autorités militaires de Grenoble étaient demeurées dans la limite de leurs droits et de leurs devoirs. Elles avaient énergiquement réprimé une insurrection menaçante dont les ramifications s'étendaient au loin. Ici l'action militaire allait s'arrêter et l'action judiciaire commencer : difficile épreuve au milieu des passions émues.

Autant dans les circonstances de cette nature il faut montrer de décision et de résolution dans le combat, autant il conviendrait de montrer de modération et de réserve dans l'exercice de la justice. Quand les exemples nécessaires ont été faits, quand le chef de l'entreprise et un petit nombre de ses lieutenants ont subi leur peine, il faut que l'humanité désarme la justice. Le sang qui coule en dehors de cette nécessité sociale nuit au lieu de servir, même quand il n'est pas illégalement versé.

Les hommes qui avaient vaincu le mouvement à Grenoble n'avaient ni assez de sagesse ni assez de sang-froid pour demeurer dans cette mesure, et il aurait fallu que les tempéraments et la modération vinssent du ministère; ce fut le contraire qui arriva. La Cour prévôtale organisée par les dernières lois fut naturellement réunie. Le 7 mai au matin, quatre prévenus parurent devant elle; un d'eux, Nande, fit preuve d'un alibi, il fut acquitté ; elle condamna les trois autres. Il n'y avait pas de doute sur la part prise par deux d'entre eux à l'insurrection ; Drevet et Buisson ne la niaient pas, leur exécution immédiate fut ordonnée; le troisième, nommé David, avait paru à la Cour prévôtale moins notoirement coupable, puisqu'elle décida qu'il serait sursis à son exécution et qu'on ferait appel en sa faveur à la clémence du Roi. Ce fut le terme de l'action de la Cour prévôtale. Le 8 mai, jour même de l'exécution des deux hommes qu'elle avait condamnés, la dépêche ministérielle qui mettait le département de l'Isère en état de siège arriva. A partir de ce moment la juridiction militaire remplaçait la juridiction civile, et le Conseil de guerre la Cour prévôtale. Toutes les informations réunies par la Cour prévôtale pendant cinq jours furent transmises à la justice militaire. Le général Donnadieu nomma le colonel de Vautré président du Conseil de guerre devant lequel on envoya les insurgés, et, comme celui-ci montrait une vive répugnance à accepter cette mission, le général lui prouva, le Code militaire à la main, qu'il ne pouvait refuser. Il y avait là néanmoins quelque chose de fâcheux. C'est un principe élémentaire que la justice qui tient les balances où elle est appelée à peser d'une main impartiale l'accusation et la défense, doit être soigneusement séparée de la répression exercée par l'épée qui frappe. Or il est toujours à craindre qu'une main qui vient de tenir cette épée ne tienne pas la balance de la justice d'une manière assez impassible, et que l'ardeur du combattant, se retrouvant dans le juge, lui ôte le calme et le sang-froid. Ce fut ce qui arriva au colonel de Vautré. Dans les débats du Conseil de guerre qui s'ouvrirent le 9 mai, il ne se souvint pas assez que devant un tribunal il n'y a plus d'ennemis, et il mena militairement plutôt que judiciairement les débats, en apostrophant les prévenus eux-mêmes dont plusieurs avaient été arrêtés de sa main[1]. Ils étaient trente devant le Conseil de guerre; ils furent défendus par trois avocats, MM. Vial, Noël Sappey et Jules Mallein, et le rapporteur avait conclu pour tous à la peine de mort. Cependant neuf d'entre eux furent acquittés. Les vingt et un restant furent condamnés à la peine de mort. Sur ces vingt et un, il y en eut cinq sur lesquels le Conseil de guerre, par un dispositif spécial, appela la clémence du Roi, « comme ayant paru au Conseil moins criminels d'intention que les autres; » ce qui réduisait à seize le nombre de ceux qui de-

---

1. On rapporte que le colonel traita même avec rudesse l'un des défenseurs, M. Vial. « Cet avocat, dit M. Ducoin, défendait en ce moment Morin, pharmacien de la Mure. C'était un des plus coupables. Il tenait boutique d'enrôlements à la Mure, et il avait embauché et soudoyé la plupart des rebelles de cette ville. »

vaient être exécutés le lendemain. Dans la journée même, deux citoyens notables du département de l'Isère, M. Alphonse Périer, maire d'Eybens, et M. Camille Teissière, apportaient au général Donnadieu des documents tendant à établir que deux des condamnés, Jean-Baptiste Ussât et François Bard, n'étaient pas coupables. Le général convoqua aussitôt le Conseil de guerre qui, délibérant sur les pièces à décharge transmises au rapporteur après le jugement rendu, déclara à l'unanimité qu'il serait sursis à l'exécution des deux condamnés, sur lesquels des documents nouveaux avaient été produits. Ce fait prouve que, malgré l'exaltation du moment, il n'y avait pas de parti pris d'injustice. Le Conseil de guerre appliquait la loi à des insurgés pris les armes à la main, il ne la dépassait pas. Le nombre de ceux qui devaient être exécutés le lendemain restait donc fixé à quatorze.

C'était une chose déjà bien douloureuse que le supplice de quatorze hommes, presque tous à la fleur de l'âge. Sans doute le gouvernement royal avait été attaqué les armes à la main par trois colonnes dont l'effectif ne s'élevait pas à moins de mille combattants, et l'on peut faire observer que le gouvernement impérial, quelques années auparavant, n'avait pas hésité à faire fusiller douze officiers à l'occasion de la conspiration Malet, quand il était notoire que le général Malet seul voulait le renversement de l'Empereur, et que ses complices ou plutôt ses dupes, croyant à la mort de Napoléon, agissaient sans aucune mauvaise intention. N'importe, c'était beaucoup de sang à verser après le combat : malheureusement il devait en couler plus encore. Le 11 mai 1816, le ministère recevait la dépêche télégraphique qui lui annonçait tout à la fois l'arrêt de mort rendu contre vingt et une personnes et la supplique du conseil de guerre en faveur de cinq d'entre eux, le sursis accordé à deux autres. Il semblait que ce recours à la clémence du Roi, provenant d'hommes qui, en une seule audience, avaient condamné vingt et une personnes à mort, n'aurait pas dû être suspect de faiblesse. Le ministère en jugea autrement. Sur l'avis conforme de M. Decazes, il fut décidé qu'aucune grâce ne serait faite, et l'on adressa à Grenoble la dépêche inexorable dont la teneur suit, et que le public ne devait connaître que quelques mois plus tard :

« Paris, 12 mai 1816, à 4 heures du soir.

« Le ministre de la police générale,
« Je vous annonce, par ordre du Roi, qu'il ne faut accorder de grâce qu'à ceux qui ont révélé des choses importantes.
« Les vingt et un condamnés doivent être exécutés, ainsi que David.
« L'arrêté du 9, relatif aux recéleurs, ne peut pas être exécuté à la lettre.
« On promet vingt mille francs à ceux qui livreront Didier. »

Les alarmes du ministère persistaient, on le voit, et l'emportaient même sur le sentiment d'humanité. Pour être juste, il faut dire que les dépêches apportées par le courrier du 6 mai étaient les seules qu'il eût reçues quand il expédia cet ordre, et qu'elles n'étaient pas de nature à le rassurer.

On y lisait ce qui suit :

« Des renseignements nombreux étaient déjà venus éclairer cette audacieuse entreprise.
« Des intelligences préparées devaient mettre quinze mille hommes sous les armes dans cette ville et les faire marcher immédiatement sur Lyon. Un personnage secret, dont nous ne pouvons pas encore connaître le nom, et à qui la bande réunie rendait un grand respect, paraissait l'âme du mouvement. Le nommé Didier, qui a figuré dans l'affaire du mois de janvier, dirigeait sous ce personnage la population qui était en mouvement. Chaque heure nous apporte de nouvelles découvertes; nous connaissions déjà plusieurs chefs qui devaient s'emparer des principaux postes de la ville; ces chefs sont des officiers supérieurs en retraite ou en demi-solde. Bientôt, j'espère, ils seront en notre pouvoir; une prompte justice en sera faite. A l'instant on me donne avis qu'il se forme des

projets dans la campagne de venir enlever les prisonniers et de mettre le feu à la ville; je prends toutes mes mesures pour que ces complots soient déjoués. »

C'est dans cette espèce d'alerte continuelle, où il était tenu par les dépêches de Grenoble, que le ministère donna l'ordre de faire exécuter les vingt et un condamnés, en refusant de faire droit au pourvoi en grâce signé en faveur de cinq d'entre eux par les juges mêmes qui avaient prononcé leur arrêt, de prendre en considération le sursis accordé à deux autres, et à la recommandation de la Cour prévôtale en faveur de David. Le ministre de la police, qui eut la principale influence dans cette affaire, parce que c'était lui qui était plus à portée de dire si l'on pouvait avec opportunité pardonner, envoyait au supplice huit hommes que les autorités de Grenoble avaient voulu sauver. On a dit que la crainte d'être accusés de faiblesse par la droite s'ils ne déployaient pas une impitoyable rigueur, contribua à rendre les ministres inexorables [1], comme on a affirmé que le désir de donner des proportions plus vastes au service qu'ils venaient de rendre afin d'obtenir de plus brillantes récompenses, contribua à l'exagération évidente dont sont empreintes les dépêches des autorités militaires et civiles. Le cœur humain n'est malheureusement pas au-dessus

---

1. M. Duvergier de Hauranne est allé plus loin : « Depuis la dépêche du 6, dit-il, le parti de Monsieur, et Monsieur lui-même, avaient trouvé l'occasion favorable pour ramener le Roi à leur politique, et on allait répétant partout que l'insurrection de Grenoble était le résultat naturel du système de clémence si follement adopté. » L'honorable historien ne s'est point aperçu qu'il adoptait sans preuve aucune le système qu'a imaginé M. Decazes pour excuser sa conduite. Louis XVIII, on le sait, était un roi vraiment constitutionnel, laissant agir ses ministres, et jaloux à l'excès de son pouvoir contre les membres de sa famille. M. Decazes n'était pas le moins du monde un homme modéré; les lois d'exception qu'il avait demandées n'avaient pas ce caractère. C'était un homme qui voulait gouverner en dehors de la droite, et ce n'était pas au moment où l'ordonnance du 5 septembre était résolue déjà dans sa pensée, qu'il se serait montré inexorable uniquement pour plaire à Monsieur, auquel il allait déplaire d'une manière si éclatante.

de ces faiblesses coupables, mais l'historien, dont le regard ne pénètre point dans les consciences, ne peut noter que d'un blâme hypothétique une hypothèse morale sur laquelle planera éternellement le doute. Ce qu'on peut dire d'une manière certaine, c'est qu'il y eut exagération évidente, non pas dans l'appréciation de la portée générale de la conspiration qui pouvait être aussi grave que le général Donnadieu le disait et n'a jamais cessé de le dire[1], mais dans l'exposé des faits matériels qui s'étaient produits à Grenoble et dans les environs. Ce qu'on doit dire encore, c'est que dans son empressement à punir, le ministère dépassa la mesure que conseillait la politique et que prescrivait l'humanité, et qu'il ne s'arrêta pas où s'étaient arrêtés la Cour prévôtale, le Conseil de guerre et les autorités de Grenoble. Dans ces sortes d'affaires il faut se hâter de réprimer et réprimer avec vigueur, parce que le moindre signe de faiblesse donne des proportions plus grandes au mouvement, en encourageant les conspirateurs de la deuxième heure qui attendent le succès ou l'apparence du succès pour entrer en scène. Mais il faut mettre plus de lenteur et de réflexion quand il s'agit de punir, parce que la punition est une question de justice, et que la justice ne doit

---

1. Le général Donnadieu, dans une lettre écrite en 1841 sur les événements de Grenoble, s'exprime ainsi : « Didier, en entrant dans la ville, descendit chez moi dans l'hôtel que j'occupais. Je passai deux heures à m'entretenir avec lui sur la grave et grande entreprise à la tête de laquelle il s'était placé. Il m'expliqua comment il était parti de Paris, lui dix-septième des commissaires envoyés pour soulever la France, après avoir assisté à une réunion de personnages très-influents, où il avait reçu ses instructions et l'argent nécessaire pour ses opérations. Une fois Grenoble occupé, c'était de cette ville que devait partir le signal du mouvement général; lui, Didier, aurait marché sur Lyon, où il était attendu le lendemain de l'occupation de Grenoble avec tout le matériel de l'artillerie qui était dans la place. Il me dit que, s'il n'avait pas réussi dans son entreprise, c'était par l'accident providentiel qui m'avait fait rencontrer le lieutenant Aribert; que je devais être arrêté par lui à dix heures et demie précises, et lui, maître de la ville à onze heures, où ses intelligences ménagées parmi les habitants et les troupes lui assuraient le succès de son projet. »

participer en rien à l'impétuosité de l'action militaire et politique. En écrivant ces lignes nous ne faisons presque que transcrire le début d'une lettre que le général Donnadieu écrivait à M. Decazes, le 15 mars, après avoir reçu la dépêche du 12, et sous le coup de la tristesse profonde qu'elle lui avait causée :

« Monseigneur, aujourd'hui les sept des vingt et un malheureux condamnés, dont l'exécution avait été suspendue jusqu'à ce jour, ont subi leur peine ; demain David subira la sienne. Autant ces châtiments produisent un effet salutaire lorsqu'ils suivent avec la rapidité de la foudre le crime qui les a provoqués, autant ils peuvent produire un effet contraire alors que le calme est rétabli, et que l'idée du crime s'efface pour faire place à la commisération qu'excitent des misérables entraînés par de grands coupables sur qui seuls désormais doit tomber la sévérité des lois [1]. »

La dépêche qui prescrivait de laisser la justice suivre son cours, transmise télégraphiquement de Paris à Lyon, fut apportée par un courrier de cette dernière ville à Grenoble dans la nuit du 14 au 15 mai. Une première fois déjà l'échafaud avait été dressé dans la journée du 7 mai pour Drevet et Buisson qui étaient morts en criant : *Vive l'Empereur !* Puis, dans la journée du 10 mai, l'on avait vu les portes de la prison s'ouvrir pour laisser sortir quatorze condamnés qui, accompagnés par quatorze prêtres, se dirigeaient vers l'esplanade de la porte de France où ils devaient être fusillés d'après l'arrêt rendu par le conseil de guerre. La cloche de l'église de Saint-André, voisine de la prison, tintait le glas de l'agonie. Il y avait dans cette exécution des circonstances particulières qui ajoutaient à la tristesse de ce spectacle de mort : parmi ceux

---

1. L'authenticité de cette lettre, produite par le général Donnadieu pendant la vie de M. Decazes, n'a pas été contestée. M. Ducom la cite *in extenso* dans son livre.

qui s'agenouillaient pour recevoir le coup mortel, plusieurs appartenaient à la même famille : les deux frères Allard et les deux frères Regnier attiraient surtout les yeux ; on ne les avait pas séparés dans ce suprême instant.

La dépêche du ministère provoqua de nouvelles exécutions. David, condamné par la Cour prévôtale et recommandé par elle à la clémence du Roi, dut, le lendemain de la réception de la dépêche de M. Decazes, monter sur l'échafaud. Les cinq autres condamnés, pour lesquels le Conseil de guerre avait fait une démarche analogue, et au nombre desquels il y avait un jeune homme de seize ans, Maurice Miard, furent conduits sur l'esplanade et passés par les armes, ainsi que les deux condamnés à l'exécution desquels on avait sursis sur le témoignage de MM. Périer et Teissère. Ces exécutions portaient à vingt-quatre le nombre de ceux qui avaient péri par les arrêts de la justice prévôtale et ceux de la justice militaire. Au point de vue de l'humanité comme au point de vue de la politique, c'était trop. Ni le ministère, ni les autorités de Grenoble, ne furent, dans cette circonstance, à l'abri du blâme. On peut croire que l'ardente imagination du général Donnadieu, s'exaltant par les rapports qu'il recevait, croyait à la durée du danger, car, chaque jour, quelque mesure nouvelle annonçait l'inquiétude des autorités.

Le 8 mai, jour de l'exécution de Buisson et de Drevet, le général publiait l'arrêté suivant :

« Art. 1. — Les habitants de la maison dans laquelle sera trouvé le sieur Didier seront livrés à une commission militaire pour être passés par les armes.

« Art. II. — Il est accordé à celui qui livrera mort ou vif ledit sieur Didier une somme de trois mille francs pour gratification. »

Le lendemain, 9 mai, le préfet, M. de Montlivault, et le général Donnadieu, publiaient un second arrêté :

« Le lieutenant général et le préfet arrêtent, en vertu des pouvoirs qui leur sont délégués :

« Art. I. — Tout habitant dans la maison duquel sera trouvé un individu ayant fait partie des bandes séditieuses, et qui, l'ayant recélé sciemment, ne l'aura pas dénoncé sur-le-champ à l'autorité, sera livré à la commission militaire et condamné à la peine de mort; sa maison sera rasée.

« Art. II. — Tout habitant qui, dans les vingt-quatre heures après la publication du présent arrêté, n'aura pas obéi à l'arrêté du préfet (sur le désarmement) et chez lequel il se trouvera des armes de guerre, ou qui aurait chez lui des armes de chasse, pistolets, épées, etc., dont il n'aurait pas fait la déclaration, sera livré à la commission militaire et sa maison rasée. »

C'est de cet arrêté que la dépêche ministérielle du 12 mai disait qu'il ne pouvait pas s'exécuter à la lettre, tout en portant à 20,000 francs la prime promise à celui qui livrerait Didier. Non-seulement l'arrêté du 9 mai ne fut pas exécuté à la lettre, mais il ne reçut aucune exécution : il n'y eut point de commission militaire formée, point d'habitant arrêté, à plus forte raison point de maison rasée. Ce n'étaient que des mesures d'intimidation; mesures maladroites, parce que, sans apporter aucune force réelle, elles jettent de l'odieux sur ceux qui les prennent. Le 13 mai, M. Lainé adressait au préfet une dépêche dans laquelle il lui disait :

« L'état de siége confond et déplace les pouvoirs, mais ne les met pas au-dessus des lois, et les pouvoirs, lors même qu'ils sont discrétionnaires, sont loin d'être illimités. Je n'ai pu vous donner que ceux que j'ai moi-même... On a bien fait d'intimider les factieux, mais on ne peut substituer à l'action régulière de la loi l'action administrative, et prononcer contre les complices de la rébellion des condamnations dont le tribunal seul peut frapper les coupables eux-mêmes. Je n'ai pas besoin d'ailleurs de vous rappeler quelles idées réveillerait et à quelle époque paraîtrait se rapporter l'ordre qui prescrit de raser la maison des coupables. Tout gouvernement légitime répugne à des actes irréguliers et ne saurait punir révolutionnairement un délit révolutionnaire. »

Le duc de Feltre adressait, de son côté, une dépêche analogue au général Donnadieu. En voici un extrait :

« La proclamation du 9 mai contient des mesures législatives exorbitantes qu'il est impossible d'approuver. Il y est question de commissions militaires que la Charte repousse. La mise en état de siège d'un département ne peut autoriser les principaux fonctionnaires qui y sont employés à établir la peine de mort, à ordonner que certaines maisons soient rasées... Le cours des lois ne saurait être suspendu. Votre ordre du jour du 8 contient des irrégularités de même nature. Les ministres de S. M. se sont plu à considérer ces diverses dispositions plutôt comme des mesures comminatoires que comme devant être suivies d'exécution. Ils ne peuvent néanmoins les approuver, et vous devez vous empresser de vous replacer sous l'autorité des lois. »

Ces ordres témoignent que dans la majorité du ministère il n'y avait pas intention de pousser les choses à outrance et qu'elle n'avait agi, dans les premiers moments, avec tant de rigueur que sous le coup du trouble moral où la jetaient les nouvelles de Grenoble et les terreurs rétrospectives que lui avait laissées le retour de l'île d'Elbe. Le général Donnadieu, de son côté, malgré le luxe d'intimidation qu'il déployait, ayant appris que le général Drouet d'Erlon, son compagnon d'armes en Portugal et en Espagne, se trouvait à Grenoble, le fit mander devant lui, mit un terme à ses craintes en l'embrassant, et le fit évader de Grenoble, d'où personne ne pouvait sortir à cause de l'état de siège, en le plaçant revêtu d'une livrée debout derrière le carrosse de madame Donnadieu [1].

---

[1]. Ce fait est rapporté par M. Crétineau-Joly, *Histoire de Philippe d'Orléans et de l'Orléanisme*, publiée en 1863, tome I<sup>er</sup>, page 338. Il avait antérieurement été raconté dans l'*Histoire de la conspiration de 1816*, par M. Ducoin. Madame Donnadieu, qui n'avait pas été mise par son mari dans le secret du nom du personnage qu'elle avait ainsi sauvé, a redit cette anecdote à plusieurs contemporains, de la bouche desquels nous la tenons. Seulement, elle plaçait dans un rang beaucoup plus élevé celui qu'elle avait ainsi préservé.

## V

### ARRESTATION, PROCÈS ET MORT DE PAUL DIDIER.

L'échafaud allait cependant être dressé une fois encore le 10 juin 1816 ; mais, cette fois, le vrai coupable devait y monter. On a vu que Didier était parvenu à s'échapper après la mise en déroute de sa colonne. Il s'était dirigé, à travers les montagnes, vers la Savoie, trouvant asile chez des paysans, dont un lui servit de guide pour franchir le col de la Coche, qui sert de passage entre la Savoie et la vallée de l'Isère. Dans un village perdu sur le sommet des Alpes, le Rivier-d'Allemond, et au delà de la frontière, Didier retrouva trois de ses compagnons de conspiration devenus ses compagnons d'infortune : Coussaux, Dussert et Durif. Il y eut entre les trois fugitifs et leur ancien chef de vives explications, bientôt des récriminations amères. Coussaux surtout accusa Didier d'avoir trompé ceux qu'il avait entraînés à leur perte. On avait parlé de Marie-Louise et du prince Eugène comme présents sur les lieux où devait s'engager l'affaire ; où étaient-ils ? La querelle s'envenima. Didier, hautain et dédaigneux, laissa deviner à ses interlocuteurs que Napoléon pouvait ne pas être l'objet de la conspiration. Qu'importait, puisqu'il s'agissait de revendiquer l'indépendance de la France et de renverser les Bourbons que tous haïssaient ? Ces confidences troublèrent profondément l'esprit des trois compagnons de Didier. Ils étaient ardemment bonapartistes et ils ne pouvaient s'habituer à la pensée d'avoir compromis leur vie pour un autre que pour l'Empereur. Le lendemain du jour où cette conversation avait eu lieu, un des trois conjurés, Dussert, qui n'avait pas témoigné la veille à Didier le même ressentiment que ses deux amis, le pressa de questions, en traversant seul avec lui la Combe d'Olle, vallon où coule un torrent, pour lui arracher la fin de la confidence commencée la veille. Le chef de la conspiration laissa échapper son secret. « En cas de succès, dit-il, le duc d'Orléans aurait été proclamé [1]. » Didier venait de signer son arrêt de mort. Deux des trois hommes dont nous venons de parler, Dussert et Durif, se croyant trahis par celui qui les avait entraînés à risquer leur vie pour une cause qu'ils détestaient, conçurent la pensée de racheter leur tête en le livrant. Cousseaux les avait quittés. Arrivés dans la Maurienne, à Saint-Sorlin d'Arves, ils s'entendirent avec l'aubergiste Balmain, pendant que Didier épuisé de fatigue dormait sur un grabat, pour dénoncer celui-ci aux autorités piémontaises; en même temps, ils faisaient agir à Grenoble un de leurs parents, Jean-Baptiste Sert, qui devait partager la prime avec Balmain, les autres ne demandant qu'à conserver leur vie. Le 9 mai, Sert s'était présenté à la préfecture et avait offert de livrer Didier au prix de la grâce de Dussert, son beau-frère, et de celle de son parent Durif, et M. de Montlivaut lui avait remis un engagement signé de sa main, dans lequel il était fait mention en outre de la prime de vingt mille francs. Lorsqu'il se retrouva seul en se réveillant d'un long sommeil, Didier comprit qu'il était trahi et qu'il allait être livré; la femme de Balmain, saisie de honte et de commisération, ne cacha pas la vérité au proscrit et l'engagea à fuir. Alors ce vieillard, dévoré d'inquiétudes et harassé de fatigues, commença à errer dans les montagnes, demandant à la pitié l'aumône d'un morceau de pain et d'un verre d'eau qu'il n'obtenait pas toujours. Il rencontra cependant des cœurs généreux. Lorsque, — après avoir perdu, au milieu du brouillard qui montait, la trace du sen-

---

[1]. Cette importante révélation fut faite en 1819 par Dussert à M. Joseph Rey, alors avocat, plus tard magistrat à Grenoble, et c'est à ce dernier qu'on doit ce renseignement.

tier par lequel il aurait pu descendre la montagne et rentrer en France, où l'on ne le cherchait pas, — il se décida, au bout de quelques instants de prostration et de défaillance, à reprendre la route de Saint-Sorlin, une maison isolée, située à l'entrée de Saint-Jean d'Arves, petite commune voisine de celle où il allait, s'offrit à ses regards; une vieille femme était assise sur le seuil; il lui demanda l'hospitalité. Elle leva vivement les yeux, et à la vue de cet homme de haute taille, à la figure pâle et défaite, aux habits déchirés, elle s'écria : « Vous êtes celui qui a conspiré contre le Roi de France ? — Eh bien, oui, je suis Didier, répondit-il; livrez-moi si vous le voulez, mais laissez-moi prendre quelque nourriture et un peu de repos. — Il n'y a dans tout le pays qu'un malheureux capable de livrer son hôte, c'est Balmain; entrez, ce n'est pas nous qui vous trahirons. » Didier entra, mais il fallut bientôt fuir encore. Les carabiniers sardes fouillaient les maisons. Didier trouva un nouvel asile; presque aussitôt son hôte lui représenta qu'il était impossible de le garder dans le village, où il serait infailliblement arrêté, et lui proposa de l'envoyer dans une grange perdue au fond des bois; un des fils du propriétaire l'y conduirait, et là, on le nourrirait jusqu'à ce que ses forces lui permissent de se remettre en marche. Ce fut la dernière étape de Didier. Un des enfants de Balmain avait aperçu le proscrit se dirigeant vers la grange le long d'un sentier, et comme l'hôtelier, irrité de ce que cette riche proie lui échappait, s'emportait brutalement contre sa femme plus honnête que lui, l'enfant raconta ce qu'il avait vu. Ce fut un trait de lumière pour l'hôtelier cupide. Quoiqu'on fût à la tombée de la nuit, il guida l'escouade des carabiniers royaux vers la grange qu'on entoura en silence; Didier, qui dormait d'un profond sommeil, fut saisi, garrotté, et le lendemain, 18 mai, conduit à Turin, d'où, le gouvernement français ayant obtenu son extradition, le prisonnier fut transféré à Grenoble, où il arriva au commencement de juin. Ceux qui l'avaient trahi, Sert, Dussert et Durif, attendaient à Saint-Jean de Maurienne le résultat de l'expédition conduite par Balmain leur associé.

A partir du moment de son arrestation, Paul Didier s'absorba dans la pensée de réparer les contradictions d'une vie agitée et désormais sans issue vers la fortune et le pouvoir, par un trépas stoïque. Il avait toujours eu des sentiments religieux, qui reparurent plus vifs et plus forts à cette heure suprême où l'on juge le temps près de disparaître du haut de l'éternité qui va commencer. Mais, malgré la sincérité de sa foi, les tendances de son caractère, naturellement guindé et fastueux, et de son âme plus enflée que grande, persistèrent jusqu'au dernier moment. Il ne s'éleva point jusqu'à cette simplicité chrétienne qui ne cherche point à produire de l'effet devant les regards des hommes, et ne songe qu'à l'œil de Dieu. Le général Donnadieu a plusieurs fois parlé du long entretien qu'il eut avec l'accusé, le jour où Didier, ramené à Grenoble, descendit à l'hôtel Belmont, où résidait le général, et des suprêmes révélations que le condamné lui fit au moment de monter à l'échafaud. Ce fut un secret entre le vainqueur et le vaincu. Aucune parole publique de Didier n'a confirmé ou démenti cette allégation.

Quand Didier arriva à Grenoble, un mois s'était écoulé depuis les événements dont la responsabilité pesait sur lui; l'état de siége était levé depuis le 30 mai; ce fut donc devant la Cour prévôtale qu'il comparut. Il ne dénia rien de ce que tout le monde savait et n'avoua rien de ce qu'il était seul à savoir. J'ai étudié avec un vif intérêt son interrogatoire et le discours apologétique qu'il prononça lui-même, en y cherchant des lumières sur les questions restées litigieuses après tant d'années. J'y ai trouvé un homme plus soucieux de défendre sa mémoire que sa vie, dont il a fait l'abandon. Il repousse avec beaucoup de vivacité le reproche d'avoir voulu livrer la ville au pillage et au massacre [1]. Il semble ne prononcer qu'à regret le nom de Napoléon, et il faut que le président de la Cour prévôtale lui fasse, pour le lui arracher, une espèce de violence comme naguère un de ses complices, Lebrun, le Dromadaire, dans un conciliabule. Il semble sans cesse préoccupé de la pensée de conserver à sa conjuration les proportions grandioses qu'il a cherché à lui donner. Il s'anime, il s'irrite quand on veut le faire descendre de ce piédestal qu'il s'est dressé à lui-même. « J'avais la persuasion, s'écrie-t-il, je l'ai encore, que si j'étais entré à Grenoble, je n'aurais pas été repoussé. Maître de Grenoble, j'étais, en trente-six heures, maître de Lyon et, bientôt après, de toute la France [2]. » Quelques-unes de ses réponses tendraient à faire croire qu'il était en rapport avec les puissances étrangères, et il continua ainsi la mise en scène de sa conspiration [3]. Il s'écria en répondant à une question du président : « Je vous montrerai dans ma défense que je n'étais pas un brigand, et l'Europe m'aurait jugé autrement si j'avais réussi. » Dès le début de cette défense, on aperçoit ce besoin de jouer un rôle qui fut la passion de Didier et qui fit sa perte. Je ne veux citer que ses premières paroles, elles suffiront pour éclairer ce caractère :

« La gloire a un tel attrait, que les hommes la mettent au-dessus de

1. « J'ai pu me tromper, mais j'ai toujours pensé que je pourrais éviter le désordre et l'effusion du sang. »
2. « Je voulais chasser les Anglais, répond-il au président qui l'interrogeait sur ses desseins, et le nom dont je me servais... » Arrivé là, il hésite et n'achève pas. Ce n'est que lorsque le président le presse de s'expliquer qu'il ajoute avec un effort visible : « Le nom dont je me servais était celui de Napoléon. » Dans un autre endroit, il se défend d'avoir annoncé « l'arrivée de Marie-Louise et de son fils. »
3. En répondant au reproche d'avoir voulu mettre Grenoble au pillage, il dit : « Je n'aurais pas voulu mériter les reproches des... » Puis il s'arrête. Le président ayant insisté pour qu'il terminât sa phrase, il laissa alors tomber ces mots : « Des puissances ! »

tout, même de la crainte de la mort. Cette pensée de Pascal m'a souvent frappé; elle semblait me présager la destinée qui m'attendait. J'avais réfléchi sur les moyens de me l'appliquer à moi-même dans mes derniers instants. »

Pour ceux qui se souviennent des précédents de Didier, de sa main toujours levée pour frapper à la porte de la célébrité, de ses allées et venues entre l'empire et la monarchie, le chef de la conspiration de Grenoble livre ici le secret de son caractère. Remarquez que sa conduite est d'accord avec ses paroles. Il fait plaider par son avocat l'incompétence de la Cour prévôtale afin de placer son procès dans un cadre plus vaste, la Cour des pairs : c'est toujours un acteur qui cherche à agrandir son théâtre. Il déclare qu'il ne saurait faire de révélations qu'au Roi en personne. Enfin, quand son défenseur termine son plaidoyer en suppliant la Cour de recommander Didier à la clémence du Roi, l'accusé déchire rapidement la couverture d'une brochure et y écrit ces paroles qu'il fait déposer sur le tribunal : « J'ai fait mon sacrifice, ma famille fera le sien; je remercie mon défenseur de ses généreuses paroles, je supplie la Cour de ne pas s'y arrêter; je ne demande rien au Roi. »

Vous reconnaissez ici l'homme déterminé à placer une vie aux lignes douteuses et mêlées sous la protection d'une mort stoïque. Il y a une certaine grandeur dans cette résignation d'un condamné qui souscrit à la destinée qu'il s'est faite. Il n'accuse personne, il s'écrie : « J'ai appris qu'on répandait le bruit que j'avais signalé diverses personnes comme ayant participé au crime dont je suis seul coupable, je proteste que tout ce qu'on pourrait dire là-dessus est faux [1]. » Mais dans la conduite, dans les paroles, dans la pose de Didier, on retrouve toujours l'apparat et l'emphase. Son attitude n'a ni la

---

[1]. Interrogatoire de Didier.

mâle simplicité de l'homme de conviction qui affirme en mourant ses principes, ni la faiblesse de l'intrigant qui cherche à racheter sa vie en livrant celle des autres. Jusques à la mort, il chercha un rôle, et, si près de l'éternel silence, il voulut faire encore un peu de bruit.

Cependant il mourut en chrétien. Un de ses parents, l'abbé Toscan, curé de l'église de Saint-Louis à Grenoble, lui porta les consolations de la religion qu'il reçut avec beaucoup de foi et de ferveur. Dans sa dernière lettre à sa famille, je trouve cette ligne à citer : « Qu'un grand malheur soit la conservation du christianisme dans notre famille. » Le 10 juin, à dix heures du matin, Didier monta sur l'échafaud dressé sur la place de Grenoble. Il mourut sans proférer aucun cri politique.

Cependant, pressé de questions par le général Donnadieu, qui lui témoignait cette commisération mêlée d'estime qu'un soldat ne refuse guère au courage, et qui, après comme avant sa condamnation, chercha à lui arracher son secret, Didier, selon le récit du général, aurait parlé une heure avant de mourir. « Au moment de monter à l'échafaud, écrivait le général Donnadieu dans une lettre publiée en 1837 [1], cet

---

1. Voici le titre de la brochure publiée en 1837 par le général Donnadieu, et dans laquelle se trouvent les paroles que nous venons de citer : « *La Vieille Europe des rois et des peuples*, page 115. » Le général ajouta dans une lettre publiée en mars 1840 : « Je ne revis Didier après son jugement que quelques minutes avant ses derniers moments dans la salle de la prison, où je me rendis pour lui demander si, dans cet instant redoutable, il n'aurait pas quelque révélation à faire qui intéresserait la sûreté de l'État... Je lui parlai du Roi, dont il n'avait point à se plaindre; il me dit alors, plein d'émotion, des paroles fort mémorables en prenant à témoin le juge suprême devant lequel il allait comparaître pour l'attestation de leur sincérité; paroles que, selon ses désirs, je m'empressai d'envoyer religieusement au Roi par dépêche extraordinaire. Cette dépêche doit exister aux Archives; les lois actuelles ne me permettent pas de la révéler. »

Il est évident qu'il s'agit ici de la révélation dont le général Donnadieu a parlé dans sa brochure de 1837, et qui aurait concerné le duc d'Orléans.

homme, mort avec tant de courage, crut devoir, alors qu'il allait paraître devant Dieu, nous déclarer que le plus grand ennemi du Roi était dans sa famille. » Aucune preuve directe n'a été apportée par le général Donnadieu à l'appui de cette affirmation, qu'il n'est pas cependant possible à l'histoire de passer sous silence. Sortie de la bouche d'un des principaux acteurs de ce drame, il lui est interdit de la taire; dépourvue de preuve directe et positive, il lui est également interdit de la prendre pour règle de ses jugements. Quelle valeur peut-on lui accorder? C'est ce qu'il est impossible de dire. Il n'est pas douteux que dans la pensée de Didier la conspiration de Grenoble n'eût un but orléaniste. Lui-même en convint avec ses complices. Mais aucun document authentique n'établit qu'il eût reçu le mot d'ordre du duc d'Orléans. On l'a insinué, on l'a même affirmé depuis en cherchant à l'établir par des présomptions; mais, d'autre part, on a repoussé cette allégation comme une calomnie, comme l'invention odieuse et ridicule de l'esprit de parti[1].

Quelques mois après l'exécution de Didier, une violente discussion, provoquée par un discours de M. Decazes, éclata entre ce ministre et le général Donnadieu sur la portée de la conspiration de Grenoble, et sur la part de responsabilité qu'avaient assumée les ministres et les autorités locales dans les exécutions dont elle avait été suivie[2]. Le duc d'Orléans et M. Decazes ont été depuis ce moment mis souvent en cause, à l'occasion de la conspiration de Grenoble.

---

1. M. Duvergier de Hauranne ne consent pas même à discuter cette hypothèse dans l'*Histoire du gouvernement parlementaire*.
2. Ce fut alors que fut produite, pour la première fois, la dépêche ministérielle du 12 mai prescrivant de faire exécuter les condamnés en faveur desquels la Cour prévôtale et le Conseil de guerre avaient fait appel à la clémence royale. Accusé, le général Donnadieu devint accusateur à son tour et rejeta le reproche à M. Decazes. Telle fut l'origine d'une polémique qui se prolongea pendant toute la Restauration, et dont nous aurons à parler en racontant la session de 1816-1817.

Vingt-quatre ans après l'événement, sous le régime dont Didier avait voulu hâter l'établissement par sa conspiration, la polémique se rouvrit sur cette question. Les journaux du gouvernement de cette époque, — mis en demeure par les journaux de l'opposition qui, groupant les présomptions et les indices, concluaient des faveurs accordées par le régime orléaniste à tous ceux qui avaient trempé dans la conspiration de Grenoble ou à leurs ayants droit, que Didier était non-seulement le champion de l'orléanisme, mais l'agent avoué du duc d'Orléans, — crurent avoir raison de cette allégation hostile en jetant le dédain et le blâme à Didier, qu'ils représentèrent comme étant le promoteur d'une jacquerie. Alors le seul fils de Didier qui n'eût rien voulu accepter du nouveau pouvoir[1] s'émut, et il adressa aux contempteurs de son père une lettre indignée dans laquelle on remarquait les passages suivants :

« Mon père établissant une jacquerie ! mon père chef de voleurs !... Les serviteurs du pouvoir devraient se souvenir que l'échafaud de Grenoble mérite d'être respecté par lui d'abord, par tout le monde ensuite... Quand même mon père, sans la participation du duc d'Orléans avec lequel, m'a dit ma mère, il avait passé plusieurs heures en conférence avant l'explosion du complot, aurait voulu hisser ce prince sur le trône, faudrait-il perdre les instruments de son élévation ? »

Ce n'est encore qu'une allégation. Mise en avant par le fils de Didier attestant le témoignage de sa mère, elle a dû être recueillie ; mais il est juste de faire observer qu'en parlant du projet de son père de « hisser le duc d'Orléans sur le trône, »

---

1. La *Gazette du Dauphiné* signala entre autres M. Louis Didier, fils aîné du chef de la conspiration, qui, immédiatement après la révolution de Juillet, fut appelé à la préfecture de la Somme, puis nommé secrétaire général du ministère de l'intérieur ; les deux frères Fluchaire, qui avaient épousé les deux filles de Didier, et dont l'un fut nommé procureur général à Montpellier, l'autre receveur particulier à Montélimart. Elle portait à soixante-huit le nombre des anciens conspirateurs de Grenoble qui recevaient sous le gouvernement de Juillet des pensions ou des récompenses secrètes. Cette liste ne fut pas contestée.

Didier ajoute aussitôt, non pas, il est vrai, « sans son consentement, » mais « sans sa participation. » Il reste donc acquis à l'histoire que, dans la pensée de Didier, la conjuration de Grenoble était une conjuration orléaniste. La situation du duc d'Orléans, sa qualité de premier prince du sang, la circonspection de son caractère, éloignent l'idée d'une participation active à une entreprise qui pouvait convenir à l'esprit aventureux et à la position désespérée de Didier, mais qui ne convenait nullement ni à la position ni au caractère du duc d'Orléans. Ce dernier connut-il cette entreprise? le général Donnadieu, le fils de Didier [1], l'ont affirmé, mais sans apporter aucune preuve écrite à l'appui de leur

---

[1]. Pour ne passer sous silence aucune des pièces qui peuvent éclairer cette question, je citerai le fragment d'une lettre écrite le 18 septembre 1837 par M. Barginet, de Grenoble, secrétaire de Didier en 1815. « J'ai cru longtemps, monsieur le général, que le secret des événements de 1816 vous était connu; la position dans laquelle vous êtes aujourd'hui me prouve que je m'étais singulièrement trompé. Si parmi les hommes du pouvoir à cette époque il y a un coupable, évidemment ce n'est pas vous. Dépositaire d'un pouvoir presque absolu, vous avez agi, dans les limites de votre mandat, avec une rigueur que vous avez crue nécessaire. S'il y a là un motif de reproche, c'est, je crois, le seul qu'on puisse diriger contre vous. Les débats publics du procès du malheureux Didier n'ont nullement présenté sous son véritable jour l'événement désastreux dont il est mort victime. J'avais eu occasion de connaître ce personnage en 1815 à Paris, durant les Cent-Jours, et je lui servis alors de secrétaire; j'eus nécessairement des relations avec lui en 1816, lorsqu'il vint dans nos contrées mettre à exécution un projet dont les principaux fauteurs ignoraient le véritable but. Ce que j'écris ici, monsieur le général, c'est de l'histoire. Pour remuer nos patriotiques populations des montagnes, on fut obligé d'invoquer tour à tour les souvenirs de la République et ceux de Napoléon, alors encore si palpitants dans un pays qu'une année seulement auparavant le grand homme avait traversé en triomphateur. Mais il ne s'agissait ni de la République ni de Napoléon. Le caractère bien connu du monarchique Didier s'oppose à cette explication du complot; quelle est donc la véritable? Il n'y a plus en France que trois hommes qui la connaissent, puisque vous n'êtes pas de ce nombre. Il y a un de ces hommes qui gardera le secret aussi fidèlement que la tombe où repose Didier, et cet homme, c'est moi. Quant aux deux autres, je n'ai pas à m'en occuper. Il m'importe peu qu'ils n'apprécient pas, dans la haute position où ils sont placés, une discrétion que je crois utile. » Cette lettre, on le voit, ne sort pas des insinuations et des sous-entendus habituels à tous ceux qui ont su ou prétendu savoir la vérité sur cette affaire.

dire. Or voici que ceux qui ont soutenu longtemps que cette preuve existait et qu'elle serait produite, qu'ils la produiraient même, abandonnent le débat en disant aujourd'hui qu'elle a été anéantie, ce qui prouve tout au moins qu'elle n'est pas en leurs mains [1].

1. Il importe de résumer en un petit nombre de lignes les péripéties du débat suscité au mois d'avril 1841 par les articles que M. Crétineau-Joly publia dans la *Gazette du Dauphiné*. Il y eut d'abord un procès intenté par M. Simon Didier contre le *Courrier de l'Isère*, feuille ministérielle qui avait traité son père d'anarchiste et d'ennemi de la propriété, en répondant à la *Gazette du Dauphiné*. Le *Courrier de l'Isère*, vu sa bonne foi démontrée par les explications de son défenseur, ne fut condamné qu'aux dépens *pour avoir outrepassé les droits de la presse dans l'appréciation de la conduite de Paul Didier*. Il y eut un second procès intenté par le gouvernement aux journaux qui avaient reproduit la lettre de M. Simon Didier, très-offensante pour le gouvernement. La Chambre d'accusation de la Cour royale déclara qu'il n'y avait pas lieu à suivre. A l'occasion de ces procès, plusieurs journaux annoncèrent que M. Crétineau-Joly avait déclaré posséder plusieurs lettres adressées par M. Decazes à un agent provocateur en Dauphiné. Bientôt on éleva le nombre de ces pièces au chiffre de quatre-vingt-trois. Ce bruit, rapidement propagé, amena des rapports fréquents entre M. Crétineau-Joly et le général Donnadieu, qui, on doit le reconnaître, a appelé passionnément, pendant trente ans, la lumière sur l'affaire de Grenoble. On annonça une nouvelle *Histoire de la campagne de Grenoble*, par M. Crétineau-Joly; il y eut un marché fait avec un libraire. Elle était impatiemment attendue. Plusieurs personnes notables disaient savoir de l'auteur lui-même qu'elle contiendrait des lettres de M. Decazes; M. Jules Favre, avocat de Simon Didier, est du nombre. La seule parole *écrite* de M. Crétineau-Joly se trouve dans une lettre adressée par lui au général Donnadieu, qui le pressait de tenir sa parole. Cette lettre produite en justice contenait la phrase suivante : « Je vais me mettre au travail; déjà il est commencé. Il n'y a plus que les faits et les lettres à encadrer. » M. Crétineau-Joly écrivait ceci à la date du 21 décembre 1841. Le 26 janvier 1842 il annonça au général « qu'il serait impolitique de lancer la publication dans un pareil moment. » Le général désespéré provoqua la réunion d'un conseil d'honneur. M. Crétineau répéta devant ce conseil que le moment était mal choisi. Invité à montrer au moins une seule des lettres, il refusa. Le général offrit de publier, de signer le livre, et d'en laisser les avantages à l'auteur. Nouveau refus. Comme celui-ci alléguait les persécutions auxquelles il pouvait être en butte, les dommages dont ses intérêts souffriraient, le général lui proposa une somme de 60,000 francs, qu'un tiers offrit; troisième refus. Le général intenta alors une action judiciaire contre M. Crétineau-Joly, en alléguant l'intérêt moral qu'il avait à jeter la lumière sur cette affaire. Un mémoire fut rédigé par M. Berryer, qui avait assisté le général Donnadieu dans cette affaire, et signé par MM. Jules Favre et Marie. Ce fut au sujet de ce procès, qu'il gagna, que M. Crétineau-Joly publia dans la *Gazette du Dauphiné* du 4 décembre, une

## VI

### COMPLOTS, PROCÈS ET CONDAMNATIONS.

L'affaire de Grenoble eut un fâcheux contre-coup. Elle imprima naturellement un nouvel élan aux poursuites judiciaires et rendit le gouvernement plus soupçonneux, plus disposé à croire aux conspirations, et moins disposé à adoucir, par la clémence, les arrêts de la justice. C'est à l'influence de ce sentiment qu'il faut attribuer en partie l'exécution du général Mouton-Duvernet, que nous avons racontée et qui eut lieu en juillet 1816. L'alarme causée par l'entreprise de Didier durait encore. Ce fut avant cette époque et au moment même où la conspiration de Didier éclatait dans le Dauphiné que l'on découvrit à Paris la conspiration dite des *Patriotes de 1816*.

lettre à laquelle nous empruntons les passages suivants : « Un concours de circonstances dont il est inutile, dont il serait peut-être dangereux d'entretenir le lecteur, a fait tomber entre nos mains des documents qui jettent un jour tout nouveau sur les trames précédant la conspiration que M. Donnadieu a réprimée. Je suis resté, je reste l'unique arbitre de l'opportunité ou de l'inopportunité de la publication de ces pièces... Le général et ses avocats ont agi comme ils l'entendaient ; je ferai de même, laissant tomber les bruits absurdes devant la réalité, et ne modifiant en rien mes résolutions premières. J'ai dit que la *Conspiration de Grenoble* paraîtrait ; au jour que j'aurai choisi, et non celui que l'on m'indique par contrainte, je tiendrai ma parole. » Le 19 décembre 1842, la *Législation*, journal dont plusieurs pairs étaient, assurait-on, actionnaires, publia une note dans laquelle il était rapporté que M. Crétineau-Joly s'était présenté dans ses bureaux, et l'avait autorisé à annoncer qu'il n'avait jamais dit avoir en ses mains des lettres de M. Decazes. Cette déclaration mit naturellement fin à l'affaire. Enfin, on lit dans l'*Histoire de Louis-Philippe*, publiée en 1863 par M. Crétineau-Joly, ouvrage ouvertement dirigé contre Louis-Philippe et l'orléanisme, les lignes suivantes : « Ces documents existaient. Un pieux sentiment de famille et la peur de trouver son nom accolé à une profonde scélératesse les firent anéantir. Le feu a consumé les témoignages directement provocateurs. Le dernier mot de la conspiration de Grenoble ne sera jamais dit qu'au tribunal des justices célestes. » (*Histoire de Louis-Philippe*, par Crétineau-Joly, tome 1er, page 359.)

Il y avait partout des complots dans l'air; les germes de divisions et de haine que les Cent-Jours avaient multipliés produisaient leurs fruits. Le renversement d'un certain nombre d'existences, résultat des changements administratifs, créait des mécontents, et la présence des étrangers, occupant militairement le territoire, achevait d'exaspérer les âmes. Ces dispositions malveillantes et haineuses qui régnaient dans une partie des classes populaires étaient cultivées par deux influences. La première était celle des ennemis directs de la Restauration qui enflammaient les passions à l'aide de pamphlets distribués dans les ateliers et les casernes; c'est ainsi qu'on saisit à cette époque les presses du *Nain tricolore*, libelle périodique dont l'imprimeur, les distributeurs et les auteurs furent condamnés à la déportation. La seconde était celle d'une espèce de police bâtarde et officieuse qui entretenait des rapports avec la police officielle.

C'est le cas de rappeler les réflexions présentées plus haut sur les traditions de la police de Fouché qui survivaient à l'Empire. La police est une des nécessités, et, en même temps, un des dangers des sociétés modernes, parce que ses agents ont intérêt à grossir l'importance des conspirations et même à les développer pour agrandir le mérite de leurs découvertes; cet inconvénient était plus grave encore à cette époque, parce qu'un grand nombre d'anciens agents de Fouché, mis en disponibilité, avaient un pied dans les conciliabules et un pied dans les bureaux de la surveillance secrète; serviteurs suspects et conspirateurs équivoques, également prêts, suivant les chances de la fortune, à livrer les conspirateurs au gouvernement ou le gouvernement aux conspirateurs.

Un corroyeur, Plaignier; un ciseleur, Tolleron; un maître d'écriture, Carbonneau, s'étaient entendus pour former une affiliation hostile aux Bourbons. Les membres se reconnaissaient entre eux par l'exhibition d'une carte portant, avec un triangle qui rappelait la république, ces trois mots : *Union, honneur et patrie.* C'étaient des esprits mécontents, des caractères aigris, des ennemis du pouvoir existant. Des milliers de personnes avaient reçu ces cartes, et la société, dans une proclamation qui fit partie des pièces du procès, se montrait menaçante et parlait avec une confiance emphatique de ses moyens d'action, en affirmant qu'elle avait des complices jusque dans les avenues du pouvoir [1]. A en juger par le style plein de fantasmagorie de cette proclamation, on croirait à l'intention d'effrayer le gouvernement en lui faisant voir partout des ennemis cachés, et d'encourager les hommes hostiles au pouvoir en leur faisant voir partout des amis, des complices, jusque dans les régions administratives. Il faut un aliment aux affiliations de ce genre; l'aliment de celle-ci fut un projet de conspiration. Il est difficile d'admettre que cette conspiration eût jamais mis en danger l'existence du gouvernement quand on se reporte à la manière dont M. Decazes la caractérisa dans un article inséré au *Moniteur* du 11 mai, c'est-à-dire au moment même où tous les esprits étaient sous le coup de l'émotion produite par les nouvelles de Grenoble; voici cet article :

« Pendant qu'une poignée de factieux et de brigands cherchaient à révolutionner quelques communes des environs de Grenoble, des hommes insensés et non moins coupables ourdissaient à Paris des complots

---

1. « Français, nous sommes arrivés au terme du malheur. Amis du peuple dont nous faisons partie, nous nous sommes empressés de prendre les mesures les plus sages et les plus certaines pour la chute des Bourbons. Notre influence s'étend de toutes parts, et, comme à la veille du 20 mars, nous dirigeons encore, sous l'apparence du dévouement, le tyran et toutes les autorités. Ne vous effrayez de rien ; nos frères, qui sont partout, sont forcés de sauver les apparences, et, s'ils sacrifient quelques victimes, c'est pour le bien de tous. Ne les voyez-vous pas occuper les premières dignités et seconder sous main tous nos travaux? Ils vous protégeront jusqu'au fond des cachots ; vous y trouverez un appui dans ceux-là même qui, pour la forme, sont quelquefois obligés de vous y mettre. Songez que rien ne doit vous manquer lorsque vous recevrez le signal, non d'un 20 mars, mais d'un 14 juillet, » etc.

dont le but était l'anarchie, le brigandage et le retour de l'exécrable régime de 1793. La police veillant sur tous ces mouvements et suivant jusqu'aux moindres traces de ces misérables et obscurs agitateurs, tous ont été arrêtés en même temps. Les tribunaux en feront prompte justice. Ce sont, pour la plupart, des hommes de la dernière classe du peuple, des insensés qui n'avaient aucuns moyens d'exécution, qui étaient bien convaincus de leur nullité, mais pour qui l'ordre et la tranquillité sont un tourment insupportable. Nous pouvons assurer dès aujourd'hui que cet obscur complot, dont la police a constamment tenu tous les fils, n'a jamais donné la moindre alarme au gouvernement. »

Il semble qu'après de pareilles paroles, le ministère n'eût dû faire intenter contre les membres de l'association des *Patriotes de 1816* que des poursuites en police correctionnelle; il les conduisit en cour d'assises et il intenta contre eux une accusation capitale. Pour comprendre la possibilité d'une action judiciaire aussi grave et les suites qu'elle entraîna, il faut exposer le principal chef d'accusation. Pendant longtemps, tout s'était borné entre les accusés à des distributions de cartes et de proclamations et à des propos hostiles tenus contre la Restauration dans des espèces de conciliabules. L'échoppe des frères Oseré, écrivains publics dans la cour de la Sainte-Chapelle, puis la boutique d'un nommé Sourdon, marchand de vin, arcade Sainte-Anne, presque en face de l'entrée de la préfecture de police, étaient les deux centres principaux de réunion. Mais, dès l'origine, comme le dit du reste M. Decazes au *Moniteur*, la police tint les fils de cette conspiration. Un de ces anciens agents bonapartistes en disponibilité dont il a été parlé plus haut avait, comme un limier, flairé dans la *Société des Patriotes de 1816* une occasion de se faire remettre en pied. Scheltein, c'était son nom, s'était de bonne heure fait affilier à la société et avait été un des plus zélés distributeurs de cartes. Ce fut lui qui proposa le 25 avril 1816, dans le cabaret de Sourdon, où un assez grand nombre de buveurs affiliés étaient réunis, de préluder à une révolution, en faisant sauter les Tuileries avec la famille royale au moyen de plusieurs barils de poudre introduits dans l'égout qui, longeant la façade du palais du côté du jardin, traversait la terrasse du bord de l'eau, le quai, et venait déboucher dans la Seine, à peu de distance du Pont-Royal. A l'appui de son dire, il produisait un plan dessiné par un ancien capitaine de cavalerie, nommé Dervin, devenu aubergiste et chez lequel, dans sa détresse, il avait trouvé l'hospitalité. Dervin allégua lui-même, dans les débats du procès, qu'il n'avait consenti à tracer ce plan qu'à la prière de Scheltein et sur l'assurance de celui-ci, qu'en obligeant les conspirateurs à se déclarer, il obtiendrait les faveurs de la police, qui l'admettrait au nombre de ses agents. Le fait le plus grave de l'affaire, c'est que dès le soir même l'égout était exploré. Il y avait là, dans une certaine mesure, le commencement d'exécution qu'attendait Scheltein pour faire sa dénonciation. Le lendemain, 27 avril, vingt individus dénoncés comme ayant fait partie du complot furent arrêtés, et deux mois après, le 27 juin, le procès s'ouvrit.

Les débats ne mirent pas en lumière d'autres faits que ceux que nous venons d'exposer; seulement ils firent toucher du doigt l'action de la police et la profonde nullité des conspirateurs. L'aubergiste Dervin, l'hôte de Scheltein, mis en cause, demanda à être confronté avec son dénonciateur qui lui avait suggéré l'idée du plan des Tuileries, et qui, « arrêté avec lui dans son logement, conduit en même temps que lui au bureau des inspecteurs de police, avait été relâché, quoique lui, Dervin qui n'avait rien fait que Scheltein n'eût fait, rien dit qu'il n'eût dit, s'était vu retenu. Or, il ne pouvait être coupable si Scheltein était innocent. » Le président usa de son pouvoir discrétionnaire pour mander à la barre du tribunal Scheltein, qui ne se retrouva pas. Cependant Dervin avait donné des indications très-précises, en déclarant que son complice était actuellement employé sous le nom de Duval comme inspecteur des boues et des lanternes. Cet élargissement et cette absence de Scheltein, qui, d'après les dépositions de tous les accusés, avait ouvert l'avis de faire sauter la famille royale avec les Tuileries, avait une signification qui ne pouvait échapper à personne. Ce qui acheva de corroborer cette présomption déjà si forte, c'est que Scheltein fut de nouveau employé à la police; c'était donc un homme en rapport avec la police de M. Decazes, qui en marquant un but précis et déterminé à des esprits malveillants, passionnés et chimériques, aigris la plupart par leur position misérable, leur avait offert l'occasion de passer de l'idée à l'action. Ce fait est grave. Un des torts de M. Decazes fut de ne pas avoir eu d'éloignement pour cette action équivoque et clandestine. Il tenait avant tout à passer pour un homme vigilant et habile à découvrir la piste des conspirations; il oublia dans cette circonstance et dans plusieurs autres que, si la surveillance et la répression sont au nombre des devoirs d'un ministre de la police, la provocation n'est pas au nombre de ses droits.

Il fut facile de voir, par les réponses des accusés, quelle était leur impuissance. L'argent, les armes, les munitions, tout leur manquait, l'intelligence encore plus. Carbonneau et Plaignier furent pitoyables dans leurs réponses et dans leur attitude; Tolleron seul montra quelque fermeté et ne cacha point sa haine contre la dynastie des Bourbons. Aux questions pressantes du président des assises, voici quelle fut sa réponse :

« On me disait bien que Plaignier était en relation avec d'importants personnages, que déjà plusieurs proscrits rentraient en France sous la protection des puissances alliées; qu'une révolution se préparait et que plusieurs hommes qui, comme Carnot, conservaient l'estime publique, allaient se mettre à la tête des affaires. Je finis par croire à cet appui des puissances en voyant la proclamation; mais, lorsque ensuite Carbonneau me dit que Plaignier était le seul chef, je les regardai comme des fous ou des imbéciles; je m'éloignai d'eux. Cependant Scheltein vint me voir, il sollicitait des cartes et des proclamations pour des hommes de la plus haute volée. Il revint à la charge avec tant d'importunité, que je me décidai à demander des cartes et des proclamations à Carbonneau. Elles ne firent que passer dans mes mains pour aller dans celles de Scheltein qui m'accuse. »

C'est ainsi que le nom de Scheltein, qui n'avait pas même été mis en prévention et qui restait invisible pour la police, revenait dans les réponses de tous les accusés. Le président, poursuivant Tolleron dans ses retranchements, lui demanda ce qu'il eût fait si Plaignier avait réellement disposé des moyens annoncés par la proclamation. Voici la réponse de l'accusé :

« J'ai trente ans, je suis né dans la révolution, et j'ai été, dès mon bas âge, élevé dans la haine de la dynastie actuelle. J'eusse sans doute voulu coopérer à la renverser. Pour moi, il ne s'agissait pas d'autre chose. J'ai cru que tout se passerait comme au 20 mars : un gouvernement s'en va, un autre le remplace. Nous en avons eu vingt depuis vingt ans. »

On était évidemment en présence d'hommes hostiles à la dynastie ; ils avaient nourri de mauvais desseins. Avec le sentiment profond de l'instabilité des gouvernements depuis la grande révolution, ils avaient conçu l'espoir qu'une occasion se présenterait de renverser le trône, et ils y auraient aidé, le cas échéant. Mais tout cela était vague ; si la malveillance de plusieurs était réelle, les moyens de tous étaient imaginaires, et l'un des prévenus, Sourdon, chansonnier de profession, — qui pendant les Cent-Jours composait et chantait au café Montansier ses chansons, tendant à *mettre du phlogistique dans les veines du peuple*, selon un mot de Napoléon, — n'était pas loin de la vérité, du moins dans les dernières paroles qu'il prononça, quand il répondait au président qui l'accusait de ne pas avoir révélé le complot :

« La distribution des cartes et de la proclamation est le seul fait réel, sérieux, de l'accusation dirigée contre moi ; or, c'est un simple délit prévu par la loi du 9 novembre 1815. Quant au complot, où est-il ? où le trouver ? Des gens qui conspirent sans moyens d'action ne sont pas plus coupables que ceux qui auraient la pensée de tenter un empoisonnement avec de l'eau pure. Il n'y a pas eu de conspiration, il n'existe donc ni complicité ni révélation nécessaire. Si l'association des *Patriotes de* 1816 est une conspiration, c'est la plus pitoyable et la plus ridicule dont les annales de l'histoire puissent jamais faire mention. »

Le jury, placé sous les sombres préoccupations du moment, n'envisagea pas ainsi les choses. Il vit dans ce plan des Tuileries produit devant les affiliés, dans cette proposition de placer des barils de poudre sous le château pour faire sauter le Roi et la famille royale, à la suite de laquelle la grille et le cadenas de l'égout avaient été visités, un commencement d'exécution. Son verdict déclara les trois principaux accusés, Plaignier, Carbonneau, Tolleron, convaincus du crime de lèse-majesté ; dix-sept autres prévenus furent déclarés coupables du crime de non-révélation ou de distribution d'un écrit provoquant au renversement du gouvernement. La première partie du verdict entraînait la peine des parricides contre Plaignier, Tolleron et Carbonneau ; les dix-sept autres furent condamnés soit à la déportation, soit à la détention ; tous à l'exposition publique. Le 27 juillet 1816, Carbonneau, Plaignier et Tolleron furent conduits à l'échafaud, un voile noir sur la tête, selon la législation du temps, et leur poing tomba sous le tranchant du couteau avant leur tête. Quatre jours après, les autres accusés subissaient devant le Palais de Justice la peine de l'exposition publique.

On a peine à comprendre ces châtiments impitoyables quand on se reporte à la manière dont M. Decazes annonçait dans le *Moniteur* la découverte et l'inanité de la conspiration. Le verdict du jury trouve son explication dans les sombres appréhensions qui tourmentaient les imaginations, et la disposition à croire aux machinations les plus sinistres. L'arrêt de la Cour trouve la sienne dans la nécessité d'appliquer la loi, en raison du verdict rendu. Le ministre de la police, qui savait le fort et le faible du complot et s'était vanté d'en avoir tenu, dès le premier moment, tous les fils, n'a pas la même excuse. C'était à lui d'éclairer le cabinet sur la portée de la conspiration ; il laissa exécuter l'arrêt. En présence d'un pareil fait, on se demande ce que devient le rôle d'humanité et de clémence que plusieurs historiens ont voulu faire à M. Decazes au détriment de la Chambre de 1815, qui, selon eux, voulait pousser le ministère à des mesures de colère et de vengeance. Ce n'était point la Chambre de 1815 qui exigeait ces répressions draconiennes de M. Decazes, elle était absente. Ajoutons que ce n'était point pour mériter son approbation à son retour que le jeune favori de Louis XVIII agissait ainsi, puisqu'il était dès lors décidé à empêcher ce retour. Selon toutes les vraisemblances logiques, son but, en poussant ainsi la répression à outrance, était de persuader au Roi qu'entouré de dangers toujours renaissants, il n'y échappait que par la vigilance infatigable et la sévérité inexorable du jeune ministre décidé à tout immoler au salut de son maître. Ce luxe d'exécutions n'affermissait pas le trône du Roi, mais il étayait la fortune naissante de M. Decazes. Les gens raisonnables de la droite virent avec peine cette prodigalité de supplices, et M. Michaud, membre de la majorité de la Chambre de 1815 et directeur de *la Quotidienne*, demandait, quelques mois après, ce qu'avait de commun avec notre civilisation « cette boucherie de têtes et de poings coupés[1]. »

Il y eut, vers la même époque, à Bordeaux, un complot du même genre dont la découverte amena quatre exécutions capitales. Randon, le principal accusé, avait passé de la police de Fouché à celle de M. Decazes. Envoyé par celle-ci dans les dé-

[1]. Par une étrange préoccupation, M. Duvergier de Hauranne, tout en rapportant ces paroles du député et du journaliste, ajoute : « Le Roi et le ministre cédaient à des *obsessions* ou à des craintes dont ils auraient dû s'affranchir. » Cette explication, empruntée à l'apologie que M. Decazes a imaginée après coup pour justifier sa politique, n'est évidemment pas admissible. M. Decazes suivait sa propre politique, en faisant du zèle.

partements de la Charente, de la Charente-Inférieure et de la Dordogne pour surveiller les projets hostiles au gouvernement, il s'était présenté aux bonapartistes comme ancien mameluk de l'Empereur. Bientôt une conspiration se noua, et il adressa des rapports fréquents au commissaire central de la police établi à la Rochelle. La correspondance ayant cessé tout à coup, l'administration, au bout de quelque temps, prit l'alarme. Randon et vingt-quatre individus suspects furent arrêtés. Condamné à mort avec trois autres inculpés, il invoqua en vain le bénéfice de l'article du Code pénal de 1810 qui déchargeait de toute condamnation le dénonciateur du complot. La Cour royale estima qu'après avoir engagé les autres à conspirer, il avait fini par conspirer lui-même, et l'exécution eut lieu.

Le mois de mai 1816 fut attristé par d'autres exécutions ; elles étaient motivées par des faits qui remontaient aux Cent-Jours. Le général Chartran, qui, dans la nuit du 3 au 4 avril 1815, avait renversé à Toulouse le gouvernement du Roi que M. de Vitrolles y avait maintenu, fut condamné à mort par un conseil de guerre le 10 mai et fusillé le 22 mai à Lille, quoique ses juges l'eussent recommandé à la clémence royale. Depuis l'affaire de Didier, le ministère semblait se faire une loi de ne tenir aucun compte de ces recommandations. Vers la même époque, avait lieu le procès du maréchal de camp Bonnaire et du lieutenant Mietton, accusés, le premier d'avoir ordonné, le second d'avoir perpétré le meurtre du colonel Gordon. Le colonel Gordon, après avoir quitté, pendant la bataille de Ligny, le camp du général Drouet d'Erlon, auquel il appartenait, et avoir rejoint les lignes de l'armée ennemie, s'était présenté, le 7 juillet 1815, en parlementaire aux portes de la place de Condé, alors investie par les Hollandais, avec un ordre signé du général Bourmont et contre-signé Clouet, qui prescrivait au commandant de cette place, le maréchal de camp Bonnaire, d'en remettre le commandement au porteur de l'ordre. Cette démarche, dictée par un motif honorable et qui réussit ailleurs, avait pour objet de conserver les places fortes du Nord au Roi et à la France et de les couvrir du drapeau blanc pour empêcher les étrangers d'y entrer. L'ordre dont le colonel Gordon était porteur excita une vive émotion dans la garnison, où se trouvaient des officiers et des soldats qui s'étaient jetés dans la place après le désastre de Waterloo. On ne le connaissait pas lui-même, on ignorait sa conduite pendant la bataille ; mais les noms inscrits au bas de l'ordre dont il était porteur suffisaient pour exaspérer les esprits. Le général Bonnaire ordonna à son aide de camp Mietton de le conduire au delà des ouvrages extérieurs et de faire tirer sur lui un coup de canon à poudre. « C'était, disait-il, une satisfaction qu'il fallait donner à la garnison. » Les murmures qui commençaient à s'élever autour du commandant de la place demandaient plus. Le lieutenant Mietton obéit et conduisit, sous bonne escorte, le colonel Gordon hors la place, mais il eut la fâcheuse idée de le faire fouiller avant de passer les derniers ouvrages. Il assumait ainsi une grave responsabilité, car il outrepassait ses ordres, et il était facile de pressentir que le porteur d'un ordre signé « Bourmont et Clouet » pouvait avoir sur lui des papiers de nature à irriter les soldats dans ce moment critique où toutes les passions politiques et militaires étaient violemment surexcitées. En fouillant le colonel Gordon, on trouva plusieurs exemplaires de la déclaration de Louis XVIII datée de Cambrai et un rapport adressé par le porteur au duc de Feltre à la date du 20 juin 1815, et dans lequel il disait : « Le 16 juin, au moment où le premier corps prenait sa place à l'extrême gauche de l'armée, je fis semblant d'aller reconnaître la position et, piquant des deux, je me rendis à Nivelle (quartier général des Hollandais), accompagné du colonel aide de camp Gaugler. »

L'impression produite par la lecture de cette phrase sur des soldats dont plusieurs avaient combattu à Waterloo fut terrible.

Les noms de traître et de déserteur furent jetés au colonel. Le lieutenant Mietton commit une seconde faute : il quitta sa troupe frémissante et laissa entre ses mains cet homme dont la vie était évidemment menacée, pour aller porter à son chef les papiers saisis sur lui. Le général Bonnaire les parcourut rapidement et se contenta de dire : « C'est bien. Exécutez l'ordre que je vous ai donné. » Que se passa-t-il ensuite ? Quelques témoins affirmèrent qu'en arrivant Mietton donna l'ordre du meurtre, d'autres assurèrent qu'il était encore assez éloigné de l'escorte quand une décharge étendit Gordon roide mort. Toujours est-il qu'il y avait eu un meurtre, que l'homme tué était un parlementaire, et que Mietton, s'il n'avait pas ordonné la mort de la victime, l'avait livrée à une mort presque inévitable en la laissant entre les mains de soldats exaspérés. Il nia avoir commandé le feu et fut néanmoins condamné à mort. Dès que les débats s'ouvrirent, l'accusation de meurtre dirigée contre le maréchal de camp Bonnaire fut abandonnée, mais on maintint l'accusation à deux points de vue : le général Bonnaire n'avait pas pris les précautions nécessaires pour assurer la préservation des jours du parlementaire, et il n'avait pas puni ses meurtriers. Le conseil de guerre le condamna à la déportation qui entraînait la mort civile et à la dégradation de la Légion d'honneur.

Ces exécutions étaient le triste legs que l'époque des Cent-Jours avait laissé à la Restauration. Sur plusieurs autres points du territoire, il y eut des procès politiques. Cinq gardes nationaux furent condamnés à mort à Montpellier pour avoir dissipé par la violence, le 26 juin 1815, des groupes de royalistes qui criaient : *Vive le Roi!* Il faut se souvenir que cette violence avait été jusqu'à faire des victimes, et que l'amnistie purement politique donnée par le Roi, en couvrant les actes attentatoires à ses droits, n'allait pas jusqu'à assurer l'impunité aux crimes qualifiés, commis contre les personnes et les propriétés. Disons-le à cette occasion, c'est à tort que plusieurs historiens ont inscrit au nombre des griefs reprochés par eux à la réaction de 1815 le jugement et le supplice des assassins des volontaires royaux à Arpaillargues. Nous avons raconté[1] les excès abominables commis contre les volontaires qui se retiraient dans leurs foyers après la capitulation de la Palud. Leurs assassins subirent le châtiment dû à leurs forfaits, et leur impunité eût été un scandale et un outrage à la morale publique.

J'ai indiqué les principaux procès politiques intentés dans les six premiers mois de l'année 1816 et je ne vois plus à ajouter à ces affaires que celle de Carcassonne où un chirurgien nommé Baux fut condamné à mort, avec deux autres accusés, Bonéry et Gardé, comme convaincu d'avoir tramé un complot pour s'évader de prison et se réunir à de nombreux officiers à demi-solde habitant le département, afin d'attaquer à main armée le gouvernement du Roi. Le ministère public avait produit une lettre écrite par les accusés à un riche propriétaire, afin d'obtenir les fonds nécessaires à leur entreprise. Il est difficile, à la distance où nous sommes des événements, d'apprécier jusqu'à quel point ces complots avaient une base sérieuse. Ce qui n'est pas douteux, c'est qu'il y avait d'un côté des haines violentes et de l'autre de vives appréhensions et d'ardentes rancunes, et que ce choc de passions contraires créait une situation de guerre civile. Si vous ajoutez à cela les courtisans de la fortune toujours empressés à faire éclater leur zèle, les fonctionnaires compromis et impatients de donner des gages, les imaginations troublées, vous pourrez persister à déplorer le nombre des procès et la rigueur des peines, mais vous ne vous en étonnerez plus. Le ministère, placé au centre et dans une sphère où l'on devait juger les choses de plus haut, aurait seul pu essayer de calmer les passions émues ; mais, quoi qu'on en

---

1. Voir tome II, page 239.

ait dit depuis pour exonérer la responsabilité morale de M. Decazes, il n'est pas possible d'admettre qu'au moment où sa faveur ne faisait que grandir, les rigueurs dont on parle dussent être attribuées exclusivement à Monsieur et à la droite qui voyait, chaque jour, s'éloigner d'elle la faveur du Roi. Ce sont là des commentaires intéressés, imaginés après coup et qui ne s'accordent pas avec le texte. Ce qu'on pourrait alléguer avec plus de vraisemblance, c'est que le ministère était excité à déployer dans la répression ce luxe de rigueur, non-seulement par le désir de manifester son dévouement au gouvernement royal, mais par la pensée que l'Europe, dont les armées occupaient notre territoire, y verrait un symptôme de force et se montrerait plus disposée à abréger l'occupation de la France, suffisamment protégée par un gouvernement qui ménageait si peu ses adversaires.

Ce fut au milieu de ces tristes circonstances que prirent place les cérémonies du mariage de M. le duc de Berry avec la princesse Caroline, fille aînée du prince héréditaire des Deux-Siciles, mariage annoncé aux Chambres dans la session qui venait de finir. On a vu que l'on attendait le passage de la jeune princesse dans le midi de la France au moment où la conspiration de Didier éclata à Grenoble, et que les conspirateurs avaient même compté sur l'absence du général Donnadieu, qui devait aller la complimenter. Le 30 mai 1816, après une quarantaine de dix jours, Marie-Caroline de Bourbon, fit son entrée solennelle à Marseille, où l'attendait sa nouvelle maison que le Roi avait composée de madame la duchesse de Reggio, dame d'honneur, madame la comtesse de la Ferronays, dame d'atours, du duc de Levis, chevalier d'honneur, et du comte de Mesnard, premier écuyer. Le 14 juin, Madame la duchesse de Berry rencontra dans la forêt de Fontainebleau, à la croix de Saint-Hérem, la famille royale qui était venue au-devant d'elle ; ce fut là que la présentation eut lieu, et l'on remarqua que la jeune princesse, qui devait se contenter de parcourir la moitié d'un tapis placé à l'entrée de la tente, franchit, impatiente de l'étiquette, tout l'espace pour aller se jeter, avec beaucoup de grâce, aux genoux du Roi, qui la releva vivement. Le 16 juin eut lieu, avec les acclamations accoutumées, l'entrée solennelle à Paris, et, comme au moment où le cortége dépassa les barrières, il se fit une éclaircie dans le ciel, quelques minutes auparavant nuageux et sombre, les augures, dont les sourires ne manquent jamais à la fortune des princes, s'empressèrent de présager à la nouvelle duchesse de Berry d'heureuses destinées. La cérémonie du mariage eut lieu le 17 juin à Notre-Dame avec une grande pompe; le cortége se composait de trente-six carrosses, vingt-quatre des écuries du Roi, douze des écuries de *Monsieur*. Les témoins, nommés par le Roi, étaient le maréchal duc de Bellune, le comte de Barthélemy, le premier président de Sèze et M. Bellard. Ainsi l'armée, les deux Chambres et la magistrature étaient représentées à ce mariage. On n'avait rien omis pour faire rejaillir sur le peuple les joies des princes : quinze orphelines pauvres furent dotées; un grand nombre de prisonniers pour dettes délivrés; et le Roi étendit son droit de grâce à plusieurs condamnés politiques en ouvrant devant eux les portes de leurs prisons. Traditions touchantes de l'ancienne monarchie, que les Bourbons ne pouvaient oublier dans leurs rares et courtes journées de prospérité.

Les fêtes du mariage de Madame la duchesse de Berry, comme ces feux de joie qu'on tire dans les ténèbres, éclairaient un moment les ombres de la situation, mais sans les dissiper. Les esprits demeuraient divisés et inquiets, les passions enflammées, les partis irréconciliables et toujours debout; le sang versé sur les échafauds politiques n'éteignait pas les résistances et ravivait les haines. Les souffrances du pays, épuisé par les dernières guerres, les tributs qu'imposaient les étrangers, et les frais qu'entraînait l'entretien de l'armée d'occupation, se trouvaient aggravés par une mauvaise récolte; la famine semblait au moment de s'abattre sur la France accablée par tant de fléaux. Il fallait compter au nombre des difficultés de la situation la mésintelligence qui s'était élevée entre le ministère et la Chambre des députés; les ovations qui avaient accueilli plusieurs des membres de la majorité dans les départements, commentées dans les correspondances des préfets et des députés ministériels, aigrissaient encore les rancunes que nourrissait contre elle le jeune ministre placé le plus près de la faveur du Roi, et qui, de plus en plus, regardait le retour de cette Chambre comme une menace pour sa fortune politique, devant laquelle s'ouvraient les brillantes perspectives d'un horizon sans limites.

# LIVRE DEUXIÈME

## ORDONNANCE DU 5 SEPTEMBRE.

### I

#### TACTIQUE SUIVIE PAR M. DECAZES POUR ARRIVER A UNE DISSOLUTION.

Dès que la session de la Chambre avait été close, M. Decazes avait songé à préparer la dissolution. Cette pensée remontait plus haut, et dans les derniers mois de la session elle était déjà arrêtée dans l'esprit du jeune ministre. Dans plusieurs occasions où Louis XVIII avait témoigné qu'il supportait impatiemment les allures de la majorité, l'opposition qu'elle mettait aux projets de lois présentés au nom du Roi, par exemple au projet d'amnistie, et plus encore à la loi d'élection par deux fois rejetée, M. Decazes, sans pousser immédiatement son maître dans cette voie, avait soigneusement noté ses paroles pour en faire le point de départ du projet qu'il nourrissait en secret. Ses premiers auxiliaires avaient été les cabinets étrangers. On n'en sera pas surpris, si l'on se souvient de l'influence exercée par le parti sénatorial sur l'empereur Alexandre à l'époque de la première Restauration, et si l'on se rappelle en outre que tous les liens des diplomates et des hommes d'État de l'Europe étaient avec des hommes issus de la Révolution et qui avaient rempli de hautes fonctions sous le régime impérial. Ces hommes avaient deux manières d'agir sur les cabinets européens. Il y avait, on l'a vu, dans la majorité de la Chambre des esprits excessifs et des orateurs imprudents, et il était facile, en prêtant à la majorité tout entière les exagérations exceptionnelles de quelques-uns de ses membres, d'alarmer l'Europe et de lui faire entrevoir le retour d'une nouvelle Révolution, et par suite le retour d'une conflagration générale. Mais la considération capitale aux yeux des cabinets étrangers était celle de la contribution de guerre que la France était condamnée à payer à l'Europe; ce que les cabinets étrangers voulaient avant tout, c'était la certitude que cette contribution de guerre serait exactement soldée. Or il avait été facile aux adversaires de la majorité, qui, tout en voulant acquitter la dette de la France, s'était montrée ménagère des intérêts des contribuables et avait cherché à diminuer les sacrifices du pays, d'exciter les appréhensions et les ressentiments des cabinets européens. On est allé jusqu'à dire que le duc de Richelieu avait secrètement provoqué, dès le mois de février, une démarche du cabinet de Saint-Pétersbourg dans le sens de la dissolution de la Chambre. Cette assertion est doublement invraisemblable, d'abord parce qu'elle serait difficile à concilier avec les sentiments de dignité et l'honorable indépendance de ce ministre, ensuite parce qu'à l'époque dont on parle, il était notoirement contraire à l'idée d'une dissolution, quoiqu'il eût été souvent mécontent de l'esprit de la majorité. Mais ce que le duc de Richelieu ne fit pas, d'autres purent le faire, et toutes les relations des diplomates de la Russie et de la Prusse surtout, qui prirent l'initiative, étaient, je l'ai dit, avec des gens hostiles aux sentiments et aux idées de la droite.

Dès le mois de février 1816, le cabinet de Saint-Pétersbourg, en réponse aux sollicitations diplomatiques du duc de Richelieu, qui aspirait à obtenir des Cours étrangères la réduction de l'effectif de l'armée d'occupation, lourde charge pour la France, et à préparer ainsi la libération définitive du territoire, s'exprimait en ces termes : « Pour que l'armée d'occupation soit diminuée, deux conditions préalables sont nécessaires : l'une, que l'existence du gouvernement français paraisse assurée ; l'autre, que le budget soit établi de telle sorte que la France puisse faire face à ses engagements. Dans l'état actuel de la Cour, du Ministère et de la Chambre, ces deux conditions manquent également. » C'était sur cet ordre d'arguments que se fondait M. Pozzo di Borgo pour demander la dissolution de la Chambre. Au mois de mars suivant, M. de Hardenberg avait adressé à l'ambassadeur de Prusse une dépêche dans le même sens, mais en insistant d'une manière plus forte sur la nécessité de dissoudre une Chambre « aussi contraire, disait-il, à la politique du Roi qu'aux intérêts de la France, » et qu'il qualifiait à la fois « de factieuse et d'impopulaire. »

Ainsi, les premières attaques contre la Chambre venaient du dehors. Cette circonstance aurait dû leur ôter de leur autorité. En effet, quoique, par suite de la triste situation de notre pays et de la position de défaite et d'impuissance où les Cent-Jours l'avaient laissé, la politique européenne se trouvât mêlée plus qu'elle n'aurait dû l'être à nos affaires, ce n'était point, ce semble, aux cabinets de Saint-Pétersbourg et de Berlin qu'il appartenait de signaler quelle était la politique intérieure la plus favorable à la cause du Roi et à celle de la France. Tout au plus auraient-ils pu dire quelle était celle qui, en leur qualité de créanciers, leur inspirait le plus de confiance. Il est remarquable que le parti qui a si souvent reproché à la droite de s'appuyer sur l'influence étrangère donnait le premier, en 1816 comme en 1814, l'exemple du recours aux cabinets européens.

La première démarche de ceux-ci remontait, comme je l'ai

dit, au mois de février 1816, et c'est à propos du nouveau projet de budget, substitué par la majorité au budget ministériel, que cette démarche eut lieu. Il était venu à ce sujet des instructions à M. Pozzo di Borgo, qui provoqua une délibération de la conférence européenne dont le siége était à Paris. Il y fut décidé en principe, « qu'on ferait connaître au Roi la nécessité de soutenir son ministère contre les violences d'une majorité factieuse et impopulaire, et de préparer, sans s'écarter de la Constitution, l'élection d'une représentation nationale plus conforme aux intérêts de la France. »

Le roi Louis XVIII avait, on le sait, un sentiment élevé de sa dignité, joint à des susceptibilités nationales très-vives. On cherchait les moyens d'atténuer ce qu'il y avait d'offensant dans une pareille démarche, lorsque le duc de Wellington proposa aux autres membres de la conférence d'écrire personnellement une lettre au Roi, en ajoutant que celui-ci l'avait autorisé à l'entretenir des affaires publiques quand il le jugerait utile. Cette forme fut adoptée, et le duc de Wellington écrivit, séance tenante, une lettre approuvée par ses collègues de la conférence, et dans laquelle on remarquait les passages suivants :

« Sire, les scènes qui se passent dans la Chambre des députés sont connues de tout le monde. Votre ministère, quoique possédant et méritant la confiance de Votre Majesté et celle de toute l'Europe, n'y a point d'influence, et se trouve sur le point de revenir sur des transactions converties l'an dernier en loi, et revêtues du nom sacré de Votre Majesté, ou d'abandonner le poste où l'a placé la confiance du Roi. Je dois à la vérité et à mon attachement à Votre Majesté, et à la tranquillité de l'Europe, d'avertir Votre Majesté qu'il est notoire que la famille de Votre Majesté, que les personnes de sa Cour et de celle des Princes, exercent dans la Chambre des députés une influence en opposition à celle des ministres..... Le moment est venu pour Votre Majesté de se déclarer avec fermeté, et de prêter à son ministère l'appui de toutes les influences de Cour et de palais qui, aujourd'hui, sont dirigées contre lui. Par ces moyens, qui sont non-seulement légitimes mais nécessaires pour le maintien de l'autorité de Votre Majesté et de son action sur ses propres affaires, Votre Majesté mettra fin à la crise qui existe depuis trois mois et qui s'aggrave chaque jour. »

Rendons justice à Louis XVIII et à son premier ministre le duc de Richelieu, cette démarche des cabinets étrangers les affligea et les offensa profondément. Louis XVIII ne voulut point prendre un parti qui aurait semblé dicté par la diplomatie étrangère, et le duc de Richelieu écrivait à cette époque à M. Decazes, qui probablement ne partageait pas toutes ses susceptibilités : « Tout ce que je crains, c'est qu'on ne croie que ce sont les étrangers qui nous soutiennent, ce qui commence à se répandre. Bien sûrement, ce bruit seul me fera déguerpir, car rien ne me paraît plus odieux. » Il écrivait encore au même quelques jours après : « Le duc de Wellington a vu Monsieur et n'en a pas été content. C'est un parti pris, mais par-déssus tout, je ne veux pas de l'appui étranger. Plutôt mourir de la main des Français que d'exister par la protection étrangère. » Enfin, le sentiment royaliste, qui était vif en lui, continuant à subsister malgré les contrariétés ministérielles qu'il avait éprouvées, il disait dans la même correspondance à son jeune collègue : « Après tout, ils sont royalistes, il faut gouverner pour eux et malgré eux, si cela est nécessaire. Il faut les sauver malgré eux[1]. »

La conférence européenne avait été saisie de nouveau, au mois d'avril suivant, de la même question par M. de Goltz, ambassadeur de Prusse, qui aurait voulu déterminer ses collègues à faire une démarche collective pour obliger le Roi à dissoudre la Chambre. Le duc de Wellington s'opposa à cette démarche en faisant valoir trois considérations : le Roi ne

---

[1]. Ces divers extraits de lettres sont donnés dans l'*Histoire du Gouvernement parlementaire*, par M. Duvergier de Hauranne, qui a eu les originaux dans les mains, tome III, page 395.

voudrait pas dissoudre la Chambre, dont le royalisme n'était pas équivoque, pour courir la chance de la voir remplacée par une Chambre appartenant aux idées révolutionnaires ; le duc de Richelieu, dont l'influence était balancée dans le conseil par celle de M. de Vaublanc et de plusieurs autres ministres, n'avait pas la main assez forte pour dominer les nouvelles élections ; enfin, le budget n'était pas voté. La question financière était toujours, on le voit, une des grandes préoccupations de l'Europe.

Là ne s'arrêtèrent point les démarches de la diplomatie européenne. La Russie surtout, toujours sous le coup des influences et des idées qui avaient exercé un si grand ascendant sur l'empereur Alexandre en 1814, fit parvenir à Louis XVIII, par les mains de M. Pozzo di Borgo, au mois de juin 1816, un nouveau mémoire russe, qui portait pour titre : *Rapprochement entre les vues des alliés à l'égard de la Restauration de la royauté française et la marche du gouvernement.* Dans ce mémoire, l'empereur Alexandre insistait sur les conseils donnés au Roi, lors de la signature du traité, et se plaignait qu'ils n'eussent pas été suivis, en indiquant plusieurs actes du gouvernement, imposés par l'initiative des Chambres, comme dérogeant complétement à ces conseils. Il citait entre autres, comme étant au nombre de ces actes contraires aux promesses de la Charte et aux engagements du Roi, l'exil des régicides, et il insistait sur la nécessité de mettre un terme à la politique contradictoire qui régnait aux Tuileries, où l'influence du Roi était contre-balancée par celle de Monsieur.

Les étrangers prirent ainsi l'initiative de l'attaque contre la Chambre de 1815, mais il est bien difficile de ne pas admettre que le premier de ceux qui conçurent la pensée de cette dissolution ait agi de manière à provoquer cette coopération étrangère. J'ai nommé M. Decazes. Je sais que les cabinets européens avaient été tout d'abord défavorables à la Chambre introuvable. Elle avait renversé, par sa seule apparition, le ministère du prince de Talleyrand et de Fouché, qui, par suite d'une étrange prévention, avait obtenu la confiance européenne, et l'on vient de voir que l'empereur Alexandre mettait au nombre des griefs de l'Europe monarchique contre Louis XVIII l'exil de cette classe de régicides qui venaient de fournir une dernière preuve de leur incurable haine contre les Bourbons en votant pendant les Cent-Jours leur exclusion perpétuelle. Comment ne pas croire cependant que cette action extérieure avait été provoquée par des rapports qui venaient du dedans, et que la même influence que nous allons voir s'exercer sur le duc de Richelieu, sur M. Lainé, enfin sur Louis XVIII, avait commencé à s'exercer sur la conférence européenne dont le siège était à Paris, surtout quand on voit que les arguments employés par M. Decazes pour déterminer ses collègues, puis le Roi, étaient précisément ceux qui agirent sur les cours étrangères? Ce qui revenait toujours, sous toutes les formes, c'était la nécessité de mettre un terme à ce qu'on appelait le gouvernement occulte de Monsieur, à l'action royaliste s'exerçant en dehors de l'action royale. L'Autriche et l'Angleterre, qui s'étaient d'abord montrées inquiètes de la prétention affichée par la Russie d'exprimer à elle seule la volonté de la conférence et de régenter la politique française, avaient peu à peu acquiescé à l'idée d'éloigner le Roi des royalistes de la droite et de l'unir plus intimement encore à son ministère. Lord Castlereagh écrivait à sir Charles Stuart, à la date du 10 juillet 1816 : « Peut-être M. Pozzo di Borgo a-t-il représenté l'état de la France sous de trop sombres couleurs ; néanmoins le rescrit russe ne peut faire aucun mal, bien au contraire, s'il rend Monsieur un peu plus réservé qu'il ne l'a été jusqu'ici. » Quinze jours auparavant, le duc de Wellington, en prenant congé de Louis XVIII, lui avait parlé dans le même sens, et lui avait signalé la nécessité d'écarter pour la session prochaine tout ce qui pouvait mettre en doute l'unité d'action du gouvernement, et donner à ce que l'on appelait les ultra-royalistes une influence trop grande.

C'est ici le moment d'examiner la valeur du reproche qui était un des principaux arguments de la conférence européenne, et qui allait devenir un des principaux arguments de M. Decazes auprès de Louis XVIII : je veux parler de l'existence d'un gouvernement occulte, qui aurait mis en péril le gouvernement du Roi. Il est rare qu'un reproche généralement accrédité manque complétement de fondement et n'ait pas pour point de départ un fait réel, exagéré seulement par la prévention ou par les calculs intéressés. Le fait réel, c'est que les royalistes avaient conservé, depuis les Cent-Jours, une certaine organisation en France, et que M. le comte d'Artois exerçait plus d'influence que le frère du Roi n'en eût exercé dans une situation tranquille et complétement normale. J'ai déjà essayé d'expliquer cette organisation du parti royaliste, et cette influence de Monsieur. Elles tenaient à la fois à deux ordres de faits : le souvenir de la surprise des Cent-Jours, que le pouvoir officiel n'avait su ni prévenir ni empêcher ; le souvenir du ministère Fouché qui, ouvrant la seconde Restauration, avait inspiré de nouvelles craintes aux royalistes et les avait convaincus de la nécessité de rester sur le qui-vive et d'être prêts à tout. Ce n'était point, comme on l'a dit, l'idée de conspirer contre le Roi, et de substituer à son gouvernement celui de son frère, incapable d'accéder à un dessein aussi coupable comme les royalistes étaient incapables de le former. C'était la pensée que la vigilance comme l'activité pouvait manquer au gouvernement, dans le cas d'une attaque révolutionnaire ou bonapartiste, et qu'alors les royalistes devaient jeter dans la balance le poids de leur courage et de leur résolution. Ceci explique un ordre de faits dont la plupart des historiens n'ont pas saisi la véritable cause. Ainsi plusieurs d'entre eux s'étonnent de voir, au moment de la prise d'armes de Didier, de simples particuliers, et même des curés, avertir le général Donnadieu et le préfet de l'Isère des mouvements tumultueux de leurs communes. C'était le parti royaliste qui, l'œil toujours aux aguets, suppléait à la vigilance du gouvernement dans laquelle il n'avait pas une confiance complète, et l'avertissait des périls que la chose publique allait courir.

Sans doute cet état de choses n'était pas normal; mais, après les circonstances que l'on venait de traverser, et en présence de celles au milieu desquelles on se trouvait, il était bien difficile qu'il n'en fût pas ainsi. Au fond, le parti royaliste restait armé et debout, parce qu'il était convaincu que les partis hostiles n'avaient pas désarmé, et qu'il ne comptait pas d'une manière absolue sur l'efficacité des moyens pris par le gouvernement. C'était un embarras, quelquefois une pierre d'achoppement; mais dans un moment critique ce pouvait être une force.

M. Decazes conduisit avec la finesse et la dextérité, qui étaient au fond ses qualités politiques les plus remarquables, cette campagne contre les hommes de la droite. Il travailla d'abord à conquérir à son opinion le chef du cabinet. Le duc de Richelieu, avec la rectitude naturelle de son esprit, pensait qu'il y avait quelque chose d'inconséquent et presque de monstrueux à se servir de l'influence du Roi pour éloigner, sous le gouvernement royal, les royalistes des assemblées publiques. Il trouvait leur esprit d'indépendance incommode, il était opposé à plusieurs de leurs vues; mais il avait une foi complète dans leur inviolable fidélité. En outre, il se défiait profondément des révolutionnaires. Mais il y avait un point sur lequel le duc de Richelieu était accessible à la dialectique de son jeune collègue: il désirait passionnément l'allégement de nos charges et la libération définitive de notre territoire. Ce fut l'argument principal dont M. Decazes se servit pour agir sur son esprit. Il lui représenta les notes des cabinets européens qui se prononçaient tous contre la majorité de la Chambre ; ces cabinets ne croiraient ni à la stabilité du ministère dans lequel ils avaient confiance, ni à celle du gouvernement royal, et ne seraient rassurés sur le payement de la contribution de guerre que lorsqu'on aurait éloigné cette majorité dont l'indocilité, les passions politiques et les idées aventureusement rétrogrades alarmaient tous les hommes sages de l'Europe. Le duc de Richelieu lutta longtemps ; mais enfin il fut vaincu par cette considération de la délivrance du territoire, à laquelle il avait attaché son honneur. La lutte avait duré depuis le 6 avril, jour de la prorogation de la Chambre, jusqu'à la fin de juillet. Au commencement d'août, le duc de Richelieu adhéra aux idées de M. Decazes et se réunit à lui pour emporter l'assentiment de M. Lainé.

Tant que M. Decazes avait été seul à conseiller la dissolution de la Chambre, il n'avait pu ébranler M. Lainé. Celui-ci, on s'en souvient, avait été blessé par la majorité avant la fin de la session ; il avait donc peu de sympathie personnelle pour elle. Mais il avait un dévouement profond pour la dynastie, une sorte de culte pour Madame la duchesse d'Angoulême, dont il avait admiré le courage à Bordeaux. La gravité d'un acte comme la dissolution ne lui échappait pas. Ses scrupules de légiste s'unissaient à son dévouement de royaliste pour le mettre en garde contre les dangers et les inconvénients de cette mesure. S'il n'avait pas un grand goût pour la droite, il avait une horreur profonde pour les révolutionnaires, et il craignait, en fermant la porte de l'Assemblée aux amis de la royauté, de l'ouvrir à ses ennemis. Au point de vue légal, il estimait que ce serait une chose peu justifiable que de faire les nouvelles élections sans loi électorale, et d'après la simple ordonnance que le Roi avait promulguée, l'année précédente, à son retour, en affirmant de la manière la plus formelle que cette ordonnance ne servirait qu'exceptionnellement aux élections de la Chambre de 1815, dont la mission spéciale devait être le vote de la loi électorale. Il coûtait à M. Lainé de mettre le Roi en contradiction avec ses promesses. Mais, lorsque M. le duc de Richelieu, pour lequel M. Lainé professait une haute estime et dont il connaissait le dévouement à la royauté, eut été conquis aux idées de M. le duc Decazes, M. Lainé n'opposa plus qu'une faible résistance, et ses objections portèrent surtout sur les moyens à employer pour rester dans les termes de la légalité lorsqu'on en appellerait aux électeurs.

M. le duc de Richelieu et M. Lainé étaient les deux personnages les plus influents du ministère; on pouvait placer à côté d'eux M. Decazes, à cause de l'ascendant qu'il exerçait sur le Roi, et qui grandissait de jour en jour. M. Corvetto, qui ne s'occupait guère que de questions financières, était naturellement disposé à se rallier à une mesure adoptée par les membres les plus influents du cabinet, et pour laquelle d'ailleurs ses précédents ne lui inspiraient aucun éloignement. C'était déjà la majorité. Restaient le duc de Feltre, le vicomte Dambray, et le comte Dubouchage. Le duc de Feltre venait d'être fait maréchal de France, il était donc disposé à complaire au duc de Richelieu dont il était l'obligé. En outre, on agit sur son esprit en lui rappelant les opinions qu'il avait soutenues dans la Chambre des pairs où il avait rappelé ce mot : « Si veut le Roi, si veut la loi, » et on lui montra que la Chambre de 1815, toute royaliste qu'elle fût, avait mérité d'être dissoute en voulant faire violence à cet axiome monarchique, et en opposant sa volonté à la volonté royale. Quand il se fut rendu, MM. Dambray et Dubouchage n'eurent plus qu'une alternative, se retirer ou se rallier à la majorité du cabinet. Ils se déterminèrent à suivre ce dernier parti.

Une réflexion se présente naturellement ici. On a dit, à cette époque, et on a répété souvent depuis, qu'à l'aide des trois derniers ministres qui viennent d'être nommés, le comte d'Artois exerçait dans les affaires une influence inconciliable avec l'unité du gouvernement, et que l'autorité royale se partageait pour ainsi dire entre Louis XVIII et lui. Or toute cette délibération sur la dissolution de la Chambre de 1815 se suivit sans que rien transpirât au dehors, sans que Monsieur fût averti. Ce fait semble donner un démenti à l'opinion accréditée par les amis du ministère ; il prouve tout au moins qu'on a singulièrement exagéré les choses.

## II

### TROIS MÉMOIRES PRÉSENTÉS AU ROI SUR LA DISSOLUTION.

Quand M. Decazes fut ainsi maître du conseil, il commença sa campagne contre le Roi, auquel il avait fait déjà quelques ouvertures, mais qui, malgré son mécontentement témoigné à plusieurs reprises à la majorité de la Chambre, se montrait très-contraire à l'idée d'une dissolution. Quand il s'était adressé au duc de Richelieu, M. Decazes avait surtout insisté sur la nécessité de satisfaire les cabinets étrangers, afin d'obtenir la libération du territoire. Pour emporter le consentement du Roi, il dressa autrement ses batteries, et il appuya surtout sur le mépris que la majorité de la Chambre de 1815 avait fait de la prérogative royale dont Louis XVIII était particulièrement jaloux. Le roi résista longtemps, et l'on peut mesurer l'énergie et la durée de sa résistance par les efforts que dut faire M. Decazes pour la surmonter. Deux considérations frappaient surtout le Roi : ce qu'il y avait d'étrange à employer son autorité pour écarter des assemblées des hommes dévoués à la monarchie ;

ce qu'il y avait de périlleux à jouer cette partie dans un pays où les ennemis de la monarchie étaient prêts à tout tenter pour la renverser. Il pouvait être subsidiairement frappé de l'affliction qu'il causerait à sa famille, par l'adoption d'une pareille politique. M. Decazes, pour détruire les scrupules et les objections du Roi, ne se contenta point de ses propres arguments. Après de longues conversations avec lui sur ce sujet, il mit sous ses yeux trois mémoires. Le ministre avait composé le premier, et, avec la connaissance qu'il avait du caractère du Roi, il avait trouvé les arguments les plus propres à toucher son esprit. Il en avait demandé un autre à M. Pasquier, très-animé contre la majorité de la Chambre de 1815, et auquel son expérience des affaires donnait de l'autorité. Enfin, il en avait demandé un troisième à M. Guizot, dont la plume commençait à être remarquée.

C'était au nom de la prérogative royale méconnue par la Chambre que M. Decazes réclamait la dissolution de celle-ci. Il représentait qu'après le 20 mars, on avait voulu vaincre les révolutionnaires par leurs propres armes, et que, pour atteindre ce but, l'ordonnance du 13 juillet avait développé les éléments démocratiques contenus dans la Charte. C'était à cette idée imprudente qu'il fallait attribuer les empiétements de la Chambre. Les ministres, au lieu de s'opposer dès le principe à ces empiétements, avaient été décidés, par des considérations particulières, à souscrire à des concessions pour maintenir l'union de la Chambre et du gouvernement. Quand ils avaient voulu résister, ils s'étaient trouvés en présence d'amours-propres engagés, d'esprits faibles entraînés, et d'hommes de partis trop avancés pour consentir à reculer. Les nouvelles et les correspondances des départements retentissaient des ovations qu'y recevaient les députés de la droite ; le langage qu'ils tenaient indiquait que l'autorité du Roi avait cessé d'exister pour eux, et qu'à leur retour ils lui imposeraient un ministère de leur choix qui gouvernerait en leur nom au lieu de gouverner au nom du Roi. C'était à Louis XVIII de voir s'il lui convenait que la volonté de la Chambre prévalût contre la volonté royale, et que le ministère de la Chambre prît la place du ministère du Roi. Pour remettre les choses dans un état normal, il lui suffirait d'user de sa prérogative constitutionnelle et de dissoudre la Chambre, en montrant ainsi qu'elle n'était point un corps souverain, mais un corps intermédiaire renfermé dans des attributions fixes et limitées. Le jeune ministre insistait ensuite sur la nécessité de dissoudre la Chambre avant le moment marqué pour sa réunion, et il tirait son dernier argument des avantages financiers qu'on recueillerait de cette mesure, car le crédit public dont on avait un si grand besoin ne saurait exister, disait-il, en présence d'une Chambre contre-révolutionnaire et passionnée. M. Decazes terminait en présentant une distinction plus ingénieuse que vraie qui allait devenir le point de départ de toute sa politique : « Si les opinions révolutionnaires, disait-il, sont dangereuses, les intérêts révolutionnaires ne le sont pas ; ils tendent à la sécurité, à la conservation, et ne demandent qu'à vivre paisibles sous l'égide du gouvernement. » Cela n'était pas exact, au moins en 1816. Les intérêts révolutionnaires ne se séparaient pas des passions révolutionnaires, parce que les Bourbons, même en oubliant, ne pouvaient effacer les souvenirs et les rancunes de ceux qui les avaient offensés. La passion révolutionnaire se composait en réalité de deux éléments : la haine rétrospective que nourrissaient les intérêts révolutionnaires contre la royauté, et les appréhensions qu'ils avaient pour l'avenir.

La note de M. Pasquier commençait par une attaque violente contre la Chambre, qu'il rendait responsable des conséquences naturelles des Cent-Jours, en disant qu'au moment où la France avait besoin de se montrer unie devant l'Europe, la Chambre n'avait su que répandre, par les motions les plus folles, l'agitation dans les esprits et l'inquiétude dans les intérêts. Il examinait ensuite les trois partis qu'on pouvait suivre : laisser revenir la Chambre telle qu'elle était, la renouveler par cinquième, ou la dissoudre. L'auteur du mémoire écartait la première solution en affirmant que la Chambre, loin d'être éclairée par l'expérience, reviendrait moins sage et plus exigeante que jamais. Pour motiver son opinion, il insistait, comme M. Decazes, sur les ovations faites aux membres de la majorité dans les départements, ovations qui ne pouvaient manquer de les exalter. Il ajoutait que ceux-là même qui voudraient être modérés ne le pourraient pas. Il citait MM. de Villèle et de Corbière, qui, selon lui, avaient émis dans les Conseils généraux les avis les plus contraires aux principes du gouvernement monarchique. Si la Chambre revenait, on serait obligé de la dissoudre après des débats orageux qui aggraveraient la situation. Fallait-il la renouveler par cinquième ? Ce serait une tentative imprudente, car les quatre cinquièmes conservés exerceraient une grande influence et sur les élections, et sur les délibérations de la Chambre renouvelée. Restait donc le dernier parti, dissoudre la Chambre, et M. Pasquier s'attachait à prouver que les élections n'auraient lieu ni dans le sens ultra-monarchique ni dans le sens révolutionnaire, mais dans le sens modéré.

Dans la note de M. Guizot on devinait l'historien qui, chez lui, précédait le politique. Il tirait ses arguments de l'histoire d'Angleterre, comparait les attaques dont le ministère du roi Louis XVIII avait été l'objet à celles auxquelles on avait vu en butte, de 1640 à 1641, pendant le Long Parlement, les amis les plus fidèles du roi Charles I$^{er}$, et rappelait la faiblesse de ce roi, blâmé par lord Clarendon, lorsqu'il avait consenti à prendre pour conseillers des hommes qui plaçaient l'autorité parlementaire au-dessus de l'autorité royale. L'exemple de Pitt, dissolvant la Chambre des communes en 1792, et mettant ainsi un terme à ses empiétements, était ensuite invoqué. Il assimilait la Chambre de 1815 à celle du 20 mars; toutes deux étaient des Chambres de parti, l'une du parti de la Révolution, l'autre de la contre-Révolution. Chacune d'elles avait voulu faire les affaires du parti qui l'avait envoyée au lieu de faire celles du Roi et du pays. C'est ainsi qu'on avait vu des députés, soi-disant monarchiques, séparer le Roi de ses ministres, s'indigner contre ceux qui, dans les discussions, invoquaient le nom du Roi, distinguer entre la volonté du Roi déclarée par ses ministres et sa volonté réelle, et faire de ce qu'ils appelaient la représentation nationale le principal corps de l'État. Depuis la prorogation, les prétentions des députés de la majorité étaient restées les mêmes : les autorités locales étaient envahies ; le système des administrations provinciales et municipales était devenu l'objet des démarches et des prétentions des partis. « Peu leur importe, continuait le mémoire, d'énerver et de démembrer ainsi l'autorité royale; peu leur importe de lui enlever l'inappréciable avantage d'une administration uniforme, qui assure partout la forte et prompte exécution des ordres. » Le troisième mémoire concluait, comme les deux premiers, à la dissolution de la Chambre, au nom du repos du peuple, de la stabilité du trône et des prérogatives de la couronne également menacés.

J'ai voulu donner l'exposé des motifs qui, dans les trois notes placées sous les yeux du Roi, étaient allégués pour obtenir la dissolution de la Chambre de 1815 [1]. Les griefs se réduisaient à ceci : La Chambre était factieuse ; c'était une

---

[1]. C'est naturellement au livre de M. Duvergier de Hauranne, qui a eu toutes ces notes dans les mains, que j'emprunte ces détails intéressants. On ne saurait soupçonner cet honorable écrivain d'avoir affaibli les arguments allégués contre la droite, puisqu'il regarde la dissolution comme un acte de haute et patriotique politique.

Chambre de parti; elle voulait opérer une contre-révolution; elle entendait substituer son gouvernement à celui du Roi; elle n'était pas royaliste, puisqu'elle prétendait distinguer le Roi de son ministère et attaquer celui-ci sans lui permettre d'invoquer le nom du Roi pour couvrir ses actes.

Ceux qui ont lu attentivement les débats de la session de 1815 sont en mesure d'apprécier la valeur de ces griefs. La Chambre n'avait pas été ministérielle, mais pouvait-on dire qu'elle n'avait pas été royaliste? Tous les pouvoirs demandés au nom de la sûreté de l'État, comme la suspension de la liberté individuelle, elle les avait votés. Elle avait voté de même les fonds nécessaires aux services publics, mais en employant les moyens les moins onéreux, selon elle, pour les contribuables, ce qui est le droit et le devoir de toute assemblée. Elle avait voté la loi d'amnistie en y ajoutant seulement l'éloignement des régicides qui avaient trempé dans les Cent-Jours, et cet amendement, voté à la fin, avec acclamation par la minorité ministérielle elle-même, n'empêchait pas que le Gouvernement ne restât armé de tous les pouvoirs extraordinaires qu'il avait demandés contre une certaine classe de personnes. Sur la loi d'élection, on n'avait pu s'entendre; mais tout le monde convenait que la première loi présentée par M. de Vaublanc, et qui rendait les élections administratives au lieu de les rendre nationales, n'était pas acceptable. Que devenait en outre le gouvernement représentatif, si parce qu'une loi était présentée par le ministère, la Chambre devait nécessairement la voter? Il eût été plus simple alors de supposer son consentement acquis sans le lui demander. Évidemment M. Pasquier avait un trop vif souvenir du Corps législatif de l'Empire et ne comprenait rien au gouvernement qu'avait créé la Charte, quand il assimilait à une usurpation l'usage que la Chambre avait fait de sa prérogative, et, dans cette enfance du gouvernement parlementaire, ni M. Decazes, ni M. Guizot lui-même, n'avaient une claire notion du jeu des institutions représentatives, quand ils prétendaient placer l'irresponsabilité royale entre la responsabilité ministérielle et la liberté de discussion. On remarquera que la note de M. Guizot explique la partie de celle de M. Pasquier, qui avait trait à l'attitude de MM. de Villèle et de Corbière dans les Conseils généraux ; ces deux membres de la droite auraient voulu diminuer la centralisation excessive qui pesait sur les départements ; c'est ce qui, dans les notes mises sous les yeux du Roi, était représenté comme une tentative faite pour désorganiser le Gouvernement.

Il ne paraît pas que ces trois mémoires aient suffi pour persuader Louis XVIII, car M. Decazes crut devoir, au commencement du mois d'août, résumer dans un dernier mémoire les raisons financières et politiques exposées dans les trois mémoires précédents, et les fortifier d'arguments nouveaux en insistant particulièrement sur le motif qui devait produire le plus d'effet sur Louis XVIII : « Voulait-il être le dépositaire auguste et respecté, ou seulement le prête-nom du pouvoir souverain ? »

Il est à croire que ces arguments officiels ne furent pas les seuls qu'on employa pour agir sur l'esprit du Roi. D'autres moyens d'un ordre moins élevé, mais d'un effet peut-être plus sûr encore, furent mis en œuvre. Les rapports de police, qu'il était si facile à M. Decazes de provoquer, passaient chaque jour sous les yeux du Roi, et lui signalaient le parti royaliste comme attendant impatiemment sa mort. « Il faut qu'il ouvre les yeux ou qu'il les ferme, » c'était, disaient ces rapports, un propos qui courait dans les salons royalistes de Paris et des départements. Bien plus, on produisit des correspondances plus ou moins authentiques, dans lesquelles cette phrase était répétée. M. Decazes, qui pratiquait cet art équivoque et clandestin de la police, en tirait un parti merveilleux auprès d'un Roi valétudinaire, dont l'esprit naturellement curieux aimait à suppléer à l'immobilité forcée d'un corps impotent, en faisant aboutir entre ses mains toutes sortes d'informations secrètes. Était-ce vraiment la poste qui livrait au jeune ministre les correspondances de quelques esprits violents de la droite, ou la police créait-elle les arguments dont le ministre avait besoin? C'est le châtiment de ceux qui descendent dans ces régions basses et ténébreuses de la police pour y chercher leurs moyens d'action, qu'on ne saurait plus rien croire, les yeux fermés, de leurs paroles, et qu'on peut tout soupçonner de leurs actes. Je dois ajouter que l'authenticité des lettres produites par M. Decazes devant Louis XVIII a été niée[1]. C'était chaque jour un nouvel assaut livré à l'irrésolution du Roi. Les hommes de la droite faisaient, disait-on, courir une prophétie d'après laquelle la France devait être sauvée par un roi portant le nom de *Charles*.

Ce fut au milieu de ces bruits où le faux se mêlait au vrai, car les opinions royalistes comme les opinions révolutionnaires violemment surexcitées allaient à l'extrême, que le singulier épisode de Martin de Gaillardon prit place. Il est aussi impossible de passer ce fait absolument sous silence que de s'y arrêter pour l'approfondir. Ce fermier de Gaillardon assurait avoir eu une révélation surnaturelle et demanda à voir le Roi pour lequel il prétendit avoir été chargé d'une mission. Il fut examiné par deux célèbres médecins du temps, Pinel et Portal, enfermé quelque temps à Charenton, puis remis en liberté après avoir été, dit-on, reçu par le Roi auquel il parla d'une particularité qui n'était connue que de Dieu et de lui. On s'entretint beaucoup dans le temps de cet incident, mais il n'eut pas d'influence sur les affaires; et c'est à cet unique point de vue que l'historien pourrait chercher à l'approfondir.

1. M. de Villèle, dans ses Notes politiques, dit plusieurs fois que ses lettres adressées à sa famille ou à ses amis ont été interceptées, et qu'il a la certitude qu'on en a mis des fragments sous les yeux du Roi avec des interpolations.

Je me suis efforcé d'exposer d'une manière exacte la situation en face de laquelle M. Decazes prit la résolution d'obtenir du Roi la dissolution de la Chambre de 1815. A ne considérer que la commodité politique du ministère dans la circonstance donnée, on peut comprendre cette mesure; mais en politique il faut voir plus loin que l'intérêt du moment et regarder de plus haut. Ce n'était pas sans raison que le duc de Richelieu, M. Lainé, enfin Louis XVIII, avaient été frappés de l'anomalie qu'il y avait dans cette mesure de dissolution prise par le Roi contre une Chambre qu'un an auparavant il avait qualifiée d'*introuvable* et à laquelle le plus grand reproche qu'on adressât était d'être plus royaliste que le Roi. La répugnance qu'éprouvaient Louis XVIII et MM. de Richelieu et Lainé était un de ces mouvements naturels que l'instinct de conservation nous inspire à l'approche d'un péril. On trouvait qu'il était fâcheux que la droite fût constituée en parti : or, qu'y avait-il de plus propre à la perpétuer dans cet état que de l'éloigner systématiquement des affaires, de tâcher de la mettre en minorité dans la Chambre? On croyait que ses exagérations compromettaient le gouvernement et on désirait que celui-ci ne fût pas solidaire de l'impopularité qu'elle assumait sur sa tête : mais, en la dénonçant à l'opinion publique, en la combattant à outrance devant les électeurs, on augmentait naturellement cette impopularité. Était-on donc sûr que le gouvernement trouverait dans les opinions contraires à la droite un point d'appui certain et durable? Si l'on n'en était pas sûr, il n'était pas difficile de prévoir que le jour où le gouvernement royal serait obligé de se rabattre sur la droite, il la trouverait moralement affaiblie par les coups que les ministres du Roi lui auraient portés, et en suspicion devant le pays, de sorte que le gouvernement royal partagerait l'impopularité qu'il aurait contribué à accumuler sur la tête de la droite. En outre, et ce point de vue, pour être plus difficile à saisir à cette époque, n'en était pas moins un des côtés les plus graves de la question, le ministère, qui avait deux tâches à remplir : affermir le gouvernement monarchique de la maison de Bourbon et combiner avec l'existence du gouvernement royal celle de la liberté politique, risquait, par la résolution qu'il prenait, d'échouer dans la seconde comme dans la première. Pour fonder la liberté politique, il fallait réunir les éléments d'une classe assez indépendante, assez éclairée, assez intéressée à l'ordre, assez attachée à la dynastie pour avoir part au gouvernement. Et comment y parvenir, si l'on commençait par provoquer un divorce entre la classe qui représentait l'ancienne propriété française et les éléments les plus distingués de la société nouvelle? Les cadres du gouvernement représentatif, déjà très-difficiles à former dans une société où la propriété était si morcelée, ne deviendraient-ils pas tout à fait insuffisants? Ne serait-on pas dès lors rejeté dans la classe des fonctionnaires? Et n'y a-t-il pas quelque chose de profondément anormal à faire voter le budget non par ceux qui le payent, mais par ceux que le budget paye?

Telles étaient les objections d'un ordre supérieur que soulevait la mesure dont M. Decazes était le promoteur, et ses inconvénients permanents dépassaient de beaucoup les avantages momentanés qu'il en espérait. Du reste, les événements devaient être la pierre de touche de cette mesure d'État. Si M. Decazes réussissait à réconcilier, comme il l'avait dit, les intérêts révolutionnaires avec la maison de Bourbon, à rallier autour de la royauté les partis qui lui étaient hostiles, et à trouver, en dehors de la droite, les éléments d'un gouvernement conservateur et libéral, il avait gain de cause devant l'histoire. S'il échouait dans cette double tâche, si la royauté, après avoir essayé de gouverner avec les éléments politiques indiqués par M. Decazes, ne trouvait pas le concours qu'elle cherchait, et ne pouvait échapper à la nécessité de revenir à la droite; et si la liberté politique, c'est-à-dire l'action mesurée du pays, intervenant, sans violence et sans désordre, dans le gouvernement, n'était pas la conséquence de cette résolution d'État, M. Decazes devenait responsable devant l'histoire de ce double échec. Le seul résultat, en effet, que, dans ce cas, il devait obtenir, était médiocre et sans valeur; c'était la prolongation de son pouvoir personnel.

## III

LA DISSOLUTION ANNONCÉE DANS LE CONSEIL PAR LE ROI. — MESURES D'EXÉCUTION. — PROMULGATION DE L'ORDONNANCE DU 5 SEPTEMBRE.

Le mercredi 14 août 1816, le Roi tint son conseil. La séance était arrivée à sa fin, le duc de Feltre se levait pour sortir, le roi le fit rasseoir. « Messieurs, dit-il, le moment est venu de prendre un parti à l'égard de la Chambre des députés; il y a trois mois, j'étais décidé à la rappeler; c'était encore mon avis il y a un mois; mais tout ce que j'ai vu, tout ce que je vois tous les jours prouve si clairement l'esprit de faction qui domine cette Chambre, les dangers dont elle menace la France et moi sont si évidents, que mon opinion a complétement changé. De ce moment, vous pouvez regarder la Chambre comme dissoute. Partez de là, Messieurs, préparez l'exécution de la mesure, et, en attendant, gardez-en le secret le plus exact; j'y tiens absolument [1]. »

Le sort en était jeté. Mais, la question de la dissolution décidée, il en restait une autre à résoudre qui présentait de graves difficultés : celle de savoir de quelle manière on ferait

---

[1]. Nous empruntons les paroles de Louis XVIII aux *Mémoires pour servir à l'histoire de mon temps*, de M. Guizot, tome Ier, page 151.

les élections. M. Lainé, qui était le légiste du cabinet, avait sur ce point des scrupules qui ont été exposés. Ses doutes étaient si graves à cet égard, qu'il proposa tout un système d'après lequel on réformerait la Chambre en la ramenant aux principes édictés par la Charte, sans aller jusqu'à la dissoudre. On n'appellerait par les lettres closes que les députés âgés de quarante ans, et seulement en nombre égal à celui prescrit par la Charte. S'il y avait des éliminations nécessaires, même après cette exclusion donnée aux députés qui n'avaient pas cet âge, on les ferait peser sur ceux qui avaient obtenu le moins de suffrages, de manière que les députés qui paraissaient les premiers dans la confiance des électeurs continuassent à siéger dans la Chambre. Quand les projets de loi, d'ordonnance, de règlement seraient préparés, ne serait-il pas à propos que le Roi tînt un conseil extraordinaire dans lequel les princes de sa maison, Mgr l'archevêque de Reims et les principaux évêques seraient appelés et viendraient déclarer que les projets arrêtés ont l'assentiment de tous?

Ce projet, où, selon les expressions de M. Guizot, « se révélaient les fluctuations et les fantaisies plus ingénieuses que judicieuses de l'esprit de M. Lainé, » ne fut pas appliqué, et il n'était pas applicable. Il fallut en revenir à la dissolution pure et simple. On se trouva d'accord sur les trois premiers articles de l'ordonnance déclarant qu'aucun des articles de la Charte ne serait revisé, que la Chambre des députés serait dissoute et que le nombre des députés serait ramené au chiffre fixé par la Charte. Au delà, les hésitations et les divergences commencèrent. Pouvait-on, en effet, sans une contradiction palpable, abolir l'ordonnance du 13 juillet 1815 pour rentrer dans la Charte, et maintenir en même temps l'organisation électorale créée par cette ordonnance et créée pour un cas unique et exceptionnel? Devait-on ou ne devait-on pas modifier les articles de cette ordonnance qui étaient en désaccord avec la Charte, par exemple, ceux qui attribuaient les fonctions d'électeurs à des contribuables qui ne payaient pas le cens fixé par la Charte? Conformément aux conclusions d'un mémoire demandé à M. Guizot, on décida qu'en restant dans les termes de la Charte relativement à l'organisation de la Chambre, on ne pouvait, à l'égard de l'organisation des colléges électoraux, suppléer à son silence et que, par conséquent, l'état légal de ces colléges était celui créé par l'ordonnance du 13 juillet. Une objection se présente d'elle-même : il n'y a qu'une loi qui crée un état légal ; et, du moment que l'on dissolvait la Chambre de 1815 sans lui avoir laissé voter une loi d'élection, on était en plein arbitraire électoral. Le ministère dut ensuite se prononcer sur l'ordonnance postérieure à celle du 13 juillet qui avait autorisé les préfets à adjoindre vingt personnes notables aux colléges de département, et dix aux colléges d'arrondissement. Laisserait-on ces adjonctions subsister telles qu'elles étaient? M. Decazes voulait qu'on ne laissât subsister que celles qui seraient expressément confirmées par le Roi, c'est-à-dire qu'on fît un tri entre les hommes qui seraient jugés favorables à ses vues et ceux qui seraient jugés y être défavorables, afin de confirmer les premiers et d'éliminer les seconds. MM. de Feltre, Dambray, Dubouchage, déclarèrent qu'ils ne consentiraient jamais à l'élimination d'hommes dont ils connaissaient le dévouement au Roi; et, comme MM. le duc de Richelieu et Lainé parurent se ranger à leur avis, M. Decazes dut renoncer à cette épuration des listes électorales qui aurait mis complétement les électeurs à sa merci, puisqu'elle l'aurait investi d'une sorte de droit de destitution à l'égard d'un certain nombre de membres des colléges électoraux. Les listes électorales demeurèrent donc telles que l'ordonnance du 13 juillet 1815 les avait établies. Mais le ministère avait un moyen naturel d'agir sur l'esprit des électeurs, c'était la nomination des présidents de colléges par laquelle le Roi désignait ses candidats au choix : sauf un petit nombre de membres appartenant à l'ancienne majorité que MM. Dambray, de Feltre et Dubouchage réussirent à faire maintenir sur la liste, tous les autres furent pris dans la nuance qui avait marché avec le ministère et même dans des nuances plus voisines de la gauche.

Tout était arrêté, et cependant le Roi hésitait encore. M. Lainé avait rédigé le préambule de l'ordonnance, M. Pasquier l'avait modifié, le dispositif était libellé ; on était dans les derniers jours d'août, et malgré les instances du duc de Richelieu le Roi n'avait encore voulu rien signer. « J'ai parlé hier au Roi pendant trois quarts d'heure, écrivait le duc de Richelieu à M. Decazes vers cette époque; il me semble qu'il est d'accord de tout, et pourtant il n'a pas voulu signer encore, disant que le terme n'est pas expiré. Il semble qu'il s'agisse de la capitulation d'une place. »

Ces paroles sont remarquables ; c'était bien, en effet, d'une capitulation qu'il s'agissait : on allait livrer les amis de la royauté à ses adversaires, les dénoncer à la France comme les ennemis de la société moderne, et corroborer ainsi, par le témoignage du Roi, les accusations dirigées contre eux par la Révolution. Il fallut, pour vaincre cette suprême résistance du Roi, un dernier mémoire de M. Decazes. On en possède le texte. En voici les fragments les plus importants [1] :

« Il est nécessaire de dissoudre la Chambre, parce qu'il ne faut pas accoutumer le peuple à croire que la souveraineté réelle est dans l'assemblée des députés qu'il nomme; d'où il résulte pour lui la conséquence de la légalité et de la légitimité de ce qu'ont fait les précédentes Assem-

---

1. Il a été publié par M. Capefigue, dans son *Histoire de la Restauration* qui a paru en 1832. Seulement, comme on se trouvait trop près des événements, et que sans doute M. Decazes ne voulait pas être nommé, l'historien l'a présenté comme le résumé des Mémoires présentés au Roi. M. Duvergier de Hauranne, qui a eu les papiers de M. Decazes dans les mains, rétablit la vérité en déclarant que le Mémoire publié par M. Capefigue est l'œuvre exclusive de M. Decazes et le dernier effort tenté pour déterminer Louis XVIII.

blées depuis la Constituante jusqu'à la Convention. Il est nécessaire de la dissoudre parce que les opinions, les amours-propres, les intérêts, les ambitions sont trop engagés pour reculer; parce qu'il est de la nature des pouvoirs de tendre toujours à s'accroître; parce que les hommes dont il s'agit ont l'espérance de retrouver, en tentant de nouveaux orages, les débris d'une fortune anéantie par les tempêtes auxquelles ils viennent à peine d'échapper. »

Puis revenaient les arguments tirés de l'impossibilité de faire un budget, de rétablir la confiance, le crédit, de s'acquitter envers les étrangers et de parvenir à délivrer le territoire de l'occupation étrangère si l'on gardait une Chambre qui faisait obstacle aux vues du Roi. Suivant le mémoire :

« La Chambre de 1815 avait mis la banqueroute en honneur, voulu baser le crédit sur la mauvaise foi, déclaré la guerre à tous ceux qui confiaient au gouvernement leur argent, leurs marchandises ou leurs denrées, posé en principe que nul contrat, nulle loi ne liait le trésor, insulté tout ce que la France comptait de soldats, humilié la gloire nationale, attaqué tous les intérêts, inquiété toutes les existences, exaspéré tous les esprits, et rendu ainsi la compression nécessaire et impossible. »

L'acte d'accusation développé à huis clos contre la majorité de la Chambre de 1815 continuait en insistant sur l'impossibilité d'espérer qu'elle fît en politique, en finances, en législation, autre chose que ce qu'elle avait fait. Le ministre ajoutait :

« La masse du peuple, et malheureusement trop de gens sages, comme presque toute l'Europe, voient dans les membres de cette majorité des nobles qui veulent recouvrer leurs priviléges, des émigrés qui veulent rentrer dans leurs biens, qui croient leurs droits féodaux aussi sacrés que les droits du Roi au trône, et leurs propriétés aussi inviolables que la Couronne. »

Ceux qui ont présent à l'esprit l'ensemble de la conduite

de la majorité de la Chambre de 1815 savent qu'ici l'accusation ministérielle allait jusqu'à la calomnie ; cette évocation du fantôme de la féodalité dans le conseil du Roi, répondant à l'évocation du même fantôme par les hommes de la Révolution, avait quelque chose d'étrange.

Le ministre continuait en déclarant que :

« Sans dissolution il n'y avait ni stabilité, ni patrie, ni trône, ni avenir, attendu que la Chambre n'existait qu'en vertu de l'ordonnance du 13 juillet, c'est-à-dire par la violation de la Charte. »

Après avoir formulé cette allégation assez singulière à produire devant le Roi, auteur et signataire de cette ordonnance, le mémoire ministériel s'attachait à rassurer Louis XVIII sur le résultat de la dissolution. Voici les arguments mis en œuvre :

« La nouvelle Chambre sera bonne, d'abord parce qu'elle sera autre, parce qu'elle n'aura pas de système arrêté, qu'elle n'aura pas de meneurs et de chefs, et qu'avant qu'il ait pu s'en présenter, le ministère, instruit par l'expérience, aura pu et aura su s'assurer une majorité d'autant plus facile à conquérir, que l'assemblée sera moins nombreuse, et que, dès lors, il y aura beaucoup plus d'influence. Sur les deux cent soixante membres, le Gouvernement peut compter d'abord sur quatre-vingts voix qui lui sont assurées s'il choisit les quatre-vingt-cinq présidents des colléges électoraux, de manière à ce qu'ils puissent être élus, ce qui ne lui est pas difficile; ensuite trente députés au moins parmi les fonctionnaires, ministres, conseillers d'État et autres qui voteront toujours avec lui s'il le veut et tant qu'il le voudra. Or il faudra que l'influence qu'il exercera sur les élections, jointe à l'esprit de la grande majorité des électeurs, soit bien faible s'il n'a pas la moitié des autres députés, et si dans chacun des départements, l'un portant l'autre, il n'obtient pas une autre nomination que celle du président et dans l'esprit de celle-ci. »

Le ministère espérait donc avoir, à peu d'exceptions près, les quatre-vingt-cinq présidents, autant de députés, et trente députés fonctionnaires, ce qui lui aurait assuré une majorité de 200 sur 260. M. Decazes entrait dans le calcul de toutes les éventualités.

« Le cinquième de la nouvelle assemblée devait être renouvelé en 1817, et pouvait l'être dès le 1ᵉʳ janvier si cela était nécessaire, de sorte que les membres sortants, dans le désir d'être réélus et de n'y pas trouver d'opposition de la part du Gouvernement, se garderaient bien de se montrer hostiles... Si la majorité n'était pas suffisamment assurée, on pourrait les renouveler de suite en s'assurant de tous les préfets de la série et en ajournant la session au 15 janvier. »

C'était aller loin que de renouveler un cinquième de la future Chambre avant même qu'elle eût siégé, si on ne la trouvait pas assez ministérielle. Peser sur cette Chambre en agissant sur les députés fonctionnaires, obligés de voter comme le ministère voudrait et lorsqu'il voudrait, et en faisant appréhender aux députés désignés à être compris dans le cinquième sortant, l'exclusion du gouvernement, si ces députés sortants n'obéissaient pas à son impulsion, ce n'était plus seulement déclarer la guerre à la droite, c'était la déclarer au gouvernement représentatif, et l'on s'explique mal à quel titre les partisans du gouvernement parlementaire ont pu admirer M. Decazes comme le type des ministres constitutionnels. Tout le plan de la politique qu'il allait suivre était en germe dans ce mémoire. Il proposait hardiment d'unir aux ministériels les jacobins :

« Les assemblées électorales, disait-il, seront composées de trois classes d'individus : des exagérés, des constitutionnels, des jacobins. Sans nous flatter, il est certain en fait que ceux-ci ne sont pas en majorité. Ils auront trop peur de voir de nouveau triompher l'exagération, pour ne pas réunir leurs voix à celles des royalistes sages et pour ne pas suivre avec ceux-ci l'impulsion que le gouvernement fera donner par les présidents et par les préfets. Ils savent bien d'ailleurs qu'ils n'auraient rien à gagner à une autre marche, et que si, par impossible, ils parviendraient jamais à former à la Chambre une majorité, le gouvernement n'aurait pas pour eux la même longanimité que pour les députés dont les sentiments ne lui étaient pas suspects, et que le Roi, convoquant de nouveaux colléges électoraux, saurait bien prendre des mesures pour que leur triomphe fût de courte durée. »

M. Decazes était décidé, on le voit, à obtenir à tout prix une Chambre ministérielle, et il était résolu à ne pas marchander les moyens pour atteindre son but. Injurieux pour la droite, menaçant pour la gauche, jusqu'à faire entrevoir un coup d'État, dans le cas où elle viendrait en majorité, il ne s'apercevait pas que de même qu'il compromettait l'opinion royaliste en la dénonçant au pays avec l'autorité d'une parole sanctionnée par la royauté, il réhabilitait et cautionnait la révolution devant le pays, en montrant le gouvernement royal se rapprochant d'elle et demandant son concours. Quand un parti apporte son appoint et que cet appoint devient nécessaire, on est en effet, tôt ou tard, obligé de compter avec lui, et le serviteur de la veille peut devenir le maître du lendemain. Il y avait là un double et grave danger pour l'avenir, et l'écueil où pouvait se briser la politique de M. Decazes apparaissait déjà dans ces prémisses.

L'affaire de la dissolution de la Chambre avait été conduite avec le même secret qu'une conspiration. Le 5 septembre, jour où le Roi signa l'ordonnance, un ambassadeur rapportait à sa cour une conversation qu'il avait eue la veille avec le ministre de la police : celui-ci lui avait dit, dans le cours de cette conversation, que la réunion de la Chambre serait retardée, mais qu'avant de prendre un parti, on essayerait encore de traverser une session. Aux objections du diplomate exprimant la crainte que la Chambre ne revînt plus intraitable que jamais, M. Decazes avait répondu que la menace d'une dissolution immédiate suffirait pour tenir la majorité en bride, et que le gouvernement était décidé à réunir la Chambre, mensonge gratuit dont on ne comprend guère le but et la portée, puisque le ministère devait se donner à lui-même un démenti, deux jours après, à moins qu'il ne faille voir là ce luxe du mystère et cette ostentation du secret que les hommes nouveaux dans les affaires prennent quelquefois pour le sublime de la politique. L'ordonnance avait été signée par le Roi dans l'après-midi de la journée du 5 septembre, et des estafettes en avaient porté des exemplaires imprimés aux préfets ; à onze heures du soir, le duc de Richelieu, par les ordres du Roi, porta la nouvelle à Monsieur, qui resta quelques moments interdit et sans parole devant cette communication, tant elle était pour lui imprévue. Le comte d'Artois voulut ensuite se rendre immédiatement chez le Roi, mais le duc de Richelieu lui objecta que le Roi était au lit, et que les ordres les plus formels avaient été donnés pour que son sommeil ne fût pas troublé. Le comte d'Artois, qui avait un moment quitté son cercle ordinaire pour donner audience au duc de Richelieu, rentra dans son salon, la tristesse peinte sur le visage, et ne cacha point la communication qu'il venait de recevoir. Ce fut ainsi que la nouvelle de la dissolution de la Chambre commença, dans la matinée du 6 septembre, à circuler dans Paris. *Le Moniteur* du 7 publia l'ordonnance signée le 5 ; elle était ainsi conçue :

« Depuis notre retour dans nos États, chaque jour nous a démontré cette vérité proclamée par nous dans une occasion solennelle : qu'à côté de l'avantage d'améliorer est le danger d'innover. Nous nous sommes convaincu que les besoins et les vœux de nos sujets se réunissaient pour conserver intacte la Charte constitutionnelle, base du droit public en France et garantie du repos général ; nous avons en conséquence jugé nécessaire de réduire la Chambre des députés au nombre déterminé par la Charte, et de n'y appeler que des hommes de l'âge de quarante ans. Mais, pour opérer légalement cette réduction, il est devenu indispensable de convoquer de nouveaux colléges électoraux, afin de procéder à l'élection d'une nouvelle Chambre des députés.

« A ces causes, nos ministres entendus, nous avons ordonné et ordonnons ce qui suit :

« Aucun article de la Charte constitutionnelle ne sera revisé. La

Chambre des députés est dissoute. Le nombre des députés des départements est fixé, conformément à l'article 36 de la Charte, suivant le tableau ci-annexé. Les colléges électoraux d'arrondissement et de département restent composés, tels qu'ils ont été reconnus et tels qu'ils ont été complétés par notre ordonnance du 21 juillet 1815. Les colléges électoraux d'arrondissement se réuniront le 25 septembre de cette année. Chacun d'eux élira un nombre de candidats égal au nombre des députés du département; les colléges électoraux des départements se réuniront le 4 octobre. Chacun d'eux choisira au moins la moitié des députés parmi les candidats présentés par les colléges d'arrondissement. Si le nombre des députés du département est impair, le partage se fera à l'avantage de la portion qui doit être choisie parmi les candidats. Toute élection où n'assistera pas la moitié plus un des membres du collége sera nulle. La majorité absolue des membres présents est nécessaire pour la validité de l'élection des députés. Si les colléges d'arrondissement n'avaient pas complété l'élection du nombre des candidats qu'ils peuvent choisir, le collége du département n'en procéderait pas moins à ses opérations. Les procès-verbaux d'élection seront examinés à la Chambre des députés, qui prononcera sur la régularité des élections. Les députés élus seront tenus de produire à la Chambre leur acte de naissance constatant qu'ils sont âgés de quarante ans, et un extrait des rôles dûment légalisé par les préfets, constatant qu'ils payent au moins mille francs de contributions directes. On comptera : au mari les contributions payées par sa femme, quoique non commune en biens; au père, celles de ses enfants mineurs; celles d'une veuve non remariée, à celui de ses fils qu'elle choisira; au gendre, celles de sa belle-mère non remariée, dont il aura épousé la fille unique; au fils et au gendre, celles du père et du beau-père, si le père ou le beau-père leur transfère son droit. Les colléges se tiendront et les élections auront lieu dans la forme et selon les règles prescrites pour les derniers colléges. La session de 1816 s'ouvrira le 4 novembre de la présente année. Les dispositions de l'ordonnance du 13 juillet 1815, contraires à la présente, sont révoquées. »

## IV

#### EFFETS PRODUITS PAR L'ORDONNANCE DU 5 SEPTEMBRE.

L'effet produit par l'ordonnance du 5 septembre fut, chez les royalistes, une stupeur qui allait jusqu'à la consternation, et qui fit bientôt place à la colère; et dans le parti qui avait marché avec le ministère aussi bien que dans la gauche révolutionnaire, une joie qui tenait du délire. M. de Lally-Tollendal écrivait à M. Decazes avec son emphase habituelle et sa déférence obligée pour tous les actes du pouvoir : « Je voulais vous féliciter de la grande, nécessaire et salutaire mesure qu'a prise le gouvernement. La France respire, la Charte triomphe et le Roi règne. » M. Royer-Collard, peu de jours avant la signature de l'ordonnance du 5 septembre, avait reçu confidence de cette mesure à l'issue d'un dîner chez M. Decazes, à la table duquel il s'était assis, et, dérogeant à sa gravité habituelle, il était allé droit à M. Decazes, et l'avait embrassé en s'écriant : « Il faudrait lui dresser une statue. » C'était priser bien haut le triomphe de sa propre opinion, car c'était à ses idées personnelles, adoptées par M. Decazes, que M. Royer-Collard votait une statue. Tout dévoué qu'il fût à la monarchie, il n'estimait pas assez tout ce qui n'était pas lui-même, pour être uniquement déterminé par la pensée que la domination des hommes de la droite provoquerait une réaction révolutionnaire, fatale à la monarchie qu'il aimait. De tous les hommes de ce temps, M. de Montlosier, témoin peu suspect puisqu'il partageait l'enthousiasme de M. Royer-Collard et de M. de Lally-Tollendal, est peut-être celui qui a exprimé de la manière la plus pittoresque et la plus vraie la vivacité des sentiments divers que fit naître l'ordonnance du 5 septembre chez les partis opposés : « Aussitôt que l'ordonnance parut, dit-il, cette exaspération éclata. Tout ce qui avait l'habitude de crier : *Vive le Roi!* garda le silence. Tout ce qui avait l'habitude de garder le silence cria : *Vive le Roi!* C'était le spectacle le plus singulier de voir dans les rues d'effrénés jacobins, poursuivant les royalistes du cri de : *Vive le Roi!* »

Ce spectacle n'était pas seulement singulier, il était instructif et peu rassurant. On a parlé quelquefois de l'aveuglement du dévouement, mais on a parlé aussi souvent de la clairvoyance de la haine ; or, à moins de supposer que ces effrénés jacobins se fussent tout à coup convertis aux sentiments d'un royalisme exalté, et un avenir prochain devait prouver jusqu'à quel point cette conversion était sincère et complète, il était permis de prévoir que cet événement déploré par les royalistes, célébré et exalté par les révolutionnaires, ne produirait point des fruits utiles à la monarchie. M. de Chateaubriand devait dire à quelques jours de là, dans un écrit qui produisit une impression profonde, le mot de la situation. « La vipère est faible et rampante, vous pouvez l'écraser d'un coup de pied, mais elle vous tuera si vous la mettez dans votre sein. »

Ce n'est pas dans la presse périodique, alors assujettie à la censure administrative, qu'on peut retrouver le reflet des impressions de l'époque. Tout ce que purent faire les journaux les plus opposés à la mesure, comme *la Quotidienne*, dont l'un des propriétaires, M. Michaud, venait d'être dépouillé de son brevet d'imprimeur pour avoir laissé sortir de ses presses un écrit contraire à la vente des biens nationaux, et où l'Église concordataire était vivement attaquée, ce fut de dire, et cela fort tardivement, le 14 septembre, que l'ordonnance du 5 n'avait pour objet que de proclamer l'inviolabilité de la Charte, sans noter de blâme la majorité de la Chambre dissoute. *Le Constitutionnel* et *le Journal de Paris*, organes du libéralisme bonapartiste, dans la mesure où il pouvait être représenté, avaient profité de la liberté de l'éloge laissée à tous. *Les Débats* et *le Journal général* avaient formulé quelques timides réserves. Mais les sentiments royalistes allaient s'exprimer avec énergie, en dehors de la presse périodique, par la plume du plus grand écrivain de la droite.

M. de Chateaubriand achevait, dans ce moment, de faire imprimer son écrit sur *la Monarchie selon la Charte*. C'était un manifeste hardi du gouvernement parlementaire, tel qu'il a été compris et professé depuis. M. de Chateaubriand proposait de faire appliquer ce programme par un ministère et une majorité royalistes. Dans cet écrit où les questions de principes étaient mêlées aux questions les plus brûlantes du moment, l'illustre publiciste tirait de l'inviolabilité du Roi, rapprochée de la responsabilité des ministres, la liberté que devaient avoir ceux-ci d'appliquer leurs idées dans le gouvernement ; en même temps, de l'impossibilité où ils étaient de rien faire sans l'assentiment de la Chambre des députés, il tirait la nécessité pour le Roi de les prendre dans le sein de la majorité. Le ministère devait, suivant ce commentaire de la Charte, être à la fois l'expression des idées du Roi qui le nommait, et des idées de la majorité qui l'acceptait et le soutenait ; c'était comme le trait d'union entre les deux pouvoirs, une sorte de pouvoir exécutif dans lequel se consommait l'accord des deux prérogatives qui produisait l'action politique.

C'était une théorie hardie du gouvernement à l'anglaise, appliquée dans toute son énergie à la France, et M. de Chateaubriand n'avait peut-être pas assez considéré la situation de son pays, pour rechercher si tous les éléments d'un pareil gouvernement s'y rencontreraient immédiatement. Il ne reculait devant aucune conséquence : l'initiative exercée à la fois par le gouvernement et les Chambres, le plus souvent par ces dernières ; le droit illimité d'amendement, la publicité des séances des deux Chambres, l'unité et la solidarité du ministère, enfin la liberté de la presse qu'il regardait comme la condition nécessaire du gouvernement représentatif, avec une loi de répression impitoyable, *immanis lex*, et des garanties pécuniaires considérables. Il affirmait, mais sans apporter de preuves décisives, qu'avec cette forme de gouvernement « le Roi serait plus absolu que ses ancêtres ne l'avaient jamais été, plus puissant que le sultan à Constantinople, plus maître que Louis XIV à Versailles. » Ces paroles cachaient évidemment une équivoque ou une exagération, car on ne possède plus en entier le pouvoir quand on le partage ; et il y avait une éventualité que M. de Chateaubriand n'admettait pas, éventualité redoutable qui pouvait, qui devait se présenter cependant, celle où le Roi et la Chambre ne seraient pas du même avis. Qui céderait alors, le Roi ou l'Assemblée? Il était évident que, lorsque le Roi aurait épuisé son droit de dissolution, il ne lui resterait plus qu'à céder. Ce pouvoir absolu que lui prêtait l'illustre écrivain n'existait pour lui que sous la condition d'un accord permanent avec les Chambres, et du sacrifice de ses idées aux leurs quand il y aurait divergence entre eux. Le motif de cette équivoque ou de cette exagération n'est pas difficile à découvrir. Parmi les hommes de la droite, beaucoup pouvaient être effarouchés par cette substitution du gouvernement parlementaire au gouvernement royal, et M. de Chateaubriand allait au-devant de leurs objections.

Cet écrit où de hautes vérités politiques se trouvaient mêlées à quelques erreurs était, après tout, un noble et généreux effort pour enrôler tout ce qui restait de l'ancienne société française dans les cadres de la société nouvelle. On y trouvait des aperçus lumineux sur le droit politique créé par la Charte, de merveilleuses intuitions des issues qui pouvaient s'ouvrir sur l'avenir pour la monarchie constitutionnelle, intuitions obscurcies par un certain nombre d'illusions. Le grand écrivain avait compris que pour le gouvernement fondé par la Charte il fallait une classe politique ; et, pour former cette classe, il voulait que l'ancienne et la nouvelle aristocratie, siégeant dans la Chambre des pairs, conservassent par les substitutions une richesse héréditaire, condition nécessaire d'un pouvoir héréditaire; que le clergé redevînt propriétaire par la restitution des biens ecclésiastiques non vendus, et qu'il prît une part active aux institutions civiles et politiques; enfin que la noblesse et la haute bourgeoisie se confondissent dans la Chambre des députés. Un redoutable pamphlet contre la politique du cabinet, en particulier contre celle de M. Decazes, et contre l'existence anormale du ministère de la police dans une monarchie, alternait avec ce traité de droit politique. C'était à la fois un commentaire explicatif de la Charte, une thèse politique, un exposé critique de la marche du pouvoir et des partis, et une véhémente philippique contre la politique du cabinet. La passion de la droite y trouvait accès et le système des épurations y était prêché à outrance; mais M. de Chateaubriand, tout en combattant la politique des intérêts révolutionnaires, voulait qu'on maintînt loyalement les faits acceptés par la Charte, et que, sauf les hommes qui s'étaient fait un nom par leur haine contre la monarchie, on acceptât la société nouvelle en transfusant dans ses veines tout ce qu'il restait de vieux sang à la France.

J'ai dit que l'écrit sur *la Monarchie selon la Charte* était au moment de paraître quand l'ordonnance du 5 septembre fut publiée au *Moniteur*. Comme il arrivait quand un livre de M. de Chateaubriand allait voir le jour, il se faisait une espèce de rayonnement à l'horizon politique. Les amis de l'auteur, qui avaient reçu communication de quelques fragments, parlaient de cette publication comme d'un événement auquel le cabinet ne résisterait pas. On s'en émut autour du ministère et autour de Louis XVIII. Un ministre, probablement M. Decazes, avait conseillé au Roi de faire agir le duc d'Angoulême sur M. de Chateaubriand. Louis XVIII trouva ce moyen au-dessous de la dignité royale, et se contenta de faire dire à l'auteur, par le chancelier Dambray, que s'il persistait dans le dessein de publier *la Monarchie selon la Charte*, il encourrait son mécontentement. Malgré l'avis de M. Bertin et de plusieurs de ses amis, M. de Chateaubriand persista. Il avait le caractère et le cœur hauts ; il avait pris au sérieux le gouvernement représentatif, dans lequel les idées et les partis politiques se disputent le pouvoir ; il appartenait à ses idées et à son parti ; et il n'admettait point qu'un désir exprimé par le Roi, mais selon lui suggéré par un ministre, pût l'obliger à déserter son camp et à renier son livre. Il y ajouta seulement un *post-scriptum*. Dans ce post-scriptum, qui devint la thèse de la droite, il rapprochait habilement les considérants de l'ordonnance du 5 septembre 1816 de ceux de l'ordonnance du 13 juillet 1815, et faisait ressortir les contrastes et les contradictions que contenaient ces deux ordonnances, dont l'une proclamait la nécessité de reviser la Charte, l'autre celle de la maintenir telle qu'elle était. Puis, pour prévenir le parti que les ministres pourraient tirer du nom du Roi dans les élections, il admettait, comme une hypothèse possible, que le Roi, dont la bouche avait décerné à la majorité le nom d'*introuvable*, n'avait pas changé d'opinion, et qu'il avait consenti à la dissolution, « peut-être parce qu'il avait jugé que la France satisfaite lui renverrait les députés dont il était si satisfait. »

Ce fut surtout ce *post-scriptum* qui déplut au ministère ; cette insinuation déconcertait les projets de M. Decazes, et allait à l'encontre d'une manœuvre générale qu'il voulait employer dans les élections. Le Roi, de son côté, fut profondément blessé de ce que M. de Chateaubriand révoquait en doute la conformité de sa volonté avec celle de ses ministres, dans une ordonnance au bas de laquelle on lisait la signature royale. Il se trouvait donc disposé à témoigner à l'auteur tout son mécontentement.

Il y eut, le jour même de la publication de l'ouvrage, une lutte qui menaça de dégénérer en rixe. L'éditeur, craignant les pratiques de la police de M. Decazes, avait envoyé un assez grand nombre d'exemplaires dans les départements et même en avait laissé circuler quelques-uns à Paris avant de faire le dépôt légal. M. Decazes profita de cette contravention pour ordonner la saisie du livre. Cette saisie fut opérée chez Lenormant, imprimeur, et les scellés étaient apposés lorsque M. de Chateaubriand, prévenu en toute hâte, arriva. Il s'opposa, en s'autorisant de son titre de pair de France, à la saisie et à l'enlèvement des exemplaires; et les ouvriers, aux cris de *Vive le Roi! vive la Liberté de la presse! vive M. de Chateaubriand!* brisèrent les scellés apposés sur les volumes, les feuilles et les formes par le commissaire de police et les officiers de paix. Cette émeute intérieure se prolongea jusqu'à l'arrivée de la gendarmerie. M. de Chateaubriand, se faisant une opinion exagérée de ses droits de pair de France, tenait seulement à constater qu'il ne cédait qu'à la force. Il y eut à cette occasion un rapport du commissaire de police à M. Decazes et une correspondance très-vive échangée entre ce ministre et M. de Chateaubriand, sans préjudice d'une lettre et d'une protestation adressée par ce dernier au chancelier Dambray comme président de la Chambre des pairs et gardien de ses prérogatives. Dans la forme, M. Decazes avait raison ; M. Dambray, malgré sa vieille amitié pour M. de Chateaubriand, le lui déclara de la manière la plus formelle, en ajoutant dans la lettre qu'il lui écrivit à ce sujet :

« Vous ignoriez probablement ces dispositions quand vous avez cru que votre qualité de pair de France vous donnait le droit de vous opposer personnellement à une opération de police ordonnée ou autorisée par la loi, que tous les Français, quel que soit leur rang, doivent également respecter. Je vous suis trop attaché pour n'être pas profondément affligé de la part que vous avez prise à la scène scandaleuse qui paraît avoir eu lieu à ce sujet, et je regrette bien vivement que vous ayez encore ajouté des torts de forme au tort réel d'une publication que vous savez être si désagréable à Sa Majesté[1]. »

[1]. Voici le texte de la loi du 21 octobre 1814 citée dans la lettre du chancelier Dambray : « Nul imprimeur ne peut mettre en vente un ouvrage, ou le publier de quelque manière que ce soit, avant d'avoir déposé le nombre pres-

La forme était donc pour M. Decazes. Mais, lorsqu'on descend au fond des choses, on comprend l'indignation qu'éprouvait M. de Chateaubriand, auteur de *Bonaparte et les Bourbons*, qui avait valu au Roi une armée, pair de France, ministre du Roi à Gand et placé si haut par son génie, de voir appliquer, sous la monarchie, à l'un de ses écrits une mesure extrême que la loi autorisait sans doute, mais qu'elle ne prescrivait pas. Le but de cette loi était d'atteindre les libelles clandestins qu'un éditeur de mauvaise foi voulait dérober à la lumière du jour pour les faire circuler dans l'ombre. Il n'y avait rien de pareil dans *la Monarchie selon la Charte*, et M. de Chateaubriand écrivait, non sans raison, à M. Dambray :

« N'est-il pas étrange, monsieur le chancelier, qu'on enlève en plein jour, à main armée, malgré mes protestations, l'ouvrage d'un pair de France, signé de son nom, imprimé publiquement à Paris, comme on aurait enlevé un écrit séditieux ou clandestin, *le Nain jaune* ou *le Nain tricolore*? Outre ce qu'on devait à ma prérogative de pair de France, j'ose dire que je méritais personnellement plus d'égards. »

M. Decazes semblait, en effet, avoir usé à outrance du droit que lui conférait la loi pour pousser M. de Chateaubriand, naturellement irritable, à quelque violence, et il y avait réussi. La scène que nous avons racontée est un indice de l'exaspération à laquelle arrivaient les esprits. Louis XVIII et M. le duc de Richelieu n'avaient point approuvé la mesure de police pratiquée par M. Decazes contre le livre de M. de Chateaubriand. Le duc de Richelieu pensait et écrivait qu'il ne convenait pas à la dignité du gouvernement de supprimer toute contradic-

---

crit d'exemplaires. — Il y a lieu à saisie et séquestre d'un ouvrage si l'imprimeur ne représente pas les récépissés du dépôt. »

La correspondance de M. de Chateaubriand avec M. Dambray et M. Decazes à ce sujet est citée *in extenso* dans le premier volume des *Mémoires pour servir à l'histoire de mon temps*, par M. Guizot.

tion et d'ôter la parole à l'opposition, et, en outre, il comptait peu sur l'efficacité de la mesure employée. Il disait à ce sujet au Roi : « J'aime mieux que le livre se vende deux francs qu'un louis. » C'était apprécier sainement l'effet des prohibitions de ce genre dans un temps comme celui où l'on se trouvait, et même dans tous les temps, car on se souvient de la vogue qu'eurent, sous l'ancien régime, les livres brûlés par la main du bourreau : ces mesures de rigueur ne font que surexciter la curiosité publique. C'était aussi l'avis du Roi, qui ajoutait, en ne songeant point à la popularité qu'avaient eus dans sa jeunesse les pamphlets de Voltaire et ceux de Rousseau : « Je ne nie pas le mal que le livre peut faire ; je regrette le temps où l'administration pouvait, d'un mot, faire disparaître ce qu'elle croyait dangereux ; mais partons du point où nous sommes. » Au fond, ce temps n'avait jamais existé depuis l'invention de l'imprimerie. Cette phrase, empruntée à une lettre de Louis XVIII et rapprochée du passage d'une autre lettre qu'il écrivait quelques mois plus tard, prouve que ce prince aurait eu le goût du pouvoir absolu s'il l'avait cru possible, mais qu'il avait le bon sens d'être convaincu de la nécessité du gouvernement constitutionnel. « Quand j'ai dit à M. Canning, écrivait-il dans cette dernière lettre : *J'avais la jambe belle, elle a été cassée; on me l'a remise tellement quellement; mais enfin je marche, et j'aime mieux boiter que subir une opération dont le résultat le plus probable serait de me rendre cul-de-jatte*, je crois avoir eu raison; mais qu'on ne me soutienne pas que c'est un avantage pour moi d'avoir eu la jambe cassée. » La remarque était d'un prince encore plus spirituel que judicieux ; tout système de gouvernement a, sans doute, ses inconvénients ; l'inconvénient du gouvernement constitutionnel est de pouvoir être renversé par ceux qui devraient le soutenir, et l'inconvénient du pouvoir absolu est d'être, un jour ou l'autre, infailliblement renversé par l'infatuation de celui qui l'exerce ; l'omnipotence, inséparable de l'omniscience, ne saurait appartenir qu'à Dieu.

En attendant le résultat des mesures de police employées par M. Decazes pour arrêter la diffusion de *la Monarchie selon la Charte*, Louis XVIII atteignit M. de Chateaubriand d'un coup plus prompt et plus direct. Il avait dit en plein conseil, en apprenant la résistance de l'illustre écrivain à ses ordres : « Puisque telle est la conduite de M. de Chateaubriand, je le rayerai de la liste des ministres d'État comme j'en ai rayé Fouché ; nous verrons s'il sera flatté de la comparaison. » C'était là une parole fâcheuse. Tout Roi de France qu'il était, Louis XVIII ne pouvait disposer de l'honneur de M. de Chateaubriand ; il pouvait le priver d'un titre et d'un traitement, mais il ne lui appartenait pas de rabaisser au niveau du régicide Fouché l'auteur du *Génie du Christianisme*, le noble démissionnaire de 1805, l'auteur de *Bonaparte et les Bourbons* et enfin de *la Monarchie selon la Charte*. Nos rois ont été quelquefois maîtres de notre vie, souvent de notre fortune, jamais de notre honneur ; il ne relève que de notre conscience et de Dieu. Le 20 septembre 1816, parut dans *le Moniteur* l'ordonnance qui rayait M. de Chateaubriand de la liste des ministres d'État. Quant à la saisie et au séquestre de *la Monarchie selon la Charte*, ce fut en vain que M. Decazes essaya de les maintenir. On imprima une nouvelle édition du livre saisi, on satisfit cette fois à toutes les formalités légales. Le gouvernement, pour empêcher la circulation du livre, dut recourir aux tribunaux, qui rendirent une ordonnance de non-lieu. On n'avait donc fait qu'ajouter à l'auréole de gloire dont le front de M. de Chateaubriand était dès lors couronné, celle de la persécution.

L'impression produite par l'ordonnance du 5 septembre avait été, on l'a vu, diverse et contradictoire en France, suivant l'opinion qui dominait dans chaque département. Elle avait consterné les royalistes et ravi ceux qui s'étaient montrés de tout temps opposés au gouvernement des Bourbons. C'était là l'effet d'ensemble. Nous devons cependant ajouter, pour être juste, qu'il ne faut pas confondre avec les révolutionnaires un certain nombre d'hommes opposés à la droite sans être opposés à la monarchie, qui marchaient avec le ministère et qui attribuaient à la majorité de 1815 tous les maux résultant de la situation funeste où la folle entreprise des Cent-Jours avait laissé la France. Comme on pouvait le prévoir par la conduite qu'avaient tenue les cabinets étrangers avant la dissolution, cette mesure fut accueillie au dehors par une vive approbation. Les représentants des diverses cours félicitèrent le Roi et le duc de Richelieu et écrivirent dans le même sens à leurs gouvernements. « La dissolution de la Chambre, disaient-ils dans leurs dépêches, est un acte de vigueur qui fait le plus grand bien et qui produit sur l'opinion publique l'impression la plus favorable. Reste à savoir quel sera le résultat des élections, mais tout annonce qu'il sera bon. Dans tous les cas, les ultra-royalistes sont dans ce moment plus à craindre que les révolutionnaires. » Lord Castlereagh et le prince de Metternich, qui n'avaient point conseillé l'ordonnance du 5 septembre, l'approuvèrent comme le cabinet de Saint-Pétersbourg et le cabinet de Berlin qui l'avaient demandée. L'Europe fut donc unanime sur cette question.

Le duc de Richelieu profita de ces dispositions favorables pour obtenir l'intervention de l'Europe auprès du cabinet de la Haye, qui continuait à permettre que la Belgique devînt le foyer d'une conspiration permanente contre le gouvernement des Bourbons. Les choses en étaient au point que le duc de Richelieu avait menacé de rompre toute relation avec le cabinet de la Haye. Malgré ses réclamations contre la presse réfugiée qui inondait les départements voisins de la Belgique de pamphlets hostiles, *le Nain jaune* et *le Mercure surveillant* n'avaient été l'objet que d'une répression dérisoire à force d'être indulgente. La conférence européenne siégeant à Paris avait, après une longue délibération, pris des conclusions plutôt signifiées que transmises au Roi des Pays-Bas. Elle regardait comme urgent : « 1° de faire en commun des démarches directes et efficaces pour exiger du Roi des Pays-Bas le renvoi de tous les individus compris dans la première et dans la seconde liste annexées à l'ordonnance du 24 juillet 1815 ; 2° de déclarer que les régicides exceptés de la loi d'amnistie devaient être placés dans la même situation et qu'il convenait de prendre à leur égard des mesures analogues ; 3° de signifier au Roi des Pays-Bas que les abus et la licence effrénée de la presse en ses États étaient incompatibles non-seulement avec la bonne amitié qu'il était dans l'intérêt de l'Europe de lui voir conserver avec le Roi de France, mais encore avec tout autre gouvernement régulier ; en conséquence, de l'inviter à mettre un terme à ce désordre public et à punir ceux qui voudraient y persister. »

La conférence insistait en même temps pour que les personnes réfugiées en Belgique avec un passe-port sans être comprises dans les deux listes d'exception fussent mises en demeure de quitter le pays dès que ce passe-port leur serait retiré. Au même instant, l'Autriche faisait passer au cabinet de la Haye une note très-sévère qu'elle avait préalablement communiquée à la conférence européenne de Paris, et lord Castlereagh écrivait au duc de Wellington : « Soyez sûr que je ne négligerai aucun moyen d'éveiller le Roi des Pays-Bas sur le danger, ou plutôt sur la ruine qui le menace s'il ne cesse pas à temps de faire de sa presse et de son territoire l'instrument d'un mal général. »

Le roi des Pays-Bas, on s'en souvient, était à cette époque le complice secret et le bénéficiaire éventuel, au moins dans la personne du prince d'Orange, son fils, de la conspiration tramée par les réfugiés français contre le gouvernement de Louis XVIII. L'ordonnance du 5 septembre devait être moins bien vue dans cette cour et dans ce pays que partout ailleurs, parce qu'elle ôtait à cette conspiration sinon un motif véritable, du moins un prétexte et un argument. Secrètement, on regretta qu'elle eût été rendue ; ostensiblement, on lui accorda une approbation froide, réservée et conditionnelle.

En prenant cette première concession pour point de départ des concessions nouvelles qu'ils espéraient arracher, les révolutionnaires du dehors donnèrent au gouvernement de Louis XVIII un avant-goût de la reconnaissance qu'il trouverait chez les révolutionnaires du dedans. Selon eux, puisque la Chambre de 1815 était dissoute, toutes les lois votées par cette Chambre devaient être regardées comme nulles et non avenues. Les lois d'exception contre la liberté de la presse et la liberté individuelle devaient être immédiatement rapportées, les cours prévôtales abolies, les personnes incarcérées mises en liberté. On ajoutait que malheureusement il était impossible à Louis XVIII de rendre la vie aux victimes des assassinats juridiques ordonnés par les tribunaux, mais qu'une loi devait être présentée pour faire à leur mémoire la réparation qui lui était due. A ce prix, on le croirait sincère ; sinon, non. Telle est la reconnaissance des partis. M. Decazes, après l'avoir éprouvé au dehors, devait bientôt l'éprouver au dedans.

## V

ÉLECTIONS GÉNÉRALES. — CHAMBRE DE 1816.

L'émotion produite par l'ordonnance du 5 septembre n'avait pas eu le temps de se refroidir, quand on commença à s'occuper des élections. M. Decazes, on l'a vu, était décidé à gagner à tout prix cette partie. Les moyens qu'il employa, il les avait indiqués à l'avance : ce fut la nomination des présidents des colléges de département, tous choisis dans les rangs de la minorité de la première session; le changement de trois préfets, MM. de Kersaint, de la Vieuville et Touvé : les deux premiers furent remplacés par MM. de Germigny et de Séguier ; mais par-dessus tout l'ordre donné à tous les préfets, à tous les présidents de colléges et à tous les agents du gouvernement d'annoncer aux électeurs que le Roi verrait avec chagrin leurs voix se porter sur les membres de l'ancienne majorité. On ajouta à ces moyens un appel fait aux vieux révolutionnaires et aux fédérés des Cent-Jours que M. Decazes, selon les termes du programme contenu dans son dernier mémoire au Roi, convoqua à l'effet de soutenir les candidats ministériels; il rétablit pour cet objet, dans les assemblées électorales, ceux-là même auxquels on avait fait subir l'application de la loi du 29 octobre, en les considérant par conséquent « comme prévenus de délit contre la personne et l'autorité du Roi, contre les personnes de la famille royale et contre la sûreté de l'État. » En outre, parmi les agents secondaires et notamment parmi les commissaires de police, il employa des hommes qui s'étaient signalés dans la Révolution et dans les Cent-Jours par leurs opinions hostiles à la monarchie. On toléra même la distribution de *factums* dans lesquels les royalistes étaient accusés de rêver le rétablissement de la dîme et des droits féodaux, et il n'y a rien d'extraordinaire à ce que ces accusations retentissent dans les élections, puisqu'elles avaient trouvé un écho dans le mémoire présenté au Roi par M. Decazes. Une dernière mesure, très-légitime en elle-même, fut considérée, à cause de sa coïncidence avec la lutte électorale, comme un moyen de frapper l'imagination des populations méridionales : on ouvrit à Toulouse, le 1ᵉʳ octobre, le procès des assassins du général Ramel, atteint d'un coup mortel, on s'en souvient, dans une émeute populaire; et à Nîmes le procès de l'homme qui, le jour de la réouverture des temples protestants, avait dangereusement blessé le général Lagarde. Si l'on se souvient que les journaux de la droite étaient condamnés au silence par la censure tandis que les feuilles adverses pouvaient en toute sécurité attaquer les candidats sortis de l'ancienne majorité, on sera obligé de convenir que les conditions du combat étaient loin d'être égales. Telles qu'elles étaient, la droite les accepta. Elle avait une organisation, elle s'en servit; elle usa virilement de son droit, et le résultat des élections ne répondit pas tout à fait aux espérances de M. Decazes. Trente-deux départements résistèrent à l'action du gouvernement, quelque forte qu'elle fût, et envoyèrent des députés appartenant à l'ancienne majorité; seize partagèrent leurs suffrages entre les membres de la majorité de la dernière assemblée et de nouveaux candidats; enfin la droite compta quatre-vingt-douze députés dans la Chambre qui n'en avait que deux cent trente-huit. Le but de M. Decazes était atteint, mais non pas dans la mesure où il espérait l'atteindre. La droite était en minorité, mais elle formait une minorité imposante. Elle avait perdu quelques-uns de ses membres influents : MM. Michaud, Forbin des Issarts, de Vitrolles, Pardessus, Duplessis-Grenedan, de Kergorlay, de Bouville, de Laborie, Bourrienne; mais elle gardait M. de Bonald et M. de la Bourdonnaye, ainsi que ses deux chefs, MM. de Villèle et de Corbière.

Il est curieux de suivre dans la correspondance de M. de Villèle, arrivé à Paris le 31 octobre avec ses collègues de députation, M. de Limayrac et M. d'Aldeguier, les impressions sous le coup desquelles revenaient les membres de l'ancienne majorité. Il peint en termes émus la rencontre des députés de la Chambre de 1815 qui ont réussi à échapper à l'ostracisme gouvernemental. Ils se serrent la main, s'embrassent, comptent les vides que présentent leurs rangs, nomment les absents et les regrettent ; puis ils commencent à faire des calculs de statistique sur la composition de la Chambre. Ils estiment à quarante le nombre des membres hostiles aux Bourbons et ils les désignent sous le nom générique de bonapartistes : ces membres, serviteurs dangereux qui peuvent devenir des maîtres, se vantent de faire pencher la majorité du côté où ils voudront. Les plus notoirement hostiles sont MM. Voyer d'Argenson, envoyé par Colmar, et M. de Bondy, envoyé par Châteauroux. Le nom de M. Laffitte, élu par Paris, n'a encore qu'une signification financière. Les ministériels s'élevaient, suivant eux, à cent. Viennent enfin les questions de conduite, celle du plan à suivre dans la session. M. de Villèle échange avec les députés de son opinion des explications catégoriques, comme on peut s'en convaincre par la lettre suivante écrite, à la date du 1ᵉʳ novembre, à madame de Villèle, demeurée à Toulouse : « Les ministériels disent : « On compte sur la sagesse de M. de Villèle. » Les royalistes : « Nous avons confiance dans sa droiture, ses talents, son « énergie ; c'est le chef que nous plaçons à notre tête ; mais « nous ne sommes pas sans inquiétude sur la facilité de son « caractère ; on l'a trompé l'an passé sur la loi d'élections. « Nous nous donnons tout à lui ; mais nous le lâchons à l'in-« stant s'il ne marche pas d'un pas droit et ferme dans notre « voie. »

Voilà donc le premier effet de la politique de M. Decazes : elle constitue la droite à l'état de parti, elle empêche sa fusion avec le centre droit, elle ôte à M. de Villèle le moyen de convertir à la modération les hommes les plus ardents de son opinion, et elle l'oblige, au contraire, par point d'honneur et par un sentiment de dignité personnelle, de donner des gages à la passion politique qui s'enflamme autour de lui. « Nos rangs sont éclaircis, écrit encore M. de Villèle, mais nous nous serrons les uns contre les autres et nous marchons d'autant plus unis. Si nous ne pouvons plus faire beaucoup de bien, nous empêcherons encore beaucoup de mal. » C'est ainsi qu'il cherche à s'encourager et à encourager les autres. Mais les difficultés dont la situation est hérissée ne pouvaient échapper à ce judicieux esprit : « Je suis fâché d'être appelé à jouer un rôle, écrit-il encore, mais je ne ferai ni traîtrailleries ni concessions; je suivrai mon cœur et ma conscience. » Puis il ajoute dans une autre lettre : « Le ministère ne peut vivre avec le gouvernement représentatif; il veut l'annuler. De notre côté, il y a de l'exaspération et il faudrait de la modération. Serons-nous assez forts? Serons-nous assez sages [1]? » Tout en s'exprimant avec cette modération, il sent qu'il doit marquer sa scission avec le ministère par une démarche tranchée; il n'acceptera aucune invitation chez les ministres, il ne se présentera chez aucun d'eux [2].

L'ouverture de la session, qui eut lieu le 4 novembre 1816, fut triste. Le Roi savait mal son discours et ne le dit point avec son art ordinaire. On avait déjà remarqué à la messe du Saint-Esprit l'expression soucieuse de sa physionomie, la sévérité de Madame la duchesse d'Angoulême, l'abattement de Monsieur et l'air embarrassé du duc d'Angoulême, qui se tournait avec affectation du côté des pairs. Cette tristesse de la famille royale, dont l'union se trouvait brisée par la dernière mesure, avait réagi sur les députés de la droite, et M. de Villèle écrivait à une personne de sa famille :

« Je vous assure que des cœurs comme les nôtres sont déchirés. »

Le discours de la couronne fut naturellement une apologie

---

1. Documents inédits.
2. « Je suis invité chez le ministre des finances, mais mon parti est bien pris. Pour éviter les traîtrailleries et les tripotages, je ne dîne chez aucun, je n'en vois aucun. » (*Correspondance inédite* de M. de Villèle.)

et même une glorification de l'ordonnance du 5 septembre, présentée comme un retour à la Charte, dont on avait eu tort de s'éloigner et à laquelle il fallait revenir. La phrase qui terminait le discours excita un frémissement parmi les hommes de la droite, placés *ex æquo* avec les révolutionnaires et dénoncés comme un des dangers de la monarchie, obligée d'appréhender le zèle d'amis trop ardents autant que la haine de ses ennemis les plus injustes et les plus violents. La discussion de la vérification des pouvoirs se prolongea huit jours et fut très-vive. La nouvelle majorité usa sans scrupule de sa prépondérance numérique pour sanctionner toutes les élections, même celles que le ministère semblait abandonner. Parmi les élections les plus vivement attaquées furent celles du Pas-de-Calais; un grand nombre d'électeurs du département avaient envoyé à M. de Villèle, en faisant appel à son courage et à sa loyauté, la lettre originale du préfet, M. Malouet, adressée aux électeurs et ainsi conçue :

« Je suis autorisé à le dire, à le répéter, à l'écrire, le Roi verra avec mécontentement siéger dans la nouvelle Chambre ceux des députés qui se sont signalés dans la dernière session par un attachement prononcé à la majorité opposée au gouvernement. A votre arrivée à Arras, monsieur, faites-moi l'honneur de venir chez moi; seul je puis vous faire connaître la pensée du Roi et ses véritables intentions. »

Après avoir lu cette lettre, dont il déposa l'original sur le bureau, M. de Villèle ajouta :

« Cette pièce prouve d'une manière sans réplique l'exclusion inconstitutionnelle donnée, dans les élections du Pas-de-Calais, à des hommes possédant les conditions d'éligibilité voulues par la Charte. Si une émeute populaire avait influencé une élection, la valideriez-vous? Celle du Pas-de-Calais a été influencée par une puissance bien plus irrésistible pour des Français, elle l'a été par l'abus qu'on a fait du nom du Roi, en menaçant de son mécontentement tout électeur qui ne souscrirait pas à l'exécution de ce qu'on commandait en son nom. »

La seule réponse faite à cette observation fut une invitation à déposer une proposition séparée, c'est-à-dire une accusation contre le ministère; fin de non-recevoir évidente, puisque le ministère avait la majorité dans la Chambre et que la plupart des membres de la majorité avaient dû leur nomination à des moyens analogues à ceux employés dans le Pas-de-Calais. La Chambre acheva la vérification des pouvoirs dans la séance du 8 novembre, qui fut très-orageuse. Au moment où la droite s'y attendait le moins, les meneurs de la majorité proposèrent de valider l'élection de M. de Mézy, préfet du Nord, et de deux candidats de la Mayenne, qui n'avaient été portés sur aucune liste d'élus, qui n'avaient pas été proclamés devant les colléges électoraux, et auxquels le Roi n'avait pas envoyé de lettres closes. La majorité étouffa par des clameurs les protestations de la minorité qui, après avoir constaté que la discussion n'était pas libre, se contenta, quelques moments après, de faire lire les pièces contre les élections du Lot et les repoussa en renonçant à les discuter.

Après cette séance, un grand nombre de membres de la minorité, indignés du déni de justice qu'ils avaient éprouvé et cédant au dégoût que leur inspiraient les procédés de la majorité, parlaient de protester contre son despotisme et de se retirer. MM. de Villèle et de Corbière firent observer à leurs collègues qu'il ne seyait pas à des hommes de cœur d'abdiquer leur devoir en désertant la lutte.

Le lendemain le scrutin fut ouvert sur la liste des candidats à présenter au Roi pour la présidence, les vice-présidences, et le bureau. M. de Serre obtint 112 voix, M. Pasquier 101, M. Royer-Collard 91, M. Bellard 91, M. Beugnot 70; c'étaient les voix de la majorité. Les voix de la minorité donnèrent 77 suffrages à M. Trinquelague, 76 à M. de Corbière, sans la sienne, 74 à M. de Bonald, 72 à M. de Villèle. Comme dix-sept membres de la droite avaient été ajournés pour défaut de production de pièces, les députés de la droite purent dès lors estimer leur force numérique à 94 voix. Ils étaient exclus de toutes les fonctions de la Chambre, présidence et vice-présidences, questure; on ne leur avait pas même accordé une place de secrétaire. Aussi, malgré les professions de modération que n'épargnaient pas les députés ministériels, le fossé qui séparait du gouvernement les hommes de la droite s'agrandissait chaque jour, et M. de Villèle repoussa, d'une manière absolue, les ouvertures que lui fit faire M. Lainé, bien que celui-ci insistât en disant qu'il n'avait jamais été plus important de s'entendre.

Il est temps d'entrer dans la session de 1816 et d'en donner la préface obligée, je veux parler du discours de la couronne. Le Roi s'était exprimé ainsi dans la séance d'ouverture :

« En ouvrant cette nouvelle session, il m'est bien doux d'avoir à me féliciter avec vous, messieurs, des bienfaits que la divine Providence a daigné accorder à mon peuple et à moi. La tranquillité règne dans le royaume ; les dispositions amicales des souverains étrangers et l'exacte observation des traités nous garantissent la paix à l'extérieur, et si une entreprise insensée [1] a pu causer un instant d'alarmes sur notre calme intérieur, elle n'a servi qu'à mieux faire éclater l'attachement de la nation et la fidélité de mon armée. Mon bonheur personnel s'est accru par l'union d'un de mes enfants (car vous le savez, ceux de mon frère sont les miens) avec une jeune princesse dont les qualités aimables, secondant les soins du reste de ma famille, me promettent que ma vieillesse sera heureuse, et qui, je l'espère, donnera à la France de nouveaux gages de prospérité en affermissant l'ordre de succession, première base de cette monarchie, et sans laquelle aucun État ne saurait être stable.

« A ces biens se joignent, il est vrai, des peines trop réelles : l'intempérie des saisons a retardé les moissons, mon peuple en souffre, et j'en souffre plus que lui; mais j'ai la consolation de pouvoir vous dire que ce mal n'est que passager, et que les récoltes suffiront à la consommation.

« De grandes charges sont malheureusement encore nécessaires; je ferai mettre sous vos yeux l'état fidèle des dépenses indispensables et celui des moyens d'y subvenir. Le premier de tous est l'économie; j'en

1. La conspiration de Didier à Grenoble.

ai déjà opéré dans toutes les parties de l'administration, et je travaille à en faire de nouvelles. Toujours unis d'intention et de sentiments, ma famille et moi nous ferons les mêmes sacrifices que l'année dernière, et pour le reste, je me repose sur votre attachement et sur votre zèle.

« Je continue plus activement que jamais mes négociations avec le Saint-Siége, et j'ai la confiance que bientôt leur heureuse fin rendra une paix entière à l'Église de France. Mais ce n'est pas tout encore, et vous penserez sans doute, ainsi que moi, qu'il faut, non pas rendre au culte divin cette splendeur que la piété de nos pères lui avait donnée, cela serait malheureusement impossible, mais assurer aux ministres de notre sainte religion une aisance indépendante qui les mette en état de marcher sur les traces de Celui dont il est dit qu'il fit du bien partout où il passa.

« Attachés par notre conduite comme nous le sommes de cœur aux divins préceptes de la religion, soyons-le aussi à cette Charte qui, sans toucher au dogme, assure à la foi de nos pères la prééminence qui lui est due et qui, dans l'ordre civil, garantit à tous une sage liberté, et à chacun la paisible jouissance de ses droits, de son état, de ses biens. Je ne souffrirai jamais qu'il soit porté atteinte à cette loi fondamentale, mon ordonnance du 5 septembre le dit assez.

« Enfin, messieurs, que les haines cessent; que les enfants d'une même patrie, j'ose ajouter du même père, soient vraiment un peuple de frères, et que de nos malheurs passés il ne nous reste qu'un souvenir douloureux, mais utile. Tel est mon but, et pour y parvenir je compte sur votre coopération et sur cette franche et cordiale confiance, seule base solide de l'union si nécessaire entre les trois branches de la législation : comptez aussi de ma part sur les mêmes dispositions, et que mon peuple soit bien assuré de mon inébranlable fermeté pour réprimer les attaques de la malveillance et pour contenir les écarts d'un zèle trop ardent. »

Cet appel à l'union n'avait aucune chance d'être entendu après l'ordonnance du 5 septembre, après la guerre à outrance que le ministère venait de faire à l'ancienne majorité, dans les élections, en appelant contre elle à son aide les hommes de la première révolution et des Cent-Jours, et enfin après le dernier paragraphe du discours de la couronne. Il y eut trois thèmes différents proposés dans la commission pour le projet d'adresse : le premier rédigé par M. Camille Jordan, le second par M. Royer-Collard, le troisième par M. Beugnot. Ce troisième, qui était le moins dur pour la Chambre de 1815, fut adopté « avec une addition de quelques phrases contre les ultras et le saint-siége, » selon la remarque de M. de Maccarty, le seul membre de la droite qui fît partie de la commission.

Louis XVIII avait, comme on a pu le voir, donné satisfaction, par le discours de la couronne, aux scrupules de conscience des catholiques qui, au commencement de la session précédente, avaient émis l'opinion que la prééminence de la religion catholique n'était pas assez affirmée. En revanche, il n'avait pas fait mention de la loi la plus importante qui dût occuper la nouvelle législature, la loi d'élections, sur laquelle la Chambre précédente et le ministère n'avaient pu s'entendre. Une vive et brillante polémique dans la presse précéda la présentation de cette loi ; elle avait pour objet la nature et les limites du système représentatif appliqué à la France. Dans *la Monarchie selon la Charte*, M. de Chateaubriand avait, on l'a vu, pris l'initiative de cette polémique, en présentant le gouvernement à l'anglaise comme le type nécessairement applicable à notre pays. L'historien de la session de 1815, M. Fiévée, autre écrivain de la droite, dont les livres avaient une grande vogue, concluait dans le même sens. Enfin, M. de Vitrolles n'avait pas craint d'écrire ces lignes : « Dans les gouvernements représentatifs, l'opinion publique est souveraine, et le ministère, sorte de corps intermédiaire entre le Roi et les Chambres, doit être pris nécessairement parmi les hommes que les Chambres désigneraient si elles étaient appelées à choisir directement. » *La Quotidienne*, comme *les Débats* et *le Constitutionnel*, s'étaient rangés à cette opinion ; mais elle avait été vivement combattue par des écrivains appartenant à la droite, et, pour n'en citer que les plus éminents, je nommerai le cardinal de la Luzerne et M. Rubichon, fort opposé au gouvernement à l'anglaise, quoiqu'il eût vécu longtemps en Angleterre.

Le cardinal de la Luzerne s'appuyait principalement sur la différence radicale existant entre l'Angleterre et la France, pour soutenir que ce qui convenait à l'une ne pouvait, par cela même, convenir à l'autre [1]. Selon lui, c'était uniquement pour le vote des lois que le gouvernement pouvait avoir un caractère représentatif dans notre pays. L'administration, attribuée exclusivement au Roi par la Charte, échappait complétement au contrôle des deux Chambres. Le Gouvernement, selon cette théorie, était personnellement exercé par le Roi, qui se servait de ses ministres comme d'instrument pour appliquer ses idées; les ministres ne pouvaient donc être responsables qu'envers le Roi.

M. de Saint-Roman, dans un discours écrit, lu à la Chambre des pairs, allait plus loin, et ne reconnaissait au peuple, représenté par la Chambre des députés, qu'un droit, celui de présenter des doléances et des vœux. Enfin, le marquis de Ducrest, dans un *Traité sur le pouvoir absolu,* demandait la suppression des institutions représentatives comme ayant été la cause de toutes les calamités publiques. M. Rubichon, dont nous avons prononcé le nom, causeur spirituel, esprit original et primesautier, qui ne reculait devant aucune conséquence de ses idées et qui trouvait quelque plaisir à leur donner la forme la plus aiguë, la plus agressive et la plus déplaisante pour ses adversaires, n'hésitait pas à écrire dans une préface mise à la tête d'un de ses ouvrages publié pour la première fois en 1811 : « Je fis et je publiai cet ouvrage à Londres en 1811. Si les Français, à cette époque, opprimaient les nations étrangères par leurs meurtres, leurs pillages et leurs incendies, les Anglais y répandaient un fléau bien plus terrible, celui du gouvernement représentatif. »

---

1. Le cardinal de la Luzerne exposa ses idées dans deux brochures. L'une était intitulée : *Sur la Différence entre la Constitution anglaise et la Constitution française;* l'autre : *De la Responsabilité des ministres.*

Ceux qui s'exprimaient ainsi oubliaient une chose : c'est que la satisfaction stérile de paroles qu'ils se donnaient par ces manifestations d'idées particulières ne valaient pas les difficultés inextricables qu'ils créaient à la Restauration et aux royalistes engagés, comme MM. de Chateaubriand, Villèle et Corbière, et tous les royalistes pratiques, dans ce gouvernement représentatif, devenu depuis la Charte et par la Charte le gouvernement du pays. Qu'on cherchât dans quelle mesure et par quels moyens le gouvernement représentatif pouvait être approprié à la France, c'était une autre question dont on ne se préoccupait pas assez dans les deux écoles qui se dessinaient au sein de la droite. Le cardinal de la Luzerne, et ceux qui partageaient ou exagéraient ses idées, ne considéraient pas qu'il est plus facile de marquer dans la théorie que dans la pratique le point où commence et celui où s'arrête l'action d'une Chambre qui vote les lois et discute tous les ans le budget. Vouloir que les ministres soient responsables uniquement devant le Roi, quand ils sont obligés de compter tous les ans avec cette Chambre qui, à propos des voies et des moyens, contrôle toutes les résolutions prises ou à prendre, et quand la responsabilité ministérielle est écrite dans la Charte, c'était mal connaître le jeu des institutions politiques, les tendances de l'esprit humain et la disposition naturelle des pouvoirs à user des moyens d'influence qui sont dans leurs mains. D'un autre côté, dans l'école libérale de la droite, on ne tenait pas assez compte des différences énormes qui existaient entre l'Angleterre et la France, et l'on ne se préoccupait pas suffisamment des moyens qui pourraient remplacer l'organisation aristocratique de l'Angleterre et fonder la liberté politique sur des institutions locales de nature à tempérer l'excès de la centralisation qui, si l'on n'y remédiait pas, devait rendre le gouvernement représentatif impraticable en France. En effet, dans le cas où l'on ne trouverait pas ce tempérament, l'absence d'influences locales obligerait les hommes indépendants à résister à l'influence centralisatrice du gouvernement par une opposition centralisée, qui, réunissant au centre les deux électricités politiques, devait produire ces chocs qu'on appelle les révolutions. Le véritable problème à résoudre était donc celui-ci : acclimater le gouvernement représentatif en France à côté d'une centralisation gouvernementale qui perdrait uniquement ce qui nuit à la liberté, en gardant tout ce qu'il est essentiel de garder pour conserver à l'action nationale, au dehors, cette vivacité d'allures, condition de sa puissance; cette rapidité de concentration qui, donnant au gouvernement la disponibilité prompte et pour ainsi dire soudaine, des forces du pays, décuple la puissance de la France, appelée à marcher l'égale des peuples supérieurs par l'étendue géographique du territoire et le chiffre numérique de leur population.

Tandis que les publicistes de la droite traitaient cette importante question à deux points de vue opposés, deux hommes qui n'étaient pas encore en possession de toute leur renommée descendaient dans l'arène en faveur du ministère, et combattaient la théorie développée par MM. de Chateaubriand, de Vitrolles et Fiévée. Le premier de ces écrivains était M. Guizot, le second M. Villemain.

M. Guizot appartenait au parti doctrinaire, groupé alors autour de M. Royer-Collard et de M. de Serre et qui commençait à attirer les yeux. C'était au fond moins un parti qu'une école, peu considérable par le nombre, mais appelée à exercer une influence réelle par le talent. Dans notre pays, où l'épigramme est toujours la bienvenue, on l'appelait quelquefois « le canapé doctrinaire, » parce que le parti aurait pu, au besoin, disait-on, tenir tout entier sur un canapé. Ces mots de doctrine et de doctrinaire, mal compris par la foule, signifiaient dans la bouche des adeptes que les doctrinaires, venus de la philosophie à la politique, s'inspiraient encore dans la politique de leur philosophie. Ils n'invoquaient pas seulement des intérêts, ils posaient certaines règles, formulaient certaines maximes suivant lesquelles la politique devait être conduite. C'était une sorte de rationalisme politique, qui donnait à leur parole de l'éclat et de l'autorité, avec ce demi-jour sibyllin qui est un attrait de plus. Au fond, ils entreprenaient d'établir ce qu'ils appelaient un gouvernement rationnel. Je puis bien le dire, après l'homme d'État de cette école qui a joué le rôle le plus éclatant, « il y avait un grand orgueil dans cette tentative[1], » et la raison individuelle, venant s'affirmer en face de la tradition de notre histoire et des innovations révolutionnaires et se chargeant de l'arbitrage entre le progrès et l'expérience, pouvait paraître à bon droit hautaine quoique cette foi dans l'intelligence eût quelque chose de hardi et de confiant, de nature à plaire à l'esprit français. Le concours des doctrinaires était, à un autre point de vue encore, avantageux à M. Decazes, qui n'était guère qu'un homme d'expédients : ils lui apportaient des idées. Or, quand la tribune est debout, les intérêts ne suffisent pas à la lutte, c'est avec des idées que l'on combat. Aux théories révolutionnaires et aux principes royalistes, le ministère devait donc volontiers opposer les théories doctrinaires.

L'écrit que publia M. Guizot : *du Gouvernement représentatif et de l'état actuel de la France*, n'avait pas toute la clarté et toute la précision qu'on a trouvées depuis dans ses autres ouvrages. Il était sous le coup des circonstances qui l'obligeaient à donner l'ascendant au pouvoir royal, — ce pouvoir était la meilleure arme du parti auquel il appartenait, — et la droite pouvait lui renvoyer la phrase par laquelle il expliquait les doctrines de la majorité de 1815 : « Sa situation a dicté sa théo-

---

1. M. Guizot, *Mémoires pour servir à l'histoire de mon temps*, tome Ier, page 158.

rie. » M. Guizot répondait donc à M. de Chateaubriand et à MM. de Vitrolles et Fiévée : « C'est le Roi qui veut et qui agit, qui seul a le droit de vouloir et le pouvoir d'agir. Les ministres sont chargés d'éclairer sa volonté ; c'est pour eux non-seulement un devoir, comme dans tous les gouvernements possibles, mais une nécessité qui leur est imposée par leur situation. Sans sa volonté, ils ne sont rien, ils ne peuvent rien, et quiconque prétend distinguer les ministres du Roi ne travaille en fait qu'à les désunir. » L'auteur complétait ainsi sa pensée : « Un ministère gouvernant au nom du Roi et subordonné à la majorité des Chambres qui gouvernent au nom de l'opinion, telle est la plus simple expression du gouvernement représentatif, ainsi que le conçoivent et l'expliquent nos adversaires. » M. Guizot repoussait cette doctrine comme supposant la souveraineté du peuple, mais quand il s'agissait de lui substituer une autre doctrine, il demeurait embarrassé, et au fond ne trouvait guère qu'un équivalent. Il admirait, en effet, la maison de Brunswick « consentant à la fusion intime de l'autorité royale avec celle des Chambres, » et faisait remarquer que « depuis lors toute rivalité avait disparu. » Il assurait qu'en Angleterre « les Chambres ne gouvernaient pas et qu'elles n'étaient pas en possession de faire et de défaire les ministères, » assertion plus que contestable. « Seulement le gouvernement anglais, disait-il, éclairé par l'expérience, s'était fort sagement décidé à prendre son siége dans les chambres mêmes, à établir là le centre de son action, enfin à gouverner au milieu d'elles et par elles. » Les paroles de M. Guizot en faveur de la prérogative royale étaient magnifiques ; mais, quand on allait au fond des idées, il était facile de découvrir qu'il ne lui accordait rien au delà du droit de dissolution contre une majorité dont les vues ne s'accordaient pas avec les siennes et du droit d'action sur les élections. Restait toujours un redoutable et fatal problème qui devait se représenter plus tard, celui où la majorité reviendrait avec les mêmes idées et les mêmes volontés. Que ferait-on alors et quel serait le droit de la royauté? Le publiciste doctrinaire ne proposait aucune solution pour ce cas extrême, et se trouvait ainsi en contradiction avec lui-même. Comment dire, en effet, dans une pareille situation, que la majorité ne défaisait ni ne faisait les ministères et qu'elle ne gouvernait pas, si le Roi devait se placer au milieu des Chambres pour gouverner avec elles et par elles? Au fond, le problème était aussi insoluble que celui de la quadrature du cercle, si les deux pouvoirs voulaient user de leur prérogative à outrance. Là où se fait sentir le souffle indépendant de la volonté humaine, on ne peut tout prévoir et tout régler comme lorsqu'il s'agit du jeu des forces mécaniques. En dernière analyse, en donnant la Charte, Louis XVIII s'était astreint à compter avec les deux Chambres sur les finances et sur la politique; il fallait ou les amener à son avis, ou transiger avec elles; la marche du gouvernement constitutionnel était à ce prix.

M. Villemain, attaché par des liens plus étroits au ministère, — il était directeur de la librairie et de l'imprimerie, — n'avait pas d'affinités avec l'école doctrinaire. Son écrit, spirituel, ardent, agressif, était un réquisitoire dirigé contre les classes nobiliaires au nom des classes moyennes, contre l'ancien régime en faveur de la société moderne. Les préventions de l'aristocratie de l'esprit contre l'aristocratie de naissance, du lettré contre le gentilhomme, y avaient gravé leur empreinte. Il insinuait, comme M. Guizot, que dans cet enthousiasme de la droite pour le gouvernement représentatif il y avait plus de tactique que de conviction, et, signalant la rencontre des idées de Chateaubriand avec celles de Benjamin Constant sur le gouvernement représentatif, il faisait remarquer, sans beaucoup se fier à cette entente, que « Jérusalem parlait comme Samarie. » Puis venaient diverses récriminations dirigées contre la droite soupçonnée par lui de se servir des formes de la Charte pour renverser le fond de la Charte, c'est-à-dire la liberté de conscience, l'égalité devant la loi et l'admission de toutes les classes à tous les emplois. La majorité de 1815 était accusée d'avoir voulu « entasser des ruines pour réparer d'anciens malheurs. » Dans cet écrit, la prééminence du pouvoir royal sur tous les pouvoirs et la supériorité de l'action royale sur l'action parlementaire étaient plus hardiment, plus franchement professées que dans l'écrit de M. Guizot. Le Roi, qui avait donné la Charte, devait naturellement en surveiller le développement. M. Villemain passionnait le débat en réduisant tout à une querelle du présent contre le passé, et terminait par un grand éloge de la Chambre nouvelle, dont l'heureuse composition, contredisant de funestes prédictions, justifiait si bien la sagesse royale.

Il faut dire, pour expliquer cette appréhension du retour de l'ancien régime, appréhension qui, à cette époque, reparaissait sous toutes les formes, chez les uns comme l'expression d'une crainte sérieuse, chez les autres comme une tactique, que la liberté de la presse rendue au moins aux livres et le silence de la Charte sur les institutions sociales qui pouvaient servir d'assises aux institutions politiques posées, pour ainsi dire, en l'air, à côté de la centralisation administrative, semblaient donner la parole à tous les esprits spéculatifs, toujours empressés en France à produire leurs idées. C'est ainsi que M. de Montlosier, dans un écrit intitulé *des Désordres actuels de la France et des Moyens d'y remédier*, proposait de revenir, non pas aux lois qui régissaient la France avant 1789, mais à celles qui existaient avant Louis XIV. Sous ces chimères, il y avait le sentiment d'un besoin vrai, celui de favoriser la formation d'une classe politique qui, comme en Angleterre, donnât une vie réelle aux institutions représentatives. Seulement, au lieu de regarder en avant pour trouver une combinaison réalisable, quelques esprits qui venaient du passé, suivant un attrait naturel, regardaient en arrière.

## VI

### PREMIERS DÉBATS DE LA CHAMBRE.

Avant que la discussion s'engageât sur la question électorale, un vif débat s'était élevé dans la Chambre des députés sur la pétition d'une demoiselle Robert réclamant contre l'incarcération et la mise au secret de son père, agent du Roi pendant la Révolution, et sur la suppression d'une feuille périodique publiée par lui sous ce titre : *le Fidèle Ami du Roi*. La droite voyait tourner contre elle la loi de suspension de la liberté individuelle qu'elle avait votée le 29 octobre 1815 pour armer le ministère contre les ennemis de la royauté; elle apprenait ainsi, et elle devait apprendre plus complétement encore l'inconvénient de ces glaives à deux tranchants sujets à blesser souvent la main qui les a remis au gouvernement. La droite, unie à la nuance des indépendants, força la main au ministère et obtint la lecture de la pétition; ce qui prouva que le ministère n'avait point la majorité par ses propres forces. Plusieurs membres de la droite, notamment M. de Corbière, insistèrent pour que le ministre de la police fût mis en demeure de donner des explications sur les graves inculpations dirigées contre lui par la pétitionnaire; elle affirmait, en effet, que des perquisitions avaient été faites dans le domicile de son père hors de sa présence ou d'un fondé de pouvoir nommé par lui, ce qui était une dérogation évidente à l'article 39 du Code d'instruction criminelle, et d'avoir retenu arbitrairement pendant plusieurs mois Robert en prison, quoique celui-ci ne fût prévenu que d'avoir publié un écrit sur les *Conséquences immédiates de la conduite du ministère*, ce qui était faire une application abusive de la loi d'exception accordée au ministère contre ceux-là seulement qui attaqueraient la famille royale. La discussion remplit deux séances et se termina à la fin de la seconde par un ordre du jour que votèrent les ministériels réunis aux indépendants contre la droite retombée ainsi en minorité. Je trouve dans la correspondance de M. de Villèle l'explication la plus vraisemblable de cette affaire, devenue assez obscure pour nous à la distance où nous sommes des événements :

« On catéchisa les indépendants, écrit-il, en leur remontrant qu'ils se coalisaient avec des ennemis pour défendre un ennemi. On dit confidentiellement aux hommes consciencieux, non-seulement du parti ministériel mais des nôtres : « Vous défendez un homme peu digne de votre « intérêt, qui vendait les secrets de l'État à l'Angleterre. Dans la situa-« tion où nous sommes, nous ne pouvons ni le faire mettre en jugement « ni dire pourquoi nous le retenons. Il paraît que cet homme, lié avec « quelques employés de la police, se faisait livrer tout ce qu'il pouvait « des rapports faits aux ministres. Il s'en servait pour faire ces petits « pamphlets que vous avez lus sur les projets des ministres, et quand il « ne pouvait ou n'avait pu les faire imprimer en France, il envoyait des « notes aux journalistes anglais, pour que cela nous revînt dans leurs « papiers. » C'est ce que j'ai entendu dire de plus probable. »

Le ministre de la police, qui avait été très-vivement interpellé au sujet de cette affaire, ne parut pas dans les séances où elle fut discutée ; il se contenta de dire à ceux qui s'en étonnèrent que M. Robert devait lui être reconnaissant du silence qu'il avait gardé ; et tout se termina par un ordre du jour suivi de la destitution de M. Benoist, conseiller d'État, qui avait vivement et vainement pressé le ministère, retranché dans la loi du 29 octobre comme dans une citadelle, de s'expliquer. C'était la loi du gouvernement représentatif. Les derniers liens qui existaient entre le cabinet et la droite tendaient à se rompre, et il était dans la logique des choses qu'un jour arrivât où le duc de Feltre, et MM. Dambray et Dubouchage seraient mis en demeure de sortir du ministère.

Les trois grandes questions qui occupèrent la session de 1816 furent la loi des élections; le maintien de la loi de sûreté générale, votée le 27 octobre 1815; de la loi sur la presse, et enfin le budget.

La loi d'élection présentée par le ministère était, sauf quelques changements de rédaction, celle que le prince de Talleyrand avait fait préparer pour être proposée à la Chambre de 1815, lorsque le triomphe de la droite l'obligea à se retirer. M. Pasquier, qui remplissait les fonctions de garde des sceaux dans le ministère Talleyrand, avait réuni une commission composée de MM. Molé, Royer-Collard, Guizot et de Barante, pour poser les bases de la loi électorale destinée à remplacer l'ordonnance du 13 juillet 1815. Ce fut dans cette commission que M. Royer-Collard proposa, comme conséquence naturelle de la Charte, de déclarer électeur de droit tout contribuable payant une contribution directe de 300 fr. Selon lui, puisque la loi fondamentale avait jugé que cette condition de cens garantissait suffisamment l'indépendance et le discernement des électeurs, il était juste d'admettre au vote direct tous ceux que la Charte désignait comme capables de cette fonction. L'avénement du ministère Richelieu avait fait tomber dans l'oubli le projet de loi élaboré par le ministère précédent. Dans la session de 1815, M. Royer-Collard avait combattu comme la droite, mais à un autre point de vue, le projet de M. de Vaublanc, qui rendait les élections purement ministérielles; il n'avait pas produit alors les idées qu'il avait développées sous le ministère précédent. Le ministère Richelieu, après l'ordonnance du 5 septembre, revenait à l'ancien projet de M. Royer-Collard. Elles avaient quelque chose de séduisant par leur simplicité et par leur concordance avec le texte de la Charte. Cependant une grave considération aurait dû se présenter aux esprits : la Charte avait été improvisée, et ce chiffre de 300 fr. de contributions avait été adopté un peu au hasard. Il y avait donc imprudence à considérer la Charte comme la raison écrite et à subordonner une loi aussi importante que celle des élections à un chiffre fixé arbitrairement, lorsque la Charte n'excluait pas le vote à deux degrés et se bornait à réclamer la contribution des cent écus de l'électeur appelé à élire directement les députés. M. Lainé fut le membre du cabinet qui éleva le plus d'objections sur ce point. M. Royer-Collard répondit à ces objections en faisant observer que, par l'établissement du suffrage direct des électeurs payant cent écus, on écartait du scrutin les classes inférieures, dont l'intervention dans les élections avait toujours entraîné les plus graves inconvénients, soit qu'elles devinssent l'instrument de l'arbitraire administratif, auquel cas on avait la servitude ; soit qu'elles cédassent à l'impulsion des passions politiques, auquel cas on tombait dans l'anarchie. Il trouvait commode, en outre, de faire disparaître de la langue politique, avec ce système d'élection, les mots de *souveraineté du peuple*, de *représentation nationale*, d'*égalité des droits politiques* qui, selon lui, étaient en dehors de la réalité. L'électeur, à l'entendre, n'exerçait pas un droit, mais une fonction qui lui était attribuée par la loi. Les objections de M. Lainé, homme d'impression plutôt que de jugement, tombèrent devant ces explications, qui n'avaient cependant rien de décisif, car le Parlement avait affiché avant 89 la prétention de représenter la France, et la Chambre des députés, nommée par les électeurs à cent écus, l'événement le prouva, ne devait pas avoir des prétentions moins élevées. Il n'y eut de discussion sérieuse que sur un point, et comme MM. Lainé et Royer-Collard se trouvèrent du même avis, ils emportèrent la résolution. Il s'agissait de savoir s'il y aurait dans chaque département un collége unique élisant tous les députés attribués à ce département, ou autant de colléges que de députés à élire ; c'était le système des colléges d'arrondissement opposé au système du collége du département ; celui-ci prévalut. La loi se réduisait donc à ces deux points : « Tout contribuable payant cent écus d'impôts directs est électeur ; tous les électeurs se réunissent au collége du département pour nommer les députés attribués à ce département. »

M. Lainé chargea M. Guizot de préparer l'exposé des motifs de la loi. Ce dernier avait assisté aux conférences dans lesquelles elle avait été discutée et avait donc qualité pour l'expliquer comme pour la défendre dans *le Moniteur*, puisque son âge ne lui permettait pas encore d'être appelé par les électeurs à siéger dans la Chambre. Les paroles que M. Lainé adressa à M. Guizot en le chargeant de cette mission indiquent que les explications données par M. Royer-Collard n'avaient pas fait cesser toutes les inquiétudes du ministre de l'intérieur. « J'ai adopté, lui dit-il, tous les principes de ce projet, la concentration du droit de suffrage, l'élection directe, le droit égal des électeurs, leur réunion dans un seul collége par département ; je crois vraiment que ce sont les meilleurs. J'ai pourtant encore sur quelques-unes de ces questions bien des perplexités d'esprit et bien peu de temps pour en sortir. Aidez-moi à préparer l'exposé des motifs[1]. » Les principales considérations développées par M. Guizot et présentées par M. Lainé dans ce document politique portaient d'abord sur l'élection directe comparée à l'élection indirecte. La première, disait l'exposé, créait entre les électeurs et les députés des rapports immédiats donnant aux premiers plus de confiance dans leurs mandataires, aux seconds plus d'autorité dans l'exercice de leurs fonctions. La réunion de tous les électeurs dans un collége unique tendait à élever le niveau des élections, à les

---

[1]. *Mémoires pour servir à l'histoire de mon temps*, par M. Guizot, tome I<sup>er</sup>, page 165.

soustraire à l'esprit des petites localités et à diriger les choix vers les hommes les plus connus, les plus considérés dans toute l'étendue du département par leur fortune, leurs vertus et leurs lumières.

Tels étaient les grands principes de la loi. Les dispositions secondaires se ressentaient du désir qu'avait le gouvernement de ne pas affaiblir son influence sur les électeurs. Le président du collége électoral était nommé par le Roi, et nommait lui-même les scrutateurs et le secrétaire, à la seule condition de choisir les premiers parmi les électeurs les plus âgés, et l'autre parmi les plus jeunes. Le gouvernement, sans doute pour répondre d'avance à l'objection de ceux qui accuseraient la loi de ne conférer le droit électoral qu'à cent mille Français, annonçait la présentation prochaine d'une loi destinée à régler les élections des conseils municipaux, des conseils d'arrondissement et des conseils généraux.

L'impression produite par la présentation de la loi électorale sur la Chambre fut loin d'être uniforme. La nouvelle majorité se réjouit et se montra pleine d'espérance ; la droite ne cacha point sa douleur et ses appréhensions. Nous en trouverons l'expression vive et animée dans les discours de ses orateurs, surtout dans ceux de MM. de Villèle, de Bonald et de Corbière. Cependant, dans la commission même de la majorité, des doutes graves furent exprimés sur l'opportunité qu'il y avait à substituer l'élection directe à l'élection à plusieurs degrés qui avait toujours été en usage en France. La nouveauté de ce système alarmait un assez grand nombre d'esprits, et dans les bureaux mêmes la majorité se prononça pour l'élection « à plusieurs degrés. » Ce qui empêcha ce mode de prévaloir, ce fut l'impossibilité où furent ses partisans de s'entendre sur l'application. Les uns prétendaient que la Charte avait souverainement décidé que les contribuables payant cent écus d'impôts directs prendraient seuls part à l'élection, et qu'ainsi c'était parmi ces derniers exclusivement que les deux degrés devaient être établis. Les autres niaient que la Charte eût été aussi explicite. Suivant eux, les électeurs payant moins de cent écus pouvaient concourir indirectement à l'élection au premier degré; l'élection directe seulement devait être réservée aux électeurs payant cent écus. Ces deux nuances n'ayant pu s'entendre, la commission revint de guerre lasse au système de M. Royer-Collard, et adopta la loi telle qu'elle avait été présentée.

En dehors de la Chambre le projet du gouvernement fut habilement défendu dans *le Moniteur* par M. Guizot, et vivement attaqué, non par les journaux de la droite qui ne jouissaient pas de la liberté de discussion, mais par une brochure de M. Fiévée qui indiqua le vice principal de la loi en l'accusant d'être un édifice posé en l'air; car il ne saurait y avoir de libertés générales dans un pays où il n'y a pas de libertés locales, ni d'élections politiques sincères dans un pays qui n'est pas doté de franchises municipales. M. Fiévée, comme à son ordinaire, ne se priva pas du plaisir de cribler d'épigrammes la partie secondaire de la loi qui prêtait à ce genre d'attaque, notamment l'article qui reconnaissait au Roi le droit de nommer le président du collége électoral et à celui-ci le droit de choisir les membres du bureau. Il proposait donc de rédiger ainsi la loi :

Article 1$^{er}$. Le Roi nomme le président des colléges électoraux;

Art. 2. Chaque président du collége électoral nomme le bureau;

Art. 3. Le bureau nomme les députés;

Art. 4. Les électeurs sont témoins.

Cette épigramme, qui signalait sous une forme saisissante et spirituelle les facilités qu'un article secondaire de la loi donnait à l'arbitraire, fut accueillie avec faveur; le bon sens sous la forme de l'esprit réussit toujours en France. Mais l'attaque à fond, celle qui atteignait la loi au cœur, était la première et sérieuse observation faite par M. Fiévée. Le défaut principal de la loi des cent écus était, en effet, d'isoler cent mille citoyens du reste de la nation, de concentrer dans une fraction prise en grande partie dans la classe moyenne, sans être la classe moyenne, le droit de suffrage.

Pendant qu'une des plumes les plus alertes du parti royaliste attaquait avec cette vivacité le projet ministériel, le ministère recevait d'une plume justement célèbre dans le parti contraire un appui inattendu. M. Benjamin Constant, après sa palinodie du 20 mars, avait gardé un silence qui s'expliquait de lui-même ; il crut que le moment de le rompre était venu. Les vives attaques que le gouvernement dirigeait contre la droite la lui livraient ; c'était encore une des conséquences de l'ordonnance du 5 septembre, et l'on peut facilement concevoir l'indignation que causa aux royalistes la réapparition de ce transfuge, qui, le front haut et la bouche souriante, venait leur faire la leçon en touchant la main de M. Decazes. On savait, en effet, que M. Benjamin Constant avait offert au jeune ministre le premier exemplaire de l'écrit qu'il publia sous ce titre : *De la Doctrine politique qui peut réunir les partis en France ;* hommage accompagné d'une lettre obséquieuse datée du 27 septembre. Dans sa brochure, le conseiller d'État des Cent-Jours jetait à pleines mains l'ironie sur les royalistes, à l'occasion de la campagne qu'ils faisaient en faveur du gouvernement représentatif, et rappelait qu'en 1814, c'est-à-dire avant MM. de Chateaubriand et Fiévée, il avait posé les principes que ces deux écrivains lui empruntaient aujourd'hui, et qu'il avait lui-même empruntés aux publicistes anglais, ce qu'il oubliait de dire. Ce qu'il appelait la conversion des royalistes à la doctrine de la liberté lui paraissait pouvoir être comparé à la conversion d'un musulman au christianisme, et il affichait la prétention de leur faire subir une

longue quarantaine avant de les laisser arriver au pouvoir.
« Si un musulman voulait se faire chrétien, disait-il, on ne lui refuserait pas le baptême ; mais, s'il demandait à être pape le lendemain de sa conversion, on y regarderait à deux fois. » Ces épigrammes se trouvaient autorisées par la manière dont le gouvernement parlait des hommes de la droite et par ses procédés à leur égard.

Ce n'étaient là que les préliminaires de la lutte qui s'engagea devant les Chambres. Cette lutte fut grave, longue et approfondie ; ouverte le 26 décembre, elle ne se termina que le 8 janvier, après avoir rempli douze séances. Ce fut M. Royer-Collard qui l'ouvrit ; son discours et celui que M. Cuvier prononça dans le cours de la discussion résument les arguments les plus décisifs donnés en faveur de la loi, comme les discours de MM. de Villèle, de Corbière, de Bonald, résument les arguments les plus puissants qui furent développés contre le vote direct des électeurs payant cent écus, et en faveur des deux degrés d'élections. M. de Serre proposa un système électoral à part dont il faudra indiquer les principales bases, de même qu'il faudra donner une idée de celui de M. de Bonald.

M. Royer-Collard, suivant les habitudes de son esprit dogmatique et subtil, commença par déclarer résolues par la Charte les principales questions que soulevait une loi d'élection. De ce que la Charte appelait la Chambre élective *Chambre des députés des départements,* il conclut, — conséquence contestable, — qu'il devait y avoir au chef-lieu un collége unique dans lequel les électeurs du département réunis devaient nommer tous les députés attribués au département. De ce que la Charte disait que, « pour élire les députés, il faudrait avoir trente ans révolus et payer trois cents francs de contribution directe, » il conclut que tous ceux qui se trouvaient dans ces conditions étaient de droit électeurs, et que ceux qui ne s'y trouvaient pas ne pouvaient, en aucune manière, même indirectement, concourir à l'élection. Le cens de trois cents francs était, selon lui, un signe de capacité électorale qui constituait un droit individuel qu'on ne pouvait remplacer ni détruire.

A l'appui de cette doctrine singulière et peu acceptable par le bon sens, car elle faisait dépendre le droit de cité, le droit de vote, de quelques centimes portés en plus ou en moins sur les rôles, de sorte qu'au chiffre de cent écus de contributions la capacité était pleine et entière, tandis qu'en deçà, fût-ce de vingt-cinq centimes, l'incapacité n'était pas moins complète, l'orateur alléguait des dispositions de la Charte qui attestaient précisément la légèreté avec laquelle cet acte fondamental avait été rédigé. En désignant ce chiffre de trois cents francs comme le chiffre de la capacité électorale, sans tenir aucun compte de la richesse relative des départements, la Charte, selon M. Royer-Collard, avait clairement indiqué qu'elle avait regardé un certain degré de richesse personnelle comme la présomption nécessaire d'un jugement libre et éclairé qui est la condition de la fonction électorale, créée sans doute en vue de l'intérêt général, mais essentiellement individuelle, et sans qu'on pût le moins du monde la regarder comme une délégation ou une représentation de volonté. L'orateur tirait de ces principes une fois posés d'autres conséquences : c'est que non-seulement il était juste que tous les contribuables payant trois cents francs de contribution directe fussent électeurs, mais que cela était utile à l'autorité et à la considération de cette assemblée qui grandissait en proportion du nombre de ceux qui avaient concouru à la nommer, argument qui pouvait être facilement tourné contre le système de M. Royer-Collard; or il était dans l'intérêt du gouvernement et de la nation que la Chambre eût la plus grande somme d'autorité possible, parce que son intervention était celle de la nation elle-même exerçant sur son gouvernement une influence régulière. L'orateur répondait ensuite aux objections : il n'y aurait pas de colléges électoraux contenant des électeurs aussi nombreux qu'on avait bien voulu le dire, à peine si l'on en compterait trois en France qui réuniraient de trois mille à six mille électeurs ; il y avait quelque chose de contradictoire à regarder comme une menace pour l'ordre la réunion d'hommes à qui la Charte confiait de si grands intérêts. Puis venait la critique du système contraire, celui du système à deux degrés : il faudrait choisir les électeurs du second degré parmi les contribuables payant cent écus d'impôt direct ; mais si on laissait le chiffre des colléges de département à 600 électeurs, comme il l'était, il faudrait, au minimum, pour que les électeurs du premier degré pussent choisir, qu'il y eût deux cents électeurs du second, sans cela le vote ne constituerait pas un choix, mais une exclusion. Or il y avait de 50 à 60 départements qui ne comptaient pas deux cents électeurs payant trois cents francs, et par conséquent l'élection du premier degré ne serait pas possible. La Charte, l'orateur le faisait remarquer, exigeait cinquante éligibles dans un département, et elle en créait, pour compléter ce nombre, quand il n'était pas atteint. C'était là une proportion légale, il faudrait que les électeurs du second degré offrissent cette proportion ; ils ne l'offraient pas, donc la matière électorale manquait.

L'orateur s'exprimait ainsi :

« Que feraient les assemblées primaires? Elles n'ont jamais eu, elles ne peuvent jamais avoir d'autres fonctions que d'élire les électeurs des députés. Eh bien, les électeurs des députés sont donnés par la Charte, et il n'est pas au pouvoir de toutes les assemblées primaires de la France d'en ajouter un seul. Elles ne se réuniraient donc que pour faire le contraire, pour prononcer des dégradations civiques?... Est-ce donc trop de cent mille voix pour nommer les députés de trente millions d'hommes? Que gagneraient les assemblées primaires à faire taire cinquante ou soixante mille de ces voix, si ce n'est en altérant la force des élections d'altérer en même temps l'autorité de la Chambre populaire et les garanties qui résident dans cette Chambre? si ce n'est peut-être encore de ranimer les factions découragées? Appeler la multitude, que serait-ce autre chose que la rendre aux factions qui la redemandent?... Il faut le dire hautement : c'est la loi proposée qui est l'interprétation la plus franche et la plus populaire de la Charte, puisque c'est elle qui donne à tous les droits, et à toutes les libertés la garantie la plus étendue. Cette loi est éminemment impartiale, car l'impartialité ne saurait aller plus loin que de prendre la France où elle est et telle qu'elle est. Elle extirpe tout ce reste de doctrines révolutionnaires et elle pourvoit au repos de l'avenir en n'ouvrant qu'une seule urne aux passions et aux souvenirs, et en leur fermant le recours à la multitude. Malgré son aspect démocratique, elle n'efface point et ne peut effacer ces grandes aristocraties naturelles de la société qui sont la force des gouvernements ; ce sera toujours un avantage incomparable d'être produit aux élections *par la naissance*, et j'entends par là l'honneur des races, par la fortune, par les grands talents et les grands emplois. Il est vrai que toutes ces aristocraties ayant à comparaître devant un tribunal trop nombreux pour qu'il ne soit pas incorruptible, elles ne pourront se recommander à ses yeux que par un dévouement sincère aux intérêts du Roi et de la France ; mais elles ne se plaindront pas sans doute de n'être préférées qu'à ce prix. Enfin la loi, fidèle à l'esprit de la Charte, me paraît contenir toutes les conditions d'une alliance indissoluble entre le passé et l'avenir ; je rends grâce au gouvernement de l'avoir proposée et je vote son adoption. »

Ainsi parla M. Royer-Collard avec sa solennité habituelle, comme le maître des sentences politiques, *magister sententiarum* pour rappeler le surnom d'un des docteurs les plus illustres du moyen âge, ramenant tout à une sorte de métaphysique de la Charte, déclarant résolues par elle toutes les questions en litige, supposant gratuitement que toute sagesse et toute infaillibilité résidaient dans ce texte sacré et infaillible, au lieu d'y voir un mélange de vérité et d'erreur, et de l'estimer surtout, parce qu'au milieu de tant d'incertitudes et d'agitations elle se présentait avec le caractère du convenu et du définitif, en réservant au bon sens, ce maître de la vie humaine, comme l'appelle Bossuet, toutes les questions qu'on pouvait lui soumettre sans porter atteinte à la constitution.

Son discours fut écouté avec attention, mais froidement ;

c'était plutôt un traité de métaphysique politique, qu'une opinion parlementaire. La tribune, quand M. Royer-Collard y montait, devenait une chaire du haut de laquelle il enseignait; et l'autorité de sa parole avait quelque chose de pédagogique [1].

Ce fut M. de Villèle qui lui répondit. L'esprit pratique venait ainsi opposer les objections de la réalité aux brillantes spéculations de la théorie. Les députés de la droite, qui se serraient plus que jamais les uns contre les autres, depuis qu'ils étaient en minorité, s'étaient partagé les rôles. Ils agissaient avec concert, et sauf M. de la Bourdonnaye, talent brillant mais caractère peu sociable, qui marchait ordinairement seul, ils agissaient d'après un plan de campagne arrêté en commun. « J'ai déjà rédigé mon opinion sur la loi d'élection, écrivait M. de Villèle à la date du 13 décembre 1816, Corbière en a été content. Nos amis ont jugé que je devais ouvrir l'attaque, pour donner la direction à suivre [2]. Piet, la Bourdonnaye, Benoist, Castelbajac, Bonald, Cornet d'Incourt nourriront le feu. Nous détacherons Corbière pour la clôture. » Ce passage curieux établit à la fois la parfaite entente qui régnait dans la droite, la prééminence de M. de Villèle acceptée par ses amis, son union avec M. de Corbière, choisi comme un athlète redoutable pour porter les derniers coups, tandis que M. de Villèle portait les premiers.

L'opinion de M. de Villèle sur la loi qui restreignait le droit électoral aux seuls contribuables payant trois cents francs

---

[1]. J'extrais les lignes suivantes d'une lettre de M. de Villèle adressée à Toulouse, à la date du 26 décembre 1816 : « M. Royer-Collard a fait lourdement un assez bon discours ministériel, dont il a tiré une conclusion détestable; il a été écouté attentivement, mais a fait peu d'effet. »

[2]. Ce fut M. de Caumont qui parla le premier, M. de Villèle le dit lui-même dans une lettre datée du 26 décembre 1816 : « Caumont a voulu parler le premier. Je lui ai cédé mon tour en bon camarade. Il n'en a pas abusé, il a parlé dans un bon sens. » (*Correspondances inédites*.)

d'impositions directes était connue ; il avait eu à combattre cette disposition lors de la présentation de la loi électorale provisoire au mois de février 1816, et il s'était acquitté de cette tâche avec une grande énergie. « Ce serait supposer à la France plus d'indifférence qu'elle n'en a réellement et qu'elle ne peut en avoir pour le plus précieux de ses droits, s'était-il écrié, que de croire pouvoir ainsi dispenser l'élection des députés, sans autre base que celle d'une division territoriale arbitraire et sans aucun égard à la population et aux contributions qui doivent être toujours l'indication du nombre des députés à élire, puisque ces données sont prises dans les deux intérêts que les députés sont le plus appelés à défendre. » Le peu de justice qu'il y avait, en présence de cette nation de trente millions d'hommes dont M. Royer-Collard avait parlé, à circonscrire le droit électoral dans une classe de 90,000 individus, car, d'après les tableaux distribués, le nombre des contribuables payant trois cents francs d'impositions n'allait point au delà ; le peu de garanties qu'on trouvait dans cette classe arbitrairement fixée par un chiffre invariable qui laissait en dehors, non-seulement la noblesse et le peuple, mais une grande partie de la classe moyenne, la plus grande partie des contribuables, car M. Benoist établit d'une manière rigoureuse que les deux tiers des contributions étaient payés par des cotes au-dessous de 300 francs ; la disparition de toute hiérarchie sociale de la loi d'élection, car on mettait évidemment le droit de nommer les députés dans la main des électeurs payant de 300 à 500 francs de contributions directes, en ôtant aux grands propriétaires tout motif de chercher à gagner, par des services, la confiance de la petite propriété ; la hiérarchie naturelle des intérêts remplacée par une oligarchie arbitraire ; les affaires publiques livrées à ceux qui avaient leurs affaires particulières à faire, voilà quels étaient, suivant M. de Villèle, les plus graves inconvénients de la loi. Il ne cachait pas que, dans sa pensée, il fallait organiser le mécanisme de la loi de manière que les hommes les plus considérables de France par leur fortune et leur situation fussent amenés à avoir besoin des suffrages des petits propriétaires. En quoi cela pouvait-il alarmer la société française? D'abord il s'agissait d'obtenir ce suffrage, et non de le forcer. Ensuite n'était-ce pas une dérision de prétendre, avec la division de la France en villes et en campagnes, et après la vente révolutionnaire de tant de grands domaines, et la création de tant de fortunes nouvelles par la Révolution et l'Empire, que la grande propriété appartînt tout entière à l'ancienne noblesse? Ce fut cependant l'unique point de vue qui domina la discussion.

Le discours de M. de Villèle eut un grand succès dans la salle et même dans les tribunes, où l'affluence était énorme et où la plus brillante société de Paris était accourue. Ce fut Camille Jordan qui lui répondit. Il avait été nommé récemment conseiller d'État en remplacement de M. Benoist, et, par cela même, il était particulièrement désagréable à la droite. Son discours, long et diffus, eut peu de succès, et le duc de Richelieu, la chose fut remarquée, quitta la salle avant que l'orateur fût descendu de la tribune. Après lui, M. de Castelbajac attaqua le projet ministériel par des considérations tirées du caractère équivoque de la loi, qui n'était ni franchement aristocratique ni franchement démocratique. « Le projet est trop étendu, dit-il, si l'on veut un système aristocratique, et il est beaucoup trop restreint si l'on veut un système démocratique. »

L'avantage dans cette première phase de la discussion était resté à la droite malgré l'éloquence philosophique de M. Royer-Collard, qui n'avait pas produit beaucoup d'effet. La loi paraissait compromise quand un discours habile de M. Cuvier, commissaire du Gouvernement, dont le succès fut immense, et un discours imprudent de M. de la Bourdonnaye, qui n'avait consulté aucun de ses collègues et qui parla avec une violence inouïe, mirent la droite en déroute et rendirent l'avantage au gouvernement.

A la distance où nous sommes, on hésiterait à croire à l'immensité du succès du discours de M. Cuvier, s'il n'était pas attesté par le petit nombre de survivants qui l'ont entendu, et on ne comprendrait pas ce triomphe si on séparait le discours des circonstances au milieu desquelles il fut prononcé. Le fait matériel du succès est incontestable[1]. La forme y contribua; c'était une causerie spirituelle, abondante, animée, semée de souvenirs historiques, d'aperçus ingénieux, d'anecdotes piquantes avec une philosophie politique plus à la portée des intelligences que celle de M. Royer-Collard, et qui semblait avoir quelque chose de plus pratique et de plus courant. Le fond, habilement mis en œuvre, était de nature à plaire à l'assemblée : c'était la thèse de Sieyès rajeunie, l'apologie, l'apothéose de la classe moyenne présentée comme celle qui réunissait au plus haut degré toutes les qualités nécessaires pour assurer à tous les intérêts, à tous les droits, le règne de cette justice universelle que les gouvernements réclament sans cesse sous le nom d'ordre et que les peuples revendiquent sous le nom de liberté. « Et en effet, qu'est-ce que la liberté civile, demandait l'orateur, si ce n'est qu'aucun homme, quelque grand, quelque puissant qu'il soit, ne puisse faire injustice à aucun autre, quelque petit, quelque faible qu'il soit? Et qu'est-ce que la liberté politique, si ce n'est cet édifice d'institutions que les hommes ont imaginé pour maintenir constamment la liberté civile en activité? » L'orateur, après

---

1. M. Duvergier de Hauranne dit dans l'*Histoire du Gouvernement parlementaire en France* : « J'étais moi-même un des spectateurs, et je vois encore M. Cuvier en habit de velours noir se promenant d'un côté de l'autre à la tribune, en parlant comme rarement dans ma vie j'ai entendu parler. » (Tome IV, page 41.)

avoir établi que l'esprit de la Chambre élective devait être en harmonie avec les principes de la justice universelle, pour que la justice eût ce caractère désirable et désiré, faisait remarquer que l'esprit de la Chambre dépendait de l'esprit des électeurs par lesquels elle serait nommée. Il ajoutait que, pour que ceux-ci fussent animés d'un esprit de sagesse et de justice, il fallait que ces deux qualités ne fussent pas altérées en eux « par la dépendance qui ne leur laisse pas de volonté, par l'ignorance qui ne permet pas que cette volonté soit dirigée par la sagesse, ou bien altérée par des intérêts et des passions qui les aveuglent sur ce que leur jugement serait en état de découvrir. » Il en concluait que la multitude devait être écartée du scrutin, parce que si elle votait, elle serait vénale ou ignorante, ou passionnée, et, dans le premier cas, se laisserait entraîner vers le despotisme; dans le second, vers l'oligarchie; dans le troisième, vers l'anarchie. Il fallait donc substituer à la multitude un corps électoral indépendant, sage et éclairé. Le cens de trois cents francs indiqué par la Charte était le signe extérieur de cette indépendance, de cette sagesse, de ces lumières. Les classes moyennes, également éloignées de la démocratie et de l'aristocratie, étaient celles qui pouvaient, le plus utilement pour la société, remplir les fonctions électorales; c'était leur droit contre la multitude et leur droit contre la noblesse, et, la Charte ayant reconnu que cent mille citoyens avaient l'aptitude électorale, il était aussi absurde qu'injuste d'établir, par un choix et une exclusion, une inégalité entre ceux que la Charte avait proclamés égaux. Telle était en substance l'argumentation de M. Cuvier, et il terminait son discours en repoussant le projet de M. de Serre comme beaucoup moins propre que celui du gouvernement, à cause des combinaisons variées du vote à plusieurs degrés qui peuvent faire tomber les choix sur des hommes inconnus aux premiers votants à réunir dans la Chambre des députés toutes les forces vives du pays afin de prêter une puissance incomparable au gouvernement.

Ce n'est pas sans raison, on le voit, que j'ai signalé le discours de M. Cuvier comme n'étant pas sans parenté avec la fameuse brochure de Sieyès : Que doit être le tiers ? Tout. L'ancien tiers, ayant pris d'immenses accroissements sous le nom de classes moyennes, doit être tout dans l'ordre politique, et à cause de sa valeur propre et à cause de l'intérêt social. Dans le cours de la discussion, M. Beugnot devait développer la même thèse avec la finesse railleuse et piquante de son esprit; M. Courvoisier avec la véhémence presque brutale de son éloquence. Il y avait là évidemment des représailles contre la supériorité numérique qu'avait obtenue l'élément nobiliaire dans la Chambre précédente. Les lettrés, les savants, les administrateurs, les fonctionnaires, qui sentaient qu'ils composaient la ligue des supériorités, faisaient acte d'opposition même contre l'ombre de l'aristocratie.

Après le discours de M. Cuvier, qui avait laissé peu de chose à dire en faveur de la loi, et peu de chose aussi à répondre aux objections, la séance fut longtemps suspendue. Ce n'était point M. de la Bourdonnaye qui pouvait rétablir les affaires de la droite. Il avait été, comme à son ordinaire, d'une grande violence, et en même temps il s'était mis dans son tort en appelant le gouvernement du Roi *un directoire de gouvernement*, ce qui était une injure gratuite. Il y eut une tempête effroyable dans la Chambre, et l'orateur malencontreux, que la droite ne put ni ne voulut défendre, fut obligé de consentir, sur la proposition de M. Lainé, à ce qu'on effaçât de son discours les paroles inconstitutionnelles qu'il avait prononcées ; ce fut ainsi qu'il échappa à un rappel à l'ordre. C'était sortir par un sacrifice de caractère d'une position où il s'était placé par un défaut de jugement.

N'y avait-il donc rien à répondre à l'argumentation de M. Cuvier ? Quoique la réponse fût difficile à cause de l'article de la Charte qui décidait *à priori* que le cens de trois cents francs serait nécessaire pour nommer les députés des départements, il y avait bien des choses à dire. En acceptant le chiffre de la Charte comme quelque chose d'arrêté et de convenu, sans admettre que la raison absolue fût contenue dans la Charte, rédigée à la hâte et presque improvisée, on pouvait plaider les droits éternels du bon sens. C'est ce que firent trois orateurs à des degrés divers, avec un mélange plus ou moins grand d'erreur et de vérité, mais avec beaucoup de force cependant.

M. Benoist établit par des calculs statistiques que le projet de loi privait de toute participation au vote politique, d'abord les neuf dixièmes de la population active puis les deux tiers de la propriété territoriale. Seulement il accepta comme vrai ce qui était faux, c'est-à-dire que cette spoliation de droits avait lieu au profit de la classe moyenne. Il aurait fallu dire, au contraire, que la plus grande partie de la classe moyenne se trouvait dépossédée avec les hautes classes au profit de cent mille censitaires. La chose eût été facile à établir en produisant les cotes de contributions directes de 200 à 300 francs, et l'on aurait évité ainsi les récriminations, toujours fâcheuses, de classe à classe, en enlevant aux partisans du projet de loi l'argument avec lequel ils passionnaient la majorité.

M. de Bonald signala un autre côté de la vérité. Il désigna la commune comme le point de départ du gouvernement représentatif. Ses paroles sont utiles à citer :

« La commune est la véritable famille politique. C'est avec la constitution de la commune ou son affranchissement qu'a commencé en France la forme régulière et même déterminée de la constitution de l'État. La commune est dans le système politique ce que le franc est dans notre système monétaire, l'unité première et génératrice, l'unité indivisible parce qu'on ne peut la diviser sans tomber dans des fractions sans valeur et des monnaies sans poids et sans titre. Remarquez que la commune est un corps plus réel, plus solide et plus visible que le département, que le royaume, qui sont plutôt des corps moraux. »

M. de Bonald, après avoir fait ainsi de la liberté communale le point de départ de la liberté politique, des institutions locales la base du gouvernement représentatif, terminait par ces remarquables paroles :

« Ce beau système de gouvernement dont la commune est le fondement a été trouvé dans les bois, dit Montesquieu ; c'est donc sur le fondement invariable, inébranlable d'un élément indestructible comme tous les éléments, sur la commune qui a précédé les gouvernements et qui leur survit, qu'il fallait asseoir la première pierre de l'édifice d'une représentation véritablement nationale, et c'était le seul moyen de fonder la représentation dans la nation et d'implanter, si j'ose le dire, la représentation dans la Constitution, et la Constitution dans l'État. »

Malheureusement, à ces aperçus lumineux, M. de Bonald mêlait des idées erronées qui provenaient de son esprit naturellement systématique. Il aurait voulu établir une égalité impossible entre toutes les communes, grandes ou petites, et par cette utopie inapplicable il décréditait une idée juste.

M. de Serre avait été frappé de l'inconvénient qu'il y avait à donner la prééminence à l'élément électoral des villes sur l'élément électoral des campagnes, et à tirer la Chambre des députés d'une source unique. Il présenta un amendement dont l'objet était de créer un collége de ville et un collége de campagne dans chaque département : le collége de ville devait réunir tous les électeurs payant trois cents francs de contributions et habitant des villes contenant quinze cents âmes et au-dessus ; le collége des campagnes, tous les autres électeurs payant le même chiffre de contributions. Chacun des deux colléges devait nommer la moitié des députés attribués au département, s'ils étaient en nombre pair ; s'ils étaient en nombre impair, le collége des campagnes en nommait un de plus ; cette disposition était évidemment favorable à la propriété rurale. M. de Serre finit par abandonner son amendement, pour ne pas augmenter les embarras du ministère ;

mais l'argumentation de ses adversaires ne l'avait pas convaincu, et il devait revenir à ses idées.

On se souvient que la réunion de la droite, en décidant que M. de Villèle ouvrirait la discussion, avait réservé M. de Corbière pour porter les derniers coups. Il se montra digne de cette confiance, et ce fut lui qui répondit de la manière la plus catégorique aux arguments de M. Royer-Collard et de M. Cuvier. Ces paroles doivent être reproduites ici; si on ne les connaissait pas, on n'aurait pas une idée complète de la discussion soulevée au mois de janvier 1817 sur la question la plus vitale du gouvernement représentatif. Voici un fragment important de son discours :

« Dans le gouvernement représentatif, les besoins de l'administration et les intérêts des peuples sont débattus et réglés en commun. Il est naturel que l'administration désire n'être pas gênée dans sa marche et que les peuples craignent de faire plus de sacrifices que le service public n'en exige. Mais, si quelques-uns de ces intérêts ne sont pas appelés, le traité entre l'administration et la Chambre peut se faire à leurs dépens; ils le croiront du moins. Et, qu'on ne s'y trompe pas, ces intérêts mécontents et lésés suffiront pour porter le désordre dans tout le corps. Croirait-on pouvoir les contenir et les priver de toute action? On réussirait plutôt à les détruire. Partout où il y a lésion il y a souffrance, et tant que la vie reste encore, partout où il y a souffrance, la souffrance et le repos s'excluent. Ainsi, les intérêts non représentés souffriraient et chercheraient un remède. Ils le chercheraient hors du gouvernement représentatif, car ils en seraient exclus, ils le chercheraient contre lui puisqu'ils s'en croiraient traités hostilement. Lorsque le moyen de défense des intérêts consiste dans une représentation, tous doivent être représentés. Sans cela, ce que les uns acquerraient tournerait au détriment des autres, qui se trouveraient dans une condition pire qu'auparavant. Ajoutons que dans les conditions les plus élevées, le bien général se trouve trop souvent en opposition avec le bien particulier; des faveurs peuvent ébranler le devoir; d'amples dédommagements peuvent être offerts aux sacrifices de la part quelconque que l'on a dans l'intérêt commun, et ces dédommagements, il faut toujours que quelqu'un en fasse les frais; ils retombent en définitif sur ceux qui ne sont pas à portée d'y prétendre; ceux-là ne peuvent avoir pour sauvegarde personnelle que l'intérêt qu'ils trouvent dans une bonne administration. S'ils paraissent avoir au bien public un intérêt plus faible, chez eux aussi cet intérêt se trouve dans toute sa pureté. En outre, cette classe est par sa situation la plus exposée à des injustices particulières, et a le moins de garanties contre elles. Si vous conservez à la classe inférieure quelque participation aux élections, vous lui assurez un droit à des égards dont elle n'est pas indigne, à une protection dont elle a besoin. Le projet de loi, dans sa démarcation tranchante, laisse sans appui, dans l'ordre social, une classe bien nombreuse de notre population. Jamais on n'avait eu l'imprudence de la laisser dans un tel isolement; ses corporations lui conféraient jadis des droits analogues à ceux que les autres avaient alors.

« Dire que les pauvres peuvent s'enrichir n'est pas répondre. Ceux qui s'enrichiront seront remplacés dans la classe d'où ils sortiront; elle restera toujours à peu près la même et toujours également sans défense. Les peuples doivent être défendus avec prudence, mais avec fermeté, contre les profusions qui les menacent, contre l'action capricieuse des agents de l'autorité. Il a de plus fallu légaliser l'obstacle pour qu'il ne fût pas tour à tour trop faible et trop inflexible. La classe que le projet de loi favorise est-elle, sous ce rapport, celle qui présente le plus de garantie? On vous a fait remarquer que dans cette classe ne se trouvaient pas les hommes les plus intéressés à modérer les charges de l'État. D'un autre côté, on peut plus facilement les réduire à la dépendance par l'appât des salaires publics. Voilà pour les temps ordinaires. Pour les moments de crises, quelle influence dangereuse ne doivent pas avoir les colléges électoraux que vous allez organiser? Avec la composition qu'on vous propose, ne peut-on pas craindre qu'un trop grand nombre de leurs membres ne se trouvent accessibles à la séduction des chances trompeuses que présentent les troubles civils à leur naissance et à leurs différentes périodes? Je crains donc, dans les temps de troubles, un appui peu sûr pour le trône, et dans les temps calmes trop de condescendance pour les ministres. Je me résume. Le projet de loi me paraît, dans le fond même du système qu'il adopte, offrir le plus grand des inconvénients dans un gouvernement tel que le nôtre, c'est de livrer les élections à une classe très-faible de la société. Il exclut de droit tout ce qui se trouve au-dessous, de fait tout ce qui est au-dessus. »

Ce furent, certes, les paroles les plus sages et les plus complétement justes dans toute cette discussion. M. de Corbière ne demandait de priviléges pour personne, il demandait des droits pour tous, et faisait remarquer avec raison qu'il y avait un défaut d'équité choquant à priver des garanties politiques les classes les plus nombreuses, celles qui, plus que toutes les autres, avaient besoin d'être protégées, comme il y avait une haute imprudence à concentrer l'action politique dans les mains d'une oligarchie censitaire composée de cent mille personnes seulement, placées en grande majorité dans une situation où l'on est particulièrement accessible aux influences de l'esprit de parti et à celles des séductions du pouvoir. Par une bonne fortune de prévoyance qui n'est réservée qu'au bon sens élevé à une très-haute puissance, il indiquait d'avance la double pierre d'achoppement où le gouvernement représentatif, ébranlé par d'autres causes, devait par deux fois se briser dans notre pays. Ainsi les mots essentiels avaient été dits : M. de Bonald avait prononcé le mot de commune auquel celui de décentralisation se rattachait naturellement; or la grande difficulté de la situation était précisément d'organiser la liberté représentative avec la centralisation poussée au dernier degré de l'exagération par l'empire. M. de Villèle avait insisté sur cette hiérarchie naturelle des intérêts qui, se reproduisant naturellement par le vote dans l'ordre politique, peut seule donner un caractère de justice et de vérité au gouvernement représentatif. M. de Corbière signalait les inconvénients de deux natures qui naîtraient de la base trop étroite qu'on donnait au gouvernement représentatif, inconvénients qui, après avoir été expérimentés, deviendraient pour lui un danger et une cause de ruine.

M. Lainé n'avait pu détruire cette puissante argumentation par deux de ces mouvements oratoires qui lui étaient familiers. Il avait dit, pour répondre au reproche fait à la loi d'exclure de fait la grande propriété, que les colléges électoraux ne seraient pas insensibles aux grands noms bien portés. « Les fils de Cornélie ne les soulèveraient pas sans doute, mais un noble Français ravira leurs voix en montrant de loin l'embouchure du canon, admirable mausolée où Montcalm gît enseveli. » Les images éclatantes remuent toujours les assemblées, qui n'exigent pas qu'on frappe juste, pourvu qu'on frappe fort : on battit des mains. Quant à la disposition que montrait la droite à croire que la grande propriété pourrait, par des services rendus, se concilier les suffrages de la petite, M. Lainé répondit par cette autre image, qui fit apparaître une menace là où la droite croyait voir luire une espérance : « Prenez garde ! d'anciens vassaux sont, dans les campagnes, des clients peu sûrs, et Clodius en trouverait plus que Milon. » C'était là, en effet, un des dangers du plan de la droite ; mais, dans les institutions humaines, il n'y a point d'avantages sans inconvénients ; et il est dans la nature des choses que le gouvernement représentatif soit une lutte. M. Cuvier, qui encouragé par un premier succès essaya de répondre à M. de Corbière, éprouva un échec qui fit oublier son triomphe. Son discours diffus, et dans lequel la causerie dégénérait en bavardage, ne contenait au fond que deux arguments : la volonté du Roi et l'avantage d'avoir dans la Chambre des députés le plus grand nombre de fonctionnaires possible, parce qu'ils étaient les plus intéressés de tous à ce qu'il n'y eût pas de révolution. Voici ses paroles textuelles : « En politique, il faut que le maître parle ; le maître l'a dit, le Roi a parlé dans la Charte ; la Charte existe ; elle institue les électeurs à cent écus..... Il est bon que la Chambre soit remplie de fonctionnaires, attendu que les hommes qui doivent le plus craindre les révolutions, ce sont les fonctionnaires attachés au gouvernement qui existe. » Paroles malheureuses et, en outre, déjà démenties deux fois par l'événement, en 1814 et en 1815, et qui devaient l'être encore.

Après le résumé du rapporteur, M. Bourdeau, la Chambre passa à la discussion et au vote des articles, et l'intérêt du débat se concentra sur l'article VII, où était la pensée mère de la loi ; car, suivant qu'il serait voté ou remplacé par l'amendement de la droite, il devait y avoir un ou plusieurs degrés, les électeurs à 300 francs devaient seuls avoir des droits politiques ou les contribuables payant des cotes plus faibles intervenir dans les élections. L'article I$^{er}$ et les articles suivants avaient passé à une vingtaine de voix [1]. La discussion se ranima avec vivacité sur l'article VII. MM. de Marcellus, Benoist, de Bonald, reproduisirent les principales raisons qu'avait données la droite, et M. de Bonald en ajouta une tirée de l'ordre moral : « Il faut, dit-il, compter pour quelque chose les conditions morales et voir dans la société autre chose que des bipèdes de trente ans et qui trouvent leur nourriture sur quelques arpents de terre d'étendue. Pour faire cesser cette promiscuité de l'honneur et du déshonneur, du vice et de la vertu, un premier degré d'élection est nécessaire. »

MM. Royer-Collard, de Serre et Siméon, qui répliquèrent, n'ajoutèrent rien aux raisons déjà données, et ne trouvèrent rien à répondre à l'argument de M. de Bonald, demandant que le vote intelligent des électeurs du premier degré apportât une sanction morale à la désignation aveugle du cens. La seule objection plausible fut celle présentée par M. Lainé : la difficulté d'organiser le vote à deux degrés avec l'article XI de la Charte, qui conférait les fonctions électorales aux électeurs payant cent écus. Ce ne fut qu'après deux épreuves douteuses que l'amendement de la droite fut rejeté à la faible majorité de cent dix-huit voix contre cent six. Malgré l'ordonnance du 5 septembre et les efforts extraordinaires du ministère, son système ne l'emportait sur celui de la droite qu'à une majorité de douze voix.

Les indépendants, comme ils s'appelaient, c'est-à-dire pour la plupart les hommes des Cent-Jours, avaient voté avec le ministère, et M. Voyer-d'Argenson vint expliquer ce vote à la

---

[1]. *Correspondances inédites des députés de la droite.*

tribune ; il dit que lui et ses amis avaient fait le sacrifice de leur opinion en adoptant un projet qui privait de leurs droits politiques un grand nombre de citoyens recommandables. Leur intention avait été de dégager le mécanisme électoral de la France des altérations que les sénatus-consultes, les décrets, les ordonnances, les adjonctions, l'intervention des préfets, lui avaient fait subir, et parce qu'après tout entre ceux qui payaient le plus et ceux qui payaient le moins l'identité était à peu près complète. Après ce préambule il réclama, au nom de la sincérité des élections, le rejet de l'article qui remettait aux mains du ministère la nomination du bureau électoral. M. Duvergier de Hauranne proposa une rédaction qui conférait le choix des scrutateurs et du secrétaire aux électeurs, et la droite appuya de ses votes cet amendement, qui fut adopté. Le soir même, M. de Villèle écrivait à Toulouse :

« Nous avons obtenu contre les ministres une petite victoire. Un petit amendement, repoussé par eux, a été voté par cent quinze voix contre cent onze. Mais nous ne sommes jamais plus faibles que le lendemain d'un succès, parce que c'est alors que nous faisons le plus de peur aux indépendants. »

Ces paroles de M. de Villèle furent justifiées par la suite de la discussion. Quand on fut arrivé à l'article de la loi où il était dit que les préfets et les commandants militaires ne pourraient être élus dans les départements où ils exerçaient leurs fonctions, M. de Villèle demanda que tout député promu à une fonction amovible fût soumis à une réélection. Il développa avec beaucoup de force les raisons qui militaient en faveur de cet amendement, et MM. de Corbière et de Castelbajac l'appuyèrent vivement. La nomination aux emplois publics était évidemment un des moyens d'action les plus puissants du gouvernement ; et il était donc juste que les électeurs fussent appelés à confirmer ou à révoquer le témoignage de confiance donné par eux aux députés dont les opinions pouvaient avoir été modifiées par une faveur ministérielle. MM. Lainé, de Serre, Royer-Collard, ne trouvèrent à opposer à une observation si juste que des lieux communs oratoires tirés du respect dû au Roi : « Quoi ! s'écria M. de Serre, un homme aura besoin de savoir s'il a encore la confiance de ses concitoyens, parce qu'il vient de recevoir du Roi un témoignage de confiance! » M. Royer-Collard reproduisit la même idée sous une autre forme ; il ajouta seulement que, si l'opposition objectait, tandis que la majorité décidait, cette objection ne devait jamais arriver jusqu'à une opposition aux actes du Roi qui seul gouvernait. A force de défendre la Charte, les orateurs des centres ministériels finissaient par l'oublier. Pourquoi y avait-il une responsabilité ministérielle, s'il ne devait pas y avoir d'opposition dans les Chambres? Pourquoi y avait-il des élections et une liberté électorale, si les électeurs n'étaient pas appelés à continuer ou à retirer leur confiance aux députés? Au-dessous du Roi inviolable et irresponsable, n'y avait-il pas des ministres responsables et justiciables des Chambres, de l'opinion et même de la Cour des pairs? Dès lors leurs actes n'étaient ni au-dessus de la critique ni au-dessus du soupçon.

Il n'y eut pas de réponse, il ne pouvait pas y en avoir à des raisons si solides. Mais les indépendants, toujours plus effrayés des succès de la droite que de ceux du ministère, l'abandonnèrent au scrutin, et l'amendement fut rejeté à une assez forte majorité. La discussion touchant à sa fin, M. Doria proposa d'écrire dans la loi que les députés ne recevraient ni indemnité, ni traitement, et cette disposition fut votée à l'unanimité. On passa alors au scrutin sur l'ensemble, et la minorité qui la repoussait réunit cent voix.

La droite, profondément attristée, eut un moment de découragement. On trouve la trace de cette lassitude morale dans les lettres de M. de Villèle, qui, pendant cette longue discussion, n'avait cessé de correspondre avec sa famille. Il écrivait le lendemain :

« Dans le discours de Corbière domine cette teinte de tristesse qu'il avait laissé voir dans son rapport sur l'amnistie, et qui décèle l'honnête homme profondément affecté des maux de son pays. On a tiré occasion de cette discussion pour ranimer les vieilles haines contre les nobles et les riches. »

Il ajoute dans une autre lettre :

« La loi des élections va nous faire rentrer dans notre bienheureuse obscurité pour n'en plus sortir. Les séries vont être tirées. Puisse la nôtre sortir la première! »

Puis il écrit de nouveau à la date du 5 février :

« Je suis bien isolé, bien fatigué, bien triste de voir tourner ainsi les affaires de mon pays. »

Quelquefois une lueur de joie se mêle à ces tristesses, quand un grand succès de tribune semble relever les espérances de la droite. C'est ainsi qu'après le discours de M. de Bonald, M. de Villèle avait écrit à Toulouse :

« Bonald a fait un discours de première force et qui restera. Cette discussion nous a fait un bien infini dans l'opinion, même ici, même parmi les diplomates étrangers. Notre minorité a montré de l'ensemble, des talents, des principes, de l'énergie. »

Bientôt la tristesse le reprend; l'honneur seul le retient à son poste; sans cela il prendrait le courrier et il irait rejoindre sa famille à Toulouse. Il sent tout le poids de la situation qu'il peignait ainsi, peu de jours après son arrivée :

« Les choses sont comme je vous le dis; le Roi vieux, perclus, dit-on, quoique assez bien de la charpente; mais on doute qu'il puisse marcher désormais, même comme il le faisait; on le traîne dans un fauteuil et seulement dans sa chambre; l'État bien malade et en de mauvaises mains. Point d'argent, point de pain; les esprits agités, les révolutionnaires excités, les royalistes persécutés, voilà le présent. »

On craignait encore plus l'avenir.

La loi électorale était la grande loi de la session; cependant il y eut encore deux discussions importantes : l'une sur les lois d'exceptions dont le ministère demandait le maintien dans un projet déposé le 7 décembre 1816, l'autre sur les lois de finances. La position de la droite était délicate sur la question des lois d'exceptions, qui s'appliquaient à la liberté individuelle qu'on proposait de suspendre, à la censure des journaux et à la répression des écrits non périodiques. D'abord elle allait se rencontrer sur ce terrain avec la gauche, pour laquelle elle éprouvait une antipathie facile à expliquer par les souvenirs des Cent-Jours; en second lieu on ne pouvait manquer de lui objecter qu'elle avait voté les lois d'exceptions l'année précédente, et de lui demander pourquoi elle les refusait cette année. L'avis de MM. de Corbière et de Villèle eût été d'aborder hardiment le côté constitutionnel de la question, en déclarant que le moment de rentrer dans la Charte était venu. Ils ne purent amener leurs collègues à cette opinion, et durent recommencer sur un nouveau plan des discours déjà composés. La droite, inquiète de voir les hommes des Cent-Jours, entre autres MM. Voyer-d'Argenson, Ponsard, Saulnier, s'inscrire pour revendiquer le retour aux principes constitutionnels, manifestait l'intention de s'abstenir, et MM. de Villèle et de Corbière eurent beaucoup de peine à la faire revenir de cette résolution. Il fallut consentir, pour ramener leurs collègues, à ne pas traiter la question constitutionnelle, afin de marquer la différence entre la droite et la gauche. MM. Royer-Collard, Camille Jordan, Duvergier de Hauranne, Siméon, soutinrent les lois d'exceptions;

MM. de Villèle, de Sallaberry, de Castelbajac, Josse de Beauvoir, Cornet-d'Incourt, de Caumont de la droite, d'Argenson et plusieurs membres de la gauche, les combattirent.

Le projet sur la suspension de la liberté individuelle se réduisait à ceci en substance :

« Tout individu prévenu de complot ou de machination contre la personne du Roi, la société, l'État ou les personnes de la famille royale, pourrait, sans qu'il y eût nécessité de le traduire devant les tribunaux, être arrêté et détenu en vertu d'un ordre signé du président du conseil des ministres et du ministre de la police; les geôliers et les gardiens seraient tenus, dans les vingt-quatre heures de l'arrivée de la personne arrêtée, de remettre copie de l'ordre de l'arrestation au procureur du Roi, lequel, toutes les fois que le prévenu en ferait la demande, se rendrait immédiatement près de ce dernier, dresserait procès-verbal de ses dires, recevrait de lui tous mémoires, etc., et transmettrait le tout, par l'intermédiaire du procureur général, au ministre de la justice, pour en être fait rapport au conseil du Roi, qui statuerait. La loi cesserait de plein droit au 1$^{er}$ janvier 1818. »

M. Royer-Collard allégua que, lorsqu'il existait des mesures de ce genre, le Roi était le seul juge, attendu que seul il sait ce que les Chambres ne peuvent savoir. Il ne suffisait pas de répondre que la mesure est inutile. En France, l'initiative n'appartenait pas, comme en Angleterre, aux députés, elle appartenait à la royauté, et par cela seul que le pouvoir légitime est réputé sage et fidèle, il y a toujours présomption qu'il a des raisons suffisantes pour demander des pouvoirs extraordinaires. Il n'a donc pas à donner ses raisons pour les obtenir, c'est à ceux qui veulent les refuser de justifier leur refus.

Ces maximes étaient contestables et furent justement contestées; car l'orateur, en mettant ainsi l'autorité royale en scène, oubliait systématiquement que cette autorité était représentée devant les Chambres par un ministère responsable qui, au fond, exerçait ces pouvoirs extraordinaires, de sorte que pour qu'on les lui accordât, il fallait de deux choses l'une : ou qu'il donnât des raisons satisfaisantes en exposant la situation du pays, ou que, par une confiance absolue dans ses lumières et son intégrité politique, l'assemblée le dispensât d'en donner. L'orateur développa des considérations plus judicieuses à l'appui de son opinion sur le danger des principes absolus qui excluent, quelles que soient les circonstances, l'emploi des mesures extraordinaires, comme si le cours des affaires humaines pouvait tomber, ainsi que celui de la nature, sous l'empire de lois invariables. Il indiqua les conditions vraies auxquelles ces pouvoirs extraordinaires peuvent être exercés, en disant :

« Une nation est aussi libre qu'elle puisse l'être quand le pouvoir arbitraire, appelé quelquefois contre de plus grands maux, ne peut ni se créer ni se prolonger par sa propre volonté; qu'il est borné dans son objet comme dans sa durée; qu'il laisse subsister à côté de lui tout ce qui peut le surveiller et tout ce qui doit le contrarier; qu'il n'agit enfin que sous les yeux des conseils publics et dans les limites qui lui ont été tracées. »

Enfin, il fit valoir un motif sérieux en rappelant que, dans la nouvelle loi, le pouvoir extraordinaire qu'on demandait devait être exercé par les ministres et sous la responsabilité de leur signature, au lieu d'être délégué à des milliers de fonctionnaires subalternes, comme dans la loi du 29 octobre 1815, disposition qu'il avait combattue, et que du reste M. de Chifflet, membre de l'extrême droite, et M. de Serre, avaient combattue comme lui.

Tout en soutenant le ministère, M. Royer-Collard lui faisait sentir que l'appui du groupe qu'il conduisait était conditionnel, et il indiquait sous des formes graves et générales ce que les doctrinaires attendaient de lui contre les hommes de la droite qui restaient soit dans le conseil, soit dans les positions administratives.

« Je souhaite aussi vivement que qui que ce soit que le gouvernement du Roi connaisse sa force et qu'il s'enhardisse à dissiper toutes les résistances, à soumettre tous les intérêts rebelles, à faire dominer enfin la volonté royale au-dessus de toutes les contradictions qui osent la démentir; je souhaite qu'il ne tolère plus en lui-même aucun principe de discorde, dans ses agents aucun prétexte de désobéissance, et qu'on puisse dire aussi de lui que sur toute la surface de ce grand royaume il se meut comme un seul homme; je souhaite, dis-je, toutes ces choses et d'autres encore;... mais, si je lui demande encore beaucoup, je n'oublie pas qu'il a déjà beaucoup fait, qu'il a fait ce qui fera tout le reste ; et je crois acquitter la reconnaissance publique en lui témoignant une haute confiance. »

La droite ne se trompa point sur le sens de ces paroles, mise en demeure adressée au ministère, et M. de Villèle écrivait à Toulouse, au sortir de la séance : « M. Royer-Collard a demandé par allusion l'expulsion des trois ministres de droite qui le gênent et la destitution des royalistes encore en place, et il a voté la loi pour que le Roi pût établir, par cette double mesure, l'unité dans le gouvernement. »

M. de Corbière releva les paroles de M. Royer-Collard à la tribune même, en s'écriant après les avoir citées :

« Il me semble qu'on ne pouvait stipuler plus clairement les conditions de la concession sollicitée par le ministère. Remarquez que d'autres orateurs, en votant contre le projet, ont parlé dans le même esprit, révélé les mêmes douleurs, indiqué le même topique. Les vues étaient réellement les mêmes quoique les conclusions fussent opposées. Mais les uns, qu'on a laissés plus à l'écart, ont conservé de la défiance, tandis que les autres, plus rapprochés, se confient à des présages plus heureux. S'il ne s'agissait que de faveurs personnelles, nous serions bientôt d'accord ; mais c'est bien moins des hommes que des choses qu'il est question. Il n'est pas possible que le ministère ne comprenne pas comme nous ce qu'on lui demande en échange de ce qu'on lui offre. Je veux croire qu'il a l'intention de justifier la confiance qu'on lui témoigne, qu'il acceptera les conditions qu'on lui présente, mais alors on ne saurait s'étonner que nous refusions notre adhésion à un pareil traité. »

Il était impossible d'exposer plus spirituellement l'impossibilité où se trouvait la droite de voter les mesures proposées. Le ministère lui demandait un vote de confiance, et l'ordonnance du 5 septembre, et les mesures subséquentes avaient altéré profondément sa confiance dans le ministère. En outre, la confiance que témoignaient à celui-ci les adversaires constants de la droite, et les conditions qu'ils mettaient à leur appui en réclamant publiquement, et avec l'espoir motivé d'être obéis, l'ostracisme des derniers représentants que celle-ci comptait dans l'administration, lui prescrivaient de se tenir dans une attitude de réserve et de défensive. Ce motif suffisait pour autoriser le vote défavorable de la droite, malgré les observations que firent plusieurs orateurs ministériels sur la contradiction existant entre son vote de 1815 et son vote de 1817. Il est dans l'essence du gouvernement représentatif, en effet, de refuser à un ministère dont on se défie les pouvoirs accordés à un ministère en qui l'on se confie. Mais les orateurs de la droite présentèrent deux autres considérations. Dans la séance du 15 janvier 1817, le comte de Caumont fit observer que la loi de sûreté générale était en vigueur au moment du complot de Lyon et de l'insurrection de Grenoble, et que cette loi n'avait prévenu ni le complot ni l'insurrection. Pourquoi donc le ministère voulait-il garder une arme dont les événements venaient de constater l'impuissance et l'inutilité? Cette remarque piqua au vif M. Decazes, et le lendemain, 16 janvier, il prononça un discours qui souleva entre lui et le général Donnadieu un débat destiné à se prolonger pendant trente ans. S'il s'était contenté d'alléguer qu'une arme, toute forte qu'elle soit, ne saurait parer tous les coups, son argumentation, en conservant toute sa valeur, n'aurait choqué personne. Mais il voulut mettre tous les avantages de son côté; il se posa devant la Chambre en homme qui avait prévu les événements de Grenoble, n'y avait attaché aucune importance, et les avait réprimés, en se jouant, comme une échauffourée. Cette vanité et cette suffisance politique avaient mal inspiré M. Decazes. D'abord, rien de plus contraire à la vérité, comme le récit des événements a suffi pour le démontrer, que cette assurance rétroactive qu'il affectait. Comment, en outre, concilier cette atténuation de la gravité des événements avec l'inexorable sévérité du ministre de la police? Il pouvait, il est vrai, essayer de rejeter ces rigueurs sur les autorités locales. Mais il devait connaître assez le général Donnadieu pour savoir que celui-ci n'accepterait pas la responsabilité que le ministère cherchait à lui infliger. Or le général Donnadieu avait une arme terrible dans les mains : c'était la dépêche télégraphique signée par M. Decazes, qui prescrivait d'exécuter immédiatement les condamnés pour lesquels on avait demandé un sursis et ceux au profit desquels la Cour prévôtale et le Conseil de guerre avaient signé un recours en grâce. Cette dépêche, restée jusque-là secrète entre le gouvernement qui l'avait envoyée et l'autorité locale qui l'avait reçue, ne pouvait manquer d'être produite. Si elle l'était, l'argument de M. Decazes tournait contre lui-même : s'il avait tout su, tout prévu, si l'insurrection de Grenoble n'avait été qu'une échauffourée sans importance, le gouvernement était inexcusable d'avoir été sans pitié.

Voici les parties les plus saillantes du discours de M. Decazes :

« Quand il serait vrai que l'administration aurait été imprévoyante sur un seul point, il ne serait pas moins vrai de dire qu'elle aurait encore bien mérité de la patrie par son succès sur tous les autres points du royaume.

« Mais comment accuser le gouvernement d'imprévoyance sur les affaires de Grenoble? L'affaire de Grenoble n'a pas été imprévue. L'état de Grenoble était connu depuis trois semaines; des forces imposantes avaient été, sur notre demande, envoyées dans cette ville [1], et sans cette précaution on ne peut dire quel eût été le sort de Grenoble.

1. On sait que ces forces imposantes se réduisaient à 700 hommes, et qu'il avait fallu les instances réitérées du général Donnadieu pour les obtenir.

« MM. les députés de l'Isère savent que la veille de l'attaque sept hommes avaient été arrêtés dans cette ville, c'est ce qui a empêché que le complot n'éclatât dans les murs à la fois et hors les murs ; c'est ce qui a permis à l'autorité prévenue d'envoyer des troupes au-devant des rebelles. Quelle a été d'ailleurs cette attaque? Quel est donc ce besoin de grossir ainsi les dangers? Trois cents paysans égarés, dont un tiers ignorait le motif pour lequel on leur avait fait prendre les armes, et croyait (le fait a été parfaitement reconnu) venir assister à des fêtes et à des réjouissances, ont été les auteurs de ce mouvement séditieux. Les malheureux ont été entraînés par un chef que la police poursuivait, et qui n'a été arrêté que par ses soins. »

Il advint ce qui devait advenir. Aussitôt que *le Moniteur* contenant le discours du ministre de la police arriva à Grenoble, le général Donnadieu rédigea un mémoire pour rétablir les faits étrangement dénaturés par M. Decazes, et l'adressa au Roi. Puis, comme le général comprit qu'il fallait parler à l'opinion, il livra à la publicité ce mémoire dans lequel se trouvait le texte de la dépêche ministérielle qui prescrivait de donner suite à toutes les exécutions. Ainsi commença entre le général Donnadieu d'une part et le ministère, qui lui opposa MM. Bastard de l'Étang et Montlivault, une ardente polémique dont la gauche devait recueillir tous les fruits.

J'ai dit qu'à l'argument de M. de Caumont contre la suspension de la liberté individuelle, les orateurs de la droite en ajoutèrent un autre. Ils firent observer, en effet, que le ministère avait déclaré lui-même que la situation s'était améliorée. Le duc de Feltre avait commencé à réorganiser l'armée, les tribunaux fonctionnaient, l'administration avait eu le temps de remplir ses cadres, et le ministère avait, au moment des élections, donné à la plupart des détenus et des éloignés l'autorisation de rentrer dans leurs domiciles. Sauf les troubles provoqués par la cherté des grains, les circonstances étaient devenues plus favorables, et l'on pouvait, sans danger pour la chose publique, refuser au ministère les pouvoirs extraordinaires qu'on était si peu disposé à lui accorder. Telle fut l'argumentation des orateurs les plus habiles de la droite; d'autres, et parmi eux M. de Sallaberry, avouèrent que c'était le manque de confiance seul qui les empêchait d'accorder les pouvoirs extraordinaires réclamés. Il y en eut une dizaine qui, lorsque vint le vote, ne purent se décider à voter avec la gauche et à refuser des pouvoirs extraordinaires demandés au nom du Roi [1]. Ce fut ainsi que le ministère obtint 136 voix contre 92, composées de la majorité de la droite unie dans le vote aux indépendants de la gauche.

Le 26 janvier 1817, s'ouvrit la discussion sur la loi des journaux. Cette loi ne portait pas dans son libellé la franchise de son but : c'était une mesure de servitude administrative pour la presse déguisée dans des termes vagues et sans précision. Elle était ainsi conçue :

« Art. I. — Les journaux et écrits périodiques ne pourront paraître qu'avec l'autorisation du Roi.

« Art. II. — La présente loi cessera d'avoir son effet le 1er juillet 1818. »

Cette loi ne mettait pas seulement dans les mains du gouvernement la faculté de donner ou de refuser l'autorisation de paraître aux journaux nouveaux, ou même d'obliger les journaux existants à se munir de cette autorisation, elle le laissait maître de la retirer quand il le jugerait convenable et de supprimer ainsi le journal, objet d'une pareille mesure. C'était un pouvoir complétement arbitraire confié au gouvernement sur la presse périodique pendant un an. Elle était livrée à sa merci. Par conséquent, la liberté des journaux était supprimée, car on ne juge pas ceux qui ont sur vous droit de vie et de mort.

1. M. de Villèle dit dans une lettre : « Une dizaine de notre côté, entre autres Puymaurin, nous ont abandonnés. »

Ce fut encore M. Royer-Collard qui se chargea de la défense de la loi. Il était satisfait du ministère. Celui-ci venait de prendre une des mesures recommandées par l'illustre orateur dans un discours sur la loi électorale. Un grave différend s'étant élevé entre M. Dambray et M. Lainé au sujet de cette loi, le premier avait quitté le ministère de la justice et M. Pasquier l'y avait remplacé. Il avait fallu à cette occasion pourvoir à la vacance du fauteuil présidentiel. La majorité avait présenté ses candidats dans l'ordre suivant : MM. de Serre, Ravez, Bellart, Faget de Baure, Royer-Collard, qui avait eu 102 voix. M. de Villèle, porté le premier sur la liste de la minorité, en avait obtenu 85. Le Roi avait choisi M. de Serre. M. Royer-Collard prit donc la défense de la loi qui suspendait la liberté de la presse périodique avec l'ardeur d'un homme satisfait de la tournure des affaires, et ceux qui l'ont intimement connu à cette époque racontent que son esprit, plein de sombres pressentiments avant l'ordonnance du 5 septembre, tournait en ce moment à l'optimisme [1].

Son argument, comme cela lui était déjà arrivé plusieurs fois, alla plus loin que sa thèse. Il voulait seulement établir l'opportunité de remettre pour un an au ministère un pouvoir discrétionnaire sur la presse périodique; or, par une étude rétrospective du rôle qu'avait joué la presse pendant les entr'actes de liberté dont elle avait joui sous le régime révolutionnaire, il arrivait à établir que son action avait toujours été malfaisante. Il rappelait qu'une révolution sans exemple s'était opérée et qu'elle avait déplacé tout ce qu'elle n'avait pas brisé. Les partis qui s'étaient combattus dans cette révolution lui survivaient et formaient de véritables sociétés ennemies de nature et de principes et aspirant contradictoirement à la domination. La France, unie au Roi, demandait à

---

1. M. de Barante le dit formellement. (*Vie politique de Royer-Collard, ses Discours et ses Écrits*, par M. de Barante, tome I$^{er}$, page 307.)

être préservée de la domination des partis. Donner la liberté aux journaux, c'était donner des journaux aux partis, c'était les armer les uns contre les autres, contre le gouvernement et contre la France. Le passé devait instruire le présent; ce que les partis avaient fait avec les journaux, ils le feraient encore.

Il y avait de la vérité dans ce tableau du passé et même dans cette appréciation du présent. Mais, si la situation des esprits était aussi troublée, si les passions étaient aussi fortes, les partis aussi violents et aussi dangereux que le disait l'orateur, ce n'était pas pour un an, c'était pour de longues années que la liberté de la presse devait rester impossible en France. Alors, pourquoi l'avoir écrite dans la Charte? En outre, comment espérer que la tribune, le plus retentissant des échos de la publicité, demeurerait fermée à la voix de ces partis qu'on montrait si puissants et si forts? A qui persuaderait-on que, dans un gouvernement de publicité et de libre discussion, on parviendrait à exclure à la fois toutes les opinions politiques, celles qui se rattachaient à la démocratie et celles qui se rattachaient aux anciennes traditions? Était-ce possible? Ce débat, que M. Royer-Collard appréhendait dans la presse, n'existait-il pas dans les deux Chambres? Son argument allait donc contre le gouvernement représentatif tout entier. Pour prévenir le péril dont il parlait, il aurait fallu, non-seulement enchaîner les plumes, mais mettre un sceau sur toutes les lèvres et retourner à la dictature impériale, autre péril plus grand que le premier. Encore Napoléon aurait-il trouvé parmi les hommes appelés à lui servir d'instruments la guerre intestine redoutée par M. Royer-Collard. Il fallait accepter la situation telle qu'elle était, en surveillant les résultats; après une révolution si longue et si terrible, elle était dans la nature des choses. Enfin, n'y avait-il pas un grave inconvénient à concentrer dans les mains du ministère, appuyé sur une majorité qui, elle aussi, pouvait être un parti, le parti de l'ambition et de ses intérêts propres, les armes légales de la publicité devenues un privilége, au lieu d'être un instrument de droit commun?

Ce fut le fond de la puissante argumentation des orateurs de la droite et particulièrement de MM. de Villèle et de Corbière [1]. Ils demandèrent à M. Royer-Collard avec une grave ironie sous quelle latitude était située cette France étrangère aux discordes des vingt-cinq dernières années, dans les mains de laquelle il prétendait concentrer les pouvoirs publics? Ils revendiquèrent les principes posés par la Charte, que tout le monde avait acceptée en France, et qu'on ne pouvait violer dans plusieurs de ses articles les plus importants sans l'ébranler dans son ensemble; ils rappelèrent qu'en Angleterre, ce pays qu'on signalait comme la terre classique du gouvernement représentatif, jamais on ne suspendait à la fois la liberté individuelle et la liberté de la presse, parce qu'il fallait au moins laisser la liberté de la plainte à ceux qui pouvaient avoir à réclamer contre l'arbitraire.

M. de Villèle ajouta :

« Ne perdons pas de vue que le gouvernement représentatif nous a été donné pour lier le passé au présent et suppléer à tout ce que la Révolution a détruit de nos moyens de protection et de défense. Les journaux sont nécessaires à cette Chambre. C'est la tribune de notre Chambre qui nécessite la liberté légale de la tribune des journalistes. Pour que les opinions soient librement émises dans la Chambre, il faut qu'elles soient librement rapportées, discutées dans les journaux. C'est parce que les journaux sont devenus une arme puissante que nous ne pouvons consentir à la placer désormais sous la direction du ministère.

« Si vous mettez à la disposition du ministre le droit de censurer tous les journaux du royaume, vous l'établissez seul directeur de l'opinion publique, seul juge du compte rendu de vos séances; vous lui donnez les moyens de faire attaquer vos opinions par toutes les feuilles du royaume sans qu'une seule ose les défendre; vous placez les députés de la France

---

1. MM. de la Bourdonnaye, de Villèle, de Corbière, de Bonald, parlèrent dans les séances des 27 et 28 janvier 1817.

à la discrétion des ministres dont la Charte les fait les contradicteurs; vous détruisez la plus importante de vos institutions, celle de la Chambre élue, seule garantie qui nous reste. »

C'étaient là de fortes paroles, et pour montrer que ces appréhensions ne reposaient pas seulement sur les prévisions alarmistes de la défiance, mais sur les souvenirs d'une expérience récente, l'orateur affirma avoir tenu dans ses mains l'épreuve d'un journal où la réponse faite au ministre par M. de Corbière avait été effacée par le censeur dans la partie qui lavait la commission d'une inculpation grave dirigée contre elle.

Les orateurs de la droite combattirent avec la même vigueur la persistance du ministère à abriter sa responsabilité derrière l'inviolabilité royale. Il n'y avait plus de gouvernement représentatif possible si l'on confondait le ministère avec le Roi. « Malgré la théorie reproduite par M. Royer-Collard, s'écria un des membres les plus considérables de la droite, M. de Maccarthy, je sépare les ministres du Roi, car sans cela le Roi serait responsable, et cela ne se peut. » MM. Courvoisier et de la Malle, commissaires du gouvernement, n'apportèrent aucun argument nouveau. Ils insistèrent sur la nécessité d'accepter le pouvoir royal comme un arbitre entre les partis. M. Camille Jordan décerna le titre de Solon à Louis XVIII, pour avoir rendu l'ordonnance du 5 septembre; il affirma que la liberté des écrits non périodiques et celle de la tribune suffisaient pour prévenir les inconvénients de la suspension de la liberté de la presse périodique; et il félicita ironiquement les députés de la droite d'avoir abandonné la cause du despotisme qu'ils avaient défendue pendant toute la Révolution, pour se ranger enfin à l'avis des vrais amis de la liberté.

Ce fut M. de Corbière qui se chargea de lui répondre; voici ses paroles :

« Un des défenseurs de la loi nous a félicités de notre retour à ce qu'il appelle les vieux principes de la liberté. Ce n'est pas la première fois que j'avais entendu faire cette observation que j'avais regardée comme une facétie sans conséquence. Puisqu'elle se produit à cette tribune, voici ma réponse. Les vieux amis de la liberté sont, je pense, ceux qui sont restés attachés aux vieilles libertés du pays qui, fondées sur nos mœurs nationales, ont eu sur toutes nos institutions civiles une douce et utile influence. Les vieux amis de la liberté sont ceux qui ont conservé le dépôt de salutaires traditions à travers vingt-sept ans d'erreurs et de doctrines insensées. Les vieux amis de la liberté sont ceux dont le courage peut aller jusqu'à déplaire quand ils ont l'espoir d'être utiles. Il serait assez dérisoire de les traiter comme de simples néophytes que l'on inviterait à s'asseoir sur les derniers bancs d'une école désormais décriée, école dangereuse qui a du moins marqué l'écueil par son déplorable naufrage, et c'est la seule leçon que nous puissions recevoir d'elle. »

Paroles sévères, mais qui n'avaient rien d'injuste. Les esprits chimériques avaient fait, en effet, autant de mal, dans la première révolution, que les esprits malfaisants. M. Camille Jordan, l'un de ces esprits généreux, mais excessifs, l'avait pris de trop haut avec la droite. On ne saurait dire que, pendant la première révolution, la lutte fût entre ceux qui voulaient la liberté et ceux qui ne la voulaient pas. Elle était entre ceux qui demandaient, pour la démocratie, les armes offensives avec lesquelles elle renversa l'ancienne société, et ceux qui lui refusaient ces armes. C'est une dérision de parler de liberté quand il s'agit d'un temps où, après l'avoir écrite dans les constitutions, la majorité avait toujours soin de la suspendre dans la pratique. Liberté en paroles, tyrannie en action, voilà le résumé de l'histoire du parti révolutionnaire. Le despotisme des Césars lui-même n'a pas égalé le despotisme de la démagogie, le plus épouvantable qui ait pesé sur la race humaine, à tel point que l'avénement de la toute-puissance de l'épée parut un affranchissement à ceux qui avaient vécu plusieurs années la tête sous le couteau.

M. de Bonald prit la parole à son tour pour attaquer la loi

de censure. Sa position était difficile dans cette question, parce qu'il avait souvent signalé la presse comme un des fléaux de la société. Il y a toujours de l'inconvénient à généraliser ainsi ses jugements quand il s'agit de la presse, digne, selon l'usage auquel on l'emploie, de tous les blâmes ou de toutes les louanges, comme la parole humaine dont elle n'est que la puissante extension. L'éloquent philosophe put facilement mettre ses théories d'accord avec elles-mêmes en remontant à l'ancienne société française, dominée par le principe catholique : l'Église fournissait à cette société un critérium de certitude avec lequel on pouvait confronter les écrits qui ne devaient circuler que lorsqu'ils n'attentaient pas à la vérité sociale. Il n'en est pas de même de la société moderne, qui a voulu être émancipée de la tutelle maternelle de l'Église, et l'orateur fit observer que, le doute ayant remplacé la foi et le scepticisme ayant détruit la science, il fallait demander aux opinions particulières ce que l'on demandait jadis à la société privée aujourd'hui de son flambeau. Cette situation nouvelle lui paraissait comporter nécessairement l'existence de la liberté de la presse. Il eut plus de peine à concilier son opinion présente avec celle qu'il avait développée dans une brochure, en 1814. Il se rejeta sur ce qu'il avait combattu alors la liberté des livres, bien plus dangereux selon lui que les journaux, et proposa d'appliquer la censure aux premiers, et d'en affranchir les seconds, en se contentant de les soumettre à un cautionnement. Une fois affranchi, par cette explication quelque peu paradoxale, de la fausse position que lui avaient créée dans cette discussion ses opinions trop absolues, M. de Bonald parla éloquemment des services rendus par la presse à la cause de la société, de la religion, et de la vérité sous toutes ses formes pendant la Révolution, le Consulat et l'Empire. Il était dans le vrai, et sa parole avait le droit de célébrer les services rendus par la presse religieuse et sociale, dans la grande polémique qui avait rempli les dernières années du dix-huitième siècle et les premières du dix-neuvième, car sa plume, avec celle de Chateaubriand, avait été à la peine comme à la gloire.

On touchait à la fin de la discussion quand M. Cornet-d'Incourt proposa au cabinet et à la majorité d'avoir au moins la franchise de l'arbitraire et de remplacer la loi proposée par cette formule plus exacte : « La liberté de la presse est suspendue en ce qui concerne les journaux, et le gouvernement en fera ce qu'il jugera convenable. » L'amendement fut rejeté et la loi votée par 128 voix contre 89.

Avant d'aborder le récit de la discussion du budget, il convient de dire quelques mots de l'adoption par la Chambre des pairs de la loi électorale, de la loi de sûreté générale et de la loi suspensive de la liberté des journaux. Pour la première, le ministère n'était pas sans inquiétude. Le Roi défendit aux princes de la famille royale, Monsieur, le duc d'Angoulême et le duc de Berry, de voter dans cette loi. Ceux-ci lui écrivirent une lettre collective dans laquelle ils exprimaient leur conviction qu'elle perdrait la monarchie ; leur premier devoir, ajoutaient-ils, était de dire la vérité au Roi, et le second de lui obéir. Cette lettre fit une vive sensation dont on retrouve la trace dans les correspondances du temps. L'intervention du Roi ne se renferma point dans le cercle de sa famille. Il fit appeler plusieurs pairs et insista pour obtenir d'eux la promesse d'un vote favorable. Quelques-uns ayant objecté qu'ils ne pouvaient la voter en conscience, le Roi leur demanda de s'abstenir. Malgré cette intervention du Roi, la loi d'élection et la loi sur la presse périodique furent vivement attaquées à la Chambre des pairs. M. de Chateaubriand et le duc de Fitz-James doivent être cités en tête des adversaires les plus vifs et les plus éloquents de ces deux lois.

M. de Lally-Tollendal, chargé du rapport, MM. Molé, le duc de Broglie, Lanjuinais, la Rochefoucauld, Boissy-d'Anglas, défendirent la loi d'élection; ils apportèrent quelques arguments nouveaux qu'il suffira d'indiquer en laissant de côté ceux qui s'étaient déjà produits à l'autre chambre. Le mérite de la loi, selon M. Molé, était de dégager des ruines amoncelées par la Révolution le seul élément d'aristocratie qui fût resté debout, la propriété. Il ajouta qu'avec le système d'élection adopté on aurait une représentation vraie de l'opinion nationale, fournie par des colléges électoraux également éloignés de la servilité de l'Empire et de l'esprit d'intrigue. M. de Rougé répondit que, dans la classe des citoyens où l'on renfermait exclusivement le droit électoral, on trouverait des hommes enrichis par les troubles de la Révolution et aspirant à s'enrichir encore, qui, s'étant fait une sorte de domination dans leur circonscription, dicteraient souvent les choix. D'autres ajoutèrent que la cote de 300 francs de contribution n'était pas plus un certificat de lumières que de probité, qu'elle ne préservait pas plus de l'ignorance des grands intérêts de l'État que des passions mauvaises. En vain avait-on prétendu qu'elle était une garantie d'indépendance. Est-ce qu'un homme, électeur en vertu d'un cens de 300 francs, ce qui supposait mille écus de rente, demeurerait insensible à l'appât d'une fonction publique richement rétribuée, d'une bourse dans les colléges de l'État pour ses enfants et plus tard d'une carrière ouverte devant eux? En outre, il ne fallait pas l'oublier, la patente était au nombre des contributions qui donnaient le droit électoral; or les électeurs patentés étaient-ils indépendants des banquiers, leurs bailleurs de fonds, du ministre qui pouvait favoriser ou entraver leur industrie?

M. Boissy-d'Anglas établit une distinction entre le droit d'être représenté qui appartenait à tous et le droit de nommer des représentants qui, selon lui, devait être circonscrit dans les mains des citoyens capables de faire ces choix avec indépendance et avec discernement. Il aurait fallu établir que ceux qui nommeraient les représentants avaient ces lumières et cette indépendance, et qu'en outre ils feraient leurs choix de manière que ceux qui avaient le droit d'être représentés vissent tous leurs intérêts défendus. Le duc de Broglie adopta la loi, parce que, selon lui, 120,000 Français réellement représentés valaient mieux que 2 millions d'hommes aliénant leurs droits à l'aventure sans réfléchir à ce qu'ils font.

J'ai dit que parmi ceux qui attaquèrent le plus vivement la loi se trouvait le duc de Fitz-James. Il parla avec cette ardeur et cette véhémence que donne l'espoir du succès, car dans la Chambre des pairs la droite pouvait aspirer à réunir la majorité. Le Roi avait, il est vrai, interdit à Monsieur et aux princes d'assister à la discussion, et l'on commençait à parler du retour de M. le duc d'Orléans, qui fut rappelé de Londres quinze jours après, et que le ministère destinait, disait-on dans les salons de la droite, à tenir Monsieur en échec. Mais, si les princes étaient absents, ils étaient représentés par les hommes de leur entourage le plus intime, et jusque dans l'entourage du Roi le vote direct des électeurs à cent écus comptait des adversaires résolus. Il semblait à beaucoup de pairs que ce fût une tentative pour créer une aristocratie du cens en face de l'aristocratie héréditaire dont la Chambre haute était l'expression naturelle. M. Lainé avait essayé de combattre cette idée dans l'autre Chambre, en disant que tous les grands noms noblement portés trouveraient dans le nouveau corps électoral des voix prêtes à les envoyer à la Chambre élective. « Ayez des vertus, s'était-il écrié, et vous aurez de l'influence. » Le duc de Fitz-James s'empara de cette phrase dans son discours et s'écria :

« Quels sont donc les siècles, quels sont donc les peuples dont M. Lainé a étudié l'histoire ? En quel temps, chez qui a-t-il trouvé ces hommages

rendus à la vertu? Est-ce à Athènes, est-ce à Rome? Est-ce en France pendant la Révolution? Le ministre a donc eu le bonheur de vivre loin du monde pendant dix-sept ans? Il n'a donc pas connu les hommes qu'il était destiné à gouverner? Qui donc a-t-il vu monter au Capitole, qui donc a-t-il vu monter à l'échafaud? Ah! j'aime à croire qu'au moment où, dans la Chambre des députés, il prononçait ces inconcevables paroles, si tout à coup les portes de la salle se fussent ouvertes, et si, du haut de la tribune où il parlait, ses regards fussent tombés sur la place fatale, sur la place du crime, j'aime à croire que sa voix aurait expiré sur ses lèvres, la vérité lui serait apparue, et, à la lueur de son flambeau, il aurait lu sur les pavés, en traits sanglants et ineffaçables : « Non, ce n'est point ici-bas, c'est « dans un séjour plus élevé que la vertu doit s'attendre à recevoir sa ré-
« compense. »

Ces paroles éloquentes avaient profondément remué l'assemblée; l'âme honnête et loyale de M. Lainé en avait été elle-même troublée. Il ne le cacha pas et il annonça à la Chambre qu'il discuterait la loi avant de répondre au duc de Fitz-James, afin de laisser au ressentiment qu'il éprouvait le temps de se calmer. Ce ne fut en effet qu'à la fin de son discours que, relevant les attaques dont le ministère avait été l'objet, il prit ainsi l'offensive à son tour, en dirigeant ses regards vers les bancs où siégeait le duc de Fitz-James, à côté du prince de Polignac.

« Lorsqu'on accuse, s'écria-t-il, devant cette Chambre les conseillers du Roi, qui chaque jour travaillent de tout leur pouvoir à seconder les intentions paternelles de Sa Majesté, ne leur serait-il pas permis d'accuser à leur tour ces conseillers privés, fléaux des rois, dont les perfides avis causent les bouleversements et la destruction des empires? »

C'était répondre par une attaque personnelle à une objection qui portait sur le fond des choses. M. Lainé produisait au grand jour les divisions intestines de la famille royale et signalait à l'indignation publique les serviteurs de la maison de Bourbon, parce qu'ils ne partageaient pas son avis sur la loi électorale. Comme réplique oratoire, ses paroles firent une vive impression, et l'on vit, le lendemain, M. de la Ferronays, dont on connaissait l'intimité personnelle avec M. le duc de Berry, déclarer que, tout en votant contre le projet de loi, il n'était ni ultra-royaliste, ni ultra-ministériel, ni l'un de ces conseillers funestes signalés par M. Lainé.

Il y avait en effet des objections assez solides et assez sérieuses contre la loi, pour qu'on ne dût pas chercher les motifs de l'opposition qu'elle rencontrait dans le machiavélisme des cours. Chose remarquable, le prince de Talleyrand, qui, depuis l'ouverture de la session, affectait une vive opposition contre le ministère, au point d'avoir ouvert son salon le même jour que M. Decazes[1], n'était pas moins contraire à cette loi que M. de Chateaubriand et le duc de Fitz-James. Parmi les pairs, il y en avait qui, comme MM. de Villèle et de Corbière à la Chambre élective, trouvaient le vote trop restreint, et voulaient, en introduisant dans la loi les deux degrés, l'étendre à un plus grand nombre d'électeurs; c'était l'opinion de M. de Chateaubriand et de M. de Fitz-James. D'autres, au contraire, voulaient restreindre encore le vote en le maintenant dans le cercle des électeurs à cent écus, et M. de Clermont-Tonnerre déposa un amendement d'après lequel les deux degrés d'élection eussent été établis dans tous les départements où le nombre des électeurs dépassait le chiffre de 300. Le ministère craignit que tous les adversaires de la loi n'adhérassent à cet amendement, les uns parce qu'il restreignait le droit de vote, les autres parce qu'il introduisait le vote indirect qu'on pourrait plus tard étendre, et il eut de nouveau recours à l'intervention du Roi. Malgré tant d'efforts, on était si peu sûr du résultat définitif, que le jour du vote le Roi retint auprès de lui, sous divers prétextes,

---

1. M. de Villèle raconte dans sa *Correspondance* que le prince de Talleyrand adressa une invitation à M. Pasquier et à M. Molé, et que le premier s'en tira en prétextant une maladie, l'autre en partant pour la campagne.

plusieurs pairs attachés au service de sa maison, entre autres le duc d'Havré, capitaine des gardes, et le duc d'Aumont, premier gentilhomme de la Chambre. A l'aide de tant de manœuvres, on parvint à faire rejeter, par une majorité de 92 voix contre 81, les deux derniers amendements qui en auraient modifié l'esprit, et la loi, adoptée le 30 janvier 1817 par 95 voix contre 77, fut promulguée le 5 février suivant.

La loi qu'on venait de voter était sans doute attrayante par sa simplicité et par sa conformité extérieure avec le texte de la Charte, mais elle avait deux grands défauts dont l'avenir devait révéler la portée. Le premier, c'était de ne pas organiser la France et d'y établir arbitrairement, c'est-à-dire sans motif tiré de la nature des choses, une classe de quatre-vingt-dix mille censitaires qui, séparée du reste de la nation et posée comme en l'air, était tout au milieu de plusieurs millions d'hommes qui n'étaient rien. Le second défaut, résultant du premier, était de ne pas fournir aux diverses classes un moyen et un motif de se rapprocher; grave inconvénient après tant de luttes qui avaient amené des divisions menaçantes pour la royauté et la société. Au fond, il y avait dans cette loi le germe des deux révolutions que nous avons vues éclater depuis. En 1830, la majorité de l'oligarchie censitaire, profitant des fautes commises par les gouvernants et s'appuyant sur les passions émues, aspira à concentrer tous les pouvoirs dans ses mains et renversa la royauté, qui se trouva moins forte qu'elle. Dans la seconde, en 1848, la majorité censitaire se trouva moins forte que la passion populaire violemment surexcitée et fut emportée par elle. Elle fit donc une révolution politique et subit une révolution démocratique qui faillit devenir une révolution sociale et aboutit à la disparition de la liberté politique qu'on avait espéré fonder. Le malheur de la situation, comme l'a écrit depuis avec une brièveté pleine de sens, dans l'exil, le prince dont nous aurons bientôt à raconter la naissance [1], « c'est que la France était organisée pour être administrée, et non pour être représentée. »

La loi qui suspendait la liberté individuelle fut également l'objet d'une vive discussion à la Chambre des pairs. Mais ce furent surtout les hommes appartenant aux opinions de la gauche qui soutinrent le poids de cette discussion.

Dans le cours du débat, M. Lanjuinais rappela qu'à l'époque des troubles de 1648, il fut question d'autoriser le gouvernement à détenir les suspects pendant six mois, ou au moins pendant trois, sans leur faire leur procès, et il ajouta « que sur l'observation de M. de Blancménil qu'il fallait bien se donner garde de se relâcher sur ce point, vu que les Rois, par le privilége de leur couronne, par les lois de l'État, *n'ont aucun titre pour retenir leurs sujets prisonniers sans leur faire leur procès*, le Parlement repoussa cette proposition, de sorte que la célèbre déclaration du 22 octobre 1648 répéta la belle ordonnance de 1497, et nos lois plus anciennes, prototypes de l'article IV, et d'autres articles de notre Charte, heureux trésors dus à la sagesse de nos pères, trop légèrement aliénés par leurs enfants. »

Le duc de Broglie attaqua la loi et le ministère avec beaucoup de hauteur en comparant l'Angleterre, où la liberté individuelle était une réalité pratique, à la France, où elle n'était qu'un vain mot, puisque la justice, telle que le Code impérial l'a faite, autorisait une foule d'officiers judiciaires et d'agents de police à arrêter et à détenir indéfiniment le citoyen le plus paisible, sans lui dire pourquoi. L'adoption ou le rejet de la loi laisserait les choses dans le même état. Il ne s'intéressait donc au sort de la loi qu'à un point de vue : les interpellations de la tribune étaient la seule garantie de la liberté individuelle, le seul recours du citoyen arbitrairement arrêté ; or, en votant

---

1. M. le comte de Chambord.

la loi, on donnait aux ministres la faculté de refuser de répondre aux interpellations, et on ôtait ainsi à la liberté individuelle son dernier recours. Après cette discussion, la loi de sûreté générale fut adoptée par 116 voix contre 43.

La discussion sur la loi qui suspendait la liberté des journaux provoqua des débats plus vifs encore. M. Molé se déclara sans détour l'adversaire de la liberté de la presse périodique et motiva son hostilité contre elle en retraçant le sombre tableau des maux qu'elle avait attirés sur le pays. Ces généralités, je l'ai déjà dit, sont l'écueil des discussions de ce genre. On peut aussi facilement trouver dans l'histoire les éléments d'un réquisitoire contre la presse que les éléments d'un panégyrique. Elle a tout fait, le bien comme le mal ; c'est la langue d'Ésope qui est à la fois ce qu'il y a de mieux et ce qu'il y a de pire ; c'est l'épée qui, dans les mains d'un brave soldat, défend la patrie, et dans les mains d'un scélérat, peut devenir l'instrument d'un parricide. « Est-il bien temps, s'écriait M. Molé, de veiller aux fontaines publiques après que leurs eaux empoisonnées circulent dans les veines de cent mille citoyens? » On aurait pu répondre à M. Molé que si l'on arrêtait les eaux des fontaines publiques sous prétexte qu'elles peuvent être empoisonnées par les malfaiteurs, les villes, au lieu de périr par le poison, périraient par la soif. Laissons là les métaphores et les comparaisons, qui n'ont jamais prouvé grand'chose en politique. La liberté de la presse, comme l'avouait M. Molé et comme le rappelait M. de Chateaubriand, était écrite dans la Charte, et il était difficile de séparer l'idée de cette liberté de celle du gouvernement représentatif. Ce n'était pas un argument que de dire aux hommes de la droite que, s'ils l'obtenaient, elle tournerait bientôt contre eux ; si en vertu du texte de la Charte elle était devenue un des droits du pays, si en raison du gouvernement représentatif elle était devenue nécessaire, ne valait-il pas mieux, au lieu de la maudire, chercher les moyens de la régler? C'était ce que demandait M. de Chateaubriand, qui, s'il exagérait pour les besoins de sa thèse les services rendus par la presse à l'époque de la Révolution, comme M. de Fontanes les dépréciait pour les besoins de la sienne, demeura inattaquable sur le terrain des principes constitutionnels et de la réalité représentative lorsqu'il demanda « s'il n'y avait pas quelque chose d'inconcevable à vouloir une monarchie représentative avec une foule de journaux, tous enchaînés par le même pouvoir, tous obligés d'obéir à la volonté du même ministre, tous obligés de traiter les citoyens d'un pays libre comme des enfants à qui l'on dit seulement ce que leurs maîtres veulent bien leur apprendre. » Le duc de Fitz-James ajoutait à ces arguments de vives paroles : « C'était en réalité pour les libertés publiques que nous combattions, s'écriait-il, quand nous défendions les vieilles institutions nationales contre les hommes saisis de la fièvre chaude révolutionnaire. Mais le Roi, cédant aux besoins et aux vœux de son peuple, lui a donné de nouvelles institutions. Nous les défendrons comme nous avons défendu les anciennes, et la postérité prononcera entre nous et ces libéraux exclusifs qui, ayant toujours à la bouche le mot de liberté, n'ont jamais su établir que le despotisme révolutionnaire. » M. Decazes s'efforça plutôt de motiver sa politique que de justifier la loi qu'il était malaisé de défendre quand on voulait sortir du terrain des circonstances pour entrer sur celui des principes. Elle n'en fut pas moins votée par cent et une voix contre quarante-six.

Il restait à prononcer sur une loi que le ministère avait présentée comme une atténuation et un correctif de la loi sur la presse et que la Chambre des députés avait votée sans discussion. Cette loi, relative à la saisie des écrits non périodiques, réglait les formes dans lesquelles cette saisie devait être opérée, et elle avait pour objet de rassurer l'opinion publique, en ordonnant que le procès-verbal devait, sous peine de nullité, être notifié dans les vingt-quatre heures à la partie saisie, et que, dans le cas d'opposition formée par celle-ci, il serait statué dans la huitaine. C'était une réponse adressée à ceux qui s'étaient plaints de voir le ministère maître des journaux par la nouvelle loi, et des écrits non périodiques par le droit de saisie. Deux membres de la Chambre des pairs qui, à cette époque, appartenaient à l'opinion de gauche la plus avancée, le duc de Broglie et M. de Brigode, n'acceptèrent pas cette réponse. Le duc de Broglie, en particulier, prenant occasion de cette nouvelle loi, fit une mordante revue de la législation sous laquelle la presse vivait en France, et la montra entourée d'un filet dont les mailles l'enveloppaient de toutes parts : loi de censure sur la presse périodique, autorisée ou supprimée au gré du ministère ; loi de saisie contre les livres que les magistrats, juges suspects en matière de presse, pouvaient retenir indéfiniment ; loi de monopole et d'arbitraire sur l'imprimerie et la librairie, à qui le ministère pouvait refuser et retenir les brevets ; pour couronner tout cela, l'omnipotence de la haute police, « compagne fidèle de l'esclavage de la presse. » M. Decazes, dont la faveur grandissait de jour en jour, releva avec une vivacité pleine de hauteur ces rudes attaques, et défendant contre le duc de Broglie la magistrature, la haute police, le Code pénal de l'Empire que la Chambre des pairs pouvait être appelée à appliquer, il contesta la justesse de ses critiques contre un projet destiné à régler et à adoucir l'état de choses existant en vertu de la loi du 21 octobre 1814. La Chambre des pairs écouta avec une adhésion sympathique cette réplique de M. Decazes et vota la loi à une majorité de 98 voix contre 18.

## VII

### MOTIFS DE LA CONDUITE DE LA DROITE.

On arrivait au budget. La droite, toujours battue au scrutin, n'avait pas cessé de soutenir la discussion avec talent et fermeté. Peu ménagée par M. Decazes, elle ne l'avait pas ménagé. Les députés ministériels qui, comme M. Royer-Collard et Camille Jordan, venaient de la révolution de 1789, s'étaient étonnés et même indignés de voir les principes de la liberté politique défendus contre eux par la droite, et avaient révoqué en doute la sincérité des royalistes. Ce soupçon n'était pas mérité. Les députés de toute nuance qui marchaient avec M. Decazes mettaient avant tout le nom et l'autorité du Roi, parce que c'était là leur plus puissant moyen d'action dans la Chambre et dans le pays, et que la faveur de M. Decazes enrôlait à leur service cette grande influence. Les députés de droite, au contraire, ne pouvaient agir dans la Chambre et sur le pays que par la liberté politique ; or ils étaient fermement convaincus qu'ils se trouvaient en présence de circonstances dont la gravité leur imposait le devoir étroit d'user jusqu'au bout des moyens d'action qu'ils avaient dans les mains. Il est impossible, quand on lit les correspondances secrètes du temps, de ne pas demeurer persuadé que c'était là le véritable mobile de la conduite de la droite. Il y a peu de lettres des députés de ce côté à leur famille, où ils n'expriment cette pensée. Ainsi lorsque à la veille de la discussion de la loi de sûreté générale, ses collègues hésitent à se placer sur le même terrain que les hommes de gauche, celui des principes constitutionnels, pour attaquer la loi, M. de Villèle écrit avec tristesse : « Cependant les libertés publiques sont notre seule arme pour défendre le Roi et la monarchie contre le ministère, qui livre le pays aux principes comme aux hommes de la Révolution. » La droite ne doutait pas qu'il n'y eût un plan formé pour le cas où le Roi, dont la santé donnait de continuelles inquiétudes, viendrait à mourir et que l'objet de ce plan arrêté dans la pensée de M. Decazes ne fût d'exclure du trône le comte d'Artois dont le ministre connaissait l'antipathie pour lui. M. de Villèle le dit de la manière la plus formelle dans sa correspondance, qui n'était pas destinée à passer sous les yeux du public. « Nous croyons, écrivait-il à la date du 30 janvier, avoir en tête une faction qui veut disposer du trône à la mort du Roi, et nous ne voulons pas lui en donner les moyens. » L'acharnement avec lequel on poursuivait les hommes de droite les confirmait dans leurs appréhensions, et les mesures de police dont ils étaient l'objet augmentaient encore leur irritation et leur défiance. M. de Villèle déclare à plusieurs reprises, dans sa correspondance, avoir su, à n'en pouvoir pas douter, que ses lettres étaient interceptées à la poste, et que dans les copies qu'on en faisait on intercalait des passages afin d'animer le Roi contre la droite. Quelque chose de plus : il sut de plusieurs prévenus compromis dans le procès intenté aux assassins du général Ramel, qu'on avait fait des ouvertures auprès d'eux, et cherché à leur arracher des déclarations de nature à le compromettre dans l'affaire, en sa qualité de maire de Toulouse à l'époque du meurtre ; on était allé jusqu'à leur promettre leur grâce pleine et entière s'ils consentaient à faire les déclarations demandées[1]. Le ministère était donc à leurs yeux, du moins dans la personne de M. Decazes, car ils ne confondaient pas avec ce dernier M. le duc de

---

[1]. Je lis dans le carnet de M. de Villèle, à la date du 2 décembre 1816 : « Reçu d'un des défenseurs des personnes mises en jugement à Toulouse pour l'assassinat du général Ramel, l'avis qu'on leur promettait la grâce s'ils voulaient faire quelque déposition qui me chargeât. » (Documents inédits.)

Richelieu, ni plusieurs autres membres du Conseil, le ministère était à leurs yeux un ennemi de la royauté et du pays. Ils voyaient qu'on avait déjà éliminé du conseil et des hautes fonctions administratives plusieurs membres de la droite. Ils savaient qu'on ne s'arrêterait pas là et qu'il y avait une trame ourdie pour renvoyer M. Dubouchage et M. le duc de Feltre, comme on avait renvoyé M. de Vaublanc et M. Dambray. Ils n'ignoraient pas qu'on préparait de nouvelles épurations pour les préfectures, et, en effet, dès que la session fut terminée, il y eut des changements importants dans cette branche de l'administration. Ils voyaient les espérances des ennemis de la dynastie légitime se ranimer; ils connaissaient les trames nouées à Bruxelles par les réfugiés avec le prince d'Orange pour renverser le gouvernement royal, et le voyage de M. de Viel-Castel à Varsovie pour essayer de rallier l'empereur Alexandre à ce projet, au moyen de son frère le grand-duc Constantin. Ils étaient avertis que le parti bonapartiste, qui travaillait les casernes, y faisait jeter des écrits où on lisait ces paroles à double sens : « Quand Louis XVIII mourra, Charles X paraîtra (Charles disparaîtra). » Aucun déboire ne leur était épargné et peut-être, dans leur préoccupation passionnée, s'exagéraient-ils encore les mauvaises intentions du ministère à leur égard. Lorsque le 15 janvier 1817 *le Moniteur* publia une ordonnance du Roi datée du 13 novembre 1816 et contresignée Dambray pour abolir les jugements rendus dans les Cent-Jours contre les militaires qui avaient quitté leur régiment pour offrir leurs services au Roi, quelques expressions malheureuses suffirent pour faire naître de grandes difficultés. L'idée de voir la fidélité traitée comme un crime, puisqu'on supposait qu'elle avait besoin de pardon, jeta les royalistes dans un état d'exaspération dont il est difficile de se faire une idée, et plusieurs officiers placés dans cette position écrivirent pour demander des juges en déclarant que, s'ils étaient coupables, c'était devant un conseil de guerre qu'ils entendaient rendre compte de leur conduite [1].

A tant de motifs d'inquiétude politique, aggravés par la mauvaise santé du Roi, venait s'ajouter la question des subsistances qui, à cette époque, excitait dans l'Europe entière de vives appréhensions. Les céréales avaient manqué en grande partie, par suite de l'intempérie des saisons en 1815 et en 1816 ; mais la France se trouvait dans un état plus fâcheux que les autres contrées de l'Europe en raison de circonstances particulières que nous aurons bientôt l'occasion d'exposer. En outre, la situation de nos finances, écrasées par a double nécessité d'entretenir l'armée d'occupation et de payer la partie exigible du tribut militaire qui nous avait été imposé, excitait les plus graves inquiétudes : on voyait approcher le moment où elles plieraient sous ce double fardeau.

## VIII

### DISCUSSION DU BUDGET.

L'argent manquait : restait une dernière et importante discussion qui allait fermer la session, celle du budget. On se souvient que, l'année précédente, la commission, en divisant les dé-

[1]. Voici le texte de cette ordonnance : « Il nous a été rendu compte que, pendant les trois mois d'usurpation, plusieurs jugements ont été prononcés contre des militaires qui, fidèles à leurs serments et ne voulant pas suivre l'usurpateur, se sont rendus près de nous et nous ont offert leurs services : considérant que ces *jugements peuvent priver de l'exercice de leurs fonctions ceux contre lesquels ils ont été rendus* ; qu'il est juste de mettre ces militaires à l'abri de toute inquiétude et de toute recherche pour l'avenir, en raison d'un fait qui, *bien que contraire à la lettre des règlements militaires*, ne peut être qu'honorable pour eux ; notre Conseil d'État entendu, nous avons ordonné et ordonnons ce qui suit : Toutes les poursuites judiciaires faites pendant les trois mois d'usurpation pour raison de désertion, contre les militaires qui ont quitté leurs corps pour embrasser notre cause et se réunir à notre drapeau, et les condamnations qui en ont pu être la suite sont réputées nulles et non avenues. »

penses publiques en ordinaires et extraordinaires, avait pourvu à ces dernières montant à 280 millions, y compris la contribution de guerre, au moyen de ressources que, pour la plupart, il fallait renouveler. C'était d'abord un excédant des recettes ordinaires sur les dépenses ordinaires : 24 millions ; 38 centimes additionnels sur le principal de la contribution foncière et quelques autres centimes produisant ensemble 76 millions ; des recouvrements à faire sur les biens des communes et sur ceux de l'État, vendus jusqu'à ce jour, 35 millions. Quant à l'arriéré, le ministère, transigeant avec la majorité, avait consenti à le liquider au moyen de reconnaissances portant intérêt de 5 p. 100 avec faculté de les échanger contre des inscriptions au grand livre de la dette publique, représentant leur montant et calculées au pair. Celles de ces reconnaissances qui n'auraient pas été inscrites au grand livre de la dette publique devaient être acquittées suivant un mode à fixer dans la session de 1820. A l'aide de ces dispositions, la vente des bois de l'État et des bois des communes cessait d'avoir lieu. Restait à savoir ce que le ministère, affranchi de l'influence de la majorité de 1815, ferait en 1817; car, même en maintenant celles des recettes extraordinaires qui pouvaient être renouvelées, il y en avait qui faisaient défaut. M. Corvetto présenta le budget des dépenses qui s'élevait à 1 milliard 88 millions, 263 millions de plus que l'année précédente. Ce budget, réduit définitivement par la commission à 1 milliard 69 millions 261 mille 826 francs, se décomposait ainsi : dépenses ordinaires, 481 millions 345 mille 967 francs ; dette consolidée et fonds d'amortissement, 157 millions ; dépenses extraordinaires, 430 millions 915 mille 859 francs. Les recettes prévues ne s'élevaient qu'à 774 millions et quelques centaines de mille francs. Il y avait donc entre les recettes et les dépenses un écart de plus de 314 millions, et le ministère déclarait qu'on ne pouvait couvrir cette différence énorme qu'au moyen du crédit.

C'est ici le cas d'exposer la situation financière de la France en 1817. Rappelons, pour mémoire, que l'arriéré, non liquidé, antérieur au 1ᵉʳ janvier 1816, et dont la majorité de la Chambre de 1815 avait réglé le payement, s'élevait à environ 400 millions. Il y avait un second arriéré qui s'était creusé depuis le vote du budget et qui s'élevait à la somme de 106 millions. Celui-là, selon le ministre, devait être acquitté en numéraire. Dans cet arriéré figuraient environ 40 millions indûment ordonnancés par le duc de Feltre, trompé, disait la droite, par ses bureaux, et qui auraient dû être payés en valeurs de l'arriéré. Le même fait s'était produit à la marine pour une somme moindre. La probité du duc de Feltre, qui mourut pauvre peu de temps après, était au-dessus du soupçon comme celle de M. Dubouchage. Le reste de cet arriéré de 106 millions résultait de l'insuffisance de quelques recettes et de l'augmentation de certaines dépenses. La contribution de guerre et les frais de l'armée qui occupait notre territoire montaient, pour l'année courante, à 300 millions ; ces chiffres suffisent pour expliquer en quoi consistaient les dépenses extraordinaires et pour donner une idée de la situation financière de la France. Encore faut-il ajouter que nos finances étaient sous le coup de réclamations dont on ne pouvait pas encore mesurer la portée ; c'étaient celles des étrangers qui, appuyés par leurs gouvernements, venaient exercer des répétitions contre notre trésor en alléguant des créances plus ou moins fondées qu'ils avaient contre l'Empire. Après tant d'années de guerre et de conquêtes la France était menacée de payer aux sujets des souverains coalisés une rançon supérieure encore à celle qu'elle payait aux souverains eux-mêmes. Chaque jour voyait croître ces réclamations, et le duc de Richelieu crut devoir transférer de M. Dudon à M. Mounier la présidence de la commission chargée d'examiner ces réclamations, et dénoncer à l'empereur Alexandre, son recours dans toutes les circonstances difficiles, cette espèce de curée dont la France allait être victime. Il fallait considérer en dernier lieu que l'on ne serait quitte envers les étrangers qu'en 1821; de sorte que les trois années qui succéderaient à 1817 verraient renaître la même insuffisance des recettes ordinaires pour couvrir les dépenses.

Le ministère, d'accord avec la commission qui n'avait pas cessé de siéger entre les deux sessions sous la présidence du duc de Lévis, avait reconnu qu'il était impossible de faire face à cette situation sans contracter un emprunt considérable. Il embrassait par prévision les découverts devant résulter des quatre exercices de 1817, 1818, 1819 et 1820, et il demandait, pour pourvoir à l'année courante, l'autorisation d'emprunter 30 millions de rentes, en annonçant quatre autres emprunts nouveaux. Afin de fortifier la confiance publique, il revenait sur la question des arriérés confondus sous le titre d'arriéré antérieur à 1814, et proposait de décréter que les reconnaissances de liquidation seraient inscrites au grand livre dans l'espace de cinq ans, à partir de 1821, non pas au pair comme l'avait décidé la Chambre de 1815, mais au cours moyen du dernier semestre de l'année antérieure à l'inscription. C'était un bon calcul que de se montrer généreux envers les créanciers de l'État au moment de faire un appel au crédit, et, en agissant ainsi, l'on adoucissait en même temps ce que la clause votée par la Chambre précédente avait eu de rigoureux pour les créanciers de l'arriéré qui, en raison de l'écart existant entre les cours actuels et le pair, se trouvaient perdre les deux cinquièmes de leurs créances. La commission rendait en outre les reconnaissances de liquidation négociables par un simple endos, nouvelle faveur qui améliorait la situation des possesseurs de ces reconnaissances, assurés d'un remboursement intégral, portant intérêt et facilement négociables. La commission proposait une seconde mesure qui semblait être indispensable avec un projet d'emprunt si considérable et la perspective d'emprunts successifs; elle élevait à 40 millions la dotation annuelle de la caisse d'amortissement à laquelle on n'avait alloué, l'année précédente, que 20 millions de rentes. Enfin le ministère, d'accord avec elle, demandait l'autorisation de vendre cent cinquante mille hectares des bois de l'État, autorisation que lui avait refusée la Chambre de 1815.

C'était là un projet dont la hardiesse pouvait paraître téméraire dans les circonstances où l'on se trouvait. Le crédit, il faut s'en souvenir, était alors une puissance ignorée. Les dernières années de l'ancien régime l'avaient en vain cherché, et l'occasion, je ne dis pas la cause de la Révolution avait été un déficit que le gouvernement n'avait pu combler. La Révolution semblait l'avoir ruiné sans retour par les assignats et par la hideuse banqueroute, dont Mirabeau avait en vain montré du doigt le spectre menaçant. L'Empire avait vécu à l'aide des tributs militaires levés sur les contrées étrangères par ses victoires. Il était réservé à la Restauration de fonder le crédit de la France. M. Corvetto et la grande commission nommée pour étudier, dans l'intervalle des deux sessions, les besoins et les moyens financiers du pays, comprirent cette vérité, et osèrent ne pas désespérer de la fortune publique appuyée sur le principe d'ordre qu'apportait la maison de Bourbon, et garantie par la probité d'un gouvernement résolu à tenir tous ses engagements. Ce fut leur honneur. Au point de vue financier, leur plan n'était pas à l'abri des attaques, et ni la droite ni la gauche ne leur ménagèrent les observations.

Voici quelles étaient les demandes de M. Corvetto pour l'exercice de 1817, et ses prévisions pour les trois exercices suivants. Il estimait, comme on l'a vu, que pour 1817 un emprunt de 30 millions de rentes serait nécessaire, ainsi que la vente de 150 mille hectares de bois. Pour 1818, 1819, 1820, il prévoyait des déficits de 261 millions 108,000 francs, 253 millions 574,000 francs, 274 millions 174,000 francs.

Pour faire face à ces déficits, il estimait que de nouvelles créations de rentes seraient nécessaires : en 1818, 21 millions 800,000 francs de rentes; en 1819, 20 millions 100,000 fr.; en 1820, 22 millions 900,000 francs, total pour les trois exercices, 65 millions 800,000 francs de rentes, qui, additionnés avec les 30 millions de 1817, formeraient un ensemble de 95 millions 800,000 francs de rentes ajoutés à la dette publique. Dans tous ses calculs, le ministre avait pris la rente au cours moyen de 60 francs.

Le premier fait qui devait devenir le point de mire des attaques de l'opposition, c'était l'ensemble des conditions auxquelles l'emprunt de 1817 avait été négocié avec les maisons de banque étrangères. Le second point qui devait susciter une vive opposition de la part de la droite était la vente de 150 mille hectares des forêts de l'État. Parmi ces forêts, il y en avait qui provenaient des biens du clergé. La droite, sans contester le droit qu'avait eu le Saint-Siége de faire un concordat avec le gouvernement de 1802, pensait que, les circonstances étant devenues plus favorables, on pouvait reviser d'un commun accord, dans l'intérêt de la religion et de la société, quelques clauses de ce concordat. Une parole d'un de ses membres expliquera l'ensemble de ses idées. M. de Villefranche dit dans la discussion : « La religion aussi était une émigrée ; elle rentre, il faut la traiter avec autant de faveur que les autres émigrés. » La droite aurait donc voulu qu'on restituât au clergé, en déduction d'une valeur égale du budget ecclésiastique, les bois qui provenaient des confiscations faites sur l'Église. Un grand nombre de députés, à la tête desquels il faut nommer M. de Bonald, se faisaient de cette restitution un devoir de conscience. En outre, la droite était convaincue que la classe électorale se trouverait singulièrement fortifiée par un clergé propriétaire, et que la société acquerrait ainsi une force conservatrice considérable. Enfin, au point de vue financier, la droite regardait comme un désastre la vente de 150 mille hectares de bois, parce que dans les circonstances difficiles où l'on se trouvait, ces bois se vendraient à vil prix.

Il est vrai que le gouvernement avait un grave intérêt politique à pouvoir mettre hors de doute immédiatement les facultés qu'avait la France pour acquitter ses dettes extérieures, et à s'assurer le concours des maisons de banque étrangères les plus puissantes, pour donner confiance aux cabinets étrangers. Il pourrait en effet invoquer cette confiance pour réclamer d'abord la diminution de l'armée d'occupation, puis son rappel que désiraient passionnément le Roi et la France. M. le duc de Richelieu savait, à n'en pouvoir pas douter, par le comte Pozzo di Borgo, ambassadeur de Russie, que le duc de Wellington subordonnait le consentement de son pays à la diminution de l'effectif des troupes d'occupation, demandée par la Russie et l'Autriche, à la conclusion de l'emprunt qui seul pouvait garantir le payement de la contribution de guerre[1].

Il importe de dire maintenant en quoi consistaient les conditions de cet emprunt, négocié avec les maisons Hope d'Amsterdam et Baring de Londres. Après quelques pourparlers avec les banquiers français, M. Corvetto était en effet demeuré convaincu qu'il serait impossible de trouver sur la place de Paris un capital aussi considérable que celui dont on avait besoin, et M. Ouvrard avait été chargé d'ouvrir une négociation avec les deux maisons les plus solides de l'Europe pour se procurer la plus grande partie de l'emprunt. On était tombé d'accord sur les conditions suivantes, sauf naturellement le vote de la Chambre, qui pouvait seule décider le montant des rentes nouvelles à émettre. Le gouvernement remettrait à ces deux maisons les titres de 9 millions de rentes

---

[1]. Voir dans les documents anglais les lettres écrites par le duc de Wellington à lord Castlereagh, à la date des 23 et 27 novembre et 3 décembre 1816.

5 p. 100, au taux de 55 francs pour 5 francs de rentes ; moyennant quoi les deux soumissionnaires de l'emprunt s'engageaient à verser 100 millions dans les caisses de l'État, payables de mois en mois par douzièmes, à partir du 22 mars 1817. Pendant quatre mois, ils avaient la faculté de souscrire à nouveau 10 millions de rentes, au taux de 58 francs pour 5 francs de rentes, pour lesquelles ils verseraient également par douzième une seconde somme de 100 millions, à partir du 22 mars. Les intérêts des rentes commençaient à courir à partir de cette date, la jouissance, suivant l'expression consacrée, serait du 22 mars 1817. Outre ces avantages énormes, il était stipulé que les acheteurs prélèveraient une commission de 2 1/2 p. 100 sur le capital nominal des deux emprunts, au fur et à mesure de leurs versements. Le résultat de ces deux opérations dut être évalué en chiffres : la France aliénait un capital nominal de 384 millions, en échange duquel elle n'obtenait en numéraire qu'un capital réel de 187 millions. Pour ce capital, elle s'engageait à payer annuellement 17 millions d'intérêt, soit 9 1/2 p. 100 de la somme reçue.

Quelque onéreuses que fussent pour la France ces conditions, MM. Hope et Baring, qui étaient venus à Paris pour traiter cette affaire, hésitèrent longtemps à les accepter ; le gouvernement craignait de les voir partir sans avoir rien conclu. Quand on se récria devant M. Corvetto contre les conditions désastreuses de l'emprunt, il répondit tristement : « Quand on emprunte, il faut être deux, » laissant ainsi entendre qu'il avait été impossible de trouver un prêteur moins exigeant. Il disait dans son exposé : « En 1821, nous aurons complété l'exécution de nos engagements, et nous rentrerons dans les limites ordinaires du budget, la dette perpétuelle se sera élevée, il est vrai, à 200 millions (de rentes); mais les emprunts auront cessé, le déficit des quatre années précédentes sera comblé, des fonds plus que suffisants seront assignés aux différents services, un excédant considérable de recettes pourra être consacré au soulagement de la nation. »

La commission nommée par les bureaux pour examiner le budget comptait parmi ses membres les plus hautes notabilités financières de la Chambre : M. l'abbé Louis, qui la présidait, MM. Roy, de Gaëte, Gonilh, Laffitte ; un seul homme y représentait la droite, ce n'était pas M. de Villèle, dont on avait sans doute appréhendé la présence, c'était M. de la Bourdonnaye. Le travail de la commission, quoiqu'elle fût composée d'hommes habiles, n'introduisit pas de modifications profondes dans le budget présenté par le gouvernement. M. Roy, rapporteur du budget des dépenses, proposa des économies dont la majeure partie portait sur le ministère de la guerre et sur le ministère de la marine, 16 millions 570,000 francs sur le premier, et 6 millions sur le second. La politique avait part au moins autant que l'économie à cette proposition. La majorité voulait hâter la retraite du duc de Feltre et de M. Dubouchage. Le reste des économies se réduisait à quelques centaines de mille francs prélevées sur chaque ministère. M. Beugnot, rapporteur du budget des recettes, s'était occupé surtout des moyens d'assurer le crédit, et pour arriver à ce but il avait demandé qu'on affectât à la caisse d'amortissement non-seulement les 40 millions de rentes stipulés dans le projet du gouvernement, mais le produit des bois de l'État, sur lesquels cependant on conserverait jusqu'à la concurrence de 4 millions de rentes, comme garantie du budget ecclésiastique. Cette dernière clause était une concession faite à M. de la Bourdonnaye, seul représentant de la droite dans la commission du budget ; on espérait obtenir ainsi l'adhésion de la droite à la mise en vente des 150 mille hectares, mais M. de Villèle annonça tout d'abord que cette concession ne serait pas acceptée comme suffisante, et que M. de la Bourdonnaye ne serait pas suivi par la minorité.

La discussion du budget ne pouvait porter que sur deux points, la quotité de la somme nécessaire au gouvernement pour couvrir le déficit de l'exercice de 1817, et les moyens de se procurer cette somme, ce qui comprenait la discussion des conditions de l'emprunt conclu par le gouvernement.

La majorité défendit naturellement le plan financier proposé par le gouvernement, et adopté par la commission. Son grand argument fut la nécessité de pourvoir à des dépenses qu'il ne dépendait de personne d'éviter ou d'alléger, et d'emprunter au seul taux où l'on pût trouver de l'argent. Parmi les orateurs de la droite, plusieurs revendiquant le privilége dont jouit l'opposition, celui d'attaquer les moyens proposés par le gouvernement sans y substituer d'autres moyens, se répandirent en regrets sur l'état de nos finances, en critiques amères sur les expédients ruineux à l'aide desquels on espérait sortir d'une situation désespérée. Ils avaient pris pour point de départ ce mot de M. de Castelbajac : « Il n'entre pas dans mon plan de faire un budget aux ministres, mais nous sommes spécialement chargés de défendre les intérêts du peuple et son argent. » MM. de la Bourdonnaye, de Marcellus, de Caumont, Cornet-d'Incourt, Garnier-Dufougeray, peignirent sous les couleurs les plus sombres la situation des contribuables, « dévorés par deux hydres, la bureaucratie et la prodigalité des traitements. » Ils insistèrent sur les souffrances de la propriété succombant au fardeau de la contribution foncière, sur celles du peuple écrasé par l'impôt du sel, l'impôt des boissons, et celui des portes et fenêtres. Ils demandèrent des réductions considérables de dépenses, économies qu'ils évaluèrent pour la plupart entre 100 et 150 millions, mais sans indiquer d'une manière précise sur quoi elles devaient porter.

Il est juste de dire que, dans cette époque où les questions financières n'étaient familières qu'à un petit nombre d'esprits, et où l'on n'avait pour la discussion du budget qu'une expérience d'une année, les illusions sur la possibilité d'apporter aux dépenses ordinaires des économies considérables ne se rencontraient pas chez la droite seulement. Un homme dont le nom faisait déjà autorité en matière financière, M. Casimir Périer, publia une brochure qui fit une sensation profonde, et dans laquelle il évaluait les réductions réalisables sur le budget ordinaire à 100 millions. L'auteur présentait un argument beaucoup plus sérieux en maintenant que le ministère s'était engagé avec les prêteurs pour une somme de rentes supérieure au capital dont la France avait immédiatement besoin, et que par là il enlevait au pays la chance d'emprunter le reste de la somme à des conditions moins défavorables. Le duc de Richelieu fut si frappé de la valeur de ce raisonnement que, dans son austère probité, il déclara le ministère tenu en conscience à répondre de la différence en plus sur les biens personnels de ses membres, s'il n'obtenait pas de MM. Baring et Hope un amendement au traité. Ces deux banquiers donnèrent un exemple de désintéressement bien rare, en consentant à différer leur opération pour la portion de rentes excédant les besoins immédiats.

C'est dans les discours de MM. de Villèle et de Corbière qu'il faut chercher les arguments sérieux de la droite, comme dans le discours de M. de Barante qu'on trouve l'expression la plus nette et la plus forte de l'argumentation ministérielle.

La position de la droite, en prenant l'offensive contre le budget, se trouvait d'autant plus difficile qu'elle était décidée d'avance, par un intérêt politique, à respecter les deux services sur lesquels il y avait le plus à dire et le plus à économiser : ceux de la guerre et de la marine. Les orateurs qui défendaient le projet du gouvernement ne manquèrent point de le faire remarquer, et M. Duvergier de Hauranne s'écria avec la malignité spirituelle de sa parole : « La guerre et la marine sont pour la droite l'arche sainte. » M. de Villèle écrivait plus tard dans sa correspondance : « Nous avons fait une faute en ne disant pas franchement du haut de la tribune le motif qui décidait la majorité à attaquer le budget du duc de Feltre et celui de M. Dubouchage, et le motif qui nous déterminait à défendre ces deux ministres. » Dans un exorde habile, M. de Villèle se présentait non comme un financier capable de donner un plan, mais comme un député sans places et sans pensions qui croirait manquer à son devoir si, sans fixer de limites aux conditions d'aliénation d'un capital de 500 à 600 millions, il se bornait à en donner l'autorisation pure et simple. Il insistait sur l'impossibilité de faire supporter à la France des emprunts successifs qui, suivant lui, devaient s'élever à un capital de 1,900 millions ; sur l'impossibilité de lui faire supporter pendant plusieurs années 130 millions d'impôts extraordinaires, 14 millions de retenue sur les traitements, 5 millions sur la liste civile, « qui ne sauraient être portés de la colonne de l'espérance sur la colonne des recettes permanentes. »

Tout en prétendant qu'on aurait pu couvrir les 300 millions de dépenses extraordinaires avec les ressources dont le gouvernement disposait, pourvu qu'on eût économisé 30 millions sur les dépenses ordinaires, M. de Villèle consentait à accorder au ministère la faculté d'émettre 20 millions de rentes. Par là il reconnaissait la nécessité de l'emprunt qu'avec son bon sens financier il ne pouvait nier. Une fois en règle avec sa conscience, il rentrait dans son rôle d'opposition en indiquant les économies réalisables sur le budget.

L'inconvénient de la plupart de ces économies, dont plusieurs auraient pu être tentées, c'était d'être proposées à l'occasion d'un vote financier, quand pour les établir il aurait été nécessaire de modifier profondément le système administratif de la France. Il était bien difficile, pour ne pas dire impossible, de réduire à propos de la discussion du budget, le nombre des préfectures des trois quarts, les cours royales de vingt-sept à dix-huit et les tribunaux de trois cent soixante et un à trois cents. C'est ce que fit observer M. Pasquier, qui cependant n'était pas opposé en principe à la réduction des cours et des tribunaux. D'autres économies étaient plus réalisables : ainsi il était exact que certaines fonctions avaient conservé des émoluments plutôt en harmonie avec les proportions de la France impériale qui s'étendait sur l'Europe, qu'avec celles de la France ramenée à ses frontières. Sauf le traitement du président du Conseil des ministres qui, réduit par le duc de Richelieu lui-même, ne figurait au budget que pour une somme de 100,000 francs, les traitements des autres membres variaient de 150,000 à 230,000 francs. Les sous-secrétaires d'État recevaient 40,000 francs. M. de Villèle demandait la suppression des sous-secrétaires d'État, qui lui semblaient une superfétation ministérielle; des ministres d'État qui représentaient des émoluments sans fonctions; du Conseil d'État devenu, selon lui, une anomalie sous le gouvernement représentatif; la suppression des maréchaux de camp commandant les départements, qui lui paraissaient inutiles à côté des commandants des divisions militaires; la réduction des états-majors trop nombreux; la suppression des trois quarts des préfets; la suppression des commissaires généraux de police et du budget secret de la police; la suppression de la taxe universitaire montant à 1,500,000 francs, jusqu'à ce qu'une loi eût organisé l'instruction publique, de manière à donner des garanties à la société; la suppression jusqu'en 1821 de toutes les pensions de retraite dont les titulaires ne justifieraient pas au prochain semestre ne pas jouir d'un revenu de mille francs, et l'impression de la liste des pensionnaires qui auraient fait cette justification. Il demandait en outre qu'à l'exception des ministres, des ambassadeurs et des maréchaux de France, nul ne pût recevoir, à quelque titre que ce fût, plus de 40,000 fr. par an du trésor public.

A ceux qui alléguaient que c'était entreprendre sur le pouvoir royal que de supprimer ainsi par un refus de subsides des places créées par le gouvernement, il répondait par ces paroles qui provoquaient de vifs applaudissements : « Henri IV et Sully, d'adorable mémoire, trouvèrent la France aux prises avec les mêmes circonstances, livrée aux mêmes ennemis. Sous un gouvernement représentatif, c'est à la Chambre à jouer le rôle de Sully en défendant le monarque contre l'importunité des demandes et la facilité de les accorder. » Dans la question de principes, M. de Villèle était sur le véritable terrain du gouvernement représentatif, quoique dans la pratique on pût contester la possibilité de plusieurs de ces suppressions, et quand MM. Becquey et Bourdeau soutenaient que la faculté qu'avait le Roi de nommer aux fonctions impliquait celle de fixer le traitement comme il l'entendrait, au lieu de concilier la prérogative royale avec la prérogative de la Chambre, ils immolaient la seconde à la première. M. de Villèle exagérait peut-être, avec le verre grossissant que toutes les oppositions ont à leur service, le mal présent et actuel; mais il avait la prévision du mal à venir; il voyait au bas de la pente la France qui glissait déjà sur le versant de la centralisation, quand il s'écriait avec cette âpreté de l'avocat des payants, comme il s'appelle lui-même, contre les avocats des payés : « On veut que tout vienne de Paris, on veut tout connaître, tout juger à Paris. Il faut donc laisser tout faire à Paris, et continuer à gémir dans le fond de nos retraites sur l'ignorance, l'imprévoyance, les négligences de Paris. Un meilleur temps viendra sans doute. Lorsque administration communale, départementale, instruction publique, culte religieux, rien ne pourra se soutenir, le centre alors, l'estomac politique de l'État, sentira la nécessité de rendre la vie et la liberté aux membres afin de ne pas mourir lui-même. »

Seulement, comme l'orateur le reconnut dans la suite de la discussion, ce n'était qu'avec des lois de nature à modifier profondément l'administration de la France qu'on pouvait arriver à introduire des économies sérieuses dans les différentes parties du budget. Il y avait évidemment, comme en 1815, deux systèmes en présence : celui des hommes qui voulaient que l'administration tout entière fût réunie au centre, et qui croyaient que la dépense faite pour attirer dans les fonctions administratives les gens les plus capables serait productive; celui des hommes convaincus qu'il ne fallait centraliser à Paris que ce qu'il était impossible de faire sur place, et qui croyaient qu'au lieu d'attirer vers les fonctions publiques par de gros traitements, il fallait tâcher, par la diminution des impôts et la décentralisation des affaires municipales et départementales, de conserver et d'agrandir, s'il était possible, la classe des propriétaires indépendants, capables de faire gratuitement les affaires du pays. Nul doute qu'au point de vue du gouvernement représentatif ce second système ne fût préférable au premier.

Ceci explique ces vives paroles de l'orateur de la droite qui excitèrent les applaudissements de l'opposition et les murmures des bancs ministériels :

« Je ne peux plus m'étonner de rien, s'écriait M. de Villèle au milieu d'une agitation croissante, je comprends à merveille le système des trois lois que j'ai combattues, je ne révoque plus en doute l'existence de la nation nouvelle qui ne peut s'élever ou se soutenir qu'en comprimant ou en détruisant les factieux, et ces factieux sont pour elle les contribuables. Notre longue domination en Europe a fait naître au milieu de nous une collection de quelques milliers d'individus pour lesquels les marchés avec les gouvernements, les spéculations, l'habitude des places et des dépenses a fait regarder longtemps l'Europe comme un vaste champ d'exploitation et, depuis, les revenus de la France comme un patrimoine. »

Les chefs de la droite eux-mêmes commençaient, on le voit, à mettre dans leur langage cette teinte d'amertume et d'exagération à laquelle l'opposition échappe si difficilement. Mais sur plusieurs points ils avaient la raison de leur côté, et c'est par là que le discours de M. de Villèle produisit un immense effet dans la Chambre et au dehors. Quand ils se plaignaient qu'on ne fît pas connaître à l'assemblée les conditions de l'emprunt, qu'on lui contestât le droit de diminuer les appointements exagérés, de refuser l'allocation universitaire jusqu'à ce qu'une loi satisfaisante sur l'enseignement fût présentée, ils étaient dans leur droit; comme ils montraient une intelligence véritable des conditions du gouvernement représentatif quand ils demandaient qu'on diminuât l'ascendant de la bureaucratie et qu'on rendît aux intérêts locaux plus de liberté. La bureaucratie et la représentation libre des intérêts et des idées du pays sont deux termes inconciliables qui ne sauraient se trouver réunis dans la même proposition. M. de Villèle, comprenant sans doute que toutes les économies qu'il avait proposées n'aboutiraient pas à une somme considérable, toucha à la véritable question en proposant d'adresser au Roi « une humble adresse pour le supplier de faire négocier auprès des puissances étrangères la diminution du corps d'occupation, dont le calme qui règne en France, dit-il, rend la force inutile et l'exagération de nos charges le fardeau impossible à supporter plus longtemps. » M. de Villèle associait ainsi la droite, au moins par ses vœux, à la délivrance du territoire, et c'était probablement le but de ce passage de son discours que les murmures des bancs ministériels interrompirent. Il répondait ainsi par un acte à ceux qui prétendaient que la droite aurait désiré prolonger l'occupation. Son discours se terminait par un de ces résumés heureux et pressants dans lesquels il devait exceller plus tard :

« Je demande, dit-il, que la Chambre réduise les budgets des divers ministères de toutes les sommes dont j'ai indiqué la dépense comme pouvant être supprimée sans compromettre les services publics ; qu'elle ne porte le crédit qu'à 20 millions de rentes, dont la négociation doit être présentée à l'enregistrement des Chambres ; que l'arriéré soit définitivement fixé ; que la partie des créances qui doit être exceptée du mode de remboursement général soit fixée irrévocablement dès cette année, ainsi que le mode selon lequel elle sera particulièrement acquittée ; qu'une liquidation générale des effets émis par les diverses caisses soit définitivement faite dans le courant de cette année, afin que le mode ruineux d'anticiper les recettes ne fournisse plus à l'agiotage les moyens de corrompre et d'entraver les services publics, aux ministres la facilité d'outrepasser leurs crédits... A ces conditions et à celles que j'ai indiquées, nous pourrons obtenir le crédit qu'on vend fort cher à ceux qui se ruinent et qu'on se trouve heureux de pouvoir offrir à ceux qui font sagement leurs affaires. »

Une longue agitation suivit ce discours, et il y eut une vive discussion sur la question de savoir si l'impression serait votée à six exemplaires par député, maximum légal, ou à un exemplaire seulement. M. l'abbé Louis, président de la commission du budget, crut nécessaire de monter à la tribune pour s'opposer à la première proposition, en faisant observer qu'il serait dangereux de donner une marque de sympathie publique à un discours où se trouvaient des assertions de nature à jeter des alarmes en France sur la situation de nos finances. La majorité se rangea à son avis.

Ce fut M. de Barante qui répondit à M. de Villèle, et l'effet produit par le discours de celui-ci se trouve constaté dans l'exorde même de son adversaire[1]. « Répondons, dit M. de Barante, à l'honorable préopinant que les adversaires du budget ont comme choisi pour leur rapporteur. Il a si bien

---

1. M. de Villèle fut très-vivement attaqué par les membres de la majorité. Parmi ceux qui montrèrent le plus de violence, il faut compter M. Dudon, qui lui reprocha de recevoir, lui l'accusateur des gros traitements, 5,000 francs d'indemnité comme maire de Toulouse. M. de Corbière répondit en déclarant que M. de Villèle abandonnait cette somme à la ville pour le soulagement des classes nécessiteuses.

répondu à leur attente et à leur confiance, qu'ils reconnaissent ne pouvoir rien ajouter à la force de son éloquence. »

Le discours de M. de Barante était vif, généralement sensé et modéré dans l'expression. Il eut l'avantage sur M. de Villèle sur tous les points où celui-ci n'avait consulté que l'esprit d'opposition sans considérer la possibilité des mesures qu'il proposait. M. de Barante fit lui-même la remarque que les devoirs des orateurs de l'opposition à la tribune étaient moins étroits et leur rôle plus facile que les devoirs et le rôle des orateurs du gouvernement. Il signala le changement qui s'était opéré dans l'attitude et les allures des chefs de la droite depuis qu'ils n'avaient plus la majorité.

« Remarquez, dit-il, qu'il est naturel à des orateurs dont les propositions n'obtiennent pas habituellement la majorité, de pousser les choses à l'excès. N'ayant pas sur les affaires une influence directe, leurs discours ne devenant pas des règles d'action et de conduite, ils ne sont pas responsables aux yeux de l'opinion et à leurs propres yeux des résultats qu'entraînera l'adoption. C'est ainsi que l'honorable orateur, sentant la différence des positions, n'avait pas, ne pouvait pas avoir la même ardeur des réformes l'an dernier. Ses principes étaient les mêmes, mais il ne requérait pas une application soudaine et hasardeuse; il comprenait que son influence même lui imposait des devoirs de gravité et de mesure. »

Après avoir ainsi mis le doigt non-seulement sur le côté faible du discours de M. de Villèle, mais sur le côté faible de la position prise par toute la droite dans la discussion du budget, M. de Barante s'élevait avec autorité contre les déclamations trop générales sur les abus. Il rappelait que c'étaient des déclamations de ce genre qui avaient déterminé la Révolution. Il représentait à l'orateur de la droite que ces institutions anciennes auxquelles il semblait vouloir ramener l'esprit public, avaient fait naître des confusions et des abus qui avaient été le prétexte du renversement de l'ordre social. On avait allégué que la machine allait mal ou n'allait pas, pour la détruire. Voulait-on maintenant briser ce qu'on avait eu tant de peine à construire, pour tenter de reconstruire ce que 1789 avait détruit? Le point sur lequel l'orateur se montra le plus concluant fut celui des économies administratives proposées par M. de Villèle. Il démontra que, pût-on supprimer les fonctions dont il proposait la suppression et opérer toutes les réductions demandées par lui, on aurait de la peine à arriver à une somme de 14 millions. Or, le ministre demandant l'autorisation d'emprunter 314 millions, c'était 300 millions auxquels il faudrait encore pourvoir. C'était là, en effet, le principal défaut du discours de M. de Villèle; il avait, à la manière de toutes les oppositions, considéré trop en bloc le budget et conclu à la possibilité d'opérer des réductions considérables sur un total aussi imposant. Comme le fit observer M. de Saint-Cricq dans la séance du 10 février, en retranchant du budget les dépenses auxquelles il était impossible de toucher, comme le payement des intérêts de la dette, la somme annuelle affectée à l'amortissement, le payement de la contribution de guerre, l'entretien de l'armée d'occupation, on arrivait à ne plus avoir qu'une somme de 282 millions sur laquelle il fallait pourvoir à l'administration d'un grand royaume, à l'armée, à la marine, à la justice, aux affaires étrangères. Or, l'armée absorbant à elle seule 132 millions, la marine 44, comment faire des économies importantes et surtout des économies de 100 millions, comme plusieurs orateurs de la droite et de la gauche l'avaient demandé, sur une somme qui n'excédait pas beaucoup 100 millions?

Quant à la question de l'emprunt, M. de Barante justifia mal le silence qu'avait gardé le ministère sur le taux auquel il avait été contracté. Mais il fit observer avec raison que le gouvernement avait dû aller chercher l'argent, après avoir vainement tenté de se le procurer à Paris, là où il y en avait et où on le trouvait à meilleur compte. Il fut moins heureux sur la question des biens du clergé. Il défendit le gouvernement contre toute idée de restituer les anciens biens ecclésiastiques à l'Église de France, et prétendit qu'il s'agissait seulement de doter le clergé de la manière la plus convenable. « Les anciennes corporations religieuses ont cessé d'exister, dit-il, et le clergé actuel n'existe pas comme corporation ; on ne peut rendre à qui n'existe pas ce qui appartenait à qui n'existe plus. »

M. de Corbière [1] répondit avec beaucoup de sens à M. de Barante, que :

« Jamais on n'avait disposé des biens du clergé sans bulle du pape ; lorsque les Célestins avaient été supprimés en 1785, l'arrêt du Conseil d'État portait qu'il serait statué par l'archevêque de Paris sur l'attribution des biens de cet ordre à des établissements religieux, selon les règles canoniques. Ce qui était arrivé était irrévocable sans doute, mais il ne fallait pas que cela fît loi pour l'avenir. Si un seul arpent appartenant aux biens du clergé était échappé à la tempête, il importait, non au clergé, mais à tous les propriétaires de France, que cet arpent fût rendu pour que le principe de la propriété n'éprouvât pas une nouvelle lésion, le principe de la propriété si étroitement lié à celui de la légitimité. Comment venait-on dire que le clergé n'existait pas pour recevoir? Une loi récemment votée n'avait-elle pas décidé que le clergé serait capable de recevoir des dotations et des dons? »

La réponse était péremptoire, d'autant plus péremptoire que, comme M. de Villèle l'avait rappelé,

« Les rentes attribuées annuellement au clergé n'étaient que le faible équivalent de la dette contractée envers lui par l'État le 2 novembre 1789. En effet, en vertu du décret rendu à la date de ce jour, les biens du clergé évalués à 2 milliards 600 millions avaient été mis par la Constituante à la disposition de la nation, à la charge, portait ce décret, de pourvoir d'une manière convenable aux frais du culte et au soulagement des pau-

---

[1] L'union la plus étroite continuait à régner entre M. de Villèle et M. de Corbière. « Corbière travaille pour répondre à ce qui a été dit depuis mon discours, écrivait le premier. Nous sommes bien liés, s'il ne revient pas (il était de la série sortante), je ne sais pas comment je ferai sans lui. Tout roule sur huit ou dix ; Corbière ne peut être remplacé par aucun. »

vres. La dotation générale du clergé portée au budget de l'État à cette époque avait été fixée à 81 millions 266,600 francs, et les pensions ecclésiastiques à 73 millions. Nous ne pouvons malheureusement remplir les engagements contractés par ce décret, mais il reste des bois du clergé invendus environ 400,000 hectares ; ils doivent être rendus à cette destination. Nous n'avons plus à payer que 7 millions 400,000 francs de pensions ecclésiastiques. Elles sont au tiers de ce qu'elles devraient être. Le budget de l'an dernier avait affecté à la dotation des ministres de la religion 16 millions 500,000 francs, qui, joints aux 4 millions que produiront les bois rendus à cette destination, porteront la dotation à 20 millions 500,000 francs, au lieu de 81 millions légitimement dus. »

Ce n'était pas en présence de cette situation que les jeux d'esprit de M. de Barante sur l'ancien clergé, qui n'existait plus pour revendiquer ses biens, et le nouveau qui n'existait pas pour recevoir, pouvaient être de mise.

Tandis que la droite était représentée dans cette discussion par MM. de Villèle et de Corbière, la gauche était représentée par M. Laffitte. Tout en adoptant les trois grands moyens proposés par le gouvernement, l'emprunt, l'amortissement et la vente de bois, ce député réclama des économies considérables, mais dans un sens systématiquement hostile aux idées de la droite; il demandait au gouvernement de les réaliser, en diminuant de trente-deux millions le budget du ministère de la guerre, de six millions le ministère de la marine, enfin en supprimant les gardes suisses. Il aurait voulu, en outre, qu'on n'affectât point de bois à la dotation du clergé, qui devait, disait-il, avoir autant de confiance que le Roi et la famille royale dans les finances de la France, sans qu'il fût besoin de lui assigner une espèce de gage hypothécaire, et il repoussait d'une manière absolue l'idée d'une restitution des biens ecclésiastiques. Moyennant ces conditions, il émettait l'avis, comme M. de Villèle l'avait fait avant lui, qu'un emprunt de vingt millions de rentes suffirait au besoin. Cependant il ne refusait pas d'en voter un de trente, et même d'y prendre part, en ajoutant que ce que le pays attendait du ministère, c'était une politique qui séparât profondément le passé du présent, en ne voyant dans l'un que les leçons de l'expérience, et en n'appliquant à l'autre que les combinaisons d'une politique supérieure aux idées étroites de l'esprit de parti.

Ce qui caractérisa ce discours, qui, sans être hostile au ministère, était plein de hauteur envers le gouvernement royal, ce fut la phrase suivante qui, au moment où le prince d'Orange avait des rapports suivis avec les réfugiés de Bruxelles, et le lendemain du jour où les constitutionnels de la Chambre des Cent-Jours en avaient ouvert avec le duc d'Orléans, pouvait à bon droit paraître fâcheuse :

« L'Angleterre est redevable de sa prospérité à son système de crédit et à la force que l'opinion publique a acquise chez elle, depuis le moment mémorable où Guillaume III reçut la couronne en échange des garanties qu'il donnait à la liberté. La même puissance pourra produire en France les mêmes résultats quand des voix téméraires et calomniatrices cesseront de la dénoncer au monde entier comme ayant rétrogradé dans la carrière de la civilisation. »

A ces paroles, de violentes interruptions éclatèrent de tout côté. Le rappel à l'ordre fut demandé, et les interpellations les plus vives furent adressées à l'orateur. *Le Moniteur* et les autres journaux ne dirent rien de ce tumulte; les paroles qui l'avaient provoqué avaient été supprimées à l'impression, du consentement de M. Laffitte[1], qui sans les reproduire dans l'édition à part qu'il publia de son discours, où il se contenta de faire reparaître le nom de Guillaume, se plaignit avec hauteur dans la préface de l'interprétation qu'on leur avait donnée. La droite

---

1. « M. Laffitte, après avoir consulté, fit supprimer ces paroles à l'impression, dit M. de Villèle dans sa *Correspondance inédite*. Au paragraphe où il reporte la fondation du crédit et de la liberté de l'Angleterre à la Constitution de 1688, il rappela que ces résultats étaient dus à l'usurpation de Guillaume, ce qui occasionna un tumulte et des demandes de rappel à l'ordre dont *le Moniteur* ne parla pas. »

n'avait pas été seule à les interpréter ainsi. Dans les séances suivantes, pas un ministre, pas un orateur des bancs ministériels ne monta à la tribune sans faire une profession de foi de fidélité au Roi et à la légitimité, interrompue par des applaudissements frénétiques, réponse indirecte à cette apologie de l'usurpation, et le duc de Richelieu retira la promesse qu'il avait faite de dîner chez M. Laffitte. On comprend l'émotion du ministère et l'ardeur passionnée avec laquelle ses amis protestaient contre le discours de M. Laffitte ; démenti en action infligé à la politique ministérielle. Celle-ci avait affirmé que la royauté rallierait tout à elle en se séparant de la droite, par l'ordonnance du 5 septembre, et voici que, dès la première session, M. Laffitte, non content de se poser en face de la royauté légitime dans une attitude d'indépendance dédaigneuse, insinuait que la liberté politique trouverait les meilleures garanties dans une usurpation.

Une proposition d'un membre de la droite, M. Clausel de Coussergues, qui voulait qu'on rayât du budget la somme destinée à être distribuée en secours à des étrangers, fournit l'occasion d'un triomphe oratoire à M. Lainé, cœur magnanime qui n'était jamais mieux inspiré que lorsqu'il parlait au nom de la générosité française. Les étrangers étaient des gens de toute nation, Italiens, Espagnols, Portugais, Égyptiens, compromis au service de la politique napoléonienne dans leurs pays, pendant l'Empire, et obligés de demander un asile à la France. M. Clausel de Coussergues n'avait vu que la cause pour laquelle ils s'étaient compromis ; M. Lainé, s'élevant dans une sphère plus haute, vit leur malheur. Il s'élança à la tribune, en portant sur son front l'émotion qui allait se répandre dans ses paroles :

« La question qui vient de s'agiter, s'écria-t-il, est supérieure à tous les calculs de finances. Il ne s'agit pas de savoir à quel parti, à quelle faction les réfugiés espagnols et autres ont appartenu. Il ne s'agit pas d'examiner comment ils ont été attirés sur nos territoires. Cette question tient à la pitié, à la mansuétude publique dégagée de toute autre considération, elle tient au caractère national; on demande s'il existe entre la France et les autres gouvernements un traité qui nous oblige à venir au secours de ces malheureux? Il est inutile de le rechercher, car il existe un traité antérieur à tous ceux qu'on trouve écrits dans les chartes de la diplomatie. Gravé au fond des cœurs, ce traité fut respecté dans tous les temps par toutes les nations civilisées; il inspira presque toujours à toutes la pensée de donner des secours aux malheureux proscrits ou expatriés... Ne nous attristons pas, malgré notre détresse, de voir placé dans le budget un fonds pour la générosité qui aide le malheur. Outre le bien-aise qu'on éprouve par ces actes de bienfaisance, peut-être jetons-nous ainsi, entre des peuples qui ont réciproquement à se pardonner, des semences de réconciliation. Un sentiment plus doux s'oppose encore à la radiation d'un article maintenu par l'humanité : les rois, qu'on a comparés si souvent à des pères de famille, quelquefois irrités comme eux, ferment l'entrée de leur pays à des enfants égarés; ils ne sont pas fâchés que des parents ou des voisins aient recueilli ces fugitifs pour les leur rendre au jour de la miséricorde. »

Belles et nobles paroles, saluées par des applaudissements sympathiques.

Dans la discussion générale, les avantages avaient été partagés.

La droite avait défendu les véritables principes qui réglaient les prérogatives de la Chambre dans la question du vote des impôts et des emprunts, les principes conservateurs de la propriété dans la question des bois du clergé, les conditions du gouvernement représentatif dans la question de la décentralisation et des limites marquées à l'omnipotence de la bureaucratie parisienne. Le gouvernement avait eu raison sur la question de la nécessité de l'emprunt pour faire face à des dépenses que l'impôt poussé jusqu'à ses dernières limites ne pouvait couvrir; sur la nécessité d'emprunter au dehors, puisqu'on ne trouvait pas au dedans les capitaux nécessaires; sur la nécessité d'emprunter à de gros intérêts, puisqu'on ne trouvait pas de l'argent à un taux plus modéré. Ce que la droite n'avait pas assez compris en effet, c'est qu'une nécessité primait toutes les autres : celle de mettre nos finances dans un tel état que l'on pût obtenir la diminution du fardeau de l'occupation étrangère. C'était là la grande économie, et, dût-on la payer cher, il fallait l'acheter. Or, comme on en eut la preuve avant la fin de la discussion du budget, on ne pouvait arriver à ce but qu'au moyen de la négociation qu'avait ouverte M. Corvetto avec les maisons Hope et Baring. Un moment, en effet, avant que M. de Corbière montât à la tribune pour répondre aux orateurs ministériels, le duc de Richelieu demanda la parole et fit la communication suivante à la Chambre :

« Depuis longtemps l'amour du Roi pour ses peuples avait devancé les vœux naguère exprimés dans cette Chambre... Nous avons la satisfaction de vous annoncer qu'après l'adoption d'une loi des finances où de solides moyens de crédit proportionnant les ressources aux dépenses et aux charges assureront le service de l'année courante, l'armée d'occupation sera diminuée d'un cinquième (30,000 hommes), et la France sera affranchie des charges proportionnelles que ce cinquième eût exigées. L'augmentation de solde qui figure dans le budget de cette année pour 25 millions n'aura lieu qu'à une époque plus éloignée. Malheureusement l'élévation extraordinaire du prix des subsistances balance par l'accroissement des frais d'entretien l'avantage du retard qui nous est accordé. »

Des cris unanimes de *Vive le Roi* accueillirent cette manifestation, et les deux chambres votèrent des adresses. La note communiquée par les quatre grandes puissances au duc de Richelieu, et publiée peu de jours après dans *le Moniteur*, confirmait les paroles du président du conseil. Il y était dit que :

« La bonne foi avec laquelle le gouvernement du Roi avait rempli jusqu'à ce moment les engagements pris envers les alliés, et les soins qu'il venait d'employer afin d'assurer les services de l'année courante, en ajoutant aux ressources provenant des revenus de l'État celles d'un crédit garanti par les maisons de banque étrangères et nationales les plus considérables de l'Europe, avaient fait disparaître les justes difficultés qui auraient pu s'opposer à cette mesure. On avait donc cru, après avoir consulté le duc de Wellington sur l'opportunité de cette mesure, pouvoir diminuer de trente mille hommes l'armée d'occupation. Les conditions prévues pour cette diminution se trouvaient réalisées par l'affermissement de la dynastie légitime et le succès des efforts du Roi pour comprimer les factions, dissiper les erreurs et réunir tous les Français autour du trône. »

La discussion n'amena pas de grands changements dans le budget de 1817, qui avait maintenu les sources de revenus créées l'année précédente, entre autres les lois de douanes; seulement, la droite unie aux généraux qui siégeaient à la Chambre défendit le budget de la guerre avec quelque succès. Elle s'opposa à ce qu'on centralisât au trésor public les pensions de demi-solde et de retraite, parce qu'elle regardait cette mesure comme une note de défiance pour le ministre de la guerre. Elle fut battue au scrutin, mais elle fit porter d'un cinquième à la moitié la quotité des pensions militaires qui pouvaient être accordées au fur et à mesure des extinctions. Pour le ministère de la guerre, trois systèmes étaient en présence, celui de la commission qui proposait une réduction de 16 millions, celui de MM. Laffitte, Savoye-Rollin et Jobez qui en proposaient 30, et enfin le système de la droite qui, unie aux généraux membres de l'assemblée combattait ces deux réductions. Le général Ernouf défendit le duc de Feltre avec une indignation de langage qui approchait de la violence : « Il est douloureux pour un vieux soldat, s'écria-t-il, de voir cette tribune où viennent de briller le savoir, le talent et la pureté des intentions, devenir le théâtre d'une indécente diatribe. » Des applaudissements, *le Moniteur* le constate, éclatèrent de toutes parts. « Il n'est pas un seul militaire, continua le général, qui ne soit pénétré de la douleur la plus profonde. (Tous! tous! s'écrièrent ceux qui portaient l'épaulette dans l'assemblée.) Que dira l'armée quand elle apprendra que son digne chef a été l'objet de ces indignes outrages? Mais le ministre est au-dessus de pareilles imputations. Sa fidélité et son dévouement au Roi ont été éprouvés. Il continue à justifier la confiance du Roi. Ses ennemis ne peuvent l'atteindre. »

Le rapporteur du budget, M. Roy, défendit avec beaucoup de persistance la réduction de 16 millions proposée par la commission; mais, malgré ses efforts, la Chambre la fit descendre au chiffre de 8 millions. En revanche, après un débat très-vif, le ministère de la marine fut ramené de 48 à 44 millions.

L'attitude prise par la droite dans la discussion des deux budgets de la guerre et de la marine autorisa M. Royer-Collard à répondre à M. Cornet-d'Incourt, qui reprochait à la majorité d'avoir rejeté toutes les économies : « A qui est-il permis de parler d'économies ? A ceux qui les proposent et qui les adoptent quand elles sont possibles, ou à ceux qui les réclament avec tant de force et qui les repoussent avec violence quand il s'agit de les adopter? » Évidemment, la position de la droite se trouvait affaiblie par ce qu'il y avait eu de contradictoire entre ses efforts en faveur des contribuables dans la discussion générale et l'attitude particulière que, par un motif politique, elle avait dû prendre dans la discussion des budgets de la guerre et de la marine.

Il pouvait y avoir et il y avait eu de vives discussions relativement au droit de la Chambre d'être consultée et sur l'opportunité d'émettre un emprunt, et sur les conditions auxquelles il devait être émis, mais il ne pouvait y avoir deux avis sur la nécessité de l'emprunt; il fut donc voté sans distinction d'opinions. Les deux questions sur lesquelles les débats s'engagèrent avec une extrême vivacité furent celles de l'amortissement et de la vente des bois du clergé. Théoriquement, l'amortissement pouvait être combattu, et il le fut en effet : les adversaires de ce système financier firent remarquer, non sans quelque apparence de raison, que pour que l'amortissement fût réel, il fallait que la dotation provînt de l'excédant des recettes sur les dépenses. Mais qui dit crédit dit valeur d'opinion ; or il était impossible de nier que la création de l'amortissement n'exerçât dans la pratique une salutaire influence sur l'opinion, en donnant à tous la confiance que la dette publique serait rachetée. La question des bois du clergé passionna surtout les esprits ; elle les passionna au point qu'elle amena le rejet du budget par la droite, à la Chambre des députés et à la Chambre des pairs.

On a vu la concession apparente que le gouvernement avait faite aux scrupules de la droite, en affectant à la dotation du clergé une étendue de bois dont le revenu équivalait à 4 millions. Je dis que cette concession n'était qu'apparente, parce qu'en donnant à la droite une satisfaction de fait, on lui refusait une satisfaction de principes. Les bois qu'on affectait sur la dotation du clergé ne provenaient pas de l'ancien domaine de l'Église, mais du domaine de la Couronne, de sorte que M. de Bonald avait pu dire :

« On donne des biens à la religion ou une pension sur des biens qui ne lui ont jamais appartenu ; mais on la dépouille de son propre domaine, on l'exproprie au moment qu'on l'enrichit. Donné comme une aumône, reçu comme une faveur, le don pourrait être retiré par la main qui le départit. Combinaison bizarre qui a pour but de lui fermer la bouche sur sa propre spoliation, en le rendant complice de la spoliation d'autrui... Vous qui vous croyez un esprit si fort et une conscience si éclairée, respectez la faiblesse de vos frères. Craignez, en dépouillant sans motifs et même sans prétexte la religion du reste de ces biens que la piété de vos pères lui avait donnés, craignez que la postérité, qui bientôt commencera pour vous comme elle a commencé pour la première Assemblée constituante, ne vous confonde avec les premiers spoliateurs de la religion. Ne fournissez pas à l'histoire de nos erreurs une date de plus. Vous surtout, qui allez quitter cette assemblée et retourner à la vie privée, n'y rentrez pas avec un remords. Laissez les législateurs qui vous succéderont, dissiper, s'ils le veulent, la conscience publique, et pour l'intérêt de vos enfants, si ce n'est pour le vôtre, prenez soin de votre mémoire. »

Ce fut M. Camille Jordan qui répondit aux touchantes paroles de M. de Bonald. Il y répondit sur le ton de l'ironie, alléguant dans un discours vif, virulent, agressif, que plusieurs fois avant 1789, l'État avait disposé des biens affectés à des établissements religieux sans demander le consentement de l'autorité ecclésiastique; comme si les abus du passé justifiaient ceux du présent! Il invoqua l'ancien droit public français en oubliant qu'il s'agissait, dans cette occasion, de biens réunis au domaine de l'État moyennant une compensation promise, mais qui n'avait pas été donnée, manque de foi qu'aucun droit ancien ou nouveau ne saurait justifier. Il rappelait avec plus de vérité que le concordat de 1802, « qui n'était pas encore aboli, » ajoutait-il en faisant allusion au concordat qui se négociait, avait consenti cette prise de possession, et que par conséquent on pouvait garder les biens du clergé sans cesser d'être catholique, à moins, ajouta M. Beugnot qui reprit cet argument, qu'on ne voulût être plus catholique que le pape. Enfin Camille Jordan se moqua avec une verve pleine d'âpreté des lieux communs oratoires qu'un grand nombre de membres de la droite avaient débités sur la disparition des magnifiques ombrages, « berceaux des peuples naissants, asiles des peuples malheureux. » Ces dernières paroles étaient de M. de Bonald. Dans ces commencements du gouvernement représentatif, la langue politique n'était pas nettement séparée de la langue littéraire, et M. de Chateaubriand à la Chambre des pairs ne devait pas échapper, en défendant les forêts du clergé et celles de l'État, à la confusion reprochée par M. Camille Jordan à M. de Bonald et à ses collègues de la Chambre des députés.

Sur le terrain de la légalité stricte, M. Camille Jordan et le système d'idées dont il fut le plus éloquent interprète pouvaient satisfaire les esprits positifs. Il était vrai que le pape, dans le concordat de 1802, avait couvert de son consentement commandé par les circonstances, la prise de possession des biens de l'Église; en vertu de son droit souverain de traiter pour les grands intérêts du catholicisme, il avait acheté le rétablissement du culte à ce prix. Mais deux graves considérations battaient en brèche l'argumentation des adversaires de la restitution des biens ecclésiastiques non vendus : le gouvernement légitime n'avait-il pas des devoirs plus étroits envers l'Église que le gouvernement consulaire, issu de la révolution du 18 brumaire, et dominé par les circonstances révolutionnaires sous l'empire desquelles il traitait? Si le principe de la stricte légalité se trouvait satisfait par l'accomplissement des conditions du concordat, le principe de l'équité l'était-il au même degré, et lorsqu'on pouvait être équitable, suffisait-il d'être juste? Enfin n'était-il pas d'une haute politique de relever dans l'estime des peuples le principe de la propriété qui avait subi de si graves lésions par tant de spoliations successives, en montrant le gouvernement royal attentif à lui donner satisfaction partout où il pouvait le faire, sans aller contre la Charte qui représentait la transaction des intérêts anciens avec les intérêts nouveaux? L'avenir, qui cachait encore la renaissance des doctrines babouvistes sous le nouveau nom de socialisme, devait donner pleine raison sur ce point aux appréhensions de la droite.

La discussion se prolongea sans qu'il se produisît de nouveaux arguments. Le vote trancha la question contre la droite et en faveur du ministère. Mais, quand le moment vint de voter sur l'ensemble du budget, on trouva quatre-vingt-huit boules noires dans l'urne contre cent trente-cinq boules blanches. La droite tout entière avait rejeté le budget : fait considérable, redoutable précédent! Il est hors de doute que le système adopté par le ministère et la commission au sujet des bois provenant du clergé avait eu la plus grande part à cette détermination. On en trouverait au besoin la preuve dans ce fragment d'une lettre de M. de Villèle datée du 7 mars :

« Depuis que les bois du clergé ont été affectés à la Caisse d'amortissement, écrivait-il, pas un membre de la minorité n'a voté sur les détails de la loi. Tous sont restés immobiles sur leurs bancs sans prendre part à la délibération. Le deuil du sacrifice consommé était sur tous les visages et dans tous les cœurs. Dans le vote contre le budget, pas une voix ne nous a manqué. C'est bien là ce qu'on peut appeler être fidèles jusqu'au bout ; ne pas se décourager et résister à l'influence d'une session de quatre mois, durant laquelle nous avons constamment défendu les principes de justice et d'honneur. »

C'était donc par un scrupule de conscience que la droite refusait le budget. M. Bonald était tellement frappé de ce qu'il y avait d'attentatoire au principe de la propriété dans la décision prise par la majorité, qu'immédiatement après le vote il voulait donner sa démission. Ce que M. de Villèle écrivait dans une lettre destinée à demeurer secrète, M. Mathieu de Montmorency le dit publiquement quand la discussion sur le budget s'ouvrit à la Chambre des pairs : « Il s'agit, s'écria-t-il, de fonder le crédit sur des bases illégitimes et de consacrer la spoliation. Je rejetterai le budget tout entier plutôt que d'y consentir. » MM. de Rougé, de Brissac, de Fitz-James, Jules de Polignac, tinrent le même langage. M. de Chateaubriand, dans un discours à grandes images, qui produisit assez d'effet pour que trois ministres, MM. Decazes, Pasquier et Corvetto, se crussent obligés d'y répondre, et qui, aujourd'hui, ne serait plus de mise à la tribune à cause du mélange perpétuel de la littérature avec la politique, soutint les mêmes principes que ses amis et renouvela la discussion qui semblait épuisée. S'il y avait dans son discours beaucoup de mots à effet, de métaphores retentissantes, et un peu trop de poésie, il y avait aussi des points traités avec la supériorité du talent uni à la raison. Ainsi les ministres avaient dit :

« Il ne faut pas oublier tout ce que le gouvernement a fait et ce qu'il compte faire pour la religion. On ne devrait pas oublier non plus que, même quand il s'est agi des biens des émigrés, le mot de restitution a été soigneusement évité. Que veut-on aujourd'hui, quand on exige l'emploi de ce mot? Sans doute constater que les acquéreurs des biens du clergé possèdent *un bien mal acquis*. Étrange façon de rassurer les intérêts et de terminer la révolution! »

M. de Chateaubriand répondit à cette observation avec beaucoup d'éloquence :

« Combien de fois encore faudra-t-il rassurer la révolution? Ceux qui veulent la justifier ne s'aperçoivent-ils pas que c'est la déclarer coupable que de la représenter si alarmée? Ce qui est innocent est tranquille. La vente des bois de l'Église n'opérera pas la merveille que vous attendez; elle ne rassurera pas d'abord les acquéreurs des biens des émigrés, des hôpitaux et des fabriques, puisqu'on a rendu le reste de ces biens non aliénés aux anciens propriétaires; elle ne rassurera pas davantage les possesseurs des biens communaux, puisqu'on a retiré des propriétés nationales ce qui pouvait encore appartenir aux communes. Vous aurez beau multiplier les aliénations, il n'est pas en votre pouvoir de changer la nature des faits; le temps peut seul guérir la grande plaie de la France. On distingue encore en Irlande les propriétés dont l'origine remonte à des confiscations : loin de nous en affliger, félicitons-nous de trouver parmi les peuples ce sens moral que le succès ne peut corrompre. C'est cette conscience du genre humain qui est le principe de la société; elle survit aux nations et elle les recommence. Il y a de quoi trembler pour notre malheureuse patrie, lorsqu'après vingt-cinq années d'une révolution épouvantable, lorsqu'après avoir vu égorger les prêtres, le trône tomber avec l'autel et nager dans le sang du meilleur des rois, nous voulons encore vendre la dernière dépouille de l'Église, comme les soldats tirèrent au sort le dernier vêtement de Jésus-Christ. »

C'étaient là de belles et de fortes paroles. Au fond, il y avait entre la droite et ceux qui soutenaient le ministère cette différence que la droite, en acceptant les faits irrévocablement accomplis, croyait qu'il fallait réparer les lésions faites par la

Révolution à l'ordre social partout où la Charte ne s'y opposait pas, tandis que le gouvernement repoussait ces réparations dans la crainte d'alarmer les intérêts nés de la Révolution. A la Chambre des pairs, le budget fut voté par cent neuf boules blanches contre quarante noires.

Malgré les scrupules de conscience qui poussèrent la droite à cette extrémité, il y avait dans ce rejet du budget un principe d'opposition à outrance qui pouvait enfanter les conséquences les plus graves. Nous savons qu'on peut dire que la droite refusait le budget parce qu'elle était en minorité et que son vote n'exerçait pas une influence directe sur les affaires. Mais la question du refus du budget n'en avait pas moins été posée et résolue dans le sens des prérogatives de la Chambre, par M. Mathieu de Montmorency lui-même. C'était la droite qui donnait ce précepte et cet exemple ; or cet exemple faisait passer la souveraineté dans les mains de la Chambre. Vînt une majorité qui refusât le budget, le dernier mot était dit. Cette majorité pouvait ne pas appartenir à la droite. Que ferait-elle alors? Que ferait la couronne? Une royauté sans budget, c'était une citadelle prise par la famine. Il fallait qu'elle se rendît ou qu'elle sortît de la constitution, deux extrémités auxquelles la droite n'avait pas assez songé. Le gouvernement représentatif est une machine politique à deux contre-poids qui ne peut fonctionner que lorsque ni l'une ni l'autre des deux prérogatives n'est poussée à l'extrême. La droite, jetée dans une opposition à outrance par l'ordonnance du 5 septembre et la guerre sans trêve ni merci que le ministère lui avait faite, oubliait trop que derrière le ministère qu'elle attaquait se trouvait la royauté avec ses prérogatives. La passion contre le présent l'empêchait de se préoccuper assez de l'avenir.

Le vote du budget terminait la session ; elle fut close le 27 mars. L'ensemble de cette session avait été fâcheux pour la droite, chez laquelle l'esprit d'opposition commençait à créer des habitudes agressives qui ne devaient pas être facilement perdues, et cet esprit un peu chimérique qui cherche le bien théorique sans assez se préoccuper de la réalité et de la possibilité; fâcheux pour la royauté contre la prérogative de laquelle la prérogative parlementaire s'affirmait avec un absolutisme dangereux par la bouche de ses plus fidèles amis; fâcheux pour le système représentatif lui-même, car l'élément conservateur par excellence, la grande propriété, manquait à la majorité gouvernementale qu'il s'agissait de créer. La situation se dessinait dans les faits de détails comme dans les faits d'ensemble. Le duc d'Orléans recevait la permission de revenir à Paris (27 février) et rentrait en grâce. Le comte d'Artois voulait voir M. de Villèle avant son départ et félicitait de son courage le chef de la droite qui, à son arrivée à Toulouse, recevait une sérénade. Le *Journal des Débats* commençait à se séparer du ministère, à attaquer M. Decazes. Enfin les doctrinaires, qui avaient eu l'influence prépondérante dans les discussions de la session agrandissaient partout leur position. Déjà, au mois de février, M. de Rémusat avait été transféré de la préfecture de Toulouse à celle de Lille, et M. de Saint-Chamand de celle d'Avignon à celle de Toulouse. M. de Choiseul, préfet à Dijon et vivement engagé contre la droite, avait obtenu la préfecture d'Orléans. M. d'Arbaud-Jouques, préfet du Gard, était remplacé par M. d'Argout, dont la liaison étroite avec M. Decazes était connue. C'était le signal d'un mouvement qui allait se poursuivre sur une grande échelle et trouver son couronnement dans la retraite de M. le duc de Feltre et de M. Dubouchage, en brisant les derniers liens qui existaient entre la droite et le gouvernement.

# LIVRE TROISIÈME

LES IDÉES ET LES FAITS ENTRE LES DEUX SESSIONS

---

## I

TROUBLES PUBLICS CAUSÉS PAR LA DISETTE.

J'ai dit qu'une grave préoccupation s'était ajoutée à toutes les difficultés dont la situation était hérissée : c'était la crise des subsistances. Cette crise, dont la première cause fut l'intempérie des saisons, sévit dans la plupart des contrées de l'Europe en 1816 et en 1817, et même elle amena des troubles en Angleterre, mais nul pays n'eut plus à en souffrir que la France. Cela tenait à des circonstances qu'il importe de signaler. A deux reprises différentes, en 1814 et en 1815, la France avait été envahie par un million de soldats étrangers. Ses réserves de céréales avaient été épuisées par ce surcroît de consommation. Ce n'était pas tout. Sur un grand nombre de points, en 1814 et 1815, les paysans s'étaient réfugiés dans les bois et n'avaient point fait de semailles. Il y avait des départements où le blé avait manqué à cause de la consommation extraordinaire causée par l'invasion. Dans d'autres, on avait été obligé d'abattre, pour fournir aux réquisitions, les bœufs qui, à cette époque, étaient presque exclusivement employés aux travaux des champs, à cause de la diminution de la race chevaline décimée par les besoins sans cesse renaissants de notre cavalerie, et les attelages avaient manqué aux charrues. De cet ensemble de faits était sortie la disette avec le cortége de maux et de périls qu'elle devait traîner à sa suite dans une situation déjà si troublée. A l'aide de dons, de contributions volontaires, on parvint à traverser l'automne de 1816 et l'hiver de 1817. Mais, quand le printemps de cette année arriva, on était à bout. Ces deux années de mauvaises récoltes, pendant lesquelles les blés couchés par des pluies continuelles avaient germé dans le sillon, avaient mis la France à toute extrémité. Le pain s'éleva à des prix exorbitants. Comme il arrive presque toujours, Paris eut moins à souffrir que les départements, parce que tout est à craindre quand Paris souffre de la faim.

A force de sacrifices, le conseil municipal de Paris, qui dépensa 24 millions pour cet objet, parvint à maintenir le pain à un franc vingt-cinq centimes les quatre livres; mais il y eut des cantons de Bourgogne et de Picardie où il s'éleva jusqu'à trois et quatre francs. Les populations pauvres se trouvèrent réduites à vivre de plantes et de racines arrachées dans les champs et même d'écorces d'arbres. La vendange avait été mauvaise comme la moisson, de sorte que tout manquait à la fois. Les troupes étrangères qui occupaient la France s'émurent elles-mêmes de tant de misères et firent des collectes pour venir au secours des victimes de la disette; quand les souffrances arrivent à un certain point, les barrières des nationalités tombent et l'humanité reparaît. Le Roi et la famille royale multipliaient leurs dons. Sans préjudice des 10 millions qu'il avait abandonnés sur sa liste civile aux départements qui avaient le plus souffert des maux de la guerre, Louis XVIII trouva de l'argent pour soulager tant de souffrances[1], et, outre les secours qu'il envoyait sur tous les

---

1. M. de Vaulabelle dit à ce sujet : « La famille royale semblait surtout

points de la France, pendant la cherté des grains, il dépensa douze mille cinq cents francs par jour pour ajouter un sou au prêt de chaque soldat. L'administration fit des efforts inouïs pour combattre le fléau de la disette qu'aucune libéralité ne pouvait vaincre. On affecta une prime à tous les navires qui apporteraient une charge de blé, et le duc de Richelieu, qui connaissait les ressources de la Crimée, fit de ce côté un appel qui fut entendu. M. Lainé constatait, deux années plus tard, dans un *rapport au Roi sur l'administration générale des subsistances pendant les années* 1816 *et* 1817, que les achats de céréales faits par ordre du gouvernement à Odessa, dans les ports de la Baltique et des États-Unis, s'étaient élevés à 1,460,000 hectolitres de blé et de farine. Sur cette quantité, 443,000 hectolitres furent distribués entre les départements qui souffraient le plus de la disette, 1,017,000 hectolitres furent employés pour la consommation de Paris. L'opération, qui était une simple avance, coûta, tous frais compris, 70 millions, dont les cinq septièmes étaient rentrés à la date du rapport c'est-à-dire le 19 janvier 1819. Le commerce, encouragé par les primes, apporta des quantités beaucoup plus considérables de céréales, et bientôt le prix du blé baissa sur tous les marchés.

Malheureusement les souffrances de la population enfantèrent des désordres. Le peuple croit difficilement que la cherté du pain puisse résulter de causes naturelles, il est toujours disposé à l'attribuer à des manœuvres frauduleuses et à des accaparements. En outre, ce n'est pas sans raison qu'on l'a dit : la faim n'a pas d'oreilles; elle n'écoute pas les explications qu'on lui donne; elle veut être, à tout prix, assouvie. Il y

---

inépuisable dans ses dons ; malgré l'abandon du tiers environ de sa liste civile qu'elle continuait à faire aux besoins de l'État, elle laissait rarement passer plusieurs jours sans que des sommes importantes allassent en son nom soulager quelques misères. » (*Histoire de la Restauration*, tome IV, page 279.)

eut des attroupements tumultueux qui, sur plusieurs points de la France, firent la loi sur les marchés et imposèrent un maximum d'après lequel les céréales durent être vendues. Le gouvernement donna des ordres pour que ces violences, qui se manifestèrent surtout en Bourgogne, en Champagne, dans le Loiret, sur quelques points de la Normandie et de l'Auvergne, fussent sévèrement réprimées. On se souvenait que la première révolution avait commencé par des troubles qu'avait occasionnés la question des subsistances. Des troupes furent dirigées sur les points où l'agitation était le plus menaçante. A Château-Thierry, à Châtillon-sur-Seine, à Sens, on eut à déplorer des collisions sanglantes entre les attroupements et la force armée qui fut obligée de faire usage de ses armes. Il y eut du côté des insurgés des morts et des blessés. On fit d'assez nombreuses arrestations, et la Cour prévôtale d'Orléans et celle d'Auxerre condamnèrent ensemble à mort sept accusés qui furent exécutés à Montargis le 9 juin et à Orléans le 2 juillet 1817. Après quoi, le gouvernement, rassuré par la récolte de 1817 qui fut abondante, accorda une ordonnance d'amnistie datée du 13 août 1817 à tous les individus condamnés correctionnellement pour faits relatifs aux troubles des subsistances et prescrivit la cessation des poursuites entamées. L'on avait reconnu qu'en général ces troubles n'avaient aucun caractère politique; c'était la colère aveugle de la faim. « La multitude a demandé du blé, du pain, disait la *Quotidienne;* elle a été malavisée, tumultueuse, mais nulle part révolutionnaire. » La disette de 1817, les maux qu'elle enfanta, les discordes qui résultèrent des souffrances, la répression dont ils furent l'objet, forment un des épisodes les plus navrants de cette période déjà si éprouvée. Il semblait que tous les malheurs à la fois s'appesantissaient sur la France si récemment envahie, occupée par l'étranger, divisée en partis politiques innombrables, agitée par les passions contraires, ruinée dans son territoire dévasté et dans ses finances, succombant sous le poids des tributs auxquels elle avait été condamnée, enfin, pour dernière misère, affamée.

## II

### AFFAIRE DE LYON.

Cette disette de 1817 devait avoir une part au mouvement insurrectionnel de Lyon, si diversement apprécié par les historiens qui l'ont raconté et qui allait devenir le sujet d'un grave dissentiment jusque dans le sein du gouvernement. On a vu qu'avant de tenter sa conspiration à Grenoble Didier avait cherché à nouer des trames à Lyon et dans les environs de cette grande ville, et qu'il y avait trouvé des éléments de perturbation. Il n'y a rien là qui puisse étonner. Quand Napoléon, revenu de l'île d'Elbe, entra à Lyon, il y eut une manifestation révolutionnaire qui effraya tout le monde et fit réfléchir Napoléon lui-même. Il ne faut pas oublier, en outre, que depuis le rétablissement de l'autorité royale les officiers à demi-solde, esprits naturellement malveillants et caractères remuants et hardis, étaient nombreux à Lyon et dans les communes voisines de cette ville. A ce noyau de mécontents s'ajoutaient les familles qui, fuyant la réaction du Midi, avaient cherché un asile dans cette métropole ou dans les communes dont elle est environnée. Un écrivain [1], initié aux machinations du parti révolutionnaire à cette époque et sympathique à ses efforts, a évalué à quatre mille le nombre des membres de l'association des patriotes qui attendaient le signal pour frapper en 1817 un grand coup à Lyon. Par une

---

1. M. Ritier, directeur d'un journal républicain à Lyon sous le gouvernement de Louis-Philippe, affirme ce fait dans son *Histoire de la Restauration*.

juxtaposition qui surexcitait encore les esprits, Lyon renfermait, à côté de cette population révolutionnaire ou bonapartiste, une population ardemment catholique et royaliste. Depuis les Cent-Jours, celle-ci s'était organisée, et se défiant à la fois de la clairvoyance et de la vigilance du gouvernement, elle veillait elle-même sur les partis ennemis de la royauté, traitant en suspects tous ceux qui, de près ou de loin, se rattachaient au mouvement des Cent-Jours, et tenant les autorités au courant de tous les symptômes menaçants qu'elle apercevait ou croyait apercevoir. Il y avait donc à Lyon et dans les environs les éléments d'une insurrection et une situation de guerre civile. La cherté du pain aggravait cette situation, car tous ceux qui souffrent sont disposés à rendre le gouvernement responsable de leurs souffrances.

L'autorité royale était représentée dans cette ville par trois hommes, le général Canuel, M. de Chabrol et M. de Fargues. Le général Canuel, engagé depuis la première Restauration dans la nuance la plus ardente de la droite et qui, après avoir fait vingt ans plus tôt la guerre révolutionnaire en Vendée sous les ordres du général Rossignol, venait de faire la campagne des Cent-Jours contre le général Travot et le général Lamarque, sous les ordres de Louis de la Rochejaquelein, commandait le département. M. de Chabrol, administrateur habile et esprit modéré et honnête, caractère conciliant, exerçait les fonctions de préfet. M. de Fargues, qui, maire à l'époque du retour de l'île d'Elbe, avait adressé en cette qualité un discours louangeur à Napoléon, avait repris depuis le retour de Louis XVIII les premières fonctions municipales. Il faut encore nommer M. de Saineville, commissaire général de la police, placé sous les ordres de M. Decazes et en correspondance directe avec lui.

M. de Saineville venait de quitter Lyon pour se rendre à Paris (2 juin), lorsque, le 8 juin 1817, le tocsin sonna dans vingt et une communes, les unes placées sur les bords du Rhône, comme Saint-Genis-Laval, Brignais, Millery, Irigny, Saint-Andéol; les autres, entre les routes de la Bourgogne et du Bourbonnais; les dernières, sur la rive de la Saône, notamment les communes d'Anse, de Quincieux et d'Ambérieux. Ces mouvements insurrectionnels éclatèrent aux cris de *Vive l'Empereur! Vive Napoléon II! Le pain à trois sols la livre!* Et des bandes d'hommes armés se dirigèrent vers Lyon, en obéissant à un mot d'ordre commun. Partout ils abattaient le drapeau blanc, lui substituaient le drapeau tricolore, désarmaient les postes de gendarmerie, insultaient les maires et les fonctionnaires. Cette prise d'armes coïncida avec une violente agitation qui se manifesta à Lyon et avec l'assassinat de plusieurs personnes tenté ou consommé dans cette ville. Le capitaine Ledoux, au moment où il sortait de chez le général Canuel, fut renversé par un coup de feu qui lui fracassa la tête, et, avant d'expirer, il n'eut que le temps de tracer d'une main mourante sur un papier les mots suivants: *Vive le Roi! J'ai une brave femme, je lui laisse 20,000 francs.... Mon fils n'est pas baptisé... A mon colonel* [1]! Des rassemblements s'étaient formés dans les cafés, les cabarets, les rues, sur les places publiques; des menaces furent proférées; plusieurs officiers de la garnison isolés furent attaqués, et l'un d'eux, M. de Virieux, fut atteint au cou d'une balle tirée à bout portant. On arrêta un assez grand nombre de personnes, et parmi elles un homme porteur de cartouches. Cependant à Lyon le mouvement n'aboutit pas à une insurrection; la force de répression était trop grande. Depuis les événements de Grenoble, les autorités étaient plus que jamais sur le *qui-vive;* elles se réunissaient journellement pour se communiquer les rapports qu'elles recevaient, et,

---

1. Plaidoyer de Berryer pour la veuve et le frère du capitaine Ledoux, audience du tribunal de police correctionnelle du 12 décembre 1818.

sauf M. de Saineville, commissaire général de la police, elles ne doutaient pas qu'un jour ou l'autre le gouvernement ne fût attaqué. Elles étaient donc préparées à tout et avaient informé le gouvernement de la situation. En un moment, les positions stratégiques de la ville furent militairement occupées; les ponts et les quais se couvrirent de forces imposantes; la garde nationale, composée de royalistes ardents et courageux, se réunit dans les mairies et se porta sur tous les points menacés. Le général Canuel, averti des mouvements insurrectionnels qui avaient éclaté dans les communes voisines de Lyon, lança une colonne expéditionnaire peu nombreuse qui dissipa les rassemblements et rétablit l'ordre sur les points où il avait été troublé, désarma les habitants et fit de nombreuses arrestations. D'après les procès-verbaux, le désarmement amena la saisie de cinq mille fusils [1]. On peut évaluer à cinq cents le nombre des personnes arrêtées.

Aussitôt la cour prévôtale entra en fonctions; les accusés, partagés en douze catégories, parurent successivement devant elle. Le 1er septembre 1818, quatre-vingts jours après l'événement, la cour prévôtale avait déjà terminé onze procès, jugé cent cinquante accusés, prononcé vingt-huit condamnations à mort, dont seize par contumace restèrent inexécutées, vingt-six condamnations à la déportation, six aux travaux forcés et quarante-huit à plusieurs années d'emprisonnement. Le ministère avait naturellement pu être consulté, et il l'avait été sur la direction des débats. M. Pasquier, garde des sceaux, si compétent dans ces matières, avait écrit, le 18 juillet, au procureur général près la Cour royale : « Je ne puis qu'applaudir au zèle éclairé et soutenu que les magistrats mettent dans les poursuites qui doivent assurer la répression de cet attentat;

1. Voir le plaidoyer de M. Couture dans le procès en diffamation intenté par le général Canuel contre le colonel Fabvier et M. de Saineville, audience du 28 novembre 1818.

j'approuve les mesures que vous avez adoptées relativement à la marche de l'instruction et à l'ordre des jugements dont l'immense procédure de la cour prévôtale est actuellement saisie. » Il ne paraît pas non plus que le ministère, quoique mis en garde contre l'excès des répressions par l'affaire si récente encore de Grenoble, et recevant, en outre, les rapports journaliers de M. de Saineville, qui était retourné immédiatement à Lyon et s'était montré dès le premier moment incrédule à la réalité de la conspiration, ait jugé que la cour prévôtale de Lyon eût poussé trop loin la sévérité. En effet, il ne recommanda au Roi aucune des suppliques en grâce qui lui furent adressées. Le nombre des exécutions, qui avait été considérable, puisque douze condamnés étaient montés sur l'échafaud, les circonstances de quelques-unes de ces exécutions, car parmi les exécutés il y eut un jeune homme de seize ans, ne changèrent pas son opinion. Ce ne fut que vers le mois de septembre, trois mois après l'événement, qu'il parut concevoir des doutes sur la nécessité des moyens de répression employés. Il faut dire qu'à cette époque le sentiment de pitié qui suit toujours les grands drames de la justice commençait à gagner du terrain. En outre, il régnait dans les départements qui avaient été le théâtre des événements une agitation croissante. On peut facilement imaginer comment, entre deux populations ennemies, l'insurrection d'un côté et la répression de l'autre avaient encore surexcité la haine. Les royalistes appréhendaient chaque jour un nouveau mouvement, et les autorités, paraissant partager leurs appréhensions, multipliaient les recherches et les visites domiciliaires dans la ville et dans les campagnes. Les partis hostiles à la maison de Bourbon, exaspérés par cette surveillance qui ne pouvait s'exercer et se prolonger sans devenir l'occasion d'avanies et d'actes arbitraires commis par les subalternes, car l'emploi de la force armée et de la police entraîne toujours des inconvénients de ce genre, faisaient retentir Paris de leurs plaintes par des députés et des personnes influentes, organes de leur opinion. M. de Saineville, qui avait l'oreille de M. Decazes, appuyait ces réclamations.

Dans cette situation, le gouvernement prit la détermination d'envoyer à Lyon le duc de Raguse comme lieutenant du Roi dans les 7e et 19e divisions militaires, afin d'examiner l'état des choses et d'éclairer le ministère par un témoignage désintéressé, impartial. C'était un arbitre que l'on chargeait de juger entre des affirmations contraires. Le maréchal Marmont recevait une mission à peu près analogue à celle qu'un autre général de l'Empire, le comte Ruty, nommé commissaire extraordinaire et commandant supérieur, avait reçue pour les départements de l'Ouest au mois de mai 1814, et qu'il avait remplie à la satisfaction du Roi, dans les douzième et seizième divisions militaires, grâce à son esprit judicieux, à son caractère à la fois ferme et conciliant. Le duc de Raguse était moins heureusement choisi pour accomplir une pareille tâche. Il avait de la hauteur, même de la morgue; il était accessible à la prévention, et son aide de camp, le colonel Fabvier, qu'il emmenait avec lui, était un esprit ardent, passionné et chimérique. Ce fut ce dernier qui, le premier, exprima des doutes sur la réalité de la conspiration. Le duc de Raguse partagea ses doutes, réclama les dossiers des onze procès jugés par la cour prévôtale, les fit reviser — le choix est remarquable — par un ancien représentant de la Chambre des Cent-Jours, M. Gros; et, après un court séjour à Lyon, où l'on commençait à juger la treizième catégorie de prévenus, celle de la ville de Lyon, il devint décidément défavorable au général Canuel. Non-seulement le maréchal, adoptant l'opinion du colonel Fabvier, son aide de camp, déclara que l'on était allé trop loin dans la répression, mais il énonça la pensée que les derniers troubles avaient été entièrement factices, et il accusa formellement dans sa correspondance le général Canuel de les avoir systématiquement provoqués par l'intermédiaire du capitaine Ledoux, son agent, afin d'avoir à les réprimer. En conséquence, non content de demander la destitution du général Canuel, il réclama son arrestation[1]. Après avoir reçu ces dépêches, le ministère prit toute une suite des mesures indiquant qu'il voulait mettre un terme à la crise politique qui tourmentait les départements de l'Est. Il ordonna la cessation des poursuites, commua toutes les peines en les adoucissant d'un ou de plusieurs degrés, fit remise des amendes aux condamnés. Pour commencer cette série de mesures, il éloigna le général Canuel du commandement militaire de Lyon et il ôta la préfecture du Rhône à M. de Chabrol.

Ces différentes déterminations semblaient engager le gouvernement dans la voie où était entré le maréchal, d'autant plus qu'il élevait en même temps le duc de Raguse au rang de ministre d'État, en raison de ses bons et loyaux services. Mais, par une contradiction singulière, il n'ôtait au général Canuel son commandement que pour le nommer inspecteur général d'infanterie, et n'enlevait à M. de Chabrol la préfecture du Rhône que pour lui donner, quelques mois après, la position beaucoup plus importante de sous-secrétaire d'État au ministère de l'intérieur. L'opinion publique déroutée se demanda à qui croyait et ce que croyait le ministère dans l'affaire de Lyon. Comment pouvait-il récompenser à la fois dans la personne du duc de Raguse et dans celle du général Canuel l'accusateur et l'accusé? Si M. de Chabrol avait fait son devoir, pourquoi le destituer de la préfecture du Rhône? S'il avait trempé dans les provocations coupables attribuées au général Canuel, pourquoi le choisir pour faire de lui le second de

---

1. Dans ses Mémoires publiés par ses héritiers, le duc de Raguse a maintenu ses appréciations sur les affaires de Lyon sans apporter aucune preuve nouvelle à l'appui.

M. Lainé au ministère de l'intérieur? C'est alors qu'on inventa pour caractériser ce système qui, dans son va-et-vient, donne successivement raison et tort aux deux contraires, le nom expressif de *politique de bascule*.

Ni les hommes de gauche qui commençaient à prendre le nom de libéraux, ni la droite ne furent satisfaits. La droite faisait observer que « les coups portés aux autorités locales ébranlent toujours l'autorité supérieure, que tous les fonctionnaires publics chancellent quand quelques-uns d'entre eux ont manqué d'être soutenus à propos; qu'il est dangereux d'abandonner les dépositaires d'un pouvoir aux mécontents que ce pouvoir même a dû faire, mais que ces maux, si grands par eux-mêmes, ne sont plus des maux quand on les compare au malheur de voir attaquer la foi due aux jugements, accuser les juges des accusations et autoriser le peuple à douter de la vertu de ses magistrats et de la pureté de leurs œuvres [1]. » Les libéraux faisaient observer que le ministère en avait trop fait pour ne pas en faire plus. La révocation du général Canuel et celle de M. de Chabrol, le renvoi de six officiers par le maréchal Marmont, la destitution de sept maires et le témoignage de haute satisfaction donné par le Roi au maréchal après ces actes de juste sévérité, indiquaient assez, disaient-ils, la culpabilité des fonctionnaires à Lyon. Il fallait faire justice complète; une satisfaction était due aux victimes, et les fonctionnaires coupables devaient rendre compte de leur conduite devant les tribunaux.

Le ministère eut le tort de ne pas s'expliquer. Il est probable, et la correspondance maintenant connue de M. le duc de Richelieu autorise cette supposition, qu'il croyait la vérité placée « entre l'opinion de M. de Saineville et celle de M. de

---

[1]. Paroles de M. Couture, avocat célèbre, dans le procès en diffamation intenté par le général Canuel au sieur Saineville.

Chabrol, » c'est-à-dire qu'il pensait que l'insurrection avait été réelle, mais que la police, comme cela arriva dans presque toutes les affaires du même genre dans ce temps, avait laissé la trace de son action au milieu de ces passions incandescentes et de ces éléments de guerre civile, et que surtout les instruments subalternes, employés par les autorités, n'avaient pas été irréprochables ; ce qui, du reste, était loin de justifier M. Decazes et M. de Saineville, qui avaient la haute main sur l'action de la police. C'est la seule manière de s'expliquer la conduite tenue par le ministère envers le duc de Raguse d'un côté, et de l'autre envers le général Canuel et M. de Chabrol, tandis qu'il frappait plusieurs maires et plusieurs officiers. Il avait rappelé de Lyon le général et le préfet, non pas pour avoir forfait à leurs devoirs, mais comme impropres à remplir leurs fonctions administratives dans ce département par l'attitude qu'ils avaient dû prendre dans la lutte. Ils étaient allés trop loin dans la répression pour pouvoir pacifier le département. Cette explication a l'avantage de se concilier avec le langage tenu par un ministre à la tribune le 13 mars 1818. Mis en demeure de s'expliquer sur la dénonciation publiée par le colonel Fabvier contre les autorités de Lyon, ce ministre s'exprima ainsi : « Les gouvernements répondent par des faits, par leurs actes, par les arrêts des tribunaux, et jamais par des écrits. Les journaux ont rendu compte, lors des événements de Lyon, de ce qui s'est passé dans cette cité. Ils l'ont fait d'une manière qui a semblé presque officielle. Ces faits n'ont point été démentis depuis, et ce qui est remarquable et peut-être sans réplique, c'est que les actes du gouvernement sont restés sans rétractation. Je n'ai besoin que de citer un exemple : Un des fonctionnaires les plus distingués et sur lequel ont porté les attaques les plus vives, a reçu du Roi, depuis cette époque, la marque la plus particulière de sa confiance et de sa satisfaction. »

Aux yeux donc du ministère, M. de Saineville, le colonel Fabvier et le duc de Raguse n'étaient ni dans la vérité ni dans la justice quand ils accusaient le général Canuel et M. de Chabrol d'avoir simulé ou provoqué une insurrection pour se donner l'honneur de la réprimer. Le ministère avait raison de ne pas admettre une explication aussi inacceptable. L'insurrection s'expliquait d'elle-même dans la situation où se trouvait la France, au sein de laquelle des partis animés les uns contre les autres étaient partout en présence, où partout il y avait des éléments de guerre civile, où à Paris, dans ce moment même, ces partis en venaient aux mains au sujet d'une pièce de théâtre, la tragédie de *Germanicus*, par M. Arnault. Elle s'expliquait plus facilement encore à Lyon que partout ailleurs, car nulle part les passions n'étaient plus vives et plus irritées, les éléments discordants plus rapprochés. Que la police eût eu sa part dans cette explosion, cela pouvait être, cela devait être; mais que l'administration eût inventé la conspiration ou créé l'insurrection, c'était ce qu'on ne pouvait admettre. On ne crée que ce qui n'existe pas. Or c'était méconnaître profondément la situation de la France et ne pas voir ce qu'elle contenait de violence et de fermentation, que de chercher une explication artificielle à des choses qui s'expliquaient si naturellement. Ajoutons que le jugement du maréchal Marmont n'était pas assez froid et assez sûr, le caractère du colonel Fabvier assez mesuré et assez calme, l'impartialité de M. de Saineville assez évidente, pour qu'on pût accepter leur appréciation autrement que sous bénéfice d'inventaire. Le commissaire général de police qui ne s'était pas trouvé à Lyon au moment de la prise d'armes, qui avait toujours annoncé qu'elle n'aurait pas lieu, et qui, six jours avant l'explosion, le 2 juin, était parti pour Paris, avait un intérêt évident à nier après ce qu'il avait nié avant. En accusant les autorités civiles et militaires, il se justifiait. Le colonel Fabvier était un homme d'imagination et de passion ardente plutôt que de jugement, et le maréchal Marmont avait donné la mesure de l'impartialité qu'il pouvait garder en dissolvant la compagnie d'artillerie de la garde nationale de Lyon qui, étrangère à toute cette affaire, n'avait fait que courir aux armes quand l'autorité royale avait été menacée, et en chargeant un membre de la Chambre des représentants des Cent-Jours de reviser les procès jugés par la cour prévôtale. Je sais ce qu'on peut dire du général Canuel : esprit et caractère excessif, il était allé aussi loin jadis dans le républicanisme que depuis dans le royalisme, et, en présidant le Conseil de guerre devant lequel avait comparu le général Travot, son récent adversaire sur le champ de bataille, il avait prouvé que le sentiment de ce qui sied et de ce qui messied lui manquait. On allégua aussi, mais à tort, que le maire de Lyon, M. de Fargues, dont les opinions royalistes étaient bien connues, cherchait à faire oublier par le déploiement de son zèle son discours à Napoléon revenant de l'île d'Elbe ; mais aucun raisonnement de ce genre ne saurait atteindre M. de Chabrol, esprit sage, caractère doux et modéré, dont il faudrait admettre la participation à d'indignes manœuvres pour adopter la version de M. de Saineville devenue celle du duc de Raguse. Soit donc que l'on considère le fond de la situation en elle-même, soit que l'on confronte les uns avec les autres les hommes qui se trouvèrent en présence dans cette ardente polémique et qu'on étudie le langage public et la conduite du ministère, on arrive à la même conclusion, et cette conclusion la voici : Il y avait eu à Lyon une conspiration réelle, sortie des éléments de troubles qui se rencontraient dans la situation ; la police, dont l'œil et l'action étaient partout à cette époque, avait eu dans cette conspiration la part accessoire qu'elle a dans tous les événements de ce genre, et c'était cette action, vue à travers des verres grossissants, qui faisait dire au duc de Raguse et au colonel Fabvier qu'elle avait tout fait.

Si telle était la conviction du ministère, son tort fut de laisser d'abord le colonel Fabvier, M. de Saineville ensuite, enfin le duc de Raguse, soutenir dans des écrits publiés à l'aide de documents qui ne leur appartenaient pas, puisqu'ils se les étaient procurés en remplissant une fonction conférée par le gouvernement, qu'il n'y avait rien de réel dans une conspiration si sévèrement réprimée, avec l'approbation du gouvernement. Ces publications provoquèrent naturellement de la part du général Canuel, de M. de Chabrol et des autres autorités royalistes, des publications contraires. Le scandale de ces récriminations réciproques, après s'être prolongé pendant un mois, aboutit en 1818 à des rencontres judiciaires. On vit le général Canuel, après avoir inutilement adressé une requête au Roi pour lui demander des juges, intenter un procès en calomnie contre le colonel Fabvier; la veuve du capitaine Ledoux en intenta un second, au nom de la mémoire de son mari, au commissaire général de police Saineville, qui accusait celui-ci d'avoir été la cheville ouvrière du complot, et M. de Chabrol suivit bientôt la même voie. Il est impossible d'expliquer la conduite du ministère dans cette circonstance, si l'on n'admet pas qu'il laissait cette affaire s'envenimer, parce qu'il y voyait un grave échec pour la droite, qu'il cherchait avant tout à ruiner dans l'esprit du Roi et à écarter du pouvoir.

Elle avait, en effet, vivement épousé la cause des autorités royalistes, et en laissant peser un nuage sur leur conduite, on semblait accréditer l'allégation contenue dans les mémoires du colonel Fabvier et de M. de Saineville, insinuant que la conspiration de Lyon était une machine de guerre dirigée par la droite contre l'ordonnance du 5 septembre, et qui avait été préparée à loisir et provoquée systématiquement par les dépositaires de l'autorité. Ce thème fut d'abord soutenu par le colonel Fabvier, ensuite par M. de Saineville;

enhardis par la tolérance du gouvernement, ils arrivèrent à affirmer hautement que les autorités civiles et militaires de Lyon avaient affecté de ne prendre aucune mesure pour prévenir le mal ou l'empêcher, et que même elles avaient sourdement et par des agents secrets et salariés excité, favorisé, encouragé le mouvement, pour faire périr des citoyens innocents, et pour aller tout couverts du sang de leurs victimes demander au Roi des honneurs et des richesses. La *Correspondance secrète* adressée aux journaux anglais et dont l'origine ministérielle n'était pas douteuse, on le verra, accréditait ces dénonciations en les annonçant au dehors comme devant jeter une vive lumière sur les événements de Lyon. Un peu plus tard, dans la session de 1817, un député attaché au ministère par des fonctions publiques, M. Camille Jordan, conseiller d'État, porta les mêmes accusations à la tribune. Il attaqua, en outre, dans des termes violents, l'autorité de la chose jugée à Lyon, et déclara les juges atteints et convaincus de passion, de partialité et d'erreur. Enfin, le duc de Raguse lui-même, rompant le silence, affirma dans une lettre adressée au duc de Richelieu, « qu'il avait eu pour lui-même dans sa mission l'approbation publique et solennelle du Roi, et que les récits du général Fabvier ne renfermaient que la vérité. » Pour que le ministère laissât se produire de pareilles affirmations sans même les faire démentir dans ses journaux, lorsqu'il était clair pour tout le monde qu'elles ébranlaient les bases naturelles sur lesquelles reposent tous les gouvernements, il fallait qu'il eût un résultat politique en vue. Or ce résultat ne pouvait être que l'amoindrissement et la déchéance morale de la droite.

M. de Bonald, dans son grave langage, signala ce qu'il y avait d'anormal dans cette conduite d'un député, attaché comme l'était M. Camille Jordan au gouvernement par des fonctions publiques, venant dénoncer du haut de la tribune les arrêts de la justice à l'indignation de la France : « Qui me répondra, s'écriait-il dans un remarquable écrit, que vous, censeurs des jugements, vous ne vous trompez pas en accusant des tribunaux d'erreur ou de précipitation? Quelle garantie me donnez-vous de votre infaillibilité, lorsque vous n'avez pas une autre raison, une autre probité, une intelligence d'une autre espèce que celle des juges, et que vous avez de moins qu'eux, et la confiance dont le prince les a honorés, et le caractère auguste dont la loi les a revêtus, et toutes les lumières dont la procédure les a entourés pour leur faire discerner la vérité? La loi n'a pas cru qu'aucun juge, aucun tribunal fût infaillible, mais elle a voulu que les jugements en dernier ressort fussent irréformables. Qu'un membre du pouvoir législatif, de ce pouvoir qui constitue les tribunaux et qui a besoin pour exécuter ses propres lois de la force que lui prêtent leurs arrêts, vienne à la face de la nation flétrir ce pouvoir judiciaire dont il a déclaré l'indépendance, qu'il diffame des jugements que la loi ne permet pas aux intéressés eux-mêmes d'attaquer, que la royauté n'a pas le pouvoir d'annuler, qu'il apprenne à la nation, dont la tranquillité repose sur l'inébranlable solidité des choses jugées, que les jugements ne sont en définitive que des erreurs consacrées par la justice, c'est en vérité ce qui manquait, même après notre Révolution, au renversement de toutes les doctrines. »

Pendant que M. de Bonald signalait ainsi la gravité de cette atteinte à la force des choses jugées, un autre publiciste de la droite exposait avec la même force et le même talent le côté politique de la question dans *le Conservateur :* « Supposons, disait-il, que le général Canuel et M. de Chabrol aient trompé le gouvernement par des rapports mensongers. Dans cette hypothèse, le ministère, ultérieurement averti que la vérité lui a été dissimulée, aurait fait son devoir en provoquant une enquête. Après quoi, son devoir encore était non pas de déplacer le général et le préfet, mais de les mettre en jugement, car les crimes à eux imputés par M. le colonel Fabvier, s'ils étaient vrais, seraient irrémissibles. Le ministère se serait ainsi concilié le suffrage de tous les partis; on aurait reconnu que si, au mois de juin 1817, il avait approuvé et même ordonné les mesures répressives qui ont eu lieu dans le département du Rhône, c'est que, placé à une grande distance de ce département, il avait dû voir les événements par les yeux de deux principaux fonctionnaires publics. Est-ce là ce qu'a fait le ministère? Point du tout. Depuis et malgré l'ouvrage de M. le colonel Fabvier, que M. le duc de Raguse accrédite comme le rapport officiel de sa mission, le ministère n'a point retiré les honorables récompenses qu'il avait décernées au général et au préfet; l'un est inspecteur général d'infanterie, l'autre sous-secrétaire d'État. En outre, dans la séance du 13 mars 1818, quatre mois après la mission du maréchal duc de Raguse, le ministère proclamait avec éloge la véracité des rapports du général Canuel et du préfet du Rhône. Conséquemment, l'un et l'autre ne peuvent être, aux yeux du gouvernement, ni des inventeurs de conspirations, ni des provocateurs d'assassinats juridiques. Pourquoi alors n'a-t-il pas fait poursuivre le colonel Fabvier?..... Ce problème d'irrésolution s'explique cependant : fidèle à une malheureuse politique, on ne veut pas que les *indépendants* aient constamment raison, et l'on veut que les royalistes aient toujours tort. La position particulière du ministère dans les affaires de Lyon augmente sa perplexité : s'il prétend justifier les mesures qu'il a prises, il justifie en même temps les royalistes; s'il laisse succomber les royalistes, il accuse les ordres qu'il a donnés. Placé entre son autorité et ses passions, il est demeuré immobile. »

Ces lignes, écrites au milieu des événements, demeurent la

seule explication plausible de la conduite du ministère. La volonté passionnée de ruiner la droite l'emportait sur toute autre considération; il ne faut pas oublier qu'à côté du duc de Richelieu et de M. Lainé siégeaient M. Decazes et M. Pasquier, qui, tous deux venus de l'Empire, avaient engagé un duel politique contre les débris de la majorité de 1815.

### III

#### LA PRESSE ET LE MINISTÈRE.

Ceci m'amène à parler de quelques autres affaires judiciaires, qui achèveront d'établir l'exactitude de cette appréciation et qu'il convient de mentionner ici, parce qu'elles se rattachent au même sujet. On aurait une bien fausse idée du ministre qui provoqua l'ordonnance du 5 septembre, si l'on expliquait sa détermination par l'intention de défendre contre la droite la liberté politique que celle-ci aurait mise en péril. Il suffira, pour s'en convaincre, d'étudier quelques-uns des nombreux procès intentés à la presse. Certes, il y en eut beaucoup de motivés, car les écrivains attaquaient le gouvernement à outrance, mais dans plusieurs on vit se révéler le parti pris d'atteindre l'usage de la parole écrite sous prétexte de réprimer l'abus. Ce ne fut que plus tard, lorsque M. de Serre entra au ministère, qu'il y eut une tentative loyale d'introduire un libéralisme sincère dans la pratique du gouvernement. Nous ne ferons que mentionner le procès intenté à l'imprimeur d'une brochure publiée sans nom d'auteur, sur l'ordonnance du 16 novembre 1816, qui abolissait les jugements rendus pendant les Cent-Jours, contre les militaires coupables d'avoir suivi le Roi à Gand. Dans cette brochure, qui pouvait être également la boutade d'un légitimiste indigné ou la déclaration de principe d'un révolutionnaire satisfait, se trouvait cette phrase : « Tout se réduit à ceci : le Roi croit-il ou ne croit-il pas à sa légitimité? L'ordonnance du 13 novembre a résolu la question contre le Roi. » La brochure avait été simultanément attribuée au comte de Kergorlay qui la désavoua, et à des écrivains libéraux qui se turent. L'imprimeur eut donc seul à en répondre, et fut condamné à trois mois de prison, comme coupable d'avoir tenté d'affaiblir le respect dû à la personne et à l'autorité du Roi. Presque aussitôt un autre écrit, intitulé *Carnot*, fut saisi avant la vente et un seul exemplaire déféré à la justice. Le délit reproché à l'auteur, nommé Rioust, consistait surtout dans les éloges donnés à Carnot et à la Révolution, et dans la qualification de monarque attribuée à Bonaparte. L'auteur essaya en vain de se mettre à l'abri d'un souvenir de sa vie : le 20 juin 1792, il avait été un des défenseurs de Louis XVI. Ce souvenir ne le préserva pas d'une condamnation. Bien plus, le prévenu ayant déclaré dans sa défense qu'il croyait avoir proclamé les véritables principes, le ministère public regardant cette nouvelle affirmation comme une aggravation du délit, renouvelé selon lui dans le sanctuaire de la justice, prit des conclusions pour que l'emprisonnement fût porté à deux ans au lieu de trois mois, et l'amende à vingt mille francs au lieu de trois mille. La peine fut réduite à moitié par le tribunal, dont le jugement fut confirmé en cour royale, malgré l'observation faite qu'on ne pouvait transformer un plaidoyer en délit, sans entraver le droit de défense. Presque en même temps, un autre écrivain, M. Chevalier, subissait une condamnation pour avoir publié une lettre adressée à M. Decazes, auquel il reprochait d'avoir violé plusieurs articles de la Charte par la suspension de la liberté individuelle et de la liberté de la presse. A l'occasion de ce procès, le ministère public émit la doctrine « qu'attaquer les ministres, c'était attaquer indirectement l'autorité royale, surtout quand les actes attaqués étaient assez nombreux pour qu'il fût évident que le Roi les avait connus et autorisés. » L'écrivain condamné, ayant essayé entre la première instance et l'instance d'appel de faire imprimer un mémoire dans lequel il attaquait les doctrines du ministère public comme inconstitutionnelles, rapporta à l'audience le refus de vingt-deux imprimeurs, refus motivé par la condamnation de celui qui avait imprimé la lettre à M. Decazes. Le jugement du tribunal de première instance fut confirmé, sauf en ce qui concernait l'imprimeur relevé de la condamnation prononcée contre lui, « vu, disait l'arrêt d'appel, qu'il n'était pas prouvé qu'il eût suffisamment connu et approuvé ce que la brochure contenait de séditieux. »

Il n'était pas permis à la presse périodique de relever ce qu'il y avait d'étrange dans ces doctrines. Le ministère, on l'a vu, s'était fait attribuer un pouvoir discrétionnaire sur les journaux, et il en usait à outrance contre tous ceux qui ne se soumettaient pas d'une manière absolue à ses inspirations. Le *Journal des Débats*, plusieurs fois réprimandé pour avoir publié des articles de MM. de Chateaubriand et de Bonald, fut suspendu; M. Bertin l'aîné, chargé d'exercer la censure sur son propre journal, fut révoqué de cette fonction, et M. Bertin de Vaux, secrétaire général de la police, fut destitué. Le *Constitutionnel* fut supprimé pour un article sur le salon de 1818, dans lequel il avait loué un portrait d'enfant peint par Isabey, et dans les mains duquel l'artiste avait placé cette petite fleur qu'on appelle *Ne m'oubliez pas*; la censure, moins clairvoyante que le parti bonapartiste, n'avait pas reconnu dans ce portrait le *Roi de Rome*. Mais, si la presse périodique était sous le joug, la presse non périodique jouissait d'une liberté relative, et, sauf les saisies préalables sur lesquelles les tribunaux étaient appelés à prononcer, elle ne pouvait être administrativement frappée. Cette situation devait naturellement donner une grande vogue à la brochure, où l'on pouvait dire ce que le journal ne disait pas. Ce rapprochement, se présentant à l'esprit de tous les partis, leur suggéra l'idée de publications sans périodicité fixe, comme l'étaient *le Censeur européen*, de MM. Comte et Dunoyer, *la Bibliothèque historique, le Mercure, la Minerve*, comme allait l'être *le Conservateur*. La pensée humaine est comme l'eau, qui lorsqu'on arrête son cours naturel avec des digues, cherche à se frayer un passage par des fissures.

En face de l'arbitraire ministériel, la résistance s'organisait à gauche comme à droite. Le duc de Broglie écrivit à M. Chevalier, au nom d'une réunion dans laquelle figuraient MM. Laffitte, Voyer d'Argenson, Benjamin Constant, Manuel, pour lui offrir de payer son amende et les frais du procès dans lequel il avait succombé. En même temps, M. Benjamin Constant, demeuré dans l'ombre depuis la fâcheuse palinodie qui avait suivi son article du 20 mars, profita de la circonstance pour rentrer en scène comme le champion des principes constitutionnels menacés. Il publia une brochure sur les *Questions de la législation actuelle de la presse en France et sur la doctrine du ministère public*, dans laquelle il établissait qu'on ne pouvait, sans renverser le gouvernement représentatif par sa base, confondre la responsabilité ministérielle avec l'inviolabilité royale en interdisant la critique des actes du ministère comme attentatoire à l'autorité du Roi. Il remontrait, en outre, à l'occasion du procès de M. Rioust, que si l'on peut équitablement punir dans la défense d'un accusé une attaque formelle dirigée contre les lois ou un outrage flagrant contre l'autorité, c'est détruire le droit de défense même que d'aggraver la condamnation d'un homme pour ce fait seul qu'il a maintenu dans sa défense, présentée avec modération et convenance, les idées consignées dans un écrit incriminé. Comment, en effet, peut-il les défendre s'il ne les maintient pas? Venaient enfin des réflexions sur la responsabilité imposée à l'imprimeur, considéré comme complice de l'écrit qui sort de ses presses, doctrine qui ne tendait à rien moins qu'à transformer l'imprimeur en censeur et à soumettre ainsi à une censure subrepticement ajoutée à la censure légale les écrits non périodiques qui, d'après la législation, doivent librement paraître.

Cette brochure, écrite avec la clarté et la verve habituelles de l'auteur, fit une impression assez vive pour que le ministère se crût obligé de faire répondre dans *le Moniteur*. Sa réponse était plutôt un désaveu des doctrines émises par le parquet qu'une réfutation des arguments présentés par le publiciste de la gauche. Le ministère semblait vouloir se dégager de la responsabilité du langage tenu par MM. Vatismenil et Hua dans leurs réquisitoires, nouvelle contradiction ajoutée à plusieurs autres, car, au lieu de répondre aux officiers du parquet dans *le Moniteur*, M. Pasquier, ministre de la justice, aurait dû leur donner d'autres instructions, et, s'ils avaient refusé de les suivre, pourvoir à leur remplacement. Un ministère, faisant de la polémique avec ses agents, les décrédite et se décrédite lui-même.

Dans la même année, et presque en même temps, s'ouvrit un procès qui occupa au plus haut degré l'attention publique et jeta de vives lumières sur les combinaisons secrètes et machiavéliques de M. Decazes. On apprit tout à coup que les deux publicistes du *Censeur européen*, MM. Comte et Dunoyer, esprits souvent chimériques, mais honnêtes, qui s'étaient déjà fait connaître sous la première Restauration et pendant les Cent-Jours par des écrits où respirait le culte des principes constitutionnels et de la liberté politique, avaient été arrêtés et mis au secret le plus rigoureux. Quel avait donc été leur crime? L'accusation intentée au *Censeur européen* portait sur quatre chefs : un article sur les finances signé par M. Dunoyer, deux articles sans signature dans lesquels la conduite des missionnaires était attaquée, et une démonstration des officiers de la légion vendéenne à Lille contre Talma qui passait pour impérialiste, signalée comme un acte de sédition ; enfin la réimpression d'un écrit publié à l'étranger sous ce titre : *Manuscrit venu de Sainte-Hélène*, manuscrit où l'on présentait Napoléon jugé par lui-même. On sut beaucoup plus tard que le *Manuscrit venu de Sainte-Hélène* était un pastiche napoléonien assez ingénieusement composé par M. de Chateauvieux ; mais, dans le moment, les partisans les plus chaleureux de l'Empire ne permettaient pas le plus léger doute sur l'authenticité de ce manuscrit où, selon eux, le génie de l'Empereur avait laissé à chaque page sa puissante empreinte.

MM. Dunoyer et Comte ne s'étaient jamais posés en ennemis du gouvernement royal ni en adversaires du ministère. Loin de là, ils avaient applaudi à l'ordonnance du 5 septembre ; ils avaient défendu dans leur feuille la dernière loi d'élection, et le gouvernement royal ne pouvait oublier la rude guerre qu'ils avaient faite à l'Empereur. Même, dans cette reproduction incriminée par le ministère public, ils avaient eu soin de ne point accepter en aveugles les assertions mises dans la bouche de l'Empereur ; ils les avaient contrôlées, souvent contestées et réfutées. Aux aveux faits au nom de Napoléon dans ce livre, ils avaient ajouté un acte d'accusation en forme contre l'Empire qu'ils avaient représenté comme l'époque la plus funeste à la liberté.

A l'audience, il se passa quelque chose d'imprévu et d'étrange. Autant le ministère public s'était montré sévère et agressif dans les procès politiques précédents, autant il se montra doux et modéré dans celui-ci. Il commença par abandonner l'accusation sur deux points, l'article où il était question de la démonstration des officiers de la légion en garnison à Lille et celui qui contenait de vives attaques contre les missionnaires. Il rendit justice au caractère honorable et élevé des deux prévenus, à leur conduite courageuse et loyale pendant les Cent-Jours. Il insista seulement sur les attaques, suivant lui extra-légales, dirigées par *le Censeur* contre la loi de sûreté générale, le Conseil d'État, les préfectures, la gendarmerie, les cours prévôtales, et y vit une injure caractérisée contre le gouvernement du Roi. Il signala la réimpression du *Manuscrit de Sainte-Hélène* comme un fait dangereux et coupable qui ne tendait à rien moins qu'à provoquer au rétablissement de l'Empire. La réfutation que les deux publicistes avaient opposée à l'apologie de la politique napoléonienne n'était ni suffisante ni complète; en outre, elle avait l'inconvénient d'être écrite plutôt au point de vue du principe républicain de la souveraineté du peuple que du principe monarchique de la légitimité royale. Il devait donc y avoir une condamnation, continuait le ministère public; mais, n'oubliant pas les antécédents honorables de MM. Comte et Dunoyer, il demandait que cette condamnation fût légère, dans la conviction que les deux prévenus, reconnaissants de l'indulgence du tribunal, s'en montreraient dignes par leur conduite ultérieure.

Il était évident qu'on offrait une transaction à MM. Comte et Dunoyer. Si, luttant de courtoisie avec le ministère public, ils adoptaient dans leur défense le style employé dans le réquisitoire, ils sortaient de ce procès avec les honneurs de la guerre; on les laissait maîtres de rédiger eux-mêmes les termes de leur capitulation et on invitait par-dessus tout leurs avocats à ne pas s'occuper dans leur défense des articles sur les missionnaires et la démonstration des officiers de la légion de Vendée, attendu que l'accusation était expressément abandonnée sur ce double point. Il restait à expliquer pourquoi on avait ordonné l'arrestation et la mise au secret des deux publicistes contre lesquels on prenait des conclusions si modérées et qu'à l'audience on traitait si honorablement.

Malheureusement pour les projets du ministère, MM. Comte et Dunoyer n'étaient pas hommes à transiger, encore moins à capituler; c'étaient des esprits honnêtes, mais rudes et absolus, qui aimaient la lutte, ne détestaient pas la renommée et se faisaient un point d'honneur d'acclimater les mœurs politiques en France, en usant de leur droit de défense à outrance et en faisant juger tous les points litigieux soulevés par leur affaire. Déjà ils avaient produit devant la justice plusieurs moyens préjudiciels contre la saisie de leur livre, leur arrestation préventive, et ils se présentaient à l'audience assistés de M. Merilhou, qui plaida leur affaire avec beaucoup d'éclat et appuya son avis d'une consultation signée par MM. Dupin, Persil, Pasquier, Hennequin, Mauguin, Berryer fils et Odilon Barrot. Ils parlèrent eux-mêmes dans leur affaire avec force et fermeté, et M. Dunoyer déclara hautement qu'il avait résolu d'éprouver jusqu'au bout la valeur des garanties constitionnelles assurées aux citoyens, dût-il payer ce service rendu à la liberté politique d'une prolongation de captivité. M. Comte se prévalut ensuite, pour justifier *le Censeur européen*, de l'hommage rendu par le ministère public lui-même à la loyauté des intentions de ses directeurs, et il fit observer que, l'esprit de la publication à laquelle il présidait avec son ami étant aussi contraire aux passions anarchiques qu'au despotisme, c'était à la lumière de cette tendance générale qu'on devait juger les articles particuliers qu'on incriminait sans motif. M. Comte ajouta enfin aux considérations développées par son ami un exposé des principes qui, depuis la promulgation de la Charte, dominaient la législation en matière de presse, et prouva que les doctrines développées par le ministère public étaient en contradiction formelle avec ces principes.

Les deux publicistes repoussaient donc la transaction tacitement offerte. Les juges, n'ayant pas été mis comme le ministère public dans certaine confidence dont je vais avoir à parler, usèrent de rigueur : ils rejetèrent tous les moyens préjudiciels, condamnèrent les deux prévenus chacun à trois années de prison et trois mille francs d'amende, avec interdiction des droits civiques pendant cinq ans, et les placèrent pendant ce laps de temps sous la surveillance de la haute police. Dans ce jugement rendu *ab irato*, les deux points abandonnés par le ministère public étaient mentionnés parmi les considérants qui motivaient les condamnations.

Nous touchons ici au nœud de toute cette affaire, et l'on va savoir pourquoi entre l'arrestation de MM. Dunoyer et Comte et l'audience il y avait eu un revirement complet dans l'attitude du ministère public, et pourquoi il avait abandonné toute accusation relative aux attaques contre les missionnaires et à la démonstration des officiers de la légion en garnison à Lille. Condamnés en première instance, MM. Dunoyer et Comte interjetèrent appel et joignirent aux motifs qu'ils alléguaient pour faire réformer le jugement de première instance un mémoire portant pour titre : *Dernières conclusions*, dans lequel ils exposaient que les deux articles écrits contre les missionnaires et les officiers avaient été rédigés sur les notes fournies par M. de Mirbel, directeur du *Journal des Maires*, feuille gouvernementale, lequel M. de Mirbel était connu pour être le confident intime et l'agent de M. Decazes. Ils avaient encore en leur possession les notes manuscrites sur lesquelles les articles avaient été rédigés, et ils offraient de les produire devant la Cour royale. Ce qui achevait de rendre la situation du ministère critique, c'est qu'au moment où commençait le procès, M. de Mirbel avait été nommé secrétaire général du ministère de la police en remplacement de M. Bertin de Vaux. Il demeurait évident pour tous, si l'affaire suivait son cours, que M. Decazes, dans la guerre clandestine et peu loyale qu'il faisait à la droite et au clergé, ne craignait pas de faire adresser aux journaux de l'opposition des communications d'une telle nature que le parquet, ignorant leur origine, croyait de son devoir de les incriminer. Pour éviter le scandale de cette révélation par-devant la justice, il fallait obtenir le sacrifice des *Dernières conclusions* de MM. Comte et Dunoyer. Les rôles étaient intervertis. Les prévenus devenaient les maîtres de la position, le ministère était à leur merci ; c'était à lui de subir les conditions qu'ils voudraient lui faire. MM. Comte et Dunoyer se montrèrent cléments : ils exigèrent seulement que tous les points de l'accusation, sauf un seul, la reproduction du *Manuscrit venu de Sainte-Hélène*, fussent abandonnés, ils le furent ; et que la condamnation fût réduite à trois mois de prison, ce fut ce qui arriva. A ces conditions, ils consentirent à ne pas livrer à l'opinion publique le ministère qui, par la main d'un de ses membres, commettait des délits de presse et les poursuivait par la main d'un autre. Il est plus que vraisemblable que M. Decazes n'avait pas consulté ses collègues pour leur faire jouer ce double jeu ; mais la compromission du ministère n'en aurait pas moins été très-grande, s'il avait fallu apurer ce compte en public.

Il est difficile de se faire une idée du mouvement qui régnait à cette époque dans la presse non périodique. La saveur de ce fruit dont la génération nouvelle n'avait pas approché ses lèvres, et que la génération, sa devancière, avait presque oublié, la liberté de la presse, enivrait toutes les têtes. Pour défendre la presse attaquée, une association se formait, et ses membres prirent le nom d'*Amis de la liberté de la presse*. Le duc de Broglie, MM. Destutt de Tracy, Laffitte, Benjamin Constant, Voyer-d'Argenson, la Fayette, Ternaux, en faisaient partie. En même temps, les grands jurisconsultes des opinions indépendantes signaient des consultations en faveur de la libre publicité, et l'on voyait figurer au bas de ces expositions de principes, à côté des noms de Mérilhou, Dupin et

Barthe, ceux de Couture, Hennequin et Berryer fils. Naturellement, chaque opinion qui avait de la vie était représentée dans cette lutte ardente par ses publicistes. La droite avait ordinairement pour organes M. de Chateaubriand, M. de Bonald et M. Fiévée. M. Guizot était le principal interprète des doctrinaires qui étaient moins un parti qu'une réunion d'écrivains et d'orateurs intelligents, mettant leur talent au service du ministère, moyennant certaines concessions de principes et de positions, et servant d'intermédiaire entre lui et les libéraux proprement dits, desquels ils se distinguaient par quelque chose de moins absolu dans les questions de principes et une disposition à tenir compte des circonstances, en suivant toujours une politique rationnelle. Venaient ensuite les indépendants, nom commun sous lequel se cachaient bien des nuances. Mentionnons d'abord les libéraux sincères, qui, à l'exemple de MM. Comte et Dunoyer, ne nourrissaient aucun dessein hostile contre l'établissement monarchique et la maison de Bourbon à laquelle ils s'étaient montrés sympathiques; on pouvait rattacher à cette nuance le duc de Broglie et MM. Casimir Périer et Ternaux, quoique déjà la sympathie allât en se refroidissant. Puis venaient, toujours sous le nom d'indépendants, les constitutionnels compromis par leur adhésion aux Cent-Jours, comme le général la Fayette, Benjamin Constant et Voyer d'Argenson, qui ne pouvaient pardonner à la maison de Bourbon les torts qu'ils avaient eus envers elle; Benjamin Constant était l'organe le plus habile de cette nuance. En descendant encore, venaient les hommes systématiquement hostiles, soit qu'ils fussent bonapartistes ou purement révolutionnaires. Manuel était un des hommes les plus considérables de cette nuance, qui comptait parmi ses écrivains MM. Chatelain, Cauchois-Lemaire, Étienne, Jay, Tissot, Béranger, dont les chansons étaient des pamphlets portés sur les ailes d'un refrain; elle allait bientôt recruter un puissant auxiliaire dans le talent hors ligne de Paul-Louis Courier.

Ce qu'il y avait de dangereux pour le gouvernement royal, c'est que dans cette opposition allant, par des gradations successives de couleurs, de la nuance loyale qui voulait améliorer sans renverser, jusqu'à la nuance révolutionnaire qui aspirait à détruire le gouvernement, le pavillon constitutionnel de la première couvrait tout le navire. Ainsi la Société des amis de la liberté de la presse, fondée d'abord pour protéger les écrivains contre les rigueurs d'une répression excessive, tomba bientôt sous la direction d'un comité occulte, systématiquement hostile à la maison de Bourbon, et composé de MM. Cadet-Gassicourt, Cauchois-Lemaire, Chatelain, Mérilhou, Brissot-Thivar, Chevalier et Reynaud. Ce comité se réunissait avant chaque séance, et arrêtait les mesures à proposer à la société générale, et les questions à mettre en délibération, de sorte que cette armée, dans laquelle se rencontraient beaucoup d'hommes appartenant à une opinion modérée, se trouvait conduite par un état-major révolutionnaire. M. Chevalier, ce jeune écrivain secouru par le duc de Broglie et ses amis, était devenu, on le sait, l'éditeur de *la Bibliothèque historique*, fondée « pour enregistrer tous les actes injustes et violents qui lui étaient dénoncés contre les hommes de droite, et en particulier contre les autorités administratives et judiciaires accusées d'agir dans leur sens. » Ce recueil de dénonciations est devenu une source où les historiens ennemis de la Restauration ont puisé sans considérer deux choses : la première, c'est que ces dénonciations ne portaient point leurs preuves avec elles, et qu'elles pouvaient par conséquent être des calomnies; la seconde, c'est que cette publication fut, en effet, condamnée en 1818 comme coupable de calomnie, pour avoir imputé à des préfets des actes de nature à exposer les fonctionnaires dénoncés à la haine et au mépris des citoyens, sans en apporter la preuve légale[1].

On ne pouvait compter ni sur l'impartialité ni sur la justice de la presse, dans cette situation où toutes les passions étaient surexcitées. Tandis que *la Bibliothèque historique* enregistrait et provoquait les dénonciations contre la droite, M. Chatelain prenait dans deux brochures, le *Voyage d'un étranger en France* et *le Paysan et le Gentilhomme*, la direction de l'attaque la plus vive et la plus dangereuse contre la monarchie. Le ministère, en dénonçant la droite au pays comme composée d'hommes rétrogrades, déterminés à ramener la France par tous les moyens à l'ancien régime, s'était ôté la faculté de réprimer ces attaques de classe à classe, qui sèment des ferments de guerre civile en détruisant l'unité morale d'une nation. Le procédé de l'auteur était simple jusqu'à la naïveté, ce qui n'empêcha pas ses pamphlets d'avoir un grand succès : la jalousie et la vanité n'y regardent pas de très-près, et elles sont disposées à croire tout ce qui les irrite comme tout ce qui les flatte. Le procédé de cet écrivain consistait donc à mettre en scène un émigré insolent, lâche et stupide, et un curé intolérant, tracassier et hypocrite, toujours calqué sur le type de *Tartuffe;* quelquefois un fonctionnaire subalterne, intrigant et vil, venait compléter cette partie du tableau. Ces personnages servaient de repoussoir à un paysan acquéreur de biens nationaux, qui avait en partage toutes les vertus et toutes les lumières; à un voltairien de village, qui réduisait le prêtre au silence par la supériorité de sa doctrine et de sa dialectique; et enfin à un officier à demi-solde, qui n'avait qu'à froncer le sourcil pour faire trembler le gentilhomme. Ces caricatures étaient acceptées pour des portraits par ceux qui avaient des rapports de position avec les trois der-

---

[1]. Ce jugement fut rendu le 24 juillet 1818.

niers personnages. On ne peut se faire une idée du mal que firent ces écrits par les passions qu'ils excitèrent d'un côté et l'indignation qu'ils soulevèrent de l'autre. Je ne prétends pas dire que dans un petit nombre de provinces où les royalistes étaient en majorité, les émigrés revenant d'un long exil et voyant leurs biens aux mains d'acquéreurs, qui souvent avaient acheté un domaine à vil prix et quelquefois pour une charretée de foin, n'eussent pas fait entendre quelques murmures. Il faudrait ne pas connaître le cœur humain pour ne pas voir que cela était inévitable. Des murmures avaient donc pu se faire entendre, des paroles de blâme avaient été prononcées ; et je trouve dans des rapports inédits et très-curieux du comte Ruty, lieutenant général d'artillerie, envoyé en 1814 dans l'Ouest pour s'entendre avec les principaux chefs de la Vendée sur la pacification du pays, la trace des préoccupations que cette situation difficile avait, dès cette époque, causées à Louis XVIII. J'y vois en outre que plusieurs ecclésiastiques des diocèses de l'Ouest, hommes à la conscience austère, qui avaient été témoins de la manière dont les biens nationaux avaient été achetés et vendus, n'acceptaient pas les atténuations de la langue politique et qualifiaient de vols ces marchés, dans lesquels les propriétaires à qui l'on avait tout pris sans indemnité, et l'État qui n'avait rien reçu, étaient également lésés. Mais ces suites inévitables d'une spoliation exercée sur une grande échelle n'apparaissaient que sur quelques points clair-semés du pays, et cette prétendue conspiration pour ramener la France à la dîme et aux droits féodaux était une monstrueuse absurdité. N'importe, les uns crurent à l'absurdité, les autres firent semblant d'y croire. Pour beaucoup d'esprits disposés à avoir peur des fantômes, il devint constant que les missionnaires voulaient obliger la France à être pieuse et même dévote malgré elle, et que les émigrés allaient entreprendre de ramener le peuple à la situation des vilains, sans oublier la corvée et l'obligation de venir battre les étangs seigneuriaux le jour où la dame du château faisait ses couches. Ce fut en vain que M. Fiévée, avec son esprit ordinaire, demanda si c'était bien le moment de déployer tant de colère contre les projets ambitieux et les prérogatives abusives de l'aristocratie, lorsque les bureaux de loterie étaient tenus par des marquises ruinées, et si la féodalité allait sortir des bureaux de poste devenus le refuge des comtesses et des baronnes dépouillées de leurs biens? Rien n'y fit; l'alarme était jetée, elle continua de gagner de proche en proche.

Quelques recueils et quelques écrits isolés se séparaient de ces lieux communs de la prévention et de la haine. De nobles cœurs, au lieu de semer l'inimitié entre les classes, auraient voulu avancer le moment de la délivrance du sol national. C'est ainsi qu'à l'époque même où le duc de Richelieu avait obtenu la diminution de l'armée d'occupation, vers la fin du mois de mars 1817, un jeune écrivain dont la bouillante imagination avait besoin d'être réglée pour que sa plume pût servir son pays, M. de Salvandy, tour à tour garde d'honneur et mousquetaire noir, avait publié une brochure intitulée *la Coalition et la France,* qui fit l'effet d'une bombe jetée au milieu d'éléments inflammables. Il y avait bien de la déclamation dans ce manifeste, écrit avec la verve d'un rhétoricien plutôt qu'avec la raison d'un politique, et qui, se produisant étourdiment au milieu d'une situation hérissée de tant d'obstacles, y ajoutait une difficulté de plus. Mais la passion ne hait point la forme déclamatoire. Or, à l'heure où cet écrit parut, tout était passion en France, et il faut rendre cette justice aux partis contraires, ils haïssaient encore plus l'étranger qu'ils ne se haïssaient entre eux. Aussi, tandis que la brochure de M. de Salvandy causait les plus graves inquiétudes au duc de Richelieu, en butte aux plaintes des cours étrangères, menacées d'une levée de boucliers générale, elle obtenait le même succès chez les gardes du corps que chez les officiers à demi-solde. Tous aspiraient, sauf à s'entre-combattre ensuite, à voir la France rester seule maîtresse de son sol comme de ses destinées. La brochure *la Coalition et la France* était un appel aux armes. La forme en était sentencieuse, le style haut en couleur, et il semblait qu'on sentait de temps à autre percer, à travers la phraséologie ardente de l'auteur, l'accent aigu de la trompette. Le mal, selon lui, était dans la coalition ; car, non contente de rançonner indignement la France, elle voulait profiter, pour la dépecer, de son épuisement qui la rendait incapable d'acquitter la contribution de guerre. Le remède était dans les mains de la France ; elle devait oublier toutes les inimitiés de parti qui la divisaient, pour courir sus aux étrangers comme au temps de Charles V et de Charles VII ; tandis que le gouvernement, renonçant à des négociations stériles, organiserait et conduirait ce grand mouvement national. Bientôt la France serait entourée de toutes les puissances secondaires et de tous les peuples opprimés, et elle aurait raison de ses vainqueurs. L'auteur ne tenait aucun compte de la réduction de l'armée d'occupation, que le duc de Richelieu venait d'obtenir, il la regardait plutôt comme une insulte que comme une concession, et il s'élevait avec véhémence contre la vente des bois de l'État, imposée, disait-il, par les coalisés.

Cette brochure pouvait être également l'expression d'un élan patriotique inconsidéré ou de ce besoin d'occuper de lui l'opinion publique, qui avait paru de bonne heure chez le jeune écrivain [1]. Toujours est-il que, loin d'avancer la déli-

---

1. A l'époque de la campagne de 1813, le jeune Salvandy, alors élève du lycée Napoléon, composa le bulletin fictif d'une victoire supposée, remportée selon lui à Lutzen, avec une proclamation impériale qui envoyait au lycée les drapeaux pris sur l'ennemi. Ce pastiche littéraire trompa tout ce monde universitaire ; quand la vérité fut découverte, Salvandy fut expulsé du lycée.

vrance du sol national, elle pouvait la retarder. Les ministres étrangers qui formaient la conférence européenne à Paris, profondément irrités de cette attaque, demandèrent l'arrestation du jeune écrivain. Louis XVIII, bien inspiré par le sentiment élevé qu'il avait de la dignité royale et du grand mouvement national auquel répondait cette brochure, tout inopportune qu'elle fût, ordonna au duc de Richelieu, en accord parfait sur ce point avec son maître, de repousser cette exigence d'une manière péremptoire. Tout ce que le gouvernement accorda, et il l'accorda parce qu'il ne pouvait le refuser, ce fut la saisie de la seconde édition de la brochure; la première était épuisée. Pour que cette saisie n'entraînât pas un procès qui aurait fait revenir cette affaire devant l'opinion publique, il fallait que l'auteur renonçât à l'opposition qu'il était en droit de former. Le jeune écrivain, mandé chez le duc de Richelieu, consentit à tout ce que le ministre voulut, et il ajouta que, s'il avait pu prévoir les embarras que sa brochure suscitait au gouvernement, il ne l'aurait pas publiée. Il ne fallait pas une grande prévoyance pour deviner qu'une brochure écrite dans ce sens surexciterait le dedans et irriterait le dehors; mais la complaisance que montrait l'auteur méritait une récompense, et le Roi autorisa le duc de Richelieu à lui promettre que bientôt il serait appelé au conseil d'État, avec le titre de maître des requêtes. Louis XVIII, malgré les embarras et les ennuis que lui avait causés cette incartade de jeune homme, n'en était pas aussi mécontent qu'on aurait pu le croire. Cet élan de patriotisme et de jeunesse ne déplaisait pas à sa fierté royale, et peut-être calculait-il qu'une fois la difficulté qu'avait fait naître cet écrit surmontée, il devenait un argument en faveur de sa politique, par l'occasion qu'il avait donnée au sentiment national de s'affirmer devant les étrangers. Cette affaire fit donc beaucoup d'honneur à M. de Salvandy, auquel elle offrit l'issue qu'il cherchait pour arriver à la vie publique, beaucoup d'honneur aussi au Roi par la fermeté qu'il montra contre les exigences du dehors.

La question de l'affranchissement du territoire et les questions qui s'adressaient à l'esprit d'égalité, toujours plus puissant en France que l'esprit de liberté, étaient les deux sujets qui avaient le privilége de passionner les esprits. C'est la seule manière d'expliquer le succès de la brochure de M. de Salvandy, aussi excessive dans le fond que dans la forme, et celui de deux brochures de M. Arnold Scheffer qui, revenant aux vieilles déclamations contre Pitt et Cobourg, expliquait tous les crimes de la Révolution et les Cent-Jours eux-mêmes par l'influence fatale qu'avaient exercée la politique machiavélique et l'or de l'Angleterre. Cette intervention du mélodrame dans la politique a toujours plu au vulgaire des esprits; il y eut donc du courage de la part de M. Guizot à réfuter dans les *Archives philosophiques et littéraires*, principal organe de la fraction doctrinaire, « les niaises déclamations où, comme il le disait, on impute aux gouvernements seuls toutes les volontés immorales ou absurdes qui ont travaillé les sociétés humaines, déclamations dont le seul résultat est de mettre les gouvernements et les peuples en état de guerre, et d'empêcher ainsi l'union féconde et salutaire qui, pour le bien de tous, doit s'opérer entre eux. »

La droite ne devait suivre que plus tard l'exemple que les autres opinions lui avaient donné et suppléer à l'insuffisance de la presse quotidienne, placée sous le coup de la censure, par la création d'un de ces recueils à périodicité irrégulière, revues déguisées en livres qui échappaient à la loi sur la presse. Le gouvernement avait naturellement *le Moniteur* auquel il avait ajouté *le Journal des Maires;* la fraction doctrinaire, *les Archives;* l'opposition de gauche, *le Mercure* et *le Censeur européen.* Ce ne fut qu'à la fin de 1818, on le verra, que la droite fonda *le Conservateur.*

On peut dire que dans cette mêlée générale des idées et des opinions on ne s'entendait pas toujours dans le même camp. Ainsi, ce fut dans *le Censeur européen*, journal essentiellement constitutionnel et parlementaire, que le saint-simonisme, cette secte philosophique, fit sa première apparition par des articles d'Augustin Thierry, destiné plus tard à une grande renommée comme historien, mais inexpérimenté alors, cherchant sa voie en histoire comme en politique, et plein d'enthousiasme pour Saint-Simon dont il était le disciple préféré. Dans cette année 1817, où ces articles avaient paru, l'utopie saint-simonienne éprouva le besoin d'avoir une tribune à elle et fonda *l'Industrie*, en révélant par ce titre même la prétention qu'elle avait de tout subordonner aux industriels. L'école libérale prit le change, et ses membres les plus éminents, au nombre desquels il faut placer le duc de Broglie, Casimir Périer et M. Roy, croyant qu'il s'agissait de substituer l'aristocratie intelligente, active et productive des intérêts à l'aristocratie du nom et des souvenirs, furent les premiers souscripteurs du nouveau journal. Mais, quand ils virent par l'exposition de la doctrine qu'il s'agissait d'une utopie matérielle qui renversait la société par sa base en détruisant toute liberté et toute initiative et en la transformant en une espèce de ruche cédant à des attractions purement mécaniques, ils se séparèrent publiquement de l'organe saint-simonien, en déclarant qu'ils avaient été trompés. Le socialisme, sous sa forme savante, n'en avait pas moins fait son avènement dans le monde ; il allait travailler au recrutement des intelligences jusqu'au moment où une circonstance favorable lui permettrait de se montrer. En attendant, la secte saint-simonienne était un élément de trouble moral de plus dans la situation. Derrière ceux qui travaillaient à une révolution politique, commençaient à paraître les ouvriers d'une révolution sociale.

Quoique les nuances ne fussent pas aussi tranchées dans la

droite que dans le parti qui abritait ses nombreuses subdivisions et ses éléments hétérogènes sous le nom générique de parti libéral, elle était loin d'être homogène. Tandis qu'un grand nombre de ses membres, ceux surtout qui étaient mêlés à la vie publique, acceptaient le terrain constitutionnel tel que M. Chateaubriand l'avait mesuré et défini dans *la Monarchie selon la Charte*, d'autres, comme M. de Bonald, laissaient voir leur prédilection pour un système tout autre que celui qui était en vigueur. Cet illustre penseur avait, on le sait, un idéal social duquel les nations ne s'écartaient pas, selon lui, sans préjudice et sans péril ; c'était la famille qui lui en avait fourni le type avec le pouvoir souverain du père, le pouvoir intermédiaire de la mère qui s'interposait entre le père et les enfants pour adoucir le commandement du premier et exciter l'obéissance des derniers. Il revenait toujours à cet idéal social où le père était le roi, où les autres privilégiés, la noblesse et le clergé, remplissaient le rôle de la mère, et où il ne restait plus aux autres classes que le rôle de soumission et d'obéissance de l'enfant. Comme toute idée, celle-ci pouvait se discuter dans le domaine de la théorie pure ; mais, dans la pratique, deux faits étaient certains, c'est qu'elle était incompatible avec la situation du pays et inconciliable avec la Charte. M. de Bonald, en y revenant sans cesse, donnait des armes contre la droite, et, quand il écrivait dans ses *Pensées*, qui parurent à la fin de 1817, cette phrase : « On ne doit assembler les hommes qu'à l'église ou sous les armes, parce que là ils ne délibèrent point, ils écoutent et obéissent, » les adversaires des royalistes ne manquèrent pas de dire que, malgré leurs respects hypocrites pour la Charte, ceux-ci aspiraient au rétablissement du pouvoir absolu. Il était d'autant plus urgent pour la droite de créer un organe où l'on pût trouver l'unité de ses doctrines, affirmée par ses principaux représentants, et où l'accord se fît.

## IV

### NÉGOCIATIONS POUR UN NOUVEAU CONCORDAT.

A toutes les questions intérieures et extérieures qui préoccupaient le gouvernement, vint s'ajouter une question toujours extrêmement grave, la question religieuse. Le 11 juin 1817, le comte de Blacas avait signé à Rome avec le cardinal Consalvi un nouveau concordat ; des copies plus ou moins exactes de cet acte important commençaient à circuler en France, et l'on répandait des bruits qui semaient partout l'inquiétude. Pour bien comprendre le concordat de 1817 et les négociations qui l'amenèrent, il faut remonter un peu plus haut. Dès que Louis XVIII était rentré en France en 1815, il éprouva le désir de revenir sur le concordat de 1801 et d'en obtenir la suppression, s'il était possible. Des instructions avaient été remises à ce sujet à M. de Pressigny, alors ambassadeur de France à Rome. Ces instructions, rédigées par M. de Talleyrand, prescrivaient à l'ambassadeur d'amener le souverain pontife à considérer comme imposés par la violence tous les actes intervenus depuis l'invasion de la France dans les États pontificaux en 1797 :

« Le point d'où l'ambassadeur doit partir, disait-on dans ces instructions, est que, l'invasion des Français dans les États du Pape en 1797 étant l'origine de toutes les violences qui lui ont été faites ensuite, et ayant fait tomber cette enceinte de respect qui était sa première défense, tout, depuis cette époque, est à revoir et à réparer. Cette date antérieure au pontificat de Pie VII est celle qu'il faut rappeler dans toutes les discussions avec le Saint-Siège. Par là, on n'impute pas au Pape actuel ces commencements de dépendance et de sujétion. Le Pape devient moins embarrassé de ses propres faiblesses qui ne lui paraissent plus dériver que de circonstances étrangères à son administration, et il peut sans contradiction avec lui-même faire rentrer ses ministres dans les anciennes relations... La révision du concordat et de tous les actes depuis 1797 est attendue de l'Église gallicane : tous les évêques, les anciens, les nouveaux, ceux de toutes les dates, la réclament. »

Le vif désir qu'avait Louis XVIII de faire abolir le concordat de 1801 est facile à expliquer. Cet acte avait été un des coups les plus sensibles qu'il eût ressentis dans son exil; à ses yeux, en effet, il rompait l'antique alliance qui avait existé entre le Saint-Siége et la maison de France et il reconstituait la religion en France en dehors de la royauté très-chrétienne par un accord fait avec la Révolution. Il ne faut pas oublier que le pape Pie VII, usant du droit dictatorial qui appartient à la papauté dans les grandes nécessités de l'Église, avait non-seulement demandé la démission des évêques émigrés qui ne pouvaient pas résider dans leurs diocèses avec le nouveau gouvernement, mais qu'il avait destitué, en vertu de son autorité souveraine, ceux qui avaient refusé cette démission. Il en était résulté une scission dans l'épiscopat et dans l'Église gallicane, et le clergé français se trouvait dans la plus pénible et la plus difficile des situations par l'existence de la petite Église, c'est ainsi qu'on nommait le clergé qui refusait au pape le droit qui lui appartenait de signer le concordat, et des restes de l'Église constitutionnelle qui se composait des champions opiniâtres de la constitution civile du clergé, en face de la seule Église qui fût placée sur le terrain des véritables principes, je parle de celle qui reconnaissait le concordat.

On ne peut nier qu'un tel état de choses n'appelât la sérieuse attention de l'autorité ecclésiastique et de l'autorité civile. D'un autre côté, la manière dont Napoléon avait exécuté le concordat de 1801 motivait la révision de cet acte aux yeux du Saint-Siége. On se souvient qu'après avoir laissé écouler dix mois sans publier le concordat de 1801, le gouvernement consulaire fit paraître dans la semaine de Pâques de l'année 1802 un gros volume portant pour titre le nom de *Con-*

*cordat.* En tête figurait le concordat véritable qui contenait deux pages, car il ne renfermait que dix-sept articles; mais à leur suite, sous la même date, on avait réuni une compilation de lois dites organiques que le gouvernement français avait ajoutées à l'acte primitif sans consulter le Saint-Siége [1].

Un second fait qui se rattachait au concordat de 1801 continuait à affliger vivement le Saint-Siége. Une des difficultés des négociations engagées à ce sujet avait été la situation des prêtres constitutionnels que, malgré toutes les observations du cardinal Consalvi, le gouvernement consulaire avait persisté à appeler aux siéges nouveaux. C'était aller notoirement contre l'un des buts du concordat, qui était l'abolition du schisme né de la constitution civile du clergé. Ne pouvant obtenir mieux, la cour de Rome déclara qu'elle se verrait dans l'impossibilité d'agréer les présentations du gouvernement français aux évêchés si les prêtres constitutionnels qu'on y appelait ne rétractaient pas formellement leurs erreurs. Le gouvernement consulaire prétendit que l'acceptation du concordat était de leur part une rétractation indirecte, mais suffisante. Le Saint-Siége persista en faisant observer que le concordat ne renfermait pas un mot sur la constitution civile

---

[1] « Pour persuader aux lecteurs superficiels et vulgaires, dit le cardinal Consalvi dans ses Mémoires, que ces articles organiques avaient été acceptés par le Pape, on les avait frauduleusement placés sous le titre et sous la date du concordat, et cependant ils étaient postérieurs à peu près d'un an à ce traité. Il n'y eut qu'une chose qu'on ne se permit point, ce fut d'apposer sous ces articles, que nous ne connaissions pas, nos noms qui se lisaient au bas du véritable concordat. Je renonce à dépeindre le chagrin que ces lois organiques causèrent au Pape. Il comprenait que le concordat était bouleversé et anéanti au moment même de sa publication, et qu'on portait ainsi un immense préjudice à la religion et aux règles essentielles de l'Église. Il ne restait à Pie VII d'autres moyens de protester que de déclarer en face du monde, dans une allocution consistoriale imprimée à l'heure même où le concordat paraissait à Rome, que ces lois organiques lui étaient absolument inconnues, qu'il n'y avait pris aucune part, qu'elles lui infligeaient la plus vive peine et qu'il allait présenter au premier consul ses plus pressantes réclamations; ce qu'il fit. »

du clergé qui constituait un schisme; que l'acceptation du concordat pouvait être regardée comme l'acceptation d'une nouvelle discipline substituée à celle de la constitution civile du clergé et non comme une flétrissure de cette dernière en tant que coupable et erronée. Le gouvernement consulaire s'était enfin rendu à ces raisons, et il avait été convenu d'un commun accord que les prêtres constitutionnels présentés pour les évêchés rétracteraient formellement leurs erreurs. La formule même de cette rétractation avait été fixée. Elle consistait dans une déclaration par laquelle les prêtres dont il s'agissait affirmaient se soumettre aux jugements du Saint-Siége exprimés dans les brefs de Pie VI sur la question des actes ecclésiastiques en France. Les choses se passèrent tout autrement qu'il n'était convenu. Le cardinal Caprara, qui n'avait pas reçu pour cela les pouvoirs nécessaires, donna l'institution canonique aux évêques nommés en écrivant à Rome que les prêtres autrefois entachés des erreurs constitutionnelles s'étaient rétractés en présence des évêques de Vannes et d'Orléans. Mais les évêques nommés lui infligèrent un démenti public dans les écrits qu'ils firent paraître et déclarèrent que, loin de souscrire à la formule présentée par les évêques de Vannes et d'Orléans, ils l'avaient foulée aux pieds[1].

Il y avait, on le voit, à Rome comme à Paris, des raisons qui devaient faire désirer la révision du concordat de 1801. On accueillit donc à Rome, au moins *ad referendum*, les ouvertures de la cour de France, et, le dernier jour de l'année 1814, le Pape écrivait à Louis XVIII une lettre personnelle dans laquelle il se montrait favorable à l'augmentation des siéges épiscopaux et archiépiscopaux, en insistant sur la né-

[1]. « Ces deux grands et très-cruels déboires, continue le cardinal Consalvi, aux Mémoires duquel nous empruntons ces détails, l'installation sur les nouveaux siéges des constitutionnels qui persistaient dans leur schisme, et la promulgation des lois organiques distinctives du traité, furent deux épines qui continuèrent à déchirer le cœur du Pape. »

cessité d'apporter un remède aux maux de l'Église de France par suite de tant de dispositions contraires à l'autorité et à la liberté de l'Église, opposées aux principes indestructibles de la doctrine catholique, particulièrement les lois relatives au divorce. Le Pape terminait en disant : « Nous attendons de Votre Majesté des choses grandes; l'Église tout entière les attend aussi; ce vœu, sans doute, ne sera pas trompé. »

Les choses étaient dans cet état quand les Cent-Jours vinrent interrompre la négociation commencée. En 1816, M. le comte de Blacas fut envoyé à Rome à la place de M. de Pressigny pour reprendre les négociations interrompues. Louis XVIII aurait désiré que ces négociations se suivissent à Paris, sans doute dans l'idée de prouver au monde que la cour de Rome ne faisait pas moins pour le Roi de France en 1816 qu'elle avait fait en 1801 pour le premier consul. C'est ce que l'on peut induire de la lettre suivante que le comte de Blacas fut chargé de porter à Rome :

« Le moyen, Très-Saint-Père, de parvenir le plus tôt possible au but que Votre Béatitude et moi nous ne pouvons que désirer également, celui de rendre à l'Église de France l'organisation qui lui est nécessaire pour remplir sa sainte destination et pour faciliter à mes peuples l'exercice de la religion catholique, est l'envoi immédiat d'un légat qui, à l'instar de celui qui traita avec l'usurpateur, arrive auprès de moi avec toute l'étendue de pouvoirs que sa mission comportera. Je ne doute pas que les évêques non démissionnaires, loin d'opposer à l'ordre qu'il s'agit d'établir aucunes difficultés, n'y concourent avec zèle pour le plus grand bien de la religion et des églises de France. »

Dans ses instructions à M. de Blacas, le duc de Richelieu avait soin de ménager les justes susceptibilités du Saint-Siége. On y lisait en effet ce qui suit :

« L'ambassadeur aura soin de ne faire aucune mention du concordat et de ne pas laisser supposer à la cour de Rome que le gouvernement lui en demande la révocation. Il faut sur ce point délicat ménager la susceptibilité du Saint-Siége, ne pas paraître avoir à lui reprocher un tort et lui épargner toute apparence de contradiction. Ses vues avaient été sans doute de sauver en France les débris de la religion et de l'Église, et S. M. apprécie comme elle le doit la position difficile où se trouvait alors le Saint-Siége; mais elle sait aussi que les dispositions prises dans des circonstances si différentes, si orageuses pour l'Église de France, ne s'appliquent plus à sa position actuelle, et que ce qui pouvait convenir pour la sauver du naufrage ne suffirait plus pour sa régénération. »

La politique de la cour de France est ici clairement indiquée. Sans réclamer l'abolition positive et directe du concordat de 1801, elle voulait arriver respectueusement à un but analogue en signant avec le Pape un nouveau concordat qui abolirait de fait le premier en le remplaçant. On pensait et on insinuait que la situation nouvelle faite à la France et à Rome par la restauration de la maison de Bourbon sur le trône de ses ancêtres réclamait de nouveaux arrangements également utiles au catholicisme et à la France.

Le 25 août 1816, le comte de Blacas signa à Rome un traité en quatorze articles qui, sauf quelques variantes, se rapprochait beaucoup du traité signé le 11 juin de l'année suivante et qui porta le titre de concordat de 1817. Cette première convention, quoique ratifiée par le Roi, ne devait pas être définitive. Le Pape, en l'envoyant à Paris, écrivit au Roi une lettre dans laquelle il élevait quelques réclamations relativement à deux points très-graves. Plusieurs évêques constitutionnels, après avoir abjuré leurs erreurs et obtenu ainsi du Saint-Siége l'institution canonique, les avaient reproduites; le Pape les signalait comme indignes du poste qu'ils occupaient. D'autres évêques, dans une position toute différente, avaient refusé au Pape, à l'époque du concordat de 1801 et depuis cette époque, la démission de leur siége que le Pape leur avait demandée, en vertu de l'obéissance promise au souverain pontife par serment dans l'acte de consécration. Quelque chose de plus, une grande partie d'entre eux s'étaient attiré par des faits et des écrits une grave censure en se rendant coupables d'offenses contre la dignité pontificale. Le Pape, en annonçant que les premiers ne pouvaient être maintenus sur leurs siéges, déclarait que les seconds n'obtiendraient pas l'institution canonique s'ils étaient présentés pour les siéges nouveaux, avant d'avoir donné à l'Église et au Saint-Siége une satisfaction convenable. L'ancienne Église constitutionnelle et la petite Église continuaient ainsi à être la pierre d'achoppement de la situation. M. de Talleyrand-Périgord, ancien archevêque de Reims, avait proposé au Roi de demander, pour aplanir ces difficultés, que tous les évêques concordataires ou non concordataires donnassent également leur démission, afin que l'on pourvût intégralement à la nomination d'un épiscopat nouveau. La cour de Rome avait réclamé du temps pour réfléchir à cette nouvelle résolution qui avait par elle-même quelque chose d'irrégulier et d'insolite. Au commencement de 1817, cette affaire n'avait fait aucun progrès, et, M. de Blacas s'étant rendu à Paris pour demander des instructions nouvelles, on lui répondit que ce qu'il y avait de mieux à faire était de profiter de la disposition où paraissait être la cour de Rome d'admettre des modifications à la convention du 25 août 1816 pour négocier une convention nouvelle. Le 11 juin 1817, le comte de Blacas signa avec le cardinal Consalvi l'acte suivan connu sous le nom de concordat de 1817 :

CONVENTION

ENTRE LE SOUVERAIN PONTIFE PIE VII ET SA MAJESTÉ LOUIS XVIII, ROI DE FRANCE ET DE NAVARRE.

Au nom de la sainte et indivisible Trinité :
Sa Sainteté le souverain pontife Pie VII et Sa Majesté Très-Chrétienne, animés du plus vif désir que les maux qui, depuis tant d'années, affligent l'Église cessent entièrement en France, et que la religion retrouve dans ce royaume son ancien éclat, puisque enfin l'heureux retour du petit-fils de saint Louis sur le trône de ses aïeux permet que e régime ecclésiastique y soit plus convenablement réglé, ont à ces fins résolu de faire une

convention solennelle, se réservant de pourvoir ensuite plus amplement et d'un commun accord aux intérêts de la religion catholique.

En conséquence, Sa Sainteté le souverain pontife Pie VII a nommé pour son plénipotentiaire Son Éminence Monseigneur Hercule Consalvi, cardinal de la sainte Église romaine, diacre de Sainte-Agathe *ad Suburram*, son secrétaire d'État,

Et Sa Majesté le Roi de France et de Navarre, Son Excellence Monsieur Pierre-Louis-Jean-Casimir, comte de Blacas, marquis d'Aulps et des Rolands, pair de France, grand maître de la garde-robe, son ambassadeur extraordinaire et plénipotentiaire près le Saint-Siége.

Lesquels, après avoir échangé leurs pleins pouvoirs trouvés en bonne et due forme, sont convenus des articles suivants :

### Article I.

Le concordat passé entre le souverain pontife Léon X et le Roi de France François I$^{er}$ est rétabli.

### Article II.

En conséquence de l'article précédent, le concordat du 15 juillet 1801 cesse d'avoir son effet.

### Article III.

Les articles dits organiques, qui furent faits à l'insu de Sa Sainteté, et publiés sans son aveu le 8 avril 1802, en même temps que ledit concordat du 15 juillet 1801, sont abrogés en ce qu'ils ont de contraire à la doctrine et aux lois de l'Église.

### Article IV.

Les siéges qui furent supprimés dans le royaume de France par la bulle de Sa Sainteté du 29 novembre 1801 seront rétablis en tel nombre qui sera convenu d'un commun accord, comme étant le plus avantageux pour le bien de la religion.

### Article V.

Toutes les églises archiépiscopales et épiscopales du royaume de France, érigées par ladite bulle du 29 novembre 1801, sont conservées ainsi que leurs titulaires actuels.

### Article VI.

La disposition de l'article précédent relatif à la conservation desdits titulaires actuels dans les archevêchés et des évêchés qui existent maintenant en France, ne pourra empêcher des exceptions particulières fondées sur des causes graves et légitimes, ni que quelques-uns desdits titulaires actuels ne puissent être transférés à d'autres siéges.

### Article VII.

Les diocèses tant des siéges actuellement existants que de ceux qui seront de nouveau érigés, après avoir demandé le consentement des titulaires actuels et des chapitres des siéges vacants, seront circonscrits de la manière la plus adaptée à leur meilleure administration.

### Article VIII.

Il sera assuré à tous lesdits siéges, tant existants qu'à ériger de nouveau, une dotation convenable en biens-fonds et en rentes sur l'État, aussitôt que les circonstances le permettront, et, en attendant, il sera donné à leurs pasteurs un revenu suffisant pour améliorer leur sort.

Il sera pourvu également à la dotation des chapitres, des cures et des séminaires tant existants que de ceux à établir.

### Article IX.

Sa Sainteté et Sa Majesté Très-Chrétienne connaissent tous les maux qui affligent l'Église de France. Elles savent également combien la prompte augmentation du nombre des siéges qui existent maintenant sera utile à la religion. En conséquence, pour ne pas retarder un avantage aussi éminent, Sa Sainteté publiera une bulle pour procéder sans retard à l'érection et à la nouvelle circonscription des diocèses.

### Article X.

Sa Majesté Très-Chrétienne, voulant donner un nouveau témoignage de son zèle pour la religion, emploiera, de concert avec le Saint-Père, tous les moyens qui sont en son pouvoir pour faire cesser, le plus tôt possible, les désordres et les obstacles qui s'opposent au bien de la religion et à l'exécution des lois de l'Église.

### Article XI.

Les territoires des anciennes abbayes dites *Nullius* seront unis aux diocèses, dans les limites desquels ils se trouveront enclavés à la nouvelle circonscription.

### Article XII.

Le rétablissement du concordat, qui a été suivi en France jusqu'en 1787 (stipulé par l'article Ier de la présente convention), n'entraînera pas celui des abbayes, prieurés et autres bénéfices qui existaient à cette époque. Toutefois ceux qui pourraient être fondés à l'avenir seront sujets aux règlements prescrits dans ledit concordat.

### Article XIII.

Les ratifications de la présente convention seront échangées dans un mois, ou plus tôt si faire se peut.

### Article XIV.

Dès que lesdites ratifications auront été échangées, Sa Sainteté confirmera par une bulle la présente convention, et elle publiera aussitôt après une seconde bulle pour fixer la circonscription des diocèses.

En foi de quoi les plénipotentiaires respectifs ont signé la présente convention et y ont apposé le cachet de leurs armes.

Fait à Rome, le onze juin mil huit cent dix-sept.

BLACAS d'AULPS.

Hercule, cardinal CONSALVI.

Le 19 juillet, le pape publia une bulle de confirmation de la convention du 11 juin ; le 27 juillet, une bulle de circonscription pour quatre-vingt-douze diocèses ; le 28 du même mois, il assembla le sacré collége et lui adressa une allocution au sujet du nouveau concordat. Il indiquait dans cette allocution les nombreux obstacles qu'il avait rencontrés dans cette négociation difficile. Il faisait mention d'une note du comte de Blacas expliquant que le serment par lequel les sujets promettent obéissance à la Constitution ne concerne que les choses de l'ordre civil. Le pape déclarait enfin que, voulant augmenter la joie solennelle de ce jour, il avait nommé cardinaux Alexandre-Angélique de Talleyrand, ancien archevêque de Reims ; César-Guillaume de la Luzerne, ancien évêque de Langres ; et Louis-François de Bausset, ancien évêque d'Alais.

De son côté, le duc de Richelieu avait accusé réception en ces termes au comte de Blacas du concordat par une lettre datée du 1ᵉʳ juillet 1817 :

« Je n'ai pas perdu un moment pour mettre vos dépêches sous les yeux du Roi ; Sa Majesté a éprouvé la plus vive satisfaction de l'heureuse conclusion d'une affaire si importante et si difficile, et elle a apprécié tout ce qu'il vous a fallu de zèle et d'habileté pour triompher, aussi promptement que vous l'avez fait depuis votre retour à Rome, des obstacles qui restaient encore à surmonter. Les concessions que vous avez obtenues sont plus importantes que celles que vous avez faites, et les changements qu'a subis la convention du 25 août ont fait disparaître sur tous les points essentiels les objections que la première rédaction avait fait naître. Nous n'en prévoyons pas davantage sur la déclaration relative au serment depuis qu'il est convenu que la note officielle dont vous m'envoyez le projet définitivement arrêté remplacera la lettre qu'on voulait exiger du Roi. Je vous envoie les ratifications. Les évêques de Cambrai, d'Avignon, d'Angoulême et de Dijon se sont refusés positivement aux invitations qui leur ont été faites de donner leur démission, et ceci devient une affaire fort épineuse. Leur existence dans l'Église gallicane sera certainement un grand scandale, mais il est inévitable, puisqu'il n'y a aucun moyen canonique et régulier de les forcer à quitter leurs siéges... Le Roi a jugé dans sa sagesse qu'il était préférable de tolérer un mal auquel on ne peut remédier que par un autre mal plus général et dont les suites seraient bien autrement dangereuses. Ces quatre évêques resteront donc dans leurs siéges. »

Au mois de juillet, et même pendant le mois d'août 1817, l'affaire du concordat semblait donc terminée, puisque cette convention avait été non-seulement signée, mais ratifiée de l'un et l'autre côté, et l'on célébrait déjà dans les journaux religieux la paix rendue à l'Église et l'union intime rétablie entre le Saint-Siége et le gouvernement royal; mais, dès l'origine, un différend s'était élevé dans le conseil. Ce concordat serait-il mis à exécution par une ordonnance royale sans être soumis à la sanction des Chambres, ou bien réclamerait-on cette sanction? Ceux qui se rangeaient à la première opinion, et parmi eux on comptait le duc de Richelieu et M. Lainé, rappelaient que le traité conclu avec les puissances coalisées le 20 novembre 1815 n'avait pas été soumis aux Chambres, quoiqu'il entraînât de grands changements dans la circonscription du territoire national et d'immenses conséquences financières. On s'était contenté d'en donner communication aux Chambres et de leur demander ensuite les fonds nécessaires pour exécuter le traité. Cette fois, la position du gouvernement était bien plus favorable, car on ne demandait pas de nouveaux fonds pour le clergé; le budget ecclésiastique voté en 1817 et qui allait être continué pour 1818 présentait des ressources suffisantes, M. Lainé l'attesta, pour l'établissement des nouveaux siéges épiscopaux. A ceux qui objectaient que, le concordat de 1801 étant devenu loi de l'État, il fallait une loi de l'État pour substituer celui de 1817, on répondait que la Charte et son article 14 n'existaient pas en 1801, que cet article déclarant que *le Roi fait les traités de paix, d'alliance, de commerce*, il en résultait évidemment qu'un traité conclu par le Roi devenait loi en vertu de la Charte sans avoir besoin de la sanction des Chambres.

Pour ceux qui connaissaient l'état des esprits en France, les préventions depuis longtemps accréditées sur les rapports de l'État et de l'Église, les passions politiques toujours à l'affût des questions qui pouvaient passionner l'opinion, il était évident qu'il ne fallait pas signer le concordat de 1817 avec le Saint-Siége si l'on ne voulait pas suivre cette voie. En effet, malgré les articles du concordat de 1817 qui faisaient droit aux changements si considérables survenus dans la société depuis François I$^{er}$, on ne devait pas manquer d'alléguer que le nouveau concordat était un retour à l'ancien régime. Les politiques si nombreux en France qui ne comprenaient pas les libertés de l'Église et entendaient que celle-ci fût asservie à l'État, et les gallicans alors en majorité dans le clergé qui nourrissaient des ombrages traditionnels contre Rome, joindraient leurs préjugés à ceux des libres penseurs qui voyaient dans les articles organiques un moyen d'assujettir le clergé au pouvoir civil. Devant cette coalition de préjugés et d'intérêts, le concordat de 1817 devait périr. Si on le croyait inapplicable à la France dans l'état où elle se trouvait, il eût été plus simple à la fois et plus sage de ne pas le signer que de le faire discuter par les assemblées politiques, avec la chance inévitable de le voir rejeté, au grand préjudice non-seulement du Saint-Siége qui recevrait un affront public, mais de la royauté obligée de le refuser après l'avoir demandé.

M. Decazes persista, malgré ces considérations, à vouloir que le concordat fût soumis à la sanction des Chambres. Les motifs constitutionnels qu'il alléguait ne détruisaient point celui qu'avait fait valoir le duc de Richelieu. M. Decazes se contentait, en effet, de dire que le droit qu'avait le Roi de faire des traités était subordonné à la condition sous-entendue que ces traités ne modifieraient en rien les lois intérieures de l'État. Or l'augmentation du nombre des diocèses et l'abrogation des articles organiques touchaient aux lois intérieures du royaume. Mais, de deux choses l'une : ou l'article 14 de la Charte qui conférait au Roi le droit de faire des traités de paix, d'alliance et de commerce, sans avoir besoin de la sanction des Chambres, était nul, ou il entraînait la faculté de modifier en quelque chose la situation intérieure du royaume, car il est presque impossible de conclure une convention au dehors sans qu'elle ait une influence au dedans; et certes, quand le Roi avait renoncé par une convention avec l'Europe à tant de territoires, quand il avait consenti au payement d'une contribution de guerre si exorbitante, il avait fait quelque chose de plus considérable que ce qu'il s'agissait de faire pour le concordat de 1817. Si l'argument constitutionnel de M. Decazes était faible, il avait un argument politique qui avait plus de valeur. Il fallait se maintenir sur le terrain où on s'était placé par l'ordonnance du 5 septembre, continuer à se séparer de la droite, complaire aux opinions qui lui étaient opposées afin de se ménager leur appui pour la réélection du cinquième sortant de la Chambre des députés qui allait avoir lieu, enfin maintenir l'alliance avec les doctrinaires. Il devenait donc nécessaire, pour être conséquent avec soi-même, de soumettre le concordat à l'approbation des Chambres. L'affaire fut d'abord traitée dans un conseil de cabinet, auxquels furent appelés le cardinal de la Luzerne, le chancelier Dambray, MM. Beugnot, Ferrand, Portalis, Camille Jordan, et ensuite au Conseil d'État, où, depuis quelque temps, un grand nombre de membres appartenant à la nuance doctrinaire avaient été appelés. Naturellement l'avis de M. Decazes prévalut. Dès lors on put regarder la cause du nouveau concordat comme perdue.

## V

### MODIFICATIONS MINISTÉRIELLES ET ADMINISTRATIVES.

Quand cette décision fut prise relativement au concordat, de graves modifications, dont il importe de parler, avaient eu lieu. Aux yeux du duc de Richelieu, l'ordonnance du 5 septembre avait pu être une solution, mais, en réalité, elle n'était qu'un point de départ; par cela seul qu'on s'éloignait de la droite, il fallait se rapprocher des opinions opposées. MM. Decazes et Pasquier l'entendaient bien ainsi. Le mouvement qui, bien peu de temps après les événements de Lyon, atteignit M. Dubouchage, et, trois mois après, le duc de Feltre, devait exclure un jour M. Lainé et le duc de Richelieu lui-même. Quand il y a deux éléments dans un ministère, celui qui a pris l'ascendant cherche toujours à se compléter et à éliminer l'élément différent ou contraire. Ce fut ce qui arriva dans cette occasion. M. Decazes, qui avait pris l'initiative de l'ordonnance du 5 septembre, puissamment aidé en cela par M. Pasquier, ne tolérait qu'avec peine la présence dans le ministère de MM. le duc de Feltre et Dubouchage, restés en communion d'idées avec la droite, contre laquelle la mesure d'État du 5 septembre avait été prise. Ils demandaient qu'on étendît au ministère ce qu'on avait fait contre la majorité de 1815 et que le cabinet devînt plus homogène par l'exclusion des deux ministres appartenant à la droite et par l'accession de deux nouveaux membres plus en harmonie avec la politique générale du cabinet. Leurs candidats étaient tout trouvés, c'étaient le maréchal Gouvion Saint-Cyr pour la guerre et M. Molé pour la marine. Le duc de Richelieu et M. Lainé firent quelque résistance. Royalistes de cœur, il leur répugnait de rompre d'une manière complète avec la droite, et il y avait dans ce mouvement continu vers les hommes des Cent-Jours et toutes les nuances d'opinions hostiles à la monarchie, quelque chose qui inquiétait leur dévouement monarchique. M. Molé avait exercé des fonctions pendant les Cent-Jours et il avait voté les articles additionnels aux constitutions de l'Empire. Si le maréchal Gouvion Saint-Cyr n'inspirait pas les mêmes répugnances au duc de Richelieu, le président du Conseil et M. Lainé n'ignoraient pas cependant que le maréchal se rapprochait plus des opinions de M. Decazes et de M. Pasquier que de leurs propres idées. Ils voyaient dans son entrée au conseil plusieurs inconvénients : d'abord une diminution de leur influence politique et une augmentation de celle de M. Decazes; M. Lainé, qui s'était plusieurs fois trouvé en conflit avec le jeune ministre de la police réclamant la destitution de préfets royalistes dont le ministre de l'intérieur voulait le maintien, était surtout frappé de cette considération. En second lieu, le duc de Richelieu appréhendait que le maréchal de Saint-Cyr placé au ministère de la guerre ne voulût modifier l'armée qu'avait formée le duc de Feltre, « armée un peu trop vive peut-être, ajoutait le duc de Richelieu, mais franchement royaliste, et qui, dans les circonstances données, était un petit chef-d'œuvre. » En outre, il lui répugnait de prendre la responsabilité d'un mauvais procédé envers le duc de Feltre, avec lequel il avait toujours entretenu d'excellents rapports, et qui avait rendu un véritable service en réorganisant l'armée de manière que l'on pût compter sur elle au milieu des attaques auxquelles la monarchie était exposée.

Le duc de Feltre, en effet, au milieu des difficultés de tous genres où se trouva le gouvernement royal après le licenciement de l'armée de la Loire, avait réussi à organiser une armée composée de quatre-vingt-dix légions ou régiments d'infanterie, y compris quatre régiments suisses, de quarante-sept régiments de cavalerie, de douze régiments d'artillerie dont quatre à cheval, de trois régiments du génie. Il avait, en outre, formé une garde royale réunissant une force de vingt-six mille hommes, composée de deux divisions d'infanterie et de deux divisions de cavalerie, complétées par deux régiments d'artillerie, l'un à pied, l'autre à cheval. La maison militaire du Roi comptait, en outre, mille gardes du corps à cheval, divisés en quatre compagnies, deux cents gardes du corps de MONSIEUR également à cheval et destinés au service des princes, enfin la compagnie des cent-suisses à pied. Ce n'était pas un médiocre service que d'avoir donné à la monarchie et à la France une armée tirée des éléments de l'ancienne armée impériale triés avec soin et sincèrement dévouée à la dynastie. On faisait, il est vrai, un reproche au duc de Feltre de la sollicitude avec laquelle il avait opéré ce triage, et on regardait la défiance prudente qu'il avait montrée comme offensante pour l'honneur militaire; mais après les événements des Cent-Jours un tel reproche n'a rien de sérieux, et une trop grande confiance dans des circonstances où l'existence de la monarchie, peut-être celle de la France, pouvait dépendre de la défection d'un régiment, eût été un acte de témérité, presque de trahison.

M. Decazes n'était pas aussi frappé de ces considérations que le duc de Richelieu et M. Lainé. L'esprit ardemment royaliste qui régnait dans l'armée était favorable à la droite et par conséquent désagréable à la nuance ministérielle dont il faisait partie. Il craignait tout ce qui pouvait fortifier ses adversaires comme l'affaiblissant lui-même, et il désirait que l'influence de l'ordonnance du 5 septembre s'étendît à l'armée comme tout le reste. Fidèle à son habitude de tourner la difficulté quand il ne pouvait la surmonter de front, il se borna pour le moment à demander au duc de Richelieu le sacrifice de M. Dubouchage, pour lequel son grand âge devenait une raison plausible de retraite, et de le faire remplacer à la marine par le maréchal Gouvion Saint-Cyr. *Le Moniteur* du 23 juin 1817 annonça cet événement politique. Tandis que le duc de Richelieu rassurait le duc de Feltre alarmé, en lui faisant observer de la meilleure foi du monde que l'acceptation du portefeuille de la marine par le maréchal le délivrait d'un compétiteur à la guerre, M. de Gouvion Saint-Cyr recevait de M. Decazes l'assurance positive que son entrée à la marine ne serait qu'un stage en attendant le ministère de la guerre qu'il ambitionnait. C'était avec ces habiletés sournoises, plus voisines de l'intrigue que de la politique, que le ministre de la police se conduisait envers le duc de Richelieu. Il tenait en outre dans l'ombre le comte Molé, contre lequel le président du conseil élevait d'assez vives objections à cause de la conduite de celui-ci dans les Cent-Jours. Mais, M. Dubouchage une fois exclu du ministère, avec les honneurs de la guerre, il est vrai, car il fut nommé pair de France, ministre d'État et membre du conseil privé, M. Decazes continua à battre en brèche le crédit du duc de Feltre dans l'esprit du duc de Richelieu. Tantôt il objectait avec l'ardeur d'un homme parlant sur un fait personnel la vive opposition que le duc de Feltre tolérait dans l'armée contre plusieurs membres du ministère; tantôt il alléguait que, lié comme il l'était avec la droite, le ministre de la guerre ne pourrait présenter un projet de loi sur le recrutement et l'avancement susceptible de plaire à la majorité. Il se faisait l'écho des réclamations des doctrinaires, qui devenaient plus exigeants depuis que leur concours paraissait nécessaire et laissaient entendre qu'ils le mettaient au prix d'une modification ministérielle. Comme cette espèce de violence morale commençait à indisposer le duc de Richelieu, qui entrevoyait une servitude là où il avait espéré trouver un appui, M. Decazes lui démontra que, pour mettre le ministère à l'abri de cette pression, il fallait le rendre fort, que pour le rendre fort il fallait le rendre homogène. Avec M. Molé à la marine et le maréchal Gouvion Saint-Cyr à la guerre, il devenait inébranlable. En outre, les hommes des Cent-Jours apprenaient, par l'entrée de M. Molé aux affaires, que s'ils se ralliaient de bonne foi à la monarchie légitime, la porte leur était ouverte et qu'ils pouvaient parvenir à tout. Deux circonstances surtout favorisèrent les efforts de M. Decazes : le mauvais effet que produisit le concordat sur les nouveaux amis du ministère; l'approche des élections du cinquième sortant qui, comme le ministre de la police le fit observer, était une épreuve sérieuse pour le cabinet, à qui la prudence conseillait de se concilier par une mesure désirée et attendue les suffrages des électeurs. Après avoir assez longtemps hésité, le duc de Richelieu prit tout à coup son parti, et, le 12 septembre 1817, un peu moins de trois mois après s'être séparé de M. Dubouchage, il se sépara du duc de Feltre, et fit annoncer dans *le Moniteur* que M. Molé devenait ministre de la marine, et le maréchal Gouvion Saint-Cyr ministre de la guerre. Les choses se passèrent aussi secrètement que pour l'ordonnance du 5 septembre, et ce fut en même temps que le public et par la feuille officielle que Monsieur, frère du Roi, la Cour et le corps diplomatique apprirent la nouvelle modification ministérielle. Ces changements dans le ministère furent précédés, accompagnés ou suivis de modifications dans les sphères supérieures de l'administration. MM. de Curzay, de Sartiges, Paillot de Loines, de Floirac, et deux autres hommes de la droite, furent successivement éliminés de leurs préfectures dans les mois de juin, de juillet et d'août. On se préparait aux élections. Pour compléter cette série de destitutions et de nominations, le gouvernement remplaça M. Tabarié au sous-secrétariat de la guerre par M. Allent; M. de Chabrol fut nommé, comme on l'a déjà vu, sous-secrétaire de l'intérieur en remplacement de

M. Becquey, qui succéda à M. Molé dans la direction des ponts et chaussées; M. de Mirbel, nous avons déjà eu occasion de le dire, remplaça M. Bertin de Vaux comme sous-secrétaire d'État de la police; et M. Villemain, dont les liens avec M. Decazes étaient étroits, obtint la direction de la librairie, d'autant plus importante que la presse relevait de cette direction. Séparé de la droite et ne pouvant aller jusqu'aux nuances confondues sous le nom générique d'indépendants, dont les exigences lui paraissaient intolérables et dont les arrière-pensées politiques lui étaient suspectes, M. Decazes était obligé par la force des choses à s'arrêter à mi-côte de la pente et à accepter les doctrinaires pour auxiliaires, car ils lui fournissaient ce dont il ne pouvait guère se passer dans un gouvernement de publicité : des écrivains et des orateurs. C'est ainsi que MM. Camille Jordan, Guizot, Allent, Maine de Biran, furent appelés au conseil d'État, où siégeaient déjà MM. Royer-Collard et de Barante.

## VI

#### ÉLECTIONS DU CINQUIÈME.

*Le Moniteur* du 20 août 1817 publia une ordonnance du Roi convoquant pour le 20 septembre suivant les colléges électoraux de la série sortante, afin de procéder à l'élection de leurs députés. C'était une grave épreuve pour le ministère. On allait commencer à pouvoir apprécier les résultats pratiques de l'ordonnance du 5 septembre et de la nouvelle loi d'élections.

Disons comment, au moment où les élections partielles s'ouvrirent, les camps étaient dessinés. Les hommes de droite, de plus en plus repoussés par le ministère, qui venait de rompre avec eux ses derniers liens en éliminant de son sein MM. de Feltre et Dubouchage, avaient à la fois à lutter contre l'influence du gouvernement et celle des indépendants. Ce dernier parti, que, quelques mois auparavant, M. Decazes traitait comme un auxiliaire commode, condamné par sa situation à rendre des services sans en réclamer le prix, avait, depuis la dernière session, pris une tout autre attitude. Par une espèce de contre-coup logique, toute attaque dirigée contre la droite profitait au parti regardé comme son adversaire et son contre-poids naturel. Or on a vu que le ministère n'avait pas épargné les attaques à la droite. Dans plusieurs départements, à Paris surtout, les indépendants s'étaient fortement organisés. Le comité électoral de Paris était formé de MM. Laffitte, Manuel, Benjamin Constant, la Fayette et de quelques autres membres dont plusieurs étaient non-seulement opposés au ministère, mais notoirement hostiles à la dynastie. Le ministère essaya en vain d'amener une scission dans ce comité en offrant à M. Laffitte de le faire porter à Paris avec MM. Benjamin Delessert et Casimir Périer, s'il consentait à soutenir, à aider l'élection de MM. Pasquier, Bellard et de trois autres membres désignés par l'administration. En d'autres termes, on offrait aux indépendants trois siéges sur huit. M. Laffitte refusa. Il attachait un grand prix à faire passer M. Manuel, sur l'habileté parlementaire et sur l'éloquence duquel les indépendants fondaient leur espoir.

La liste des indépendants resta donc composée de MM. Laffitte, Manuel, Benjamin Constant, la Fayette, Casimir Périer, Benjamin Delessert, de Thiars et Gilbert des Voisins. Ainsi l'on voyait déjà paraître ce pêle-mêle de nuances et de noms qui devait donner lieu à un perpétuel malentendu, en faisant peser sur ceux qui aspiraient à la liberté politique comme à un but la responsabilité de la conduite de ceux qui voulaient s'en servir comme d'un moyen de renversement. Les premiers, en ayant l'air de cautionner les seconds, se trouvaient compromis par eux. Sans doute, M. Laffitte n'était pas un ennemi déclaré et systématique de la dynastie; placé par la position de sa maison au premier rang dans le monde de l'argent, il avait la double vanité de sa fortune qui était énorme et de sa capacité qu'il surfaisait; généreux du reste, plein de faste, se faisant honneur de son argent, il y avait en lui du Mécène et du Fouquet, et le *Quo non ascendam* du second aurait pu lui servir de devise. Honnête homme, banquier habile, financier intelligent, politique médiocre et d'un esprit ouvert aux utopies, d'une froideur hautaine pour le gouvernement royal qu'un entourage nobiliaire lui rendait peu sympathique et qui avait le tort à ses yeux de ne pouvoir lui offrir le premier rôle, il était exigeant et mécontent sans qu'on pût dire qu'il fût factieux. M. Casimir Périer avait plus d'ouverture d'esprit, plus d'ardeur et d'impétuosité dans le caractère, et au fond moins de prétentions; une conception plus large de la politique, une volonté plus forte, avec un sentiment assez élevé de sa valeur personnelle pour ne pas être jaloux de la noblesse; c'était un homme de pouvoir égaré dans l'opposition. M. Benjamin Delessert était une haute spécialité financière, esprit modéré, caractère calme et froid, d'une probité à toute épreuve. Mais la liste des indépendants contenait des noms hostiles, des malveillants et même des conspirateurs. Benjamin Constant, d'autant plus mécontent de la seconde Restauration qu'il avait à rougir devant elle, se présentait aigri par le souvenir de sa palinodie. En appelant M. Molé au ministère, on avait ménagé au célèbre publiciste de la gauche une rentrée en scène qu'il ne laissa pas échapper, et il ne manqua pas de rappeler que le jour où il était entré au conseil d'État des Cent-Jours, M. Molé, maintenant ministre du Roi et alors son collègue au conseil d'État impérial, était venu le féliciter. Sans doute, Benjamin Constant ne devait jamais aller jusqu'à la violence ouverte, son tempérament excluait les moyens de cette nature; mais tout le mal que la langue dorée d'un rhéteur habile, la plume d'un publiciste éloquent, incisif et spirituel pouvait faire à un gouvernement, il le faisait à la monarchie. En l'attaquant, ne se justifiait-il pas de l'avoir abandonnée? Le général la Fayette se présentait avec des dispositions analogues ; chef des constitutionnels qui avaient essayé la liberté avec l'Empire, pendant les Cent-Jours, s'il avait oublié son premier divorce avec la monarchie de 89, il ne pouvait oublier son divorce récent avec celle de 1815 ; il apportait contre elle sa vanité de tribun et sa vanité d'aristocrate fondues dans l'unité de son immense orgueil, avec la force qu'il puisait dans l'incontestable honnêteté de sa vie privée.

MM. de Thiars et Gilbert des Voisins représentaient sur la liste des indépendants la nuance bonapartiste avec sa malveillance systématique. M. Manuel allait déjà jusqu'à la conspiration. Il avait fait un voyage à Bruxelles à l'époque où l'intrigue du prince d'Orange était dans sa période ascendante ; et quand le refus de l'empereur de Russie de laisser ce mouvement se continuer avait désorganisé la conspiration, il avait noué des relations avec le prince Eugène Beauharnais, espérant faire de lui le fondateur d'une nouvelle dynastie. C'était donc un ennemi déclaré de la maison de Bourbon que le comité des indépendants voulait introduire dans la Chambre. Derrière la malveillance systématique qui se maintenait encore sur le terrain parlementaire, la conspiration s'embusquait dans la légalité pour guetter l'heure où l'on pourrait donner à la monarchie le coup mortel.

Cette liste des indépendants produisit sur le ministère et encore plus sur le Roi l'effet de la tête de Méduse. Quoi ! l'on en était déjà arrivé là. Tel était le premier résultat de l'application de cette loi des élections dont on s'était tant promis ! Louis XVIII surtout, qui, dès l'origine, avait été d'avis qu'il fallait mieux tenter de s'entendre à Paris avec les hommes de droite qu'avec les indépendants, se montrait offensé et alarmé de la hardiesse des derniers. Le duc de Richelieu partageait les sentiments du Roi et il écrivait à cette époque : « Si M. Pasquier n'est pas nommé, c'est le plus grand malheur qui puisse arriver à la France et à nous, car il en résultera que notre influence sera regardée comme nulle et que toute idée de stabilité s'évanouira. Alors tous nos rêves d'évacuation, de libération du territoire, s'en iront en fumée [1]. »

Il fallait cependant se décider à produire une liste ministérielle à l'encontre de la liste des indépendants. Le gouvernement présenta aux électeurs les députés sortants, sauf M. Laffitte, qui venait de lui infliger un refus public, et M. de Chabrol, nommé sous-secrétaire d'État, et qu'il remplaça par M. Camet de la Bonardière, ancien député, et par M. Goupy, banquier à Paris. La liste ministérielle porta donc, outre ces deux noms, ceux de MM. Bellard, Pasquier, Try, Roy, Delaître et Breton. Les hommes de droite eurent aussi leur liste où figuraient en première ligne MM. Olivier, Pardessus et Quatremère de Quincy.

Avant que le scrutin fût ouvert, la lutte s'était engagée dans la presse. Deux brochures, l'une de Benjamin Constant, l'autre de M. de Pradt, avaient été surtout remarquées. Benjamin Constant combattait à la fois les hommes de droite, qu'il appelait les hommes d'ancien régime, et les ministériels, c'est-à-dire les politiques qui, tout en acceptant le gouvernement constitutionnel, voulaient le faire marcher à l'aide des lois d'exception. C'était donc sur le terrain du droit commun, opposé aux lois exceptionnelles, qu'il posait la candidature des indépendants. La brochure de M. de Pradt ne s'éloignait pas beaucoup de ces principes; seulement le désir de poser sa candidature personnelle qui n'avait pas été acceptée par le

---

[1]. Lettre citée par M. Duvergier de Hauranne dans son *Histoire du gouvernement parlementaire*.

comité des indépendants, et l'emphase de son style qui dépassait toute mesure, nuisirent à l'effet de cet écrit qui était encore plus une circulaire électorale qu'une brochure sur les élections.

Le ministère ne manqua point d'organes pour répondre aux indépendants. Les doctrinaires avaient ouvert le feu dans les *Archives philosophiques*, où M. Guizot avait écrit ces lignes avant l'ouverture de la lutte : « La loi des élections appelle à l'exécution de la Charte la France libre et éclairée, telle que la Révolution l'a faite ou laissée. Les intérêts des classes, des conditions et des partis anciens ou nouveaux, méfiants ou agresseurs, ne sont ni consultés ni considérés par elle. Elle les prend ou les laisse tels qu'ils sont; ils pourront ce qu'ils peuvent réellement, ils vaudront ce qu'ils valent en effet. » N'était-ce pas ouvrir un peu trop philosophiquement la porte à un redoutable inconnu et faire marcher la politique les yeux fermés, comme on dit que marche la fortune? Les écrivains doctrinaires ajoutaient que, dans l'intérêt de la monarchie, il fallait exclure également les jacobins et les ultra-royalistes. Il est facile de comprendre l'irritation profonde que cet offensant *ex-æquo* excitait dans l'âme des hommes de la droite. Ceux qui avaient et qui auraient donné encore tout leur sang pour les Bourbons s'indignaient d'être assimilés aux hommes qui avaient trempé dans les crimes de la Révolution et qui étaient disposés à recommencer si l'occasion se présentait. Les polémistes du ministère faisaient observer avec plus de raison que, sous cette dénomination bien vague d'indépendants, des nuances politiques diverses se cachaient, que plusieurs des hommes que le comité électoral produisait donnaient un démenti à son programme par leurs antécédents ; ils avaient été bien mal préparés à ce vote d'indépendance en faisant sous l'empire métier de servitude. Était-on sûr que le ministère voulût le maintien des lois d'exception, quand on choisissait comme terrain contre lui l'abolition de ces lois. Ce n'était pas là qu'était la question décisive, celle qui devait déterminer les électeurs. A un régime nouveau il fallait de nouveaux hommes, étrangers aux querelles des anciens partis, ni révolutionnaires, ni impérialistes, encore moins attachés à l'ancien régime, décidés à ne point s'occuper des luttes du passé et à marcher d'un pas ferme vers l'avenir entre la monarchie légitime et la Charte.

Ceux qui écrivaient ces vifs appels n'oubliaient qu'une chose, c'est de dire où l'on trouverait ces candidats étrangers aux querelles de leur temps et de leur pays, et arrivés probablement à l'âge d'homme dans l'espace d'une nuit. Est-ce que le Roi lui-même et la famille royale ne venaient pas de l'ancien régime? Est-ce que le duc de Richelieu n'en venait pas comme le Roi? MM. Pasquier, Molé, Gouvion Saint-Cyr, ne venaient-ils pas de l'Empire? Ils avaient, il est vrai, la prétention d'être les hommes du présent, quoiqu'ils vinssent du passé; mais la droite d'un côté, les indépendants de l'autre, affectaient la même prétention. Quelle que fût la provenance des hommes, tout ce qu'on pouvait leur demander, c'était d'accepter la Charte et la royauté légitime qui l'avait offerte comme la transaction entre les idées et les intérêts divers. Or, sauf quelques esprits obstinés dans la droite, sauf un certain nombre de conspirateurs parmi les indépendants, tout le monde l'acceptait. Quant à faire oublier le passé, c'est ce qui n'était en la puissance de personne. Lorsque Tacite a voulu peindre la plus effroyable tyrannie qu'ait subie Rome, il a écrit cette ligne : « Nous eussions perdu la mémoire avec la voix, si l'oubli comme le silence avait dépendu de la volonté humaine. »

Les hommes de droite n'avaient aucun espoir de faire passer par leurs propres forces un de leurs candidats à Paris; mais leur vote pouvait acquérir une importance décisive comme appoint. Ils se rendaient aux élections, bien résolus à refuser leurs voix aux ministériels comme aux indépendants.

Telles étaient les dispositions des partis rivaux quand la lutte électorale s'engagea le 20 septembre. Le nombre des électeurs, Paris en comptait neuf mille, l'importance du résultat attendu, la vivacité des polémiques engagées dans la presse, avaient jeté beaucoup d'animation dans les esprits, et cette passion qui agitait Paris faisait contraste avec le calme qui régnait dans la plupart des provinces. Le gouvernement avait de graves inquiétudes : l'événement les dépassa. Dès le premier jour, le scrutin pour les scrutateurs fit asseoir au bureau définitif un grand nombre d'hommes hostiles au gouvernement : MM. Benjamin Constant, Laffitte, Manuel, Casimir Périer, Delessert, Ternaux, Cadet-Gassicourt, Tissot, Méchin. Le lendemain, 21 septembre, M. Laffitte obtint seul la majorité absolue; après lui venaient MM. Benjamin Delessert avec 3,044 voix, Casimir Périer avec 2,819, Manuel avec 2,771; puis, avec un nombre de voix toujours décroissant, MM. Bellard, Camet de la Bonardière, Benjamin Constant et Roy. M. Pasquier, distancé par tous les candidats que je viens de nommer, n'avait que 2,065 voix et venait presque *ex-œquo* avec le général la Fayette.

Pour le ministère, c'était une véritable déroute. Il y eut une panique dans le camp ministériel. Les indépendants, pleins de confiance, ne doutaient pas de leur victoire qu'ils comptaient achever le lendemain. Au bout de quelques heures, la réflexion vint. Il y avait, dans la situation électorale, un élément avec lequel on n'avait pas voulu compter, et qui tenait dans sa main le résultat de la lutte, c'était la droite. Les électeurs de cette opinion avaient réuni de 1,100 à 1,200 voix sur leurs candidats, MM. Olivier et Pardessus. Selon qu'ils reporteraient leurs suffrages sur les ministériels ou sur les indépendants, ils assureraient la majorité aux candidats qu'ils adopteraient. Pour se donner d'abord l'élément de toute chose, le temps, le ministère commença par interrompre pendant deux jours les opérations électorales, ce qui était une infraction positive à la loi, en alléguant que des erreurs avaient été commises dans la récapitulation des votes. Il profita du répit qu'il s'était donné pour faire sonner l'alarme par ses journaux : ils convièrent les royalistes de toutes les dates à venir au secours de la monarchie mise en péril par les élections de Paris. En même temps le ministère ouvrait une négociation avec Monsieur, dont il sollicita l'intervention auprès du comité de la droite, afin d'obtenir que les électeurs de cette nuance soutinssent la liste ministérielle; on leur proposait pour prix de leur concours l'adoption du nom d'un de leurs candidats, M. Olivier, sur la liste du gouvernement. Les électeurs de droite, malgré leurs répugnances profondes pour le ministère, se rendirent aux considérations puissantes qu'on faisait valoir auprès d'eux. Ils ne savaient pas qu'on ouvrait en même temps des négociations parallèles avec la nuance plus modérée des indépendants, en leur promettant pour prix de leur concours, la nomination de MM. Benjamin Delessert et Casimir Périer. Quand le scrutin se rouvrit, le second tour donna la majorité à MM. Benjamin Delessert et Roy; au troisième, sur 7,338 votants, M. Goupy obtint 4,361 suffrages, M. Bellard 4,053, M. Breton 3,944, M. Pasquier 3,874, M. Casimir Périer 3,786, M. Olivier, le candidat de la droite, n'obtint que 3,664 voix, et ne fut pas nommé. La droite avait tenu sa promesse envers le ministère mieux que celui-ci n'avait tenu la sienne envers elle.

Ce résultat remplit le ministère de joie; il oublia ses terreurs aussitôt que le péril eut disparu. Il avait à Paris cinq députés sur huit, et il avait évité les nominations qu'il appréhendait par-dessus tout, Benjamin Constant, la Fayette, Manuel. En outre, les résultats des départements lui paraissaient satisfaisants. Il est vrai que dans la Côte-d'Or le ministère n'avait pu écarter les candidats de la droite, MM. Roger de Damas, de Grosbois, de Brenet[1], qu'en laissant passer M. Hervieux, maire des Cent-Jours, M. de Chauvelin, dont l'opposition systématique ne s'arrêtait pas au ministère, et enfin M. de Caumartin; mais le mot d'ordre était ainsi donné aux préfets comme dans les élections qui suivirent l'ordonnance du 5 septembre : avant tout, éviter le retour des membres de la Chambre de 1815. C'est ainsi que MM. de Blainville, de Roncherolles et de Blangy avaient succombé devant MM. Dumeylet, Bignon, qui avait négocié contre les Bourbons à la fin des Cent-Jours, Dupont, qui devait prendre le nom de Dupont (de l'Eure), à cause de la persistance des électeurs de ce département à le nommer. En dernière analyse, le résultat d'ensemble des élections pouvait se résumer ainsi : le ministère avait réparé par des acquisitions les pertes qu'il avait éprouvées; la droite avait perdu douze voix, que les indépendants avaient gagnées. Les proportions extérieures de l'opposition et de la majorité ministérielle restaient donc à peu près les mêmes, mais le caractère de l'opposition se trouvait profondément changé par ce déplacement de voix de droite à gauche. Il fallait désormais s'attendre à avoir à compter avec le parti des indépendants, qui disposait maintenant d'une vingtaine de voix, et qui sentait le souffle de la fortune enfler ses voiles. Les défenseurs les plus intelligents du ministère le comprenaient; M. Guizot commençait à parler dans les *Archives* de la nécessité d'ajouter à la loi d'élection la liberté de la presse et le jury, institutions excellentes, disait-il, « pour tâter le pouls au peuple et en apprenant où est le mal, discerner où peut se porter le remède. » Sans doute on pouvait ainsi tâter le pouls à la

---

1. M. Lubis affirme, dans son *Histoire de la Restauration*, avoir eu sous les yeux l'original de la lettre par laquelle Louis XVIII, écrivant sous l'inspiration de M. Decazes, prescrivait d'empêcher leur réélection.

France; mais constater la fièvre, ce n'est pas la guérir, et l'on devait voir bientôt qu'il y avait dans cette opposition des hommes dont les attaques allaient beaucoup plus loin et plus haut que le ministère. Il y avait donc un singulier optimisme à penser que, pour que tout allât bien, il suffisait que les hommes de droite disparussent peu à peu de la Chambre. En les affaiblissant, on avait fortifié la gauche, qui loin de montrer de la sympathie au ministère, devenait plus exigeante, et il fallait se souvenir qu'on ne pouvait plus compter sur la complaisance de la droite, qu'on avait attaquée à outrance dans toutes les élections, et trompée par une promesse restée inaccomplie dans les élections de Paris. L'affirmation de M. Decazes déclarant que le gouvernement royal, dès qu'il se séparerait de la droite, aurait tout le monde pour lui, recevait de ces élections un nouveau démenti qui ne devait pas être le dernier. Ce n'était pas ainsi que voyait le ministère, ou du moins la partie du ministère où siégeaient MM. Decazes, Gouvion Saint-Cyr et Pasquier, et qui s'appuyait sur les doctrinaires. Quant à M. Lainé, il ne dissimulait pas ses craintes, et il communiquait ses doutes et ses anxiétés à M. le duc de Richelieu, qui lui témoignait beaucoup de confiance et d'amitié.

Ce fut soi-disant pour rétablir l'équilibre compromis par le progrès du parti démocratique, dans la Chambre des députés, que le ministère songea vers ce temps à fortifier l'élément aristocratique dans la Chambre des pairs, où une ordonnance décida qu'à l'avenir nul ne pourrait être introduit sans fonder un majorat composé d'immeubles libres et affranchis de toutes hypothèques, et produisant au moins trente mille francs pour le titre de duc. La valeur des majorats exigibles était ainsi graduée proportionnellement aux titres : vingt mille francs de rente pour les marquis et les comtes, dix mille francs de rente pour les barons. Ces majorats passaient naturellement d'aîné en aîné, avec la pairie. L'ordonnance réglait même la manière dont les pairs prendraient rang aux séances royales, selon l'importance de leurs titres, déterminait tout ce qui avait rapport à la concession des titres et armoiries, et même traitait la question des costumes. Le gouvernement oubliait qu'il n'appartient à personne de créer une aristocratie; tout ce qu'on peut faire, c'est de la prendre quand elle existe. Il taillait et arrondissait le feuillage de l'arbre; une seule chose manquait à cet arbre, des racines.

La fin de l'année 1817 devait ramener une nouvelle session, dont l'ouverture avait été fixée au 5 novembre, et qui allait être consacrée surtout à la discussion du concordat et à celle de la loi de recrutement et d'avancement; mais, avant d'entrer dans le récit de la session de 1817 à 1818, il convient de mentionner quelques faits plus ou moins importants qui doivent trouver ici place, soit à cause de l'émotion qu'ils excitèrent, soit à cause des conséquences dont ils devinrent le point de départ. Le 15 juillet 1817, madame de Staël était morte à l'âge de cinquante-trois ans. Comme à la fin du Directoire et au début du Consulat, son salon était devenu un centre politique, une sorte de rendez-vous européen, où tous les pays comme toutes les opinions se rencontraient, mais où dominait surtout l'opinion libérale. Sa renommée littéraire alors dans tout son éclat, sa fidélité à la cause de la liberté, son dévouement à la France et le génie de la conversation qu'elle possédait à un degré supérieur, avaient fait de cette femme illustre une espèce de puissance politique. Elle traitait de pair avec les plus fortes têtes de l'Europe, et plus d'une fois elle prit à partie le duc de Wellington, lord Castlereagh et M. Canning, pour réclamer l'allégement du fardeau qui pesait sur la France. La société européenne regarda sa disparition comme une perte. Paris, qui voyait se fermer la plus brillante des lices où se livraient les tournois d'idées qui passionnent cette ville intelligente, manifesta son deuil.

A quelques jours de là, madame la duchesse de Berry était accouchée d'une fille qui ne vécut que deux jours ; ce fut un sujet de tristesse pour les royalistes, qui avaient hâte de voir la succession du trône assurée dans la lignée de la branche aînée. Autour de ce berceau sitôt vide, s'ouvrit une discussion qui, mal comprise au dehors, nuisit à la famille royale. Un différend s'éleva entre M. de la Ferté, intendant des menus plaisirs, et madame de Montsoreau, gouvernante désignée de l'enfant qui n'avait pas vécu, sur la question de savoir à qui appartenait la layette. Pour s'expliquer ce différend, il faut savoir que le droit revendiqué était un de ces priviléges de charges, que les titulaires ne peuvent abandonner pour ne pas créer un précédent défavorable à leurs successeurs. La querelle entre M. de la Ferté et madame de Montsoreau prit un caractère violent, il y eut même des lettres blessantes échangées, et, M. le duc de Berry s'étant prononcé en faveur de M. de la Ferté, madame de Montsoreau et son gendre, M. de la Ferronnays, premier gentilhomme de la chambre, donnèrent leur démission. C'était une querelle d'ancien régime, qui en raison du maintien des charges de cour venait s'encadrer dans le régime nouveau.

Le 17 mai, madame la duchesse d'Orléans était venue rejoindre à Paris son mari, rentré en grâce auprès du Roi. On commençait à parler de l'agitation qui régnait en Prusse et dans le Wurtemberg, au sujet des nouvelles constitutions préparées par les gouvernements, en vertu des promesses faites aux populations au moment du grand soulèvement de l'Allemagne contre Napoléon. L'Espagne, le Portugal, l'Italie, éprouvaient de sourdes commotions ; il était question de réunir à Dusseldorf un congrès européen, où devaient figurer les souverains d'Autriche, de Prusse et de Russie. Dans les

Amériques espagnoles, l'insurrection des colonies contre la mère patrie s'étendait de proche en proche ; une guerre d'extermination était allumée, et les noms de Bolivar et de Murillo occupaient l'attention de l'Europe; Ferdinand, qui au sortir de la prison où l'avait retenu si longtemps Napoléon, était rentré roi constitutionnel en Espagne, pour redevenir bientôt après roi absolu, commençait à réunir les éléments d'une armée d'expédition pour les colonies, et l'empereur de Russie lui vendait cinq vaisseaux de 74 et quatre frégates de 44, pour suppléer à la marine espagnole détruite. Mais l'on pouvait déjà prévoir qu'avec sa politique pleine à la fois de tergiversations et de ruses, sans franchise comme sans fermeté, Ferdinand exciterait plutôt des troubles en Espagne qu'il ne parviendrait à dominer ceux des colonies espagnoles.

Le 30 août, quelques jours avant la réunion des colléges électoraux, la cour de Pau avait condamné à mort d'Aussonne et Carrière, comme assassins du général Ramel.

A la fin du mois d'octobre, on commençait à parler du voyage de M. le duc d'Angoulême dans les provinces de l'Ouest et du Nord. Tandis que le duc de Berry demeurait, comme Monsieur, en rapport de sympathie avec la droite, le duc d'Angoulême, subissant l'ascendant de Louis XVIII, qui ne l'appelait plus dans ses correspondances intimes que *speranza*, avait consenti à un rapprochement avec le ministère. Peut-être, pour trouver le point de départ du changement qui s'était fait dans cette âme droite et honnête, faudrait-il remonter aux réactions dont ce prince avait été, pour ainsi dire, témoin dans le Gard et qu'il avait eu de la peine à comprimer par sa présence. Le Roi, qui avait hâte de faire connaître au public le rapprochement accompli entre l'aîné de ses neveux et son ministère, chargea le duc d'Angoulême, aussitôt après les élections, d'une mission dans les provinces de l'Ouest et du Nord. Ce prince traversa ces provinces en répétant la consigne qu'il avait reçue et qu'il donnait à son tour : *Union et oubli*. Certes l'union des esprits et des cœurs et l'oubli des divisions du passé étaient un but vers lequel la politique royale devait marcher. Malheureusement ce n'était pas avec des paroles qu'on pouvait arriver à un tel but. C'était l'œuvre du temps et d'une politique habile, et non d'une phraséologie stérile. Ces mots d'union et d'oubli que le gouvernement faisait redire partout, répétés de proche en proche et tombant avec la régularité monotone d'une musique ou la fidélité sans accent d'un écho, irritaient les passions plus qu'elles ne les calmaient. La Vendée surtout se demandait si c'était parce qu'on était devenu oublieux envers elle qu'on lui prêchait l'oubli à elle-même, et si c'étaient bien là les paroles qu'un prince de la maison de Bourbon devait adresser à une province où il n'y avait pas un pouce de terre qui n'eût été arrosé de sang pour sa cause?

# LIVRE QUATRIÈME

SESSION DE 1817-1818

—

## I

SITUATION DU GOUVERNEMENT AU DÉBUT DE LA SESSION.

La position du ministère à l'ouverture de la session n'était pas aussi bonne qu'il l'avait espéré. Il avait dû s'alarmer, je l'ai dit, de l'apparition dans la Chambre d'une nuance hostile à la monarchie et disposée à se servir des institutions constitutionnelles pour la renverser, et la guerre à outrance faite par lui à la droite depuis l'ordonnance du 5 septembre lui avait naturellement aliéné aussi ce côté de la Chambre, qui revenait décimé, mais cependant avec un nombre de voix assez considérable encore pour se rendre redoutable, et avec ses principaux orateurs. M. de Corbière, entre autres, qui était du cinquième sortant, avait été réélu dans l'Ille-et-Vilaine. En outre, par un contre-coup naturel, à mesure que le ministère semblait faire un pas vers la gauche, quelques-uns du centre droit se détachaient et allaient à la droite; l'administration était donc exposée à perdre des deux côtés. Un autre danger menaçait le ministère. Les doctrinaires, et surtout celui qui était réputé leur chef, M. Royer-Collard, étaient des auxiliaires exigeants, incommodes et impérieux. Ils acceptaient les fonctions publiques, ils remplissaient le conseil d'État, mais ils avaient la prétention de ne rien abandonner de l'absolutisme de leurs idées. Ils entendaient ne pas être conduits, mais conduire. C'étaient des rationalistes politiques issus, pour la plupart, des anciens constitutionnels de 89 et qui tenaient peu compte des faits; tout devait plier, selon eux, devant la raison, et la raison, c'était naturellement ce qui leur paraissait raisonnable. Ils s'étaient créé une espèce d'idéal constitutionnel qu'ils voulaient faire appliquer; ils croyaient leur honneur politique et leur renommée attachés à ce que cette application commençât immédiatement. Ils demeuraient donc insensibles à toutes les observations que le ministère pouvait leur faire sur les dangers résultant de l'apparition d'un parti notoirement hostile à la maison de Bourbon dans la Chambre des députés.

M. Royer-Collard, en particulier, contrarié et alarmé du regret que le duc de Richelieu et M. Lainé témoignaient de leur scission avec la droite, répondait avec beaucoup de philosophie que puisque le parti révolutionnaire existait dans le pays, il était naturel qu'il parût dans la Chambre; s'il sortait des limites légales à la tribune, on le forcerait à y rentrer. Que craignait-on puisqu'on avait la majorité? Comme Camille Jordan, plus ardent, plus passionné, mais non plus absolu que lui, Royer-Collard pensait qu'en ôtant à l'opinion révolutionnaire tout prétexte de réclamer des garanties et des libertés qu'on assurerait au pays sans attendre les réclamations des orateurs de la gauche, on ferait un coup de partie. C'était ainsi que MM. Royer-Collard et Camille Jordan, qui accusaient les royalistes de n'avoir rien appris ni rien oublié, avaient profité eux-mêmes des enseignements de la première Révolution, qui n'avait jamais demandé que des armes contre la société. Au fond, ces deux esprits élevés, honnêtes, mais chimériques et souverainement épris de leur renommée, s'occupaient beaucoup plus de ce qui pouvait les placer personnellement comme orateurs dans une bonne position doctrinale et logique, que de ce qui était applicable aux circonstances. Tous deux déclarèrent qu'en consentant à la prorogation pour une année des pouvoirs extraordinaires confiés au ministère contre les journaux, ils demanderaient immédiatement l'application de la juridiction du jury aux délits de presse. En outre, M. Royer-Collard se trouva dans une assez grave dissidence avec le cabinet sur la loi de recrutement dont il approuvait le principe, mais à laquelle il voulait faire ajouter le vote annuel du contingent. Il fut impossible de le ramener sur ces trois points : l'application de la juridiction du jury aux délits de presse, quels qu'ils fussent; l'application de la même juridiction à la procédure en matière de presse, le vote annuel du contingent militaire. M. Royer-Collard entendait ne soutenir le ministère que lorsque celui-ci se rencontrait sur le chemin d'une de ses idées; le rôle qui convenait à l'importance qu'il s'attribuait était plutôt celui d'un protecteur indépendant qui intervenait à sa convenance et à son heure que celui d'un auxiliaire. Il avait soin de décliner la responsabilité de la politique ministérielle, et, pour mieux constater sa position à cet égard, il n'avait garde de laisser passer un acte en désaccord avec ses idées, sans les noter publiquement de blâme par une de ces phrases magistrales dont il avait le secret. Son grand souci était de maintenir sa personnalité au-dessus de toutes choses; et s'il repoussait la responsabilité de la politique ministérielle, il ne voulait pas accepter la compromission publique de la conduite d'un parti ou d'une coterie parlementaire. Il exerçait sans doute une influence considérable sur ceux qu'on appelait les doctrinaires, mais il ne tolérait point qu'on le confondît avec eux sous ce nom générique qui lui paraissait ressembler à un sobriquet. Alors il ne se gênait point pour les renier, quoiqu'il eût pour eux de l'affection et du goût[1]. Au fond, il faisait la guerre pour son compte; marchant seul, à son pas, ce puissant volontaire qui ne se gênait pour personne devenait gênant pour tout le monde, parce qu'il subordonnait tout au culte de ses théories, de sa volonté propre et de sa personnalité.

## II

### OUVERTURE DE LA SESSION. — DISCOURS DU TRONE.

Le discours du Roi à l'ouverture de la session touchait plusieurs sujets importants. Le gouvernement renonçait à faire renouveler la loi de sûreté générale; par conséquent les pouvoirs des cours prévôtales expireraient à l'époque marquée dans la précédente session, déclaration saluée par les applaudissements de la Chambre. Mais il demandait le maintien de la loi sur les journaux, et annonçait une loi sur la presse. Le concordat signé avec le pape était l'objet d'une mention spéciale; les dispositions qui touchaient aux lois du royaume seraient soumises aux Chambres. Parmi les questions qui faisaient l'objet du discours de la Couronne, les trois plus importantes étaient celle du recrutement et de l'avancement, celle relative aux liquidations des créances étrangères, et enfin celle qui avait trait à l'évacuation du territoire. Le Roi s'exprimait ainsi sur ce triple sujet :

« J'ai fait rédiger conformément à la Charte une loi de recrutement. Je veux qu'aucun privilége ne puisse être invoqué, que l'esprit et les dispositions de cette Charte, notre véritable boussole, qui appelle indistinctement les Français aux grades et aux emplois, ne soient pas illusoires et que le soldat n'ait d'autres bornes à son honorable carrière que

1. Voir ce que dit à ce sujet M. de Barante, *Vie politique de Royer-Collard*, tome 1er, page 334.

celles de ses talents et de ses services. Si cette loi salutaire exigeait une augmentation dans le budget du ministère de la guerre, interprètes des sentiments de mon peuple, vous n'hésiteriez pas à sanctionner des dispositions qui assurent à la France cette indépendance et cette dignité sans lesquelles il n'y a ni rois ni nations..... Les conventions que j'ai dû souscrire en 1815, en présentant des résultats qui ne pouvaient alors être prévus, ont nécessité une nouvelle négociation. Tout me fait espérer que son issue sera favorable et que des conditions trop au-dessus de nos forces seront remplacées par d'autres plus conformes à l'équité..... L'époque n'est pas éloignée où il nous est permis d'espérer que, grâce à la sagesse de mon gouvernement, à l'amour et à la confiance de mon peuple et à l'amitié des souverains, ces charges pourront entièrement cesser, et que notre patrie reprendra parmi les nations le rang et l'éclat dus à la valeur des Français et à leur noble attitude dans l'adversité... »

Ce noble et fier langage émut la Chambre, qui couvrit d'acclamations unanimes les paroles du Roi. Le rapport naturel qui existait entre l'apurement des dernières créances de l'Europe, l'évacuation du territoire et la formation d'une armée dont l'effectif répondît à la nouvelle situation faite à la France reprenant sa complète indépendance, fut vivement saisi dans le public; les cabinets étrangers s'alarmèrent de cette manifestation du sentiment national. Il fut même question de faire une représentation collective au gouvernement français; l'ambassadeur de Prusse prit l'initiative d'une démarche dans ce sens; mais, quoique le duc de Wellington blâmât l'accent énergique avec lequel le Roi s'était exprimé relativement à la libération du territoire, il refusa, comme l'Autriche peu sympathique à la Prusse, et l'empereur Alexandre sympathique à la France, de prendre part à cette démarche offensante pour Louis XVIII.

Il y eut un passage du discours de la Couronne qui réussit moins, ce fut celui où le Roi disait : « La manière dont les dépositaires de mon pouvoir ont usé de celui dont la loi les a investis, a justifié ma confiance. » Cet éloge du ministère dans un discours à la rédaction duquel, on le savait, le ministère avait concouru[1], parut au point de vue des convenances une anomalie, et au point de vue constitutionnel un pléonasme. Ordinairement on ne se rend pas témoignage à soi-même, et quant au Roi, par cela seul qu'il maintenait le ministère aux affaires, il témoignait qu'il était content de lui.

M. de Serre, qui obtint toutes les voix dont disposait la majorité réunie aux indépendants, compta 123 suffrages sur 190; il fut désigné par le Roi pour la présidence. Le même ensemble ne se retrouva pas pour M. Royer-Collard, qui obtint 89 voix, et encore moins pour MM. Roy, Camille Jordan, Beugnot, Bellart, le prince de Broglie, Ravez, pour lesquels le nombre des suffrages alla toujours en décroissant. M. de Villèle eut toutes les voix de la droite, 66. Ceux qui vinrent après en obtinrent un moins grand nombre. Dans la droite même il y avait des nuances; il y en avait jusque dans le ministère. Nous voyons par les notes de M. de Villèle, qu'au commencement de janvier 1818, « il y eut des pourparlers entre les ministres et la minorité. Les royalistes demandaient qu'on cessât la persécution organisée contre eux d'un bout du royaume à l'autre, et qu'on mît les deux degrés dans la loi d'élection. On nous a demandé, comme condition préalable, de ne pas attaquer la loi du recrutement comme inconstitutionnelle. Nous ne le pouvons pas; elle porte atteinte à la plus belle prérogative du Roi, celle de régler l'avancement[2]. »

On verra souvent encore se renouveler ces velléités d'une partie du ministère de se rapprocher de la droite, mais elles échoueront toujours, parce que l'autre partie s'y opposera. C'est ainsi que, dans le scrutin pour la vice-présidence,

---

1. M. Duvergier de Hauranne, qui a eu dans les mains les papiers de M. Decazes, raconte avoir vu le premier projet du Roi, le projet modifié par M. Decazes, les observations du Roi sur ce projet, enfin la rédaction définitive.
2. Documents inédits.

MM. de Villèle, de Bonald, de Trinquelague et de Corbière, ayant réuni de 74 à 76 voix contre MM. Royer-Collard, Camille Jordan, Beugnot et Roy, qui en obtinrent de 113 à 116, il y eut des plaintes très-vives exprimées par ceux des ministres qui étaient opposés à la droite, et qui crurent voir, dans le chiffre obtenu par la minorité, la preuve que quelques-uns de leurs collègues avaient prêté l'oreille à des projets de transaction. Les négociations ouvertes pour le changement de la loi d'élection, et sur lesquelles M. de Villèle donne quelques explications dans ses notes manuscrites, avaient transpiré, on en trouve la preuve dans un paragraphe du projet d'adresse rédigé par M. Royer-Collard, et qui contenait l'éloge des dernières élections.

« De nombreux colléges électoraux ont été réunis, disait ce paragraphe ; partout l'ordre et le calme y ont régné ; des élections libres et nationales ont prouvé l'union du peuple et de son Roi ; elles ont prouvé qu'une affection sincère pour votre dynastie, pour cette Charte que vous avez donnée, avait jeté de profondes racines dans le cœur des Français. »

M. de Villèle promit le vote de ses amis au projet d'adresse, si l'on voulait en effacer cet éloge des élections, non moins contraire à la vérité, selon lui, qu'offensant pour la droite. M. de Serre répondit qu'une majorité, quelque faible qu'elle fût, conquise sans concession, valait mieux que l'unanimité achetée au prix que M. de Villèle voulait y mettre. L'adresse passa à un petit nombre de voix, et l'on remarqua que plusieurs membres de la majorité de la session précédente, effrayés sans doute de l'apparition dans la Chambre d'un parti hostile à la dynastie, votèrent avec la droite. La position du ministère, que M. Decazes dans les mémoires présentés pour faire adopter l'ordonnance du 5 septembre, déclarait devoir être forte et inébranlable si cette ordonnance était rendue, devenait donc difficile et précaire dans la session qui succédait immédiatement à la première application de cette loi d'élection dont on s'était tant promis.

## III

### PREMIÈRES LOIS PRÉSENTÉES A LA CHAMBRE. — LOI SUR LA PRESSE.

La première mesure soumise à la Chambre fut un nouveau projet de règlement présenté par M. de Serre. Il est facile de reconnaître la trace des préoccupations du gouvernement dans ce projet. Au milieu d'un certain nombre d'articles sages et bien combinés, M. de Serre proposait trois dispositions qui excitèrent les appréhensions de toutes les nuances indépendantes de la Chambre, parce qu'elles ménageaient une influence hors ligne au gouvernement, mieux placé pour faire agir avec concert les députés dont il disposait. La première n'exigeait que la présence de soixante membres pour rendre une délibération valable; c'était mettre un vote important à la merci d'une minorité bien disciplinée et d'une espèce de conspiration du scrutin. La seconde attribuait à la Chambre entière la nomination des bureaux; c'était exclure de fait des commissions tous les membres de la minorité, qui, avec la formation des divers bureaux par le tirage au sort des noms, peut introduire quelques-uns de ses membres dans ces commissions, et faire utilement connaître dans ce travail préparatoire les objections des diverses nuances politiques de l'assemblée. La troisième disposition investissait la Chambre du droit de punir d'emprisonnement « les manquements graves ou insultes envers un ou plusieurs membres, ou envers la Chambre elle-même. » Cet article sembla porter atteinte à l'inviolabilité des députés; il était plein de périls dans un temps d'effervescence politique, où la passion ne siégeait pas moins sur les bancs de la majorité que sur ceux de la minorité. Exclus des commissions, privés du droit de réclamer la présence d'une majorité réelle pour valider les délibérations, les membres de la minorité, devenus en outre les justiciables de leurs collègues, se seraient trouvés dans une position précaire et subordonnée. Le projet, malgré les améliorations qu'il aurait introduites dans la direction des travaux parlementaires, tomba devant ces inconvénients. La Chambre se montra froide et défavorable, et l'on ne passa pas à la discussion des articles. La majorité habituelle du gouvernement commençait peut-être à prendre de l'ombrage de l'esprit dominateur des doctrinaires, qu'elle retrouvait à la tête de tous les scrutins de la présidence, à cause de leurs rapports avec la gauche, et qui semblaient vouloir par le règlement de M. de Serre exercer sur elle une espèce de droit de pédagogie.

La loi sur la presse fut la première présentée à la Chambre. Le ministère demandait pour trois ans encore le maintien de la situation exceptionnelle faite à la presse périodique, c'est-à-dire le droit de censure et de suppression. Quant à la presse non périodique, le ministère pensait à donner la loi de 1815, en proposant ce qui suit : « Les écrits contenant une provocation directe à des faits qualifiés *crimes* ou *délits* par la loi, pourraient être saisis préventivement et poursuivis avant toute publication, le *fait* de donner un écrit de cette nature à l'impression pouvant être considéré comme une de ces tentatives de *crimes* ou de *délits* que les lois punissent comme le *crime* ou comme le *délit* même. Les écrits ne contenant qu'une provocation indirecte seraient poursuivis après la publication seulement. » L'article 8 du projet ministériel diminuait cette différence plus apparente que réelle. La publication y était en effet ainsi définie : « Sont considérés comme publication, soit la distribution de tout ou partie de l'écrit, soit le *dépôt* qui en est fait, en exécution de l'article 14 de la loi du 21 octobre 1814. » Or le dépôt prescrit par cet article, devant être fait à la direction de la librairie et de l'imprimerie avant qu'un seul exemplaire fût sorti de chez l'imprimeur, la police pouvait saisir l'édition chez l'imprimeur, immédiatement après ce dépôt, considéré comme un commencement de publication et avant que l'ouvrage eût reçu aucune publicité réelle.

Restait la question importante de la juridiction. Le projet ministériel proposait de soumettre à la juridiction des tribunaux de première instance la provocation au délit, et celle de la provocation au crime à la cour d'assises et au jury. Cette distinction, d'après les auteurs de la loi, la mettait en harmonie avec le droit commun.

Dans le conseil d'État, MM. Royer-Collard, Camille Jordan, Guizot, de Barante et Mounier avaient demandé avec insistance que tout délit de presse fût déféré au jury, et les deux premiers avaient insisté sur le même point dans la commission de la Chambre élective; mais la majorité s'était prononcée contre leur avis, plutôt parce qu'un tel changement lui avait paru excéder le droit d'amendement qu'à cause du fond même de la question. Ce fut surtout sur cet article que se livra la grande bataille dans la Chambre. La droite, les indépendants, se rencontrèrent avec les doctrinaires dans cette question de l'application du jury aux délits de presse, car les deux oppositions pour combattre l'arbitraire ministériel avaient besoin d'avoir au moins une presse non périodique libre, puisque les journaux devaient continuer à subir le bon plaisir du gouvernement.

La discussion ne dura pas moins de douze jours; toutes les nuances de la Chambre y prirent part, elle fut vive et passionnée. M. Camille Jordan, quoique conseiller d'État et membre de la majorité ministérielle, fit un discours d'opposition. C'était un de ces orateurs qui s'enivrent au bruit de leur parole et ne supportent point la contradiction; la douceur naturelle de son caractère ne le suivait pas à la tribune, où il devenait impétueux, agressif et quelquefois amer. Après avoir donné les raisons qui, selon lui, semblaient militer en faveur de la juridiction du jury appliquée aux délits de presse, il attaqua ouvertement la politique ministérielle, qu'il accusa d'hésiter entre deux lignes au lieu d'en choisir une, de montrer au pays une méfiance injurieuse et de ne point chercher sa force dans l'opinion publique, et il finit par ces paroles acerbes qui étaient une sorte de mise en accusation du ministère devant le pays :

« Il y a encore dans la nation un reste d'agitation et d'inquiétude; mais sait-on contre qui cette inquiétude est dirigée? Bien moins contre certaines exagérations qui attaquent nos garanties constitutionnelles à force ouverte que contre ce constitutionalisme incertain, équivoque, qui paraît les miner sourdement; opinion qui, en voulant la Charte, préfère l'accepter comme un joug que l'embrasser comme un bienfait; qui, dans cette Charte, où tout doit être également sacré, veut distinguer entre les parties soi-disant monarchiques qu'il faut cultiver, et les parties démocratiques qu'il est permis de négliger; opinion dont le caractère propre est de ne jamais savoir ni penser ce qu'elle pense, ni vouloir ce qu'elle veut; de flatter les partis divers en les indisposant tous, de prétendre aux avantages de tous les systèmes en n'atteignant qu'aux inconvénients de chacun; opinion, en un mot, plus antipathique à la masse de ce peuple que tout autre système politique parce qu'elle blesse son amour-propre en menaçant ses droits, parce qu'elle semble lui proposer, au nom de l'éternelle minorité de sa raison, l'éternel ajournement du glorieux héritage dont le Roi l'a jugé digne. »

L'orateur doctrinaire ne se contenta point de cette attaque si vive contre les tendances générales de la politique ministérielle, attaque au moins étrange dans la bouche d'un conseiller d'État, qui aurait dû se séparer du gouvernement avant de l'insulter ainsi. Quand il fut arrivé à la question de la juridiction du jury, il fit, au milieu de l'émotion de l'assemblée frémissante, une allusion directe aux exécutions qui avaient eu lieu après l'insurrection de Lyon, par suite des arrêts de la cour prévôtale, et dénonça par ces paroles la justice légale à la réprobation publique, après lui avoir livré le gouvernement :

« La jeunesse, l'ignorance, le malheur, ont-ils trouvé devant ces juges toutes les excuses et tous les égards qu'ils eussent rencontrés dans le cœur pitoyable d'un jury français? Ces formes elles-mêmes, qu'ils devaient mieux entendre, ont-elles été suivies et respectées par eux? Nulle voix plaintive au nom de l'humanité profanée ne s'élève-t-elle du sein de ces campagnes désolées qu'a si récemment et si lentement parcourues le tombereau fatal chargé de l'instrument du supplice, allant frapper de malheureux cultivateurs, coupables sans doute, mais encore plus égarés que coupables, tandis que les premiers auteurs, les perfides instigateurs de ces mouvements funestes tiennent encore leurs têtes cachées dans l'ombre d'où n'a pas su les tirer le bras d'une justice si inquiète et si sévère? »

Le duc de Richelieu et M. Lainé considérèrent cette agression inattendue comme une rupture, et M. Lainé, quand le moment de répliquer fut venu, laissa voir toute la profondeur de son juste ressentiment. A partir de ce moment, le duc de Richelieu et lui perdirent la confiance qu'ils avaient mise dans les doctrinaires[1].

M. Royer-Collard fut moins agressif que M. Camille Jordan, mais il fut aussi absolu dans ses idées sur le jury. Il accordait au ministère que, pour une année seulement, les journaux devaient être soumis à la police préventive. Il n'admettait pas la distinction faite par le projet entre la provocation directe et la provocation indirecte ; selon lui, si l'on exigeait la preuve de la provocation directe, la répression deviendrait impossible. D'une autre part, la provocation indirecte résultant de l'intention présumée de l'auteur du *délit* ne serait

---

1. Voir la *Vie politique de M. Royer-Collard*, par M. de Barante, tome I<sup>er</sup>, page 338.

jamais caractérisée d'une manière bien nette. De là la nécessité de la juridiction du jury, appliquée à ces sortes de délits indéfinissables, pour ainsi dire, pour lesquels par conséquent il ne saurait exister une jurisprudence fixe, comme celle qu'établissent des tribunaux composés de magistrats inamovibles.

Tout ce que disait M. Royer-Collard, d'accord en cela avec M. Camille Jordan, sur la difficulté excessive de ramener la pensée humaine, servie par la variété infinie des formes qu'elle peut employer, aux caractères définis et indiqués d'avance par une loi pénale, était exact. Il pouvait seulement paraître douteux que le moyen proposé par lui pour échapper à cette difficulté presque inextricable fût efficace. Il supposait que le jury ordinaire, car il n'en voulait point d'autre, pourrait exercer « cette espèce d'arbitrage, qui distinguant seul dans chaque cas l'abus de la presse de son usage légitime, peut seul aussi définir en réalité la liberté de la presse. » Il poursuivait en ces termes :

« On ne saurait confier le soin d'apprécier les délits de la presse à des pouvoirs permanents que le bruit importune, que le mouvement inquiète et qui sont disposés à regarder comme une ennemie la liberté de la presse devant laquelle ils sont responsables ; toujours juges et parties, quel que soit le pouvoir offensé, parce qu'il y a entre eux une sorte de sympathie et de solidarité qui leur fait ressentir réciproquement leurs injures. Tant que l'auteur de la nature n'aura pas changé le cœur humain, ce n'est pas d'eux que la liberté de la presse doit attendre, dans la dispensation de l'arbitraire, la véritable protection dont elle a besoin. »

M. Royer-Collard voulait donc que ce fût la société elle-même, représentée par un pouvoir sans cesse renouvelé, sans cesse changé, et qui ne sortait de son sein que pour y rentrer aussitôt, qui se chargeât d'apprécier les délits de la presse ; à ses yeux, ce pouvoir était le jury. La théorie était ingénieuse et présentée avec cette dextérité de style, cette finesse et cette clarté d'exposition, qui faisaient la puissance de M. Royer-

Collard dans les assemblées. Mais l'orateur oubliait plusieurs choses et n'en prévoyait pas quelques autres que l'usage a révélées. Pouvait-on sans anomalie renvoyer au jury ordinaire, c'est-à-dire à des hommes la plupart illettrés et exclusivement occupés de transactions matérielles, des délits qu'on ne pouvait juger qu'avec une connaissance exacte et approfondie de toutes les finesses de la langue, de toutes les habiletés de la dialectique; ces hommes se transformeraient-ils instantanément en métaphysiciens politiques, en casuistes de la pensée? Auraient-ils cette appréciation des circonstances où se trouvait la société,. et de la portée de certains écrits publiés en face de certaines situations, que M. Royer-Collard exigeait des appréciateurs des délits de presse? Évidemment non. Que feraient alors les membres du jury? Ils céderaient à ces grands courants d'opinions qui règnent dans la société. L'écrivain ne trouverait pas en eux des juges, mais des ennemis ou des complices. Il y aurait donc, selon le vent qui soufflerait, des périodes de répression très-sévère et des périodes d'impunité. Tout serait coupable, ou rien ne serait coupable. N'était-il pas à craindre aussi qu'en confiant cette juridiction au jury, on n'exposât le gouvernement à une tentation trop forte, celle d'exercer une pression arbitraire sur la composition des jurys, et de choisir ainsi ceux qu'il n'aurait dû qu'accepter?

La droite défendit plus vivement encore la liberté de la presse que ne l'avaient fait les doctrinaires. Elle revendiqua la suppression immédiate du régime du bon plaisir imposé aux journaux. M. de Villèle s'exprima ainsi à ce sujet :

« Combien de temps resterons-nous encore sous le régime incertain des mesures provisoires? Qu'en espère-t-on? Pense-t-on fonder l'autorité royale et garantir la société des dangers de la licence de la presse, en ménageant ainsi pour chaque année quelque abus nouveau qu'on sacrifiera ensuite aux Chambres après en avoir usé jusqu'à leur réunion? Tenter de substituer ainsi l'arbitraire au règne de la Charte, essayer sous les Bourbons des moyens usés sous Bonaparte, c'est exposer également la France et la légitimité. L'union de tous les Français, qui peut seule prévenir de nouvelles convulsions pour le pays, de nouvelles catastrophes pour le trône, ne peut s'établir que par la confiance, et la confiance dépend de l'exécution franche et complète des lois que la Restauration a substituées à celles qui, durant des siècles, ont uni la France à la famille régnante. La liberté de la presse avec une juste et forte répression de ses abus est du nombre de ces lois fondamentales ; elle est la compagne indispensable de la liberté nécessaire à cette tribune sous le gouvernement représentatif. »

MM. de Bonald, de Corbière, de la Bourdonnaye, Benoist, parlèrent dans le même sens. Comme les doctrinaires, la droite ne croyait pas que les tribunaux ordinaires pussent juger utilement les délits de presse, et M. de Villèle fit observer qu'il était naturel et sage d'employer une force puisée dans l'opinion pour juger les abus de la presse qui est une puissance d'opinion. Seulement la droite avait eu la perception qui avait manqué à M. Royer-Collard et à ses amis, celle des inconvénients de l'application de la juridiction du jury ordinaire aux délits de presse. Elle s'était donc séparée sur ce point des doctrinaires et des indépendants. Elle avait demandé qu'il y eût un haut jury spécial, et, après avoir cherché dans quelle sphère on pouvait trouver les garanties les plus sûres d'impartialité et de lumières, elle avait proposé que ce haut jury fût désigné par le sort sur la liste des éligibles, c'est-à-dire sur la liste des contribuables payant mille francs de contributions directes. Cette idée était heureuse, car certes là où la Charte estimait qu'on rencontrerait les hommes les plus capables de discuter les grands intérêts de la France dans les assemblées politiques, devaient se rencontrer aussi les plus capables d'apprécier les délits commis par la pensée ; et, dans une matière aussi délicate que les questions d'opinions, il était plus sage de se confier à l'impartialité du sort qu'à celle des hommes pour désigner les juges de la pensée.

J'ai dit que les indépendants qui s'étaient rencontrés avec la droite pour combattre le projet ministériel n'avaient pas admis ses idées sur un jury spécial. La plupart des membres appartenant à cette nuance s'étaient tenus dans les généralités dédaigneuses d'une thèse hostile au gouvernement et favorable à la liberté théorique. Depuis que le ministère avait dénoncé la droite à la France comme conspirant le retour de l'ancien régime, le ton des hommes de gauche avait sensiblement changé. Ils étaient devenus hautains, agressifs, accusateurs ; ils se sentaient autorisés par ces récriminations qui appelaient logiquement la gauche au secours de la société. M. Voyer d'Argenson revendiqua les droits du peuple méconnus par la Chambre et réclama le jury, mais un jury sur la composition duquel les préfets n'auraient plus d'action. M. Laffitte réclama la liberté des journaux. Le marquis de Chauvelin, cet ancien maître de la garde-robe de Louis XVI, dont le nom rappelait de tristes souvenirs, — ce fut, en effet, lui qui, envoyé après le 10 août 1792 à Londres, à la place de M. Barthélemy, démissionnaire, représenta la Convention pendant le procès du Roi, — le marquis de Chauvelin, ancien membre du tribunat, ancien préfet de l'Empire, peu conséquent dans sa conduite, mais ôtant à ses adversaires l'idée et le temps de prendre contre lui l'offensive en la prenant contre eux, se plaça du premier coup au rang des orateurs les plus écoutés de l'assemblée par un discours spirituel, caustique, acerbe, sentant son dix-huitième siècle, dans lequel il déversa l'épigramme à pleines mains sur la manière dont le gouvernement s'était servi de la loi de la presse dans l'intervalle des deux sessions. Une hilarité sympathique lui répondit sur tous les bancs de la Chambre quand il peignit la situation des journaux des départements, « hachés et mutilés sous les impitoyables ciseaux des autorités locales, véritables cassolettes qui exhalaient toujours le même encens en l'honneur du pouvoir du temps et du préfet du jour. » Un membre de la gauche, M. Martin de Gray, alla jusqu'à dire que la loi proposée aggravait les dispositions du décret de 1810, de la loi de 1814, de la loi du 9 novembre 1815, et que « Bonaparte, qui se connaissait en despotisme, n'avait jamais inventé rien de pareil. »

La gauche flétrissait ainsi la loi plus qu'elle ne la discutait. Le ministère persista à la défendre contre la gauche, contre la droite, contre les doctrinaires et même contre la commission qui lui avait fait subir de nombreux changements. Ainsi elle avait proposé le retranchement de l'article 8, qui considérait le dépôt à la direction de la librairie comme un commencement de publicité, et qui autorisait le ministère à saisir l'écrit, même avant le dépôt, quand la provocation serait directe. Elle avait également repoussé l'espèce de compromis que le projet autorisait entre l'autorité qui pouvait renoncer aux poursuites, et l'auteur lui-même, si celui-ci consentait à la suppression de l'écrit incriminé. Cette idée d'accepter une lâcheté comme réparation d'un délit parut déplorable à tout le monde; en outre, elle ouvrait un trop vaste champ à l'intimidation qui pouvait s'exercer, même sans intention de poursuivre, à l'aide d'une menace banale, essayée sur tous ceux qui mettaient un écrit d'opposition sous presse. La commission n'accordait la prolongation de la loi sur les journaux que pour un an et ne se prononçait pas sur la juridiction applicable à la presse; elle se contentait d'exposer les opinions émises dans son sein à ce sujet.

Il y avait eu deux grandes attaques contre la loi : celle de la droite et celle de la gauche, de laquelle s'étaient rapprochés les doctrinaires, au moins sur plusieurs points, quoique parlant pour la loi qu'ils voulaient voter, mais en la modifiant profondément. Comme il y avait dans le ministère deux nuances bien tranchées, deux orateurs qui représentaient plus particulièrement ces nuances, M. Decazes et M. Lainé choisirent chacun la réplique à sa convenance. M. Decazes, dont les affinités étaient avec les doctrinaires et qui, s'il fallait dériver, aimait mieux dériver vers la gauche que vers la droite, répondit aux orateurs de ce côté et surtout à M. de Villèle. Il ne se refusa pas cet argument banal qui a fait partie depuis des lieux communs de la rhétorique ministérielle, que puisque la loi était à la fois attaquée par les deux côtés opposés, elle était bonne. On aurait pu tout aussi bien dire qu'il fallait qu'elle fût singulièrement mauvaise pour réunir ensemble dans une commune opposition des partis séparés par de mutuelles antipathies. Au fond, rien de plus naturel que cet accord : toutes les opinions indépendantes avaient besoin de la liberté de la presse contre l'arbitraire ministériel ; c'était pour cela qu'elles la demandaient. La seule partie du discours de M. Decazes qui eût quelque portée était celle où il mettait en relief les améliorations réelles introduites dans le régime de la presse par la nouvelle loi, et surtout la disposition qui établissait une responsabilité graduée entre l'auteur, l'éditeur et l'imprimeur, et affranchissait les deux derniers de toute responsabilité quand le premier était connu, à moins, il est vrai, qu'il ne fût question d'une provocation directe. Le reste du discours était consacré à présenter un tableau optimiste de la situation de la France, situation due au ministère existant.

M. Decazes ajouta quelques paroles hautaines toujours à l'adresse de la droite et surtout de M. de Villèle, et donna ainsi une preuve nouvelle de son désir de s'éloigner de plus en plus des royalistes :

« Vous prétendez que votre opposition et celle de vos amis durera jusqu'à l'abandon de la marche actuelle du gouvernement et d'un système qui ne peut plus être soutenu. Elle durera longtemps alors, car ce système, heureux effet de la sagesse royale, survivra aux ministres qui le pratiquent aujourd'hui. Royaliser la nation et nationaliser le royalisme, voilà surtout en quoi ce système consiste. »

La droite ne laissa point tomber à terre ces paroles qui plaçaient encore une fois le Roi devant le ministère et tentaient d'identifier la volonté irresponsable de l'un avec la politique responsable de l'autre. M. de Corbière les releva dans le cours du débat d'une manière aussi spirituelle que sensée : « Le Roi, dit-il, ne changera pas dans l'amour de son peuple ; mais quant aux détails qui peuvent conduire au grand but qu'il a toujours présent, le Roi reçoit l'opinion des Chambres et demande leur concours libre. »

M. Lainé se chargea de répondre à la gauche et aux doctrinaires. Il ne se dissimulait pas que c'était lui surtout que ces derniers avaient attaqué, et avec son caractère ardent, impressionnable, il avait vivement ressenti cette agression. Il parla, non sans quelque ironie, de cette infaillibilité qu'on prétendait attribuer, en matière de délit de presse, à l'opinion publique, représentée par le jury, et revendiqua les droits de la justice, de la raison, de l'État. Au reproche de M. Camille Jordan, qui ne trouvait pas que le gouvernement constitutionnel fût assez largement appliqué, il répondit en émettant un doute, atténué par *le Moniteur*, sur la possibilité d'acclimater ce gouvernement dans un pays où les hommes même attachés au pouvoir par des fonctions publiques, outre-passaient tous les droits de la discussion : « Ici, s'écria-t-il, personne n'asservit sa conscience, ne promet sa parole ou même son silence. »

Dans le cours de la discussion, M. Lainé devait rencontrer encore une fois les doctrinaires sur le chemin de sa véhémente argumentation. M. Royer-Collard, précédé dans cette voie par M. de Corbière, s'était efforcé de prouver qu'en substituant la juridiction du jury à celle des tribunaux de police correctionnelle, la Chambre ne franchirait pas les limites du droit d'amendement. La droite était conséquente avec le langage qu'elle avait tenu en 1815, en étendant le droit d'amendement jusqu'à celui de changer la loi. M. Royer-Collard était dans une position moins bonne; dans la session de 1815, il avait signalé tout changement radical apporté à la loi comme une entreprise contre la prérogative royale, et M. Lainé, choqué de la morgue hautaine et impérieuse des doctrinaires, ne lui épargna pas ce souvenir. Il n'était plus douteux, le 18 décembre, que l'amendement sur le principe de l'application de la juridiction du jury à la presse n'eût dans la Chambre une majorité formée de la droite, des indépendants, du petit groupe des doctrinaires et de quelques voix détachées du centre droit. Le ministère résolut de frapper un grand coup. M. Lainé monta à la tribune dans la séance de ce jour et annonça que le ministère était autorisé à soutenir qu'aux termes de la Constitution l'amendement du jury ne pouvait pas être proposé sur le projet de loi en délibération. C'était trancher la question au lieu de la discuter, et il était clair que la prérogative royale venait ainsi s'affirmer devant la Chambre pour barrer le chemin à l'opposition. M. Lainé ajouta à cette déclaration des paroles sévères pour M. Royer-Collard, auquel il rappela qu'il avait soutenu en 1815 l'opinion de M. de Serre, qu'abuser du droit d'amendement, c'était proposer la loi en usurpant la prérogative royale, et que proposer la loi, c'était régner. Puis il poursuivit ainsi :

« Cette doctrine fut aussi soutenue à la même époque par un honorable membre qui a cru devoir sans doute l'abandonner, puisqu'il propose sans scrupule l'amendement du jury. C'est ainsi que dans la variation, dans le flux et le reflux de nos opinions, nous discréditons la parole et que celle des hommes vivants n'a presque plus d'autorité. »

La déclaration faite par M. Lainé, jointe au dissentiment qui régnait entre les deux oppositions sur la nature du jury qui devait connaître les délits de presse, détermina l'adoption de la question préalable. Mais l'article 8, malgré les efforts du ministère, avait été rejeté par 114 voix contre 112, et quand on arriva au scrutin d'ensemble la loi n'obtint que 122 voix de majorité contre 111. L'ascendant marqué que le ministère s'était promis en faisant rendre l'ordonnance du 5 septembre se trouvait dès lors détruit; il était condamné à ne plus obtenir que des majorités contestées et des succès chèrement achetés.

Dans les derniers jours de décembre, pour ne pas laisser le gouvernement désarmé contre la presse périodique, on avait détaché de la loi, dont on prévoyait l'échec possible, le titre relatif à la police des journaux, et on l'avait voté, seulement pour un an, d'après l'avis de la commission, sans aucun débat, à la majorité de 131 voix contre 97, malgré la vive opposition de la droite, qui protesta seule contre cette séparation par les voix de MM. de Villèle, Benoist et de Corbière. Le ministère se hâta de porter à la Chambre des pairs le titre voté. Après une assez courte, mais vive discussion, dans laquelle on vit se rencontrer contre la loi, comme à la Chambre des députés, la gauche représentée par le duc de Broglie, le duc de la Rochefoucauld, M. Boissy d'Anglas; et la droite, par MM. de Chateaubriand, Mathieu de Montmorency, de Brissac, le titre relatif à la presse périodique, porté, le 27 décembre, à la Chambre des pairs, fut adopté le 29 par une majorité de 105 voix contre 52. Il était temps, car la loi expirait le 1$^{er}$ janvier.

Bientôt après, la Chambre haute commença la discussion du projet de loi dont le titre voté avait été séparé. Le ministère, qui attachait une importance capitale à l'article 8 relatif à la saisie immédiate après le dépôt, et même pendant l'impression, en cas de provocation directe, eut recours à une tactique déjà employée par lui contre la Chambre de 1815 : il présenta en regard l'article amendé par les députés et le texte ministériel auquel la rédaction votée par eux servait d'annexe.

M. de Chateaubriand se récria vivement contre ce procédé, atteinte portée au droit constitutionnel qui ne permettait pas au ministère de consulter une des deux Chambres sur une disposition qui n'était ni proposée ni consentie par le Roi. De deux choses l'une : ou il fallait retirer la loi ou la présenter telle qu'elle était sortie du vote de l'autre Chambre; sans cela, les Chambres cessaient d'être des pouvoirs et devenaient des conseils. Le ministère persista, dans l'espoir de faire rétablir par amendement les dispositions de l'article 8; mais, malgré les efforts de MM. Decazes et Pasquier, il échoua, et l'article fut voté tel que la Chambre des députés l'avait amendé.

A partir de ce moment, le ministère cessa d'attacher une grande importance à l'adoption de la loi et ne se mêla plus à la discussion. C'est ainsi que le cardinal de la Luzerne, MM. de Montmorency et M. de Brissac purent faire adopter, sans opposition de la part du ministère, peut-être avec sa connivence hostile, une disposition proposée par M. Cornet d'Incourt à l'autre Chambre et rejetée par elle, dont l'objet était d'étendre les dispositions des lois antérieures contre les écrits ou images portant atteinte aux bonnes mœurs, aux images contraires à la religion, comme à la réimpression d'anciens ouvrages séditieux, immoraux ou blasphématoires. Le vote de cet amendement, le ministère ne l'ignorait pas, aliénait au projet de loi les protestants et les libres penseurs. M. Boissy d'Anglas fit observer qu'on pourrait abuser d'un pareil article pour interdire toute controverse aux cultes dissidents; M. de Jaucourt le combattit au nom de la tolérance. Le parti philosophique, nombreux à la Chambre des pairs, comprenait qu'avec une pareille loi les réimpressions de certaines œuvres des chefs de l'école du dix-huitième siècle deviendraient difficiles. La loi déplaisait donc un peu à tout le monde : au ministère, à cause du rejet de l'article 8; à l'opposition de droite et à celle de gauche, à cause du rejet de l'amendement pour l'introduction de la juridiction du jury; à un grand nombre de membres votant habituellement avec le ministère, à cause de l'adoption de l'amendement proposé par le cardinal de la Luzerne et ses amis. On n'éprouva donc pas une très-vive surprise lorsqu'au scrutin d'ensemble la loi fut rejetée par 102 voix contre 59.

Dans cette discussion qui demeurait stérile, puisqu'elle aboutissait à un rejet, en laissant la France sous le coup d'une loi déclarée mauvaise par tout le monde, les deux oppositions s'étaient rencontrées par des motifs divers sur le même terrain. Toutes deux avaient besoin de la liberté de la presse, mais il y avait des différences dans la manière dont elles l'entendaient, et dans les motifs pour lesquels elles la revendiquaient. En répondant à M. de Chateaubriand avec une arrogance qui sentait plus la confiance du favori que la supériorité du politique, M. Decazes avait affecté de s'étonner que la droite, si vivement émue en faveur de la liberté de la presse, reprochât au ministère de laisser circuler des écrits contre la société et la religion. La conduite de la droite était plus aisée à expliquer que ne semblait le croire M. Decazes. Le ministère exerçant une dictature exceptionnelle sur la presse, la droite lui demandait à la fois compte de ce qu'il en faisait et de ce qu'il n'en faisait pas. Il s'en servait pour faire attaquer les opinions indépendantes et pour empêcher celles-ci de répondre, la droite s'en plaignait. Il ne s'en servait pas pour empêcher la société et la religion d'être attaquées : la société par des pamphlets qui animaient et ameutaient les classes populaires contre les hautes classes; la religion par des pamphlets qui attribuaient au clergé des prétentions et un fanatisme de nature à lui aliéner les esprits et les cœurs, la droite s'en plaignait. Elle n'avait point tort, car la responsabilité est la compagne logique et inséparable de la puissance. La droite n'était pas en contradiction avec elle-même en demandant la liberté; au fond, elle demandait la liberté contre la licence ; la liberté, dans son opinion, existait contre la religion, contre la société, et allait jusqu'à la licence ; elle la demandait pour défendre ces grands intérêts contre ceux qui les attaquaient, à défaut du ministère qui, suivant elle, ne les défendait pas. En outre, elle croyait que le gouvernement établi par la Charte comportait la liberté de la presse comme une conséquence nécessaire, et que la liberté de la tribune était en péril si on lui ôtait cet écho qui empêchait seul la parole politique de mourir dans la salle étroite d'une assemblée. La droite, sans faire de la liberté de la presse un droit absolu, un bien absolu, la revendiquait comme une des nécessités de la situation, comme une promesse de la Charte, et comme une des conditions du jeu des institutions qu'elle avait inaugurées.

Ce n'était point la thèse de la gauche. Il y avait dans son sein des théoriciens honnêtes qui, comme le jeune duc de Broglie, pensaient que la liberté de la presse était un droit naturel, primitif, primordial, un bien absolu, un droit absolu, applicable à toutes les sociétés, à toutes les phases de l'existence d'un peuple. Tous les devoirs d'un gouvernement se bornaient, selon cette théorie, à mettre la société en position de faire connaître ses tendances, ses volontés. Toutes les difficultés, tous les périls, venaient de ce qu'on ne les connaissait pas assez :

« Si la France apparaissait au grand jour telle qu'elle était, s'écriait le duc de Broglie, son attitude aurait quelque chose de si simple et à la fois de si ferme, toutes les questions ouvertes par la révolution paraîtraient si complétement terminées, l'impossibilité de toucher à quoi que ce fût, à qui que ce fût, si bien démontrée, le vœu d'être libre au dedans, indépendant au dehors si fortement prononcé, que chacun en prendrait son parti, à commencer par les étrangers. »

Le duc de Broglie était bien jeune à cette époque, et il lui suffit d'un contact de quelques mois avec les indépendants, dont les rangs renfermaient des bonapartistes et des révolutionnaires ennemis déclarés des Bourbons, et assez disposés à jeter dans les réunions intimes leur masque constitutionnel, pour apprendre que la situation était moins simple et la solution du problème moins facile qu'il ne l'avait pensé au premier coup d'œil.

Cependant, si la discussion de la loi sur la presse n'aboutit pas à un vote, elle semblait conduire à un rapprochement entre la droite et la gauche qui, annoncé dans des brochures par M. de Chateaubriand et M. Fiévée, devait, s'il se consommait, renverser le ministère. Le duc de Richelieu et M. Lainé, effrayés non moins que le Roi de voir la droite voter avec la gauche, résolurent de tenter une réconciliation avec les royalistes. La pierre d'achoppement avait été la loi d'élection, et une partie du ministère commençait à reconnaître qu'elle pouvait avoir des inconvénients, depuis que les élections avaient trompé son attente. Les pourparlers s'engagèrent; mais, quand on vint à parcourir les divers sujets sur lesquels il fallait s'entendre, la tentative échoua, parce qu'il fut impossible d'arriver à des idées communes sur la loi de recrutement et d'avancement.

Les chefs de la droite, opposés en principe au recrutement qu'ils considéraient comme un retour à la conscription, plus opposés encore au titre sur la réserve, regardaient, on l'a dit, le droit qu'avait le Roi de prononcer souverainement sur l'avancement en sa qualité de chef suprême de l'armée, comme la plus précieuse de ses prérogatives, et ils ne voulaient à aucun prix qu'il en fît le sacrifice. Ils faisaient observer que ce droit avait existé pour le gouvernement, non-seulement sous l'ancienne monarchie, mais sous la république et sous l'empire, car la collation des grades par l'élection n'avait duré qu'un moment et n'avait jamais été générale; or les circonstances leur paraissaient tout à fait inopportunes pour y renoncer. MM. Decazes et de Gouvion Saint-Cyr ayant exprimé la formelle intention de se retirer, si quelque chose était changé à l'économie de la loi sur le recrutement, il fallut, sous peine d'amener la dissolution du cabinet, rompre à la fin de décembre les négociations ouvertes avec la droite. Nous allons entrer dans la discussion de cette loi, et, en la racontant, nous trouverons l'occasion d'exposer, d'une manière plus précise, les diverses opinions émises sur cette grave question.

## IV

#### LOIS DE RECRUTEMENT ET D'AVANCEMENT.

La Charte avait proclamé l'abolition de la conscription, en donnant ainsi une valeur constitutionnelle à la promesse faite aux populations par le duc d'Angoulême et le comte d'Artois, lors de leur rentrée en France, en 1814. Mais elle avait ajouté : « Le mode de recrutement des armées de terre et de mer est déterminé par une loi. » Le problème à résoudre était donc de pourvoir au recrutement des forces militaires de la France, sans rétablir la conscription impériale. Quand cette question fut examinée par une commission d'hommes compétents, présidée par le maréchal Gouvion Saint-Cyr, ils conclurent à l'impossibilité de recruter l'armée française et de la maintenir sur un pied respectable par des engagements volontaires. Il fallait, suivant eux, de toute nécessité, recourir à des appels annuels. Ils faisaient remarquer que ces appels n'avaient pas été inconnus sous l'ancienne monarchie, qu'ils avaient existé sous le titre de milice, et ils alléguaient que la promesse faite par la Charte serait tenue en raison des différences radicales existant entre le projet nouveau et l'ancienne conscription établie en 1799. Au moment où éclatèrent les guerres révolutionnaires, la Convention avait procédé par des levées en masses. C'était la

France armée qu'elle avait jetée contre l'Europe coalisée de 1792 à 1799. En 1799, la coalition durant encore, la loi de cette année avait appelé sous les drapeaux toute la classe des jeunes Français qui venaient d'atteindre leur vingtième année. Dans la phase suivante, des intermittences de paix ayant interrompu la continuité de la guerre, les numéros du tirage indiquèrent dans chaque classe les jeunes gens appelés à faire immédiatement partie du contingent actif et ceux destinés à faire partie de la réserve. Mais dans le système de la conscription républicaine et impériale, il n'y avait pas de conscrits libérés : parmi les jeunes gens compris dans une classe, les premiers numéros partaient plus tôt, ceux auxquels étaient échus les derniers partaient plus tard, mais tous partaient, car les derniers formant le dépôt étaient à la disposition du gouvernement, qui les appelait au fur et à mesure des besoins du service. Voilà ce qui avait rendu la conscription impériale si odieuse dans les villes et dans les campagnes, dans les campagnes surtout. C'était un véritable Minotaure qui, chaque année, dévorait la fleur des générations nouvelles. Tous étaient appelés, aucun n'était exempt ; les fils de veuves, les aînés d'orphelins, partaient les derniers du dépôt, mais ils partaient comme les autres, quand le gouvernement déclarait avoir besoin d'eux ; à dater de vingt ans, chaque Français appartenait à l'armée, et la menace d'un appel restait indéfiniment suspendue sur sa tête. Quand la disette d'hommes était venue, après tant de batailles qui avaient fauché les jeunes générations, les infirmes et les estropiés eux-mêmes avaient fini par être trouvés bons pour le service. Pour faire subir ce joug par les populations, il avait fallu organiser un ensemble de mesures arbitraires, de sévices impitoyables, transférés bientôt de la tête des jeunes gens sur la tête de leurs parents, rendus responsables de la fuite de leurs fils réfractaires. Tous les excès se tiennent ; le gouvernement impérial en poussant à outrance le système de la guerre, avait été obligé d'exécuter à outrance la loi de la conscription, et pour triompher de la résistance qu'avait provoquée chez les populations cette levée impitoyable de l'impôt du sang, il avait fallu recourir aux moyens coercitifs les plus odieux.

Les auteurs de la loi nouvelle s'étaient naturellement mis en garde contre les principaux inconvénients de l'ancienne loi, dénoncés par l'expérience et flétris par l'indignation publique, et que la situation où le retour des Bourbons avait placé la France permettait d'éviter. Ils avaient donc décidé que l'État demanderait, chaque année, au pays un contingent de quarante mille hommes, que ces quarante mille hommes seraient fournis au moyen d'un tirage entre les jeunes gens qui atteindraient leur vingtième année. Tous ceux que le sort ne désignerait pas pour faire partie du contingent militaire seraient, par ce fait même, définitivement libérés du service. Ceux qui par des motifs divers, infirmes ou impropres au service, indispensables au soutien de leur famille comme fils aînés de veuves, ou ayant déjà un frère présent sous les armes, auraient des droits à une exemption, seraient exempts d'une manière définitive et irrévocable. En outre, comme le contingent annuel serait fixe, tous les engagés volontaires viendraient en déduction d'un nombre égal d'appelés, et les libéreraient du service militaire.

Ce système avait beaucoup d'avantages : sa simplicité, sa modération, et par-dessus tout sa nécessité. On ajoutait que c'était une loi d'égalité, d'accord avec l'esprit d'égalité, si puissant dans la société française depuis la révolution de 1789, à laquelle il avait contribué. Cela était vrai à un point de vue, faux à un autre. Le projet de recrutement pouvait flatter la passion de l'égalité, en appelant indistinctement tous les Français à servir leur pays, quelle que fût leur position sociale. Mais, si l'honneur était égal, l'impôt ne l'était pas pour les familles pauvres et les familles riches, celles-là n'ayant que les bras de leurs enfants pour richesses, et celles-ci pouvant s'en passer; celles-là ne pouvant faire remplacer leurs enfants à prix d'argent, et celles-ci ayant la possibilité de les conserver moyennant un sacrifice pécuniaire; sans parler des conscrits eux-mêmes, dont les uns se trouvaient arrachés à leur profession pour cinq ans, durée du service militaire, tandis que les autres pouvaient servir avec des avantages particuliers, en passant par les écoles du gouvernement, s'ils avaient du goût pour les armes, et dans le cas contraire, s'affranchir moyennant une somme d'argent de ce service, et suivre sans interruption la carrière qu'ils avaient choisie. Quoi qu'on eût pu faire et quoi qu'on eût dit, l'inégalité des conditions continuait à exercer son empire sous la prétendue égalité de la loi, beaucoup plus lourde en réalité pour les classes pauvres que pour les classes riches. C'était un des côtés vulnérables du projet.

Le maréchal Gouvion Saint-Cyr avait aspiré à quelque chose de plus qu'à assurer et à régler le recrutement militaire, il avait voulu constituer complétement l'armée en lui ménageant une forte réserve, et lui donner une espèce de Charte en réglant législativement l'avancement. Cette extension donnée à la loi augmentait son importance, mais, en même temps, elle en rendait l'adoption plus difficile. Il est utile d'indiquer sommairement les considérations qui avaient déterminé le maréchal et la portée de son projet.

La rédaction présentée par le maréchal Gouvion Saint-Cyr fera toucher du doigt la pierre d'achoppement qu'allait heurter le projet de loi à l'occasion de la réserve : « Les sous-officiers et les soldats rentrés dans leurs foyers, après avoir achevé leur temps de service, y était-il dit, seront assujettis en cas de guerre à un service territorial, dont la durée est fixée à six ans. » C'était là le corps de vétérans, destiné à former l'armée de réserve. Or, il était impossible que les Cent-Jours n'eussent pas laissé des défiances à la droite contre l'ancienne armée qui avait repassé si facilement du drapeau blanc au drapeau tricolore, et qui se trouvait implicitement appelée à former cette réserve. On dit alors et l'on a souvent répété depuis, qu'il y avait quelque chose d'odieux à poursuivre d'une éternelle défiance des hommes braves et malheureux, qui avaient fait partie de l'armée impériale [1]. Il faut oublier les lois du cœur humain, pour mettre ainsi au compte d'un parti le legs funeste de l'aventure des Cent-Jours. La bravoure et le malheur de l'armée française n'étaient l'objet d'un doute pour personne ; ce dont on pouvait douter, c'était sa sympathie pour la monarchie contre laquelle les soldats impériaux s'étaient trouvés malheureusement engagés par le retour de l'île d'Elbe, et quoi qu'en disent ceux qui trouvent naturel qu'on révoquât en doute la sincérité des émigrés adhérant au régime constitutionnel, le passé et un passé récent autorisait les appréhensions de la droite vis-à-vis de l'ancienne armée. Il pouvait être, il était impolitique d'exprimer publiquement ces appréhensions qui perpétuaient des divisions funestes, et les chefs les plus habiles de la droite évitèrent le plus qu'ils purent de le faire ; mais ils n'étaient pas maîtres de ne pas les éprouver. « On travaille à recréer l'armée qui nous a perdus, écrivait tristement M. de Villèle à sa famille (28 janvier 1818). En même temps les boulevards sont garnis de gravures propres à exciter les souvenirs de l'empire ; ce sont les batailles, les grenadiers du bon temps. »

Le chapitre de l'avancement excitait et devait exciter une opposition plus vive encore. Ce n'avait pas été sans peine que le maréchal Gouvion Saint-Cyr avait ramené le Roi lui-même à son avis, et il n'avait pas moins fallu que l'ascendant tou-

---

[1]. M. de Barante a récemment exprimé cette idée dans la *Vie politique de M. Royer-Collard*.

jours croissant de M. Decazes, pour déterminer Louis XVIII à sacrifier une prérogative, qui jusque-là n'avait été disputée sous aucun régime au pouvoir exécutif. Le Roi savait en outre que Monsieur, ses plus intimes serviteurs et la droite tout entière, étaient très-contraires à l'abandon de la prérogative royale en matière d'avancement militaire. La Charte, en déclarant que le Roi était le chef suprême de l'armée, n'avait fait que confirmer la tradition nationale, et d'excellents esprits avaient peine à s'expliquer que le prince exerçât dans sa plénitude ce haut commandement, s'il renonçait au droit de conférer l'avancement. Y avait-il en outre chez la noblesse, qui se regardait autrefois comme appelée par sa naissance au métier des armes, un sentiment secret que l'amoindrissement de la prérogative royale sur ce point serait préjudiciable aux gentilshommes? Pensait-elle que si la guerre se rouvrait, elle fournirait au Roi par sa bravoure héréditaire des occasions d'exercer la prérogative royale en sa faveur, tandis que les lois immuables de l'avancement lui seraient moins propices? Cela n'est pas impossible, et je ne voudrais pas affirmer le contraire. M. de Montlosier, il est vrai qu'il faut tenir compte de son esprit toujours excessif, écrivait à cette époque que « cette loi était pour la noblesse une dégradation. On ne devait donc attribuer son irritation, ni à un sentiment ambitieux, ni même à un vif sentiment d'injustice ou de prévention, cette irritation partait d'un sentiment profond d'avilissement[1]. » Ce qu'il y a de certain, c'est que pendant toute la durée de la discussion de la loi, il y eut une vive fermentation dans la garde royale. M. de Villèle constate ce fait dans sa correspondance, en ajoutant avec sa sagesse ordinaire : « C'est un malheur de plus, car les royalistes n'étant forts que de leurs principes, il serait bien malheureux que des têtes

---

1. *De la Monarchie française depuis la seconde Restauration*, écrit publié en 1818.

folles se prêtassent à des actes coupables. » Pour ne rien omettre dans cette énumération rapide, il faut ajouter qu'on avait souvent répété depuis la Révolution, qu'elle avait été causée en partie parce que le Roi n'avait pas exercé une action assez directe et assez puissante sur l'armée ; or, aux yeux des hommes convaincus que la Révolution n'avait pas dit son dernier mot, il était essentiel que Louis XVIII ne renonçât point à une parcelle de son autorité sur l'armée. Il semblait aux esprits placés sous l'empire de ces idées, que la loi du maréchal Gouvion Saint-Cyr désarmait la royauté. On n'aurait plus une armée royale, on aurait ce que les indépendants appelaient une armée nationale, dénomination hypocrite qui cachait leur espoir de se préparer une armée révolutionnaire. La joie que témoignaient les indépendants et l'appui qu'ils se montraient disposés à prêter au ministère, dans cette discussion, achevaient d'exciter les alarmes de la droite.

Tels étaient les principaux motifs qui rendaient la droite hostile au projet de loi présenté par le maréchal Gouvion Saint-Cyr, et qui, après avoir été porté au conseil d'État, avait reçu sa dernière forme de la main de M. de Barante.

Ces objections étaient loin d'être sans valeur, mais presque toutes étaient tirées des circonstances, de la question d'opportunité, et au fond des choses, sur les deux points principaux, sur le recrutement et l'avancement, le gouvernement avait raison. Il fallait à la France une armée qui lui permît de garder son rang en Europe, et surtout dans une époque si voisine des grandes et longues guerres qui avaient laissé derrière elles un besoin profond de repos, le recrutement seul pouvait fournir cette armée. Que l'on discutât le mode de recrutement proposé par le gouvernement, qu'on exprimât le désir, par exemple, de voir maintenir le principe d'égalité proclamé en rendant aux classes populaires le remplacement plus facile, à la bonne heure ; mais il n'en restait pas moins vrai que, sans recrutement, on risquait de ne pas avoir d'armée, et sans armée il n'y avait point de France. Quant à l'avancement, il faut le reconnaître, le nombre des abus résultant du régime d'ordonnance qui réglait la matière avait été limité sous l'Empire; mais il importait de ne pas oublier que pendant l'Empire, époque tout exceptionnelle, la guerre avait été en permanence. Or, en temps de guerre, le gouvernement a tant d'intérêt à confier les grades aux plus dignes, que les passe-droits sont peu nombreux. Il n'en était plus de même à l'ouverture d'une période pacifique, et pour être sûr d'avoir une bonne armée quand viendrait la guerre, il fallait l'organiser pendant la paix. En outre, la Restauration avait besoin, plus que tout autre gouvernement peut-être, de donner au pays un gage que ni son ancienne intimité avec la noblesse, poussée au point que Henri IV prisait au-dessus de tous les titres celui de premier gentilhomme de son royaume, ni la solidarité récente de leurs communs malheurs, ne nuiraient en rien à l'égale et complète admissibilité de tous les Français dans les grades militaires. Il était donc bon que le chef de la maison de Bourbon s'ôtât à lui-même une faculté discrétionnaire dont on le soupçonnerait toujours de pouvoir abuser, et qu'il ôtât aux gentilshommes l'espoir d'arriver par la faveur aux grades que les généreux descendants de notre noblesse militaire sont si capables de conquérir à la pointe de l'épée. C'étaient là les avantages fondamentaux et durables de la loi du maréchal Gouvion Saint-Cyr. En réglant l'avancement de l'armée française par l'ancienneté, elle assurait à l'armée formée pendant la paix la transmission des grandes qualités qui avaient fait sa force pendant la guerre. Chacun y entrait avec le même idéal d'avancement exprimé par ce mot de Louis XVIII à des soldats : « Qui sait si vous n'avez pas dans votre sac le bâton de maréchal de France? » Chacun y entrait avec le sentiment de sa dignité personnelle, avec l'estime inspirée et ressentie pour des grades conquis par des services, avec la fierté du droit qui sait qu'il sera respecté. Il faut dire que le projet avait réservé au mérite et aux actions d'éclat la part qu'elles doivent avoir dans les promotions, en faisant la part de la prérogative royale à côté de celle de la loi. Seulement le maréchal Gouvion Saint-Cyr, comme tous les esprits absolus, se donnait le tort de traiter avec trop de légèreté les objections de la droite qui, pour être tirées des circonstances, n'en étaient pas moins graves. En politique, il faut toujours, en effet, tenir un compte considérable des circonstances. Elles constituent le milieu dans lequel on agit, et ceux qui ne regardent qu'aux principes sans vouloir considérer les faits, exposent les gouvernements qu'ils servent à de graves périls.

Dans la discussion de la loi de recrutement les partis se dessinèrent ainsi : sur presque tous les points, le recrutement lui-même, la réserve, l'avancement légal, la droite combattit le ministère par l'organe de ses principaux orateurs, MM. de Villèle, Corbière, Bonald, la Bourdonnaye. Sur les mêmes points la gauche appuya vivement le gouvernement en cherchant à rendre la loi plus démocratique ; elle espérait, on peut le dire aujourd'hui sans la calomnier, y trouver une arme contre la royauté. Les doctrinaires appuyèrent aussi le ministère, mais on trouva encore une fois dans leur adhésion ce caractère exigeant et impérieux qui avait déjà frappé l'opinion dans la discussion de la loi sur la presse. M. Royer-Collard surtout tenait à prouver que, s'il votait pour le ministère, il n'était pas pour cela ministériel, et sa manière d'affirmer son indépendance était d'appuyer à la tribune avec beaucoup de vivacité sur les points où il était en dissidence avec le cabinet. M. de Chauvelin, membre de la gauche, ayant déposé un amendement tendant à rendre annuel le vote du contingent, MM. Royer-Collard, de Serre et Camille Jordan déclarèrent qu'ils l'approuvaient. C'était une question de médiocre importance. Le chiffre du contingent était modéré; pour l'augmenter, il fallait un vote de la Chambre. Or, deux choses étaient également certaines : jamais une Chambre française ne refuserait de l'augmenter si les circonstances extérieures l'exigeaient; si au contraire la Chambre trouvait opportun de diminuer l'effectif de l'armée, elle en trouverait l'occasion dans la discussion du budget du ministère de la guerre. Mais les doctrinaires étaient des esprits plus formalistes que politiques. Le vote annuel du contingent militaire avait à leurs yeux l'avantage d'un certain parallélisme avec le vote annuel du budget. Il semblait à M. Royer-Collard que tout était perdu si le chiffre du contingent n'était pas voté annuellement comme le chiffre du budget, et il déclara que sur cette question il serait inflexible.

La discussion fut, comme on pouvait s'y attendre, extrêmement vive. Je dirai peu de choses de la première partie qui roula sur le recrutement. La droite faisait observer, non sans raison, que l'on avait promis la suppression de la conscription elle-même et non pas de ses abus seulement; elle appréhendait que la royauté ne perdît le bénéfice de la popularité que lui avait assurée l'abolition d'une institution odieuse. Ce fut M. de Bonald qui insista avec le plus de force sur le rapport existant entre l'ancien ordre de choses et celui qu'on voulait établir. « Toute mesure générale, dit-il, qui inscrit et enregistre les jeunes gens d'un âge déterminé et leur fait courir à tous, indépendamment de leur volonté, la chance d'un service militaire est une conscription, et il est étrange qu'on ait recours, pour dissimuler cette vérité, à quelques différences que présente la loi nouvelle dans les formes et dans les nombres lorsqu'on y trouve le caractère de contrainte qui en fait le fond et l'essence. » M. de Bonald disait vrai, et les subtilités oratoires de M. Royer-Collard prétendant que « la Charte était exécutée par la préférence donnée dans le projet de loi à l'enrôlement volontaire sur le recrutement forcé » ne détruisait pas l'argumentation de l'orateur de droite. Le maréchal Gouvion Saint-Cyr donna la véritable raison contre laquelle la Charte elle-même ne pouvait rien : la nécessité de pourvoir à la sûreté du territoire national et de mettre la France sur le pied d'une défensive respectable vis-à-vis de l'Europe. Il ajouta avec le même sens : « Je ne sais s'il est bien utile, bien patriotique, quand une institution est reconnue nécessaire, de s'appliquer à lui conserver ou à lui rendre un nom justement odieux. »

Ce fut sur le chapitre de la réserve et le chapitre de l'avancement que se livrèrent les grandes batailles parlementaires. Il n'y avait point là de nécessité évidente, comme dans la question de recrutement. L'armée avait été régie jusque-là, sous les gouvernements différents qui s'étaient succédé, par un système d'avancement dépendant exclusivement de la volonté du pouvoir exécutif, et cela n'avait pas empêché nos annales militaires d'être héroïques et glorieuses. Toutes les armées européennes étaient soumises au même système, y compris l'armée anglaise, ce qui prouvait que le gouvernement parlementaire ne l'excluait pas. Cet argument avait paru assez fort, et les dangers que pouvait amener la réorganisation de l'armée impériale sous le titre d'armée de réserve assez réels, pour que le rapporteur de la commission, le général d'Ambrugeac, membre du centre droit, auquel M. le duc d'Angoulême accordait une grande confiance et qui était personnellement attaché au duc de Richelieu, proposât, au nom de la majorité de la commission, deux amendements qui donnaient une sorte de satisfaction à la droite sur ces deux points. Le premier ôtait tout caractère rétroactif à l'article sur la réserve, et en excluait ainsi de fait les soldats de l'armée de la Loire ; le second, en admettant que l'avancement pût être soumis à quelques règles, maintenait cependant le régime des ordonnances royales à qui il appartenait d'établir ces règles.

« La volonté royale hautement manifestée, ajoutait le général d'Ambrugeac, n'a-t-elle pas pour nous la fixité des lois? Elle est notre plus sûre garantie, nous n'en voulons pas d'autre. » Il y avait donc trois systèmes en présence : celui du gouvernement, celui de la commission et celui de la droite. Celle-ci, en effet, repoussait radicalement le projet de loi et lui opposait un système tout différent que M. de Villèle résuma de la manière la plus claire, en proposant de renoncer au recrutement forcé et de le remplacer par les engagements volontaires avec une combinaison de primes qui les multiplierait, de supprimer complétement le titre relatif à l'avancement et de laisser au Roi le soin d'en régler les conditions par ordonnance, enfin de retrancher de la loi les dispositions qui établissaient l'armée de réserve, ou tout au moins de ne les rendre exécutoires qu'en temps de guerre.

Deux sortes de considérations expliquent la répugnance que montrait la droite pour la loi de recrutement et d'avancement. J'ai indiqué les premières tirées du fond même des choses; mais la manière dont la loi fut défendue par les orateurs du gouvernement et par le ministère, sans parler des membres de la gauche, augmentaient encore l'opposition du côté droit. M. Camille Jordan insista surtout sur cet argument que le recrutement seul pouvait donner à la France une armée citoyenne, ce qui impliquait la condamnation des armées royales. Voici ses propres paroles :

« L'armée que vous avez à fonder n'est point une armée ordinaire, instrument aveugle de défense et d'attaque aux mains du pouvoir qui la dirige; c'est une armée de soldats et de citoyens tout ensemble qu'anime l'esprit de nos institutions ; qui, tout en défendant le territoire, sache y maintenir les droits; qui ne soit en quelque sorte que la patrie armée pour la défense des intérêts nationaux. Et ce n'est ni à des mercenaires ni à des étrangers qu'on peut demander la formation d'une telle armée. C'est à des hommes sortis du sein de leurs familles, s'y rattachant par leur affection et toujours prêts à y rentrer. »

Il y avait certainement quelque chose d'étrange à voir un orateur attaché au gouvernement par des fonctions publiques le mettre ainsi dans une espèce de suspicion, en donnant à entendre que le pays avait besoin d'être garanti contre lui par les éléments dont se composerait l'armée, et flétrissant l'emploi des troupes étrangères quand tout le monde savait qu'en vertu de capitulations avec les cantons helvétiques Louis XVIII avait deux régiments suisses dans sa garde. Il y avait toujours, en outre, dans l'éloquence, d'ailleurs très-réelle, de M. Camille Jordan, un côté déclamatoire, et M. de Bonald fit très-bien ressortir, par plusieurs souvenirs historiques cités à propos, la vanité de cette phraséologie sur les armées nationales composées de soldats citoyens qui seules pouvaient donner des garanties aux libertés publiques.

« On ne veut plus, s'écria-t-il, que des armées nationales pour défendre la Constitution, et ce qu'on appelle les libertés publiques. Mais que manquait-il aux armées de César et de Pompée pour être des armées nationales? N'étaient-elles pas composées de citoyens romains? N'avaient-elles pas été élevées dans l'amour de la liberté et dans toutes les idées qu'inspiraient aux Romains de tous les corps la longue habitude et le souvenir imposant de leur république? Et cependant, les armées du beau-père comme celles du gendre ne conspirèrent-elles pas à l'envi l'une de l'autre à asservir la liberté? Que manquait-il aux armées de Fairfax et de Cromwell pour être des armées nationales? N'étaient-elles pas composées de citoyens anglais nourris dans les idées de liberté parlementaire, de résistance à l'extension de la prérogative royale? Et cependant l'heureux Cromwell ne fit-il pas servir l'armée à étouffer les libertés publiques? Que manquait-il aux armées de Bonaparte pour être des armées nationales? N'étaient-elles pas composées de citoyens français, nés presque tous dans le berceau de la révolution, tous enivrés du vin de sa fureur, du fanatisme de la liberté et de l'égalité, et brûlant d'en propager les principes? Et cependant Bonaparte a-t-il respecté la Constitution républicaine? »

Ces fortes paroles faisaient justice du sophisme de M. Camille Jordan. Les grenadiers qui firent sauter les Cinq-Cents par les croisées de l'orangerie de Saint-Cloud appartenaient à une armée nationale formée de soldats citoyens, pour ne pas citer d'exemple plus récent. La manière d'argumenter des orateurs ministériels indisposait d'autant plus la droite, qu'elle voyait la gauche, sur les bancs de laquelle siégeaient des hommes notoirement hostiles à la dynastie, joindre ses efforts à ceux des ministériels et insister pour la formation d'une armée nationale sur laquelle elle espérait probablement obtenir une influence dangereuse pour la royauté. C'était là le raisonnement qui venait sans cesse dans la bouche des orateurs de la droite : « Vous voulez, disaient-ils, supprimer l'armée royale et la remplacer par une armée parlementaire. » Le seul argument péremptoire était celui tiré de la difficulté de réunir une armée suffisante au moyen des engagements volontaires, favorisés par les primes. Je dis la difficulté, parce que depuis la grande et longue guerre des États-Unis du Nord contre les États confédérés du Sud, terminés seulement en 1865, on ne peut plus dire l'impossibilité ; en effet, à l'aide des primes, les États-Unis ont réussi à lever et à entretenir pendant plusieurs années une armée qui n'a jamais été moindre de cinq cent mille hommes.

La manière dont le ministère et ses amis défendaient les nouvelles dispositions introduites par la loi relativement à l'avancement était aussi de nature à indisposer gravement la droite. Aux arguments nécessaires de sa thèse, M. le maréchal Gouvion Saint-Cyr en ajouta d'autres au moins déplacés dans la bouche d'un ministre du Roi. Tout le monde aurait compris qu'il développât les arguments suivants à l'appui de son projet, et ils suffisaient au triomphe de sa cause :

« Quand la Charte a consacré le droit qu'ont tous les Français de parvenir à tous les emplois civils et militaires, elle n'a pas entendu sans doute que ce fût là un principe vain, une promesse stérile. Le principe était reconnu aussi dans le siècle précédent, mais il était sans vigueur, parce qu'il était écrit dans des ordonnances toujours révocables, au lieu de l'être dans la loi, qui seule s'élève au-dessus de toutes les volontés individuelles. On dit qu'une telle loi porte atteinte à la prérogative royale, on va même jusqu'à dire que le Roi n'a pas le droit de la proposer. Le Roi a le droit de proposer aux Chambres tout ce qu'il croit utile à l'État. La royauté est entre ses mains un trésor qu'il fait valoir pour le bien des peuples, et non un dépôt stérile qu'il soit simplement chargé de transmettre à ses descendants... D'ailleurs, aujourd'hui, il y a plus de force dans la loi que dans l'arbitraire;... l'autorité s'affaiblit de tout l'arbitraire qu'elle essaye de retenir, elle se fortifie au contraire de tout ce qu'elle reçoit de la loi. »

» Malheureusement le ministre de la guerre ne s'en tint pas à ces considérations. Il entreprit une revue rétrospective de la manière dont on obtenait l'avancement sous l'ancien régime, et il traîna sur la claie le système suivi jusqu'en 1789 dans des paroles dont la sévérité allait jusqu'au dénigrement. A l'entendre, l'ancienne monarchie avait donné un libre cours à tous les abus dans les promotions militaires en oscillant sans cesse entre ce que l'injustice pouvait avoir de plus révoltant et la faveur de plus ridicule. Les tribunes, —suivant un renseignement fourni par la correspondance de M. de Villèle, M. Decazes les avait composées d'avance de manière à assurer le succès de cette violente sortie contre le passé, — les tribunes battirent des mains, ainsi que la gauche ravie de trouver son langage habituel dans la bouche du représentant du gouvernement royal; mais les hommes sensés s'étonnèrent qu'un ministre du Roi, parlant au nom du gouvernement royal, eût apporté à la tribune ce pamphlet rétrospectif contre l'ancienne monarchie avec laquelle le petit-fils de Louis XIV avait au moins une solidarité morale que ses ministres n'auraient pas dû oublier. Ce n'était pas, en effet, à l'héritier de la royauté française qu'il appartenait de la livrer à la haine et à la risée et de la faire passer par les épigrammes. C'était le cas de dire d'elle ce que le maréchal Gouvion Saint-Cyr dit à la fin de son discours de l'armée des Cent-Jours : « Si elle avait eu des reproches à se faire, elle avait assez cruellement expié ses fautes pour qu'on n'en évoquât pas le souvenir. »

Je crois avoir expliqué les raisons subsidiaires qui rendirent la droite encore plus défavorable au projet de loi auquel elle s'était montrée contraire dès sa présentation. Il semblait que le maréchal Gouvion Saint-Cyr eût pris à tâche d'exaspérer sur tous les points la droite, afin de la forcer à sortir de la réserve où ses chefs essayaient de la maintenir relativement à la troisième partie de la loi, celle qui constituait derrière l'armée active les légions de vétérans. Certes, il n'entrait dans l'idée de personne de nier les grandes qualités militaires déployées sur tant de champs de bataille par les vaillants soldats des armées impériales. Tout récemment encore, plusieurs écrivains de la droite, M. de Chateaubriand en tête, leur avaient rendu pleine justice. Dans cette discussion même, les orateurs de la droite, sauf un seul, M. de Sallaberry, s'étaient placés pour combattre l'institution des vétérans sur le terrain indiqué par le général d'Ambrugeac dans son rapport. Celui-ci avait dit en effet :

« En 1815, le Roi libéra et dégagea de tout service les militaires qui étaient sous les drapeaux depuis plus de huit ans. La loi actuelle ne les frappera que pour un an ou dix-huit mois, mais elle atteindra en totalité ceux qui ont été déclarés les indispensables soutiens de leurs familles, qui leur avaient été arrachés par la violence et les abus de la conscription ; qui ont été libérés, non-seulement par ordonnance du Roi, mais par l'article XII de la Charte. Ne croyez pas que ce service territorial n'imposera aucune obligation et qu'il ne sera qu'un léger fardeau. Vous pouvez, à la vérité, l'imposer aux jeunes gens que la loi va appeler au service, mais devez-vous sans nécessité, sans motif plausible, l'étendre aux militaires rendus à la liberté, après avoir si amplement payé leur dette? Si vous voulez qu'ils servent en cas de guerre, ne les tourmentez pas inutilement au sein de la paix. Pourquoi revenir sur leur libération, pourquoi en faire le gage et la garantie de celle qu'on assure aux jeunes gens? Vous trouverez plus facilement cette garantie dans la stricte exécution de la loi, dans la justice du Roi et dans l'inviolabilité de ses promesses. »

Le ministre de la guerre ne voulut pas laisser la droite sur ce terrain qu'elle avait choisi pour ne pas offenser l'armée, tout en prenant les précautions qu'elle croyait nécessaires trois ans après les Cent-Jours. Pour l'obliger à en sortir, il prononça ces paroles qui, afin de suppléer aux bonnes raisons difficiles à trouver dans cette question, évoquaient la passion politique :

« On repousse l'institution des légionnaires vétérans non à cause de l'institution elle-même, mais à cause des hommes qui sont appelés les premiers à y prendre place. La franchise est ici un devoir et la question que nous agitons, toute la France militaire et civile y est engagée. Il s'agit de savoir s'il existe parmi nous deux armées, deux nations dont l'une sera frappée d'anathème et regardée comme incapable de servir le Roi et la France ; et pour me renfermer dans ce qui me concerne directement, il s'agit de savoir si nous appellerons encore à la défense de la patrie les soldats qui ont fait sa gloire, ou si nous les déclarerons à jamais dangereux à son repos. Ce dernier arrêt serait rigoureux et injuste, car ces soldats étaient admirables au jour de combat ; une ardeur infatigable les animait, une patience héroïque les soutenait, jamais ils n'ont cessé de croire qu'ils sacrifiaient leur vie à l'honneur de la France. »

Ainsi, le maréchal Gouvion Saint-Cyr, après avoir dirigé une satire virulente contre les abus de l'ancienne monarchie, venait prodiguer des louanges inconditionnelles à l'ancienne armée impériale dont personne n'avait révoqué en doute la valeur, mais dont certes la fidélité n'avait pas été égale au courage dans la dernière crise qu'avait traversée la monarchie. Remarquez qu'il ne s'agissait pas le moins du monde de savoir s'il y avait deux nations, deux armées, mais bien de savoir, comme l'avait fait remarquer le rapporteur de la loi à la Chambre des députés, et comme devait le dire le maréchal Macdonald lui-même à la Chambre des pairs, si la promesse d'une libération définitive faite à l'ancienne armée serait tenue et si l'engagement inscrit dans la Charte serait observé.

Après une vive discussion, le ministère emporta, sans modifications graves, les dispositions concernant le recrutement et l'avancement. Il avait avec lui sur ces deux questions le centre droit, les doctrinaires et la gauche ; ces fractions réunies lui assurèrent une majorité qu'un discours de M. Gouvion Saint-Cyr, remanié et modifié par M. Guizot, et qui produisit un effet immense, rendit plus imposante. Il fut donc arrêté que la France aurait une armée dont l'effectif serait fixé à deux cent quarante mille hommes, que le service militaire durerait six ans, qu'un recrutement de quarante mille hommes remplacerait dans cette armée les vides qui n'auraient pas été remplis par l'enrôlement volontaire. Parmi les amendements introduits dans le titre du recrutement, il faut mentionner celui relatif à l'exemption des frères des Écoles chrétiennes, proposé par MM. Ruinard de Brimond et de Puymaurin, amendement dont M. Royer-Collard profita pour demander qu'une exemption analogue, mais plus générale, fût accordée à tous ceux qui, frères de la Doctrine chrétienne, ou instituteurs laïques, s'engageraient envers l'Université à se vouer à l'instruction publique pendant dix ans. Cet amendement passa après une longue et vive discussion et ajouta cette exception aux exceptions déjà admises en faveur des fils aînés de veuves, des frères ayant déjà un frère sous les drapeaux, des élèves des grands séminaires et des élèves des Écoles polytechnique et normale. Quand on en vint à l'amendement relatif au vote annuel du contingent militaire présenté par M. de Chauvelin et vivement soutenu par MM. Royer-Collard et Camille Jordan, il succomba devant une majorité formée du centre droit et de la droite qui crut voir dans cet amendement un nouvel affaiblissement de la prérogative royale. Des deux côtés, on s'exagérait l'importance de cette disposition, qui avait quelque chose de logique sans avoir rien d'essentiel; et quand M. Bourdeau, orateur ministériel, déclarait que si elle passait c'en était fait de la royauté à laquelle les Chambres enlèveraient le droit de faire la paix et la guerre pour exercer ce droit elles-mêmes, comme lorsque M. Royer-Collard répondait que si le vote annuel du contingent n'était pas adopté, « l'armée se trouvait mise hors de l'atteinte des pouvoirs nationaux, les institutions n'étaient plus qu'un jeu et la liberté un rêve, » tous deux évoquaient et combattaient des fantômes. Un amendement de la droite, qui avait pour objet de faire adopter le système des engagements avec primes en argent, fut rejeté sur l'observation de M. Royer-Collard que « dans un gouvernement constitutionnel l'armée est donnée au prince par la nation et qu'elle doit lui être donnée animée d'un esprit déterminé par l'esprit général de la nation et seul conforme à ses institutions, et tendant sans cesse à les affermir. Or, si l'armée se forme homme par homme, selon des moyens divers, des combinaisons particulières, elle peut aussi recevoir l'influence d'un esprit particulier qui cesserait d'être en harmonie avec l'esprit général[1]. » C'était s'exagérer, M. de Bonald l'avait démontré, l'influence du recrutement sur l'esprit de l'armée; mais cette argumentation prévalut, et l'amendement soutenu par M. de Villèle fut rejeté. La majorité rejeta également un autre amendement présenté par la droite et d'après lequel la loi indiquerait d'avance la somme qu'il faudrait verser dans les caisses de l'État pour être affranchi du service militaire. C'était le système actuel de l'exonération qui faisait, dès 1818, son apparition sur la scène, en luttant désavantageusement contre le système du remplacement militaire dont les abus furent signalés d'avance avec une grande vérité par MM. de Villèle et de Bonald, mais qui n'en triompha pas moins.

---

1. Voir ce discours dans la *Vie de M. Royer-Collard*, par M. de Barante.

Malgré la vive opposition de la droite, le titre relatif à l'avancement fut voté tel que le gouvernement l'avait présenté. Il exigeait pour le grade de sous-officier vingt ans d'âge et un service actif de deux ans comme soldat; pour le grade d'officier, deux ans de service comme sous-officier, ou la preuve que le candidat avait suivi un cours simple dans une école militaire. A partir du grade d'officier, quatre autres années étaient nécessaires pour arriver à l'échelon supérieur, excepté en cas de besoin extraordinaire ou pour une action d'éclat mise à l'ordre du jour. Les deux tiers des sous-lieutenances étaient réservées aux élèves des écoles militaires et les deux tiers des grades de lieutenants et de capitaines à l'ancienneté. Les officiers supérieurs restaient sans condition à la nomination du Roi. Ces dernières dispositions affaiblissaient singulièrement l'argumentation de ceux qui, comme M. Royer-Collard, faisaient de l'avancement légal la conséquence logique du recrutement. L'égalité des chances d'avancement qu'on prétendait avoir établies pour ceux que le sort appelait sous les drapeaux devenait bien incomplète, en présence de la disposition qui réservait les deux tiers des sous-lieutenances aux élèves des écoles, ce qui réduisait à un tiers les sous-lieutenances accordées au corps nombreux des sous-officiers; sans parler de la disposition qui réservait à la volonté du Roi le tiers des nominations des officiers jusqu'au grade de capitaine, et toutes les nominations des officiers supérieurs, et de celle qui, en temps de guerre, affranchissait la prérogative royale de toute condition en cas de besoins extraordinaires ou d'actions d'éclat. Les partisans de l'égalité absolue avaient donc trop loué les dispositions de la loi concernant l'avancement, et les partisans de l'initiative et de l'indépendance royale les avaient trop attaquées. Ces dispositions ne prévenaient pas tous les abus dont, suivant les premiers, la loi devait empêcher le retour, elles n'entraînaient pas tous les inconvénients qui, suivant les autres, devaient en être la conséquence inévitable. Ajoutez à cela que, parmi les nouvelles garanties établies par la loi, le général Dupont essaya inutilement d'en introduire une dont sa propre expérience lui avait révélé l'importance. Il proposa qu'aucun officier ne pût être destitué sans jugement. Cette proposition fut repoussée. Qu'importe que la loi réglât et garantît l'avancement, si elle ne garantissait pas la possession du grade laissé à la merci de l'arbitraire?

La seule question sur laquelle le ministère fut sur le point d'échouer et qu'il ne put faire voter qu'en souscrivant à des concessions considérables qui équivalaient à un rejet, fut celle de la réserve. J'ai exposé les raisons qui militaient contre ce titre battu en brèche à la fois par un texte de la Charte, une promesse du Roi et un souvenir récent qui se changeait en pensée de prévoyance. Ici, la droite et une partie du centre droit se rencontraient dans des appréhensions communes. Malgré l'appui de la gauche, des doctrinaires et d'une partie du centre, le ministère dut se résigner à accepter les modifications proposées par la commission et soutenues par la droite [1]. Il fut donc décidé que les vétérans, affranchis de leur service en temps de paix, ne serviraient qu'en temps de guerre, et que, même dans ce cas, il faudrait une loi pour les faire sortir de la division militaire dans laquelle ils seraient domiciliés. Au fond, cet ajournement de l'exécution du titre relatif à la réserve équivalait à un rejet. Le ministère, après la discussion de la loi à la Chambre des pairs, renonça à organiser la réserve, et au fait l'énoncé du vote ne l'autorisait à l'organiser qu'en temps de guerre. Il y renonça d'autant plus volontiers, que dans la discussion de la Chambre des pairs,

---

1. « Hier, 2 février, à force de raison, écrit M. de Villèle à sa famille, nous avons réussi à empêcher que l'armée de la Loire ne fût réorganisée dans tous les cantons. » (*Correspondance inédite.*)

plus vive encore que celle des députés, il avait rencontré le maréchal Macdonald, chargé trois ans auparavant du licenciement de l'armée de la Loire, aussi opposé que la droite à l'organisation proposée par le maréchal Gouvion Saint-Cyr. L'ensemble de la loi fut voté par 147 voix contre 92; la plus grande partie des voix ministérielles, les doctrinaires et tous les indépendants avaient voté pour la loi; une vingtaine de voix s'étaient détachées du centre droit pour voter contre avec la droite tout entière.

Avant d'esquisser la discussion de la loi à la Chambre haute, il est nécessaire de parler de la démarche que fit le comte d'Artois auprès de Louis XVIII lorsque le vote n'était pas encore intervenu à la Chambre des députés. Cette démarche jette un jour assez vif sur la situation des partis, de la Cour, de la famille royale, et ce sera une occasion naturelle de marquer d'une manière plus exacte le rôle de Monsieur et ses rapports avec la droite.

On a beaucoup insisté sur l'inconvénient qu'il y avait à ce que la droite se constituât en parti sous le gouvernement de Monsieur. Ce fut un grand inconvénient, en effet, et le chef naturel des royalistes était certainement le Roi. Mais il faut ajouter que le ministère, en faisant des efforts continuels pour séparer le Roi des royalistes, en cherchant à mettre ceux-ci en dehors du gouvernement, en leur ôtant la majorité dans la Chambre des députés, en éliminant du ministère tous les hommes qui leur étaient sympathiques, en les expulsant des emplois publics, les obligeait à se serrer les uns contre les autres. Exclus par le Roi, ils se rassemblaient naturellement autour de Monsieur, frère du Roi. Ce n'était pas, comme on l'a dit, uniquement par ambition. Sincèrement convaincus, comme ils l'étaient, que le système suivi menait à une catastrophe, ils voulaient se trouver unis et organisés pour le jour où elle éclaterait. On ne saurait cependant dire que Monsieur fût le chef direct, souverain et toujours obéi de la droite. Il avait par son titre de commandant en chef des gardes nationales du royaume des rapports liés avec les départements, et son état-major devenait un centre de renseignements et quelquefois de direction. Un certain nombre d'hommes de son intimité constituaient ce qu'on appelait le gouvernement du pavillon Marsan; une partie de la Cour se rattachait à ce centre politique qui avait une action marquée sur le côté droit de la Chambre des pairs. Le prince de Talleyrand, qui ne pouvait s'habituer à ne plus être ministre des affaires étrangères, faisait beaucoup d'efforts pour s'en rapprocher, et il se montrait fort assidu aux soirées de M. le duc de Berry, auxquelles le duc de Richelieu n'était pas invité. Quant aux chefs de la droite à la Chambre des députés, ils gardaient leur initiative et leur indépendance quoiqu'ils fussent en rapport avec Monsieur; et je vois par les notes de M. de Villèle que plusieurs fois lui et M. de Corbière exercèrent une action sur ce prince pour l'empêcher de céder à des conseils trop passionnés venus du cercle intime de ses amis.

Le comte d'Artois, encouragé par l'ardente opposition que la loi du recrutement avait soulevée à la Chambre des députés, crut d'autant mieux le moment venu de frapper un grand coup auprès du Roi, que d'autres symptômes l'y encourageaient. Ce n'était pas seulement en France, mais en Europe, que l'opinion était vivement surexcitée. La diplomatie, que nous avons vue applaudir à l'ordonnance du 5 septembre, avait senti son admiration se refroidir en présence des premiers résultats de la loi d'élection. La loi du recrutement présentée par le maréchal Gouvion Saint-Cyr avait augmenté ses alarmes. Elle jugeait naturellement toutes les questions au point de vue de la tranquillité européenne, et cette résurrection de l'ancienne armée impériale par le titre relatif aux vétérans, ces règles d'avancement différentes de celles qui existaient dans les autres contrées de l'Europe, ces éloges prodigués par le ministre de la guerre à l'ancienne armée de la Loire, ces mots d'armées nationales sans cesse répétés dans la discussion, faisaient appréhender à la diplomatie la résurrection du parti militaire en France. Sans éprouver plus de sympathie pour la droite et surtout pour Monsieur, elle trouvait que le ministère allait à la dérive vers la gauche, et elle commençait à prévoir de ce côté pour le trône de Louis XVIII des dangers de nature à compromettre la paix européenne si chèrement achetée et si récemment obtenue. D'autres motifs contribuèrent à confirmer le comte d'Artois dans sa pensée. La faveur de M. Decazes semblait croître avec les motifs qui, selon le comte d'Artois, auraient dû la faire baisser; le ministre de la police venait d'être nommé pair de France, ce qui fortifiait sa position politique; M. le duc d'Angoulême, récemment revenu de son voyage dans l'Ouest, subissait de plus en plus l'influence du favori, ce qui augmentait les inquiétudes de Monsieur; enfin le duc de Fitz-James, ayant envoyé aux membres du corps diplomatique une *opinion* sur la loi de la presse, qu'il avait fait imprimer sans l'avoir prononcée, et dans laquelle le ministère, et en particulier M. Decazes, étaient attaqués avec une grande vivacité, avait reçu l'ordre de ne plus paraître devant le Roi; il avait été même question de lui ôter le titre et les fonctions de colonel de la garde nationale à cheval. L'indignation toujours croissante de la droite, les dispositions de la diplomatie moins favorables au ministère, concoururent donc, avec les griefs personnels de Monsieur et les mécontentements de son entourage, à le déterminer à agir auprès du Roi.

Il écrivit à Louis XVIII une lettre concertée avec ses amis particuliers, mais pour laquelle on ne voit pas que les chefs de la majorité royaliste à la Chambre aient été consultés. Monsieur censurait naturellement la politique suivie par le ministère dans ces derniers temps, l'ordonnance du 5 septembre, la loi d'élection, la loi du recrutement. Il dénonçait ces actes au Roi comme une suite de concessions qui devaient conduire le trône à sa ruine. Il ne manquait pas de signaler le réveil du parti révolutionnaire, son audace croissante due aux encouragements imprudents qu'il avait reçus du ministère. Cependant il avait soin de séparer le duc de Richelieu et M. Lainé du reste de leurs collègues et de rendre justice aux bonnes intentions du président du Conseil et du ministre de l'intérieur. Le comte d'Artois n'ignorait pas que ces deux ministres, alarmés des progrès toujours croissants de la gauche, aspiraient à un rapprochement avec la droite. Une modification dans le ministère, un changement de système, tels étaient, selon le prince, les moyens de rétablir l'union dans la famille royale et d'écarter les dangers qui menaçaient la monarchie.

L'irritation du Roi en lisant cette lettre fut vive. Il se crut à la fois blessé dans sa dignité de chef de famille et dans sa prérogative de Roi[1]. Il ne refusa pas cependant à Monsieur l'entrevue demandée par celui-ci, mais la conversation fut froide et sans épanchements d'un côté, inutilement pressante de l'autre. En vain Monsieur essaya-t-il de fléchir son frère en se montrant disposé à faire des concessions sur M. Decazes, pour désintéresser l'amitié du Roi. Il n'obtint rien, et comme au moment de sortir il laissa entendre qu'il se croirait peut-être obligé de faire connaître publiquement sa pensée, et de se retirer d'abord à Fontainebleau, puis en Espagne, le Roi lui dit avec un accent marqué de sévérité : « Non, vous n'imiterez pas le misérable frère de Louis XIII. »

1. Nous empruntons ces détails à l'ouvrage de M. Duvergier de Hauranne, qui les doit à la communication des papiers politiques de M. Decazes. Les papiers politiques de M. de Villèle ne contiennent aucun renseignement à ce sujet, ce qui indique que la droite parlementaire demeura étrangère à cette démarche.

Quelques jours après, le 29 janvier, Louis XVIII écrivait à Monsieur une lettre dans laquelle il s'attachait à réfuter les reproches dirigés par celui-ci contre le ministère. Voici quelques passages de cette lettre :

« Le système que j'ai adopté et que mes ministres suivent avec persévérance est fondé sur cette maxime qu'il ne faut pas être le Roi de deux peuples, et tous les efforts de mon gouvernement tendent à faire que ces deux peuples, qui n'existent que trop, finissent par en former un seul. »

Après cette affirmation qui, en expliquant l'intention très-raisonnable et très-louable du Roi, n'établissait pas que l'on eût adopté les meilleurs moyens pour la réaliser, Louis XVIII rétorquait une à une les critiques de son frère. L'ordonnance du 5 septembre avait, selon le Roi, mis la royauté hors de pair; assertion contestable, car à l'influence d'une majorité dont le dévouement était réel quoiqu'il n'allât pas jusqu'au sacrifice de l'indépendance et de la dignité, cette ordonnance avait substitué l'influence d'une majorité dont un des éléments, les doctrinaires, se montrait déjà exigeant et impérieux, sans parler de la gauche, dont l'appoint était quelquefois indispensable, et qui contenait dans son sein des ennemis notoires de la dynastie.

La loi des élections n'était point parfaite, continuait le Roi, mais la manière dont on remédierait à ses défauts ferait connaître la pureté des intentions du ministère. Aveu précis et promesse vague. Il n'était pas vrai, poursuivait Louis XVIII, qu'on persécutât les royalistes; quant aux jacobins, s'ils relevaient la tête, la faute en était aux ultra-royalistes, qui les y encourageaient en contractant des alliances monstrueuses avec eux.

Ce n'étaient point là des réponses, c'étaient des récriminations. Il était notoire que le ministère, dans les élections qui avaient suivi l'ordonnance du 5 septembre, avait accepté et même demandé l'appui des voix de la gauche. C'était donc lui qui l'avait fait rentrer sur la scène politique. Il n'était pas moins notoire que les royalistes avaient été dénoncés et exclus par le ministère, représenté par les préfets, comme des hommes qui aspiraient au rétablissement des anciens priviléges et des anciens abus. C'était le commencement d'une persécution morale qui continuait dans les journaux ministériels, et qui devait bientôt aller plus loin. Quant à l'alliance des hommes de la droite avec la gauche, tout le monde savait que c'était au contraire grâce à l'appoint des premiers dans les dernières élections de Paris, que le gouvernement avait évité la nomination de M. Manuel et du général La Fayette, et si, dans la loi de la presse, la droite et la gauche s'étaient rencontrées pour tâcher de substituer la libre discussion au privilége exclusif que le ministère voulait garder pour lui, cette rencontre, motivée par des intérêts communs, n'avait rien de plus étrange et de plus monstrueux que la rencontre du ministère et de la gauche sur le terrain de la loi de recrutement.

Le Roi continuait ainsi :

« Après avoir justifié le système, les principes et les actes de mon gouvernement, je ne vous surprendrai pas en vous disant que je ne veux changer ni de système ni de ministres, et que je suis au contraire résolu à prouver d'une manière éclatante que je veux les soutenir. Je dois ajouter que vous êtes dans l'erreur si vous croyez qu'il en existe parmi eux qui sont plutôt entraînés que guidés par leur propre sentiment dans la route qu'ils suivent. Il n'existe nulle diversité dans mon Conseil. »

Ici, l'affirmation du Roi était loin d'être complétement exacte. Il existait déjà dans le ministère deux nuances très-distinctes, la suite ne devait pas tarder à le prouver, et la situation, en se dessinant de plus en plus, devait amener le divorce public de ces deux nuances. Là où le Roi reprenait toute sa supériorité, c'était quand il s'agissait de défendre sa dignité de chef de famille et sa prérogative de Roi. Répondant à Monsieur, qui pour justifier sa démarche rappelait celle que Louis XVIII lui-même avait faite, en 1788, alors que, portant le titre de comte de Provence, il avait fait imprimer un mémoire sur la situation politique et l'avait remis à Louis XVI, le Roi rappelait qu'à cette époque c'était Louis XVI qui avait invité tout le monde à faire connaître son opinion sur la convocation des états généraux, puis il continuait en ces termes :

« Feu M. le prince de Conti disait : *La couronne nous appartient à tous, notre aîné la porte*, et il avait toute raison. La couronne appartient à tous, c'est-à-dire que tous, depuis l'héritier présomptif jusqu'au dernier rejeton de la branche la plus éloignée, y ont un droit sacré, inaliénable, imprescriptible. Mais l'aîné la porte, c'est-à-dire que seul il en exerce les droits, et que seul il est juge et responsable de la manière de les exercer, enfin qu'il peut et doit s'appliquer les dernières paroles de Nelson : *Tant que je vis, il n'y a que moi qui commande ici.* Plus le rang d'un prince l'approche de la couronne, plus le devoir et son intérêt exigent de lui de fortifier et de faire respecter l'autorité de celui qui la porte... Je ne puis sans frémir envisager l'instant où je fermerai les yeux. Vous vous trouverez alors entre deux partis dont l'un se croit opprimé par moi et dont l'autre appréhenderait de l'être par vous. Embrasseriez-vous l'un des deux ? ne vous le dissimulez pas, la guerre et tous ses maux en seraient la suite inévitable. Chercheriez-vous à tout concilier ? je vous le dis avec douleur, vous seriez, comme Henri IV, mais avec plus de vérité et avec plus d'apparence, accusé d'ingratitude d'un côté et de duplicité de l'autre. Et si le succès m'est difficile, ayant toujours suivi la ligne moyenne, il vous le serait bien davantage, vous étant d'avance prononcé pour un des côtés de la question..... Je ne vous demande pas encore d'approuver l'invariable résolution que je vous ai déclarée ; le temps, la réflexion, vous y amèneront, et les derniers moments de ma vie, environnée maintenant d'images si sombres, pourront encore voir quelques beaux jours. »

La fin de cette lettre jetait une vive et triste lumière sur les périls de la situation si difficile faite par les Cent-Jours à la France et à la royauté. Oui, c'était un des dangers de cette situation que le partage de la France en deux peuples, car la grande mission de la royauté en France, son travail persévérant, ont toujours été d'établir ou de maintenir l'unité nationale. En outre, il était à craindre que, si le divorce signalé par Louis XVIII persévérait, le comte d'Artois n'eût ni les précédents politiques ni le tour 'd'intelligence nécessaire pour concilier les esprits et apaiser les cœurs. C'était donc l'œuvre du règne de Louis XVIII. Ce prince le comprenait, puisqu'un sinistre pressentiment venait le saisir quand il levait un coin du rideau qui cachait l'avenir et le règne de son frère. Mais ici revenait la question de la conduite à suivre. Était-il sage de rejeter la droite dans l'opposition, de la livrer ainsi à la théorie politique qui devient souvent pour les hommes les mieux intentionnés une mauvaise conseillère, de la cantonner forcément en parti sur un terrain d'attaque et sous le commandement de Monsieur, de la signaler aux défiances et à la haine du reste de la nation, par des dénonciations systématiques reçues avec d'autant plus d'empressement qu'elles descendaient des marches du trône sur lesquelles étaient assis les ministres du Roi? Fallait-il perdre toute confiance en elle parce que l'on avait trouvé chez ses membres des idées personnelles, des objections et des résistances? Une épreuve de dix mois suffisait-elle pour justifier un divorce éclatant et public? Ne trouvait-on pas aussi des idées personnelles, des objections et des résistances chez les doctrinaires et, à plus forte raison, chez les indépendants, sans y trouver ce respect et ce dévouement exalté pour la royauté qui facilitaient les transactions avec la droite? Ceux qui avaient placé la droite dans cette situation fâcheuse, sur une espèce de banc des accusés, n'avaient-ils pas à se reprocher de rendre un rapprochement, une fusion des divers éléments nationaux impossible? N'était-ce pas aggraver les problèmes au lieu de les résoudre, et préparer d'avance des difficultés insurmontables au règne qui suivrait celui de Louis XVIII?

Ce fut sous le coup de l'émotion causée par cette vive explication entre le Roi et le comte d'Artois que la discussion s'ouvrit à la Chambre des pairs. Elle fut d'autant plus ardente que, la cour tout entière et les plus hauts dignitaires de la maison du Roi étant hostiles au projet que condamnaient plusieurs chefs militaires illustres, entre autres les maréchaux Macdonald et de Bellune, l'opposition avait l'espoir de triompher. MM. de Chateaubriand, de Brissac, Mathieu de Montmorency, de Talaru, de Fitz-James, attaquèrent avec un talent incontestable le recrutement, l'organisation de la réserve, l'avancement à l'ancienneté, qui furent non moins vivement défendus par MM. Molé, Pasquier, Gouvion-Saint-Cyr et par le duc de Richelieu lui-même. Les arguments principaux pour et contre avaient été produits à l'autre Chambre, ils ne purent donc être que reproduits. Cependant le duc Fitz-James amena par les paroles suivantes le maréchal Macdonald à s'expliquer sur la question de la réserve qu'on prétendait former des vétérans de l'Empire :

« La clef du système de M. le ministre de la guerre paraît être cette réserve des vétérans rentrés dans leurs foyers et y jouissant d'un honorable repos acheté par tant de gloire.

« Ayant si souvent vaincu à leur tête, M. le maréchal sait mieux que nous, sans doute, ce dont ils sont capables; mais il n'est pas plus pénétré que nous de la reconnaissance que leur doit la France pour les exemples de soumission, de fidélité et de patriotisme qu'ils ont donnés depuis leur libération... Mais enfin ils sont libérés, ils comptent sur la parole qui leur a été donnée, cette parole fut sans condition; ils ont dû y croire, car elle était donnée au nom du Roi. Sur la foi de cet engagement, les uns se sont mariés, les autres ont repris avec transport les professions auxquelles ils avaient été enlevés... Tous ont fondé des espérances sur le nouveau genre de vie qu'ils ont embrassé. M. le ministre de la guerre aurait-il la confiance qu'un tel espoir trompé ne leur donnera pas le droit de crier à la violation de la foi promise? »

Ces paroles obligèrent naturellement le maréchal Macdonald, rapporteur de la loi, à prendre la parole. C'était lui, je l'ai rappelé, qui avait présidé au licenciement de l'armée de la Loire. Cet illustre chef militaire ne tint pas un autre langage que le duc de Fitz-James :

« Je ne puis le taire, s'écria-t-il ; chargé, dans un temps que j'ose à peine rappeler, d'une opération sans exemple peut-être dans l'histoire militaire des nations, d'une opération qui, pour être nécessaire, n'en était pas moins douloureuse pour moi, j'ai donné à mes anciens compagnons d'armes l'assurance solennelle que les dispositions de l'acte de leur dissolution seraient fidèlement remplies, et qu'ils devaient sans réserve se confier aux promesses émanées du trône. Pourrais-je les abandonner après avoir été témoin de leur héroïque résignation ? Non, messieurs, ils apprendront que la voix de leur général s'est fait entendre aux pairs de France, aux gardiens de nos libertés, et ils sauront, j'ose l'espérer, qu'elle ne s'est pas fait entendre en vain. »

Si une complète satisfaction ne fut pas donnée au maréchal Macdonald dans le texte même de la loi, puisque le titre relatif à la réserve, profondément modifié par la commission, fut voté, au fond des choses son avis et les réclamations de la droite prévalurent, car, je l'ai dit, ces modifications radicales déterminèrent le ministère à ne pas organiser la réserve.

La discussion avait été tellement animée à la Chambre des pairs, que le ministère avait craint un moment pour le sort de la loi. Des amendements, entre autres celui de la commission qui proposait d'affranchir du service de la réserve les anciens soldats mariés ou ayant obtenu des congés définitifs, avaient été rejetés à une majorité de trois voix seulement (88 contre 85). Enfin, au dernier jour, les appréhensions du gouvernement étaient assez vives pour que le Roi crût nécessaire de prolonger sa promenade par un temps affreux pour empêcher trois hauts dignitaires royalistes qui étaient de service auprès de lui d'arriver à temps à la séance des pairs pour voter. Après le rejet de tous les amendements, l'ensemble de la loi fut voté par 96 voix contre 74.

La loi de recrutement et d'avancement, outre son importance intrinsèque, avait eu pour résultat de faire échouer à la fois la tentative de rapprochement essayée entre le ministère et la droite, et l'idée qu'on avait eue d'établir une entente entre la droite et la gauche. Chacun restait après cette discussion à son poste de combat, le ministère cependant plus près de la gauche avec laquelle il s'était entendu sur la loi de recrutement que de la droite avec laquelle il n'avait pu s'entendre.

## V

### LOI SUR LE CONCORDAT DE 1817.

Pendant que cette discussion se poursuivait à la tribune, l'affaire du concordat envoyée à une commission nommée par la Chambre des députés [1] dès le 24 novembre 1817 s'embrouillait de plus en plus. Au lieu de présenter à la Chambre le concordat tel qu'il avait été signé par M. de Blacas, en se bornant à soumettre à son vote quelques dispositions qui assurassent l'exécution des conventions signées, le ministère lui avait envoyé une loi qui le modifiait sensiblement. Le procédé avait en lui-même quelque chose d'étrange et de contraire aux usages reçus, même à l'occasion des traités avec les puissances séculières. C'était pendant la négociation avec le Saint-Siége que le gouvernement aurait dû se faire des idées nettes sur les conditions que comportait l'état des esprits et des intérêts en France, afin de ne rien proposer ou de ne rien accepter à Rome qui ne fût applicable à Paris. Mieux valait s'en tenir au concordat de 1801 et ne pas rouvrir la question, si l'on ne pouvait pas la ré-

---

[1]. Cette commission était composée de MM. de Trinquelague, Rivière, Verneuil, de Puyraveau, Borel de Bretizel, Despatys, Froc de la Boulaye, Voisin de Gartempe, de Marcellus, Jollivet.

soudre, que de changer à Paris ce qu'on avait signé à Rome, en laissant ainsi protester à la fois la signature du Pape et celle du Roi. Voici le projet de loi présenté à la Chambre des députés par les ministres des affaires étrangères et de l'intérieur et qui devait être soutenu par le comte Beugnot, membre de la Chambre des députés, et par le comte Portalis, conseiller d'État.

### Article I.

Conformément au concordat passé entre François I$^{er}$ et Léon X, le Roi seul nomme, en vertu du droit inhérent à sa couronne, aux archevêchés et évêchés dans toute l'étendue du royaume.

Les évêques et les archevêques se retirent auprès du Pape pour en obtenir les institutions canoniques suivant les formes anciennement établies.

### Article II.

Le concordat de 1801 cesse d'avoir son effet à partir de ce jour sans que néanmoins il soit porté aucune atteinte aux effets qu'il a produits et à la disposition contenue dans l'article XIII de cet acte, lequel demeure dans sa force et dans sa vigueur.

### Article III.

Sont érigés sept nouveaux siéges archiépiscopaux et trente-cinq nouveaux siéges épiscopaux.

Deux des siéges épiscopaux actuellement existants sont érigés en archevêchés.

La circonscription des cinquante siéges actuellement existants et celle des quarante-deux siéges nouvellement érigés, sont déterminées conformément au tableau annexé à la présente.

### Article IV.

Les dotations des archevêchés et évêchés sont prélevées sur les fonds mis à la disposition du Roi par l'article 143 de la loi du 23 mars dernier.

### Article V.

Les bulles, brefs, décrets et autres actes émanés de Rome ou produits sous son autorité, excepté les indults de la pénitencerie, en ce qui concerne le for intérieur seulement, ne pourront être reçus, imprimés et mis à exécution dans le royaume qu'avec l'autorisation donnée par le Roi.

### Article VI.

Ceux de ces actes concernant l'Église universelle ou l'intérêt général de l'État, celui de l'Église de France, leurs lois, leur administration ou leur doctrine, et qui nécessiteraient ou desquels on pourrait induire quelques modifications dans la législation actuellement existante, ne pourront être reçus, imprimés, publiés et mis à exécution en France qu'après avoir été dûment vérifiés par les deux Chambres sur la proposition du Roi.

### Article VII.

Lesdits actes seront insérés au Bulletin des lois, avec l'ordonnance qui en aura autorisé la publication.

### Article VIII.

Les cas d'abus spécifiés en l'article 6, et ceux de troubles prévus par l'article 7 de la loi du 2 avril 1802 seront portés directement aux Cours royales, premières Chambres civiles, à la diligence de nos procureurs généraux ou sur la poursuite des parties intéressées.

Les Cours royales statueront dans tous les cas qui ne sont pas prévus par les Codes, conformément aux règles anciennement établies dans le royaume, sauf le recours en cassation.

### Article IX.

Il sera procédé conformément aux dispositions de l'article 10 de la loi du 20 avril 1810 et des articles 479 et 480 du Code d'instruction criminelle, contre toutes personnes engagées dans les ordres sacrés, approuvées par leur évêque, qui seraient prévenues de crimes ou de délits, soit hors de leurs fonctions, soit dans leurs fonctions.

### Article X.

Les bulles données à Rome les 19 et 27 juillet 1817, la première contenant rectification de la convention passée le 11 juin dernier entre le Roi et Sa Sainteté, la seconde concernant la circonscription des diocèses du royaume, seront reçues et publiées sans approbation des clauses, formules et expressions qu'elles renferment, qui sont ou qui pourraient être contraires aux lois du royaume, et aux libertés, franchises et maximes de l'Église gallicane.

### Article XI.

En aucun cas, lesdites réception et publication ne pourront préjudicier aux dispositions de la présente loi, aux droits publics des Français garantis par la Charte constitutionnelle, aux maximes, franchises et libertés de l'Église gallicane, aux lois et règlements sur les matières ecclésiastiques, aux lois concernant l'administration des cultes non catholiques.

Donné au château des Tuileries, le 22ᵉ jour du mois de novembre de l'an de grâce 1817 et de notre règne le 23ᵉ.

Il suffit de comparer le texte de cette loi à celui du Concordat signé à Rome pour se convaincre que, sur plusieurs points très graves, la loi modifiait, dénaturait, et même contredisait le traité qu'elle était appelée à mettre en vigueur. On peut signaler particulièrement les articles I, VI, VIII et XI comme ayant ce caractère. L'article I énonçait en effet une prétention dogmatiquement et historiquement injustifiable, en prétendant que le droit de nommer les archevêques et évêques « était inhérent à la couronne de France. » L'article VI mettait en avant une prétention que le Concordat n'avait pas admise, en soumettant des bulles doctrinales à la vérification, et par conséquent à l'examen des Chambres. L'article VIII, en rappelant l'article VI de la loi du 8 avril 1802, donnait une nouvelle force légale aux articles organiques que le Concordat de 1817 improuvait et annulait dans tout ce qu'ils avaient de contraire à la doctrine de l'Église ; c'était précisément un des articles qui, en 1802, avaient le plus mécontenté le Saint-Siége, parce qu'il portait atteinte à la dignité du clergé et à son indépendance en l'exposant à être troublé et inquiété mal à propos dans l'exercice de ses fonctions[1], et en plaçant le prêtre, à l'occasion de son ministère spirituel, sous le joug du pouvoir temporel. La contradiction était ici flagrante entre le Concordat du 11 juin 1817, qui proclamait l'abrogation des articles dits organiques en ce qu'ils ont de contraire aux doctrines et aux lois de l'Église, et la loi présentée à la Chambre qui ravivait l'article le plus empreint de ce caractère. Enfin l'article XI, déclarant que « la réception et la

---

[1]. L'article 6 des lois organiques est ainsi conçu : « Il y aura recours au Conseil d'État dans tous les cas d'abus de la part des supérieurs et autres personnes ecclésiastiques. Les cas d'abus sont l'usurpation ou l'excès de pouvoir, la contravention aux lois ou règlements de la république, l'infraction des règles consacrées par les canons en France, l'attentat aux libertés, franchises et coutumes de l'Église gallicane, et toute entreprise ou tout procédé qui, dans l'exercice du culte, peut compromettre l'honneur des citoyens, troubler arbitrairement leur conscience, dégénérer contre eux en oppression, ou en injure, ou en scandale public. »

publication des bulles contenant le Concordat et la nouvelle circonscription (réception et publication ordonnées par l'article X précédent), ne pourront préjudicier *aux lois et règlements sur les matières ecclésiastiques,* et aux lois et à l'administration des cultes non catholiques, » semblait faire revivre dans toute leur teneur et dans toute leur portée les articles organiques de 1802 qui, à proprement parler, représentaient seuls, dans la législation nouvelle de la France, *les lois et règlements sur les matières ecclésiastiques.*

On relevait donc de la main gauche les articles organiques qu'on avait renversés de la main droite dans toutes celles de leurs dispositions contraires à la doctrine et aux lois de l'Église. Il y avait en outre des consciences délicates qui, tout en trouvant équitable que les engagements constitutionnels pris avec les cultes dissidents fussent loyalement tenus, pensaient qu'il n'était ni nécessaire ni convenable d'introduire dans un Concordat avec le Saint-Siège, et de faire voter par des catholiques, des lois concernant l'administration des cultes non catholiques [1], et des mesures qui étaient au moins étrangères à la foi et à la discipline de l'Église. Ne suffisait-il pas que les engagements pris avec les communions dissidentes fussent inscrits dans le pacte fondamental, et le *memento* de ces engagements dans une loi destinée à régler l'application d'un Concordat signé avec le Saint-Siège n'était-il pas à la fois inutile et déplacé?

Nous l'avons dit quand il s'est agi d'apprécier la résolution prise par le gouvernement de soumettre le Concordat à l'approbation des Chambres, ce qui arrivait était inévitable. Le

---

1. La loi concernant l'administration des cultes non catholiques contient un article 3 ainsi conçu : « Les pasteurs et ministres des diverses communions protestantes prieront et feront prier dans la récitation de leurs offices pour la prospérité de la république française et de ses consuls. » Les articles 9, 10, 11, 12, etc., sont relatifs aux académies ou séminaires desdites communions protestantes.

Concordat de 1817 se trouvait en présence de l'esprit philosophique, du gallicanisme parlementaire, du gallicanisme clérical fondé sur la déclaration de 1682 et si répandu à cette époque dans le clergé français, du jansénisme avec ses attaches pour la constitution civile du clergé, de l'esprit de la petite église non concordataire, et ces opinions diverses, opposées, l'attaquaient avec une ardeur inexprimable dans la presse, pendant que la commission poursuivait ses travaux avec une lenteur dont profitaient les adversaires de l'acte du 11 juin 1817 pour lui susciter partout des ennemis.

Ainsi M. Lanjuinais se jeta un des premiers dans la lice avec un écrit qu'il fit distribuer aux deux Chambres et qui, fortement empreint de l'esprit du gallicanisme parlementaire, réveillait toutes les préventions contre la Cour de Rome. L'abbé Grégoire prenait, d'un autre côté, la plume pour attaquer à outrance le Concordat, au nom du jansénisme, qui avait trouvé son expression dans la constitution civile du clergé. L'abbé Dillon et l'abbé Tabaraud lui déclaraient la guerre, au nom de l'Église non concordataire, et combattaient un acte qui maintenait une partie du Concordat de 1801. Les opinions exprimées dans toutes les brochures et dans les recueils les plus accrédités, depuis *les Archives philosophiques et politiques* de M. Guizot jusqu'au *Censeur européen* de MM. Comte et Dunoyer, étaient contraires au Concordat. Comme pour lui donner le coup de grâce, un écrivain de la droite, M. Fiévée, dont le talent spirituel et mordant était populaire dans son parti, l'attaqua avec une extrême vivacité au point de vue politique, dans la dixième partie de sa *Correspondance politique et administrative*. Ce fait peint le désarroi dans lequel la présentation du Concordat trouva les esprits en France. M. Fiévée le critiquait surtout comme un effet sans cause. Cet écrivain n'avait ni l'érudition ecclésiastique ni les connaissances théologiques nécessaires pour juger d'une manière compétente la question en elle-même, et son écrit contenait des erreurs de doctrine qui furent relevées. Mais il avait un sentiment vrai de l'état des esprits quand il faisait observer que les résultats qu'on obtiendrait en promulguant le Concordat modifié et atténué par la loi présentée à la Chambre des députés, ne justifiaient pas l'emploi d'une si grande machine, et étaient loin de compenser les difficultés et les obstacles de tous genres qu'on faisait naître sous ses pas. C'était aussi l'avis de M. Royer-Collard qui, habile à imprimer à sa pensée une forme sibylline et appuyant sur l'accent pour donner plus de portée à la phrase, comme on augmente la tension de l'arc pour que la flèche aille plus loin, jetait cette sentence dans les salons : « Avoir signé le Concordat, c'est un crime politique. Le soutenir serait une bêtise. » Nul ne déclara une guerre plus acharnée au Concordat dans ces entretiens des bureaux et de la salle des conférences qui ont souvent une grande influence sur le sort des lois. Il s'exprimait à ce sujet dans ses causeries intimes avec une âpreté que l'on craignait de lui voir porter à la tribune, et il recrutait partout des adversaires à la loi. Le duc de Richelieu et M. Lainé trouvaient de plus en plus que M. Royer-Collard était un de ces amis fâcheux qui nuisent plus qu'un ennemi déclaré[1]. Les esprits excessifs, toujours si nombreux, et les ennemis du gouvernement royal, toujours à l'affût des calomnies qui pouvaient lui nuire, s'abattaient sur le Concordat comme sur une proie. Ils voyaient, ou plutôt s'efforçaient de faire voir dans cette transaction entre les deux pouvoirs une mesure analogue à la révocation de l'édit de Nantes, signalaient dans l'avenir les bûchers de l'inquisition rallumés et le renouvellement des dragonnades; en un mot, ils n'omettaient rien pour troubler les imaginations et enflammer les passions.

1. *Vie de Royer-Collard*, par M. de Barante.

Les hommes de droite, et le clergé lui-même, étaient inquiets, troublés et divisés sur cette question. Après une grande réunion parlementaire de la droite, dans laquelle on ne parvint pas à s'entendre, il fut convenu, ce fait est mentionné dans la Correspondance de M. de Villèle, que chacun garderait dans cette question l'indépendance de ses idées et voterait selon sa conscience :

« La loi du recrutement doit finir demain, écrit M. de Villèle. J'ignore si on nous donnera celle du Concordat. On éprouve des obstacles de la part de la cour de Rome. Je crois aussi qu'une partie du ministère ne lui est pas favorable, et le clergé lui-même paraît préférer rester dans la situation actuelle que de s'exposer à une violente opposition, et peut-être d'élever un schisme dans l'Église... La commission du Concordat proposera le changement de la bulle de circonscription, afin qu'il n'y ait pas plus de soixante-dix à quatre-vingts évêchés en France. C'est mettre la charrue devant les bœufs; si le ministère pensait devoir changer la bulle de circonscription, il fallait d'abord traiter cette affaire avec le Pape et non venir nous faire mettre cette disposition dans une loi qui ne peut l'obliger... Nous nous sommes réservé de voter, sans engagement de parti, chacun suivant notre conscience [1]. »

On voit ici dans son expression la plus vive et la plus vraie le trouble des esprits mal préparés à ces questions, l'indécision des idées, l'hésitation et les scrupules des consciences. Il est probable, comme l'insinue M. de Villèle, qu'une partie du ministère n'avait jamais été favorable au Concordat et avait laissé engager la négociation dans la crainte de déplaire au Roi, avec l'arrière-pensée qu'elle n'aboutirait pas. N'ayant pas pu la faire échouer à Rome, on s'arrangeait de manière à la faire échouer à la Chambre. Dans la rédaction du Concordat même, il y avait en effet des dispositions de nature à rendre défavorable à cette transaction le vote des libres penseurs, des jansénistes et des gallicans excessifs, sans parler des non-

---

[1]. *Correspondance inédite de M. de Villèle* des 3 février, 4 et 11 mars 1818.

concordataires, et dans la loi destinée à régler l'application et l'exécution du Concordat, comme le gouvernement avait voulu donner satisfaction aux griefs des diverses opinions que je viens d'indiquer, il y avait des dispositions de nature à inquiéter et à affliger les catholiques, de sorte que, peu à peu, l'unanimité tendait à se faire contre l'acte du 11 juin 1817.

Le cardinal de la Luzerne, qui souhaitait ardemment que la longue négociation suivie avec le Saint-Siége n'aboutît pas à un résultat négatif, exhorta alors plusieurs écrivains catholiques à répondre aux objections soulevées par le Concordat. Quatre d'entre eux, MM. Bernardi, les abbés Boyer, Clauzel de Montals et Frayssinous, déférèrent à ce désir, et ce dernier surtout donna en faveur du Concordat les meilleurs arguments qu'on pouvait alléguer en se plaçant sur le terrain d'un gallicanisme modéré et respectueux pour le Saint-Siége[1]. Il laissa peu de chose debout de l'argumentation de M. Fiévée et fit justice des déclamations insensées des écrivains qui avaient déclaré que « les prêtres leur inspiraient plus d'appréhensions qu'une armée de Tartares accourus pour ravager nos provinces. » Mais il y avait une chose que M. l'abbé Frayssinous ne pouvait pas faire, malgré les ressources de son esprit conciliant et son talent de controversiste, c'était de mettre en harmonie le Concordat signé à Rome et la loi pour l'exécution du Concordat présentée à Paris. L'antagonisme, un moment dissimulé, reparaissait, et la commission se trouvait en face de ce dilemme : ou l'on modifierait assez la loi, en la rapprochant du Concordat, pour que les catholiques pussent la voter, et alors elle aurait contre elle la gauche, les doctrinaires et une partie du centre droit; ou, dans les modifications apportées à la loi, on s'éloignerait encore plus du Concordat,

---

1. J'ai donné dans l'*Histoire de la littérature sous la Restauration* une appréciation de cet écrit intitulé *les Vrais Principes de l'Église gallicane sur le gouvernement ecclésiastique*, tome II, page 177.

pour obtenir le vote favorable d'une partie du centre, des doctrinaires et de tout ce qu'il y avait dans la Chambre de libres penseurs, de jansénistes et de gallicans outrés, et alors ce seraient les vrais catholiques qui feraient défaut. Dans tous les cas, la loi devenait impossible.

Ce fut la commission qui rencontra la première cette pierre d'achoppement. Un fervent catholique, qui faisait partie de cette commission, le comte de Marcellus, a laissé un écrit manuscrit plein d'intérêt[1], dans lequel il expose les phases que traversa la discussion, ses doutes, ses anxiétés personnelles, ses efforts pour connaître son devoir, ce qui est quelquefois plus difficile que de le faire quand on le connaît.

Il y eut deux périodes distinctes dans le travail de la commission. Dans la première, qui se prolongea pendant dix-sept séances, du 4 décembre 1817 jusqu'au 9 janvier 1818, elle modifia heureusement quelques parties du projet de loi ministériel. Ainsi elle fit disparaître du premier article la phrase qui représentait *comme inhérent à la couronne* le droit de nommer les évêques. Elle adopta, après une longue et laborieuse discussion, à la faible majorité de cinq voix contre quatre, l'article III qui mentionne l'acceptation de la bulle de circonscription. Elle retrancha de l'article VI le mot de *doctrine*, et tout le membre de phrase qui, en spécifiant les actes du Saint-Siége de nature à ne pouvoir être reçus et imprimés en France sans autorisation du gouvernement, avait quelque chose de blessant pour le Pape. L'article VIII ne fut qu'insensiblement modifié, et le rappel des articles organiques de 1802 y resta exprimé. Enfin l'article X fut non-seulement maintenu, mais aggravé par deux paragraphes qui rappelaient tous les textes que le gallicanisme opposait au Saint-Siége, de sorte qu'en publiant le Concordat on annulait plusieurs

---

[1］ Nous avons sous les yeux ce manuscrit, que nous a confié son digne fils, M. le comte de Marcellus, mort il y a peu d'années.

parties du texte par le commentaire. Ces additions étaient d'autant plus significatives que, malgré tous les efforts de l'un des membres de la commission, M. de Marcellus, pour faire au moins écrire dans la loi la disposition du Concordat déclarant « abrogé tout ce qui dans nos lois et règlements sur les matières ecclésiastiques était contraire à la loi de 1818, ou au Concordat de 1817 ou à la doctrine de l'Église, » il lui avait été impossible de rien obtenir.

La seconde période fut celle pendant laquelle les séances de la commission furent tenues en la présence des ministres. Ici je laisse la parole au comte de Marcellus.

« Désirant ne rien négliger pour le succès de cette grande affaire, je communiquai à M. le ministre de l'intérieur le travail de la commission. Je pensais que, le connaissant d'avance, il pourrait s'en entendre avec la cour de Rome, en préparer l'amélioration et faire adopter par la commission les amendements que j'avais sollicités en vain... J'ajoutai à la copie que je lui donnai du travail de la commission une note dans laquelle je lui représentais fortement, comme je l'avais déjà fait de vive voix, la nécessité de corriger l'article XI, l'impossibilité sans cela de faire adopter la loi par la minorité, et par conséquent de faire passer le Concordat à la Chambre, et la facilité qu'avait le ministre de faire agréer à la commission les amendements qu'il lui proposerait. Le 17 janvier, la commission fut convoquée et tint sa dix-huitième séance en présence des deux ministres qui avaient présenté la loi. Ils approuvèrent le changement qu'avait subi l'article I$^{er}$, et proposèrent et firent adopter la rédaction du second paragraphe telle qu'elle est dans le projet de loi amendé... J'avais en vain sollicité cette rédaction quelques jours auparavant. Dans cette séance, qui ne dura pas plus d'une heure, nous ne pûmes passer en revue que trois articles du projet de loi... Nous en restâmes là, et comme nous n'avions qu'à faire connaître nos délibérations aux ministres, il fut convenu que ce seraient eux qui donneraient le signal de notre première réunion extraordinaire. »

C'est ici que se manifeste le peu de sympathies du ministère pour le Concordat. Ce signal attendu n'est pas donné; du 17 janvier au 2 mars, pendant un mois et demi, la commission ne reçoit aucune communication ministérielle. Durant ce laps de temps, l'opinion saisie de la question continue à marcher. Les passions font leur travail et secouent leurs brandons; les avis se forment, les consciences catholiques s'inquiètent, les divergences d'idées s'accentuent, et comme le clergé lui-même est divisé sur cette question, les membres de la minorité de la commission ne savent plus à quoi se résoudre. Le cardinal de Périgord, grand aumônier de France, à qui sa grande position dans l'Église, la confiance que lui témoignait le Roi et sa dignité de pair de France donnaient une autorité particulière, suivait avec une sollicitude inquiète cette importante affaire, et le comte de Marcellus le tenait au courant de tout ce qui se faisait. Les ministres ne parlaient qu'avec une grande discrétion des rapports du gouvernement avec Rome. A les entendre, le Pape n'avait blâmé dans la loi que le paragraphe effacé de l'article I$^{er}$ du consentement du ministère, et qui faisait de la nomination des évêques par le Roi *un droit inhérent à la couronne*, et quelques formules de protestations sur lesquelles, ajoutait-on, les Cours de France et de Rome ne seraient jamais d'accord tout en tolérant mutuellement les idées qu'elles ne professaient pas. Il était bien vrai, ajoutait-on, que quelques phrases du discours du ministre de l'intérieur avaient froissé le Saint-Siége, mais ce n'était pas sur le discours ministériel que la Chambre avait à voter, c'était sur la loi. Alarmé par les dissidences qui se produisaient au milieu du clergé et peu rassuré par les explications ministérielles, le comte de Marcellus, qui cherchait partout la lumière et ne la trouvait nulle part, résolut, sur le conseil d'un ami dans lequel il avait la plus grande confiance, de s'adresser au Pape. Ses doutes ne portaient point sur le côté politique de la loi, ils portaient sur le côté religieux. A qui s'adresserait-il pour être éclairé, sinon au théologien par excellence, au premier de tous les juges en matière spirituelle? Sa lettre, mise sous le couvert du cardinal Pacca, partit le 26 janvier 1818, avec l'exposé des questions à résoudre, le projet de loi et les amendements de la commission. Les questions à résoudre étaient au nombre de trois :

« 1° Le projet amendé par la commission doit-il être préféré au projet des ministres? 2° Les amendements de la commission doivent-ils être tous adoptés, ou seulement quelques-uns? Et dans ce dernier cas quels sont ceux qu'il faut adopter, quels sont ceux qu'il faut rejeter? 3° Si par le résultat des délibérations dans la Chambre, les amendements son écartés en tout ou en partie, et si le projet de loi redevient celui qui a été présenté par les ministres, peut-on, en conscience, doit-on adopter la loi? »

L'explication de la démarche du comte de Marcellus est dans ces derniers mots : « Peut-on en conscience? » La loi, en dehors de la partie politique, posait aux catholiques un cas de conscience ; c'est sur ce cas de conscience que le député catholique demandait à être éclairé.

Le comte de Marcellus n'avait encore reçu aucune réponse de Rome, lorsque, le 2 mars 1818, il fut averti que le ministère réclamait la convocation de la commission du Concordat. M. Lainé commença par faire devant elle l'apologie de l'article III relatif à la nouvelle circonscription des diocèses, s'étonna de la voir si violemment attaquée et répéta qu'elle n'entraînerait aucune augmentation de dépense, attendu que l'on avait tous les fonds nécessaires pour l'établissement des nouveaux siéges, sans rien changer au chiffre du budget ecclésiastique voté pour l'année précédente. Il ajouta cependant qu'effrayé des résistances que soulèverait dans la Chambre l'établissement de cette conscription nouvelle, prenant en considération la faible majorité de cinq voix contre quatre qui l'avait adoptée dans la commission, les préventions que manifestait l'opinion publique contre cette mesure, le ministère avait fait sonder la cour de Rome, afin de savoir si elle consentirait à ouvrir une nouvelle délibération sur ce point, et que d'après la réponse récemment reçue, on était fondé à l'espérer. En conséquence, le gouvernement proposait de remplacer l'article III du projet de loi par la rédaction suivante :

« Il n'y aura pas plus de siéges que de départements, il n'y aura pas plus d'un siége dans le même département. »

Cette suppression de l'article III entraînait nécessairement la suppression de l'article X relative à la vérification de la bulle de circonscription et l'addition à la loi d'un article ainsi conçu :

« Le Roi sera supplié d'ouvrir avec la cour de Rome une nouvelle négociation sur les bases plus haut indiquées de la réduction des siéges à un seul par département. »

La commission promit d'examiner sans retard la proposition du ministre. A partir de ce moment, on put regarder l'affaire du Concordat comme ayant échoué. Le comte de Marcellus le fit observer avec raison, l'adoption de la loi tenait à la fermeté que le ministère mettrait à défendre les stipulations conclues avec le Saint-Siége. Il fallait qu'il pesât sur les membres de la majorité pour leur faire accepter les clauses qui donnaient un caractère catholique à l'ensemble de la loi, car il était certain que par cela seul qu'elles avaient ce caractère, la droite qui formait la minorité les adopterait. La majorité en faveur du Concordat devait ainsi se former des membres de la majorité ministérielle les plus attachés à la politique du cabinet et de la droite presque tout entière. Mais la manière dont le ministère avait manœuvré depuis la présentation de la loi était très-propre à la faire échouer. D'abord il avait renoncé au droit que le gouvernement avait, au dire d'excellents esprits, de promulguer le Concordat par ordonnance, comme une convention diplomatique. Dans la loi présentée aux Chambres, il avait déjà gravement altéré plusieurs dispositions de la convention signée avec le Saint-Siége. Au lieu de presser la discussion et le vote, il avait laissé la polémique s'abattre sur cette question, les passions s'échauffer, les préventions s'envenimer et les avis se former. Enfin, maintenant que ce mouvement d'opinion hostile à la loi avait fait des progrès, grâce à l'inertie du ministère, il venait proposer à la commission de lui faire encore une concession, et une concession considérable, en lui sacrifiant un des articles les plus importants du Concordat, celui qui fixait la nouvelle circonscription des diocèses.

Le ministère demandait le secret à la commission sur la proposition qu'il venait de faire; le comte de Marcellus refusa de prendre aucun engagement à cet égard; il se réservait le droit de consulter les dépositaires de la doctrine sur ce nouvel incident dans ses rapports avec les droits et les intérêts de l'Église. Les réponses qu'il recueillit furent unanimes; on ne pouvait revenir sur la bulle de circonscription rendue par le pape après s'être concerté avec le Roi : *Collatis cum christianissimo rege consiliis*. Le comte de Marcellus agit en conséquence de cette réponse, mais son opinion demeura isolée dans la commission; elle se rallia tout entière à la proposition ministérielle pour le premier article qui consistait à réduire le nombre des évêchés à celui des départements. Quant à la proposition d'une supplique au Roi, elle parut inadmissible, parce qu'il s'agissait d'une loi présentée par le Roi lui-même. Le 5 mars, la commission se réunit en présence du duc de Richelieu, de M. Lainé et du comte Portalis, commissaire du gouvernement, pour arrêter la nouvelle rédaction de l'article. Le comte de Marcellus exprima une fois de plus sa vive opposition; il insista sur l'incompétence radicale de la Chambre quand il s'agissait de poser les limites d'une circonscription ecclésiastique. Un de ses collègues lui fit entendre que les ministres en savaient plus qu'ils n'en disaient et qu'on pouvait juger d'après leur langage que la transaction était comme conclue et le consentement du pape certain. « Il n'y a pas cette certitude morale absolue dont vous parlez, dit alors un des commissaires du gouvernement. La cour de Rome, contrariée, aura peut-être un peu d'humeur. Elle dira peut-être : Ce qui est fait est fait. » Un ministre reprit alors pour atténuer sans doute l'effet de ces paroles [1] : « Il y a possibilité à Rome de s'entendre, il y a possibilité d'espérer une réduction. » La commission acheva alors de passer en revue les articles de la loi, et elle les rédigea définitivement. Elle arrêta ainsi la rédaction de l'article III sur la proposition de M. Lainé :

« Le nombre des évêchés actuellement existants pourra être augmenté sans qu'il puisse excéder celui des départements, et sans qu'il puisse y avoir plus d'un siège dans le même département. »

En parcourant les articles suivants, on accorda à toutes les personnes engagées dans les ordres sacrés le privilége de l'article IX. On retrancha de l'article X ce qui concernait la vérification de la bulle de circonscription. On rétablit l'article XI tel qu'il était dans le projet de loi, en faisant disparaître l'amendement qui avait d'abord été adopté sur les lois concernant l'administration des cultes non catholiques. On transporta dans cet article XI les deux paragraphes qui avaient été primitivement ajoutés à l'article X. On persista à refuser toute correction de l'article XI en faveur de la doctrine et des lois de l'Église [2]. Le comte de Marcellus proposa inutilement des termes moyens sur le terrain desquels il pensait, après s'être éclairé des lumières des autorités compétentes, qu'on pourrait arriver à une transaction. La commission maintint sa

---

1. *Exposé de la conduite de M. le comte de Marcellus dans l'affaire du Concordat de 1817.* (Mémoire inédit.)
2. Même document.

dernière rédaction comme irrévocable et refusa d'entrer dans aucun accommodement.

Les choses en étaient là, lorsque, le 11 mars 1818, le cardinal de Talleyrand-Périgord, grand aumônier de France, tenu au courant de ce qui s'était passé par le comte de Marcellus, écrivit au Roi une lettre touchante dans laquelle il appelait sa sollicitude sur les maux et les périls de l'Église de France. Voici quelques passages de la lettre de ce prélat éminent qui, par suite de l'organisation nouvelle de l'Église de France après la signature du Concordat, avait été nommé archevêque de Paris :

« Hélas ! Sire, quel temps précieux est déjà perdu ! Le vœu de votre cœur devrait être rempli en faveur de votre Église. Nous voici arrivés au jour de la résurrection, et, au lieu du cantique de joie..., nous ne faisons que prolonger nos gémissements... Quant à moi, Sire, depuis que par votre suffrage, par votre choix, par votre ordre, je me suis vu élevé aux plus éminentes dignités, nommé au siége le plus important, je ne vis plus que de chagrins et d'amertumes. Je suis honteux des faveurs qui m'environnent en voyant tous mes confrères délaissés, abandonnés en ce moment, et quelques-uns ignominieusement remerciés après que Votre Majesté s'est servie de moi pour les appeler publiquement à l'épiscopat. Je rougis de porter les gages du traité solennel qui ne reçoit et ne recevra peut-être pas son entière exécution. »

Ces dernières paroles indiquent d'une manière vive et pressante la faute principale du ministère dans cette affaire. S'il avait des doutes sur l'impossibilité de faire accepter certaines dispositions en France, il devait les éclaircir avant de conclure avec le Saint-Siége et ne point se hâter de donner au Concordat le caractère d'une convention définitive. Après l'avoir conclu et signé, il l'abolissait virtuellement et il travaillait maintenant à remettre en délibération les questions résolues.

Les instances du cardinal de Périgord furent si vives, que le Roi lui prescrivit de convoquer les prélats les plus éminents en dignité, en science et en vertus pour donner leur avis sur les questions soumises à la commission. M. Lainé l'annonça à celle-ci dans une de ses dernières séances. Les prélats se réunirent une première fois chez le cardinal de Beausset, une seconde chez le cardinal de Périgord. Les ministres qui assistèrent à la première réunion n'assistèrent pas à la seconde, qui fut plus nombreuse et dans laquelle dix-huit prélats ou évêques, tant sacrés que nommés, se trouvèrent rassemblés. Voici le texte de leur réponse :

« Les cardinaux, archevêques et évêques convoqués par ordre du Roi, afin d'examiner ce qu'il convient de faire pour procéder à une nouvelle circonscription des diocèses de l'Église de France, et à la réduction des archevêchés et évêchés au nombre actuel des départements, de telle sorte qu'il ne puisse y avoir qu'un seul évêché ou archevêché par département, estiment :

« 1° Qu'il n'y a qu'à gémir sur cette proposition parce qu'elle est préjudiciable au bien de la religion et de l'Église.

« 2° Que si cependant cette réduction, telle qu'elle est demandée, devient rigoureusement nécessaire pour l'Église de France, elle peut être opérée.

« 3° Qu'une circonscription ayant déjà été réglée entre le Pape et le Roi, les évêques s'en rapportent entièrement à la sagesse du Souverain Pontife et de Sa Majesté pour l'opérer selon les formes canoniques.

« N'entendent, les cardinaux et évêques, rien préjuger de la volonté du Souverain Pontife à l'égard d'une nouvelle circonscription, ni approuver aucun des articles de la loi qui pourrait être contraire à la doctrine et aux lois de l'Église, se réservant de demander au Roi la permission de lui présenter les observations dont ces articles peuvent être susceptibles. »

Cette résolution des dix-huit évêques que le ministère donna comme un acquiescement aux changements faits par la loi au Concordat, était simplement un renvoi de l'affaire au pape qui pouvait seul juger les nécessités de l'Église de France et apprécier les observations présentées par le gouvernement français. En principe, la réunion trouvait la modification regrettable, parce qu'elle était préjudiciable au bien de la religion et de l'Église. En fait, elle pensait qu'elle ne pouvait être appliquée que si elle était rigoureusement nécessaire, et ne se regardant pas comme compétente pour apprécier cette nécessité, elle engageait le gouvernement, s'il avait cette conviction, à se pourvoir devant le Pape dont elle n'entendait pas préjuger la volonté. Elle avait soin, en outre, de faire ses réserves sur les autres parties de la loi qui pouvaient être en contradiction avec la doctrine de l'Église, et elle annonçait l'intention de présenter des observations au Roi à ce sujet.

Plus on allait, plus il devenait évident que le Concordat n'aboutirait pas et qu'il faudrait ouvrir une négociation nouvelle ; il était peu sensé, en effet, d'espérer que le Pape corrigerait sans résistance un acte débattu, convenu et signé, en acceptant l'ultimatum d'une assemblée laïque. C'eût été une abdication d'autorité et de dignité dont le Saint-Siége était incapable. Cependant, dans la vingt-cinquième et dernière séance de la commission, M. Lainé voulut se faire une arme de la délibération des évêques pour emporter l'adhésion unanime de tous les membres. Le comte de Marcellus, d'autant plus inébranlable dans son opposition à la loi qu'il venait de recevoir la réponse du Pape à sa lettre du mois de janvier, et que cette réponse avait dissipé tous ses doutes, déclara, sans faire aucune allusion à ce document, que la délibération des évêques était pour lui un nouveau motif de persister dans son opinion. M. Lainé eut alors un de ces éclats de colère et d'éloquence qui lui étaient habituels quand il rencontrait une résistance dont il ne pouvait triompher. Il interpella avec une extrême vivacité le comte de Marcellus, lui déclara qu'il serait la cause des malheurs qu'allait éprouver la religion en France ; lui seul, en effet, empêcherait la loi de passer, parce que la minorité, sans les votes de laquelle elle ne pouvait être adoptée, se déciderait tout entière, d'après l'opinion du plus ardent de ses membres dans la commission. Le ministre termina sa vive interpellation en rendant le député responsable des maux qui allaient fondre sur l'Église de France. Le comte de Marcellus laissa passer cet orage d'éloquence sans en paraître troublé, et, prenant la parole à son tour, il déclara que « si la France et l'Église de France ne pouvaient être sauvées que par une injustice, il n'y consentirait pas. » Ses collègues joignirent leurs instances à celles des ministres sans ébranler sa résolution, et M. Lainé, après lui avoir dit que le Roi connaîtrait son opposition oppiniâtre, sortit en invitant le rapporteur nommé, M. Rivière, à presser la rédaction de son rapport.

M. de Marcellus appréhendait peu le résultat de la menace du ministre de l'intérieur ; il agissait d'après sa conscience maintenant complétement éclairée et il n'avait pas songé un moment à cacher sa conduite au Roi. Le moment est venu de faire connaître la teneur de la lettre du Pape et l'usage qu'en fit le comte de Marcellus. Après lui avoir donné sa bénédiction apostolique et l'avoir félicité des sentiments de foi et de piété qui l'avaient porté à recourir au siége de Saint-Pierre, afin d'en recevoir la lumière dans les questions si difficiles soulevées par la loi dont le Pape déplorait (*condoluimus*) la présentation, Pie VII poursuivait ainsi :

« Si nous avons éprouvé une grande joie de vos bonnes dispositions, nous avons, d'un autre côté, ressenti une bien vive douleur quand nous avons remarqué les changements que vous nous écrivez avoir été introduits dans la loi en question. En effet, il ne saurait échapper à un esprit aussi désireux que le vôtre de connaître la vérité, qu'il y a une étrange inconséquence, lorsqu'il s'agit de questions religieuses résolues d'un commun accord entre le siége apostolique et le conseil du Roi Très-Chrétien, de les remettre ensuite en délibération dans une assemblée laïque, quelque illustre qu'elle soit. D'ailleurs, pour peu que vous examiniez vous-même les amendements proposés, vous découvrirez sans peine que les articles répréhensibles de cette loi n'ont pas été corrigés comme ils auraient dû l'être, ou que plutôt ils ont été reproduits dans ces amendements, de sorte que leur portée est aggravée, ou qu'enfin ils sont maintenus, de telle manière qu'il est évident que la loi amendée comme vous nous. le faites connaître est contraire à la convention conclue et à quelques-uns des droits les plus sacrés de l'Église. Que si quelques-unes des dispositions établies par cette loi se sont glissées dans d'autres circonstances par abus, il ne faut pas beaucoup de réflexion pour découvrir que, dans un cas de force majeure, il y a des choses mauvaises que l'on peut tolérer pour un temps, dans la crainte de choses plus mauvaises encore, sans pour cela les approuver le moins du monde. Cependant nous sommes loin de prétendre, à cause de la confiance justifiée que nous inspire la religion du Roi Très-Chrétien déjà éveillée par nos avertissements paternels, qu'il n'apportera pas lui-même des remèdes appropriés à ce grand mal, de sorte que la convention conclue d'après ses propres vœux, heureusement sanctionnée et déjà mise à exécution quant à ce qui nous concerne, soit religieusement observée par suite du retrait complet de la loi. Au reste, nous attendons de votre piété, de votre prudence et de votre volonté constamment dévouée au bien de la religion, que, revêtu de la justice comme d'une cuirasse, vous combattiez courageusement contre la loi, et que vous employiez tout ce que vous avez de crédit, d'autorité, d'habileté pour faire prévaloir la libre et prompte promulgation de la convention et sa fidèle exécution. »

Cette réponse péremptoire ne laissait pas l'ombre d'un doute sur l'avis du Saint-Siége. Le comte de Marcellus, qui n'avait pas voulu s'en faire une arme politique dans la commission, crut que son devoir était différent envers l'autorité religieuse. Le lendemain du jour où il avait reçu ce document important, il se rendit chez le cardinal de Périgord de grand matin, et n'ayant pu être reçu à cause de la santé du vénérable prélat, il lut le bref à monseigneur de Quélen, nommé le 1er octobre 1817 évêque de Samosate et suffragant de l'archevêque de Paris[1]. Il ajouta que son intention était de le déposer entre les mains du grand aumônier de France, qu'il n'avait pas d'autre moyen de le faire parvenir au Roi, et que son premier vœu était que le Roi en eût con-

---

1. Le titre de *suffragant*, plus ordinairement appliqué à un évêque vis-à-vis de son métropolitain, est quelquefois aussi donné à un évêque qui, n'ayant que le titre d'un évêché *in partibus*, remplit les fonctions épiscopales dans un autre diocèse.

naissance. Le cœur vraiment catholique du comte de Marcellus était ému des analogies que présentaient les circonstances en face desquelles se trouvait la France, avec celles d'où était sorti le schisme révolutionnaire de la constitution civile du clergé, et il se serait cru coupable envers l'Église, son pays et son Roi s'il avait caché à ce dernier la lumière qui brillait à ses propres yeux. Tels étaient les motifs de sa résolution, et ce fut ainsi qu'il l'expliqua à M. de Quélen. Il s'abandonnait du reste sans réserve à la sagesse du cardinal, livrant cette grande affaire à sa prudence, le laissant maître de taire ou de faire connaître son nom, suivant qu'il le jugerait utile. Le bref du Pape demeura donc déposé en original au secrétariat de la grande aumônerie. Cette démarche avait été faite dans la matinée du jour où devait se tenir la dernière séance de la commission du Concordat, c'est-à-dire le 15 mars, où l'on a vu que le comte de Marcellus ne fit aucune allusion au bref qu'il avait reçu. Le cardinal de Périgord écrivit immédiatement au Roi et sa lettre contenait plusieurs fragments du bref, sans indiquer le nom de la personne à laquelle il était adressé. Louis XVIII demanda la communication du bref dans toute sa teneur, et le nom de celui qui l'avait reçu. Le cardinal ne voulut rien faire sans le consentement du comte de Marcellus. Celui-ci répondit aussitôt : « Si j'eusse pu approcher de Sa Majesté, le premier usage, le seul usage que j'eusse fait du bref, eût été de lui en faire hommage. C'est même ce que j'ai fait, autant qu'il était en mon pouvoir, en prenant pour confident et pour intermédiaire le grand aumônier de France, l'archevêque de Paris. Je prierai donc M. le cardinal de transmettre en mon nom à Sa Majesté le bref dans toute sa teneur, d'y joindre ma lettre au Souverain Pontife et même toute ma consultation, s'il le jugeait à propos, et d'exposer au Roi toute ma conduite. » Le cardinal fit assurer le comte de Marcellus qu'il se conformerait à ses désirs.

Peu de jours après, cette affaire commença à transpirer dans le public, et bientôt on ne s'entretint plus d'autre chose. Le comte de Marcellus, dont la loyauté est incontestable, affirme qu'il s'était fait une loi de n'en parler le premier à personne, même à ses amis politiques les plus intimes, mais de ne pas nier la vérité s'il était interpellé à cet égard, et dans tous les cas de ne délivrer à qui que ce fût aucune copie du document. Il ajoute que, malgré toutes les instances, il tint fidèlement ce double engagement. Cependant quelques jours ne s'écoulèrent pas sans que des copies plus ou moins incorrectes commençassent à circuler. Elles ne venaient certainement pas du comte de Marcellus; il est plus qu'invraisemblable qu'elles vinssent du cardinal de Périgord; tout porte donc à croire que c'était un ministre qui les avait laissé prendre. Telle était l'opinion du comte de Marcellus; il raconte qu'un de ses collègues lui ayant demandé avec insistance, et à plusieurs reprises, une copie du bref, et s'étant vu refuser, lui dit que ce refus ne servirait à rien, et qu'il irait chercher cette copie dans un des ministères, où l'on ne faisait aucune difficulté de la donner. Plusieurs copies obtenues de cette manière furent placées sous les yeux du comte de Marcellus, avec les mêmes fautes de construction, de sens et de grammaire. Toute son intervention se borna à corriger ces fautes sur les exemplaires qui lui furent présentés. Les mêmes fautes se trouvaient reproduites dans le texte latin du bref et dans la traduction anglaise publiée peu de jours après dans le *New-Times*[1].

Ces faits, rapprochés de la probabilité logique, indiquent que l'indiscrétion venait du ministère. Le rapport ne fut point fait, la loi ne fut pas présentée à la Chambre, l'affaire du Concordat resta comme abandonnée, et la session se ferma sans

---

1. On trouvera à la fin du volume le texte latin du Concordat et celui du bref du Pape au comte de Marcellus.

qu'il en fût question. Il est vrai que M. Lainé, dans une lettre adressée au duc de Richelieu le 17 mars 1818, attribue ce fâcheux dénoûment à la conduite du comte de Marcellus. Voici ses paroles :

« Nous touchions au moment de surmonter les trop nombreuses difficultés qui se sont élevées contre la loi dont la convention de 1817 avait rendu la proposition si nécessaire, lorsque la connaissance d'un bref du Pape, adressé à M. de Marcellus, a renversé toutes les espérances. »

Ce pouvait être l'espoir de M. Lainé, et encore l'expression en est-elle exagérée, puisque dans le sein de la commission il disait à M. de Marcellus que sa seule opposition ferait échouer la loi, parce qu'elle entraînerait les voix de la plus grande partie de la minorité de droite, mais ce n'était point là l'exposé exact de l'état des choses. Le Pape avait écrit au Roi, dès le 3 février 1818, pour lui demander « comment un projet de loi présenté aux Chambres venait détruire la convention du 11 juin, » et il avait ordonné au secrétaire d'État d'adresser au comte de Blacas une note détaillée sur les griefs du Saint-Siége[1]. La cour de Rome s'était donc déjà émue des graves dérogations au Concordat que contenait la loi présentée aux Chambres, et avant que le comte de Marcellus eût reçu le bref, le gouvernement savait à quoi s'en tenir sur les dispositions du Saint-Siége à cet égard. Le bref n'était que l'expression très-arrêtée de l'opinion du pape Pie VII, et l'on peut ajouter que cette opinion avec laquelle on était obligé de compter ne pouvait être que ce qu'elle était. Il faut se souvenir que non-seulement les ratifications avaient été échangées, mais que le Pape, comme il le disait dans le bref, avait exécuté les clauses qui le concernaient. Il avait promulgué la bulle de circonscription, et c'était sur les sollicitations pres-

---

1. *Histoire de Pie VII*, par le chevalier Artaud de Montor, tome II, page 507.

santes du cabinet des Tuileries, comme devait l'établir en 1819 la correspondance de M. Portalis, datée de Rome, que Pie VII avait institué et préconisé dans le consistoire secret du 1er octobre 1817 les trente-quatre évêques nouveaux présentés par le gouvernement français. Ce n'était donc pas seulement un traité signé, c'était un traité exécuté, dont il fallait obtenir l'annulation, au préjudice d'évêques présentés, institués et préconisés. Il est évident que, dans le cas même où la loi du gouvernement eût été votée par la Chambre, on n'aurait pu obtenir du Pape de se déjuger ainsi du jour au lendemain. Eût-elle été votée si le bref n'eût pas été connu? Le contraire est plus que vraisemblable. Il y avait dans la droite un nombre considérable de députés qui, surtout depuis la radiation de l'article relatif aux circonscriptions, ne voulaient à aucun prix s'associer à une loi qu'ils regardaient comme un déni de justice envers le Saint-Siége. Ce qu'il y a de sûr, c'est qu'elle aurait été discutée. Or la discussion eût été violente, passionnée, hostile à Rome sur les bancs de la gauche et même sur certains bancs ministériels; les anciens préjugés eussent été ravivés, les maximes les plus fâcheuses professées. On peut en juger par ce qui s'était passé dans la commission, où plusieurs membres avaient proposé d'exiger des archevêques, évêques et curés le serment imposé par la loi à tous les fonctionnaires publics, en ajoutant que si, dans l'intervalle de six mois, le Pape n'avait pas déclaré les motifs de refus d'institution canonique à un évêque ou archevêque nommé par le Roi, ce silence serait regardé comme une adhésion. La discussion eût donc été mauvaise, et après cette mauvaise discussion, la loi eût été rejetée, parce que la droite, la gauche et une partie des ministériels déterminés par des motifs différents eussent voté contre une loi qui n'aurait pas été assez catholique pour les premiers et qui l'aurait encore été trop pour les autres.

La démarche de M. de Marcellus ne fut donc pas la cause de l'abandon du Concordat, elle en fut l'occasion. La question avait été mal engagée, mal conduite; le ministère, qui était loin d'être unanime sur ce sujet, après s'être imprudemment avancé, n'avait pas montré plus d'adresse en cherchant à reculer. Il avait renoncé à faire accepter à la Chambre le Concordat primitif qu'il avait signé avec le Pape, et il ne savait comment faire accepter au Pape le Concordat modifié, altéré, dénaturé par la loi présentée aux Chambres. Il rencontra sur son chemin la démarche de M. de Marcellus et le bref du Pape, et il saisit ce prétexte pour sortir de la situation difficile où il s'était jeté, et pour adopter le parti proposé depuis longtemps par M. Decazes qui contraire, depuis le début, au Concordat pour l'adoption duquel le cabinet était obligé de se rapprocher de la droite, et de s'éloigner de la gauche et des doctrinaires, n'avait pas cessé de demander que, sans retirer la loi, on la laissât tomber dans l'oubli. Le 20 mars 1818, M. Lainé lut dans le conseil une note probablement concertée d'avance, dans laquelle il était dit que depuis l'apparition d'un bref clandestin, tout espoir d'obtenir la majorité en faveur de la loi organique s'était éteint. Il fallait donc ouvrir avec le Saint-Siége une nouvelle négociation, lui demander de remplir les cinquante siéges anciens et de remettre à une époque où nos finances seraient dans une situation meilleure le débat sur l'érection des siéges nouveaux. M. Lainé oubliait ce qu'il avait dit dans la commission sur les ressources du budget ecclésiastique, qui suffisait à l'érection des nouveaux siéges; il fallait bien motiver le parti qu'on adoptait. Il fut en outre décidé qu'on adjoindrait M. Portalis au comte de Blacas pour suivre la nouvelle négociation. On supposait que le négociateur du Concordat de 1817 serait dans une position trop difficile s'il se présentait seul pour réclamer une convention différente de celle qu'il avait signée au nom du Roi, et l'on pensait en outre que le comte Portalis, plus au courant des préventions qui régnaient en France sur certaines questions religieuses, réserverait mieux les points que l'on voulait réserver. En annonçant ces résolutions au comte de Blacas, le duc de Richelieu reconnaissait avec une loyale candeur que l'échec qu'on venait d'éprouver ne devait pas être attribué à l'ambassadeur à Rome, mais au ministère.

Voici le début de sa lettre :

« Je vais m'expliquer avec vous sur l'envoi à Rome de M. Portalis. Assurément il n'a jamais pu nous entrer dans l'esprit de vous donner un désagrément. Quel en pourrait être le motif? Avez-vous fait autre chose que ce que nous avons concerté avec vous? N'est-ce pas notre faute à nous *de n'avoir pas mieux connu notre terrain?* Quant à la présence de M. Portalis, comme il est lui-même très-religieux, d'un esprit très-doux, très-conciliant, j'espère que ses qualités personnelles feront oublier les préventions qu'on aurait pu avoir contre son père... On désire vous donner un aide, un renfort dans l'affaire la plus importante et la plus difficile[1]. »

Tandis que l'on allait ouvrir ainsi une négociation nouvelle à Rome « pour n'avoir pas mieux connu son terrain, » comme on en convenait avec notre ambassadeur, le mot d'ordre était donné de rendre M. Marcellus responsable de la rupture. Les plus ardents allèrent même jusqu'à dire que l'ancien Parlement l'eût décrété de prise de corps[2]; mais la grande majorité des catholiques, et le clergé tout entier dont les divisions avaient cessé depuis qu'il connaissait le bref du Pape, se félicita de voir ajourner une discussion qui, avec la disposition des esprits, auraient pu amener un schisme[3]. Enfin, quelque temps après, vers les dernières séances de la session, quand tout ce bruit fut tombé, et que les passions furent re-

1. *Papiers politiques de M. de Blacas.*
2. *Notes manuscrites de M. de Villèle.*
3. *Ibid.*

froidies, un des commissaires chargé de défendre la loi proposée à l'occasion du Concordat disait à M. de Marcellus « qu'une assemblée de laïques n'était pas faite pour discuter des questions de théologie, qu'une telle discussion aurait été un grand scandale, et qu'au lieu de le blâmer on devrait le remercier du service qu'il avait rendu à la religion et au gouvernement [1]. »

Cette affaire ne se dénoua qu'un an et demi plus tard, après avoir soulevé les plus graves difficultés, et, sinon sous un nouveau ministère, au moins sous un ministère largement modifié, puisqu'il avait pour président le général Dessoles. Cependant, afin de ne pas scinder l'intérêt du sujet, et aussi parce que la négociation continua à être suivie à Rome d'après les mêmes indications, et par les deux diplomates qu'avait acccrédités le duc de Richelieu, M. de Blacas et M. Portalis, nous exposerons ici ses principaux incidents et la manière dont elle se dénoua.

Les premières réponses du Pape à la notification furent et durent être sévères. M. de Blacas avait adressé à la cour de Rome une note à la date du 23 avril 1818, pour expliquer les nouvelles dispositions du gouvernement français. Le 31 mai le cardinal Consalvi passa, de son côté, à l'ambassadeur de France une note dans laquelle il déclarait que le Concordat du 11 juin 1817, revêtu de tous les caractères d'un traité parfait, sacré et inviolable, ne saurait être altéré d'aucune manière et qu'il devait être exécuté dans son intégrité par les deux parties qui l'avaient ratifié et sanctionné. Dans le mois suivant une seconde note, plus énergique que la première, annonçait que le Saint-Père, prêt à se présenter devant le souverain juge, ne serait retenu par aucun égard si les nouvelles propositions annoncées lui paraissaient inacceptables.

1. *Exposé de la conduite de M. de Marcellus.* (Documents inédits.)

Le 25 juin 1818, M. Portalis, arrivé à Rome, dut entendre ces paroles dans la première audience qu'il obtint du Pape :

« Les affaires de France ont été les plus pénibles de notre pontificat... Nous avons la plus haute estime pour le caractère du Roi et une grande confiance dans ses sentiments de religion; mais il faut soutenir ce qu'on a fait. Un Concordat conclu et ratifié doit être exécuté. Nous avons bien saisi toutes les difficultés, nous ferons ce qui dépendra de nous pour prouver au Roi le désir que nous avons de nous entendre avec lui, mais *salvo il Concordato*. Sur ce point nous sommes décidé à ne pas céder; nous avons trop éprouvé qu'on ne gagnerait rien à condescendre à certains vœux. Dieu pourvoira aux dangers. On ne peut pas faire un mal même pour procurer un grand bien. »

Ces paroles, que nous reproduisons d'après un des hommes qui ont le mieux connu la cour de Rome, auprès de laquelle il a résidé longtemps en qualité de secrétaire d'ambassade [1], et qui a reçu pour écrire la vie de Pie VII tous les renseignements et tous les documents originaux de nature à l'aider dans sa tâche, achèvent de montrer l'inanité de l'opinion d'après laquelle le Pape aurait facilement accepté le Concordat modifié et altéré par la Chambre des députés. Pendant toute la négociation, qui se prolongea depuis la fin de mai 1818 jusqu'au 5 septembre de l'année suivante, la cour de Rome ne dévia pas de la ligne qu'elle avait adoptée. Pour le Pape, comme le répétait le cardinal Consalvi, ce n'était pas une question de politique, c'était une question de conscience. Un jour Pie VII, conversant de cette affaire avec un homme de sa confiance la plus intime, lui dit en regardant le ciel : « Nous nous en irons avec une conscience en désordre. » Il rappelait que sous le coup de circonstances terribles, et pour relever en France les autels renversés, il avait dû accorder une stipulation redoutable mais nécessaire, celle de l'institution de nouveaux évêques venant

---

1. Le chevalier Artaud de Montor, *Vie de Pie VII*.

s'asseoir sur les siéges des anciens. Après le retour des Bourbons en France, le gouvernement royal avait demandé au Saint-Siége une autre organisation. Ce n'avait pas été sans objections, sans représentations, sans douleur qu'il avait renversé le Concordat de 1801 ; mais on avait invoqué le bien de l'Église, et le Concordat de 1817 avait été signé et ratifié. Il avait ainsi détruit son premier ouvrage, et l'on voulait actuellement qu'il rétablît ce qu'il venait de détruire ! Que parlait-on d'erreur mutuelle? Rome n'avait aucune erreur à se reprocher : c'était au gouvernement français de savoir, avant la signature du Concordat de 1817, que la Charte ne permettait pas au Roi de changer par un traité politique ou religieux l'état de la législation intérieure de la France sans le concours des deux autres pouvoirs, et l'on n'attendait pas sans doute que le Saint-Siége renseignât le gouvernement français sur la législation de la France et sur la tendance des idées dans ce pays.

Ce fut là le terrain sur lequel le cardinal Consalvi s'établit et se maintint avec une puissance de logique invincible : « Ce n'est pas Rome, c'est Paris qui a souhaité et demandé l'abrogation du Concordat de 1801. Rome n'a cédé qu'avec peine, après une longue hésitation. C'est à la sollicitation pressante du gouvernement français, et non sans répugnance, qu'elle est revenue au Concordat de Léon X, en paraissant implicitement condamner celui de 1801. La signature, la ratification, la promulgation, un commencement d'exécution, la publicité donnée à la bulle de circonscription, l'institution de nouveaux évêques, rien ne manque à la convention nouvelle. Et l'on veut que le Pape détruise un traité non-seulement signé et ratifié, mais consommé ! C'est demander l'impossible. Le Pape y consentirait-il, qu'il rencontrerait une opposition unanime dans le sacré collége. Il ne pouvait faire qu'une chose, réduire le nombre des siéges et régler par une convention interprétative les points douteux de la convention de 1817. »

Il n'y avait rien à répondre à cette argumentation, que le cardinal Consalvi reproduisit avec une nouvelle force toutes les fois que les deux négociateurs français essayèrent de mettre en avant le retrait du Concordat de 1817. Au bout de six semaines de séjour à Rome, M. Portalis demeura convaincu, comme l'était le comte de Blacas, que l'on n'obtiendrait rien si l'on restait sur ce terrain, et il l'écrivit à son gouvernement. Tout était rigoureusement exact dans l'argumentation du cardinal Consalvi, même l'allusion faite à l'opposition que rencontrerait le Pape dans le sacré collége, s'il avait la faiblesse de céder. Les cardinaux étaient vivement émus de l'injure faite au gouvernement romain, et les correspondances que plusieurs d'entre eux entretenaient avec le clergé français ajoutaient encore à leur mécontentement profond, en leur retraçant la vive image des maux de l'Église de France. Ils demandaient donc que le Pape protestât publiquement contre l'inexécution du Concordat.

Le parti qu'avait pris le ministère d'abandonner le Concordat de 1817 avait en effet tout laissé dans une confusion inextricable. Le Pape, sur la demande du Roi, avait institué trente-quatre évêques pour les nouveaux diocèses qui n'existaient plus, puisque la bulle de circonscription n'était pas admise en France. Parmi les évêques des anciens diocèses, plusieurs avaient donné leur démission, à la demande du Pape, pour être envoyés sur les sièges nouvellement érigés, de sorte qu'il y avait des diocèses sans évêque, et d'autres qui en avaient jusqu'à trois. En outre, la nouvelle bulle de circonscription n'étant pas admise par le gouvernement civil, et l'ancienne ayant cessé d'être en vigueur aux yeux de l'autorité ecclésiastique, on ne savait plus où commençaient et où finissaient les diocèses. Les évêques réclamaient du Roi avec une insistance toujours croissante la fin de cet état de choses, et ils écrivaient souvent à Rome pour se plaindre de la situation intolérable qui leur était faite. Le cardinal de la Luzerne, qui sentait sa responsabilité morale engagée à la fois envers le Saint-Siége et ses collègues de l'épiscopat, aurait voulu qu'on sortît de cette situation par un coup d'autorité, et que le Roi prît le parti de promulguer le Concordat comme loi de l'État, sans s'occuper davantage du projet soumis aux chambres. Mais ce qui était difficile au commencement de cette affaire devenait impossible à la fin. Chaque jour les esprits s'éloignaient davantage en France des idées qui auraient pu rendre ce dénoûment praticable. Des écrits passionnés ou spirituels et de nature à surexciter les préventions séculaires de notre pays, sur certaines questions, — en tête de ces écrits il faut mentionner les *Quatre Concordats* de l'abbé de Pradt, — aggravaient les obstacles, et le duc de Richelieu et M. Lainé écrivaient aux deux diplomates français d'éviter à tout prix, dans une transaction, tout ce qui pourrait faire accuser le gouvernement de nourrir la pensée d'un retour vers le Concordat de 1817.

Ce fut du sentiment de cette impossibilité que sortit la solution. « Rome, comme le disait à Louis XVIII, qui avait voulu l'entendre sur cette question, le comte d'Hauterive, profondément initié à l'étude de la diplomatie, et directeur des Archives des affaires étrangères, est souverainement intelligente et raisonnable. Elle ne demande qu'à sauvegarder les principes du droit, de l'autorité, de l'unité. Une fois rassurée sur cette question, qui domine à ses yeux toutes les autres, cette cour essentiellement modératrice entre dans l'intérêt de celles avec lesquelles elle traite, et ne refuse pas les complaisances qu'on peut attendre d'une tendre mère. C'est toujours elle qui, au milieu du protocole des négociations, indique d'un doigt sûr l'issue que beaucoup d'autres cherchent sans la trouver. » M. d'Hauterive avait bien jugé la situation. Du moment qu'on fut convaincu à Rome qu'il n'y avait pas mauvais vouloir chez le Roi, mais impuissance réelle de tenir ses engagements, on songea à trouver le moyen de sortir des difficultés où les fautes du ministère avaient jeté l'Église de France. Le moyen qui parut à Rome le meilleur fut celui d'une bulle dans laquelle Pie VII, prenant en considération la situation qu'on lui avait exposée, et la nécessité de pourvoir aux besoins du catholicisme en France, créerait un état provisoire conforme au Concordat de 1801, qui permettrait d'attendre l'époque où l'on conclurait un arrangement définitif par la convention interprétative déjà offerte par le Pape. Le Saint-Siége mettait deux conditions à cet arrangement : la première, c'est que la chose fût réglée d'autorité par le Pape, sans doute en vertu d'un accord avec le gouvernement français, mais sans avoir à signer avec lui une nouvelle convention, et il faut convenir que le sort de la dernière ne devait pas encourager la cour de Rome à procéder par la voie des contrats synallagmatiques; la seconde, c'est que la décision du Pape fût précédée par un bref adressé par lui au cardinal de Périgord avec mission de le communiquer aux évêques de France qui, au nombre de trente-deux, lui avaient précédemment adressé une lettre ; dans ce bref le Pape exposait ses vues, annonçait qu'il n'avait pas voulu prendre un parti définitif sur cette grave question sans consulter ses vénérables frères les évêques de France. En s'assurant ainsi d'avance l'adhésion des évêques, le Pape prévenait le retour des embarras qu'il avait rencontrés en 1801, en raison des démissions qui lui avaient été refusées par plusieurs prélats.

Le ministère, qui semblait ne devoir omettre aucune faute dans cette affaire, opposa une longue résistance à l'idée de sortir de la difficulté par une bulle ; il mettait une sorte de point d'honneur à remplacer la convention du 11 juin 1817 par une autre convention synallagmatique, sans se rendre compte de la mauvaise situation qu'il s'était faite en laissant protester sa signature au bas du premier traité. Il céda enfin, mais en élevant de nouvelles difficultés sur le bref du 1ᵉʳ octobre 1818, que le Pape voulait adresser par l'intermédiaire du cardinal de Périgord au clergé français. Une condition fut mise à cette clause, c'est que le bref serait remis au gouvernement français, et que celui-ci se réserverait la faculté d'apprécier le moment où il serait opportun de la transmettre au cardinal. On crut un moment l'affaire arrangée, et le duc de Richelieu, qui s'était rendu à Aix-la-Chapelle où nous le retrouverons négociant l'entière libération de notre territoire, répondait en ces termes à une lettre du cardinal Consalvi :

« Je suis extrêmement sensible aux expressions si pleines de bienveillance dont Votre Excellence a bien voulu se servir à mon égard, et je n'aurai jamais rien plus à cœur que de me rendre digne de l'opinion trop favorable qu'elle a bien voulu concevoir de moi. Les communications qui ont été faites à Rome à MM. les comtes de Blacas et Portalis m'ont été transmises ici. J'y ai reconnu l'esprit de charité et de conciliation qui a toujours animé Sa Sainteté, et en même temps la justesse et l'élévation qui ont constamment caractérisé les vues de Votre Excellence. J'espère que les réponses que le comte de Blacas a été chargé de faire aux propositions du Saint-Siége aplaniront les difficultés qui pourraient encore s'opposer à un arrangement que je regarde comme indispensable pour prévenir en France la ruine de la religion et les plus grands malheurs pour l'État. Je supplie Votre Excellence d'être convaincue que, quoi qu'on puisse écrire de Paris à Rome, le gouvernement du Roi a le plus vif désir de rétablir les affaires religieuses sur une base stable; que les obstacles qu'il a rencontrés sont indépendants de sa volonté, et que, surtout, il n'est pas assez insensé pour vouloir lui-même détruire la religion sans laquelle aucune société humaine ne saurait exister. »

Malheureusement le ministère, après avoir retenu longtemps le bref du Pape, prit la résolution de ne pas le remettre au cardinal de Périgord et de le lui faire seulement connaître par une sèche et froide analyse. Le motif qui le détermina à agir ainsi fut-il, comme on l'a dit, la réserve au moins apparente faite dans le bref, pour l'honneur des principes, en faveur du Concordat de 1817, qui semblait être plutôt considéré comme suspendu que comme abandonné? Ne faut-il pas plutôt le chercher dans ces vieux préjugés qui n'admettaient pas que des rapports directs pussent intervenir entre le Saint-Siége et l'épiscopat français, sans l'entremise du gouvernement? Toujours est-il que cette susceptibilité compromit et faillit empêcher le succès de la négociation. Dans ce résumé fait par la plume d'un commis, avec une sécheresse bureaucratique, aucune des louanges tendres et paternelles que Pie VII adressait au clergé français, aucune des marques de considération et de tendresse qu'il prodiguait au cardinal de Périgord, n'avaient été conservées : le bref qui, tout en indiquant le seul expédient par lequel on pût sortir de ce problème, prenait la forme d'une consultation affectueuse, avait reçu dans cette analyse maladroite celle d'un ultimatum hautain et dur. Quand le cardinal de la Luzerne eut lu cet étrange résumé, et qu'il l'eut communiqué à plusieurs évêques, le procédé même du gouvernement qui cachait au clergé français un bref pontifical qui lui était adressé, et la rédaction naturellement suspecte de l'abrégé qu'on substituait à la pièce originale, et où l'idée de supprimer le Concordat de 1817 était hautement exprimée, l'indisposèrent si gravement, qu'il adressa au Roi un nouveau Mémoire dans lequel débordèrent les amertumes dont son âme était remplie. C'était, disait-il, comme son testament qu'il osait déposer dans les mains du Roi. Il insistait sur l'inutilité des mesures proposées, dans la forme où elles étaient présentées; on a vu que le résumé les avait dépouillées de toutes les considérations par lesquelles le Pape les motivait. Il rappelait qu'en pareilles circonstances les Papes avaient quelquefois consulté les évêques sur des mesures qui les touchaient de si près, et il rendait ainsi palpable la faute qu'avait commise le ministère en ne remettant pas au cardinal le bref original dans lequel le Pape avait satisfait au désir exprimé par M. de Périgord. Enfin il se plaignait qu'on eût caché au clergé ce bref qui lui était adressé. Sa lettre se terminait par ces douloureuses paroles :

« Ma course s'accélère péniblement, mes sens s'éteignent et s'évanouissent dans la douleur, ma dernière heure a presque sonné et j'espère de l'infinie miséricorde du Seigneur que je vais entrer dans le lieu du repos. Quelle consolation pour moi, Sire, de voir avant mon sommeil cette célèbre Église de France, objet de tant de soupirs, ranimée par un nouveau souffle de l'Esprit-Saint, sortir triomphante par vos soins des obstacles opposés à sa gloire ! »

C'est ainsi qu'au moment où les obstacles s'aplanissaient à Rome, le ministère semblait prendre plaisir à en susciter de nouveaux à Paris, en rendant problématique l'envoi de cette lettre des évêques de France, réclamée par le Pape comme la condition préalable de la bulle devant laquelle il voulait aplanir les voies avant de la lancer. Les choses restèrent dans cet état pendant la fin de 1818 et les premiers mois de 1819. Les évêques, avertis que le Pape avait écrit un bref à leur intention, demandaient à connaître ce bref avant de prendre un parti, et le Pape attendait la lettre des évêques pour agir. Cependant il était vivement préoccupé de la situation de l'Église de France, et une dépêche de M. Portalis, datée du commencement de 1819, relatait une longue conversation du cardinal Consalvi à ce sujet, et ne cachait pas l'insistance qu'il avait mise afin d'arriver à une solution de ce douloureux problème. Voici le résumé substantiel de cette communication :

« Le cardinal avait rappelé une fois de plus que le Saint-Siége n'était pour rien dans la situation pénible où l'on se trouvait. L'abolition du Concordat de 1801 ; l'établissement du Concordat de 1817, la circonscription nouvelle, la nomination et l'installation des évêques des trente-quatre nouveaux siéges, c'était la France qui avait tout demandé, et qui après avoir tout demandé refusait tout. Mais, bien que le Pape ne fût coupable de rien, ses scrupules ne lui laissaient plus de repos quand il songeait à ce qui se passait en France, depuis un an, dans un grand nombre de diocèses : les pouvoirs ecclésiastiques intervertis, des hommes sans mission canonique s'immisçant incompétemment dans l'administration des Églises, tandis que les légitimes pasteurs nommés par le Roi, institués et préconisés par le Pape, étaient condamnés à l'inaction. Le Pape ne pouvait laisser se prolonger indéfiniment ce scandale. Sa Sainteté, appréciant les difficultés de la position du Roi, avait proposé un arrangement équivalant à un retour pur et simple au Concordat de 1801, l'honneur du Saint-Siége restant sauf. Il était impossible de croire que les évêques de France repoussassent une mesure proposée par le chef de l'Église et prissent la responsabilité des suites de l'inexécution prolongée de tout concordat. Si l'arrangement provisoire était refusé, comme il était évident que la négociation sur le fond serait longue, le Souverain Pontife ne pourrait pas laisser l'Église gallicane en souffrance. Fidèle à son caractère patient et modéré, il ne réclamerait pas, comme il en aurait le droit, l'exécution pleine et entière du Concordat de 1817, mais il pourvoirait, selon son devoir, à l'administration des diocèses, et il ordonnerait aux évêques légitimement institués d'exercer leurs fonctions. Le Pape n'agirait pas ainsi pour mettre à exécution, malgré le Roi, la circonscription de 1817 : il avait prouvé qu'il ne tenait pas plus à cette circonscription qu'à toute autre, mais parce que l'Église de France ne pouvait exister sans circonscription et sans évêques. »

Il était impossible de s'exprimer d'une manière plus sage, plus ferme, et, en même temps, plus conciliante et plus modérée. Dans cette communication du cardinal Consalvi, dont nous avons conservé, autant que nous l'avons pu, les propres paroles, on voit le Saint-Siége prêt à transiger sur ses droits, jamais sur ses devoirs, ouvrant une issue aux difficultés, et se montrant résolu d'aviser si l'on ne profite pas de cette issue, mais après avoir épuisé tous les moyens de conciliation. Il était indiqué dès lors que, grâce à la sagesse et à la mesure qu'avait mise dans cette affaire le Saint-Siége, tout se terminerait à l'amiable.

Ce ne fut cependant que le général Dessoles, successeur du duc de Richelieu à la présidence du Conseil, qui vit la fin de cette longue négociation. Le ministère comprit que le seul moyen de sortir de l'impasse où l'on se débattait était de suivre le conseil de Rome et de réunir les évêques pour en obtenir la lettre au Pape. Mais on avait laissé les esprits s'aigrir et l'on avait multiplié les griefs, de sorte que, lorsque les réunions des évêques présents à Paris eurent lieu, on se trouva en présence d'hommes mécontents, pleins de défiance et de craintes, sans pouvoir compter sur le cardinal de Périgord, dont la patience était à bout. Il fut le premier à conseiller à ses vénérables frères de rédiger en commun une lettre au Pape, de le choisir comme arbitre et comme médiateur, mais en lui faisant connaître la situation où l'on plaçait les évêques, l'ignorance où on les avait laissés sur les intentions du Saint-Siége, et les périls que courait la religion. Ces idées prévalurent dans la rédaction définitive de la lettre composée par M. de Quélen et revisée par une commission où figuraient MM. de Latil et de la Fare. On a voulu voir dans cette dernière circonstance le motif des paroles sévères que contenait la lettre des évêques sur la conduite du gouvernement. N'est-il pas plus naturel de penser que cette sévérité se retrouvait dans les paroles parce qu'elle était dans l'esprit de tous les membres de la réunion épiscopale? Leur premier mouvement est de se plaindre amèrement de ne pas avoir reçu le bref qui leur était destiné, de ne rien savoir des volontés du Pape, des points sur lesquels il concède, des points sur lesquels il insiste. Quand il s'agit de Pie VII, leur langage prend l'accent du respect le plus sympathique et le plus dévoué.

« Nous vous prions, Très-Saint Père, de nous aider de vos lumières, de nous affermir par votre autorité; nous vous en prions, non-seulement comme le chef de l'Église en qui nous faisons profession de reconnaître et de respecter la primauté et la juridiction que Jésus-Christ vous a donnée, mais encore (ah! que la vénération que nous avons pour vos vertus nous permette de le dire!...) comme l'arbitre, le conciliateur, le médiateur que, rassemblés en une seule famille, nous choisissons, en qui nous nous confions avec la plus grande sincérité, et dont l'avis, la décision, le jugement, feront notre force, notre sûreté et notre consolation. »

Quand cette lettre fut remise au Roi par le cardinal de Périgord, ce prince se montra profondément blessé de la note de blâme dont était marquée la conduite de son gouvernement. Il eut même, dit-on, un instant la pensée de renvoyer la lettre aux évêques, et d'exiger d'eux une rétractation. Mais la réunion était dissoute, il fallait du temps pour la rassembler, pour ouvrir un nouveau débat, faire rédiger une nouvelle lettre qu'on n'obtiendrait peut-être pas. On résolut de se contenter de celle-ci, quelque mécontent qu'on en fût. Au fond, elle devait satisfaire le Pape, et c'était le grand point. C'est ce qu'écrivait M. Decazes, alors ministre de l'intérieur, au cardinal Consalvi : « Le Roi a à se plaindre, mais non le Pape, qui a obtenu tout ce qu'il demandait. » Louis XVIII, qui croyait sa dignité et l'autorité de son gouvernement blessées par plusieurs paroles des évêques, se contenta d'écrire en marge de leur lettre au Pape une protestation qui se terminait par ces mots :

« Je suis loin de blâmer la confiance des évêques dans le Saint-Père. Personne n'en a plus que moi ; je la dois au vicaire de Jésus-Christ sur la terre et les vertus de Pie VII me l'inspirent. Mais j'aurais voulu que les prélats de mon royaume en témoignassent un peu plus à leur Roi. »

Louis XVIII oubliait trop que c'était aux mauvaises manœuvres de son ministère qu'étaient dus tous ses embarras. Il y eut à Rome, lorsqu'on reçut la lettre des évêques ainsi annotée, un premier moment d'étonnement et d'indécision. Le cardinal Consalvi objecta à MM. de Blacas et Portalis que les évêques, loin d'approuver l'arrangement provisoire, le critiquaient ; qu'ils mettaient le pape dans une position difficile, en protestant contre les articles organiques que le gouvernement français n'avait cessé de défendre contre les réclamations de Rome, en les représentant comme la sanction des doctrines de l'Église gallicane ; qu'enfin leur promesse d'accepter la décision du Pape n'était pas assez absolue. Mais, comme Rome voulait avant tout mettre un terme à la situation fausse et fâcheuse où l'Église se trouvait en France, on arriva à une transaction. Il fut convenu que les deux plénipotentiaires français passeraient au cardinal Consalvi une note officielle dans laquelle ils assureraient au nom du Roi que toutes les difficultés étaient levées, qu'aucun évêque ne refuserait d'adhérer à l'arrangement provisoire pris par le Pape, que le Roi s'engageait à employer tous les moyens en son pouvoir pour abréger cet état provisoire et donner à l'Église de France un état convenable et définitif, comme aussi à augmenter, selon les formes constitutionnelles, le nombre des siéges épiscopaux, toutes les fois que les ressources de l'État le permettraient sans surcharger les peuples.

Une fois en possession de cette note, Pie VII déclara le différend terminé. Dans le consistoire secret du 23 août 1819, il constata l'impossibilité où s'était trouvé le Roi de France d'exécuter le Concordat de 1817, prit acte de ses promesses pour l'avenir, et rétablit provisoirement le Concordat de 1801. En même temps il adressait un bref aux quarante évêques signataires de la lettre qui lui avait été écrite le 30 mai, les remerciait de leurs sentiments de respect, et leur annonçait sa décision. Ils y adhérèrent purement et simplement. Le 15 septembre 1819 les bulles furent vérifiées au Conseil d'État, et l'Église de France se retrouva placée, après ces longues agitations, dans des conditions régulières.

Ainsi se termina cette affaire imprudemment engagée, mal conduite et témérairement conclue par le ministère, qui ne sut ni prévoir les embarras où il allait se jeter, ni manœuvrer de manière à en sortir; qui se compromit avec le Saint-Siége, la Chambre, l'opinion, le clergé; retarda la solution du dangereux et pénible problème où il avait précipité l'Église de France, en mettant obstacle aux rapports des évêques avec la Cour de Rome, et ne réussit à arriver à un dénoûment que grâce à la sagesse, à l'esprit conciliant et modéré du Saint-Siége qui, après avoir indiqué la seule issue possible, eut la patience d'attendre que le gouvernement français consentît à l'adopter. On fut heureux de retourner au Concordat de 1801 dont on avait si vivement désiré et si ardemment poursuivi la suppression. Tant d'efforts, tant de démarches, tant d'agitations, tant de luttes, tant d'excitations jetées à l'opinion, aboutirent à replacer le gouvernement dans la position qu'il eût été maître de ne pas quitter.

## VI

FIN DE LA SESSION DE 1818. — LE BUDGET. — CONVENTION FINANCIÈRE AVEC LES ÉTRANGERS. — DÉLIVRANCE DU TERRITOIRE.

Nous devons ici retourner sur nos pas pour achever le récit de la session de 1817-1818, pendant laquelle la loi sur le Concordat, dont nous venons de terminer l'histoire, avait été envoyée à la Chambre. La commission du budget était très-fortement composée. Toutes les nuances de la Chambre y étaient représentées d'une manière égale; le parti ministériel par six membres, au nombre desquels on comptait MM. Roy, Beugnot et le duc de Gaëte, président de la commission; la droite par six membres, parmi lesquels on remarquait MM. de Villèle, de Corbière, Benoist et de la Bourdonnaye; les indépendants par six membres, entre autres par MM. Laffitte et Casimir Périer. Les questions financières gagnèrent beaucoup à la présence de toutes les notabilités financières de la Chambre dans la commission où devait avoir lieu la première élaboration du budget. Toutes les questions furent préparées et approfondies et la Chambre put aborder avec entente et indépendance la discussion des diverses dispositions de la loi des finances sur laquelle elle adopta presque toujours les propositions formulées par sa commission.

Les détails où nous sommes entré sur la discussion des budgets précédents nous dispensent de descendre à des détails nouveaux sur le budget ordinaire de 1818. Il en est un peu des dépenses d'un État comme de celles d'une famille : quand elles sont fixées sur un certain pied et réglées d'après des besoins qui reviennent chaque année, elles ne sont plus guère discutées que par les esprits chimériques. Il ne manque pas de gens en effet qui poursuivent la pierre philosophale d'irréalisables économies, en se faisant illusion à eux-mêmes, ou en cherchant à faire illusion aux masses ; celles-ci, on le sait, ne regardant jamais que le total sans s'arrêter à considérer le détail qui l'explique, et faisant un retour sur l'exiguïté de leurs propres revenus, ne veulent jamais admettre la nécessité annuelle d'une somme si énorme pour les dépenses de l'État.

Malheureusement pour la France, elle avait à pourvoir à d'autres dépenses qu'aux dépenses ordinaires. J'ai parlé du nombre immense de réclamations particulières que les sujets étrangers lésés par l'Empire avaient faites contre notre trésor, et du chiffre fabuleux auquel le total de ces créances s'élevait ; il ne s'agissait de rien moins que d'un milliard six cents millions. Une commission de liquidation, d'abord présidée par M. Dudon qu'écarta bientôt le duc de Richelieu, ensuite par M. Mounier, avait été nommée, et elle avait eu à s'entendre avec une commission étrangère présidée par M. Barbier, directeur des finances de l'Autriche, et formée des représentants de toutes les puissances dont les sujets élevaient des réclamations contre notre trésor ; c'est-à-dire de l'Angleterre, d'Anhalt, de Bade, de Bavière, de Bohême, de Danemark, d'Espagne, des États Romains, de Francfort, de Hambourg, de Hanovre, de la Confédération helvétique, de la Hesse électorale et grand-ducale, d'Holstein-Oldembourg, de Lubeck, de Mecklembourg, de Parme, des Pays-Bas, de Portugal, de Prusse, de Reuss, de Sardaigne, de Saxe, de Schwarzburg et de Toscane. Ces créances étaient de toutes les origines et de toutes les dates. Ainsi, l'Angleterre exigeait que l'on remboursât ses nationaux détenteurs des fonds publics français à l'époque de la banqueroute révolutionnaire dont ils avaient été victimes; Hambourg, appuyé par l'Allemagne, avait exigé le remboursement des fonds de sa banque employés à la solde et à l'entretien de notre armée par le maréchal Davoust pendant le siège de cette ville. La commission qui représentait les intérêts lésés se faisait appuyer au besoin par la grande conférence des ministres étrangers chargée de veiller à l'exécution des traités, et composée, on le sait, du comte Pozzo di Borgo, du comte de Goltz, du baron de Vincent et de lord Stuart, ambassadeurs des quatre grandes cours. On comprend quelle était la situation de la France occupée par une armée étrangère de cent vingt-cinq mille hommes qui lui coûtait, suivant l'estimation de M. de Villèle, cent soixante millions par an, ayant à payer chaque année le cinquième d'une contribution de guerre de sept cents millions, lorsqu'elle voyait fondre sur ses finances obérées et appauvries cette avalanche de créances particulières, apostillées par les souverains, soutenues par la conférence, et dans quelle position désavantageuse notre pays vaincu et envahi se trouvait placé pour les discuter contre les vainqueurs. Les détails et les faux-fuyants n'auraient été qu'un expédient ruineux, car tant que ces créances n'étaient pas apurées, les puissances étrangères pouvaient en prendre prétexte pour prolonger l'occupation de notre territoire; or cette occupation dévorait la France jusqu'à la moelle de ses os. Non-seulement c'était une question d'honneur national, mais c'était une question de vie ou de mort de la faire cesser. Cette masse de créances menaçant notre fortune arrêtait l'essor de la confiance et du crédit; il fallait percer ce nuage et dégager cet inconnu qui effrayait tout le monde, et faisait douter les rapporteurs du budget eux-mêmes de la possibilité de trouver les voies et les moyens de l'exercice suivant. M. Beugnot, en effet, ne craignit pas de dire que le terme de nos sacrifices était marqué par le terme de nos facultés. M. Roy s'exprima d'une manière plus catégorique encore. Voici ses paroles :

« La résignation de la nation dans ces temps malheureux a été grande et admirable. Elle avait sa source dans son amour pour son Roi; mais alors que son amour pour son Roi ne changera jamais, toutes ses ressources seront épuisées, et nous vous devons cette terrible vérité que, si les charges extraordinaires qui pèsent sur elle n'ont pas leur terme dans le courant de cette année, il vous sera impossible d'établir le budget de 1819. »

Le duc de Richelieu, pour sortir de cette inextricable situation, eut encore une fois recours aux bons offices de la Russie, et ce fut à l'empereur Alexandre qu'il confia le dessein du gouvernement français de terminer l'affaire de la liquidation des créances particulières, en offrant en bloc une somme que les gouvernements se partageraient entre eux, et que chaque gouvernement distribuerait aux intéressés. C'était la seule manière d'arriver à une solution et à une solution prompte, condition d'une haute importance, car il était évident que l'évacuation était subordonnée à l'apurement des créances publiques et privées que les étrangers avaient sur nous. Le gouvernement français calculait qu'en raison des sommes déjà payées sur le fonds de garantie et des exigences non motivées, le total des créances sérieuses s'élevait à un milliard trois cent quatre-vingt-dix-huit millions. Il demandait que la France fût admise à se libérer moyennant l'abandon de dix millions de rente. C'était, au cours moyen du jour, un capital de cent trente millions. Le seul argument que la France eût à faire valoir pour motiver cette énorme différence entre sa dette et ses offres sans même discuter les créances qu'on faisait valoir contre elle, c'était celui d'un débiteur épuisé par des circonstances malheureuses et indépendantes de sa volonté qui, faute de pouvoir donner ce qu'il doit, donne ce qu'il peut.

L'ouverture du duc de Richelieu fut d'abord mal accueillie par l'Autriche, la Prusse et les autres Puissances; le duc de Wellington lui-même, quoiqu'il eût ordinairement des vues modérées, se montra peu favorable à cette démarche. La réduction proposée parut énorme aux ayants droit; en outre, le tour qu'avaient pris les discussions à la Chambre des députés, l'insistance avec laquelle les députés en relation avec le gouvernement avaient parlé de l'évacuation du territoire comme d'une mesure nécessaire, l'accent menaçant des orateurs de la gauche, et l'agitation des esprits croissant avec ces manifestations parlementaires [1], tout concourait à prédisposer l'Europe à recevoir avec peu de faveur une telle proposition. La bienveillante intervention de l'empereur Alexandre changea tout. De Moscou, où il était, il écrivit de sa main au roi de Prusse et au duc de Wellington. Auprès du premier, il invoquait la confraternité d'armes qui les unissait, et lui remontrait ce qu'il y aurait à la fois de cruel et d'impolitique à vouloir imposer un fardeau intolérable à la France, qui, arrivée à la dernière limite de sacrifices possible, « en appelait de la rigueur littérale des traités au tribunal de l'équité, de la modération et de

---

1. Je trouve la note suivante sur le carnet de M. de Villèle, à la date du 13 février : « On a prêché la haine de l'étranger et la nécessité de lui imposer, et avant-hier un coup de pistolet a été tiré sur le duc de Wellington, au moment où il entrait dans son hôtel. La balle n'a pas atteint la voiture. On n'a pas arrêté l'assassin. » (*Documents inédits.*)

la sagesse. » Il s'adressait à la haute raison et à l'esprit de modération du duc de Wellington, et insistait sur la nécessité d'un accommodement qui permît à la France épuisée de respirer enfin. Le duc de Wellington, ajoutait l'empereur de Russie, était naturellement appelé à prendre la direction d'une négociation si importante à la fois pour le repos de la France et pour celui de l'Europe. Ces deux lettres firent admettre en principe le payement des créances par l'attribution d'une somme de rentes assignée en bloc. Restait à fixer la quotité, et ce fut la conférence des quatre grandes cours, siégeant à Paris, qui demeura chargée de résoudre cette question. Les débats furent longs et animés. La somme de dix millions de rente offerte par le duc de Richelieu avait paru insuffisante et presque dérisoire aux puissances intéressées; la Russie seule, qui n'avait pas de grands intérêts engagés dans la question et qui d'ailleurs se montrait sur tous les points favorable à la France, aurait voulu qu'on se contentât du chiffre de douze millions de rente. Le duc de Richelieu commençait presque à désespérer du succès, et ses lettres datées de cette époque portent l'empreinte d'une profonde tristesse [1].

Pour cet homme si noblement dévoué à son pays, mais dont l'esprit politique ne valait malheureusement pas le grand cœur, les infortunes publiques devenaient des infortunes privées et personnelles; il succombait sous le poids des misères de la France. Après de longs débats on convint, pour en finir, d'accepter le duc de Wellington pour arbitre. Celui-ci, après

---

1. C'était alors qu'il écrivait, à la date du 5 février 1818, à un de ses plus intimes amis, l'abbé Nicole, resté en Russie : « *La répugnance que vous m'avez vue pour la situation où je me trouve n'a fait que s'accroître depuis votre départ, et je ne sais à quelles tortures je ne consentirais pas à me soumettre, à quelle extrémité je ne serais pas tenté de me porter pour me soustraire au poste que j'occupe.* » Il écrivait encore à M. Corvetto, ministre des finances : « *Ce sont surtout les nuits qui sont cruelles, et surtout le réveil quand on a sommeillé le matin.* »

avoir pesé tous les arguments, proposa à la conférence un projet qui fixait à seize millions de rente la somme que la France aurait à verser pour être libérée de toutes les créances particulières. Sur cette somme trois millions de rente devaient être alloués à l'Angleterre, un million à l'Espagne, treize millions aux autres États. Mais comme le duc de Wellington faisait commencer la jouissance de ces rentes du mois de mars 1816, cette attribution d'intérêts portait la somme à payer à plus de dix-huit millions de rente.

Le duc de Richelieu protesta le premier contre cette attribution d'intérêts et déclara que le Roi n'y souscrirait jamais. Louis XVIII, qui voulut voir le duc de Wellington, lui renouvela avec beaucoup d'énergie cette assurance ; il ajoutait que si les plénipotentiaires européens ne cédaient pas au moins sur cette question, il s'adresserait directement à leurs souverains. Cette ténacité du Roi, venant appuyer celle de son ministre, finit par triompher. Le représentant de l'Autriche se rapprocha de celui de la Russie pour éviter une rupture, et le duc de Wellington accepta enfin le chiffre de seize millions quatre cent mille francs de rente, en y comprenant le traité particulier de trois millions de rente avec l'Angleterre et d'un million avec l'Espagne.

A partir de ce moment le duc de Richelieu commença à respirer et entrevit l'issue par laquelle on pourrait sortir des difficultés. Il écrivait au comte de Blacas, qui suivait l'affaire du Concordat à Rome :

« Ce n'est pas le moyen de consolider le gouvernement royal que de le charger d'acquitter toutes les iniquités du gouvernement impérial et d'exploiter la France au profit des étrangers. Il était indispensable d'assigner un terme à des réclamations toujours croissantes qui montaient déjà à un milliard six cents millions. »

Il écrivait à la même époque à l'abbé Nicole, son correspondant d'Odessa :

« Je viens de terminer l'affaire de la liquidation des créances des particuliers étrangers sur la France. Vous vous rappelez que je vous ai souvent entretenu de mes inquiétudes à ce sujet. On nous a fait de grandes remises, mais nous restons encore sous le poids d'une charge énorme et dont vous pouvez juger, car nous créons cette année cinquante-sept millions de rente représentant un emprunt de onze cent quarante millions. Je ne fais aucun doute qu'à la réunion des souverains j'obtiendrai l'évacuation du territoire, ainsi que cela est prévu au cas où la France serait tranquille, et elle l'est parfaitement. Alors je pense que ce sera le moment de dire mon *Nunc dimittis* et de me reposer. J'en ai grand besoin. »

Après avoir montré les parties faibles du duc de Richelieu, il était juste de mettre en saillie les grands côtés de cette nature d'élite, et de ce dévouement désintéressé qui ne restait attaché au pouvoir que par le lien des services qu'il pouvait y rendre. Ce fut dans la séance du 25 avril 1818 que le duc de Richelieu annonça en ces termes à la Chambre la convention qui venait d'être signée :

« La France, moyennant l'abandon de seize millions quatre cent mille francs de rente, va être définitivement libérée de ses engagements, et le moment est venu où elle va recevoir le prix de sa courageuse résignation. Tenant à la main ces mêmes traités dont elle a accompli les conditions les plus rigoureuses... elle ne demandera pas en vain à l'Europe d'exécuter celles qui lui sont favorables. Le traité du 20 novembre porte : « L'*occupation* militaire de la France peut finir *au bout de trois ans.* » Ce terme approche, et tous les cœurs français tressaillent de joie à l'espoir de ne plus voir flotter sur le sol de la patrie que la bannière française. »

Deux jours après, la Chambre votait, sur le rapport du duc de Gaëte, président de la commission du budget, le crédit demandé. Il n'y avait pas eu, il ne pouvait pas y avoir d'opposition ; c'était la rançon de la patrie.

Il fallait ajouter à cette somme un crédit éventuel de vingt-quatre millions de rentes pour payer les deux derniers termes de la contribution de guerre, dans le cas où, comme tout le faisait espérer, on obtiendrait l'évacuation immédiate du territoire. Pour couvrir la différence existant entre les ressources ordinaires qui étaient de sept cent soixante-sept millions, et les dépenses qui montaient en total à neuf cent quatre-vingt-treize millions, sur lesquelles les charges ordinaires entraient pour sept cent vingt-sept millions, et les charges extraordinaires pour le reste, c'est-à-dire pour deux cent soixante-six millions, il fallait pourvoir à un déficit de deux cent vingt-sept millions. Le gouvernement demandait pour cet objet la faculté d'émettre seize millions de rente, en exprimant l'espoir qu'il pourrait se borner à une émission de douze millions. C'est ainsi qu'on arrivait à ce chiffre de cinquante-sept millions de rente [1].

C'était là le grand intérêt du budget de 1818. Cependant, au milieu des luttes de partis, auxquelles ce budget servit comme à l'ordinaire de champ de bataille, il fut l'occasion de quelques discussions et de quelques votes utiles. La commission avait proposé un article d'après lequel une commune à laquelle ne suffiraient pas les cinq centimes qu'elle était autorisée à s'imposer pour ses dépenses ordinaires, pourrait voter une contribution extraordinaire; mais dans ce cas les plus forts imposés de la commune devaient être adjoints au corps municipal en nombre égal à celui de ses membres. M. de Villèle appuya cette proposition, qui fut vivement combattue par M. Royer-Collard. Elle était fondée sur ce principe que, lorsqu'on veut faire une dépense, ceux-là doivent surtout être

---

[1]. Voici comment se détaillaient les chiffres :
    Pour les créances particulières 16,400,000 francs de rente.
    Pour le payement des deux derniers termes de la contribution de guerre 24,000,000 francs de rente.
    Pour la différence entre les ressources et les dépenses de l'exercice 16,000,000 francs de rente.
    Total en chiffres ronds, 57,000,000 francs de rentes.
Il importe de ne pas oublier que l'arriéré pesait de tout son poids sur ce budget.

consultés qui seront appelés à en subir les frais. Or, comme à cette époque la loi municipale de l'Empire subsistait encore, et que les conseillers communaux, au lieu d'être élus par la commune, étaient nommés par le préfet, l'amendement proposé par la commission était doublement motivé. Ce ne fut pas l'avis de M. Royer-Collard, qui disserta éloquemment sur ce qu'il y avait d'anormal à introduire, à propos de la loi sur les finances, une modification dans la loi municipale. Ce fut son objection préjudicielle. Il attaqua ensuite le principe des plus imposés comme étant en contradiction avec la Charte, qui n'appelait pas les plus imposés à délibérer avec les députés sur les contributions extraordinaires, mais qui indiquait les contribuables suffisamment imposés pour élire et ceux suffisamment imposés pour être élus. Il conclut à ce qu'on rendît aux communes la gestion de leurs affaires, en indiquant un cens pour l'électorat et l'éligibilité municipales.

M. de Villèle, qui lui répondit, n'avait pas attendu jusqu'à ce jour pour revendiquer les droits municipaux des communes, et se plaindre de l'excès de la centralisation administrative. Dans cette discussion même, il s'était écrié, en réclamant une organisation nouvelle d'administration communale et départementale :

« Tant qu'on voudra maintenir le système actuel, tout nommer et tout diriger du centre, il faut s'abonner à rester asservi, sans défense possible, à la domination exclusive des commis des bureaux de préfectures et des ministères, car ce sont eux qui ont la plus grande influence sur les nominations et les décisions qu'on croit réservées au Roi. Il faut s'abonner aussi à rester exposé à toutes les révolutions que les audacieux pourraient tenter à Paris, car, lorsque rien ne peut se faire d'un bout de la France à l'autre que d'après la direction et les ordres de Paris, la faction ou l'usurpation qui se rendent maîtres de Paris se rendent par ce seul fait maîtres de toute la France. On veut rétablir la monarchie et conserver l'unité et l'égalité républicaines ; on veut nous faire jouir des avantage d'un gouvernement constitutionnel, et l'on conserve précieusement le système d'administration le plus approprié au despotisme qui ait jamais été inventé. »

C'est ainsi qu'avec sa sagacité particulière éclairée par la double lumière de l'expérience et de la prévoyance, M. de Villèle mettait la main sur la plaie de la société française, et indiquait la cause des catastrophes encore cachées dans l'avenir. Il s'agissait de savoir si l'arbitraire administratif tel que l'Empire l'avait constitué, pouvait servir de base à la liberté politique, et si les forces vives de la nation ne seraient pas usées dans une lutte perpétuelle entre ces deux puissances rivales. Mais, tout en disant où était le mal, où était le remède, l'orateur de la droite ne repoussait pas comme M. Royer-Collard, par un purisme exagéré, le palliatif. Personne ne savait quand cette loi d'émancipation des communes, que tous deux appelaient de leurs vœux, serait faite, et même si elle serait jamais faite. Il paraissait donc peu raisonnable à M. de Villèle de rejeter une amélioration évidente, celle qui donnait aux contribuables les plus imposés, appelés à payer la plus forte part d'une dépense extraordinaire, une influence sur le vote de la contribution destinée à couvrir cette dépense, au lieu de laisser la décision souveraine de cette question à un conseil nommé par le préfet. En outre, il n'avait pas l'amour de M. Royer-Collard pour la symétrie, et sa superstition pour un certain chiffre de contribution, accepté comme le critérium des lumières et des vertus civiques, superstition qui faisait repousser à cet éloquent et honnête métaphysicien politique tout ce qui était au-dessus comme tout ce qui était au-dessous. Après la destruction de toutes les autres hiérarchies, M. de Villèle croyait qu'une dernière hiérarchie existait encore, celle des intérêts, et il aurait voulu qu'on la prît pour base de l'organisation administrative des départements.

Cette fois ce fut la pratique qui l'emporta sur la théorie.

Malgré le concours ardent que M. Royer-Collard rencontra dans M. Camille Jordan, autre esprit honnête et théorique, la Chambre vota à une grande majorité l'adjonction des plus imposés, et cette disposition produisit de si bons effets, qu'on la conserva dans la loi municipale de 1837, quoique cette loi eût rendu aux électeurs le droit de nommer les conseils municipaux.

Après cette discussion vint celle sur le meilleur mode d'emprunt à adopter pour l'avenir. M. Casimir Périer mit en avant l'idée de l'emprunt par soumission cachetée avec dépôt préalable d'une somme servant à cautionner la solvabilité des soumissionnaires. C'est ainsi que la forme d'emprunt qui allait prévaloir pour plus de trente ans sur notre marché d'argent faisait son avénement. Mais elle ne fut pas sur-le-champ accueillie. M. Beugnot et M. de Villèle défendirent la rédaction de la commission qui, en admettant le principe de la concurrence, avait laissé un peu dans le vague la manière dont cette concurrence serait assurée, afin de ménager plus de latitude au ministre des finances qui avait besoin de ne pas être gêné dans ses opérations. M. Corvetto exposa que son intention était d'annoncer les conditions auxquelles il pourrait équitablement et raisonnablement livrer la rente et d'appeler tous les Français à y prendre part. Si ce n'était pas là ce qu'on entend ordinairement par la concurrence en matière d'emprunt, c'était au moins un moyen honorable ; dans les circonstances où l'on se trouvait, il valait peut-être mieux que celui des souscriptions cachetées, car en face d'une si grande masse de capitaux à verser, le nombre des soumissionnaires eût été nécessairement très-restreint. Ce second mode d'emprunt, est-il nécessaire de le rappeler, est celui qui a prévalu en France depuis 1852, et dont on a tiré de prodigieux résultats.

Le commission avait rédigé aussi un amendement tendant

à la réunion du domaine extraordinaire au domaine de l'État, mais avec cette clause qu'il serait rendu compte du premier par actif et par passif depuis 1814. M. Casimir Périer soutint ces conclusions. C'était une question délicate et brûlante, parce qu'en 1814, tous les membres bien renseignés de la Chambre le savaient, Louis XVIII avait fait de grandes libéralités avec le domaine extraordinaire, sans que ces libéralités fussent toutes bien justifiées. M. Benoist émit l'avis que les comptes dont on parlait ne fussent rendus qu'au Roi. M. de Puymaurin, renchérissant sur cette proposition, supplia la Chambre de supprimer, par respect pour la bienfaisance du Roi, tout le titre concernant ce domaine. Il y eut pendant ce discours un sentiment de malaise moral manifeste dans la Chambre, et les députés, pour se soustraire à leur embarras, quittèrent leurs bancs sans rien conclure. Dans la séance du lendemain on vota le titre du domaine extraordinaire, en en consacrant les restes aux donataires dépossédés à l'étranger, et on renonça à rechercher l'emploi qui pouvait avoir été fait d'une partie de ce domaine en 1814. C'était la manière la plus simple et la plus respectueuse de fermer cette fâcheuse question.

La disposition la plus importante introduite dans le budget fut à coup sûr la dernière. La commission avait été frappée du grave inconvénient qui résultait de ces budgets mal réglés et incomplétement fixés qui laissaient toujours quelque arriéré et quelque déficit imprévus après eux; c'était encore moins la faute des hommes que celle des circonstances extraordinaires où l'on s'était trouvé à la suite de la débâcle de l'Empire. Déjà la loi qui avait réglé le budget précédent ordonnait que les ministres présenteraient, à chaque session, les comptes de leurs opérations, et spécifieraient en quoi consisteraient ces comptes. La commission de 1818 demanda qu'ils fussent présentés à l'ouverture même de la session, de manière que la Chambre pût nommer une commission particulière chargée de les examiner avant l'ouverture de la discussion du budget. Cette prétention parut exorbitante et inadmissible au duc de Richelieu, qui y vit une tentative pour transférer le gouvernement dans la Chambre. Ce fut le terrain sur lequel se placèrent les orateurs ministériels, entre autres MM. Jacquinot de Pampelune et Bourdeau, pour battre en brèche la proposition. M. de Villèle leur fit observer que c'était exagérer singulièrement la portée d'une disposition qui ne créait pas un droit nouveau pour la Chambre, mais qui se bornait à partager entre deux commissions, pour qu'elle fût mieux remplie, la double fonction assumée jusque-là par la commission du budget. La Chambre paraissait hésiter encore malgré cette argumentation péremptoire, quand M. Royer-Collard, par un de ces discours lumineux qu'il prononçait souvent quand il était sur un bon terrain, et qui faisaient apparaître l'évidence, emporta le vote. Voici la partie principale de son argumentation :

« Les comptes dont il s'agit, ce n'est pas la preuve matérielle que la dépense a été faite; ce genre de comptes est attribué à la Cour des comptes; c'est la connaissance donnée à la Chambre de la dépense elle-même, de sa distribution entre les divers services, de ses quotités diverses, de sa quotité totale, et du rapport de ses quotités soit avec les recettes, soit avec les crédits ouverts par la loi des finances. Ce sont, en un mot, les comptes ordonnés par la loi du 25 mars 1817. De tels comptes sont-ils dus à la Chambre? Voilà toute la question. Voter librement l'impôt et juger toutes les parties de la dépense, les fixer et les arrêter, il est évident que c'est une seule et même chose, car pourquoi la Chambre ferait-elle les fonds d'une dépense qu'elle n'approuverait pas et dont elle ne connaîtrait pas la nécessité?... Maintenant il y a deux espèces de dépenses : les unes connues d'avance : à l'égard de celles-ci le vote de la Chambre peut être regardé comme définitif; les autres, qui ne sont pas connues d'avance et qui ne le seront que quand elles auront été faites : à l'égard de celles-là ou le vote de la Chambre est absolument aveugle, ou bien il faut convenir qu'il n'est que provisoire, et qu'il est subordonné à l'événement de la dépense. Peut-être aura-t-on trop accordé, peut-être trop peu ; il y aura peut-être à reprendre, peut-être à ajouter. Pour qu'il y ait un vote, un jugement définitif de la dépense, il faut qu'elle comparaisse, si j'ose le dire, en personne. Or, elle ne peut comparaître que dans le compte qui en sera rendu après qu'elle aura été faite. »

En terminant son discours, M. Royer-Collard sous-amendait la proposition de la commission dans ce sens :

« La Chambre décidera que les exercices antérieurs seront à l'avenir l'objet d'une loi spéciale, et les comptes seront joints à cette loi ; mais la commission des comptes ne sera nommée que sur une proposition de la loi et elle se dissoudra d'elle-même quand elle aura fait son rapport. »

M. Pasquier vint déclarer au nom du ministère que cette proposition de M. Royer-Collard lui paraissait admissible. Aussitôt le rapporteur de la commission, M. Beugnot, déclara en son nom, qu'atteignant ainsi le but qu'elle s'était marqué, elle se ralliait à la nouvelle rédaction.

Le vote d'ensemble du budget rencontra peu d'opposition ; trente boules noires seulement se trouvèrent dans l'urne qui contenait cent cinquante boules blanches.

Naturellement les questions financières ne furent pas les seules traitées dans la discussion du budget. Dès ce temps, les partis se rencontraient sur ce terrain comme sur un champ de bataille. M. Bignon prononça un discours longuement élaboré, dans lequel il avait exprimé tout le fiel accumulé dans son âme et tout le venin des haines du plénipotentiaire de Haguenau contre la maison de Bourbon, dont il était allé demander la déchéance aux étrangers. En outre, il avait profité des imprudences commises par quelques orateurs de la droite pour signaler la continuation de la lutte entre l'ancien régime et les principes de 89. Après avoir reproché à la Restauration ses rigueurs et jusqu'au bannissement des régicides qu'il accusait la droite d'avoir arraché au Roi, il s'était écrié : « Il est temps que l'étranger parte et que la France soit rendue à tous ses enfants. » Le centre entier éclata en murmures et réclama le rappel à l'ordre; mais M. de Villèle demanda que la parole fût maintenue à l'orateur. Peut-être la phraséologie savamment calculée de celui-ci aurait-elle fait passer ses attaques si, emporté par la passion, il ne s'était pas laissé aller à dire « qu'il y avait vingt-huit millions de Français qui auraient dû être inscrits sur les listes de proscription au retour des Bourbons, parce que tous avaient voulu les Cent-Jours. » Le rappel à l'ordre fut demandé et prononcé. Dans cette harangue, qui fit quelque honneur au talent de M. Bignon, quoiqu'il y eût plus de rhétorique dans son discours que de véritable éloquence, et qui fit tort à son caractère, il parla de l'occupation étrangère avec une violence, des étrangers avec un accent de menace plus propre à retarder l'évacuation du territoire qu'à la hâter, et réclama le retour des bannis de manière à prolonger leur exil. Loin d'aider ainsi les efforts généreux du duc de Richelieu pour la délivrance du territoire, il les entrava. Que lui importait? Il s'était posé à la tribune comme un autre Caton décidé à substituer à la formule du vieux Romain sur la destruction de Carthage, cette autre formule : « Et je demande le départ des troupes étrangères. » C'était un exemple de plus de ce patriotisme égoïste et faux qui recherche à tout prix le bénéfice de la popularité, et s'inquiète peu du mal qu'il fait au pays pourvu qu'il ait l'air plus zélé que tous les autres dans son empressement affecté à le servir.

Les orateurs de la droite attaquèrent avec une grande véhémence le ministère de la police, qui ne fut pas moins vivement défendu. Son défenseur le plus ardent fut M. Camille Jordan. M. de Villèle ne craignit pas de dire dans le cours de cette discussion, en demandant la suppression des fonds secrets, que, « depuis le procès de Plaignier, Carbonneau et Tolleron jusques et y compris les événements de Lyon, on n'avait pas jugé un seul procès politique sans qu'on y retrouvât la main de la police. » Il y eut un débat assez vif sur les Suisses, dont M. Casimir Périer demanda la suppression, et au sujet desquels M. de Bonald prononça une de ces phrases malheureuses que l'on rencontre quand on cherche à donner trop de piquant à sa pensée : « Plût à Dieu, s'écria-t-il, que nous fussions aussi bons Français que ces fidèles étrangers ! » Il y avait dans la journée du 10 août d'assez beaux souvenirs à évoquer en faveur des Suisses, sans qu'on fût obligé d'y joindre une provocation inutile. Pour éviter un rappel à l'ordre, M. de Bonald fut obligé de consentir, sur la proposition d'un ministre, à ce qu'on effaçât la phrase de son discours. « Mauvaise détermination, ajoute M. de Villèle en racontant cet incident ; il faut toujours avoir le courage de soutenir son opinion. »

Il était impossible que l'affaire de Lyon ne retentît pas dans ce débat avec la polémique qui s'était élevée entre M. de Châbrol et le général Canuel d'un côté, le maréchal Marmont, le colonel Fabvier et M. de Saineville de l'autre. M. de la Bourdonnaye avait mis, avec une grande âpreté de langage, le ministère en demeure de s'expliquer. M. de Villèle fit plus, il demanda une enquête. Le gouvernement, dit-il, ne pouvait rester indifférent et neutre entre les deux affirmations contradictoires. Si le général Canuel, M. de Chabrol, M. Dehuttès, avaient fait leur devoir et s'ils étaient calomniés, le gouvernement devait les défendre et ne pas récompenser leurs calomniateurs ; étaient-ils coupables, non-seulement il ne devait pas les récompenser eux-mêmes, mais il devait les envoyer devant les juges. La neutralité ne lui était pas permise.

Le gouvernement resta sourd à cet appel. Il se contenta de dire qu'il ne lui appartenait pas de demander compte à la justice de ses arrêts, et que, quant aux débats qui avaient eu lieu dans la presse, c'était aux fonctionnaires qui se croiraient calomniés de porter plainte devant les tribunaux. Évidemment le ministère ne voulait pas prendre parti ; il demeurait spectateur du duel. Quoi qu'il pût dire, son attitude était impossible à justifier, elle manquait à la fois de dignité, d'habileté et de décision. Si les fonctionnaires qu'il avait employés étaient responsables devant lui, il répondait de leur conduite devant le public, tant qu'il ne les avait pas désavoués, punis et, s'il y avait lieu, déférés aux tribunaux. Savoir et vouloir, ce sont les deux premières qualités d'un gouvernement ; or le gouvernement dans cette affaire semblait manquer à la fois de lumière et de volonté. Ceux qui, comme M. Camille Jordan, toujours prêt à engager contre la droite sa fougueuse éloquence, accusaient les autorités principales de Lyon d'avoir tenu le gouvernement dans l'ignorance, et excusaient celui-ci en disant qu'il était seulement coupable de n'avoir pas bien jugé les choses, de s'être montré faible et plein d'une indécision fatale dans la répression de ses subordonnés, ne faisaient pas moins de tort au gouvernement que les opposants de la droite. Un ministère habile aime mieux être accusé par ses adversaires qu'excusé par ses défenseurs. Sans doute M. Camille Jordan attaquait bien plus vivement les hommes de droite auxquels il demandait comment ils osaient reprocher au gouvernement les fautes qu'ils lui avaient fait commettre ; mais les hommes de droite accusaient à leur tour le duc de Raguse de s'être laissé circonvenir par des hommes intéressés à le tromper, et M. Camille Jordan d'avoir, par ses paroles imprudentes, encouragé les libellistes et ranimé les espérances des factieux, et tandis que celui-ci réclamait une enquête, ils demandaient ce qu'on n'a le droit de refuser à personne, des juges. Par cela seul leur position demeurait meilleure que celle du ministère.

Ce furent là, après les grands débats législatifs, les discussions qui retentirent le plus vivement dans la session. A la

Chambre des pairs on avait été obligé de voter le budget sans le discuter : le temps manquait et il y avait urgence d'assurer au gouvernement les voies et moyens nécessaires aux dépenses ordinaires et aux dépenses extraordinaires destinées à amener la délivrance du territoire national. Avant le vote, M. de Chateaubriand, pour sauvegarder la dignité du corps auquel il appartenait, exprima seulement le regret que la Chambre des pairs, trop tardivement consultée « eût à peine le temps de fixer ses regards sur ce torrent de dépenses qui passait devant elle. » Il faut mentionner parmi les travaux de la session une loi sur l'abolition de la traite des noirs, question dont l'Angleterre poursuivait la solution avec beaucoup de vivacité ; deux lois tendant à prolonger le sursis accordé aux colons et aux émigrés envers leurs créanciers, et une loi de douanes.

Le 16 mai 1818, dernier jour de la session, il y eut une séance de pétitions; on rapporta celle de M. Regnault de Saint-Jean d'Angely, un des éloignés de France, qui demandait la protection de son pays pour mettre un terme aux vexations que lui et ses compagnons avaient à souffrir au dehors. Un député de la gauche, M. Saulnier, appuya la pétition en exprimant le vœu que le gouvernement rouvrît bientôt le sol de la France affranchi de la présence de l'étranger à tous les enfants du pays. Deux membres de la droite, MM. de Puymaurin et Cornet-d'Incourt, combattirent le renvoi au ministère des affaires étrangères proposé par la commission, en alléguant qu'il n'appartenait pas à la Chambre de préjuger une question qui était du ressort exclusif de la prérogative royale. Malgré leur opposition, le renvoi au ministre des affaires étrangères fut prononcé. Peu de moments après M. Lainé venait annoncer la clôture de la session.

Trois jours avant le 13 mai, le chef militaire de l'émigration armée, le vieux prince de Condé, s'était éteint. Depuis la mort de son petit-fils le duc d'Enghien, personne ne l'avait vu sourire, et dans les derniers temps de sa vie, sa raison avait fléchi sous le poids de la douleur et des années. Quand le duc de Berry, qui avait servi sous lui, apprit cette mort, il s'écria : « Nous avons perdu notre vieux drapeau blanc. »

Au point de vue des garanties réclamées en faveur de la liberté politique, on ne comptait qu'une conquête, l'abandon des cours prévôtales, dont l'institution expirant en 1818 n'avait pas été renouvelée. La loi de la presse périodique restait la même. Les lois qui tinrent la plus grande place dans les discussions furent celle du recrutement et les lois financières d'une si haute importance cette année puisqu'elles se rattachaient à la délivrance du territoire.

Quoique le ministère eût obtenu presque tout ce qu'il avait demandé, et que l'accord entre la droite et la gauche, qu'il avait un instant appréhendé, ne se fût pas réalisé, sa situation était moins forte à la fin de l'année parlementaire qu'au début. Les tentatives faites pour amener un rapprochement du ministère et de la droite par le duc de Richelieu et M. Lainé, qui commençaient à se préoccuper des résultats menaçants de la nouvelle loi électorale, avaient échoué. D'un autre côté, le ministère n'avait pas beaucoup à se louer de ses rapports avec les doctrinaires, auxiliaires impérieux et exigeants, prêts sans doute à accepter les positions officielles, mais à condition de marquer leur indépendance en la faisant sentir au gouvernement par leurs attaques dans les assemblées et leurs épigrammes dans les salons. MM. Royer-Collard et Camille Jordan, que le duc de Richelieu appelait les niveleurs, étaient allés très-loin dans ce sens et s'étaient posés en protecteurs plutôt qu'en auxiliaires, protecteurs investis du droit de blâme et de réprimande, et en usant sans ménagement. Il en résultait que le ministère n'avait pas une majorité assurée, cette première condition du gouvernement représentatif. Sa majorité habituelle se composait de nuances dont plusieurs pouvaient lui manquer au moment où il en aurait besoin. En outre, on commençait à remarquer dans le public que MM. Royer-Collard et Camille Jordan, dont les rapports avec le duc de Richelieu et M. Lainé se relâchaient de plus en plus, restaient en bons termes avec MM. Decazes et Pasquier, ce qui faisait pressentir aux esprits perspicaces que, s'il n'y avait pas encore de scission déclarée dans le ministère, cette scission ne tarderait pas à se manifester. Évidemment il y avait deux tendances contraires : l'une représentée par le duc de Richelieu et M. Lainé qui inclinaient vers la droite, l'autre représentée par MM. Decazes, Pasquier et Gouvion Saint-Cyr, qui inclinaient vers le centre gauche et la gauche.

Il n'y avait cependant, dans l'attitude de ce parti, rien qui fût de nature à rassurer le gouvernement. Les députés de cette nuance avaient célébré la fin de la session par un banquet que leur avait donné à la taverne de *l'Arc-en-Ciel* la nuance la plus vive de l'opposition parisienne. MM. Casimir Périer, Voyer-d'Argenson, Chauvelin, Dupont (de l'Eure), Martin de Gray, Bignon, assistèrent à ce banquet, auquel l'absence de MM. Delessert et Roy, qui ne répondirent pas à l'invitation, acheva de donner son véritable caractère.

# LIVRE CINQUIÈME

CONGRÈS D'AIX-LA-CHAPELLE.

## I

NOTE SECRÈTE. — PRÉTENDUE CONSPIRATION DITE DU BORD DE L'EAU.

Le duc de Richelieu se préparait dès lors à se rendre au congrès d'Aix-la-Chapelle dont on annonçait la réunion pour la fin de septembre. Le bruit s'était répandu qu'à ce congrès on traiterait des questions politiques de diverse nature ; mais une note des quatre puissances, datée du commencement de juillet 1818, annonça qu'on s'y occuperait exclusivement de déterminer l'époque à laquelle il conviendrait de fixer l'évacuation du territoire français.

Dans le laps de temps qui s'écoula entre la fin de la session et la réunion du congrès d'Aix-la-Chapelle, quelques faits graves prirent place. C'est ici le moment de parler de la note dite secrète qui eut tant de retentissement au dehors et à l'intérieur, et dont le ministère voulut faire peser la responsabilité sur l'opinion royaliste tout entière. Au mois de juin 1818, le gouvernement français apprit qu'une note rédigée à Paris sur les affaires de France avait été soumise aux grandes puissances. Depuis les deux invasions de 1814 et de

1815, l'habitude s'était établie d'entretenir les quatre grandes cours des affaires intérieures de notre pays, et cette habitude avait trouvé, je ne consentirai pas à dire sa justification, mais sa raison d'être dans la connexité existant entre nos affaires intérieures et les affaires générales de l'Europe, et dans la présence des armées de celle-ci sur notre territoire. On se souvient que les cabinets étrangers avaient pesé sur le Roi pour lui faire signer l'ordonnance du 5 septembre, et qu'ils avaient prêté un appui marqué à la politique de M. Decazes, que même ils lui avaient donné un témoignage public d'approbation. Un homme qui, dans les rangs de la droite, avait l'habitude de prendre ces sortes d'initiatives, celui que, vers la fin de l'Empire, on a vu se donner à lui-même une mission pour le quartier général des coalisés, haranguer l'empereur de Russie, prendre à partie et intéresser M. de Metternich et tous les ministres des grandes puissances, le baron de Vitrolles, était l'auteur de la note secrète du mois de mai 1818, comme de celle qui avait suivi l'ordonnance du 5 septembre 1816. D'après son récit [1], il avait reçu à la fin du mois de mai 1818, la visite du comte de Bruges, aide de camp de MONSIEUR, chargé par ce prince de lui demander un mémoire sur la situation de la France : il n'y avait pas une minute à perdre pour ce travail, lui dit-on, car le comte Orloff, qui allait repartir pour la Russie dans trois jours, se chargerait de remettre ce mémoire à l'empereur Alexandre, et ce prince arriverait ainsi au congrès d'Aix-la-Chapelle avec des notions exactes et précises sur le véritable état de la France. Le baron de Vitrolles — nous suivons son récit — composa le mémoire demandé, qui fut lu et approuvé par le comte d'Artois, et remis au comte Orloff par le comte de Bruges. Le comte Orloff fut tellement frappé du contenu du mémoire commenté

---

1. Ce récit est consigné dans les *Mémoires inédits* de M. de Vitrolles, dont nous devons la communication à l'obligeance de M. Forgues.

par le comte de Bruges, qui voyait les choses au pis, qu'avant de porter l'original à Saint-Pétersbourg, il en fit faire quatre copies : l'une pour Vienne, la seconde pour Berlin, la troisième pour Londres, la quatrième enfin pour les États secondaires. Cette dernière copie fut communiquée au duc de Richelieu et à M. Decazes dans le courant du mois de juin. Presque aussitôt après, la correspondance privée, qui était en possession de défrayer les journaux étrangers de nouvelles politiques sur les affaires de France, et par l'entremise de laquelle le ministère, c'était chose connue [1], faisait dire à Londres, dans les journaux anglais, ce qu'il voulait faire répéter à Paris, annonça l'envoi de la note secrète, en en attribuant la rédaction à trois hommes, MM. de Chateaubriand, de Fitz-James et de Vitrolles, et la responsabilité au parti royaliste tout entier. Les deux premiers eurent d'abord la pensée d'écrire une lettre au duc de Richelieu pour repousser cette allégation comme une injurieuse calomnie, et, en attendant, M. de Chateaubriand fit attaquer sur-le-champ le journal anglais où, selon ses expressions, une correspondance privée avait déposé la calomnie ; puis M. de Fitz-James et lui se rendirent chez le baron de Vitrolles, auquel ils proposèrent de joindre son nom aux leurs. Celui-ci leur répondit qu'il était le rédacteur de la note et leur en fit connaître le texte. Alors, — c'est toujours son récit que nous suivons, — MM. de Fitz-James et Chateau-

---

[1]. Il est impossible de douter de l'impulsion donnée par M. Decazes à la correspondance particulière des journaux anglais. D'abord la pensée qui domine toute cette correspondance, c'est celle que M. Decazes cherche à faire prévaloir en France : « Les ultra veulent le renversement de la Charte, le ministère veut sa conservation, M. Decazes est le génie tutélaire du Roi et de la France. » Pourquoi veut-on que les correspondants anglais du *Morning-Chronicle*, du *State's Man*, du *British-Monitor*, et même ceux du *Courrier* et du *Sun*, journaux ministériels, eussent soutenu cette thèse, s'ils n'avaient pas reçu des subsides ? En outre, la correspondance contient souvent des détails que le ministère a pu seul donner. Enfin, dès que M. Decazes n'est plus ministre, la correspondance particulière cesse.

briand ne trouvèrent rien à blâmer dans la note, et se déclarèrent prêts à en accepter rétroactivement la responsabilité.

On voit que, d'après le récit du baron de Vitrolles lui-même, on ne saurait présenter la note secrète comme délibérée par les hommes politiques qui formaient le conseil de Monsieur. Le baron de Vitrolles, le comte de Bruges, voilà les deux seuls personnages mis en scène. Le duc de Fitz-James, qui certes était très-avant dans la confiance de Monsieur, ne connaissait pas le premier mot de la note secrète, et M. de Chateaubriand, qui avait aussi une grande part à la confiance de ce prince, n'avait pas été plus consulté. Ce qu'il y a de certain, c'est que, si quelques royalistes de l'entourage de Monsieur approuvèrent aussi la note secrète, le gros de l'opinion royaliste, celle qui envoyait les députés de droite à la Chambre, désapprouva cette démarche. J'en trouve la preuve dans ces lignes écrites par M. de Villèle sur son carnet, le jour où il apprit par *le Moniteur* la disgrâce de M. de Vitrolles rayé du nombre des ministres d'État par une ordonnance du 24 juillet, contresignée Richelieu :

« *Le Moniteur* contient un violent article contre la note secrète, envoyée, dit-on, aux souverains étrangers par les royalistes pour les engager à ne pas évacuer le territoire. Les divers rôles joués par M. de Vitrolles, ses relations avec Fouché lors de la seconde rentrée du Roi, permettent de supposer que, si ses associés dans cet acte insensé et coupable étaient des royalistes, ils étaient peu éclairés et peu dignes de ce nom. »

Que contenait donc cette note secrète blâmée par M. de Villèle, rédigée par M. de Vitrolles, et portée à l'empereur de Russie par le comte Orloff? Un exposé pessimiste de la situation de la France, le développement de cette idée contenue dans l'exorde :

« La révolution occupe tout, depuis le cabinet du Roi qui en est le foyer, jusqu'aux dernières classes de la nation qu'elle agite avec violence. La position et la marche actuelle du gouvernement conduisent au triomphe certain et prochain de la révolution. »

L'auteur du mémoire recherchait ensuite quels étaient les moyens par lesquels on pouvait sauver la France des périls qui la menaçaient, et il développait ces observations :

« Cinq combinaisons peuvent se présenter à différents esprits : 1° partager la France ou l'occuper militairement; 2° placer une nouvelle dynastie sur le trône; 3° détruire le gouvernement représentatif; 4° ramener le Roi et ses ministres actuels aux principes qui peuvent consolider la monarchie; 5° changer le système du gouvernement en changeant les ministres qui le dirigent. »

L'auteur de la note repoussait ainsi la première pensée, celle du partage de la France ou de la permanence de l'occupation militaire :

« J'avoue que mon sang français se révolte à cette pensée et que je ne pourrais la discuter publiquement. On ne verrait plus arriver les étrangers qu'avec l'horreur qu'inspire l'ennemi... Le prince qui les rappellerait, faute d'avoir su gouverner lui-même, deviendrait odieux à la nation entière, le parti qui chercherait son appui dans leurs armes serait aussi odieux que les étrangers et serait repoussé avec eux. D'ailleurs, que seraient cent vingt mille hommes qui devraient occuper la France contre le sentiment profond d'horreur qui s'établirait contre eux dans toutes les classes de la nation? »

L'auteur écartait avec la même indignation l'idée d'un changement de dynastie. Quant à l'abolition du gouvernement représentatif, sa protestation contre un si déplorable expédient n'était pas moins catégorique :

« Quelles violences ne faudrait-il pas aujourd'hui pour arracher à la France les concessions qu'elle a reçues du Roi?... On ne pourrait pas rétablir ce qu'on appelle l'ancien régime; tous les éléments en sont brisés et la poussière même en est dispersée... Ce serait donc un despotisme nu et hideux qu'il faudrait mettre à la place de ces belles et incomparables institutions des temps anciens... un despotisme tel que la France ne l'a jamais connu et ne saurait jamais le supporter... Il restera donc démontré à tout esprit judicieux que toutes les tentatives que l'on ferait pour détruire en France le gouvernement que l'on y a établi seraient dangereuses, et que ces formes constitutionnelles sont les mieux adaptées aux circonstances où la France se trouve placée. »

Il résulte de ces paroles que la note secrète ne demandait, quoi qu'on l'ait dit, ni le partage du territoire ni la permanence de l'occupation étrangère ; bien loin de là, elle protestait contre ces deux idées avec autant d'indignation que contre celle d'un changement de dynastie. Elle les déclarait toutes trois coupables, comme elle déclarait irréalisable l'idée d'amener le ministère à embrasser une meilleure politique. Ces différentes hypothèses étaient donc toutes destinées à amener cette conclusion : « Un changement de politique est nécessaire ; or il n'y a de changement de politique possible que par un changement de ministère. »

La doctrine de la note secrète n'avait donc rien d'antinational et rien d'inconstitutionnel, et l'on comprend qu'à ce dernier point de vue, M. de Chateaubriand ait pu déclarer la *note secrète* irréprochable [1]. Mais, si la doctrine était irréprochable, la démarche, rapprochée des circonstances où elle était faite, devenait fâcheuse. Ce n'était pas le moment où le duc de Richelieu allait partir pour le congrès d'Aix-la-Chapelle afin de demander l'évacuation immédiate de notre territoire, en s'appuyant sur la tranquillité de la France et sur la sécurité du gouvernement, qu'il fallait choisir pour montrer aux étrangers le Roi assis sur un volcan et la France sur le point d'être bouleversée par une nouvelle révolution. Il est évident que le but de la note secrète était de pousser les puissances étrangères à marquer leur désapprobation pour la politique qu'elles avaient approuvée naguère, et à contribuer

---

1. *Remarques sur les affaires du moment* publiées le 3 juillet 1818.

ainsi au renversement du ministère. Mais, si les puissances étrangères acceptaient comme fidèle le tableau qu'on leur avait tracé de la situation du pays et de celle du gouvernement, ne pouvait-il pas en résulter la prolongation de l'occupation dont le fardeau était devenu intolérable pour le pays? C'était la considération qui frappait M. de Villèle quand il blâmait si sévèrement la note secrète, et il est à croire qu'elle eût également frappé l'esprit perspicace de M. de Chateaubriand, et qu'il n'aurait pas plaidé avec tant de vivacité l'innocence de ce document si quelque responsabilité plus haute que celle du baron de Vitrolles n'avait pas été engagée dans la question. Cette circonstance est la plus puissante de celles qui, pour les juges impartiaux, viennent confirmer le récit du baron de Vitrolles. Tout sentait du reste l'improvisation dans l'affaire de la note secrète : la résolution subite de l'envoyer par le comte Orloff, sa rédaction à bref délai, l'approbation donnée à première lecture, sans que plusieurs des principaux conseillers du comte d'Artois eussent été consultés.

Le ministère, continuant la guerre à outrance déclarée aux hommes de droite, résolut de faire de la note secrète une arme contre le parti royaliste tout entier. Au moment même où elle commençait à circuler, c'est-à-dire sur la fin du mois de juin 1818, les journaux anglais annoncèrent la découverte d'une conspiration royaliste tramée à Paris ; ces détails leur étaient donnés par des correspondances envoyées de France et dont l'origine n'était pas équivoque, car le *Times* publiait le 27 juin et le *Morning-Chronicle* le même jour, des renseignements qui devaient figurer parmi les chefs d'accusation mentionnés dans les actes judiciaires postérieurs contre les personnages arrêtés le 2 juillet. C'étaient les dénonciations mêmes des agents de police imprimées dans les journaux anglais, auxquels elles n'avaient pu être communiquées que par le ministère.

Voici le récit du *Morning-Chronicle* du 27 juin 1818 :

« Le bruit court qu'il a été découvert une conspiration à Saint-Cloud, résidence actuelle de la cour; les *ultra* seraient les auteurs de cette conspiration, et son objet aurait été de faire descendre le Roi du trône et d'y placer Monsieur. Les moyens qu'on devait employer pour l'exécuter étaient la garde royale et les gardes suisses, qui sont également dévoués à Monsieur. Les résultats qu'on attendait de ce plan auraient été conséquemment une révolution semblable à celle d'Aranjuez par laquelle Charles IV fut déposé et Godoy mis de côté. Il y a eu plusieurs personnes arrêtées à la suite de cette découverte. On dit que parmi les conjurés étaient les auteurs du dernier mémoire aux alliés sur l'évacuation projetée de la France [1]. »

Quand les journaux de Londres publiaient ces détails, personne n'avait été arrêté. Le 2 juillet, jour même de l'arrestation des prévenus, une correspondance datée de Paris portait au *Times* des détails beaucoup plus circonstanciés où l'on retrouve tout le plan de l'accusation avec l'indication des noms qu'on voulait dénoncer à l'Europe et à la France [2] :

« Le mercredi, 24 juin, au lever du Conseil du Roi, à Saint-Cloud, les ministres devaient être arrêtés par un détachement des grenadiers de La Rochejaquelein et conduits au château de Vincennes. Une partie du 3ᵉ régiment des gardes, commandés par le colonel Berthier de Sauvigny, et une partie du 2ᵉ régiment suisse, devaient être placés en échelons sur la route de Vincennes à Saint-Cloud. Environ 3,000 hommes, composés de gardes du corps vendéens et royal-volontaire, devaient s'assembler à la même heure sur la place du Carrousel, d'où, au premier ordre, ils se seraient rendus chez les fonctionnaires publics désignés d'avance et les eussent arrêtés.

---

1. On trouvera bientôt une nouvelle preuve de l'origine ministérielle de cette correspondance dans la manière dont un écrit, évidemment publié par ordre de M. Decazes, exploita cette idée de la connexité de la note secrète avec la conspiration dite du bord de l'eau.
2. Dans leur défense collective les inculpés arrêtés le 2 juillet 1818 disaient en termes exprès : « Nous ne pouvons révoquer en doute le caractère officiel de *la Correspondance privée* imprimée à Londres le 7 juillet, puisque nous voyons les termes de cette correspondance reproduits textuellement dans nos propres interrogatoires. »

« Les troupes de cette insurrection devaient être commandées par des généraux ayant sous leurs ordres plusieurs colonels de la garde dont les noms circulent dans le public, mais que je ne veux pas nommer de peur de commettre une injustice ou une erreur. Parmi les principaux chefs non militaires on nomme MM. de B... frères, de V..., de C..., de F..., de P. R..., de V... et plusieurs autres qui occupent les premières places de l'État. La première partie du plan ayant été exécutée, on dit que, si le Roi (dont le courage et la fermeté sont connus) eût refusé de signer son abdication, les conspirateurs avaient l'intention d'agir à la Paul I$^{er}$... Le général Canuel devait être ministre de la guerre; le général Donadieu, commandant de la division de Paris; M. de Chateaubriand, ministre des affaires étrangères; M. de Villèle, ministre de l'intérieur; M. de Fitz-James, ministre de la maison du Roi; M. de La Bourdonnaye, ministre de la police [1], etc. On dit que Sa Majesté en a témoigné la plus vive indignation; et dans le fait, personne ne peut concevoir l'excès d'audace de ce parti expirant et antifrançais. »

Dans cette correspondance on voit se développer le plan de la politique de M. Decazes pour creuser un abîme entre les hommes de droite et Louis XVIII. Jusque-là il les avait fait accuser d'être des hommes excessifs, ne comprenant pas leur siècle et rêvant le retour de l'ancien régime, sincèrement dévoués sans doute au principe de la légitimité, mais peu éclairés dans leur dévouement, plus royalistes que le Roi et nuisant par ce zèle exagéré à la royauté au lieu de la servir. Cette fois les amis de la royauté sont devenus les ennemis du Roi; ces conspirations dont ils parlent sans cesse, ce sont eux qui les trament; les révolutionnaires, ce sont les royalistes; si le Roi résiste aux sommations de ces factieux, les royalistes deviendront régicides. Remarquez que ce ne sont pas quelques hommes obscurs du parti qu'on dénonce à l'Europe; dans les correspondances, le ministère des conspirateurs est nommé, et l'on peut croire que ceux qui en font partie ont été con-

---

[1]. C'est probablement parce que M. de la Bourdonnaye avait proposé la suppression du ministère de la police que les correspondances ministérielles le représentaient comme devant accepter ce ministère.

sultés sur cette rébellion qui ira, s'il le faut, jusqu'au régicide ; or les membres de ce ministère sont MM. de Chateaubriand, de Villèle, de Fitz-James, de la Bourdonnaye, avec M. de Bruges, aide de camp de Monsieur, dont la présence implique le concours, et les généraux Donadieu et Canuel, qui ont la confiance des royalistes à cause de la répression des troubles de Grenoble et de Lyon.

Les détails qu'on vient de lire dans la correspondance des journaux étrangers se retrouvèrent mot pour mot, comme nous l'avons dit, dans les actes judiciaires rédigés plus tard. En sa qualité de ministre de la police, M. Decazes avait reçu les premières dénonciations dans le mois de juin 1818. Il n'avait été d'abord question que de conversations fort vives tenues contre le ministère au café *Valois* (galeries du Palais-Royal), où un certain nombre de personnages connus par l'ardeur de leurs opinions royalistes se réunissaient; chez M. Chappedelaine qui, ayant été malade, avait été visité par ses amis, et sur la terrasse du bord de l'eau du jardin des Tuileries, but habituel de la promenade de plusieurs des personnages incriminés. Le 15 juin, les dénonciations devinrent plus précises et plus directes, et le plan exposé dans le journal anglais, avec le meurtre du Roi comme éventualité prévue et acceptée, fut communiqué à M. Decazes. Il n'entrait ni dans ses attributions ni dans ses intérêts de prendre l'initiative des poursuites dans une affaire où il s'agissait d'une conspiration dont l'objet était surtout de renverser son influence. Il envoya la dénonciation à M. Lainé, puis à M. Bellart, procureur général. Chez l'un et l'autre, le sentiment royaliste était très-vif, mais chez tous deux l'imagination s'exaltait facilement. En outre, M. Decazes, tout en se tenant politiquement sur le second plan du tableau, exerça une action naturelle sur l'opinion de MM. Lainé et Bellart par celle qu'il exprima sur le degré de confiance qu'on pouvait avoir dans les dénonciations. Il importe aussi de ne pas oublier que M. Decazes était en complète communauté de vues et d'intérêt avec M. Pasquier, alors ministre de la justice, qu'il avait fait entrer au ministère. Enfin, la correspondance privée, envoyée aux journaux anglais et rédigée dans les bureaux de la police, ne manqua pas de faire honneur de la découverte de la conspiration à M. Decazes : « C'est le ministre de la police qui a tout découvert, dit-elle ; c'est lui qui, le 28 juin, a tout mis sous les yeux du Roi. » Sa neutralité ne fut donc qu'apparente ; il conduisit l'affaire au but et se tint ensuite derrière le rideau.

Le 2 juillet 1818, des mandats d'amener furent lancés contre le général Canuel, les sieurs Rieux de Songy, de Romilly, de Joannis, de Chappedelaine. Tous furent arrêtés, à l'exception du général Canuel, qui ne fut pas trouvé à son domicile, mais qui fit déclarer que le jour où l'affaire arriverait à l'audience, il serait à sa place, à côté de ses coaccusés, parole fidèlement tenue. Ses amis ajoutaient en son nom que le mandat d'arrestation lancé contre lui avait pour objet de l'empêcher de suivre la plainte que le 25 juin, sept jours auparavant, il avait déposée contre le sieur de Saineville, agent du ministère de la police, à l'occasion du pamphlet de celui-ci sur les affaires de Lyon. Les personnes arrêtées furent mises au secret le plus rigoureux. En même temps, le ministre de la police faisait publier à un grand nombre d'exemplaires le texte de la note secrète en y ajoutant un titre et une préface qui en faisaient d'office le manifeste de la conspiration dite du bord de l'eau, procédé inqualifiable contre lequel M. de Chateaubriand s'éleva avec beaucoup de force et d'éloquence. Voici ce titre : *Note secrète exposant le prétexte et le but de la dernière conspiration*. La préface mise en tête de la note développait cette idée de la manière la plus injurieuse pour la droite, et tous les journaux du ministère ouvraient leur feu contre les prévenus, qui, étant au secret, ne pouvaient répondre.

Presqu'au même instant, et comme pour donner plus de corps à l'accusation portée contre les royalistes, une affaire où la main de la police devait paraître encore plus marquée que dans celle de Paris s'engageait dans le Morbihan. Deux hommes sans aveu, Leguével et Legall, dénoncèrent à M. Decazes, vers le mois de septembre, les royalistes les plus ardents du Morbihan, et les chefs des anciennes guerres, MM. du Botdéru, de la Boessière, de Coroller, Sévère de la Bourdonnaye, de Kerdrel, de Margallet, et un grand nombre de personnes distinguées de la province, comme coupables d'avoir conçu le projet de renverser la Charte, d'ôter au Roi la couronne, de l'enlever lui-même de Paris et de livrer la Bretagne à l'Angleterre ou d'en faire une province indépendante. Leguével et Legall auraient été chargés d'aller faire en Angleterre des propositions au nom des conjurés. Antérieurement à cette dénonciation, le comte du Botdéru, alors inspecteur général des gardes nationales du Morbihan, avait signalé Leguével et Legall au préfet comme semant le trouble dans les campagnes et annonçant aux paysans un soulèvement; il avait demandé l'autorisation de les faire arrêter, elle lui avait été refusée [1].

Cette coïncidence de nouvelles dut produire et produisit un grand effet d'opinion en Europe et en France. Il y avait là tout un échafaudage d'accusations qui semblaient s'étayer mutuellement. La note secrète était représentée comme le manifeste de la conspiration royaliste cherchant à retenir les armées étrangères sur le territoire national, afin d'imposer à Louis XVIII un ministère formé de ses chefs politiques. La

---

1. Ces faits furent attestés et mis hors de doute dans deux procès en cour d'assises successivement engagés à Vannes et à Angers, au sujet de cette conspiration.

conspiration du bord de l'eau, c'était l'action armée du parti qui, appuyé sur les corps privilégiés de la garde royale et sur les Suisses, ne reculait pas devant la pensée d'imposer par la violence un nouveau ministère à Louis XVIII, et même de renverser Louis XVIII du trône s'il n'obtempérait pas à cette insolente sommation. L'insurrection de la Bretagne et de la Vendée était une ramification du complot. Ce n'était pas à Paris seulement que la droite conspirait ; elle ne se contentait pas de vouloir retenir l'étranger en France, elle voulait livrer la Bretagne à l'Angleterre. Le nom du comte d'Artois était sinon proclamé à haute voix, au moins indiqué comme celui du chef invisible du complot, et la rumeur devint si vive, que Monsieur parla au duc de Richelieu de la convenance de publier au *Moniteur* un article qui démentît ces indignes calomnies.

Si les instructions commencées établissaient la culpabilité des hommes considérables du parti royaliste signalés à la haine et à la réprobation de la France et de l'Europe, si ces deux conspirations devenaient avérées, la droite se trouvait sous le coup d'une grave responsabilité devant le pays ; mais, si au contraire ces procès, commencés avec tant de fracas et auxquels on donnait tant de retentissement dans la presse, se terminaient par des arrêts de non-lieu, il était bien difficile, pour ne pas dire impossible, d'admettre que ce fût par erreur seulement que le ministère eût évoqué sur plusieurs points différents ces fantômes, et tout indiquait qu'il y avait là une manœuvre politique dont le but n'était pas impossible à découvrir. Un journal anglais, le *State's man*, avait publié, dès le 1ᵉʳ juillet 1818, ces lignes qui marquaient à l'avance la conséquence que l'on tirerait de l'impuissance du ministère à fournir des preuves à l'appui de ces allégations.

« Une conjecture assez raisonnable, c'est que la conspiration n'est qu'une fable imaginée dans le double but de présenter les ultra comme un épouvantail au Roi et à la nation. »

Nous sommes obligés ici, pour ne pas scinder l'unité du sujet, de suivre jusqu'à leur dénoûment les deux affaires que nous venons d'exposer, quoique ce dénoûment ne soit intervenu pour l'une que dans le mois de novembre, pour l'autre plus tard encore. Ceux qui s'étaient le plus émus des accusations accumulées contre les hommes de la droite commencèrent à remarquer au bout d'un certain temps qu'il n'existait aucune proportion entre les mesures prises et la gravité des périls auxquels on prétendait que la royauté et la France avaient été exposées, et qu'il y avait même des choses inexplicables dans la conduite du ministère, s'il était vraiment convaincu de la réalité de la conspiration [1]. D'après le rapport du procureur du Roi : à la dénonciation du 22 juin 1818, sur les personnages qui, dans la conspiration du bord de l'eau, devaient avoir le commandement des troupes, et sur les troupes qui devaient prendre les armes pour effectuer l'arrestation du ministère et son incarcération à Vincennes, une nouvelle dénonciation était venue s'ajouter le 29 juin. Celle-ci était plus menaçante.

« D'après cette seconde révélation, il s'agissait toujours de l'arrestation des ministres et de la formation d'un nouveau ministère. Il s'agissait, de plus, de suspendre la Charte et d'y substituer le régime des ordonnances, et dans le cas où Sa Majesté, dont la fermeté était connue des conspirateurs, se refuserait de donner son approbation au changement proposé, le plus horrible des forfaits serait commis. Les mots de ralliement étaient : *Dieu et la légitimité !* »

En lisant cette étrange dénonciation, répétée par le procureur général dans un acte d'accusation, et selon laquelle *Dieu*

---

[1]. Nous nous servons ici d'un exposé publié par M. Berryer fils, dont la renommée commençait.

*et la légitimité !* devaient être le cri de ralliement des conspirateurs acceptant l'éventualité d'un régicide, on se demanda comment il pouvait se faire que le ministère eût été aussi tranquille, et qu'averti le 15 juin d'une conspiration qui devait éclater le 24, il n'eût ordonné les arrestations que le 2 juillet. On s'étonna que le général Donadieu, qui était présenté comme un des chefs de la conspiration, eût été précisément en ce moment nommé inspecteur général des gardes Suisses, qu'on lui eût laissé tranquillement achever son inspection, et que, cette inspection finie, on l'eût appelé non comme accusé, mais comme témoin. On remarqua que ni le gouverneur de Vincennes ni aucun officier de cette forteresse où tous les ministres devaient être incarcérés n'avaient été appelés dans l'instruction ; que les régiments de la garde qui devaient jouer le rôle principal dans l'insurrection n'avaient fourni aucun accusé ; que, parmi les colonels qui devaient tout conduire, un seul avait été cité, et cité comme témoin. Enfin, quand on apprit que MM. de Chappedelaine, de Songy, de Romilly et de Joannis étaient seuls arrêtés et mis au secret, on trouva étrange qu'on n'eût ordonné l'arrestation que d'un seul de ceux qu'on désignait comme les chefs du complot, le général Canuel, et que tous les autres restassent libres. Ce n'étaient pas en effet MM. de Chappedelaine, de Songy, de Romilly et de Joannis qui pouvaient penser à changer l'ordre de successibilité au trône, à entraîner la garde royale, à s'emparer de Vincennes, à détruire un gouvernement et à en créer un autre.

Cette impression défavorable pour le ministère augmenta quand on vit le temps s'écouler sans que le procès fît aucun progrès, et les prévenus obligés de réclamer eux-mêmes, du fond de leur cachot[1], pour obtenir un prompt jugement. Ils

---

1. Ce mot n'est pas trop fort ; voici comment M. de Chappedelaine, maréchal de camp et chevalier de Saint-Louis, décrit sa prison : « Après mon premier

s'adressèrent successivement en effet au juge instructeur, au président de la cour, enfin au ministre de la justice pour le supplier de forcer leurs juges de sortir de leur inaction. Après avoir parcouru tous les degrés de la hiérarchie, ils s'adressèrent au Roi lui-même, le 22 septembre 1818, dans une supplique dont voici un passage :

« Après avoir parcouru inutilement tous les degrés de la hiérarchie judiciaire, Votre Majesté, Sire, est notre dernier refuge. Cinq de ses plus fidèles serviteurs, tous hommes de bien, accusent de déni de justice les magistrats qu'elle a investis de sa puissance. La justice, Sire, est la dette des rois envers leurs sujets. Nous demandons à être jugés, s'il n'y a que ce moyen de prouver que Votre Majesté a été trompée, de prouver que la conspiration qui nous est imputée est une fable imaginée pour désoler son cœur paternel ; de prouver que les royalistes français ne sont ni des ingrats, ni des méchants, ni des traîtres. »

Ce langage parut bien digne et bien fier pour des hommes qui auraient pu avoir quelques craintes sur l'issue du procès,

interrogatoire, on me conduisit à la Force, et, après avoir franchi cinq guichets et une longue allée, j'arrivai au pied d'un corps de prison appelé Bâtiment-Neuf ; on me fit alors monter plus de cent marches, lesquelles me conduisirent à une grande chambre des voleurs attaqués de la gale. Je parvins enfin à une espèce de cachot précédé d'un autre cachot. On me fouilla, on m'ôta mes lunettes, mon argent, ma cravate et mon mouchoir, on referma la porte sur moi et l'on me laissa seul. Je vis que j'étais entre quatre murs plus noirs de saleté que de vétusté. Mon mobilier était composé d'une couchette, d'une paillasse dégoûtante de malpropreté, d'une vieille cruche, d'un poêle et d'un baquet dont l'odeur indiquait l'usage. La largeur de mon cachot était de cinq pieds, dont trois occupés par le lit, sa longueur de huit ; de sorte qu'il ne restait que deux pieds autour du lit dans tous les sens. Une fenêtre de deux pieds sur dix-huit pouces se trouvait réduite de plus de moitié par des feuilles de tôle qu'on y avait clouées en guise de vitres. Le châssis était condamné et l'air ne pouvait m'arriver d'aucune manière. J'étais à peine depuis une demi-heure dans ce cachot qu'une odeur insupportable vint m'y assaillir ; l'air y devint tellement épais, que je respirais à peine. Ce supplice ne fit qu'augmenter, car les fenêtres de la chambre qui précédait mon cachot restant ouvertes à cause de la grande chaleur, le courant m'apportait les émanations de tant de galeux qui s'y trouvaient couchés. Qu'on ajoute à cela que j'étais encore souffrant d'une longue attaque de goutte, que j'avais au sein droit une plaie douloureuse et saignante, et deux plaies au pied gauche... »

et à qui leur conscience aurait reproché quelque chose. Les affidés du ministère répétaient, il est vrai, qu'il y avait des faits qu'on n'avait pas voulu approfondir de crainte de trouver trop de coupables et des coupables trop haut placés; ils nommaient tout bas deux colonels de la garde, MM. de La Rochejaquelein et Berthier de Sauvigny, et insinuaient qu'on ne les avait pas livrés aux tribunaux à cause des services rendus par leurs familles. Ils murmuraient plus bas encore le nom de Monsieur[1]; mais ces insinuations trouvèrent peu de créance auprès de l'opinion publique, témoin de la guerre acharnée qu'on faisait aux royalistes. L'incrédulité devint complète chez les *indépendants* comme chez les indifférents, quand on connut l'instruction et qu'on sut qu'aucune confrontation n'avait eu lieu, qu'aucune pièce compromettante n'avait été saisie, que tout se bornait à des réunions au café Valois, aux Tuileries sur la terrasse du bord de l'eau, enfin chez M. de Chappedelaine, visité par ses amis parce qu'il était malade, et à des critiques plus ou moins vives sur le ministère et sur la marche du gouvernement, ou à des propos plus ou moins inconsidérés de deux des accusés[2]. Le public fut frappé en outre d'un fait étrange : tant que les prévenus avaient été au secret et dans l'impuissance de répondre, les journaux à la dévotion du ministère les avaient attaqués avec la plus grande violence, sans qu'il fût possible aux amis des détenus de faire insérer dans ces feuilles une seule ligne de réponse à d'injurieuses

---

1. Une correspondance adressée de Paris au *Morning-Chronicle* à la date du 3 août 1819 s'exprimait ainsi : « Il semble exister une limite au delà de laquelle il ne peut être permis de faire des recherches sans manquer au respect dû à l'héritier présomptif. »

2. Voilà deux des allégations les plus précises du rapport du procureur du Roi : « Il a été prouvé que le général Canuel voyait le général Donadieu. Il n'a point dénié qu'ils se fussent réunis ensemble aux Tuileries. — Il n'a point caché non plus d'avoir envoyé, le lendemain de sa disparition, en son hôtel, une dame Dauphin, qui en a emporté du linge et des papiers, comme en ont déposé le vingt et unième et le vingt-deuxième témoin. »

accusations; quand le secret fut levé et que les prévenus purent se défendre devant l'opinion publique, les feuilles ministérielles désertèrent le débat et se contentèrent de garder le silence sur les *Mémoires* publiés par les accusés [1]. Enfin, le 7 octobre, on apprit que M. Chappedelaine, dont la maison avait été désignée comme le lieu de réunion des conjurés, avait été renvoyé de l'accusation et mis en liberté, ainsi que M. de Joannis, aide de camp du général Canuel. En revanche, M. de Chauvigny de Blot, cité comme témoin, fut mis en état d'arrestation le 17 du même mois. Mais, le 3 novembre, un arrêt de la cour royale mit tous les accusés, c'est-à-dire MM. Canuel, qui s'était constitué prisonnier, de Rieux-Songy, de Romilly et Chauvigny de Blot, hors de cause, faute de charges suffisantes, et ordonna leur mise en liberté. Étrange dénoûment d'une affaire qui avait occupé la France et l'Europe pendant plusieurs mois, et à l'aide de laquelle le ministère avait déversé l'injure et le soupçon sur les noms les plus honorés! Après avoir remué tant de machines, après une instruction de quatre-vingt-quinze jours, un procès de quatre mois, la mise au secret de personnes appartenant aux familles les plus honorables, la citation de tant de témoins occupant les plus hautes positions dans la société et dans l'État, tant de bruit fait dans la presse française et européenne, après ces insinuations qui désignaient des coupables dans les assemblées politiques, à la tête de l'armée, jusque sur les marches du trône, le ministère sortait vaincu de ce débat sans même

---

[1] « Il convient de faire remarquer que les journaux qui sont plus particulièrement à la disposition du ministère ont vivement attaqué le général Canuel et ses compagnons d'infortune pendant qu'ils étaient au secret. Depuis qu'ils ont été mis hors du secret, c'est-à-dire depuis que le général Canuel et ses amis peuvent répondre aux diatribes dirigées contre eux, ces mêmes journaux se taisent absolument. Ce ne peut être par générosité; s'ils en avaient eu, ils auraient attendu le jugement à intervenir, quel qu'il soit. » (*Conservateur*, octobre 1818, page 174.)

avoir pu arriver à l'audience publique. La chambre des mises en accusation déclarait qu'il n'y avait pas de charges suffisantes, non pas pour condamner les prévenus, mais pour les mettre en accusation [1].

Quand ce résultat fut connu, M. de Chateaubriand burina

[1]. Cette nuance a échappé à l'honorable M. Duvergier de Hauranne qui, dans sa remarquable *Histoire du gouvernement parlementaire en France*, fait cette observation : « Quand intervint l'arrêt qui mit tous les accusés hors de cause, *faute de charges suffisantes*, l'opinion publique ne tint pas compte de la réserve que cette formule contenait, et, dans la conspiration dite du bord de l'eau, les indépendants comme les royalistes ne voulurent plus voir qu'une machination de la police. » Sachant que M. de Hauranne avait reçu communication des papiers politiques de M. Decazes, j'ai lu avec une grande attention ce chapitre dans son intéressant ouvrage, parce que la thèse rétrospective du duc Decazes doit y être exposée. Voici à quoi se borne cette thèse : « Dans cette affaire, comme dans celle du général Ramel, deux sentiments se partageaient, le désir d'arriver à la vérité, la crainte de rencontrer en chemin des personnages trop haut placés. Quelques indications importantes furent donc négligées à dessein, et on laissa dans le dossier, sans en faire usage, une lettre fort suspecte du général Donadieu. C'est ainsi que l'accusation s'évanouit et que le ministre de la justice put écrire à un de ses collègues, lors de l'arrêt de non-lieu : « Du moment où l'on s'était coupé bras et jambes, aucune autre solution n'était possible. » Le dossier qui m'a été communiqué contient, outre plusieurs rapports de police, des lettres de MM. Pasquier et Jacquinot de Pampelune, qui établissent, sinon la réalité, au moins la probabilité du complot. Il est absurde de voir dans cette affaire une pure manœuvre de police. »

Ce sont là de pures allégations, et des allégations bien vagues et bien peu précises. Quelle était cette lettre du général Donadieu, dont on ne donne pas le texte? Pourquoi, si elle était si suspecte, ne l'a-t-on pas même mis en cause? Que disent ces lettres de MM. Pasquier et Jacquinot de Pampelune? Comment établissent-elles la probabilité d'un complot? Quant à la crainte de compromettre des personnages trop haut placés, dans l'affaire du général Ramel, on se souvient que M. de Villèle affirme de la manière la plus positive que l'on a fait offrir aux prévenus leur grâce s'ils voulaient le compromettre dans leurs réponses. Dans le procès de la conspiration dite du bord de l'eau, on sait si la *Correspondance privée* envoyée à Londres par le ministre de la police ménagea MM. de Chateaubriand, de Villèle, de Fitz-James, et si elle n'indiqua pas clairement Monsieur, comte d'Artois, comme aspirant à prendre la place de son frère. Le juge instructeur dit à M. de Romilly : « Vous avez su que MM. de Chateaubriand, de Fitz-James, de Vibraye, Berthier de Sauvigny, de Limayrac, de Vitrolles, de Berthier, La Potherie, La Rochejaquelein étaient de la conspiration. » Le secret des personnes arrêtés dura vingt et un jours, l'instruction quatre-vingt-quinze, le procès quatre mois. Tout cela est loin de la modération que M. de Hauranne prête au ministère.

à la fin d'un numéro du *Conservateur* ces lignes qui trouvèrent un écho dans la conscience publique :

« Je ne puis que féliciter les nobles victimes des dénonciations les plus folles comme les plus abominables. Je me regarde comme vengé par l'arrêt qui proclame leur innocence : mon nom, celui de quelques-uns de mes amis, n'ont-ils pas été outragés dans cette affaire déplorable? C'est M. de La Rochejaquelein, digne de ses frères ; c'est Berthier de Sauvigny, dont les services et les malheurs sont si connus dans les annales du royalisme; c'est M. de Fitz-James, resté sans tache au milieu de tant de bassesses; c'est M. le marquis de Vibraye, un des naufragés de Calais; c'est le baron de Vitrolles, négociateur pour les Bourbons à Troyes, et prisonnier de Bonaparte pendant les Cent-Jours; c'est M. le marquis de Puyvert, enfermé pendant dix ans dans les cachots de l'usurpateur; c'est M. Agier, défenseur des compagnons de Moreau, Georges et Pichegru, et qui pendant les Cent-Jours osa présenter une pétition à la Chambre des représentants pour le retour des Bourbons; c'est moi-même enfin et plusieurs autres ; c'est cette troupe de conspirateurs qui devait, avec les sauveurs de Lyon et de Grenoble, attenter à la liberté et peut-être à la vie du Roi... Pendant quatre mois, la *Correspondance privée* nous a représentés comme des traîtres. Que va-t-elle dire aujourd'hui? Par quelle nouvelle imposture justifiera-t-elle son imposture? Est-ce notre sang que l'on voulait? car personne ne peut nous enlever l'honneur. Est-ce notre sang que désirent ces dénonciateurs, ennemis de la légitimité? Mais quand avons-nous refusé de le verser pour le Roi? Heureux vous, mon cousin et mon frère, immolés en accomplissant vos devoirs! Vous n'êtes point morts le cœur flétri, l'âme abreuvée de dégoût et d'amertume. Heureux les royalistes qui ont payé de leur vie leur attachement à leur souverain ! Heureux vous surtout, ô prince dont j'ai tant déploré la perte ! Quand vous tombâtes à Vincennes, quand vous fûtes précipité encore à demi vivant dans le fossé creusé à vos pieds ; quand on jeta des pierres sur votre poitrine pour étouffer votre dernier soupir, au moins vous ignorâtes le sort qui attendait vos compagnons d'armes; vous quittâtes la terre sans avoir été témoin de leur misère et de leur douleur. Et que sais-je? votre mort nous a peut-être épargné l'horreur de voir calomnier aussi le héros de Berstheim, le petit-fils du grand Condé. »

On comprend quel frémissement sympathique accueillit dans la droite ces accents d'une éloquence indignée. J'ai voulu citer ces paroles, parce que, mieux que tous les récits, elles donnent une idée des sentiments qui se remuaient dans les âmes à la fin de cet étrange procès. La droite se trouva séparée de M. Decazes par un abîme. Elle ne put désormais oublier que, par des dénonciations parties du ministère de la police, elle avait été désignée à la France et à l'Europe comme tramant le renversement et même la mort du Roi, et plus que jamais la lutte entre elle et le ministère prit le caractère d'une guerre à outrance.

Ce n'était pas le seul grief de ce genre qui animât les hommes regardés comme les amis les plus ardents du Roi contre celui que tout le monde en Europe commençait à considérer comme son favori. On a vu qu'à l'époque où la conspiration du bord de l'eau occupait vivement les esprits, le bruit d'une conspiration tramée dans le Morbihan et la Bretagne pour atteindre un but analogue s'était répandu à Paris. Il y avait eu plusieurs arrestations, entre autres celle d'un sieur Loth, ancien capitaine des armées royales, qui avait énergiquement repoussé les propositions à lui faites par Leguévell et Legall, deux émissaires qui se donnaient comme les agents des principaux propriétaires du pays, et qui, plus tard, se firent les dénonciateurs de l'affaire. On voyait approcher le moment où trois départements de l'Ouest, entre autres le Finistère, allaient nommer des députés pour le renouvellement du cinquième. Leguévell et Legall, dont les manœuvres avaient été signalées au gouvernement par ceux-là mêmes qu'ils accusaient de les avoir accrédités, entre autres le comte du Botdéru, le marquis de la Boessière et M. de Coroller, devinrent l'objet de poursuites judiciaires promptement abandonnées et s'embarquèrent pour Guernesey. Au moment même des élections, ils reparurent, et ce fut alors que, par deux lettres écrites de Dunkerque et de Compiègne à M. Decazes, ils firent la dénonciation circonstanciée dont il a été parlé. L'instruction de l'affaire s'était poursuivie pendant le mois d'octobre 1818; les deux dénonciateurs avaient précisé d'une telle manière leurs accusations contre les chefs royalistes, qu'on s'attendait généralement à leur arrestation, lorsque l'on apprit que la cour royale de Paris avait rendu, le 3 novembre 1818, une ordonnance de non-lieu dans l'affaire dite la conspiration de la terrasse du bord de l'eau. Le 6 novembre, la date est remarquable, Leguévell et Legall se rétractèrent. Le premier dit au juge d'instruction :

« Tout ce que j'ai avancé est faux ; toutes les passions, la haine, la vengeance, la jalousie, ont dicté mes réponses. Je suis le seul coupable. Mon premier mémoire à Son Excellence fut conçu dans un moment d'emportement. J'écrivis celui de Compiègne d'après le conseil de l'agent de police qui me fut envoyé. Je demande que ma déclaration soit consignée dans mon interrogatoire, afin que ceux qui la verront sachent que, si la fougue des passions et les circonstances où je me trouve m'ont entraîné à commettre un crime, j'eus la force d'en convenir. »

Le 9 novembre, Leguévell renouvela cette rétractation en dictant que les faits imputés par lui à MM. du Botdéru, de la Boessière, de la Goublaie, Tuault, Chardevel, Kermoisan, Margadel, La Voltais, La Bourdonnaye, du Couëdic, de Kerdrel, de Kersabiec, de Querbroent, de Kernisan, Gouin qu'il désigna nominativement, étaient faux. Devant la cour d'assises de Vannes, les deux dénonciateurs renouvelèrent ces aveux. Interpellé par le président, qui lui demanda pourquoi il avait fait des dépositions si opposées, Leguévell répondit : « J'étais au secret, malade et mourant, j'aurais dit tout ce qu'on aurait voulu. » Et comme le président disait à Legall, après avoir reçu de lui une réponse analogue : « Ce n'aurait donc été que par complaisance pour le juge d'instruction que vous auriez ainsi répondu? Ce serait pousser la complaisance un peu loin. » Legall répliqua : « Je ne voulais pas désobliger ces messieurs-là. » Enfin, l'un et l'autre, sommés de nouveau de choisir entre leurs déclarations, affirmèrent que celles des 6 et 9 novembre étaient seules vraies. Le jury prononça qu'il n'y avait pas eu de conspiration, mais que Leguévell et Legall étaient coupables de machinations contre le gouvernement et de propositions faites à une puissance étrangère. La cour royale de Vannes, adjugeant aux accusés le bénéfice de l'article 108 du Code pénal, leur fit remise de la peine capitale comme étant révélateurs. Mais la cour de cassation, à qui l'arrêt fut déféré, attendu que Leguévell et Legall, signalés, dès le 5 août 1818, à l'autorité par MM. du Botdéru, de La Boessière et de Coroller, ne pouvaient avoir avoué, au mois de septembre de la même année, que leurs propres turpitudes, cassa cette partie de l'arrêt, et renvoya l'affaire devant la cour d'Angers pour que le jury prononçât sur cette question de non-révélation qui aurait dû lui être soumise à Vannes. Cependant elle déclara que la question de conspiration ayant été jugée négativement par le jury de Vannes, cette partie du verdict demeurait acquise, et que la question ainsi définitivement jugée ne pourrait être soumise à la cour d'Angers.

Devant la cour d'Angers, on vit, par une péripétie aussi étrange qu'imprévue, le substitut du procureur du Roi déclarer que Leguévell et Legall, ayant rétracté leurs rétractations, aussitôt après leur arrivée dans les prisons d'Angers, et ayant affirmé à nouveau que leurs premières dénonciations étaient exactes, il avait pris le parti de dérouler l'affaire tout entière devant le jury et la cour, en appelant comme témoins ceux qui, dans les premières assises, avaient été appelés comme prévenus, *et qui pourraient ainsi dissiper des préventions fâcheuses.*

Comme l'écrivait plus tard l'un d'eux dans un mémoire sur cette affaire, c'était faire aux hommes honorables déclarés innocents par le premier jury une position étrange et difficile, dans laquelle, cités comme témoins, ils n'avaient le droit ni de contredire, ni d'interpeller, ni de débattre, encore moins de se défendre, quoique prévenus, sinon de droit, puisque le verdict du premier jury les déclarait innocents, au moins de fait, des crimes les plus odieux; position qui laissait tous les avantages du côté de l'accusation, et pouvait, si la vérité eût été moins flagrante, compromettre l'honneur de tout un pays. On vit, en effet, Leguévell et Legall reproduire à l'audience leurs affirmations calomnieuses, et, malgré les réclamations des témoins, le président refusa de faire donner lecture de leur double rétractation, comme de la dénonciation portée contre eux par le comte du Botdéru dès le 5 août 1818. Mais quand, accusé par Leguévell, de l'avoir choisi d'abord pour complice pour faire de lui plus tard sa victime, le comte du Botdéru se leva et dit : « C'est avec regret que je cherche ici sans la trouver une image du Christ; c'est en présence de Dieu même que je vous adjurerais de dire la vérité. Vous n'oseriez pas soutenir le mensonge sorti de votre bouche, » Leguévell confondu resta sans réponse. La déposition du marquis de La Boessière ne fut pas moins catégorique. Il déclara qu'en 1814 Leguévell avait fait partie d'un corps d'armée de six mille hommes commandé par lui, mais « qu'il s'était comporté d'une manière si crapuleuse à Pontivy et à Vannes, que les officiers royalistes avaient rompu toute relation avec cet homme. » M. de La Boessière lui-même avait refusé de le recommander au secrétaire du maréchal de Vioménil, en se fondant sur l'indignité du sujet, et il avait écrit dans le même sens au maire de Lorient. Venant ensuite à des explications personnelles que le réquisitoire du substitut avait rendues nécessaires, il revendiqua le droit qu'il avait comme citoyen de ne pas approuver la marche du ministère. Puis il ajouta :

« De là à conspirer, de là seulement à la disposition de conspirer, il y a une distance incommensurable, et une haine envieuse, jointe à une mauvaise foi perfide, pourrait seule, par la chaîne insidieuse des inductions, rapprocher les extrémités de cet espace immense pour en confondre les nuances. La marche rapide qui nous transporterait d'un état de choses où l'on peut jouir d'une sage liberté d'opinion, à celui où désapprouver serait conspirer, consommerait la transition d'un état constitutionnel à un état tyrannique. Au jugement de quel homme de sens des allégations comme celles de l'accusé pourraient-elles faire franchir l'espace immense dont je viens de parler à tout un pays offrant comme garanties trente ans de sacrifices de tout genre faits à la fidélité, à des hommes qui ont combattu en 1815 pour le rétablissement de cette Charte qu'on les accuse de vouloir renverser? C'est ici le cas de renouveler hautement le témoignage que j'ai pu en rendre à Sa Majesté. Le Roi m'avait ordonné à Gand de faire respecter la Charte pendant la lutte qui allait s'entamer, et d'y faire revenir aussitôt qu'il se pourrait, alors que les circonstances auraient momentanément rendu impossible de s'y conformer. La crise finie, j'ai pu dire au Roi : Sire, il n'y a pas eu d'infraction. Si Votre Majesté avait prévu des impossibilités éventuelles dans l'exercice de la Charte, rien n'a été impossible à l'amour de vos Bretons; victorieux dans la lutte, au milieu du tumulte des armes, alors que toutes les infractions auraient été nécessairement excusées ou couvertes, la surface entière de la Bretagne n'a pas offert un seul exemple d'un chef qui se soit permis un seul acte de propriété sur ses propres biens confisqués, et entre les mains des ennemis de Votre Majesté, portant les armes contre elle. »

Ces paroles nous ont paru dignes d'être tirées de l'oubli dans lequel elles étaient tombées. L'homme qui les prononçait était entouré d'une estime universelle dans le Morbihan, et on le savait incapable d'alléguer un fait inexact. Il démentit une à une toutes les circonstances alléguées à l'appui de la prétendue conspiration, offrit de fournir la preuve d'un alibi afin de démontrer son absence de tous les conciliabules auxquels on l'avait fait assister, et présenta en effet le lendemain ces preuves, que le président refusa de recevoir en faisant observer que ni le marquis de La Boessière, ni ses amis, qui voulaient faire une preuve analogue, n'étaient en cause. Sur soixante-dix témoins cités, soixante-sept déclarèrent de la manière la plus formelle qu'ils n'avaient pas aperçu dans le Morbihan le plus léger indice d'une conspiration, et donnèrent à ces remarquables paroles de M. de La Boessière une sanction nouvelle :

> « Si c'est la vérité qu'on veut découvrir, qu'on parcoure ces campagnes si calomniées du Morbihan, elle y apparaîtra, cette vérité, montrant partout, à la lueur de son flambeau, écrit en caractères d'un sang versé pour la fidélité, que ce n'est point là le sol de la félonie et que les hommes qu'il a nourris n'y ont pas sucé le lait de la trahison. »

Quand les débats furent fermés, le président qui n'avait point rappelé au substitut que la question de conspiration n'était pas dans la cause, puisqu'elle avait été résolue négativement par le jury de Vannes, le rappela au jury d'Angers. Il ne le consulta donc que sur la culpabilité de Leguével et de Legall. La culpabilité du premier seulement fut déclarée sur la question de propositions non agréées tendant à exciter les citoyens à s'armer contre l'autorité royale, mais le verdict lui attribua le bénéfice accordé aux révélateurs pour s'être dénoncé lui-même.

Ainsi finit ce triste procès, d'une manière plus fâcheuse encore pour le ministère que celui de la terrasse du bord de l'eau, et l'on remarqua, non sans quelque étonnement, que Leguévell, dont la misère était profonde et connue de tous quand il commença ses intrigues, paraissait devant la cour avec les dehors de l'opulence, et remontait dans sa voiture au sortir du tribunal.

Je ne cherche dans cette histoire que la vérité sans acception de personnes, en me tenant également loin du réquisitoire et du plaidoyer. Mais, je le demande à tout esprit impartial : est-il possible, après les détails qu'on vient de lire, de méconnaître la tendance de M. Decazes à élever les manœuvres de police au rang des moyens politiques de gouvernement? Je parle de M. Decazes, parce que le caractère du duc de Richelieu répugnait, comme celui de M. Lainé, à l'emploi de pareils expédients. Cela est-il possible, surtout quand on n'a pas oublié ce qui a été dit plus haut sur les traditions vivantes de l'administration de Fouché et sur les instruments qui, formés par lui, accouraient se ranger sous la main de M. Decazes, comme ce qui a été rapporté au sujet du procès intenté aux rédacteurs du *Censeur européen*, coupable d'avoir publié contre les missionnaires des notes fournies par un des confidents les plus intimes du ministre de la police, rédacteur du *Journal des maires*, et élevé, quelques jours après, au poste de secrétaire général de son ministère?

II

ÉLECTIONS DU CINQUIÈME.

Peut-être demandera-t-on en quoi ces conspirations imputées aux royalistes pouvaient servir les desseins de M. Decazes? Elles les servaient de plusieurs manières. D'abord elles rendaient de plus en plus difficile un rapprochement entre les royalistes et le Roi; or c'était surtout des rangs des royalistes que M. Decazes appréhendait de voir sortir des compétiteurs, et il haïssait en eux ses héritiers. Il y avait, en outre, un motif de circonstance : on était au moment de l'élection du cinquième, et les accusations contre les royalistes autorisées, comme dans l'affaire de Lyon, ou formulées directement par le ministère, comme dans le procès de la terrasse du bord de l'eau et celui du Morbihan, paralysèrent et découragèrent les efforts de la droite.

Les royalistes, las d'être poursuivis et repoussés, c'est M. de Chateaubriand qui le constate dans le *Conservateur*, se rendirent en petit nombre aux colléges électoraux. Leur illustre interprète expliquait ainsi leur abstention sans l'approuver : les ministériels faisant la minorité partout, c'était leur adhésion à l'opinion royaliste ou à l'opinion indépendante qui pouvait donner la majorité à l'une ou l'autre opinion. Or, comme le ministère voulait avant tout exclure l'opinion royaliste, et que les ministériels aimaient mieux voter avec les indépendants que de se réunir aux royalistes, ceux-ci, ne pouvant rien espérer, jugèrent inutile de se rendre aux colléges électoraux [1].

Les élections du mois d'octobre 1818 donnèrent un nouveau démenti aux espérances que le ministère avait fondées sur la loi de 1816. Sans doute les hommes de droite firent des pertes considérables, et cela entrait dans les vues du ministère. Dans le Gard, MM. de Saint-Aulaire et de Chabaud-Latour, portés à la fois par les ministériels et les indépendants, remplacèrent les deux députés de droite, MM. de Calvière et de Vogüé, qui avaient commandé les volontaires de 1815 sous les ordres du duc d'Angoulême; à Lyon, M. Camille Jordan, porté à la fois par les ministériels et les indépendants, obtint une grande majorité, 780 voix, tandis que le général Canuel et M. de Chabrol n'en obtinrent que 200. Enfin les royalistes laissèrent en outre sur le champ de bataille MM. Piet, de Boiclairveaux, de Louvigny, de Trinquelague, de Pommerol, Dugat de Varennes, de la Villemarqué et plusieurs autres. Mais en revanche, dans le Finistère, quatre indépendants, parmi lesquels on comptait Manuel, remplacèrent quatre députés ministériels. Dans l'Ain, M. Camille Jordan, porté à la fois par les ministériels et les indépendants, passa; mais les électeurs nommèrent avec lui M. Girod (de l'Ain), député des Cent-Jours, et M. Raudet, arrêté après les Cent-Jours et interné à Tulle par les ordres du gouvernement royal, tous deux candidats des indépendants. Dans la Sarthe, les quatre candidats des indépendants, parmi lesquels on comptait trois députés

---

[1]. Chateaubriand, première livraison du *Conservateur*.

des Cent-Jours, et au nombre de ces derniers le général La Fayette, remplacèrent quatre députés ministériels sortants. Le ministère partagea à peu près les nominations du département du Nord avec les indépendants. Enfin, à Paris, il fallut les plus grands efforts et un appoint de la droite arrivant *in extremis*, pour empêcher, à soixante voix de majorité seulement, la nomination de Benjamin Constant et faire passer M. Ternaux. Résumons les résultats des élections par des chiffres : la droite perdit quinze voix, les indépendants en gagnèrent dix-neuf; donc le ministère perdit quatre voix. Il devenait évident qu'une progression continue portait peu à peu la majorité vers la gauche, et que si le ministère voulait marcher avec la Chambre, il serait bientôt obligé de se modifier. La nuance représentée par MM. Decazes, de Gouvion Saint-Cyr et Pasquier pouvait encore s'appuyer sur une majorité où les indépendants gagnaient ce que perdait le ministère et la plus grande partie de ce que perdait la droite; le moment approchait où le duc de Richelieu et M. Lainé ne le pourraient plus.

Nous n'avons pas encore indiqué tous les résultats que le ministère tira contre la droite des dernières affaires judiciaires mises en avant contre elle. Ce fut pour lui une occasion de demander au Roi la révocation des prérogatives conférées à Monsieur, comte d'Artois, par le décret royal du 13 mai 1814, qui le nommait colonel général de toutes les gardes nationales de France, et lui donnait ainsi une influence considérable. Les attributions de Monsieur avaient été réglées par une ordonnance du 16 juillet 1814 qui faisait ressortir à son autorité tout ce qui concernait les nominations, les règlements sur le personnel, le service ordinaire, l'instruction et la discipline, tandis que ce qui était relatif à la simple exécution des lois, à la formation des listes, à la comptabilité, aux réquisitions de service extraordinaire en cas de trouble ou à défaut de la garnison, était placé dans les attributions du ministre de l'intérieur, et par conséquent des préfets, des sous-préfets et des maires. Une ordonnance du 17 décembre 1815 revisa cet état de choses : jusque-là, le colonel général avait nommé les officiers de la garde nationale, sans que le ministère eût aucune part à ces nominations. Il fut arrêté que dorénavant le Roi, en conseil, nommerait les officiers, sur la présentation du colonel général, d'après des listes de candidats arrêtées de concert avec le ministre de l'intérieur; que les ordonnances de nomination seraient contre-signées par le ministre, et les brevets délivrés au nom du Roi par le prince colonel général. En vertu de la même ordonnance, le service ordinaire cessa d'être dans les attributions exclusives des officiers commandants : les inspecteurs dans les départements durent se concerter avec les préfets, et, en cas de dissentiment, il leur fut enjoint de déférer provisoirement à la réquisition de ces magistrats. Une nouvelle ordonnance intervint le 15 juillet 1816, et la multiplicité des mesures successives adoptées sur cet objet indique qu'on avait quelque peine à accorder les attributions assignées au ministre de l'intérieur avec les prérogatives du colonel général. D'après cette nouvelle ordonnance, les inspecteurs des départements, les commandants d'arrondissement et les commandants communaux furent placés, même pour le service ordinaire et la discipline, sous les ordres des préfets, des sous-préfets et des maires.

Malgré ces atténuations successives apportées au décret de 1814, le ministère trouvait l'influence de M. le comte d'Artois sur les états-majors de la garde nationale encore trop grande. C'était toute une organisation à l'aide de laquelle le prince pouvait agir sur l'opinion, par une correspondance suivie, et qui pouvait être employée comme un levier dans les luttes électorales. Le comte d'Artois, quoi qu'on eût fait, exerçait une action marquée sur la composition des états-majors de la garde nationale, et le ministère profita des dispositions où les derniers procès intentés aux royalistes avaient laissé le Roi pour le déterminer à ôter cet instrument puissant des mains de son frère. L'ordonnance du 30 septembre 1818, rendue peu de jours avant l'époque où les élections allaient s'ouvrir, enleva de fait tout pouvoir au comte d'Artois en ne lui laissant plus que quelques prérogatives honorifiques. La garde nationale était ramenée à une institution municipale, le comité de direction supérieure et les états-majors étaient supprimés, et les maires, les sous-préfets et les préfets reprenaient toutes les attributions que leur conféraient les lois. Monsieur sentit vivement le coup qui lui était porté, et déclara que, si on insérait dans l'ordonnance la formule habituelle *Notre frère entendu*, il protesterait par une démission publiquement donnée. Ce ne fut pas sans peine qu'on obtint de lui le sacrifice de ce dessein, et le jour où l'ordonnance parut au *Moniteur*, il quitta son habit de colonel de la garde nationale pour prendre celui de colonel des carabiniers. Sans doute la situation à laquelle on ramenait l'institution de la garde nationale avait quelque chose de plus normal; mais ici les mêmes objections présentées par les chefs de la droite contre la loi de recrutement et d'avancement du maréchal Gouvion Saint-Cyr reparaissaient de nouveau. Était-on dans une position telle, que la considération principale et déterminante dût être celle d'une régularité stricte? L'institution de la garde nationale, dont les démagogues de la première révolution avaient tiré tant de parti, ne devait-elle pas être rattachée pendant quelque temps encore au trône par un lien étroit et personnel, et n'aurait-on pas au moins dû attendre la présentation et l'adoption d'une loi destinée à fixer les bases des organisations municipales à la disposition desquelles on mettait la garde nationale, avant de savoir ce que seraient ces organisations? Ces observations n'étaient pas absolument sans justesse; mais le ministère était pressé de briser, avant les élections qui s'ouvraient dans le mois d'octobre, cet instrument d'influence dans les mains de Monsieur. Dans l'atmosphère de défiance réciproque où l'on vivait depuis l'ordonnance du 5 septembre, ce nouveau grief, venant s'ajouter aux griefs précédents, confirma le comte d'Artois, de plus en plus irrité, dans la pensée qu'il y avait dans les régions ministérielles une conspiration pour l'empêcher d'arriver au trône si son frère venait à mourir. Selon lui, on lui ôtait l'épée de colonel général des gardes nationales du royaume dans la crainte qu'il ne s'en servît pour assurer la transition entre les deux règnes, et l'on désarmait à l'avance la main par laquelle on ne voulait pas laisser porter le sceptre [1].

## III

### OUVERTURE DU CONGRÈS D'AIX-LA-CHAPELLE.

Pendant que ces événements se succédaient à l'intérieur, le duc de Richelieu s'était rendu au congrès d'Aix-la-Chapelle pour réclamer l'évacuation complète de notre territoire. Cette âme honnête et vraiment patriotique respirait plus à l'aise quand elle pouvait échapper aux tristes complications des affaires du dedans, et consacrer ses efforts à assurer l'indépendance du pays. Au mois d'août 1818, le duc écrivait à un ami qu'il partait dans une dizaine de jours pour Aix-la-Chapelle : « La besogne sera courte et bonne, je l'espère, ajoutait-il, et la France rendue à elle-même rentrera dans la

---

[1]. La *Correspondance privée et authentique* des journaux anglais avait insinué cette idée. On lisait ce qui suit dans le *Morning Chronicle* du 1er août 1818 : « Les ministres semblent avoir adopté pour système qu'au moment de l'évacuation du territoire par les alliés, Monsieur sera requis de renoncer à ses droits au trône de France en faveur de S. A. R. Mgr le duc d'Angoulême, son fils, qui a maintenant adopté le système du Roi actuel, son oncle. »

communion européenne. » La lettre se terminait par ces paroles : « Après la réunion d'Aix-la-Chapelle je reviendrai aussitôt à la session, et ce sera, je l'espère, la fin de ma carrière politique [1]. »

La question que le duc de Richelieu allait traiter à Aix-la-Chapelle était moins facile à résoudre qu'il ne le disait dans ses correspondances. Malgré la confiance magnanime qu'affichait Louis XVIII, et qu'il avait raison, comme Français et comme Roi, d'afficher au sujet de l'état intérieur de la France, car l'évacuation du territoire était à ce prix, et le départ des étrangers était une mesure nécessaire au point de vue politique comme au point de vue financier, il y avait de nombreux ferments de troubles en France. Les luttes des idées et des intérêts ne pouvaient se produire, il est vrai, dans les journaux quotidiens, mais elles trouvaient leur expression dans des publications non périodiques et prenaient un caractère menaçant pour la tranquillité européenne elle-même. Les écrivains indépendants, en effet, — et parmi eux on comptait des hommes qui, comme MM. Étienne et Jay, avaient appartenu au bureau de l'*Esprit public* sous l'Empire, — s'attachaient à attiser la flamme des passions politiques dans l'Allemagne, travaillée par les sociétés secrètes et impatiente d'entrer en possession des libertés promises et encore différées. Enfin deux oppositions

---

[1]. Voici le texte même de cette lettre, adressée à l'abbé Nicole, alors à Odessa : « Je pars dans une douzaine de jours pour Aix-la-Chapelle. J'espère que la besogne sera courte et bonne, et qu'enfin la France étant rendue à elle-même rentrera dans la communion européenne. Si elle sait être sage, elle possède encore les éléments d'une étonnante prospérité. On ne peut se faire une idée des progrès qui ont eu lieu depuis un an, et ils seront bien plus rapides dans la supposition qu'on ne fasse pas de folies. La même amélioration qui existe dans les fonds publics existe dans le prix des terres, qui est monté étonnamment. Pour que cela dure, il ne faut que de la sagesse. Les Français en auront-ils?... L'expérience en décidera comme des avantages du gouvernement représentatif. Quoi qu'il en soit, après la réunion d'Aix-la-Chapelle, je reviendrai aussitôt à la session, et ce sera, je l'espère, la fin de ma carrière politique. »

élevaient en même temps la voix : celle de droite pour répéter que le système ministériel conduisait aux abîmes; celle de gauche pour justifier ces prévisions en remettant en honneur des idées et des hommes menaçants pour le repos de la monarchie. Certes, quand les indépendants parvenaient pendant la durée du congrès d'Aix-la-Chapelle à faire élire deux fois M. Manuel, dans le Finistère et dans la Vendée; lorsqu'ils réussissaient à emporter l'élection du général La Fayette dans la Sarthe, et lorsqu'ils portaient M. Benjamin Constant à Paris, ils faisaient une chose bien plus fâcheuse et bien autrement imprudente que ce qu'avait fait le baron de Vitrolles en écrivant la note secrète. Ce n'étaient pas là seulement des paroles, en effet; c'étaient des actes. Ces actes ravivaient toutes les craintes de l'Europe en faisant reparaître les noms auxquels se rattachaient des souvenirs de révolution ou de guerre. Heureusement les deux membres les plus influents de la conférence européenne à Paris, le duc de Wellington et le comte Pozzo di Borgo, étaient ouvertement favorables à l'évacuation du territoire français, et le duc de Richelieu était l'ami de l'empereur Alexandre qui conservait son ascendant sur les souverains, membres de l'ancienne coalition, et accordait une confiance absolue au témoignage du duc de Richelieu.

Louis XVIII tenait passionnément à obtenir l'évacuation immédiate du territoire national, il y attachait son honneur, et il avait dit à son premier ministre, le jour du départ de celui-ci pour Aix-la-Chapelle :

« Monsieur de Richelieu, faites toute espèce de sacrifice pour obtenir l'évacuation du territoire; c'est la première condition de notre indépendance; il ne doit y avoir que des drapeaux français en France. Exprimez à mes alliés combien mon gouvernement sera difficile tant qu'on pourra lui reprocher les calamités de la patrie et l'occupation du territoire. Et pourtant vous savez, monsieur de Richelieu, que ce n'est pas moi, c'est Bonaparte qui a appelé les alliés contre nous. Voilà toutes mes instructions. Répétez à l'empereur Alexandre qu'il peut rendre à ma maison un dernier et plus éclatant service que celui qu'il lui a rendu en 1814 et en 1815 ; après avoir restauré la légitimité, il lui reste la gloire de restaurer l'indépendance nationale. Obtenez les meilleures conditions possibles ; mais, à tout prix, point d'étrangers. »

Fidèle à ces instructions qui répondaient si bien à ses propres sentiments, le duc de Richelieu, avant de partir, s'était assuré que les diplomates, membres de la conférence européenne siégeant à Paris, ne feraient pas obstacle à l'idée de l'évacuation. Mais en supposant cette question résolue, il en restait d'autres d'une haute importance qui appelaient une solution sur laquelle on était moins d'accord. D'abord, il s'agissait de fixer l'époque des derniers payements à faire par la France ; en second lieu, il fallait établir sa position dans le conseil des grandes puissances européennes ; en troisième lieu, il y avait à savoir si, en cessant d'être occupée, elle demeurerait surveillée par une armée placée en dehors de ses frontières. Enfin, il y avait une dernière question à régler : si l'entrée de la France dans le conseil des grandes puissances constituait une quintuple alliance, la quadruple alliance formée en vue des nouvelles commotions révolutionnaires qui pouvaient se produire dans son sein continuerait-elle à subsister ?

Des doutes fort graves avaient été exprimés par les plénipotentiaires de la conférence de Paris sur ces trois dernières questions, et les plus favorables, sauf M. Pozzo di Borgo, que le duc de Richelieu, las des affaires, aurait voulu avoir pour successeur au ministère des relations extérieures, étaient d'avis de laisser subsister une différence marquée entre la France réintégrée dans le conseil des nations européennes et les autres puissances. Le duc de Richelieu, espérant faciliter le succès de sa mission s'il obtenait d'avance l'adhésion de l'Angleterre, s'arrêta à Spa afin d'avoir une conférence avec lord Castlereagh. Celui-ci se montra facile sur la question de l'évacuation immédiate de notre territoire, et disposé à faire donner à la France toutes les facilités possibles pour le payement des derniers termes de la contribution de guerre ; mais, quand le duc de Richelieu parla de signer à Aix-la-Chapelle un traité de quintuple alliance qui abolirait complétement le traité de quadruple alliance du 24 novembre 1815, le ministre français et le ministre anglais cessèrent de s'entendre. Lord Castlereagh exprima de la façon la plus catégorique l'opinion que, bien que la France fût admise à traiter les grandes affaires de l'Europe avec les autres nations, le traité du 24 novembre devait subsister entre les quatre puissances signataires, comme une précaution contre les éventualités de l'avenir. Le duc de Richelieu ayant insisté vivement sur la position fâcheuse que cette précaution offensante ferait à la France traitée en suspecte, lord Castlereagh laissa voir qu'une des raisons qui lui faisaient attacher un si grand prix à la quadruple alliance, c'était l'appréhension d'avoir à porter devant le Parlement un nouveau traité dont le but éventuel serait une assurance mutuelle souscrite entre les souverains contre les risques des révolutions populaires. La question parlementaire compliquait ici pour le gouvernement anglais la question diplomatique et, comme le dit plus tard lord Castlereagh dans la conférence d'Aix-la-Chapelle, le gouvernement anglais, toutes les fois qu'il était au moment de s'engager, devait songer à sa responsabilité devant le Parlement. Le duc de Richelieu prévit, à partir de ce moment, de graves difficultés sur cette question dans le congrès d'Aix-la-Chapelle, mais il espérait encore les tourner avec le puissant appui de l'empereur Alexandre.

A peine arrivé, il fut reçu et appelé en audience particulière par le Czar, qui l'accueillit avec de grandes démonstrations d'amitié, comme il avait coutume de le faire. Mais le ministre français demeura affligé et surpris lorsque, après être entré en matière, il découvrit qu'Alexandre, tout en continuant à professer les sentiments de la plus vive sympathie pour la France, n'était pas sans alarmes sur la situation du gouvernement royal. Faut-il attribuer, comme quelques historiens l'ont fait [1], ces préoccupations du Czar à la note secrète du baron de Vitrolles? Les observations faites par Alexandre au duc de Richelieu n'autorisent en rien cette supposition. Il ne dit pas un mot de nature à permettre de croire qu'il blâmât le gouvernement de s'être séparé de la droite, mais il exprima son vif étonnement de ce que, malgré la politique suivie par Louis XVIII, la partie la plus active, la plus mêlée aux affaires et la plus éclairée de la nation ne se fût pas rapprochée du trône. Tout au contraire, les anciens militaires et les fonctionnaires civils de la République et de l'Empire s'en éloignaient tous les jours davantage.

Alexandre n'avait nul besoin d'être averti par une note secrète de la situation des choses à ce sujet ; les faits étaient là, présents à tous les yeux. Le parti des indépendants faisait son opposition au grand soleil, et, loin d'être satisfait des concessions du ministère, il s'appuyait sur celles qu'il avait obtenues pour en arracher de nouvelles. N'avait-il pas encore, peu de jours avant la conversation du duc de Richelieu avec Alexandre, réclamé, à l'occasion de l'ordonnance du 30 septembre sur la garde nationale, les institutions démocratiques de 1790 et de 1791 ? A la tribune et dans les publications d'une périodicité irrégulière à l'aide desquelles il exerçait une propagande incessante, ne cherchait-il pas, chaque jour, à faire verser le gouvernement dans la démocratie? Ne suivait-il pas dans les élections le même système que dans la presse? Alexandre en savait plus que personne sur les projets secrets nourris par les hommes les plus ardents de ce parti. N'était-ce pas à lui que les réfugiés de Bruxelles, d'accord

---

[1]. Entre autres M. Duvergier de Hauranne.

avec les conspirateurs de France, avaient proposé de placer sur le trône de Louis XVIII le prince d'Orange, et ne savait-on pas qu'à défaut de ce prince, qui, par ses variations continuelles et ses coups de tête mêlés de défaillances et d'amendes honorables, avait lassé jusqu'à ses partisans, les mécontents de France songeaient au prince Eugène? Ces données que possédait Alexandre suffisaient pour motiver son langage et pour expliquer ses appréhensions. Il faut, en outre, se rappeler que, dans les derniers mois de 1818, Alexandre, sans avoir encore renoncé à ces idées libérales qui avaient été la passion de sa vie, commençait à interroger l'horizon d'un œil soucieux. Le mouvement de l'esprit public en Pologne lui inspirait des inquiétudes, et il se demandait si l'on n'abuserait pas contre lui des institutions qu'il avait fondées. Le bouillonnement des idées en Allemagne lui donnait à réfléchir. Enfin les tendances du parti des indépendants en France étaient loin de le rassurer. Les paroles qui lui revenaient sans cesse à la bouche, vers cette époque, étaient celles-ci : « Soyons libéraux, mais soyons prêts à réprimer les jacobins. »

Il demanda au duc de Richelieu s'il pouvait lui répondre que l'évacuation du territoire français par les armées européennes ne mettrait pas en péril le trône de Louis XVIII et la paix de l'Europe. Le duc de Richelieu engagea sans hésiter sa parole, et eut ainsi l'insigne honneur d'être la caution du Roi et de la France. Cet engagement suffit à Alexandre, qui déclara aussitôt que le territoire français serait évacué sans condition. Mais sur la question de la quadruple alliance, le duc de Richelieu trouva Alexandre aussi inébranlable que lord Castlereagh. A toutes les observations, à toutes les instances du ministre français, le Czar répliqua qu'il y aurait une souveraine imprudence à dissoudre la force morale avec laquelle on tenait la révolution en échec, précisément au moment où l'on retirait la force matérielle destinée à la contenir. Il était bon qu'elle sût qu'une nouvelle tentative serait suivie d'une nouvelle et énergique répression. En vain le duc de Richelieu essaya-t-il de faire comprendre au Czar ce qu'il y aurait d'humiliant pour la France à être tenue ainsi dans une espèce de suspicion par l'Europe. Alexandre trouvait qu'il y avait de trop grands intérêts en jeu pour s'arrêter devant cette considération. Il ne contestait pas la convenance de faire entrer la France dans le conseil européen, et il cherchait avec le duc de Richelieu quel serait le mode le meilleur pour transformer la quadruple alliance en quintuple alliance, mais sans en changer le but.

Le duc de Richelieu, après avoir fait d'inutiles efforts pour ramener Alexandre à ses opinions, finit par se rattacher à cette idée d'une alliance où tous les droits et toutes les obligations fussent réciproques entre les cinq puissances. Cependant il avoua à l'empereur qu'il considérait comme très-difficile de faire accepter cette solution par l'Angleterre, et il lui cita une objection que venait de lui faire à Spa lord Castlereagh : — « Comment voulez-vous, lui avait dit celui-ci, que s'il y a une révolution en Irlande, une armée française ait le droit d'y rétablir l'ordre? » Alexandre réfléchit un moment : — « La France, dit-il, vient d'être malade, l'Angleterre ne l'a pas été ; il est impossible de leur appliquer le même régime. » Le duc de Richelieu se récria sur cette position particulière et spéciale faite à la France, qui s'en tiendrait pour offensée. Il ajouta que, si on refusait de la traiter sur le pied de l'égalité, il ne resterait plus au plénipotentiaire du Roi qu'à se tenir à l'écart, sans adhérer à des actes qu'il lui était impossible d'empêcher comme d'accepter.

Le duc de Richelieu était dans son rôle et dans l'honorable mission que lui avait donnée Louis XVIII ; mais il ne fallait pas s'étonner qu'Alexandre, malgré ses sympathies pour la France, persistât dans une politique de prévoyance et de précaution justifiée à ses yeux par les périls que l'Europe avait courus et ceux qu'elle pouvait courir encore. Le duc de Richelieu traitait pour la France, Alexandre pour l'Europe.

Aix-la-Chapelle, même avant l'ouverture des conférences, précédées et préparées par ces entrevues, avait pris la physionomie brillante et animée d'une ville de congrès, quoique cependant les affaires qui devaient y être traitées n'eussent pas le caractère général de celles qui avaient occupé le congrès de Vienne. Les grandes puissances avaient même pris soin à l'avance d'avertir toutes les cours, dans une circulaire envoyée par leurs ministres formant la conférence de Paris, que ce n'était pas à proprement parler un congrès qui allait s'ouvrir, mais une délibération limitée à un seul point et destinée exclusivement à décider si le moment de retirer du territoire français l'armée d'occupation était venu [1].

En faisant adresser aux divers cabinets cette circulaire, les quatre puissances avaient plusieurs objets en vue : elles

1. Voici les termes mêmes de cette circulaire :

« Les souverains alliés qui ont signé avec la France le traité du 20 novembre 1815, étant convenus de se réunir dans l'automne prochain pour, conformément à l'article 5 dudit traité, prendre en considération, de concert avec Sa Majesté Très-Chrétienne, l'état intérieur de la France, et, d'après cet antécédent, décider si l'occupation des provinces frontières de ce royaume peut cesser ou bien si elle doit être continuée, mes collègues et moi avons reçu de nos cabinets respectifs l'ordre de faire connaître les motifs de cette réunion. Il n'est aucun doute que l'article susmentionné ne réserve aux souverains alliés le droit exclusif de décider seuls l'importante question qui en est l'objet. Cependant, Leurs Majestés voulant éviter toute interprétation non fondée qui pourrait tendre à donner à leur réunion le caractère d'un congrès, et écarter en même temps l'intervention d'autres princes et cabinets dans la discussion dont la décision leur est expressément réservée, elles ont ordonné à la conférence de Paris de faire connaître la résolution qu'elles ont prise de décliner toute ouverture contraire qui pourrait leur être adressée à cet égard, et de n'admettre aucun plénipotentiaire qui serait envoyé au lieu indiqué pour leur réunion. En usant d'un droit qui leur est exclusivement réservé par le traité de 1815, les souverains alliés ne veulent nullement attirer à eux les négociations entamées à Paris, à Londres et à Francfort, lesquelles doivent être terminées dans les lieux où les conférences sont établies, et avec l'intervention de toutes les parties qui, vu la nature des affaires, sont appelées à y prendre part. »

excluaient ainsi des conférences d'Aix-la-Chapelle l'Espagne, le Portugal et la Suède, signataires du traité de Paris ; elles écartaient d'avance les requêtes qu'elles pressentaient ou même qu'elles savaient positivement devoir leur être adressées par les États qui croyaient avoir à se plaindre des traités de Vienne ; enfin elles dissipaient les alarmes répandues par la presse, d'après laquelle la réunion d'Aix-la-Chapelle devait être une espèce de cour de révision appelée à toucher à toute chose, ce qui avait mis en émoi tous les intérêts. Néanmoins le concours était grand à Aix-la-Chapelle, où l'empereur d'Autriche était entré le même jour que l'empereur de Russie. Le roi de Prusse, qui était chez lui dans cette ville, avait précédé ses deux puissants alliés pour leur en faire les honneurs. Il avait amené avec lui M. de Hardenberg ; M. de Metternich y avait accompagné son souverain. Ces deux monarques laissaient le soin de leurs affaires à leurs ministres ; aussi la visite que leur fit le duc de Richelieu n'eut-elle pas l'importance de celle qu'il avait faite à l'empereur de Russie, qui s'occupait de ses affaires par lui-même. Néanmoins MM. de Nesselrode et Capo d'Istria avaient suivi Alexandre, qui, malgré la résolution prise en son absence de ne point admettre aux délibérations les membres de la conférence européenne siégeant à Paris, résolution destinée à écarter le comte Pozzo di Borgo que ses collègues jugeaient trop favorable à la France, appela presque immédiatement ce dernier ; son arrivée donna un auxiliaire précieux au duc de Richelieu, car M. Pozzo di Borgo, quoique dévoué à son nouveau souverain, n'oubliait pas qu'il était né Français. Parmi les personnages de distinction qui se pressaient à Aix-la-Chapelle, on comptait le prince de Hesse-Hombourg, le prince Frédéric de Wurtemberg ; le comte de Voronsow, général en chef de l'armée russe d'occupation ; l'adjudant général Jomini, déjà célèbre comme écrivain militaire, et qu'on pourrait appeler l'historiographe de la coalition ; le duc de Wellington. Lord Castlereagh, que suivait M. Canning, dont on commençait à pressentir l'avenir politique, et qui s'était fait adjoindre M. Planter et lord Stuart, représentait l'Angleterre dans les conférences, où le prince de Hardenberg, plénipotentiaire de la Prusse, devait être assisté du comte de Bernstorff et du baron Alexandre de Humboldt. Le prince de Metternich était assisté de M. de Gentz et du baron de Vincent, qu'il avait appelé de Paris dès qu'il avait vu arriver le comte Pozzo di Borgo. On remarquait aussi la présence de deux banquiers inégalement célèbres à cette époque, mais tous deux célèbres, M. Baring, sur la puissante maison duquel la France s'appuyait pour réaliser sa gigantesque liquidation envers l'Europe, et M. Rothschild, de Vienne. Tous deux devaient donner les explications nécessaires, et au besoin indiquer les solutions des difficultés financières qui pouvaient s'élever, et le duc de Richelieu eut à se féliciter d'avoir réclamé la présence de M. Baring. La presse anglaise, qui inaugurait dès lors son vaste système d'information et de publicité, y avait envoyé ses correspondants pour être mieux et plus tôt instruite. Les arts, les lettres et les plaisirs, qui vont partout où l'on peut espérer des fêtes, étaient accourus. Madame Gail, dont le talent musical, comme compositeur et exécutant, était connu, se trouva à Aix-la-Chapelle avec madame Gay, d'une conversation spirituelle et piquante, auteur recherché et intelligente actrice de comédies de salon, dont la célébrité a disparu dans le rayonnement de la célébrité de sa fille. Madame Catalani, la grande cantatrice de l'époque, dont la voix incomparable avait quelque chose de surnaturel en vigueur et en étendue, donna quelques concerts. Mademoiselle Lenormant, la sibylle en vogue, dont on racontait les merveilleuses prédictions à Napoléon et à Joséphine, — car les prédictions, connues seulement après l'événement qu'elles annoncent, sont de tous les temps, comme le penchant au merveilleux ou à la superstition, — rendait, ou plutôt vendait ses oracles. Peut-être la tournure rêveuse de l'esprit de l'empereur Alexandre et l'influence qu'avait exercée sur lui madame de Krudener avaient-elles donné des espérances à cette lointaine descendante des sorcières, qui trouva une proie moins auguste, mais opulente cependant, dans cette nuée d'Anglais qui, ayant à dépenser leur ennui et leurs guinées, s'étaient abattus sur Aix-la-Chapelle.

Les affaires marchèrent vite. Les conférences que M. de Richelieu avait eues avec l'empereur Alexandre d'abord, ensuite avec MM. de Hardenberg et de Metternich, avaient préparé les solutions. Vivement interpellé sur la loi d'élection, le duc de Richelieu s'était montré plus rassuré qu'il ne l'était réellement sur ses résultats possibles et prochains. Il avait eu à défendre la loi de recrutement. Quant à la presse, il s'était rejeté sur l'exemple de l'Angleterre, où elle osait tout sans que l'Europe s'en plaignît; mais il avait promis cependant de veiller, dans la mesure du possible, à ce qu'elle ne créât pas des dangers aux voisins et aux alliés de la France par une propagande passionnée. Le duc de Richelieu repoussa avec vivacité l'idée mise en avant par la Prusse de maintenir en dehors des frontières de la France l'armée d'occupation, comme une sorte de cordon sanitaire, et l'empereur Alexandre, tenant loyalement sa parole, s'opposa à ce que cette idée offensante pour la France fût discutée. Dès la seconde séance de la conférence, qui eut lieu le 2 octobre 1818, l'évacuation du territoire de la France fut décidée en principe, et le protocole suivant fut voté et signé :

« Les troupes composant l'armée d'occupation seront retirées du territoire de la France le 30 novembre ou plus tôt si faire se peut. Les places et forteresses que ces troupes occupent seront remises aux commissaires nommés à cet effet par Sa Majesté Très-Chrétienne, dans l'état où elles se trouvaient au moment de l'occupation, conformément à l'article 15 de la convention conclue en exécution de l'article 50 du traité du 20 novembre

1815. La somme destinée à pourvoir à la solde, à l'habillement, à l'équipement de l'armée d'occupation sera payée dans tous les cas jusqu'au 30 novembre, sur le même pied qu'elle l'a été depuis le 1er septembre 1817. »

Quand le courrier de cabinet porteur de cette grande nouvelle arriva à Paris, la joie fut grande aux Tuileries et elle se répandit bientôt dans toute la France. L'occupation de notre territoire qui, d'après le traité du 20 novembre, aurait pu être prolongée pendant deux ans encore, allait finir après avoir duré trois ans au lieu de cinq. Le duc de Richelieu, dont la politique était controversable au dedans, obtenait ce grand succès au dehors. Le Roi, — sa figure rayonnait de fierté et de satisfaction, — annonça à l'ordre d'une voix émue la délivrance prochaine de notre territoire, et écrivit au duc de Richelieu une lettre terminée par ces paroles touchantes : « J'ai assez vécu puisque j'ai vu la France libre et le drapeau français flotter sur toutes les villes françaises. » Toutes les opinions témoignèrent leur joie ; seulement la droite, en exprimant la sienne, ne fit pas au duc de Richelieu la part qui lui appartenait, parce qu'on se servait de cet heureux événement comme d'une arme contre elle et qu'on lui demandait si, en suivant ses idées, on serait arrivé à cette situation honorable et prospère : « Les étrangers quittent la France, écrivait M. de Chateaubriand dans le *Conservateur*, je reconnais ici la sagesse du Roi. Je fais aussi la part de la modération des princes alliés. Je paye à notre auguste monarque, pour ce nouveau bienfait, un nouveau tribut d'amour et de reconnaissance. »

C'était beaucoup d'avoir emporté cette question, mais il y en avait encore plusieurs à résoudre, d'une grande importance, et qui préoccupaient au plus haut degré Louis XVIII. Je ne parle pas de la question financière, sur laquelle il fallut revenir, comme je le dirai tout à l'heure, par suite d'obstacles et d'embarras imprévus ; elle fut pourtant réglée par la convention du 9 octobre ; je parle d'une question plus haute et plus difficile : quelle place ferait-on, en Europe, à la France délivrée de l'occupation? Maintiendrait-on contre elle l'alliance à quatre? Ferait-on avec elle l'alliance à cinq? Dans le protocole du 9 octobre, on avait ainsi réglé les stipulations financières, parce qu'il fallait tenir compte à la fois du pressant besoin d'argent de la Prusse et de plusieurs autres puissances, et du danger d'accabler les fonds publics de la France et de rendre le payement des traites impossible aux maisons qui se chargeaient de les acquitter, en rapprochant trop les échéances :

« 1º Tous les comptes de la France avec les puissances alliées ayant été réglés et arrêtés, la somme à payer par la France pour compléter l'exécution de l'article 4 du traité du 20 novembre 1815 est définitivement fixée à 265 millions de francs.

« 2º Sur cette somme, celle de 100 millions, valeur effective, sera acquittée en inscriptions de rentes sur le grand-livre de la dette publique de France, portant jouissance du 22 septembre 1818 ; lesdites inscriptions seront reçues au cours du lundi 5 octobre 1818.

« 3º Les 165 millions restants seront acquittés par neuvième de mois en mois, à partir du 6 janvier prochain, sur les maisons Hope, Baring, Trêves et Cⁱᵉ, lesquelles traites et acceptations de rentes seront délivrées aux commissaires des cours d'Autriche, de la Grande-Bretagne, de la Prusse et de la Russie par le Trésor royal de France, à l'époque de l'évacuation complète et définitive du territoire français....

« 7º A la même époque, lesdites cours remettront au Trésor royal de France les six engagements non encore acquittés qui seront restés entre leurs mains sur les quinze engagements délivrés conformément à la convention annexée au traité du 20 novembre. Les mêmes commissaires remettront en même temps l'inscription de 7 millions de rentes créée en vertu de l'article 8 de la susdite convention.

« 8º La présente convention sera ratifiée et les ratifications seront échangées à Aix-la-Chapelle, dans le délai de quinze jours, ou plus tôt, si faire se peut. »

L'époque de l'évacuation du territoire ainsi fixée et les clauses financières qui se rattachaient à cette convention politique une fois arrêtées d'un commun accord, restaient les deux graves questions plus haut indiquées : Dans le cas où elles seraient résolues dans le sens le plus favorable à la France, renoncerait-on d'une manière absolue et définitive à la quadruple alliance, ou celle-ci demeurerait-elle comme un en cas dans la prévision d'une nouvelle crise révolutionnaire en France? Ici les hésitations européennes et les divergences des cabinets reparurent.

L'empereur Alexandre, persistant dans ses dispositions favorables pour la France, et en même temps toujours sous le charme de ce traité de la Sainte-Alliance dont il avait pris l'initiative, proposa de le régulariser et de lui donner une sanction effective en le transformant en un traité de garantie réciproque et universelle, au bas duquel la France serait invitée à apposer sa signature. Les puissances ainsi réunies devaient, selon lui, former une espèce de tribunal des amphictyons chrétien, qui tiendrait ses assises d'une manière régulière, pour résoudre tous les problèmes européens, et avertirait les autres cours, par des circulaires, de l'époque choisie pour ces réunions périodiques. L'Autriche et la Prusse, assez favorables à l'idée de la périodicité des réunions, à cause de la fermentation des sociétés secrètes en Allemagne, auraient préféré le maintien du traité du 20 novembre 1816 modifié de manière que la France n'en fût pas complétement exclue. Quant à l'Angleterre, elle fit tout d'abord la plus vive opposition à la proposition de l'empereur de Russie, surtout par le motif mis en avant par lord Castlereagh dans sa conversation avec le duc de Richelieu, et que lord Liverpool, chef du cabinet, exposait avec une grande force dans le passage suivant d'une lettre datée du 23 octobre 1818 :

« Nous sommes satisfaits de nos engagements existants, et nous ne voulons pas les abroger; mais ces engagements contiennent quelques stipulations qu'il serait difficile de faire accepter par certaines personnes dans les circonstances actuelles. Il y a donc, soit qu'on y ajoute ou qu'on se borne à les confirmer, de grandes précautions à prendre surtout en présence d'un Parlement nouveau. A ce point de vue, les idées de l'empereur de Russie sont erronées et inadmissibles. »

Lord Liverpool revenait ainsi sur la même idée dans une nouvelle dépêche qui achève de mettre en lumière la ligne suivie par l'Angleterre dans le congrès d'Aix-la-Chapelle :

« Nous nous sommes émus à la pensée d'un nouveau traité auquel la France prendrait part. Nous sommes convaincus qu'une telle mesure deviendrait l'occasion d'une discussion déplorable, et qu'en outre elle provoquerait de graves dissentiments dans notre cabinet. Si, au contraire, on s'en tient aux engagements antérieurs, nous sommes couverts par l'autorité de l'ancien Parlement. Il faut cependant que les Russes se décident à comprendre que nous avons un Parlement et un public devant lequel nous sommes responsables. Pour nous, nous devons nous le rappeler sans cesse et faire sentir à nos alliés que la discussion générale et européenne sur toutes ces questions sera dans le Parlement britannique. »

Le cabinet anglais ne s'opposait pas, du reste, à ce que la France fût appelée dans les réunions diplomatiques, toutes les fois qu'il y aurait une affaire européenne en jeu. Ce à quoi il tenait, c'était qu'on ne fît pas intervenir un acte nouveau dont il aurait fallu rendre compte au Parlement. Il voulait au contraire pouvoir répondre, s'il était interpellé : « Les choses demeurent dans l'état où elles étaient. Seulement, si des affaires nouvelles viennent à surgir, la France, étant rentrée dans le concert européen, sera appelée à prendre part aux délibérations. »

La pensée de l'Angleterre différait donc de celle de l'Autriche et de la Prusse, en ce qu'elle était contraire à cette périodicité des réunions diplomatiques, qui aurait paru enchaîner d'avance la politique anglaise à la décision de la majorité de ces réunions. Elle différait plus notablement encore de celle de la Russie, parce que les plénipotentiaires anglais appréhendaient tout traité nouveau comme pouvant devenir, dans le Parlement, le point de départ d'une discussion dangereuse pour le ministère britannique, et par-dessus tout parce que l'idée de faire descendre le traité de la Sainte-Alliance, que l'Angleterre n'avait pas signé, des nuages où il était resté, et d'en faire la règle pratique du droit européen, ne pouvait pas être proposée par un ministre anglais et ne serait jamais acceptée par le Parlement.

Au milieu de ce conflit d'opinions différentes, l'opinion de l'empereur de Russie était encore celle qui donnait le plus de satisfaction aux intérêts et à la dignité de la France, en ce que ce prince admettait la réciprocité des engagements pris et l'égalité des puissances qui les prenaient. Seulement, il était désirable qu'Alexandre consentît à accepter une forme moins mystique pour l'alliance, et que la rédaction du document projeté ne donnât point prise aux attaques des Chambres françaises, qui, sans avoir la même autorité que le Parlement britannique, se montreraient certainement blessées si les termes de la déclaration impliquaient une menace pour la liberté des peuples ou un sacrifice de la liberté de la France. Il fallait pour emporter cette dernière question tout le bon vouloir de l'empereur de Russie, ramené à des idées pratiques par une influence puissante. Le duc de Richelieu appréhendait de ne pas réussir à exercer une action assez forte sur Alexandre pour l'amener à ce point; ses appréhensions étaient d'autant plus vives que les premières nouvelles qui arrivaient de France sur le résultat des élections n'étaient point favorables à la politique du ministère, et semblaient donner un démenti aux promesses du plénipotentiaire de Louis XVIII. Les indépendants, en faisant reparaître des noms entourés d'une auréole révolutionnaire, fournissaient un argument aux hommes d'État européens qui voulaient maintenir les vieilles stipulations contre la France. Le duc de Richelieu eut l'heureuse pensée d'aplanir ces difficultés en ménageant une entrevue entre Louis XVIII et Alexandre décidé à profiter des quinze jours de délai stipulés pour l'échange des ratifications des conventions financières, afin d'aller passer en revue le corps russe qui devait prochainement quitter le territoire français. Louis XVIII était très-sensible à l'influence qu'il exerçait dans la conversation par les grâces, un peu étudiées, mais délicates et fines, de sa parole, et l'idée de contribuer personnellement à la rentrée de la France dans la famille des grands empires flattait à la fois son patriotisme et sa royale fierté. Le duc de Wellington s'étant joint à MM. Pozzo di Borgo et Capo d'Istria, qui aidèrent le duc de Richelieu de toutes leurs forces, tous réunis obtinrent qu'Alexandre, en allant inspecter ses troupes, pousserait jusqu'à Paris et aurait un entretien avec Louis XVIII. Alexandre se plaisait dans ces actes d'intervention personnelle qui lui permettaient de voir par ses yeux et de prendre rapidement des résolutions qui, motivées par ses propres observations, entraînaient tout le monde. L'extraordinaire, le soudain, le généreux séduisait cette âme élevée mais un peu malade. Il paraît qu'on connut à Paris la résolution prise par l'empereur de Russie, avant qu'elle fût connue à Aix-la-Chapelle, car le comte d'Hauterive, chargé de l'intérim des affaires étrangères, écrivait au duc de Richelieu, le 18 octobre 1818 :

« Monsieur le duc, M. de Schrœder, chargé d'affaires de Russie, m'a dit : *Monsieur, je viens vous parler d'une chose qu'il est entendu entre nous que je ne vous dirai pas : l'empereur Alexandre vient à Paris. Cela est très-certain, mais vous ne le savez pas, et surtout le Roi ne le sait pas. Je crois que nous nous entendons.* Je lui ai répondu : *Monsieur, on comprend très-bien ces choses, mais ce n'est pas avec son esprit, c'est avec son cœur qu'on les conçoit, et je crois, comme vous me faites l'honneur de me le dire, que nous nous entendons.*

« Cependant le comte de Goltz, monseigneur, dit à tout le monde que le roi de Prusse sera ici le 25. Je n'ai rien à dire sur l'esprit et sur le cœur du comte de Goltz, ni sur ses canons braqués contre le pavillon de Flore. »

La chose était vraie : le Czar venait à Paris, et au dernier moment le roi de Prusse annonça qu'il serait aussi du voyage. La résolution imprévue de ce dernier a été attribuée par les contemporains à un singulier motif. Ses longs malheurs l'avaient jeté dans une profonde tristesse ; il y avait des années que le rire, cet hôte peu connu des rois, n'avait paru sur ses lèvres, lorsqu'à l'époque de la première invasion, il rencontra sur une scène de Paris un acteur comique dont le jeu rappela dans son esprit et sur son visage cette sensation et cette expression de gaieté qu'il ne connaissait plus. Il avait saisi, dit-on, l'occasion de revoir encore une fois Paris, pour aller demander à la scène sur laquelle il l'avait retrouvé, après bien des années, cet éclair de gaieté que la restitution de ses États et Waterloo même ne lui avaient pas rendu. Touchante et à la fois ridicule histoire qui, si elle témoigne de la simplicité du roi de Prusse, témoigne en même temps des tristesses involontaires du trône et de l'impuissance de la prospérité et des jouissances du pouvoir à dérider ces maîtres des empires qui jalousent d'en haut la multitude qui les envie d'en bas. Le voyage d'Alexandre à Paris et son entrevue avec Louis XVIII devaient contribuer à aplanir les difficultés qui arrêtaient les délibérations d'Aix-la-Chapelle. Le comte d'Hauterive disait à ce sujet, avec la recherche d'un style qui cherchait à buriner les idées : « Si l'empereur Alexandre ne vient pas pour voir Paris, mais pour voir le Roi ; si ce voyage est une visite, un tel procédé, qui n'a pas d'exemple et qui ne sera jamais imité, peut être placé au rang des belles actions. C'est le beau idéal du savoir-vivre d'un grand prince. »

Louis XVIII avait envoyé à la frontière le général Dessoles et le marquis d'Autichamp pour recevoir les deux monarques, qui arrivèrent à Paris le 28 octobre et dînèrent aux Tuileries. On avait préparé une représentation à l'Opéra à l'intention du roi de Prusse dont on connaissait le goût pour le théâtre, afin de ménager à Louis XVIII la possibilité d'un tête-à-tête avec le Czar. Les choses se passèrent comme on l'avait désiré : le roi de Prusse se rendit à l'Opéra, et Alexandre, qui devait repartir le soir même, eut un entretien de deux heures avec le Roi. Louis XVIII exposa le système suivi depuis l'ordonnance du 5 septembre, et qu'il voulait continuer à suivre. Alexandre, comme l'a raconté le Roi lui-même dans un écrit contemporain, entra dans toutes ses pensées, approuva hautement la ligne de conduite du gouvernement, fit l'éloge des ministres, et particulièrement de M. Decazes qui lui fut présenté, éloge qui alla au cœur de Louis XVIII. Cependant l'empereur de Russie insista sur la double nécessité de faire pour les peuples tout ce que conseillait un libéralisme vraiment chrétien, et il sembla disposé à croire que ni l'Autriche ni la Prusse n'étaient allées assez loin dans cette voie ; et de résister fermement à l'esprit révolutionnaire. Il ne cacha pas, en faisant cette dernière réflexion, qu'il croyait avoir remarqué un réveil de la Révolution en France. Louis XVIII répondit à cette observation motivée par les résultats des dernières élections qui commençaient à être connus, que la majorité des choix serait bonne, et que, dans un gouvernement constitutionnel, il ne fallait pas s'émouvoir de quelques choix exceptionnellement mauvais. Cependant il convint avec Alexandre qu'il était utile d'imposer à la Révolution par une attitude énergique et résolue, et il ne combattit pas le projet d'une déclaration européenne dont l'entretint Alexandre, pourvu que cette déclaration restât dans les termes d'une politique de fermeté sans menaces. Dans la suite de la conférence, Louis XVIII demanda au Czar d'user de toute son influence pour décider le duc de Richelieu à demeurer au ministère. Il vanta son mérite, son caractère, et il ajouta qu'il serait impossible de le remplacer comme ministre des affaires étrangères, à plus forte raison comme président du Conseil ; or il fallait un président du Conseil dans un gouvernement constitutionnel, puisque l'unité du ministère se résumait en sa personne. Le Czar, comme il le dit au Roi, avait déjà parlé au duc de Richelieu dans ce sens ; il promit d'y revenir, et ne cacha pas qu'il attachait autant de prix que Louis XVIII au succès de cette nouvelle tentative. Sans se départir de ses idées, il avait été touché de plusieurs observations du Roi, comme on peut le voir par la résolution qu'il prit de peser sur les délibérations du congrès afin de faire donner satisfaction à la France, relativement à la question de la quadruple alliance, quoiqu'au moment du départ du Czar de Paris, où il laissa pour quelques jours le roi de Prusse, la nomination de Benjamin Constant par les électeurs parisiens semblât certaine. Cette dernière remarque est du roi Louis XVIII.

On ne saurait douter de l'influence qu'exerça Alexandre sur la détermination prise à Aix-la-Chapelle, car ce fut le lendemain même de son retour dans cette ville, le 1$^{er}$ novembre 1818, que les plénipotentiaires des quatre grandes puissances signèrent un protocole dans lequel il était dit ce qui suit :

« L'état intérieur de la France ayant été depuis longtemps l'objet de considérations suivies des cabinets, et les plénipotentiaires des cabinets réunis à Aix-la-Chapelle s'étant mutuellement communiqué les opinions qu'ils s'étaient formées à cet égard, les augustes souverains, après les avoir pesées dans leur sagesse, ont reconnu avec satisfaction que l'ordre de choses heureusement établi en France par la restauration de la monarchie légitime et constitutionnelle et le succès qui a jusqu'ici couronné les soins de S. M. T. C. justifiaient pleinement l'espoir d'un affermissement successif de cet ordre de choses, si essentiel pour le repos et la prospérité de la France, et si étroitement lié à tous les intérêts de l'Europe. Quant à l'exécution des engagements, les communications que, dès l'ouverture des conférences, les plénipotentiaires de S. M. T. C. ont adressées à ceux des autres puissances, n'ont laissé aucun doute sur cette question en prouvant que le gouvernement français a rempli avec l'exactitude la plus scrupuleuse et la plus honorable toutes les clauses des traités et conventions du 20 novembre... L. M. I. et R. se sont félicitées de n'avoir plus à écouter que les sentiments et les vœux personnels qui les portaient à mettre un terme à une mesure que des circonstances funestes et la nécessité de pourvoir à leur propre sûreté et à celle de l'Europe avaient seules pu dicter. Dès lors, les souverains se sont décidés à faire cesser l'occupation militaire du territoire français, et la convention du 5 octobre a sanctionné cette résolution. En regardant cet acte solennel comme le complément de la paix générale, considérant maintenant comme le premier de leurs devoirs celui de conserver à leurs peuples les bienfaits que cette paix leur assure, et de maintenir dans leur intégrité les transactions qui l'ont fondée et consolidée, LL. MM. I. et R. se flattent que S. M. T. C., animée des mêmes sentiments, accueillera avec tout l'intérêt qu'elle attache à tout ce qui tient au bien de l'humanité, à la gloire et à la prospérité de son pays, la proposition que lui adressent LL. MM. I. et R. d'unir désormais ses conseils et ses efforts à ceux qu'elles ne cesseront de vouer à l'accomplissement d'une œuvre aussi salutaire. Les soussignés, chargés de prier le duc de Richelieu de porter le vœu de leurs souverains au Roi son maître, invitent en même temps S. Exc. à prendre part à leurs délibérations présentes et futures, consacrées au maintien de la paix, des traités sur lesquels elle repose, des droits et des rapports mutuels établis ou confirmés par ces traités et reconnus par toutes les puissances européennes. »

La veille de la signature de ce protocole, l'Autriche et l'Angleterre résistaient encore, et, pour vaincre cette résistance, c'est le duc de Richelieu qui l'écrivait le 2 novembre, il n'avait pas moins fallu que l'arrivée de l'empereur de Russie. « Un mot d'Alexandre, ajoutait-il, a tout levé. » Il n'ajoutait pas, mais ses auxiliaires ajoutèrent pour lui, que la confiance qu'il inspirait à l'Europe avait exercé une grande action sur Alexandre et sur les autres souverains. Quelques jours plus tard, M. de Rayneval écrivait à M. d'Hauterive en lui envoyant la déclaration du 13 novembre 1818 revêtue d'une quintuple signature :

« Voilà la fameuse déclaration, corrigée, restaurée, francisée : nous devons ce succès à la noblesse, à la franchise de notre chef et au respect véritable qu'il inspire à toute l'Europe. »

Avant de donner le texte de cette déclaration, il importe de faire remarquer que le protocole du 1$^{er}$ novembre, au bas duquel figuraient les signatures du prince de Metternich, du comte de Castlereagh, du duc de Wellington, du prince de Hardenberg, des comtes de Bernstorff, Nesselrode et Capo d'Istria, inaugurait une situation nouvelle en Europe. Depuis 1815 la France était restée debout devant les quatre puissances : elle s'asseyait à côté d'elles. Elle avait voix délibérative dans le conseil européen. La veille encore on n'était que quatre en Europe ; après le protocole du 1$^{er}$ novembre on était cinq.

Le duc de Richelieu, par les ordres du Roi, s'empressa de répondre à la note des plénipotentiaires. Sa réponse était ainsi conçue :

« S. M. le roi de France a reçu avec une véritable satisfaction cette preuve nouvelle de la confiance et de l'amitié des souverains qui ont pris part aux délibérations d'Aix-la-Chapelle. La justice qu'ils rendent à ses soins constants pour le bonheur de la France, et surtout à la loyauté de son peuple, a vivement touché son cœur. En reportant ses regards sur le passé, et en reconnaissant qu'à aucune époque, aucune autre nation n'aurait pu exécuter avec une plus scrupuleuse fidélité des engagements tels que ceux que la France avait contractés, le Roi a senti qu'elle était redevable de ce nouveau genre de gloire à la force des institutions qui la régissent, et il voit avec joie que l'affermissement de ces institutions est regardé comme aussi avantageux au repos de l'Europe qu'essentiel à la prospérité de la France. Considérant que le premier de ses devoirs est de chercher à perpétuer et à accroître, par tous les moyens qui sont en son pouvoir, les bienfaits que l'entier rétablissement de la paix générale promet à toutes les nations....... S. M. T. C. accueille avec empressement la proposition qui lui est faite d'unir ses conseils et ses efforts à ceux de LL. MM. pour accomplir l'œuvre salutaire qu'elles se proposent. »

Il ne restait plus qu'à rédiger et à signer en commun le

traité qui devait clore les conférences d'Aix-la-Chapelle et la déclaration qui devait en faire connaître les résultats à l'Europe entière. Nous croyons devoir donner ce traité, appelé à dominer le droit européen jusqu'à la révolution de 1830, et sur la rédaction duquel on ne parvint pas sans quelque peine à s'entendre. Les plénipotentiaires anglais, en effet, mettaient autant de soin, en vue des susceptibilités du Parlement, à en écarter tout ce qui pouvait rappeler la Sainte-Alliance, que les plénipotentiaires russes en mettaient à se rapprocher de ce texte cher à leur souvenir. On finit par se faire des concessions mutuelles, et l'on arriva ainsi à cette formule qui représente la transaction de l'idée russe et de l'idée anglaise :

« Les ministres d'Autriche, de France, de la Grande-Bretagne, de Prusse et de Russie, à la suite de l'échange des ratifications de la convention signée le 9 octobre, se sont réunis en conférence pour prendre en considération les rapports qui, dans l'état actuel des choses, doivent s'établir entre la France et les puissances cosignataires du traité du 20 novembre 1815, rapports qui, en assurant à la France la place qui lui appartient dans le système de l'Europe, la lieront étroitement aux vues pacifiques que partagent tous les souverains. En conséquence, les puissances signataires du présent acte ont unanimement reconnu et déclarent qu'elles sont fermement décidées à ne s'écarter ni dans leurs relations mutuelles, ni dans celles qui les lient aux autres États, du principe d'union intime qui a présidé jusqu'ici à leurs rapports et à leurs intérêts communs, union devenue plus forte, plus indissoluble par les liens de la fraternité chrétienne que les souverains ont formés entre eux; que cette union ne peut avoir pour objet que le maintien de la paix générale fondée sur le respect religieux pour les engagements consignés dans les traités; que la France, associée aux autres puissances par la restauration du pouvoir monarchique, légitime et constitutionnel, s'engage à concourir désormais au maintien et à l'affermissement d'un système qui a donné la paix à l'Europe et qui peut seul en assurer la durée; que si, pour atteindre le but ci-dessus énoncé, les puissances qui ont concouru au présent acte jugeaient nécessaire d'établir des réunions particulières, soit entre les souverains eux-mêmes, soit entre leurs ministres respectifs, pour y traiter en commun de leurs propres intérêts, l'époque et le lieu de ces réunions seraient chaque fois préalablement arrêtés, au moyen de communications diplomatiques, et que dans le cas où ces réunions auraient pour objet des affaires spécialement liées aux intérêts des autres États de l'Europe, elles n'auraient lieu qu'à la suite d'une invitation formelle de la part de ceux desdits États que lesdites affaires concerneraient, et sous la réserve expresse de leurs droits d'y participer directement ou par leurs plénipotentiaires. »

Au protocole que nous venons de reproduire était jointe la déclaration suivante, œuvre particulière d'Alexandre, et dans laquelle il avait épanché les sentiments exaltés de son âme magnanime :

« Les souverains, en formant cette union auguste, ont regardé comme sa base fondamentale leur invariable résolution de ne jamais s'écarter, ni entre eux, ni dans leurs relations avec d'autres États, de l'observation la plus stricte des principes des droits des gens, principes qui, dans leur application à un état de paix permanent, peuvent seuls garantir efficacement l'indépendance de chaque gouvernement et la stabilité de l'association générale... Les souverains reconnaissent formellement que leurs devoirs envers Dieu et envers les peuples qu'ils gouvernent leur prescrivent de donner au monde, autant qu'il est en eux, l'exemple de la justice, de la concorde, de la modération, heureux de pouvoir consacrer désormais tous leurs efforts à protéger les arts de la paix, à accroître la prospérité intérieure de leurs États et à réveiller ce sentiment de religion et de morale dont le malheur des temps n'a que trop affaibli l'empire. »

On a souvent accusé cette pièce de sortir du ton ordinaire de la politique et de remplacer par la langue de la métaphysique celle de la diplomatie. Du moins faut-il reconnaître qu'en s'éloignant du culte abject du fait accompli, et en gravitant vers la sphère des principes, elle élevait le niveau des âmes. Ce n'était pas la force qu'elle invoquait comme l'arbitre suprême des litiges des empires, c'était la justice. L'idéal de politique chrétienne, montré comme un but aux souverains, devenait une espérance pour les peuples.

La fin du congrès d'Aix-la-Chapelle fut moins favorable à la France que ses commencements : cela tint à des circonstances financières et politiques qu'il importe d'expliquer. On a vu que les conditions de l'emprunt soumissionné par les maisons Hope et Baring avaient été l'objet de nombreuses critiques; le principal reproche adressé à M. Corvetto par les banquiers français et dans les brochures écrites sous leur inspiration, c'était d'avoir fait jouir les maisons étrangères des bénéfices des emprunts contractés à des conditions onéreuses pour le Trésor : objection spécieuse, mais en réalité mal fondée, comme une douloureuse expérience devait bientôt le prouver. En outre, les puissances étrangères avaient déclaré de la manière la plus formelle qu'elles ne se contenteraient pas des garanties données par les maisons françaises, et le duc de Richelieu se félicita plus d'une fois dans sa correspondance d'avoir un homme comme M. Baring à opposer aux défiances des intéressés. L'événement semblait cependant au premier abord justifier ces critiques. En effet, les 30 millions de rente abandonnés aux maisons précitées au taux de 55 francs en 1817, avaient atteint, le 28 mai 1818, le taux de 69 francs 15 centimes. Il y avait donc un écart de 14 francs 15 centimes en faveur des prêteurs. Pour désintéresser ses censeurs et imposer silence à la critique, M. Corvetto décida que, parmi les nouveaux emprunts, il réserverait, sur celui de 16 millions 400,000 livres de rente, autorisé par la loi du 6 mai 1818, une somme de 14 millions 600,000 livres de rente pour les souscripteurs français. Les conditions faites aux preneurs étaient très-avantageuses. On admettait jusqu'au 27 mai toutes les souscriptions partielles qui seraient faites pour des sommes qui ne pouvaient être moindres de 5,000 livres de rente, et qu'on pouvait étendre aussi haut que l'on voudrait, sauf la réduction à subir si les offres dépassaient les besoins. Les soumissions supérieures à ce chiffre de 5,000 livres de rente pouvaient être divisées en coupons de 5,000, 10,000 et 20,000 livres de rente, transmissibles par un simple endos.

Le capital souscrit devait être versé en sept mois à partir du 27 mai. Le taux de l'emprunt ne devait être fixé que le 27 mai et en raison du cours du jour de l'émission, et la faculté de désistement laissée aux souscripteurs dans un cas prévu, le jour de la clôture de l'emprunt, était pour eux une sécurité de plus, car ils pouvaient retirer leur souscription, si la rente à l'époque de la clôture était au-dessous du taux où elle se trouvait le jour où ils avaient souscrit. Il y eut un empressement inouï pour obtenir des titres du nouvel emprunt, parce que le mouvement ascensionnel des fonds ne s'arrêtait pas et que tout le monde prévoyait une bonne affaire, dont chacun était bien aise de profiter [1].

Une affluence innombrable assiégea les portes du Trésor ; tous les rangs, tous les sexes étaient confondus, comme à l'époque du système de Law, dans cette cohue qui se ruait à l'assaut des titres sous l'influence de l'âpre soif du lucre, et, une fois le mouvement imprimé, la fièvre de l'imitation augmenta chaque jour le nombre de ceux qui se jetaient dans la mêlée. Acheter pour revendre avec bénéfice, c'était la pensée du grand nombre, et il y avait beaucoup de souscripteurs qui n'étaient pas sérieux et qui empruntaient pour effectuer le premier payement. Quand le moment vint de faire l'évaluation des souscriptions reçues, on constata qu'au lieu des 14 millions 600,000 livres de rente représentant un capital de 292 millions, elles avaient atteint le chiffre énorme de 160 millions de rente, en capital deux milliards, c'est-à-dire le décuple de la somme demandée.

J'ai dit que la hausse continuelle des fonds avait contribué à cette espèce de furie avec laquelle on s'était jeté sur l'em-

---

[1]. Il n'y a rien de nouveau sous le soleil de la finance, comme sous celui de la politique. L'idée des emprunts nationaux, qu'on a donnée de nos jours (1859 et 1860) comme une innovation, avait été pratiquée en 1818 par M. Corvetto; seulement on a multiplié les petites coupures.

prunt ; malheureusement cette hausse n'était pas entièrement naturelle. Le gouvernement, qui attachait un vif intérêt à ce que le duc de Richelieu pût présenter aux conférences d'Aix-la-Chapelle la fortune publique comme étant dans un état prospère, et la confiance comme faisant chaque jour de nouveaux progrès, n'avait pas fait d'objection à ce que M. Corvetto employât en reports une somme de 40 millions concentrée au Trésor. La Banque avait en outre facilité sans mesure des escomptes, et plusieurs maisons de banque françaises et étrangères avaient opéré dans le même sens sur une très-large échelle. Le gouvernement favorisait de toutes ses forces ce mouvement ; il y voyait l'avantage de payer l'étranger avec des rentes dont le cours était plus élevé; c'est-à-dire avec un moindre capital. Ce fut ainsi que le 27 mai le gouvernement put fixer à 66 francs 50 centimes le taux de l'emprunt de 16 millions 400,000 livres de rente.

La presse, qui se mêle à toutes les questions, se jeta sur celle-ci avec beaucoup de vivacité, et les journaux des indépendants battirent en brèche le ministère. M. Étienne, dont on n'a pas oublié l'origine politique, et qui publiait alors des *Lettres sur Paris*, dans le *Censeur européen*, se distingua dans cette polémique. Il ne craignit pas de dire, lorsqu'on apprit que l'emprunt de 24 millions de rente avait été donné à MM. Hope et Baring, au taux de 67 francs quoique les fonds publics fussent à 70 francs, et bien qu'ils dussent atteindre quelques jours après le chiffre de 72 francs, que l'on aurait trouvé des soumissionnaires à ce dernier taux, et que des banquiers français, entre autres MM. Casimir Périer et Laffitte, s'étaient offerts à le soumissionner au chiffre de 70 francs. Comme il arrive dans les circonstances de ce genre, on amplifiait les offres et l'on changeait les simples propos en lettres, ou l'on donnait aux lettres une portée qu'elles n'avaient pas. D'ailleurs, l'événement allait jeter un triste et éclatant démenti à toute cette intrigue.

Jusqu'à la fin d'août les fonds publics avaient continué à suivre leur mouvement ascensionnel, et, le dernier jour de ce mois, la rente touchait au chiffre de 80 francs. Pendant le mois de septembre elle resta ferme à 75. Mais il y avait un grave danger dans cette élévation, qui avait quelque chose d'excessif et d'artificiel, et qu'il fallait attribuer à l'agio auquel la Banque et le gouvernement lui-même avaient pris part, aux exagérations optimistes de la presse, à la concurrence des souscripteurs qui espéraient réaliser un bénéfice en revendant, à cette confiance imprudente dans une hausse illimitée qui s'était emparée des esprits. La hausse devait porter les détenteurs de la rente à réaliser leurs bénéfices ; ces réalisations amèneraient des offres nombreuses, qui, avec l'énorme quantité de rentes émises depuis 1815, pouvaient produire des résultats désastreux. Les puissances étrangères, la Prusse surtout, dont les finances étaient embarrassées, pouvaient vouloir réaliser à un taux avantageux les parties de rentes qui leur étaient allouées, et écraser ainsi le marché. Le gouvernement français lui-même aurait besoin de ses fonds, et, le jour où il retirerait les 40 millions qu'il avait employés en reports, il ôterait aux fonds publics de leur élasticité. Enfin, dans ces grandes opérations d'agio qui avaient lieu journellement, il pouvait y avoir à la Bourse quelque grave sinistre qui ferait succéder la panique à la confiance ; la Banque alors resserrerait ses escomptes, et la baisse succéderait à la hausse.

Tout cela arriva. Dans le courant du mois d'octobre, la rente, par ces causes réunies, tomba par une secousse à 68 francs. Si elle baissait encore, les maisons françaises et étrangères qui avaient souscrit l'emprunt se trouvaient gravement compromises. Au fond, le capital disponible manquait en France, après tant de désastres, pour suffire à un appel de

40 millions de rentes succédant aux appels considérables et réitérés qui avaient précédé celui-ci. Dans le reste de l'Europe même, qui n'était guère moins appauvrie que la France par une si longue guerre, la gêne qui se manifesta sur toutes les places financières le démontra surabondamment ; le capital monétaire allait se trouver atteint, si l'on ne se hâtait d'aviser. Le gouvernement français employa deux moyens pour conjurer ces graves difficultés. Il favorisa, et même il provoqua une association de banquiers et d'agents de change qui rachetèrent toutes les rentes offertes au taux de 70 francs d'abord, de 68 francs 50 centimes ensuite, et contribua ainsi à diminuer l'encombrement de la place, en luttant en même temps contre la baisse. Il fit faire par le duc de Richelieu, d'après le conseil de MM. Hope et Baring, une ouverture aux puissances réunies à Aix-la-Chapelle pour étendre à dix-huit mois le laps de temps pendant la durée duquel les payements devaient être achevés, et qui avait été primitivement fixé à neuf mois. Il demanda enfin pour les maisons Hope et Baring la faculté d'acquitter une partie de leurs engagements en lettres de change sur certaines places de l'Europe. La Prusse, qui avait grand besoin d'argent, fit une assez vive résistance à ces modifications ; mais le duc de Wellington intervint de nouveau auprès du cabinet de Berlin. En outre, il y avait deux puissances devant lesquelles il fallut que tout le monde pliât : l'évidence et la nécessité. Il était évident que le délai demandé par la France pour acquitter ses obligations lui était nécessaire ; si l'on passait outre, on provoquait une catastrophe dans ses finances : or, une catastrophe financière en France prenait un caractère européen. Débitrice non-seulement de tous les États, mais d'un grand nombre de particuliers dans ces États, la France entraînait tout le monde dans son naufrage, que tout le monde avait par conséquent intérêt à conjurer. Ses affaires, c'étaient les affaires du monde. Ce fut la

considération qui emporta tout, et on en trouve la trace dans le protocole qui fut rédigé par le prince de Metternich. On y faisait observer que :

« Les modifications proposées n'altéraient en rien ni la nature ni la solidité des engagements primitifs, ni celles des garanties sur lesquelles reposaient en dernière analyse toutes les dispositions pécuniaires de la convention du 9 octobre; que ces modifications ne pouvaient affecter, en aucune manière, la confiance que les puissances avaient accordée aux parties contractantes, attendu que ces maisons se déclaraient prêtes à remplir leurs engagements primitifs si les puissances le jugeaient convenable; que les modifications proposées ne devaient pas être considérées comme un avantage particulier pour le gouvernement français, ou comme un soulagement accordé aux maisons de banque avec lesquelles il a traité, mais comme un arrangement de convenance mutuelle dicté par des motifs communs à toutes les puissances contractantes, dans l'intérêt des créanciers comme dans celui du débiteur; enfin, la France s'engageant à tenir compte aux puissances créancières d'un intérêt de 5 pour cent, à raison du délai provenant de cet arrangement, il n'en résultait pour les autres puissances aucune perte réelle. »

Ce protocole, qui assignait dix-huit mois au lieu de neuf à la France pour effectuer ses derniers payements aux étrangers, fut signé le 17 novembre 1818 par les plénipotentiaires de toutes les puissances. Cet arrangement ramena un peu de calme dans les esprits. Cependant le mouvement de baisse ne fut pas encore vaincu. En vain le gouvernement, au prix des plus grands efforts, mit la plus scrupuleuse exactitude dans l'accomplissement de ses engagements. En vain le Trésor paya-t-il à bureau ouvert tout ce qu'il devait payer, et la Banque de France, à laquelle le gouvernement avait remis des traites sur les receveurs généraux, se chargea-t-elle du payement du semestre des intérêts de la dette publique, ce qu'elle fit à l'époque fixée. Il y avait une cause permanente de baisse qu'on ne pouvait vaincre, c'était l'affluence des rentes sur le marché, produite par le besoin de capitaux soit chez les puissances étrangères, soit chez les simples particuliers, dont un grand nombre n'avaient acheté que pour revendre plus haut, et qui étaient obligés de s'exécuter et de vendre à tout prix pour réaliser. Le gouvernement faisait observer que rien dans la situation du dehors ni dans celle du dedans ne motivait cette crise. La chose était vraie. Mais cette crise, pour n'avoir rien de politique et pour avoir un caractère purement financier, n'en était pas moins inévitable. Quand on multiplie dans une très-grande proportion les valeurs de crédit, sans que le numéraire augmente, c'est une loi aujourd'hui connue que ce changement seul de proportion entre les valeurs de crédit et les valeurs monétaires suffit pour avilir les premières, offertes au lieu d'être demandées. Ceci explique comment, dans le courant du mois de décembre, la rente française tomba à 60 francs pour se relever péniblement jusqu'à 65 francs 50 centimes. Il fallut faire affranchir MM. Hope et Baring du contrat conclu par eux avec les quatre grandes cours, pour le dernier payement dû par la France, et qui s'élevait à 100 millions, et signer un nouveau protocole qui prorogeait ce payement au 5 juin 1820.

Ce changement, qui s'était accompli dans la situation financière de la France pendant les conférences d'Aix-la-Chapelle, avait sans doute contribué à exercer une fâcheuse influence sur l'esprit des cabinets, qui purent jusqu'à un certain point se plaindre d'avoir été trompés par les hausses factices de nos fonds publics. Mais le résultat des élections du cinquième dans le mois d'octobre avait exercé sur les dispositions de l'Europe une influence encore bien plus marquée. Cette observation a échappé aux historiens qui ont attribué à la note secrète de M. de Vitrolles, et aux mémoires et aux brochures dont Aix-la-Chapelle fut inondée pendant les conférences, le changement qui se manifesta dans l'appréciation des gouvernements européens sur les affaires intérieures de France. Ce n'était pas chose nouvelle que ces mémoires et ces notes, et ils n'avaient pas empêché les cabinets européens d'approuver l'ordonnance du 5 septembre, et d'applaudir à l'éviction des hommes de droite. Comment, après avoir produit pendant longtemps si peu d'effet, seraient-ils devenus tout à coup si efficaces? C'est qu'il y avait des faits publics et patents qui avaient une tout autre importance aux yeux des puissances que des notes et des mémoires. M. Decazes avait motivé son système en affirmant que le divorce du Roi avec la droite réconcilierait la dynastie avec la France nouvelle, et que les libéraux n'attendaient, pour marcher avec le gouvernement, qu'une rupture franche et absolue entre lui et ceux qu'il appelait les hommes de l'ancien régime, et une loi d'élection qui mît la classe moyenne en possession du droit de nommer les représentants de la France. La rupture avait eu lieu, la loi d'élection fonctionnait depuis deux ans, et, à chaque renouvellement du cinquième, si l'on voyait diminuer le nombre de ceux qu'on accusait d'être plus royalistes que le Roi, on les voyait remplacés en grande partie par des ennemis de la monarchie, par des hommes des Cent-Jours: Manuel, un conspirateur qui avait lié des rapports avec le prince d'Orange (l'empereur de Russie le savait mieux que personne); La Fayette, un républicain, et un grand nombre d'autres animés des mêmes idées. C'était à grand'peine et à l'aide de la droite que l'on avait évité la nomination de Benjamin Constant à Paris. C'est ce qui donnait à penser à l'empereur Alexandre, et il avait exprimé cette impression au duc de Richelieu et à Louis XVIII lui-même, en leur disant qu'il ne comprenait pas qu'après tout ce que le gouvernement royal avait fait, il n'eût pas opéré plus de conquêtes dans le parti libéral. Ce fut bien pis quand on vit, à l'élection du dernier cinquième, les révolutionnaires et les hommes des Cent-Jours gagner du terrain sur le ministère lui-même, et substituer leurs candidats aux siens. Alors, non-seulement

Alexandre, mais le duc de Wellington, s'émurent. Ils sentaient l'Europe elle-même menacée par la réapparition de ces hommes de malheur, dont le nom se rattachait à ce funeste épisode des Cent-Jours qui avait coûté à l'Europe comme à la France tant d'efforts et tant de sang. Ils acceptaient la France libérale, mais ils appréhendaient la France révolutionnaire. Ce mouvement, qui s'annonçait d'une manière si vive, n'emporterait-il pas la maison de Bourbon, trop faible pour le contenir, et ne jetterait-il pas une fois encore la France sur l'Europe? Était-il prudent de se séparer sans prendre des précautions dans la prévision de cette éventualité? Il est évident que telle fut la progression d'idées qui conduisit les puissances réunies à Aix-la-Chapelle au renouvellement du traité de la quadruple alliance, tout contradictoire qu'il fût en apparence de signer un traité à quatre quand on vient de signer un traité à cinq. Les dépêches du duc de Richelieu sont remplies des appréhensions de l'empereur Alexandre, qu'il partage lui-même : « Ce que veut avant tout l'empereur de Russie, écrit-il, c'est le maintien de la tranquillité. Malheur à nous si nous la troublons de nouveau! car il remuera l'Europe et l'amènera une autre fois sur la France. De cela, je suis sûr comme de moi-même. » Puis il ajoutait dans des termes plus caractéristiques encore : « La quadruple alliance sommeille, mais elle n'est pas morte ; et si la France se révolutionnait, les autres resteraient quatre, et de ces quatre celui qui a été notre plus puissant appui serait l'ennemi le plus acharné et le plus formidable. » Le duc de Richelieu voyait les choses de trop près pour ne pas les bien voir. Il ne s'était pas trompé, la quadruple alliance n'était pas morte, et, dans une séance où le duc de Richelieu ne fut pas appelé, les plénipotentiaires des quatre puissances rédigèrent et signèrent le protocole suivant :

« Conformément à la réserve insérée dans le protocole du 1ᵉʳ octobre, les ministres et plénipotentiaires d'Autriche, de la Grande-Bretagne, de la Prusse et de la Russie se sont réunis en conférence, pour discuter les grands intérêts que les hautes parties ont eu en vue de stipuler dans les articles 5 et 6 du traité de la quadruple alliance du 20 novembre 1815, et pour délibérer sur les moyens d'appliquer les principes et les dispositions dudit traité à la situation dans laquelle, après l'évacuation du territoire de France, le gouvernement français se trouvera placé avec les quatre puissances et les autres États; et, ayant examiné cette question par un échange de communications confidentielles, les ministres des cours d'Autriche, de la Grande-Bretagne, de la Prusse et de la Russie déclarent : 1° que tous les engagements stipulés par le traité de la quadruple alliance du 20 novembre 1815 sont conservés dans leur pleine force et valeur pour le *casus fœderis et belli*, tel qu'il est prévu et défini par ledit traité ; 2° que pour le *casus fœderis*, tel qu'il est ordonné dans le second paragraphe de l'article 3 du traité du 20 novembre 1815, les hautes parties signataires du présent protocole, par suite de leurs engagements actuels, se concerteront, le cas échéant, dans des réunions particulières sur les moyens les plus propres à prévenir les funestes effets d'un bouleversement révolutionnaire dont la France serait menacée, se rappelant toujours que le progrès de la Révolution, qui a si longtemps désolé l'Europe, n'a été arrêté que par l'intimité des rapports et la pureté des sentiments qui unissent les quatre souverains pour le bonheur du monde. »

Ce traité, on le voit, n'était pas signé contre la France royale, mais contre l'éventualité d'une France révolutionnaire. De même que le duc de Richelieu avait un peu surfait sa confiance dans la situation intérieure de son pays, de même l'Europe, en signant le traité de la quintuple alliance, avait exagéré la confiance qu'elle avait dans le témoignage du duc de Richelieu à cet égard. Avertie par la réapparition de noms dont la signification n'était pas douteuse, elle prenait ses précautions dans un dernier protocole, afin de marcher droit à la Révolution et de l'écraser si elle se relevait en France. C'était là un des résultats indirects de la politique du ministère, qui, en se séparant de la droite et en la dénonçant à la France comme conspirant le retour de l'ancien régime, avait rouvert la scène aux hommes de gauche ; c'était le résultat direct de la conduite de ceux-ci, qui étaient allés prendre leurs candidats parmi les hommes dont les noms étaient une menace non-seulement pour l'existence de la monarchie légitime, mais pour la paix du monde.

Nous n'avons parlé que de la grande affaire qui fut traitée à Aix-la-Chapelle, celle de l'évacuation du territoire français, et des questions annexes que la première soulevait. Il y avait eu cependant quelques autres questions moins importantes mises à l'étude : celle de l'organisation militaire de la confédération germanique avait été traitée dans un comité particulier et renvoyée aux conférences de Carlsbad. On avait parlé aussi d'une médiation à exercer entre l'Espagne et ses colonies d'Amérique, qui avaient levé le drapeau de l'insurrection ; de la répression de la piraterie exercée en grand par les puissances barbaresques; enfin de l'abolition de la traite des noirs. L'Angleterre, qui attachait une très-grande importance à cette dernière question, avait mis en doute, par la voix de lord Castlereagh, la disposition de la France à faire des efforts sérieux pour empêcher cet indigne trafic dont l'homme, ravalé au rang des animaux, était l'objet et la victime. Lord Castlereagh avait demandé, comme le seul moyen efficace de répression, le droit pour l'Angleterre de visiter tous les vaisseaux, quel que fût leur pavillon, pour vérifier s'ils n'étaient pas employés à la traite. Le duc de Richelieu avait repoussé avec beaucoup de vivacité cette proposition, comme offensante pour l'indépendance du pavillon français, et elle avait été abandonnée. Il y avait eu une simple conversation sur la demande faite par la famille de Napoléon pour que le grand captif de l'Europe, qui se mourait à Sainte-Hélène, fût changé de résidence. Le pape Pie VII, avec un ineffable oubli des injures du passé, avait fait écrire aux grandes puissances pour appuyer cette démarche, et la vieille mère de Napoléon, dans une lettre de remercîment adressée au cardinal Consalvi, et dans laquelle elle laissait parler son cœur de mère, avait constaté à la fois la bonté paternelle du Pape et les refus absolus de l'Europe [1]. Les Cent-Jours étaient trop près pour qu'on voulût rapprocher Napoléon des contrées toutes palpitantes encore au souvenir de ses guerres. Semblable à ce géant de la Fable sur lequel les montagnes qu'il entassait pour escalader le ciel étaient retombées, il ne pouvait faire un mouvement sans ébranler le monde. Au moment même des conférences d'Aix-la-Chapelle, on s'était ému à la nouvelle que le gouvernement anglais avait trouvé dans les papiers du général Gourgaud, récemment arrivé de Sainte-Hélène à Londres, les indices d'une vaste conspiration bonapartiste, dont les ramifications s'étendaient à toute l'Europe, et dont le premier objet était de favoriser l'évasion de Napoléon. Un peu plus tard on éprouva à Aix-la-Chapelle une émotion non moins vive en apprenant qu'on avait découvert à Bruxelles une conspiration dont les membres devaient enlever l'empereur de Russie à sa sortie d'Aix-la-Chapelle, et lui faire signer, le pistolet sur la gorge, l'ordre de mise en liberté de Napoléon II avec le prince Eugène pour régent. Malgré l'absurdité de ces complots, ces bruits, tout ineptes qu'ils fussent, agitaient l'opinion publique et prouvaient que c'était toujours sur Napoléon que l'on avait les yeux, et que son nom était le cri de ralliement des mécontents. Il se trouvait par là condamné à mourir à Sainte-Hélène, victime lui-même de la politique à laquelle il avait sacrifié tant de victimes.

Une dernière affaire fut traitée à Aix-la-Chapelle : c'était le litige qui existait entre la Bavière et le grand-duché de

---

1. « Je suis vraiment la mère de toutes les douleurs, et la seule consolation qui me soit donnée, c'est de savoir que le Très-Saint-Père oublie le passé pour ne se souvenir que de l'affection qu'il témoigne à tous les miens. Je parle au nom de toute ma famille de proscrits, et surtout au nom de celui qui meurt à petit feu sur un rocher désert. Sa Sainteté et Votre Éminence sont les seules personnes en Europe qui s'efforcent d'adoucir ses maux et qui voudraient en abréger le terme. » (*Mémoires du cardinal Consalvi*; vol. 1er, page 102.)

Bade au sujet d'une question territoriale ; elle fut résolue, au moins en principe, à l'avantage du duché de Bade qui garda l'intégrité de son territoire, et le roi de Bavière dut se contenter d'une indemnité pécuniaire; son puissant beau-frère l'empereur Alexandre se chargea lui-même de lui notifier la décision des cours, en ajoutant dans une lettre autographe que « ces arrangements étaient hautement réclamés par la stricte équité et les intérêts intérieurs et extérieurs de l'Allemagne. »

Au moment de fermer les assises diplomatiques d'Aix-la-Chapelle, où, avant d'être affranchie de l'occupation européenne, la France a dû comparaître, il ne sera pas sans intérêt d'esquisser la carte de l'Europe telle que l'avaient faite les traités de 1815 et les derniers arrangements pris entre les quatre grandes puissances. Quand on considère le passé, c'est un point d'arrivée; un point de départ, quand on considère l'avenir.

Pour la France, sa position n'est pas changée depuis le traité de Paris, c'est-à-dire qu'elle demeure renfermée dans ses limites de 1792. Elle a perdu ce que le consentement de l'Europe y avait ajouté en 1814 du côté de la Savoie, et même son ancien territoire est entamé : car Landau et tout le territoire situé sur la rive gauche de la Lauter nous sont enlevés, et les fortifications d'Huningue doivent être démolies. C'est le résultat de la funeste aventure des Cent-Jours, et notre patrie a été exposée à subir des extrémités bien autrement cruelles, dont la maison de Bourbon l'a seule préservée par son retour. Le duc de Richelieu put en offrir à Louis XVIII la preuve écrite quand il arriva d'Aix-la-Chapelle. Dans un de ses épanchements intimes avec le plénipotentiaire français qu'il traitait en ami, Alexandre lui remit une carte sur laquelle étaient marquées les mutilations désastreuses qu'on voulait d'abord pratiquer sur la France, en ajoutant avec cet accent caressant qu'il avait toujours quand il parlait de notre pays : « Voilà, mon cher duc, à quoi nous avons échappé [1]. » On nous enlevait Lille, Metz et Strasbourg, avec deux lieues en deçà sur toute la ligne, depuis la Flandre jusqu'à l'Alsace, et on faisait ainsi reculer notre frontière sur toute cette ligne devant la Belgique, la Prusse et la Bavière [2]. Nous avions échappé à ce démembrement de la France de Louis XIV. Sauf quelques enclaves, nous conservions l'intégrité de notre territoire, et après le congrès d'Aix-la-Chapelle, comme le dit Louis XVIII avec un sentiment d'indicible fierté, on n'y vit plus flotter que le drapeau français. Le duc d'Angoulême envoyé par le Roi, son oncle, pour reprendre possession, au nom de la France, de Metz, de Thionville et des autres villes devenues les centres de l'occupation étrangère, fut reçu avec enthousiasme par les populations, et avec beaucoup de faveur à Aix-la-Chapelle, où il avait un moment paru. Les troupes russes, après avoir été passées en revue par Alexandre, s'étaient acheminées vers leur pays ; les autres troupes de la coalition, dont le duc de Wellington avait pris congé par un ordre du jour daté de son quartier général, avaient effectué aussi leur mouvement pour repasser la frontière. Il n'y avait plus d'étrangers en France. Le chef de la maison de Bourbon, qui avait préservé le territoire national d'un démembrement, venait d'avancer, en se portant caution de son peuple, l'heure de sa délivrance. L'esprit de parti a pu méconnaître, mais il ne saurait cacher à l'équitable postérité ce qu'il y avait de magnanimité dans la conduite de ce vieux Roi qui, sentant encore vaciller sous ses pieds le sol national auquel les Cent-Jours avaient imprimé un si violent ébranlement, averti par les mouvements de Grenoble et de Lyon que les conspira-

---

1. *Vie du comte d'Hauterive*, par le chevalier Artaud de Montor.
2. M. de Chateaubriand dit dans le *Congrès de Vérone*, tome II, page 432 : « J'ai vu de mes propres yeux cette carte dans les mains du noble négociateur. »

teurs n'avaient pas dit leur dernier mot; quelque chose de plus grave, voyant la liberté de la presse qu'il avait donnée déjà tournée contre lui par les anciens écrivains du bureau de *l'Esprit public* de Fouché, dont le bonapartisme, à peine dépouillé des livrées impériales, revêtait la toge de la liberté; quelque chose de plus poignant encore, voyant les électeurs investis par la loi nouvelle du droit de nommer des députés lui envoyer, pour l'aider à gouverner la monarchie, Manuel, ce conspirateur notoire; le républicain La Fayette; le général Grenier, un des membres du gouvernement provisoire à la fin des Cent-Jours, et avec eux plusieurs membres de cette Chambre des représentants qui avait voté le bannissement perpétuel de la maison de Bourbon, refoulait dans son cœur les souvenirs du passé, les amertumes du présent, les inquiétudes de l'avenir, et se tournait vers l'Europe en disant : « Je réponds de mon peuple, laissez-moi seul avec la France. » C'était royal, c'était grand, c'était beau, et ceux qui ont si souvent injustement reproché aux Bourbons d'avoir été ramenés en France par l'étranger ne se sont pas assez souvenus que ce furent ces princes qui l'en firent sortir.

Les coalisés en sortaient sur la pressante invitation du Roi, mais ils conservaient les fortes positions offensives et défensives qu'ils s'étaient ménagées contre notre nation, en cas d'un bouleversement nouveau. Les murailles d'Huningue étaient détruites; la ligne de forteresses construites contre nous en Belgique dans la prévision d'un nouveau cataclysme, continuait à s'élever, et le duc de Wellington avait rendu compte aux puissances, dans une conférence secrète à Aix-la-Chapelle, de l'état où elles se trouvaient, en certifiant que les travaux avaient été si vivement poussés, qu'une année ne s'écoulerait pas sans qu'elles pussent servir efficacement à la défense de l'Europe. Les puissances s'étaient mises, en outre, d'accord sur les points où se réuniraient les troupes coalisées pour commencer la campagne, dans le cas où les quatre cabinets engagés auraient proclamé l'existence du *casus fœderis*. Le corps d'armée anglais devait se rendre à Bruxelles, le corps d'armée prussien à Cologne, le corps d'armée autrichien à Stuttgard, et le corps d'armée russe à Mayence, dans un délai de trois mois, à cause de la distance. On avait poussé la précaution jusqu'à convenir des troupes qui occuperaient les places fortes nouvellement élevées ou agrandies pour la défense commune. Le roi des Pays-Bas serait invité, aussitôt l'existence du *casus fœderis* déclarée, à occuper les forteresses d'Ostende, d'Ypres, de Nieuport et toutes celles situées sur l'Escaut, à l'exception de celles de Tournay et d'Anvers, qui devaient être occupées par l'Angleterre. La Prusse ferait occuper les places de Charleroi, Marienbourg, Philippeville, Hay, Namur et Dinant. L'Autriche promettait de faire connaître aux divers cabinets les travaux qui avaient été faits dans les forteresses italiennes et surtout dans celles confiées au Piémont, chargé sur notre frontière méridionale du rôle que remplissait la Belgique sur notre frontière du nord, le Piémont, la seconde sentinelle mise en faction devant la frontière de France par la coalition.

On le voit, le duc de Richelieu ne disait pas assez quand il écrivait : « La quadruple alliance dort, mais elle n'est pas morte. » La coalition était éveillée, elle prenait ses précautions, elle convenait de ses points de repère. Quand on étudie la carte de cette époque, on voit deux avant-gardes jetées sur nos flancs : le royaume des Pays-Bas, formé de la Hollande et de la Belgique ; le royaume de Sardaigne, formé du Piémont et de la Savoie. L'Allemagne nous surveille avec ses deux têtes, l'Autriche et la Prusse, conduisant l'Allemagne par la diète germanique composée de quarante membres quand il s'agit de questions capitales, de dix-sept seulement quand il s'agit d'affaires courantes. Les quarante sont, avec l'Autriche et la Prusse, la Saxe, la Bavière, le Hanovre, le Wurtemberg, tous quatre érigés en royaumes; les grands-duchés de Bade, de la Hesse, de la Hesse électorale, de Saxe-Weymar, de Mecklembourg Schwerin, de Mecklembourg-Strelitz, de Holstein-Oldenbourg, du Luxembourg; les duchés de Nassau, de Brunswick, de Saxe-Cobourg-Gotha, de Saxe-Meiningen-Hildburghausen, de Saxe-Altenbourg, de Anhalt-Dessau, de Anhalt-Bernbourg, de Anhalt-Kœthen, de Lauenbourg; les principautés de Reuss-Greitz, Reuss-Schleitz, Reuss-Löbenstein-Eberdorf, Schwarzbourg-Rudolstadt; Schwarzbourg-Sondershausen, Lippe-Detmold, Lippe-Schauenbourg, Waldeck, Hohenzollern-Sigmaringen, Hohenzollern-Hechingen, Lichtenstein, Hesse-Hombourg; les villes libres de Francfort, de Hambourg, de Brême, de Lubeck; le seigneur de Kniphausen. La Prusse a perdu plusieurs parties de son ancien territoire en 1805 et 1807: Anspach, Bayreuth, une partie de la Prusse méridionale, la nouvelle Prusse orientale, la nouvelle Silésie, le Hanovre; en revanche les traités de 1815 lui ont donné la Saxe proprement dite et Lusace, la Westphalie, la principauté de Corvey, le grand-duché du Rhin, Wezlar; elle a repris la Poméranie suédoise, Rugen, le grand-duché de Posen, Neuchatel, Gueldre, Meurs, Clèves. La Prusse est donc encore une grande puissance; elle conduit le nord de l'Allemagne comme l'Autriche conduit l'Allemagne du midi. L'Autriche, cette puissance déjà si forte, a acquis en 1815 la Valteline, Raguse, le pays de Salzbourg, le pays de l'Innvertel; elle conserve la Gallicie occidentale qu'elle a acquise en 1795, et qui reste annexée à la Gallicie orientale, les pays vénitiens, la Dalmatie, l'Istrie, les duchés de Milan, de Mantoue. Par ses archiducs elle a une influence prépondérante à Modène, à Parme, en Toscane, à Lucques, dans tous les duchés. Elle s'est réservé le droit d'occuper par ses garnisons Ferrare et Commacchio. Au fond, c'est elle qui mène à elle seule l'Italie, et, quand elle est d'accord avec la Prusse, elle mène l'Allemagne. Le Pape a recouvré à peu près ses anciens États, grâce à l'habileté du cardinal Consalvi ; les Bourbons de Naples sont remontés sur leur trône, et Murat, qui a voulu renouveler la tentative de l'île d'Elbe en se jetant sur les rivages de la contrée où il a régné, a été passé par les armes. Les Bourbons d'Espagne ont retrouvé leurs États européens, mais leurs possessions dans l'Amérique du Sud sont en pleine révolte. La maison de Bragance règne en Portugal. Deux puissances alors hors ligne, l'Angleterre et la Russie, tiennent la tête de l'Europe. L'Angleterre a recouvré le Hanovre agrandi ; à titre de protectrice, elle occupe les îles Ioniennes dans la Méditerranée, où elle possédait déjà Malte et Gibraltar ; elle garde les possessions hollandaises du Cap, comme nos anciennes possessions américaines, l'Acadie, le Canada, notre ancienne colonie de l'Ile-de-France, et possède presque toutes les Antilles ; dans l'Inde elle a un empire de cent millions de sujets, sans parler des îles qu'elle a ramassées sur toutes les eaux. La Russie a gagné sur la Suède la Finlande, l'Esthonie, la Livonie, une partie de la Laponie ; sur l'Allemagne la Courlande, la Samogitie ; sur la Pologne la Lithuanie, la Volhynie, une partie de la Gallicie, et la Pologne proprement dite, de manière qu'elle a pu organiser un royaume de Pologne qui sert d'avant-garde à son empire. La France a donc doublement perdu, d'abord par la diminution de son territoire, ensuite par l'agrandissement de ses puissants voisins. N'importe, semblable à ces corps vigoureux où tout est muscles et nerfs, et qui par l'harmonie de leurs proportions et la prestesse et la promptitude de leurs mouvements parviennent à terrasser les colosses, maintenant que l'étranger est parti, la France sent la confiance rentrer dans son cœur à mesure que le sang lui revient dans les veines ; grâce à l'unité de sa population, à la concentration de son territoire, à la richesse de son sol assis sur deux mers, au génie de ses habitants, à leur vertu militaire, elle peut lutter contre chacun des grands États qui l'entourent : il n'y a que leur coalition qui puisse l'accabler.

## IV

#### CRISE MINISTÉRIELLE.

Ce qui fait la force des hommes politiques, ce n'est pas l'importance des services rendus, c'est l'importance des services à rendre. Certes, le duc de Richelieu revenait d'Aix-la-Chapelle, à la fin de novembre 1818, avec les droits les plus évidents à la reconnaissance de son souverain et de son pays. C'était à son influence sur Alexandre, à la confiance que le Czar accordait à sa parole, que Louis XVIII et la France devaient l'évacuation du territoire national; c'était là son œuvre. Tant que cette œuvre n'était pas accomplie, il avait eu sur le cabinet, dont il était le président, l'influence souveraine qu'ont toujours les ouvriers des tâches nécessaires. Il était donc habitué à voir son opinion acceptée sans résistance dans le Conseil, quand il l'avait exprimée comme définitivement arrêtée. Il comptait retrouver ses collègues dans la disposition où il les avait laissés, et il ne se rendait pas compte du changement que pouvait avoir opéré dans l'esprit de quelques-uns d'entre eux le succès même qu'il avait obtenu, en rendant sa présence moins indispensable au cabinet. Le duc de Richelieu revenait d'Aix-la-Chapelle avec des idées faites sur la situation intérieure, dont il ne s'était pas beaucoup occupé jusque-là : car il était tout entier à sa mission extérieure. Personne ne s'était plus ému que lui à la nouvelle du résultat des dernières élections. Il avait soigneusement caché sans doute ses impressions aux plénipotentiaires étrangers et aux souverains. Ce n'était pas au moment où il demandait l'évacuation du territoire qu'il devait laisser percer ses inquiétudes sur l'état intérieur de la France ; mais il se promit dès lors d'aviser, à son retour, à un péril dont il ne méconnaissait plus la gravité. Il repassait dans son esprit les menaces que contenait cette élection. Quoi ! Manuel, l'homme de la Chambre des Cent-Jours, soupçonné, non sans raison, de conspirer, était nommé par deux départements, où la majorité de la population était notoirement royaliste, la Vendée et le Finistère ! C'était la Sarthe, autre pays où les amis de la maison de Bourbon étaient aussi en grand nombre, qui envoyait le général La Fayette ! Plusieurs autres noms, connus dans les Cent-Jours ou dans la Révolution, reparaissaient aussi sur la scène ! En résumé, ceux qu'on appelait les *indépendants*, et dont la plupart auraient pu être appelés à bon droit des bonapartistes ou des révolutionnaires, gagnaient quatorze voix sur la droite, cinq sur le ministère. Cette élection était la seconde pierre de touche de la loi électorale, et, sans que le duc de Richelieu voulût encore se l'avouer, celle de l'ordonnance du 5 septembre.

Le duc de Richelieu n'avait pas cessé d'écrire, avant et pendant les élections, à M. Decazes, pour insister sur l'urgence de faire tête au nouveau péril qui menaçait la monarchie, en avertissant le Conseil que « si, par malheur, des noms révolutionnaires venaient à sortir de l'urne, il serait impossible d'empêcher les souverains de prendre des précautions contre l'éventualité d'une nouvelle révolution en France », et l'on a vu, par le renouvellement de la quadruple alliance, qu'il avait bien jugé la disposition des quatre grandes cours. Après les élections, il écrivit à ses collègues que désormais son opinion était fixée d'une manière absolue. Il était impossible de marcher avec les indépendants, qui répondaient à la politique vraiment libérale suivie par le Roi, non par des choix libéraux, mais par des choix hostiles à la maison de Bourbon.

Ceux-là n'étaient pas seulement, comme les hommes de la droite, les ennemis du ministère; ils étaient les ennemis de la dynastie. Si cette progression continuait, sans nul doute qu'en 1821 ils n'eussent la majorité dans la Chambre. On aurait donc une révolution qui certainement amènerait une invasion, et, à la suite, le démembrement de la France. « Nous avons battu l'aile droite, ajoutait-il; elle est à terre; laissons-la en repos, et réunissons nos forces contre l'aile gauche, bien autrement redoutable, car elle a ses réserves derrière elle. » Le système dès lors avoué du duc de Richelieu était un rapprochement entre le centre droit et la droite, qui, sans livrer la direction politique à cette dernière, rallierait sous le même drapeau tous les hommes dévoués à la monarchie.

On écrivait, il est vrai, de Paris au chef du cabinet que les hommes de la droite avaient été cause du résultat des dernières élections, par la répulsion qu'ils inspiraient. Mais dût-on même oublier que les accusations accréditées contre eux par le ministère, qui les avait signalés comme les ennemis de la société moderne, avaient beaucoup contribué à cette répulsion là où elle existait, il était impossible d'admettre cette explication. Les hommes de droite étaient en minorité dans la Chambre; ils ne comptaient pas un seul membre dans le ministère; ils ne pouvaient donc avoir compromis le gouvernement auprès des électeurs. Pour que la raison donnée par leurs accusateurs fût bonne, il aurait fallu que les siéges perdus par la droite eussent été gagnés par le parti ministériel. Tout au contraire, ils étaient gagnés par l'opposition de gauche qui, en outre, avait conquis quatre siéges ministériels, de sorte que le résultat de la loi d'élection était celui-ci au commencement de novembre 1818 : la droite, dont tous les membres étaient dévoués à la royauté, le duc de Richelieu était le premier à le reconnaître, disparaissaient peu à peu de la Chambre; le parti ministériel s'y affaiblissait; la gauche, qui comptait dans son sein des ennemis de la dynastie, grandissait seule; elle se grossissait à la fois des pertes du ministère et des pertes beaucoup plus nombreuses de la droite.

A ces considérations, qui firent une vive impression sur l'esprit du duc de Richelieu, il faut ajouter l'influence que commençait à exercer sur lui un homme d'un caractère aimable et d'un esprit fin et pénétrant qu'il avait amené comme un de ses secrétaires, à Aix-la-Chapelle, le baron Mounier, fils de celui qui avait joué un grand rôle en 1789, au commencement de la Constituante. M. Mounier avait appartenu jusque-là, par ses opinions, au centre gauche; dès que le résultat des élections fut connu à Aix-la-Chapelle, il déclara qu'il passait au centre droit et que, dans son opinion, il ne restait plus qu'un moyen de salut, c'était de s'appuyer sur la droite. Son opinion ne pouvait être suspecte, car il sortait de l'administration impériale, et le duc de Richelieu se sentit confirmé dans ses appréhensions et dans son appréciation par celles de M. Mounier. Dès ce jour, il renonça à sortir du ministère; en présence du péril qu'il apercevait, c'était pour lui un devoir d'honneur d'y rester; le Roi n'eut donc aucun effort à faire pour le retenir. Il espérait en arrivant trouver tous ses collègues pénétrés des mêmes idées que lui, mais il se trompait complétement sur ce point.

J'ai dit que, depuis longtemps déjà, il y avait une droite et une gauche dans le ministère, et que la droite était formée du duc de Richelieu et de M. Lainé, tandis que la gauche était formée de MM. de Gouvion-Saint-Cyr, Pasquier, Molé, groupés autour de M. Decazes : je ne parle pas de M. Corvetto, qui, sous le coup d'une santé délabrée et de la responsabilité de la manœuvre financière des reports qu'il avait cru pouvoir se permettre pour soutenir les fonds, ne songeait qu'à se retirer et demandait instamment un successeur. Le mouvement qui portait le duc de Richelieu et M. Lainé à se rapprocher de la droite, devait amener la dislocation du ministère. En effet, l'autre nuance du cabinet, ne pouvant les suivre dans ce mouvement, allait, par la pression logique des circonstances, se laisser entraîner vers la gauche pour trouver tout à la fois le point d'appui et l'appoint qui manquait à l'administration de l'autre côté. Au fond, le cabinet était placé entre deux attractions, et chacune de ses deux moitiés cédait à celle avec laquelle elle avait des affinités. La nécessité de rester uni pour accomplir l'œuvre de la délivrance du territoire n'existant plus, le cadre qui avait contenu les éléments hétérogènes du ministère se trouvait brisé.

C'est ici le moment de faire connaître d'une manière plus particulière le jeune ministre qui, après avoir exercé une influence de premier plan quoique en restant sur le second, allait passer sur le premier. Tout tendait depuis quelque temps à faire grandir M. Decazes, la faveur du Roi qui l'appelait son élève et, dans le secret de ses épanchements intimes, son fils, la confiance que donne la faveur, l'auréole du succès, la dignité de pair de France que Louis XVIII avait voulu lui conférer et qui assurait à sa fortune une base plus solide, le mariage qu'il venait de contracter avec mademoiselle de Saint-Aulaire, mariage qui, en même temps qu'il resserrait ses liens avec la gauche, jetait sur ce parvenu de la faveur royale doté du titre de comte un vernis d'aristocratie, enfin les sympathies intéressées des doctrinaires et d'une partie des indépendants. La nature avait prodigué à M. Decazes des avantages physiques qui aidaient à son prestige. Il était d'une haute taille, d'une belle figure et d'une physionomie agréable, d'un abord bienveillant et gracieux; nul ne s'entendait mieux que lui à distribuer cette monnaie de mots flatteurs qui ressemblent à des promesses sans être des engagements, ces sourires officiels qui ont tant de prix chez les hommes qui occupent les hautes positions. Sans être un esprit supérieur, il avait de l'ouverture dans l'esprit; s'il ne s'élevait pas à la haute politique, il entendait l'administration, et il était expert à toucher les ressorts de cette politique de second ordre que les esprits indulgents appellent le savoir-faire, et à laquelle les esprits sévères jettent le nom d'intrigue. Au fond, c'était lui qui, depuis la fin de la Chambre de 1815, imprimait le branle aux affaires de l'intérieur. Il avait fait successivement entrer au pouvoir M. Pasquier, M. Molé, M. de Gouvion Saint-Cyr : il avait donc la majorité dans le ministère. Ses rapports étaient étroits avec cette portion mobile de la majorité de la Chambre élective qui attaquait quelquefois le duc de Richelieu et M. Lainé : je veux parler des doctrinaires et du centre gauche. C'était un ministre considérable même avant le congrès d'Aix-la-Chapelle; le but des conférences d'Aix-la-Chapelle atteint, il allait traiter de puissance à puissance avec le chef de cabinet.

Il avait jusque-là marché dans un accord parfait avec lui, et c'était au fond leur union qui avait fait l'unité du ministère. Mais la situation nouvelle qui se dessinait allait forcément amener entre eux une rupture; car l'intérêt de M. Decazes, dont le divorce avec la droite était trop profond pour qu'il pût se rapprocher d'elle, ne lui permettait pas de vouloir ce que voulait le duc de Richelieu. Avant même l'arrivée de ce dernier à Paris, la crise ministérielle était commencée, et MM. Lainé, Decazes, Pasquier et Molé lui avaient envoyé, sur sa demande, des mémoires sur la situation intérieure, les résultats des élections et les moyens à employer pour parer aux dangers de l'avenir. Le groupe ministériel, dont M. Decazes était le centre, aurait accepté volontiers comme lui la substitution du renouvellement intégral au renouvellement par cinquième; il voyait là l'avantage tout naturel de maintenir pendant cinq ans la Chambre telle qu'elle était. Mais il faisait observer, à l'encontre de cette mesure, qu'elle était contraire à la Charte qu'on avait invoquée, dans la discussion de la loi électorale, pour faire prévaloir le renouvellement partiel. Il proposait donc de recourir de préférence à une autre mesure, consistant à fractionner l'élection qui, au lieu d'être faite au chef-lieu de département, aurait été faite aux chefs-lieux d'arrondissement; fractionnement favorable à l'influence administrative, plus facile à exercer sur le petit nombre que sur le grand nombre. Cependant le même groupe ministériel ne repoussait pas d'une manière absolue le renouvellement intégral, pourvu qu'il fût accompagné du fractionnement des colléges et d'une nouvelle épuration administrative qui mît de côté tous les fonctionnaires contraires aux principes du gouvernement constitutionnel; dans la bouche de ceux qui réclamaient cette mesure, cela équivalait à demander la destitution de tout ce qui restait d'hommes de droite dans l'administration.

Il était hors de doute que le plan de la nuance ministérielle groupée autour de M. Decazes excluait l'idée manifestée par le duc de Richelieu de placer le ministère dans le centre droit, appuyé sur la droite. Il n'aurait eu, en effet, pour résultat que d'augmenter l'influence administrative d'un ministère que la droite regardait comme mauvais, et de maintenir l'existence d'une loi électorale que la droite considérait comme plus mauvaise encore, sans parler du corollaire de ce plan, qui consistait à éloigner les hommes de la droite de toutes les positions administratives. Évidemment, ce n'est pas ainsi qu'on traite un parti politique sur lequel on veut s'appuyer; aussi, quand M. Duvergier de Hauranne, un des questeurs de la Chambre, vint pressentir M. de Villèle, que l'approche de la session avait amené à Paris, sur l'accueil que la droite ferait aux propositions de substituer le renouvellement intégral au renouvellement partiel, et l'élection fractionnée par arrondissement à l'élection par département, celui-ci répondit que ces deux mesures ne sauraient en aucune façon déterminer un rapprochement entre la droite et le ministère. L'origine du mal était dans la loi d'élection ; pour remédier au mal, il fallait la changer.

Au fond, l'idée de M. Decazes et de ceux qui l'entouraient était de placer le ministère dans le centre gauche et de l'appuyer sur la gauche, en conservant ce bataillon ministériel qui, dans toutes les assemblées, suit la fortune du cabinet. Il comptait, pour cela, fortifier sa nuance dans le ministère. Depuis quelque temps il laissait répéter que très-certainement il ne garderait pas le portefeuille de la police qu'il fallait supprimer, et il donnait à entendre qu'il accepterait celui de l'intérieur, si M. Lainé consentait à prendre les sceaux. M. Pasquier, dans cette combinaison, aurait reçu le portefeuille de la maison du Roi.

M. Lainé était loin de prêter la main à ces arrangements. Il avait déjà eu des différends assez graves avec M. Decazes, à l'occasion de destitutions administratives que celui-ci réclamait, et que son collègue de l'intérieur refusait de faire. Il était l'objet, il ne l'ignorait pas, des attaques les plus acrimonieuses de la part des amis de M. Decazes, entre autres de M. Camille Jordan, qui le traitait d'*ultra* déguisé. Il prit dès lors la résolution de sortir du ministère, si la proposition de permuter l'intérieur avec le ministère de la justice lui était faite ; et il déclara qu'il s'était prononcé d'une manière trop catégorique, dans la discussion de la loi électorale, sur l'utilité du renouvellement intégral et de l'élection au département, pour se donner un démenti à lui-même en embrassant l'opinion contraire. A ces dissentiments intérieurs qui minaient le ministère, il faut ajouter l'éloignement de plus en plus marqué du duc de Richelieu pour le maréchal de Gouvion Saint-Cyr. Ce n'avait pas été sans peine que M. Decazes avait obtenu du chef du cabinet, un mois avant le départ de celui-ci pour Aix-la-Chapelle, qu'il différât au moins l'exécution du projet qu'il avait de nommer un nouveau ministre de la guerre. Le duc de

Richelieu était resté très-animé, en effet, contre le maréchal de Gouvion Saint-Cyr, depuis que celui-ci avait rendu sur la garde royale une ordonnance qui avait profondément mécontenté cette troupe d'élite. Il faut se rappeler que, sous le ministère Talleyrand, le maréchal de Gouvion Saint-Cyr avait fait une très-vive opposition à l'établissement de la garde royale, et qu'il avait fallu, pour vaincre l'opiniâtreté de cette opposition, l'intervention de l'empereur Alexandre. On avait donc des motifs sérieux de ne pas croire le maréchal favorable à la garde; et lorsqu'on vit paraître, le 2 août 1818, l'ordonnance annonçant qu'à l'avenir les officiers appartenant à ce corps ne pourraient avoir que le grade correspondant à leur emploi [1], et que tout officier de la garde, pour obtenir un grade supérieur, devrait passer dans la ligne, un long cri s'éleva contre le maréchal. On ne douta plus que, revenant à son premier projet, il ne terminât cette campagne commencée contre la garde royale, par sa destruction. Le duc d'Angoulême présenta un mémoire au Roi; le maréchal Oudinot, qui commandait la garde, écrivit au ministre de la guerre une lettre très-vive. L'ordonnance du 2 août n'avait pas été discutée en Conseil; le maréchal de Gouvion Saint-Cyr s'était contenté de la montrer au duc de Richelieu, qui, alors préoccupé exclusivement de la question extérieure, n'en avait pas aperçu la portée. Mais quand on lui fit observer de tous côtés que la garde, ce corps formé dans des temps difficiles (en 1815), dont l'esprit était excellent, le mérite militaire au-dessus de toute contestation, était le rem-

---

1. L'ordonnance du 1er septembre 1815 qui avait réglé la force, la solde et les prérogatives de la garde, accordait le grade supérieur aux sous-officiers, caporaux et soldats le jour de leur admission. Elle étendait le même avantage aux officiers, mais seulement au bout de quatre ans, pendant lesquels cependant ils étaient autorisés à porter les marques distinctives du grade supérieur. L'ordonnance du 5 novembre 1816, en confirmant les dispositions ci-dessus, comprenait dans les quatre années exigées pour l'obtention du grade supérieur le temps des fonctions exercées antérieurement dans la ligne.

part le plus sûr du trône menacé par les factieux, et que l'ordonnance du 2 août ne tendait à rien moins qu'à désorganiser cette force défensive de la royauté, le duc de Richelieu s'émut, et exigea que des articles interprétatifs atténuassent au moins la portée de la mesure. Après une longue résistance, le ministre de la guerre écrivit une circulaire dans le sens indiqué ; mais l'effet dans l'opinion était produit, et le duc de Richelieu, déjà peu favorable au ministre de la guerre avant cet incident, écrivait à la date du 13 août : « Jamais je ne me pardonnerai d'avoir consenti à une mesure aussi impolitique et aussi funeste. Nous avions vingt mille hommes bien sûrs, bien organisés, bien à nous, hors peut-être deux ou trois colonels douteux. Nous venons de faire de tous les chefs autant d'*ultra*, et peut-être de tous les soldats autant de mécontents d'un autre genre. Mieux eût valu licencier la garde, et c'est à quoi le maréchal veut en venir. »

L'observation du duc de Richelieu ne manquait pas de justesse. Sans doute on allait trop loin en accusant les intentions du maréchal ; mais ses actes étaient marqués au coin d'une haute imprudence. C'était un esprit absolu qui avait sur la constitution d'une armée des idées arrêtées, qu'il ne consentait à faire plier devant aucune nécessité politique. Son tort était de vouloir organiser l'armée, indépendamment des circonstances où l'on se trouvait, en vertu de quelques principes généraux et de certaines idées arrêtées. Or, l'absolu n'est pas applicable à la politique, obligée toujours d'agir dans les conditions du relatif. Le maréchal de Gouvion Saint-Cyr aurait dû se rappeler que la royauté était la clef de voûte de l'édifice constitutionnel, et que si elle tombait, tout tombait avec elle. Il oubliait les Cent-Jours, les conspirations bonapartistes, toujours en fermentation, et les inimitiés en permanence; mais les hommes des Cent-Jours et les révolutionnaires n'oubliaient ni leurs rancunes, ni leurs haines, ni leurs mauvais desseins :

de sorte que le système du maréchal aboutissait à affaiblir la force défensive de la royauté, quand la force offensive, acharnée à la battre en brèche, augmentait de jour en jour. Le différend du duc de Richelieu avec le maréchal de Gouvion Saint-Cyr, venant s'ajouter à celui de M. Decazes avec M. Lainé, achevait de préparer la dissolution du ministère. Par une fatalité logique, un ministère placé dans le centre gauche et appuyé sur la gauche excluait M. le duc de Richelieu et M. Lainé ; un ministère placé dans le centre droit et appuyé sur la droite excluait MM. Decazes, de Gouvion Saint-Cyr, Pasquier et Molé. Si le duc de Richelieu n'avait pas encore une perception claire de cette situation au moment de son retour d'Aix-la-Chapelle, il est probable que M. Decazes ne se faisait pas d'illusion ; car ses deux confidents, MM. Pasquier et Molé, ne cachaient pas leur opinion à cet égard.

La situation qui inquiétait si vivement le duc de Richelieu et qui préoccupait tous les membres du ministère avait quelque chose de trop évident et de trop impérieux pour ne pas attirer l'attention de la majorité dans les deux Chambres. La Chambre des pairs, qui s'était émue déjà, dans le cours de la session précédente, de la marche du ministère et avait fait à plusieurs des lois présentées par lui une opposition qui aurait peut-être conquis la majorité, sans l'action incessante du duc de Richelieu et l'intervention du roi Louis XVIII lui-même, s'était vivement inquiétée du résultat des dernières élections. Comme la plupart des membres de la Chambre des pairs habitaient Paris, on s'était concerté de bonne heure, en observant le plus profond silence, sur les mesures à prendre ; chose remarquable, c'était dans le centre droit, où figuraient plusieurs hommes qui avaient traversé la Révolution et l'Empire, entre autres MM. de Barthélemy, Pastoret, Fontanes, que l'émotion avait été la plus grande. Ils avaient l'habitude de se réunir chez le cardinal de Beausset, de là le nom de réunion cardinalice donné à ce groupe de la pairie ; c'étaient en général des esprits modérés appartenant à la nuance du centre droit, jaloux de maintenir les institutions modernes conquises au prix de tant de sacrifices, mais qui appréhendaient d'autant plus le retour de la Révolution, qu'ils avaient traversé ses horreurs. Lorsque le duc de Richelieu arriva d'Aix-la-Chapelle, la fraction cardinalice avait déjà admis en principe qu'il n'y avait qu'un moyen de parer aux périls de la société, c'était de modifier la loi électorale. Comme la droite tenait ses réunions chez le marquis de Talaru qui logeait dans la même maison que le cardinal de Beausset, des rapports fréquents ne tardèrent pas à s'établir entre la réunion de la droite et celle du centre droit, rapprochées par la communauté de leurs vues sur la question la plus importante du moment. Dans les conférences ouvertes à ce sujet, les hommes les plus influents des deux réunions convinrent qu'une proposition serait faite pour le changement de la loi d'élection, et qu'elle serait faite par un membre de la fraction cardinalice. Il y avait à cela un avantage évident : ce qui venait du côté de la fraction cardinalice, habitué à soutenir le gouvernement, n'était pas suspect d'être l'œuvre de l'esprit de parti. Rien ne produit plus d'effet sur une assemblée et sur l'opinion qu'une proposition décisive présentée par des hommes appartenant à une opinion modérée. Les membres influents de la réunion de droite reconnurent sans peine l'avantage de cette combinaison, et promirent de rester sur le second plan si le centre droit prenait l'initiative d'une proposition relative à la loi électorale. Toute cette affaire avait été conduite avec un si grand secret, que M. Decazes n'en avait pas été instruit et que Louis XVIII, dans le mémoire qu'il a écrit sur cette crise, reproche au duc de Richelieu de lui en avoir fait un mystère.

Dans la Chambre des députés, les choses n'étaient pas aussi avancées. Cependant l'ancienne majorité ministérielle se trouvait scindée en trois fractions. La première pensait qu'il fallait faire des démarches pour se rallier la droite; la seconde, qu'il fallait essayer de marcher, comme on avait marché jusque-là, sans pencher à droite ni à gauche; la troisième, qu'il fallait faire un pas marqué vers le centre gauche. Ceci achève de montrer le peu de valeur du raisonnement de ceux qui ont voulu attribuer les alarmes de l'Europe et le renouvellement du traité de la quadruple alliance à la note secrète et aux dénonciations dont les hommes de droite auraient assiégé les plénipotentiaires d'Aix-la-Chapelle. Il y avait une situation dont l'évidence agissait sur tout le monde, sur le duc de Richelieu et sur M. Lainé, sur la réunion cardinalice de la Chambre des pairs, sur le centre droit de la Chambre des députés, comme sur les souverains et les diplomates réunis à Aix-la-Chapelle. Cette situation la voici : le système inauguré par l'ordonnance du 5 septembre et continué par la loi d'élection, échouait parce que aux avances du ministère les indépendants répondaient par des échecs à la dynastie.

Le duc de Richelieu aurait été d'avis de modifier la politique ministérielle avant l'ouverture de la session. Arrivé le 28 novembre 1818 à Paris, il avait tenu plusieurs conseils de cabinet, et, dès le 5 décembre, il avait fait appeler M. de Villèle, et, en la présence de M. Lainé, il avait eu une conférence avec le chef de la droite, qui se retira en emportant l'opinion que MM. Lainé et de Richelieu étaient favorables au changement de la loi d'élection. Le soir, la droite s'assembla chez M. Piet, et tous ses membres furent d'avis qu'il fallait soutenir le ministère s'il s'engageait dans cette direction. Le 6 décembre, M. de Villèle eut une seconde conférence avec le duc de Richelieu, et celui-ci lui annonça qu'il n'avait pu rallier le ministère à son avis [1].

---

[1]. Je transcris littéralement ces détails sur le carnet où M. de Villèle écrivait ses notes sur les événements de chaque jour.

Le duc de Richelieu avait en effet rencontré parmi ses collègues une résistance inattendue et dont les motifs, faciles à comprendre cependant, ont été expliqués plus haut. Il avait été d'abord question d'une retraite en masse du cabinet, qui, sur la proposition de M. de Gouvion Saint-Cyr, aurait donné sa démission, sauf M. Lainé, pour laisser au duc de Richelieu la faculté de former un nouveau ministère. Puis comme M. Lainé déclarait qu'il partagerait le sort de ses collègues et que le duc de Richelieu avait annoncé d'avance qu'il ne resterait pas un moment ministre sans M. Lainé, M. Decazes avait demandé à se retirer seul. Il avait remarqué la froideur que lui témoignait le duc de Richelieu depuis son retour, et cette froideur ne se démentit pas, car le duc ne fit aucun effort pour retenir son jeune collègue [1]; mais MM. Pasquier et de Gouvion Saint-Cyr déclarèrent aussitôt que si M. Decazes sortait du ministère, ils se retireraient avec lui. Alors M. Decazes se résigna à garder le portefeuille de la police, et, faute de pouvoir s'entendre sur une retraite collective ou partielle comme sur une modification de système, le ministère résolut de se présenter devant les Chambres tel qu'il était; seulement on remplaça M. Corvetto, dont la démission était inconditionnelle, absolue, et de plus nécessaire, par M. Roy. Il ne serait pas juste de voir dans ces démissions offertes, puis refusées, une pure comédie : quand des hommes ont quelque temps vécu de la même vie politique et que des circonstances nouvelles, survenues dans la situation, les forcent à se séparer, il y a une sorte de point d'honneur chez les uns, une certaine lassitude chez les autres, qui les excite à quitter la place à l'envi; les plus avisés songent peut-être que la situation les ramènera, mais ils cherchent à éviter l'odieux d'avoir expulsé

---

1. Louis XVIII dit dans son *Mémoire sur la crise du mois de décembre* 1818 : « Le duc de Richelieu semblait s'être brouillé avec M. Decazes; il ne le voyait plus, et ne répondait pas même à ses lettres. »

leurs collègues. Dans le conseil, il n'y avait guère que le Roi qui crût à la possibilité de continuer à marcher comme on avait marché jusque-là, avec les mêmes hommes et les mêmes idées. Selon lui, tout le mouvement qui se faisait depuis un mois n'était qu'une intrigue; il ne pouvait s'expliquer, à cause de son estime pour le duc de Richelieu, cette intrigue que par l'action incessante du prince de Talleyrand, dont il appréhendait par-dessus tout le retour. C'était ce personnage qui, à ses yeux, avait opéré le rapprochement de la droite et du centre droit de la Chambre des députés, de la réunion cardinalice à la Chambre des pairs et des ultra de l'extrême droite. A force de répéter à l'empereur Alexandre qu'il ne fallait pas s'inquiéter de quelques élections, regrettables sans doute, mais qui étaient le résultat du jeu naturel des institutions représentatives, le Roi avait fini par se le persuader à lui-même. Il composa donc son discours d'ouverture qui, ne touchant qu'à des questions sur lesquelles tout le monde était d'accord, put être adopté à l'unanimité par tous les ministres. Louis XVIII, ravi, crut qu'on était d'accord sur tout et qu'on allait marcher.

Le discours royal était convenable et digne. La question sur laquelle il s'étendait naturellement le plus était celle de la délivrance du territoire. Depuis la fin du mois de novembre, pas un soldat étranger ne foulait le sol national, le Roi se plut à le redire avec une royale et patriotique fierté, et des applaudissements unanimes accueillirent les paroles suivantes :

« Messieurs, au commencement de la session dernière, tout en déplorant les maux qui pèsent sur notre patrie, j'eus la satisfaction d'en faire envisager le terme comme prochain. Un effort généreux et dont, j'ai le noble orgueil de le dire, aucune autre nation n'a donné un plus bel exemple, m'a mis en état de réaliser ces espérances; elles sont réalisées. Mes troupes seules occupent toutes mes places. Un de mes fils, accouru pour s'unir aux premiers transports de joie de nos provinces affranchies, a, de ses propres mains, et aux acclamations de mon peuple, arboré le drapeau français sur les remparts de Thionville. Ce drapeau flotte aujourd'hui sur tout le sol de la France... »

Dans ce discours, dont toute la partie relative à la politique extérieure excita des acclamations unanimes, la politique intérieure était traitée dans quelques phrases un peu vagues, sans doute, mais dont la tendance donnait un commencement de satisfaction au mouvement d'opinion produit chez les hommes d'ordre par les derniers choix qui avaient fait entrer à la Chambre élective des hommes menaçants pour la monarchie. Après avoir insisté sur les avantages dus à la Charte, le Roi ajoutait :

« Je compte sur votre concours pour repousser ces principes pernicieux qui, sous le masque de la liberté, attaquant l'ordre social, conduisent par l'anarchie au pouvoir absolu, et dont le funeste succès a coûté au monde tant de sang et tant de larmes. »

Il y eut après cette phrase de vifs applaudissements au centre droit et à droite [1]; un silence profond à gauche, suivi de quelques murmures sur les bancs où MM. de Lafayette et Manuel venaient de s'asseoir, après avoir prêté un serment qui excita une longue émotion. De ce côté, on se sentait atteint. Les doctrinaires ne furent pas moins vifs au sortir de la séance que les hommes de la gauche pure. M. Royer-Collard regardait la loi d'élection comme sa fille et se trouvait blessé dans son orgueil paternel par tout ce qui paraissait menacer l'inviolabilité de cette loi. Mais dans la presse de gauche, dans la *Minerve* surtout, on feignit de prendre le change. Était-ce une dérision? était-ce une tactique? Ce qu'il y a de sûr, c'est que M. Benjamin Constant affirma dans la *Minerve* que

---

1. Je trouve cette ligne sur le carnet de M. de Villèle : « Le discours du Roi a été digne et convenable. Le passage relatif aux tendances révolutionnaires a été accueilli à gauche par des murmures. »

les principes pernicieux qui, sous le masque de la liberté, attaquaient l'ordre social et conduisaient par l'anarchie au pouvoir absolu, étaient les principes de droite. Thèse paradoxale, plus digne d'un sophiste que d'un publiciste. Les ministres semblaient différer de plus en plus une discussion qui allât au fond des choses, comme des gens qui évitent de s'expliquer parce qu'ils sont sûrs de ne pas s'entendre. Cependant il était impossible de marcher sans savoir quel chemin on prendrait, quel but on voulait atteindre. Il y eut un premier conseil le 12 décembre. M. Pasquier, — c'est au mémoire de Louis XVIII que nous empruntons ces détails, — parla le premier, peignit avec beaucoup de force la gravité des circonstances, mais sans conclure. M. Roy fit de même. Le maréchal de Gouvion Saint-Cyr opina pour rester ferme dans la ligne suivie jusque-là. MM. Richelieu et Lainé furent d'avis de se rapprocher du côté droit, et par conséquent de proposer un changement dans la loi d'élection; M. Molé, qui depuis quelques jours s'était détaché du groupe de M. Decazes, opina dans le même sens; on remit la délibération au surlendemain, 14 décembre, jour où l'on se réunit, mais sans réussir davantage à s'entendre. On décida seulement que les questions objet du litige seraient soumises au Roi, le jour où il présiderait le conseil.

Les ministres n'avaient pas songé à une chose : c'est que les Chambres qui étaient rassemblées ne s'arrêteraient pas pour les attendre, et qu'elles prendraient l'initiative que le Gouvernement semblait abandonner. C'est ce qui arrive toujours : quand les assemblées ne sont pas conduites, elles conduisent. Dans la Chambre des députés, M. Ravez, porté par la droite et le centre droit, obtint plus de voix au scrutin de la présidence que M. d Serre; à la Chambre des pairs, les cardinalistes unis à la droite l'emportèrent dans la formation du bureau et firent passer leurs candidats, qui étaient le duc de Doudeauville [1], M. de Vérac, le duc de Bellune et M. de Pastoret. La même coalition élut comme membres de la commission d'adresse MM. de Talaru, le vicomte Mathieu de Montmorency, MM. de Fontanes, de Pastoret et de Rosambo [2]. Le duc de Richelieu, encouragé par ces choix, proposa au Roi de nommer président de la Chambre des députés M. Ravez, qui l'avait emporté de quelques voix sur M. de Serre. « Il m'était impossible de ne pas nommer M. Ravez, dit Louis XVIII dans son mémoire, j'eus le tort de me trop presser de le dire, ou le duc de Richelieu celui de l'annoncer à M. Ravez avant que l'affaire fût décidée en conseil. Cette double imprudence fit triompher les ultra-royalistes, qui, voyant le choix qu'avait fait la Chambre des pairs et celui-là, car il faut le dire, M. Ravez était du nombre de ceux qui s'étaient laissé entraîner, ne doutèrent plus de la victoire. »

On voit ici apparaître la situation dans toute sa netteté. Louis XVIII était avec M. Decazes et la partie du ministère qui voulait persister à marcher dans la route où l'on était entré par l'ordonnance du 5 septembre, et où l'on avait fait un nouveau pas plus décisif, par la loi d'élection, et à exclure la droite. Le duc de Richelieu marchait dans le sens contraire parce qu'il craignait d'être précipité dans la révolution. Il était sûr d'avoir la majorité dans la Chambre des pairs, mais, malgré l'avantage que M. Ravez avait obtenu sur M. de Serre, la chose était beaucoup plus douteuse dans la Chambre des députés. M. Ravez était, comme M. de Serre, un homme des centres ; il avait combattu la droite dans les précédentes ses-

---

1. C'était le père du duc de Doudeauville, mort en 1864.

2. « Les trois derniers étaient aussi ultra-royalistes que les deux premiers, dit Louis XVIII dans son *Mémoire*, et je fus encore plus blessé de cette nomination que de celle du bureau ; mais, persuadé qu'un Roi ne peut pas faire une plus grande faute que de manifester un courroux qu'il ne peut pas satisfaire, je me contentai de me dire intérieurement avec amertume :

*Attale, était-ce ainsi que régnaient tes ancêtres?*

sions; il était possible que la supériorité bien faible qu'il avait obtenue au scrutin, 97 voix contre 93, ne fût qu'une surprise. Il y avait une grave question qui restait obscure : que ferait la majorité des députés nommés contre la droite dans les élections générales et dans deux réélections partielles, quand elle verrait clairement qu'elle allait rouvrir les avenues du pouvoir et de l'administration à ceux qu'elle avait systématiquement exclus depuis la fin de 1816 ? Il ne faut pas perdre de vue, en effet, sous peine d'oublier la place que les intérêts personnels trouvent dans les affaires humaines, que les hommes venus de l'administration impériale et le bataillon qui marchait avec les doctrinaires appréhendaient les hommes de la droite comme de dangereux compétiteurs dans la carrière des fonctions publiques.

Après la victoire du 16 décembre au scrutin de la présidence, le duc de Richelieu crut sans doute qu'il entraînerait M. Decazes dans le mouvement politique qui pouvait seul, selon lui, sauver la monarchie; il parut inopinément à la soirée du ministre de la police, il se montra fort obligeant pour lui, il alla le voir le lendemain, 17 décembre, et après une explication ils s'embrassèrent. Ces brusques revirements, ces démonstrations contradictoires, ont toujours de graves inconvénients en politique, parce qu'ils jettent de la confusion dans les affaires et de l'indécision dans les esprits. Les personnes se rapprochent en vain quand les questions les séparent. Dans le conseil du jeudi 18 décembre, qui fut tenu aux Tuileries, devant le Roi, les divergences reparurent. MM. Decazes et de Gouvion Saint-Cyr se prononcèrent nettement pour le maintien de la loi d'élection et contre tout changement apporté à la ligne adoptée depuis deux ans. M. Molé déclara, avec la même netteté, qu'il croyait impossible de rester dans la ligne suivie jusqu'à ce moment, et exprima l'avis qu'il fallait pencher vers la droite, sans se dissimuler que c'était se donner des maîtres, mais en ajoutant qu'entre deux maux il fallait choisir le moindre. Il fut facile de voir par les paroles du duc de Richelieu qu'il partageait l'opinion de M. Molé, mais il ne conclut pas d'une manière aussi nette. Alors M. Lainé, grand orateur, mais politique médiocre, exprima la pensée qu'il fallait planter le drapeau ministériel et tendre la main à droite et à gauche. Ce n'était point là une ligne, c'était une phrase. On ne peut tendre la main à la négation et à l'affirmation, et marcher à la fois en deux sens contraires. Louis XVIII prit la phrase de M. Lainé pour une idée et s'en saisit. Ce sont ses propres paroles dans le mémoire déjà cité :

« Je me saisis de l'idée de M. Lainé. Plantons, dis-je, notre drapeau sur l'ordonnance du 5 septembre 1816. Continuons à suivre la ligne qui nous a réunis jusqu'à présent. Tendons toujours la main à droite et à gauche en disant avec César : « Celui qui n'est pas contre moi est avec « moi. » Ainsi se termina ce conseil. J'eus la bonhomie de croire que toute discussion dans le ministère allait cesser; on verra combien je me faisais illusion. »

On le vit dès le lendemain. Ces deux mains que le Roi parlait de tendre, les deux nuances rivales les prenaient, non pas pour se laisser attirer au ministère, mais pour l'attirer à lui. Le lendemain de la séance du Conseil, c'est-à-dire le 19 décembre, on nommait à la Chambre des députés les vice-présidents et les secrétaires. Les doctrinaires et les membres influents du centre gauche avaient eu le temps de se concerter avec la gauche; MM. Royer-Collard et Courvoisier s'étaient donné beaucoup de mouvement pour amener une entente, et il est permis de croire, malgré certaines dénégations [1], que M. Decazes n'était pas resté inactif dans une cir-

[1] M. de Barante, dans la *Vie de M. Royer-Collard*, exprime l'opinion contraire et accuse M. Lainé et le duc de Richelieu d'avoir été injustes en supposant à M. Decazes une influence sur ce mouvement. C'est attribuer, ce me semble, à M. Decazes, l'un des hommes les plus habiles de son temps dans la tactique

constance où son avenir ministériel était en jeu. D'un autre côté, M. de Villèle assure, dans les notes manuscrites prises à l'heure même où les choses se passaient, que « la visite de M. le duc de Richelieu à M. Decazes disloqua la coalition et fit manquer l'entente de la droite et des centres pour la nomination des vice-présidents et des secrétaires [1]. » Ce qu'il y a de certain, c'est que la fraction du parti ministériel restée attachée à M. Decazes, s'étant unie à la gauche, battit la fraction des centres unie à la droite, et emporta la nomination de tous les vice-présidents, hors un seul, M. Blanquart de Bailleul, et que M. de Saint-Aulaire fut nommé l'un des secrétaires de la Chambre. Le duc de Richelieu, c'est Louis XVIII lui-même qui le raconte, en conçut tant d'humeur, que le lendemain de ces nominations (c'était le dimanche 21 décembre) « il parla aussi avec amertume de M. Decazes, accusant à peu près celui-ci d'être l'âme de ces choix. Je sentis bien alors, continue le Roi, que la scission était faite sans remède. »

La vérité de la situation, qui s'était manifestée dès le premier jour, s'imposait maintenant : le ministère, moralement dissous, allait l'être matériellement. Le lendemain, en effet, 21 décembre 1818, le duc de Richelieu écrivait à Louis XVIII pour lui envoyer sa démission; sa lettre était ainsi conçue :

> « C'est avec un extrême regret, mais avec une détermination irrévocable, que je supplie Votre Majesté d'accepter la démission du poste que j'occupe, que je viens mettre à vos pieds. La conviction intime où je suis de ne pouvoir plus être d'aucune utilité à votre service, Sire, ni au bien du pays, me détermine à cette démarche. J'espère que Votre Majesté voudra bien me faire dire à qui je dois remettre le portefeuille

politique, plus de candeur qu'il n'en avait. Comment peut-on supposer raisonnablement que MM. de Richelieu et Lainé auraient agi pour faire élire M. Ravez, et que M. Decazes n'aurait pas agi pour faire élire son beau-père M. de Saint-Aulaire? L'ancienne majorité ministérielle était dissoute, il était tout simple que M. Decazes conduisît la fraction qui marchait avec lui.

1. *Documents inédits.*

des affaires étrangères. Les circonstances dans lesquelles je l'ai accepté et tout ce qui s'est passé depuis trois ans doivent prouver à Votre Majesté que, si je la supplie de me permettre de me retirer aujourd'hui, ce n'est faute ni de dévouement ni de courage. »

Cette lettre déterminait naturellement la dissolution du ministère. Dans la journée même, le Roi reçut les démissions de MM. Molé, Lainé et Pasquier, et le lendemain M. Decazes lui adressa la sienne, qui était ainsi conçue :

« Une lettre de M. le comte Molé à M. le baron Pasquier m'apprend que M. le duc de Richelieu a prié Votre Majesté d'agréer sa démission. Cette détermination, si elle pouvait être irrévocable et avoir l'assentiment du Roi, me forcerait à mettre à ses pieds le portefeuille qu'il a bien voulu me confier depuis trois ans. Rien au monde ne pourra m'engager à rester un instant au ministère après M. le duc de Richelieu. Votre Majesté, qui connaît ma résolution à cet égard, a bien voulu l'approuver. Je le dois d'autant plus que la divergence d'opinion sur quelques points, ou plutôt sur un point entre les ministres, et particulièrement entre M. le duc de Richelieu et moi, a seule pu causer cette détermination. Du moment que cette divergence a commencé à paraître, j'ai manifesté au Roi et à M. le duc de Richelieu l'intention de me retirer. Je dois l'exécuter aujourd'hui et ne pas priver le Roi des services de M. le duc de Richelieu, bien sûr que Votre Majesté est certaine, et aussi M. le duc de Richelieu lui-même, que tous les deux me trouveront toujours prêt, hors du ministère, comme dedans, à faire tout ce qui sera utile au service de Votre Majesté et au succès de son gouvernement, auquel j'appartiendrai de cœur et d'intention, comme j'appartiendrai de cœur et d'âme à Votre Majesté, tant que j'aurai une goutte de sang dans les veines. Du reste, je vais chez M. le duc de Richelieu pour lui donner une dernière preuve de l'abnégation de moi-même que j'apporterai toujours au service de Votre Majesté. »

Ces deux lettres portaient la marque des deux caractères et l'empreinte des deux situations. Celle du duc de Richelieu est brève comme un adieu définitif, précise et ferme comme une résolution arrêtée. Celle de M. Decazes est convenable, mais plus verbeuse; elle revient, à plusieurs reprises, sur la résolution de quitter le ministère en même temps que le duc de

Richelieu, comme si le jeune ministre éprouvait le besoin de la constater. Du reste, il reconnaît que c'est une divergence d'opinion entre lui et le chef du cabinet qui a déterminé la crise ministérielle, et, par cela seul, il se place, en face du négociateur d'Aix-la-Chapelle, sur un pied d'antagonisme et d'égalité. Il prononce le mot d'abnégation, qui ôte à la démarche qu'il va faire auprès du duc de Richelieu tout caractère d'infériorité de position ; enfin il enfonce, par la dernière ligne de sa lettre, le trait jusqu'au cœur du Roi, dont la sensibilité, facile à émouvoir quand il s'agit du jeune ministre, devra être profondément remuée par l'expression d'un dévouement qui promet de donner tout ce qu'il a, le cœur comme l'âme, tant qu'une goutte de sang coulera dans ses veines. Après cette lettre, le comte Decazes est bien placé pour attendre le dénoûment de la crise ministérielle, dont le second acte va commencer.

Jusqu'ici rien ne s'était clairement dessiné, parce que la position du ministère, qui essayait de prolonger son existence collective en maintenant ensemble ses éléments hétérogènes, ôtait toute netteté à la situation. Une impulsion double et contradictoire partait du sein du cabinet. Maintenant la scission est faite ; chacune des nuances agira pour son compte. C'est le duc de Richelieu qui est naturellement appelé le premier à entreprendre la création d'un ministère. Il était facile de voir tout d'abord l'obstacle contre lequel viendraient se briser toutes ses tentatives. Il n'avait plus pour lui ce qui avait fait sa force jusque-là, une situation extérieure pressante et impérieuse dont il fallait trouver et dont seul il pouvait trouver la solution ; en outre, la situation intérieure, qui passait sur le premier plan, s'était développée contre lui et avait fortifié, par l'élection des cinquièmes successifs, la nuance ministérielle qui lui était opposée. Ce qui l'avait empêché de faire durer l'ancien ministère devait l'empêcher d'en composer un nouveau. Les derniers scrutins de la Chambre des pairs avaient montré qu'il avait la majorité dans cette assemblée, comme les derniers scrutins de la Chambre des députés, pour les secrétaires, avaient fait voir que la nuance ministérielle dont il était le représentant était tombée en minorité dans la Chambre élective. Si le duc de Richelieu reprenait la direction des affaires, il était obligé de dissoudre la Chambre des députés, comme M. Decazes devait être amené à modifier la majorité de la pairie par une fournée, s'il prenait les rênes du gouvernement. Le progrès de la situation, dont l'origine remontait à la loi d'élection et à l'ordonnance du 5 septembre, engageait donc les deux Chambres législatives l'une contre l'autre.

Le Roi avait écrit au duc de Richelieu que, dans le trouble où le jetait sa démarche imprévue, il ne pouvait faire une réponse précise à sa lettre, et qu'il désirait le voir avant que le duc prît un parti définitif [1]. Dans cette entrevue, Louis XVIII insista vivement auprès du duc de Richelieu pour qu'il consentît à se charger de former un cabinet. Il lui répéta qu'il le regardait comme un homme indispensable, et il ajouta qu'au regret de se séparer de lui se joindrait la douleur d'être obligé de rappeler M. de Talleyrand [2]. Louis XVIII, en effet, n'entrevoyait pas encore la possibilité de trouver un président du Conseil en dehors de ces deux hommes, et c'était probablement la considération qui le décidait à se séparer de M. Decazes. Il voulait, avant tout, éviter le retour du prince de Talleyrand, dont l'éloignement avait été pour lui une satisfaction d'amour-propre et une jouissance qu'il faudrait chèrement payer si le prince revenait rappelé, non comme ministre

---

1. Je suis ici pas à pas la relation de Louis XVIII dont je reproduis presque littéralement les termes.
2. Louis XVIII ne le nomme pas dans sa relation, mais il l'indique clairement.

agréable, mais comme ministre nécessaire. On se sépara sans rien conclure, et le lendemain le Roi reçut la lettre suivante, qu'on peut regarder comme l'ultimatum et le programme du duc de Richelieu :

« Votre Majesté peut imaginer dans quelle pénible situation m'a laissé l'entretien d'hier et tout ce que j'ai souffert en voyant le chagrin que je causais à Votre Majesté. Je connais trop bien mon insuffisance dans des circonstances aussi difficiles et pour un genre d'affaires auxquelles il est impossible d'être moins propre que je ne le suis, pour ne pas vous répéter, Sire, ce que j'ai eu l'honneur de vous dire hier. Ma mission a été finie au moment où les grandes affaires avec les étrangers ont été terminées. Celles de l'intérieur, ainsi que la conduite des Chambres, me sont tout à fait étrangères, et je n'y ai ni aptitude ni capacité. Il est de mon devoir de dire à Votre Majesté, dans toute la sincérité de mon cœur, qu'en me retenant elle fait le plus grand tort à ses affaires et au pays, et que ce sentiment qu'elle avait hier la bonté d'appeler de la modestie n'est que le résultat d'une connaissance plus approfondie de moi-même. Penser autrement ne serait pour moi qu'une inexcusable présomption. Après avoir fait à Votre Majesté cette profession de foi à laquelle je la prie de réfléchir bien sérieusement, je dois lui dire que si elle persiste à me retenir malgré les puissantes raisons que je lui donne, je ne puis ni ne dois m'y refuser, mais que pour que mes services ne soient pas dès l'abord rendus inutiles, il faut rétablir dans le ministère une unité qui n'existe plus. Votre Majesté sait si j'aime et estime M. Decazes, ces sentiments sont et seront toujours les mêmes. Mais, d'un côté, outragé sans raison par un parti dont les imprudences ont causé tant de maux, il lui est impossible de se rapprocher de lui ; de l'autre, poussé vers un côté dont les destinées nous menacent encore davantage, tant qu'il ne sera pas fixé hors de France par des fonctions éminentes, tous les hommes opposés au ministère le considéreront comme le but de leurs espérances, et il deviendra, bien malgré lui sans doute, un obstacle à la marche du gouvernement. Il m'en coûte de devoir tenir ce langage au Roi. Certes l'intrigue, l'ambition et les moyens qu'elles emploient ordinairement me sont bien étrangers, mais je dois la vérité à Votre Majesté, telle du moins que je la crois. Je sens combien le sacrifice dont je parle est pénible pour le Roi, pour M. Decazes ; et, si j'ose le dire, pour moi-même : mais je le crois nécessaire, si je dois rester dans les affaires. L'ambassade de Naples ou de Pétersbourg, et un départ annoncé dans une semaine : tels sont, selon moi, les préalables indispensables je ne dis pas au succès, mais à la marche de l'administration. Votre Majesté sait combien il me siérait mal d'imposer de telles conditions. L'état où j'ai mis le Roi hier et le désespoir qu'il m'a causé ont pu seuls me décider à les déposer dans son sein. Votre Majesté en fera l'usage qu'elle croira convenable.

« Dans le cas où Votre Majesté exigerait impérieusement que je restasse, j'oserais la supplier d'employer tous les moyens qui sont en son pouvoir pour retenir M. Lainé, sans lequel je ne puis absolument rester au ministère, et M. Roy ; si vous voulez bien y mettre cette séduction, à laquelle rien ne résiste, je crois qu'il ne sera pas difficile de vaincre leur opposition. Après vous avoir exposé ma pensée, souffrez, Sire, que je me jette aux pieds de Votre Majesté pour lui demander avec les plus vives instances de m'accorder la liberté ; je le répète, je n'ai ni la capacité, ni les talents nécessaires pour me démêler du labyrinthe du gouvernement des Chambres. Rien ne m'a préparé à cette vie, et bien sûrement je n'y réussirai pas. Votre Majesté est prévenue d'avance : qu'elle ne s'expose pas à la douleur de voir ces pronostics bientôt vérifiés... »

Quand les personnages historiques prennent ainsi la parole pour exposer les nécessités de leur situation et les mobiles de leur conduite, l'historien doit s'effacer devant eux. C'est l'histoire saisie sur le fait : il est toujours préférable de la montrer que de l'écrire. Dans cette lettre, curieuse à tant d'égards, le duc de Richelieu alléguait, pour ne pas entreprendre la formation d'un cabinet, qu'il finissait cependant par consentir à tenter, les deux raisons qui devaient précisément la faire échouer. Sa mission était finie avec le règlement de la question extérieure. Or, il faut qu'un homme politique finisse avec son rôle ; il n'était pas l'homme de la situation intérieure, et il n'entendait rien au gouvernement de la majorité. Dès lors, pourquoi restait-il ? Quand on n'est plus un moyen, on n'est pas loin d'être un obstacle. En outre, le duc de Richelieu récriminait encore contre la droite au moment de se rapprocher d'elle, et donnait raison contre elle à M. Decazes, dont il voulait se séparer. Il y avait là quelque chose d'illogique qui saute aux yeux. La condition que le duc de Richelieu mettait à sa rentrée au pouvoir indiquait l'idée qu'il se faisait de la faveur de M. Decazes ; il jugeait le gouvernement impossible si son ancien collègue ne s'éloignait pas. Cette exigence jeta Louis XVIII dans un état voisin du désespoir, et l'on peut dire que l'excès de sa douleur justifiait l'insistance du duc de Richelieu.

Le Roi « n'eut pas le courage, » je reproduis les expressions de Louis XVIII, « de faire connaître *in extenso* à M. Decazes la lettre qu'on vient de lire, et il lui écrivit seulement le point essentiel, se flattant que son éloignement de Paris suffirait. » M. Decazes offrit, en effet, de partir sur-le-champ pour aller passer trois mois à Libourne, dans le sein de sa famille. Cet éloignement ne parut pas suffisant au duc de Richelieu, qui fit du départ de M. Decazes pour la Russie la condition *sine quâ non* de la continuation de son ministère. Voici comment le Roi raconte cette dernière conversation :

« Le duc de Richelieu fut insensible à la situation de madame Decazes, âgée de seize ans, délicate, alors grosse de quatre mois, et il exigea qu'après le conseil, je demandasse à M. Decazes son dernier mot. Résolu de tout sacrifier pour conserver le duc de Richelieu, je me chargeai de la commission et je la remplis ; mais, je l'avoue, en prononçant à mon ami un arrêt si cruel pour lui, si pénible pour moi-même, ma fermeté m'abandonna et je fondis en larmes. Ma victime ne songea qu'à adoucir ma douleur, ne parla que de sa résignation. Cependant, un moment après, la pensée des fatigues, des dangers mêmes qu'allait courir celle qu'il aime avec tant de raison lui revint à l'esprit, et s'écriant : « Ah ! ma pauvre petite ! » il répandit à son tour des pleurs. Bientôt il reprit tout son courage, et me quitta pour aller écrire au duc de Richelieu qu'il acceptait tout. »

L'excès de la tendresse du Roi pour M. Decazes éclate ici de manière à justifier une fois de plus les appréhensions qu'inspirait la présence de ce favori. Au fond, on ne faisait qu'exiger pour lui ce que, trois ans plus tôt, en 1815, on avait exigé pour M. de Blacas. Le gouvernement représentatif a ses nécessités, et quand un homme est assez près du cœur d'un roi constitutionnel pour que l'idée seule d'une séparation fasse verser des larmes à ce dernier, il faut que cet homme soit dans le Conseil ou hors du pays. Cependant le duc de Richelieu, sur les représentations de M. Lainé, plus généreux que prudent, consentit à se contenter d'un voyage à Libourne. M. Decazes annonça son départ; mais les circonstances se pressèrent tellement ou il se pressa si peu, qu'il n'eut pas le temps de partir. Le jour même où ces choses se passaient, le Roi reçut les adresses des Chambres, où l'on retrouva le contre-coup des deux mouvements politiques qui se disputaient la direction des affaires. La Chambre haute disait :

« C'est avec une profonde émotion que les pairs de France ont entendu Votre Majesté réclamer leur concours et leur zèle pour repousser les doctrines pernicieuses qui, de révolution en révolution, ramèneraient promptement le pouvoir absolu par les désordres de l'anarchie... Sans les hautes prérogatives du trône, la Constitution n'a plus d'appui : toute loi monarchique est donc une loi populaire. »

Toute l'adresse était sur ce ton. Elle favorisait la tentative de M. le duc de Richelieu pour reconstituer un ministère, en prenant son point d'appui sur la droite.

La Chambre élective, au contraire, insistait sur le respect dû à la Charte, et, comme, dans l'opinion de ceux qui avaient rédigé l'Adresse, la loi électorale, dite des *cent écus*, était une conséquence logique de la Charte, et, suivant les expressions de l'Adresse, « une des institutions dérivées de son esprit, » la majorité de la Chambre élective se prononçait d'avance contre le changement de la loi d'élection, qui était la condition *sine quâ non* que la droite mettait à un rapprochement entre elle et le ministère. Voici le paragraphe dont il s'agit :

« Loin de nous la pensée de souffrir aucune atteinte à la Charte. Nous repoussons tout principe pernicieux portant atteinte à l'ordre social que nous devons à votre sagesse. C'est à la Charte, c'est aux institutions dérivées de son esprit que la France veut se fixer. La France, Sire, est lasse des révolutions; elle sait ce qu'elles lui ont coûté de sang et de larmes. La réparation des maux que la France endure encore, l'accroissement du bien qu'elle possède déjà, sont également attachés au maintien d'une liberté bien ordonnée, de celle qui convient à un peuple éclairé par l'expérience et mûri par l'adversité. »

Cette attitude prise par la Chambre des députés rendait impossible le succès des efforts du duc de Richelieu pour constituer un ministère, car il était évident que s'il n'avait pas la faculté et la volonté de dissoudre la Chambre des députés, il ne pourrait pas marcher : or, il n'avait ni cette faculté, ni cette volonté. Cette raison, ajoutée à quelques autres motifs qu'il faut indiquer, explique son impuissance qui l'étonna lui-même, et que plusieurs historiens de la Restauration ont de la peine à comprendre. Les gens habiles ne montent pas sur un char qu'ils savent prédestiné à ne pas marcher, et personne, en politique, n'est pressé de se rallier à un échec. Le duc de Richelieu essaya d'abord de modifier seulement le ministère, en nommant M. Lainé à l'intérieur, M. Roy aux finances. Dans cette combinaison, il offrait à M. de Villèle le portefeuille de la marine, et promettait à la droite une légère modification dans la loi électorale. Le 24 décembre [1], il fit prier M. de Villèle de passer à l'hôtel des affaires étrangères, et le pressentit à ce sujet. La droite n'avait pas varié depuis le commencement de la crise ministérielle ; elle avait constamment demandé, comme condition de son concours, le changement de la loi électorale, avec la substitution des deux degrés au degré unique. Cette requête n'avait rien que de raisonnable, puisque le mal dont on se plaignait venait de la loi d'élection. M. de Villèle ne semble pas avoir jamais beaucoup cru au succès des tentatives de M. le duc de Richelieu [2] : « Il m'a paru fort embarrassé de sa tâche, écrit-il en revenant de cette conférence. Je l'ai encouragé et aidé

1. *Documents inédits.* (Carnet de M. de Villèle.)
2. Carnet de M. de Villèle.

en plaisantant. Il m'a fait revenir le soir pour me dire qu'il allait écrire au Roi qu'il renonçait à sa mission. »

La première tentative du duc de Richelieu avait échoué, par le refus positif de M. Lainé de rester au ministère, pour demander le changement d'une loi électorale qu'il avait si ardemment défendue peu de temps auparavant. M. Lainé ne niait pas ses défauts, reconnaissait ses mauvais résultats, mais il éprouvait une répugnance extrême à se déjuger si peu de temps après avoir défendu et prôné cette loi comme une panacée. Le motif qu'il alléguait était invincible chez un homme tel que lui, car c'était une question de dignité personnelle. M. Roy, de son côté, ne voulait pas rester au ministère si M. Decazes n'y demeurait pas avec le duc de Richelieu.

Celui-ci, ayant ainsi échoué dans la tentative d'un replâtrage ministériel, eut l'idée de constituer un ministère entièrement nouveau, dans lequel il aurait gardé la présidence et le portefeuille des affaires étrangères, en donnant l'intérieur à M. Cuvier, la guerre à M. de Lauriston, la justice à M. Siméon, les finances à M. Mollien, puisque Roy refusait obstinément de les conserver, et la direction générale de la police, sous l'autorité du Conseil, à M. de Tournon, préfet de la Gironde. Le 25 décembre, il fit encore appeler M. de Villèle, auquel il offrait toujours le ministère de la marine ; celui-ci l'aida de son mieux ; mais, dès que les membres du ministère projeté se trouvèrent en présence, il fut aisé de voir qu'ils ne pouvaient pas s'entendre, et il aurait été facile de le deviner. M. de Villèle se souciait peu d'entrer dans un ministère où il devait se trouver seul de son bord ; M. Cuvier s'était trop engagé sur la question électorale dans la discussion de la loi pour revenir aux deux degrés, et MM. Mollien et Siméon avaient certainement des liens, des amitiés, peut-être des engagements avec la fraction opposée du ministère. Au fond, hors M. le duc de Richelieu et M. Lainé, tout le monde voyait bien que la négociation n'aboutirait pas : les luttes provoquées par le ministère entre les centres et la droite avaient été trop vives, et elles étaient trop récentes pour qu'on pût dès lors se rencontrer.

Au milieu de ces négociations, le parti qui soutenait M. Decazes à la Chambre des députés ne négligeait rien pour aggraver les difficultés de la tâche qu'avait entreprise le duc de Richelieu. Ce parti ne se contenta pas d'avoir fait insérer dans l'adresse le paragraphe qui, en demandant le maintien intégral de la loi électorale, rendait impossible le rapprochement entre le ministère et la droite : M. Beugnot, qui avait des affinités intimes avec M. Decazes, fit un rapport très-hostile au duc de Richelieu sur les allocations provisoires sans lesquelles il était impossible de marcher jusqu'au vote du budget. Le 26 décembre, il fit remettre à trois jours la discussion de la demande du ministère, quoiqu'il y eût urgence que ce crédit provisoire fût voté le 1er janvier [1]. Cette contrariété acheva de pousser le duc de Richelieu à bout, et le 26 décembre, au soir, il écrivit au Roi une lettre dans laquelle il résignait définitivement entre ses mains les pouvoirs que celui-ci lui avait confiés. Voici les passages les plus intéressants de ce document :

« J'ai encore fait d'inutiles efforts pour essayer de composer un ministère qui pût présenter à Votre Majesté et à la France quelques garanties dans la crise où nous nous trouvons. M. Roy, que je croyais indispensable aux finances, s'est refusé à toutes mes sollicitations; mes autres collègues n'ont pu s'accorder sur les mesures à prendre, et je me vois de nouveau dans la nécessité de supplier Votre Majesté de me décharger d'une tâche qu'il m'est impossible de remplir avec succès. J'ai fait preuve

---

1. « Ce qui a paru le plus probable, dit M. de Villèle dans ses notes manuscrites, c'est que le duc de Richelieu, démoralisé par le refus de M. Roy, par l'hostilité du rapport de M. Beugnot et le renvoi à trois jours d'une loi indispensable le 1er janvier, avait éprouvé une forte attaque de nerfs et était tombé dans un tel état de prostration, qu'il avait remis au roi les pouvoirs qu'il avait reçus de lui pour former un ministère. » (*Documents inédits.*)

du dévouement le plus absolu en essayant deux fois de reformer un ministère, et Votre Majesté reconnaîtra ce que j'ai eu l'honneur de lui dire à mon départ d'Aix-la-Chapelle, et ce que j'ai pris la liberté de lui répéter de bouche et par écrit depuis mon retour, que ma mission était finie du moment de la conclusion des négociations avec les étrangers. Mais pourquoi Votre Majesté jugerait-elle indispensable d'appeler \*\*\* (le prince de Talleyrand) à mon défaut? N'existe-t-il donc que lui et moi dans son royaume qui puisse être à la tête du Conseil, et si nous manquions tous les deux à la fois, faudrait-il que l'État pérît? Je ne puis le croire. Il existe des maréchaux, des pairs de France, qui certainement pourraient nous remplacer. Sans en nommer d'autres, les maréchaux Macdonald et Marmont ne pourraient-ils pas être choisis?... »

En citant cette lettre dans la relation de la crise ministérielle, Louis XVIII ajoute : « Sa lettre avait été pour moi un trait de lumière, en ce qu'elle m'avait fait apercevoir la possibilité de me passer de \*\*\* (du prince de Talleyrand). » Ainsi le duc de Richelieu, impatient de rentrer dans la vie privée, brisait le dernier lien qui retînt le Roi, en lui prouvant la possibilité de le laisser partir sans le remplacer par le prince de Talleyrand. Sa démission fut acceptée, et, chose remarquable, aucun des deux maréchaux indiqués par lui, et qui tous deux avaient une grande valeur personnelle, ne fut appelé par le Roi, qui s'exprime ainsi dans sa relation :

« Le garde des sceaux, dit-il, vint chez moi au moment où je venais d'expédier ma réponse au duc de Richelieu. Je m'ouvris à lui sur la position des affaires. Il alla sur-le-champ trouver le comte Decazes, et celui-ci conçut l'idée de confier le timon des affaires au marquis Dessolle. Je goûtai cette idée et je le chargeai d'y donner suite en lui désignant MM. de Jaucourt et de Serre. Le lendemain (dimanche 21), il vit le général et lui fit la proposition, qui fut acceptée. Le comte Decazes était aux anges et ne prévoyait pas les difficultés qui allaient naître. Le marquis Dessolle, voulant, comme de raison, former lui-même son ministère, jeta d'abord les yeux sur M. de Serre pour la justice et le baron Louis pour les finances. Il leur en parla, et tous trois tombèrent d'accord d'accepter, mais avec la condition *sine quâ non* que le comte Decazes ferait partie du ministère. Lorsqu'ils lui en firent la proposition, il la rejeta avec force et même avec larmes; enfin le marquis Dessolle vint me prier de vaincre sa résistance. Si je n'avais consulté que mon propre sentiment, j'aurais désiré que M. Decazes unît, comme il en avait toujours eu l'intention, son sort à celui du duc de Richelieu... Mais le comte Decazes se trouvait en quelque sorte dans la même situation que lorsque je lui avais proposé l'ambassade de Russie : dans les deux cas, de son acceptation dépendait l'existence du ministère, et s'il y avait immolé son bonheur, ne devait-il pas aussi y immoler des scrupules désormais vains? Ces considérations déterminèrent mon jugement. Le comte Decazes s'y soumit et le ministère fut formé. »

A travers la partialité bienveillante de ce récit, il n'est pas difficile d'apercevoir comment les choses se passèrent. Dès que le Roi a entrevu la possibilité de ne point appeler le prince de Talleyrand, il consent au départ du duc de Richelieu. Il n'accepte pas son indication relativement au maréchal Marmont et au maréchal Macdonald qui auraient pu être les chefs véritables d'un ministère, et n'auraient pas accepté l'apparence d'un rôle dont ils n'auraient pas eu la réalité. Son premier mouvement est de faire consulter M. Decazes, qui désigne aussitôt le général Dessolle, homme honorable sans doute, et qui, à cause de son empressement à se rallier à la cause royale en 1814 et du rôle qu'il avait joué comme commandant en chef de la garde nationale, pouvait remplir cette place, mais qui n'avait ni la valeur personnelle ni l'initiative des deux maréchaux ci-dessus indiqués. Le général Dessolle, M. de Serre et le baron Louis déclarent aussitôt, ce qu'il n'était pas difficile d'apercevoir, qu'il n'y avait pas de ministère possible, sans M. Decazes, et M. Decazes, après avoir versé des larmes pour partir, en verse pour rester, quand il a reçu l'ordre formel du Roi. Il m'est impossible de m'attendrir sur ces larmes de M. Decazes; elles reviennent trop souvent; ce sont des larmes politiques. Je sais que des historiens ont attribué à l'esprit de parti le jugement qu'on porta à cette époque sur la conduite de M. Decazes[1]. Selon eux, il ne désirait pas arriver au

---

1. C'est M. Duvergier de Hauranne qui a soutenu cette opinion de la manière la plus plausible, en s'appuyant sur la correspondance de MM. Decazes

ministère après le duc de Richelieu, et ce fut à son corps défendant et pour ne pas désobéir au Roi qu'il se laissa nommer ministre. Sans doute on ne peut lire dans le cœur des hommes, mais il faut les juger d'après leur caractère et leurs intérêts. Or, M. Decazes était un homme intelligent et avisé qui manœuvrait depuis deux ans pour affaiblir la droite et même pour l'éliminer de la Chambre; il était sur ce point en désaccord, depuis plusieurs mois, avec le duc de Richelieu et M. Lainé. Il n'avait pas voulu, il en convenait lui-même, abandonner son opinion. Il fallait donc de trois choses l'une : qu'il ramenât ses deux contradicteurs à son avis, qu'il les renvoyât du ministère ou qu'il en sortît. Il n'avait pas pu les ramener à son avis, pas plus qu'ils ne l'avaient ramené au leur. Alors les deux parties du ministère s'étaient quittées, et l'on a vu que les amis de M. Decazes n'avaient pas aidé le duc de Richelieu dans sa mission; l'élection des vice-présidents, l'adresse de la Chambre des députés et le rapport de M. Beugnot sur les douzièmes provisoires, en font foi. M. Decazes, qui savait que la lutte avait été entre les deux fractions du ministère, était trop au courant des choses politiques pour ne pas comprendre que, la fraction qui inclinait vers la droite ayant échoué dans ses efforts pour former un ministère, la fraction qui inclinait vers le centre gauche et dont il était le chef arrivait naturellement au pouvoir. Il le comprenait si bien, qu'il ne s'était pas étonné que le roi le consultât sur le choix d'un président du Conseil, et qu'il avait désigné le général Dessolle, à l'ombre du nom duquel il pouvait avoir l'action principale, à l'exclusion du maréchal Macdonald et du maréchal Marmont sur lesquels il aurait eu moins de prise. Il devait s'attendre à ce que ce ministère, formé sur ses indications et d'hommes à sa convenance, l'appelât dans son sein : le duc de Richelieu n'avait

---

et Pasquier. Cet honorable historien n'a pas assez considéré une chose, c'est que, dans cette correspondance même, M. Decazes suivait l'esprit de son rôle.

pas cru pouvoir gouverner si M. Decazes était hors des affaires sans être hors de France; comment le marquis Dessolle aurait-il cru pouvoir gouverner en laissant M. Decazes hors des affaires, surtout quand le Roi venait de donner à ce dernier de nouvelles et si éclatantes marques de confiance et d'affection? Cela était impossible, et il était également impossible que le comte Decazes ne prévît pas cette impossibilité et par conséquent ne se préparât pas à rentrer aux affaires. Quant à rester hors du cabinet pour le protéger de son concours et de sa parole, cela eût été bon s'il avait été membre de la Chambre des députés où sa nuance était en majorité, mais la position n'était pas la même à la Chambre des pairs dont il était membre et dont la majorité était contre lui. L'intérêt et l'ambition de M. Decazes se réunissaient donc à la force des choses pour le pousser au pouvoir.

Le numéro du *Moniteur* du 30 décembre porta à la connaissance du public les noms des membres du nouveau ministère qui s'était constitué dans la soirée du 29. Le marquis Dessolle prenait le portefeuille des affaires étrangères et y joignait la présidence du Conseil; M. Decazes passait du ministère de la police, qui était supprimé, au ministère de l'intérieur; le maréchal de Gouvion Saint-Cyr conservait le ministère de la guerre; M. de Serre devenait ministre de la justice; M. Louis ministre des finances; un conseiller d'État, M. Portal, était appelé au ministère de la marine. Ainsi l'élément du centre gauche qui existait dans le ministère triomphait sur l'élément du centre droit, et le mouvement inauguré le 5 septembre allait prendre de nouveaux développements.

L'émotion publique avait été vive pendant la crise ministérielle. Les spectateurs du dehors ne connaissaient que bien incomplétement les détails que nous venons de donner, et les bruits les plus alarmants et les plus contradictoires étaient répandus à Paris et dans le reste de la France. On annonçait que le duc de Richelieu, d'accord avec l'empereur Alexandre et la droite, tramait une contre-révolution. Les propagateurs des bruits alarmants allaient de tous côtés, répétant que les listes de proscriptions étaient déjà dressées, et que cent citoyens par département seraient envoyés en exil ou jetés en prison. Les hommes de la droite, de leur côté, s'effrayaient à la pensée d'un nouveau pas fait dans la voie où l'on marchait depuis l'ordonnance du 5 septembre; de sorte que la défiance et l'irritation étaient partout. Quand l'ordonnance qui instituait le nouveau ministère parut, il y eut un long cri de joie et de triomphe dans les journaux de la gauche, un long gémissement dans les journaux de la droite, et la colère fut d'autant plus grande parmi les hommes de cette opinion qu'ils avaient un moment espéré.

FIN DU TOME QUATRIÈME.

# PIÈCES JUSTIFICATIVES[1]

SANCTISSIMI DOMINI NOSTRI

PII

DIVINA PROVIDENTIA PAPÆ SEPTIMI

## ALLOCUTIO

HABITA IN CONSISTORIO SECRETO, DIE XXVII JULII MDCCCXVII.

VENERABILES FRATRES,

Ex quo Sedi Apostolicæ post notissimas rerum vicissitudines restituti, Catholicam Ecclesiam curæ Nostræ divinitus commissam libere gubernandam denuo suscepimus, nihil intentiore animo concupivimus, quam ut Ecclesiasticum in Gallia Regimen aptius ordinaremus, et gravissimis mederemur malis, quibus Ecclesia pluribus ab annis ibidem affligitur,

[1]. Nous publions en latin, d'après le texte même publié à Rome en 1817 et 1818, et qui nous a été communiqué par M. le duc de Blacas, fils de l'ambassadeur de Louis XVIII auprès du Saint Siége, toutes les pièces officielles relatives à la négociation du Concordat, et qui n'existent aujourd'hui dans aucun recueil. Ce sont : 1° l'allocution de Pie VII dans le consistoire secret le 27 juillet 1817, pour annoncer au sacré collége les négociations suivies avec le Roi très-chrétien pour le règlement des affaires de l'Église de France, leurs vicissitudes et leur résultat ; 2° les lettres apostoliques confirmant la convention souscrite avec le Roi très-chrétien ; 3° cette convention même ; 4° la bulle de la nouvelle circonscription des diocèses des Gaules ; 5° les lettres apostoliques adressées, sous forme de bref, aux archevêques et aux chapitres des églises vacantes sur le démembrement des diocèses ; 6° les lettres adressées au très-saint Père par les anciens évêques des Gaules, dont il est fait mention dans l'allocution ; 7° la déclaration faite par l'ambassadeur extraordinaire du Roi très-chrétien au sujet de quelques articles de la Charte. Enfin nous ajoutons aux pièces le texte latin de la réponse du pape Pie VII au comte de Marcellus, qui nous a été communiqué par le fils de l'honorable député de la Chambre de 1818.

atque ita Catholica Religio pristinum in eo Regno splendorem recuperaret. Quod autem in maximis votis erat, id juvante Deo Nos esse consecutos, Vobis, Venerabiles Fratres, annuntiamus. Simulac enim Carissimus in Christo Filius Noster Ludovicus XVIII, avito solio redditus feliciter est, Nos opportunissima occasione usi cum Eo, quem religiosissimis animari sensibus probe noveramus, de componendis Ecclesiasticis sui Regni rebus agere incepimus, præstantissimoque Rege curis Nostris obsecundante Conventionem tandem absolvimus, quam a Dilecto Filio Nostro Hercule S. Agathæ ad Suburram S. R. E. Diacono Cardinali Consalvi Nobis a Secretis Status, ac Dilecto Filio Comite de Blacas D'Aulps Christianissimi Regis apud Nos, et Apostolicam Sedem Oratore Extraordinario, plena utrinque potestate munitis, subscriptam Regia Majestas Sua ratam jam habuit. Uberrimam, quam ex hoc faustissimo eventu cepimus voluptatem Vobiscum, Venerabiles Fratres, hodie partimur, quos in adversis et secundis casibus, mœroris, lætitiæque Nostræ socios experti sumus. Ut vero Conventionis hujus ratio Vobis perspecta sit, ea Vestris oculis subjicietur una cum Nostris Litteris Apostolicis, quibus Conventionem eamdem rite solemniterque confirmavimus. Alteras similiter Apostolicas Litteras emittimus, quibus novi fines præscribuntur, quos habituræ posthac erunt Gallicanæ Diœceses, quarum numerus insigniter ut videbitis adauctus est. Rebus hoc pacto meliorem in conditionem adductis, Galliarum Ecclesiæ ad convenientem sibi dignitatem, splendoremque revocantur. De quo lætissimo, gratissimoque successu Nos dubitare non sinit explorata Christianissimi Regis pietas, qui se Catholicæ Religionis bono latius adhuc, et munificentius consulturum pollicitus quoque Nobis est.

Multa quidem in tractando tam salutari negotio Nobis obstacula occurrerunt, quæ studia Nostra præpedire, ac pœne frustrari quandoque visa sunt. Hæc tamen obstacula feliciter amota sunt; in primis autem ad rem expediendam valuerunt tum observantissimæ quorumdam ex iis Episcopis litteræ, qui cum petitioni Nostræ circa Ecclesiarum quibus præerant abdicationem assensi non fuissent, animi sui ægritudinem ob non mediocrem, quem ex eorum in hoc negotio agendi ratione dolorem suscepimus, Nobis manifestarunt; tum officiale scriptum, quo egregius Vir Comes de Blacas supramemoratus exponit Regem suum sibi auctorem fuisse, ut Nobis ejus nomine declararet jusjurandum illud, quo Constitutioni, Regnique Legibus obedientiam Subditi pollicentur, nihil aliud spectare nisi ea quæ ad Civilem Ordinem pertinent, eoque jurejurando nullatenus ad quidpiam obligari eos posse, quod Dei, Ecclesiæque Legibus adversetur. Hujusmodi etiam scriptum, et memoratas Episcoporum litteras cum reliquis hujus rei monumentis Vobis exhiberi mandavimus.

Hæc quæ tanto Nobis solatio inter molestissimas Pontificatus Nostri sollicitudines extiterunt, Vobis, Venerabiles Fratres, nuncianda erant. Ad augendam vero solemnem hujus diei lætitiam, eamque insigni aliquo monumento consignandam, novo Cardinalium numero Vestrum augere Ordinem constituimus.

Inter eos, quos hac die Cardinales creare Nobis proposuimus, primum locum obtinet Venerabilis Frater Alexander Angelicus de Talleyrand de Perigord Archiepiscopus olim Rhemensis, quem ab ipso Pontificatus Nostri exordio Christianissimus Rex ejus meritis permotus suis apud Nos officiis fuerat studiosissime prosequutus, et cujus rationem in Consistorio diei 23 septembris elapsi anni habere non potuimus.

Conventionis autem cum Rege Christianissimo initæ gratia, atque ut rem Majestati Suæ acceptam faciamus, nec non grati, ac benevoli animi Nostri sensus Nationi Gallicæ testemur, quæ tot, ac tanta, cum illic diversaremur, Nobis obtulit amoris, obsequii, ac piæ liberalitatis argumenta, duos præterea Cardinales creandos putavimus, videlicet :

Venerabiles Fratres Cæsarem Guillelmum de la Luzerne Episcopum olim Lingonensem, et Aloysium Franciscum de Bausset Episcopum olim Alesiensem, qui etiam pastoralis officii multa cum laude olim gesti meritis commendantur.

Ex iis autem Cardinalibus, quos in Consistorio Secreto die 8 Martii superioris anni habito in pectore reservavimus, nunc publicamus duos, qui diuturnis, et gravissimis muneribus cum laude perfuncti hoc honestari præmio meruerunt. Hi sunt :

Franciscus Cesarei de Leonibus Romanæ Rotæ Decanus;
Antonius Lante Cameræ Apostolicæ Decanus.

*Quid vobis videtur?*

Auctoritate Omnipotentis Dei, Sanctorum Apostolorum Petri et Pauli, ac Nostra declaramus S. R. E. Presbyteros Cardinales :

Franciscum Cesarei de Leonibus S. Rotæ Decanum;
Antonium Lante Cameræ Apostolicæ Decanum.

*Insuper creamus S. R. E. Presbyteros Cardinales :*

Alexandrum Angelicum de Talleyrand de Perigord Archiepiscopus olim Rhemensem;
Cæsarem Guillelmum de la Luzerne Episcopum olim Lingonensem;
Aloysium Franciscum de Bausset Episcopum olim Alesiensem.

Cum dispensationibus, derogationibus, et clausulis necessariis et opportunis.

In Nomine Patris †, et Filii †, et Spiritus † Sancti. Amen.

## LITTERÆ APOSTOLICÆ

QUIBUS CONVENTIO CUM REGE CHRISTIANISSIMO INITA CONFIRMATUR.

PIUS EPISCOPUS, SERVUS SERVORUM DEI,

*Ad perpetuam rei memoriam.*

Ubi primum singulari Omnipotentis Dei beneficio in Nostram Sedem reducti fuimus, e qua in altitudinem maris tempestas valida Nos detulerat, ad teterrimam illico malorum colluviem, quibus Sacratissima Christi Sponsa misere afflictabatur, animum Nostrum convertimus, susceptumque e reditu gaudium tristissima illorum consideratione turbari persensimus. Eo autem in loco constituti, quo non deplorare illa sufficiat, sed et emendare pro viribus debeamus, Nostras in id sollicitudines intente conjecimus, ut tam magnam a Dominico Grege vastitatem propulsaremus, ac, quod commissi Nobis officii est, post tantam rerum conversionem corroborare adniteremur Templum, et consolari ruinas Israel.

Verum cum id per universam Catholicam Ecclesiam majori, qua possemus, animi contentione ex hac Summi Apostolatus specula præstare niteremur, Nostras tamen curas, et cogitationes in Galliarum Regnum cum primis conferendas censuimus, ut ubi e temporum asperitate mala graviora erupere, ibi et Apostolica sollicitudo cumulatius ad ea reparanda intenderetur. Id quippe singulari quodam jure a Nobis efflagitabant nedum tot illa mala, quibus Galliarum Ecclesiæ conflictatæ fuerunt, sed et grata in universam Nationem tam bene de Nobis meritam benevolentia. Jucunda siquidem recordatione repetabamus, qua celebritate, et frequentia, et quam devoto animorum sensu, alienissimo licet tempore, ibidem excepti fueramus, adeo ut divino Omnipotentis Dei consilio onori, qui Petro debetur, nec Successoris indignitas obstaret, nec periculorum metus officeret.

In hoc autem opere conficiendo maxime Nobis adfuit Carissimi in Christo Filii Nostri Ludovici Francorum Regis Christianissimi religio, et pietas. Cum enim de tantis Catholicæ Ecclesiæ vulneribus eo in Regno inflictis utili curatione sanandis Nostra eidem studia aperuerimus, id summopere sibi in votis esse testatus est, *Divina sic disponente protectione, quæ non deserit Ecclesiam suam, ut,* quod olim S. Leo Magnus Pulcheriæ Augustæ gratulabatur[1] *eodem opere, eadem mente, et tempore Spiritus Dei et clementiæ ipsius sollicitudinem, et curam Nostri cordis accenderit, ut de remediis procurandis eadem utrique saperemus.*

Ast vix gravissimo negotio manum admoveramus, insonuit iterum *vox impetus rotæ, et equi frementis, et gladii micantis*[2], atque idcirco

---

1. *Epist. ad Pulcher. Aug. XLIX.*
2. *Nahum* 3. 2.

secedere iterum coacti fuimus ex hac Pontificatus Arce cum Venerabilibus Fratribus Nostris S. R. E. Cardinalibus, ut novis Nos, quæ impendebant, periculis, et in Ecclesiæ administratione impedimentis subtraheremus, ac novo bellorum tumultu rebus omnibus in Italia, et Galliis in discrimen deductis, auspicatoria quæque consilia vel ipso primordio obtruncata comploravimus. Verum faciente Deo pacem in sublimibus, illuxit cito desideratissima dies, qua Ecclesiæ rebus per vastissimas illas Galliarum Regiones, connitente Christianissimo Rege, potuimus opportune consulere. Probe enim intelligens ipse Carissimus in Christo Filius Noster Ludovicus Rex, ea, quæ Dei sunt, præcipuo quodam, ac peculiari studio ab se esse curanda, litteris officii, devotionis, ac pietatis plenis Nos compellavit, ut ad Ecclesiæ negotia in sua ditione componenda Apostolica dispensatione properaremus.

Votis itaque Pientissimi Regis, quæ et Nostra vota erant diuturna, et impensissima, perlubenter annuimus, omniaque illico, quæ in eum finem spectabant, in deliberationem adduci, et coram selecta Venerabilium Fratrum Nostrorum S. R. E. Cardinalium Congregatione mature perpendi curavimus. Ea tamen fuit negotiorum, quæ componenda erant, complexio, et gravitas, ut nonnisi ex longa, operosaque consultatione, rem demum, Eo juvante, qui Pater est luminum, feliciter confecerimus per Conventionem, quam in maximum Animarum commodum, et in opportunum tot malorum remedium cessuram fore non ambigimus. Hujusce autem Conventionis tenor est, qui sequitur, videlicet :

## CONVENTIO

### INTER SUMMUM PONTIFICEM PIUM VII ET CHRISTIANISSIMUM FRANCORUM REGEM LUDOVICUM XVIII.

#### In Nomine Sanctissimæ et Individuæ Trinitatis.

Sanctitas Sua Summus Pontifex Pius Septimus, et Majestas Sua Rex Christianissimus vehementi desiderio affecti, ut mala, quibus Ecclesia in Gallia a pluribus annis affligitur, finem penitus habeant, et Religio ad pristinum in eo Regno splendorem revocetur, cum feliciter restituto in avitum solium Sancti Ludovici Nepote, tandem liceat Regimen Ecclesiasticum ibidem aptius ordinare, solemnem propterea Conventionem inire decreverunt, reservantes sibi Catholicæ Religionis rationibus, collatis studiis, uberius deinde providere.

Consequenter Sanctitas Sua Summus Pontifex Pius VII in suum Plenipotentiarium nominavit Eminentissimum Dominum Herculem Sanctæ Romanæ Ecclesiæ Cardinalem Cousalvi Diaconum Sanctæ Agathæ ad -Suburram, suum a Secretis Status ;

Et Majestas Sua Rex Christianissimus Excellentissimum Dominum Petrum, Ludovicum, Joannem, Casimirum Comitem de Blacas, Marchionem d'Aulps, et des Rolands, Parem Franciæ, Magnum Præpositum

Regio Vestiario, Suum apud Summum Pontificem, et Apostolicam Sedem Oratorem Extraordinarium et Plenipotentiarium.

Qui post sibi mutuo tradita legitima, et authentica respectivæ Plenipotentiæ Instrumenta, de sequentibus Articulis convenerunt.

Articulus I. Concordatum inter Summum Pontificem Leonem X, et Franciscum I, Francorum Regem, initum restituitur.

Art. II. Consequenter ad Articulum præcedentem Concordatum diei xv Julii anni MDCCCI suum effectum habere desinit.

Art. III. Articuli Organici nuncupati, qui inscia Sanctitate Sua conditi, ac sine ullo ejus assensu die VIII Aprilis anni MDCCCII una cum supradicto Concordato diei xv Julii anni MDCCCI promulgati fuerunt, abrogantur in iis, quæ adversantur Doctrinæ, et Legibus Ecclesiæ.

Art. IV. Ecclesiæ, quæ in Galliarum Regno per Apostolicas Sanctitatis Suæ litteras diei xxix Novembris anni MDCCCI suppressæ fuerunt, denuo erigentur usque ad eum numerum, qui, utpote Religionis bono magis proficuus, mutuo consensu præfinietur.

Art. V. Cunctæ Archiepiscopales, et Episcopales Ecclesiæ Regni Galliarum per memoratas Apostolicas litteras diei xxix Novembris anni MDCCCI erectæ una cum earum Titularibus actualibus conservantur.

Art. VI. Præscriptum præcedentis Articuli circa conservationem eorumdem Titularium actualium in Archiepiscopalibus, et Episcopalibus eorum Sedibus nunc existentibus in Galliis, impedimento non erit peculiaribus aliquibus exceptionibus, quæ gravibus, legitimisque causis nitantur, neque officiet, quominus aliqui ex Titularibus prædictis ad alias Sedes transferri possint.

Art. VII. Diœceses Ecclesiarum, quæ in præsens extant, itemque aliarum, quæ erigendæ sunt, exquisito prius ab actualibus Episcopis, et Capitulis Sedium Vacantium consensu, iis finibus circumscribentur, qui ad utiliorem ipsarum administrationem magis expedire dignoscantur.

Art. VIII. Conveniens dos cunctis tam existentibus, quam denuo erigendis Ecclesiis in bonis stabilibus, ac in redditibus super Regni debito fundatis, vulgo « *Rentes sur l'État*, » quamprimum fieri poterit, constituetur, assignato interim earum Pastoribus redditu in ea quantitate, quæ statum eorum meliorem reddat.

Pari ratione consuletur Dotationi Capitulorum, Parœciarum, et Seminariorum tum existentium, tum erigendorum.

Art. IX. Sanctitas Sua, et Majestas Sua Christianissima agnoscunt mala omnia, quibus Galliarum Ecclesiæ affliguntur. Perspiciunt etiam, quam fructuosum Religioni futurum sit, celeriter augeri numerum Sedium actu existentium. Ne proinde tam magna utilitas diutius retardetur, Sanctitas Sua per Apostolicas Litteras ad Sedium erectionem, et novam Circumscriptionem Diœcesium supramemoratum sine mora procedet.

Art. X. Majestas Sua Christianissima novum præbere volens sui in Religionem studii testimonium, omnia, quæ in sua potestate sunt, collatis cum Sanctitate Sua consiliis, præstabit, ut mala, et impedimenta, quæ Religionis bono, et legum Ecclesiæ executioni adversantur, quam citius fieri poterit, removeantur.

Art. XI. Antiquarum Abbatiarum *Nullius Diœcesis* Territoria iis Diœcesibus unientur, intra quarum fines in nova circumscriptione comprehensa reperientur.

Art. XII. Reintegratio Concordati, quod in Gallia observatum fuit usque ad annum MDCCLXXXIX (Articulo primo hujus Conventionis stipulata), Abbatiarum, Prioratuum, et aliorum Beneficiorum, quæ tunc existebant, redintegrationem secum non feret. Beneficia tamen, quæ in posterum fundari contingat, regulis in supradicto Concordato præscriptis subjecta erunt.

Art. XIII. Ratificationes præsentis Conventionis muto tradentur unius mensis spatio, aut citius si fieri poterit.

Art. XIV. Statim ac prædictæ Ratificationis mutuo traditæ fuerint, Sanctitas Sua per Apostolicas Litteras præsentem Conventionem confirmabit, ac deinde aliis Apostolicis Litteris Diœcesium fines circumscribet.

In quorum fidem præfati Plenipotentiarii præsenti Conventioni subscripserunt, illamque suo quisque sigillo obsignavit.

Actum Romæ die undecima Junii anni millesimi octingentesimi decimi septimi.

Hercules Card. Consalvi.                Blacas d'Aulps.

Cum itaque hujusmodi Conventiones, Pacta, et Concordata in omnibus, et singulis punctis, clausulis, articulis, et conditionibus, cum a Nobis, tum a Carissimo in Christo Filio Nostro Ludovico Rege Christianissimo approbata, confirmata, et ratificata fuerint, cumque laudatus Rex enixe a Nobis flagitaverit, ut pro firmiori eorum subsistentia robur Apostolicæ firmitatis adjiceremus, solemnioremque Auctoritatem, et Decretum interponeremus; Nos de prædictorum Venerabilium Fratrum Nostrorum Sanctæ Romanæ Ecclesiæ Cardinalium consilio, et assensu, atque ex certa scientia, ac matura deliberatione Nostris, deque Apostolicas potestatis plenitudine, præinsertas Conventiones, capitula, pacta, et concordata tenore præsentium adprobamus, ratificamus, et acceptamus, illis Apostolici muniminis, et firmitatis robur, et efficaciam adjungimus, omniaque in eis contenta, ac promissa sincere, et inviolabiliter ex Nostra, atque Apostolicæ Sedis parte adimpletum, et servatum iri, tam Nostro, quam Nostrorum Successorum Nomine promittimus ac spondemus.

Præterea monemus, atque hortamur in Domino omnes, et singulos Archiepiscopos, et Episcopos sive actu existentes, sive juxta novam Diœcesium circumscriptionem canonice instituendos, eorumque Successores, ut præmissa in iis, quæ ad eos spectant, accurate, ac diligenter servent, atque custodiant.

Decernentes, easdem præsentes Litteras nullo unquam tempore de subreptionis, et obreptionis, aut nullitatis vitio, vel intentionis Nostræ, aut alio quocumque, quamvis magno, aut inexcogitato defectu notari, aut impugnari posse, sed semper firmas, validas, et efficaces existere, et fore, suosque plenarios, et integros effectus sortiri, et obtinere, et inviolabiliter observari debere, quousque conditiones, et pacta in Tractatu expressa serventur. Non obstantibus Apostolicis, ac in Synodalibus, Provincialibus, et Universalibus Conciliis editis generalibus, vel specialibus Constitutionibus, et Ordinationibus, ac Nostris, et Cancellariæ Apostolicæ Regulis, præsertim de jure quæsito non tollendo, ac Conventione diei xv Julii anni MDCCCI nec non quarumcumque Ecclesiarum, Capitulorum, aliorumque Piorum Locorum fundationibus, etiam confirmatione Apostolica, vel quavis firmitate alia roboratis, privilegiis quoque, Indultis, et Litteris Apostolicis in contrarium quomodolibet concessis, confirmatis, et innovatis, ceterisque contrariis quibuscumque. Quibus omnibus, et singulis, illorum tenores pro expressis, et ad verbum insertis habentes, illis alias in suo robore permansuris, ad præmissorum effectum dumtaxat, specialiter, et expresse derogamus.

Præterea quia difficile foret præsentes Litteras ad singula, in quibus de eis fides facienda fuerit, loca deferri, eadem Apostolica Auctoritate decernimus, et mandamus, ut earum Transumptis, etiam impressis, manu tamen publici Notarii subscriptis, et Sigillo alicujus Personæ in Ecclesiastica Dignitate constitutæ, munitis, plena ubique fides adhibeatur, perinde ac si præsentes Litteræ forent exhibitæ, vel ostensæ. Et insuper irritum quoque, et inane decernimus, si secus super his a quoquam quavis auctoritate, scienter, vel ignoranter contigerit attentari.

Nulli ergo omnino hominum liceat hanc paginam Nostræ concessionis, adprobationis, ratificationis, acceptationis, derogationis, statuti, mandati, et voluntatis infringere, vel ei ausu temerario contraire. Si quis autem hoc attentare præsumpserit, indignationem Omnipotentis Dei, ac Beatorum Petri, et Pauli Apostolorum ejus se noverit incursurum.

Datum Romæ apud S. Mariam Majorem anno Incarnationis Dominicæ millesimo octingentesimo decimo septimo, decimoquarto Kalendas Augusti, Pontificatus Nostri anno decimo octavo.

A. Card. Pro-Datarius.  H. Card. Consalvi.

*Visa de Curia* : D. Testa.

Loco ☩ Plumbi.

*F. Lavizzarius.*

## BULLA NOVÆ

#### CIRCUMSCRIPTIONIS DIŒCESIUM REGNI GALLIARUM.

##### PIUS EPISCOPUS SERVUS SERVORUM DEI

*Ad Perpetuam Rei Memoriam.*

Commissa Divinitus infirmitati Nostræ omnium Ecclesiarum cura a Nobis efflagitat, ut ad Dominici Gregis custodiam impigro vigilantes affectu, in ea semper Apostolicæ auctoritatis præsidium conferamus, quibus majorem Divini Nominis gloriam, et cumulatiora Catholicæ Religionis incrementa noverimus comparari. Hoc sane consilio Conventionem nuper inivimus cum Carissimo in Christo Filio Nostro Ludovico Francorum Rege Christianissimo, quam Nostris decimoquarto Kalendas Augusti sub Plumbo datis Apostolicis Litteris Pontificiæ adprobationis robore firmavimus.

In ea autem præter cetera statuitur, ut Archiepiscopalium, et Episcopalium Sedium numerus in universo Galliarum Regno augeatur, novaque propterea fiat Diœcesium circumscriptio. Quare ut communia Nostra, et Pientissimi Regis vota exoptatum cito nanciscantur effectum, statum illico Diœcesium, quæ in præsens extant, ac Regionum, quibus eæ continentur, magnitudinem, atque naturam, et demum Incolarum frequentiam expendendas accurate suscepimus, ut ubi majorem videremus messem, quæ præ sui multitudine, Locorumve qualitate minus commode procuraretur, Operarios adjiceremus, ac juxta Propheticum verbum augeremus custodiam, levaremusque Custodes[1]. Universam itaque rei rationem, collatis cum eodem Christianissimo Rege consiliis, auditaque selecta Venerabilium Fratrum Nostrorum Sanctæ Romanæ Ecclesiæ Cardinalium Congregatione, mature, diligenterque perpendimus, datisque ad Archiepiscopos, et Episcopos, atque ad Capitula Ecclesiarum vacantium Litteris, Nostra ipsi studia significavimus, ut in propositam Diœcesium divisionem animum lubentem præberent.

Quapropter rebus omnibus feliciter compositis, ad Omnipotentis Dei gloriam, ad Deiparæ Virginis, quam Illustris Francorum Natio præcipuo veneratur obsequio, aliorumque Cœlestium singularum Diœcesium Patronorum honorem, atque ad Fidelium animarum bonum, de certa scientia, et matura deliberatione Nostris, deque Apostolicæ potestatis plenitudine, præter Archiepiscopales, et Episcopales Sedes, quæ modo numerantur in Galliis, de novo constituimus, et erigimus alias septem Metropolitanas Ecclesias, nimirum Senonensem sub invocatione S. Stephani Protomartyris; Remensem sub invocatione B. Mariæ Virginis; Albiensem sub invocatione S. Joannis Baptistæ; Auxitanam sub invocatione B. Mariæ Virginis; Narbonensem sub invocatione Sanctorum Justi, et Pastoris; Arelatensem sub invocatione Sanctorum Trophimi, et Ste-

---

1. *Jerem.* 51, 12.

phani; et Viennensem in Delphinatu sub invocatione S. Mauritii; itemque alias trigintaquinque Ecclesias Episcopales, videlicet Carnutensem sub invocatione S. Stephani Protomartyris; Blesensem sub invocatione S. Ludovici Franciæ Regis; Lingonensem sub invocatione S. Mamantis Martyris; Cabillonensem sub invocatione S. Vincentii; S. Claudii sub invocatione S. Petri; Antissiodorensem sub invocatione S. Stephani; Nivernensem sub invocatione S. Cyri; Molinensem sub invocatione B. Mariæ Virginis; Catalaunensem sub invocatione S. Stephani; Laudunensem sub invocatione B. Mariæ Virginis; Bellovacensem sub invocatione S. Petri; Noviodunensem sub invocatione B. Mariæ Virginis; Macloviensem sub invocatione S. Vincentii; Aniciensem sub invocatione S. Laurentii; Turelensem sub invocatione S. Martini; Ruthenensem sub invocatione B. Mariæ Virginis; Castrensem Provinciæ Albiensis sub invocatione S. Benedicti; Petrocoriensem sub invocatione Sanctorum Stephani et Frontii; Lucionensem sub invocatione B. Mariæ Virginis; Aturensem sub invocatione S. Joannis Baptistæ; Tarbiensem sub invocatione B. Mariæ Virginis de Sede nuncupatæ; Nemausensem sub invocatione B. Mariæ Virginis; Elnensem sub invocatione S. Joannis Baptistæ; Biterrensem sub invocatione Sanctorum Nazarii, et Celsi Martyrum; Montis Albani sub invocatione B. Mariæ Virginis; Apamiensem sub invocatione S. Antonii, seu S. Antonini; Massiliensem sub invocatione B. Mariæ Virginis; Forojuliensem sub invocatione B. Mariæ Virginis; Vapincensem sub invocatione B. Mariæ Virginis, et S. Arnoldi; Vivariensem sub invocatione S. Vincentii; Virdunensem sub invocatione B. Mariæ Virginis; Bellicensem sub invocatione S. Joannis Baptistæ; S. Deodati sub invocatione ejusdem Sancti; Boloniensem sub invocatione B. Mariæ Virginis; et Aurajacensem sub invocatione B. Mariæ Virginis a Nazareth nuncupatæ.

Cumque Avenionensis, et Cameracensis Ecclesiæ, quæ antiquitus Metropolitico jure, et dignitate fulgebant, inter simplices Cathedrales cooptatæ fuerint per Apostolicas Litteras incipientes — *Qui Christiani Domini vices* — datas tertio Kalendas Decembris MDCCCI, easdem nunc in pristinum gradum, et honorem Apostolica Auctoritate Nostra plene restituimus, cæterisque Archiepiscopalibus Ecclesiis accensemus. Ac ne alterius pervetustæ, et insignis Metropolitanæ Sedis Ebrodunensis, quæ præfatarum Litterarum vigore suppressa remanet, memoria penitus obliteretur, ipsius Titulum Archiepiscopali Aquensi adjungimus.

Nostras autem sollicitudines in id impense intendentes, ut ex Sedium mox erectarum accessione recta Diœcesium circumscriptio habeatur, quæ in utiliorem rei sacræ procurationem cedat, certisque distincta finibus omnes auferat de spiritualis jurisdictionis exercitio quæstiones, novam pro Locorum, ac Regionum statu opportune præfinitam Metropolitanarum, et Suffraganearum respective Ecclesiarum in Galliis distributionem, ipsarumque Diœcesim divisionem per has Litteras de ejusdem Apostolicæ potestatis plenitudine decernimus, præscribimus, et constituimus juxta modum, qui sequitur, videlicet.

Metropolitana Parisiensis: Provincia Sequanæ. Ejusdem Suffraganeæ.

Carnutensis : Provincia Eburæ et Liderici. Meldensis : Provincia Sequanæ, et Matronæ. Aurelianensis : Provincia Amnis Lidericini, seu Ligerulæ. Blesensis : Provincia Liderici et Cari. Versalliensis : Provincia Sequanæ et Oesiæ.

Metropolitana Lugdunensis : Provinciæ Rhodani, Ligeris. Ejusdem Suffraganeæ. Augustodunensis : Duo Districtus, nimirum Augustodunensis, et Quadrigellarum in Provincia Araris et Ligeris. Lingonensis : Provincia Matronæ Superioris. Cabillonensis : Tres Districtus, scilicet Matisconensis, Cabillonensis, et Lovinciensis in Provincia Araris et Ligeris. Divionensis : Provincia Collis Aurei. Sancti Claudii : Provincia Jurassi.

Metropolitana Rothomagensis : Provincia Sequanæ Inferioris. Ejusdem Suffraganeæ. Bajocensis : Provincia Rupis Calvadosiæ. Ebroicensis : Provincia Eburæ. Sagiensis : Provincia Olinæ. Constantiensis : Provinciæ Rothomagensis : Provincia Oceani Britannici.

Metropolitana Senonensis : Duo Districtus, nimirum Senonensis, et Joviniacensis in Provincia Icaunæ. Ejusdem Suffraganeæ. Trecensis : Provincia Albulæ. Antissiodorensis : Tres Districtus, scilicet Antissiodorensis, Aballonensis, et Tornodoriensis in Provincia Icaunæ. Nivernensis : Provincia Amnis Niverni. Molinensis : Provincia Elaveri.

Metropolitana Remensis : Districtus Remensis in Provincia Matronæ, Provincia Arduennæ Sylvæ. Ejusdem Suffraganeæ. Suessionensis : Duo Districtus, nempe Suessionensis, et Castri Theodorici in Axonæ Provincia. Catalaunensis : Quatuor Districtus, nimirum Catalaunensis, Sparnacensis, Fani Sanctæ Menechildis, et Victoriaci Francisci in Provincia Matronæ. Laudunensis : Tres Districtus, scilicet Laudunensis, Verbinensis et Fani S. Quintini in Axonæ Provincia. Bellovacensis : Duo Districtus, nempe Bellovacensis, et Silvanectensis in Provincia Oesiæ. Ambianensis : Provincia Sominæ. Noviodunensis : Duo Districtus, scilicet Compendiensis, et Claromontensis in Provincia Oesiæ.

Metropolitana Turonensis : Provincia Ingeris et Ligeris. Ejusdem Suffraganeæ. Cenomanensis : Provinciæ Sartæ, Meduanæ. Andagavensis : Provincia Meduanæ et Ligeris. Rhedonensis : Quatuor districtus, videlicet Rhedonensis, Rotonensis, Vitriacensis, et Monfortensis in Provincia Ellæ et Vicenoniæ. Nannetenensis : Provincia Ligeris Inferioris. Corisopitensis : Provincia Finisterræ. Venetensis : Provincia Sinus Morbihani. Briocensis : Provincia Orarum Septentrionalium. Macloviensis : Duo Districtus, videlicet Macloviensis, et Filiceriarum in Provincia Ellæ et Vicenoniæ.

Metropolitana Bituricensis : Provinciæ Amnis Cari, Ingeris. Ejusdem Suffraganeæ. Claromontensis : Provincia Montis Dumæ. Lemovicensis : Provinciæ Vigennæ Superioris, Crosæ. Aniciensis : Provincia Ligeris Superioris. Tutelensis : Provincia Amnis Corresii. Sancti Flori : Provincia Montis Cantalini.

Metropolitana Albiensis : Duo Districtus, nimirum Albiensis, et Galliacensis in Provincia Tarnis. Ejusdem Suffraganeæ. Ruthenensis : Provincia Aveyronis. Castrensis Provinciæ Albiensis : Duo Districtus, scilicet Castri Albiensis, et Vauriensis in Provincia Tarnis. Cadurcensis : Provincia Oldi, alias Loti. Mimatensis : Provincia Loxerani Montis.

Metropolitana Burdegalensis : Provincia Girumnæ. Ejusdem Suffraganeæ. Agennensis : Provincia Oldi et Garumnæ. Engolismensis : Provincia Carentoni. Pictaviensis : Provinciæ Utriusque Separis, Vigenræ. Petrocoricensis : Provincia Dordoniæ. Rupellensis : Provincia Inferioris Carentoni. Lucionensis : Provincia Amnis Vendeani.

Metropolitana Auxitana : Provincia Amnis Gersi. Ejusdem Suffraganeæ. Aturensis : Provincia Agri Syrtici. Tarbiensis : Provincia Pyrenæorum Superiorum. Bajonensis : Provincia Pyrenæorum Inferiorum.

Metropolitana Narbonensis : Duo Districtus, videlicet, Narbonensis, et Limosinus, ac tres Circuli, nimirum Tuchensis, Montishumeti, et Gradissensis in Provincia Ataxis. Ejusdem Suffraganeæ. Nemausensis : Provincia Amnis Gardi. Carcassonensis : Duo Districtus, scilicet Carcassonensis, et Castelli Arianonum in Provincia Ataxis. Montis-Pessulani : Duo Districtus, nimirum Montis-Pessulani, et Lutevensis in Provincia Arauræ. Elnensis : Provincia Pyrenæorum Orientalium. Biterrensis : Duo Districtus, videlicet Biterrensis, et Sancti Pontii Tomeriarum in Provincia Arauræ.

Metropolitana Tolosana : Provincia Garumnæ Superioris. Ejusdem Suffraganeæ. Montis Albani : Provincia Tarnis et Garumnæ. Apamiensis : Provincia Aurigeræ.

Metropolitana Arelatensis : Districtus Arelatensis in Provincia Ostiorum Rhodani. Ejusdem Suffraganeæ. Massiliensis : Districtus Massiliensis in Provincia Ostiorum Rhodani. Adjacensis : Provinciæ Corsicæ.

Metropolitana Aquensis, et Ebrodunensis in Provincia Provinciæ : Districtus Aquæ Sextiæ in Provincia Ostiorum Rhodani. Ejusdem Suffraganeæ. Forojuliensis : Provincia Vari. Diniensis : Provincia Alpium Inferiorum. Vapincensis : Provincia Alpium Superorium.

Metropolitana Viennensis in Delphinatu : Duo Districtus, scilicet Viennensis, et Pini Turris in Provincia Isaræ. Ejusdem Suffraganeæ. Gratianopolitana : Duo Districtus, videlicet Gratianopolitanus, et Sancti Marcellini in Provincia Isaræ. Vivariensis : Provincia Ardeschæ. Valentinensis : Provincia Drumæ.

Metropolitana Bisuntina : Provinciæ Dubis, Araris Superioris. Ejusdem Suffraganeæ. Argentinensis : Provinciæ Rheni Superioris, Rheni Inferioris. Metensis : Provincia Mosellæ, comprehensis etiam Communitatibus Rouchlingæ, Liseingæ, Hindelingæ, Zettingæ, et Didingæ, quæ ad Diœcesim Trevirensem spectabant. Virdunensis : Provincia Mosæ. Bellicensis : Provincia Idani, addito quoque Districtu Gexensis, qui intra fines Diœcesis Camberiensis continebatur. Sancti Deodati : Provincia Vosagi saltus. Nancejensis : Provincia Mortæ.

Metropolitana Cameracensis : Provincia Septentrionis. Ejusdem Suffraganeæ. Atrebatensis : Tres Districtus, nimirum Atrebatensis, Bethuniarum, et Sancti Pauli in Provincia Freti Gallici. Boloniensis : Tres Districtus, videlicet Boloniensis, Fani Sancti Audomari, et Monasterioli in Provincia Freti Gallici.

Metropolitana Avenionensis : Duo Districtus, scilicet Avenionensis, et Aptensis in Provincia Fontis Vallis Clausæ. Ejusdem Suffraganeæ. Aurajacensis : Duo Districtus, nimirum Aurajacensis, et Carpentoractensis in Provincia Fontis Vallis Clausæ.

Cum vero Galliarum Ecclesiæ in præterita rerum conversione suo fuerint orbatæ Patrimonio, et ea, quæ de peractis Bonorum Ecclesiasticorum alienationibus Articulo XIII Conventionis anni MDCCCI, ex pacis studio decrevimus, suum jam effectum nacta sint, ac firma semper, suoque in robore perstare debeant; hinc necessario ipsarum Dotationi alia utili dispositione consulentes, præfatarum Archiepiscopalium, et Episcopalium Ecclesiarum Dotem constituimus in Bonis stabilibus, redditibusque super Regni debito fundatis, vulgo *Rentes sur l'État*, assignatis interim, quoad hæc bona, et redditus haberi possint, aliis redditibus, qui Sacrorum Antistitum statum meliorem reddant, quemadmodum in Articulo VIII Conventionis nuper initæ cautum est.

Præterea cum in qualibet Metropolitana, et Cathedrali Ecclesia Capitulum, et Seminarium juxta Tridentini Concilii Decreta exstare oporteat, cumque nondum præfinito Dignitatum, et Canonicorum numero ad formam Capitulorum actu in Galliis existentium, nequeamus illico ad hujusmodi erectionem devenire; idcirco Archiepiscopis, et Episcopis Sedium mox erectarum committimus, et mandamus, ut quanto citius fieri possit, eadem Capitula, et Seminaria rite constituant, quorum dotationi per Articulum VIII præfatæ Conventionis consultum est. Ut vero felici eorumdem Capitulorum statui, ac regimini prospiciant, peculiaria a singulis Canonicorum Collegiis statuta decerni curent, sibique postea sancienda, ac probanda proponi, quibus cum primis de recto Divini cultus servitio, de sacris officiis ordinandis, de propriis muneribus rite obeundis, opportuna præcepta ad Legum Ecclesiasticarum, atque ad Synodalium Decretorum præstituta imponantur. Curent præterea, ut in unoquoque Capitulo duo adsint Canonici, quorum alter Pœnitentiarii, alter Theologi officio fungatur. Volumus autem, ut cum primum Capitulorum erectionem perfecerint, erectionis hujusmodi documentum, designato Dignitatum, et Canonicorum numero, ad Nos mittant.

Sua pariter studia ad Seminaria convertant, quibus Adolescentes Clerici ad Ecclesiæ Disciplinam informentur, eaque utilibus legibus communiant, quas ad sanam præsertim doctrinam hauriendam, retinendamque, atque ad pietatem, morumque probitatem fovendam magis in Domino expedire censuerint, ut quæ ibidem novellæ plantationes in spem Ecclesiarum aluntur, succrescant feliciter, uberrimos, Deo juvante, fructus allaturæ.

Porro Civitates prædictas in Archiepiscopales, et Episcopales tenore præsentium erectas, itemque memoratas Provincias, seu Districtus singulis Ecclesiis pro Diœcesi attributos, eorumdemque Incolas utriusque Sexus tam Laicos, quam Clericos, et Presbyteros, præfatis Ecclesiis, earumque futuris Præsulibus pro suis Civitate, Territorio, Diœcesi, Clero, et Populo perpetuo assignamus, et respective in Spiritualibus subjicimus. Quocirca Personis ad easdem Archiepiscopales, et Episcopales Ecclesias regendas, tam pro hac prima vice, quam aliis futuris temporibus Apostolica Auctoritate præficiendis liceat, quemadmodum iisdem præcipimus, et mandamus, per se ipsas, vel per alios earum nomine, veram, realem, actualem, et corporalem possessionem regiminis, administrationis, et omnimodi juris Diœcesani in prædictis Civitatibus, et earum Ecclesiis, et Diœcesibus, ac bonis, aliisque redditibus ad ipsarum Dotationem assignatis, vel assignandis, vigore Litterarum Apostolicarum canonicæ institutionis, libere apprehendere, apprehensamque perpetuo retinere. Quod quidem relate ad Bona, ac redditus cautum volumus etiam favore Sedium Archiepiscopalium, et Episcopalium in præsens exstantium.

Præterea cum post hanc Diœcesium circumscriptionem aliquod temporis spatium necessario intercedere debeat, antequam acta pro canonica Nominatorum institutione præmittantur, novique Antistites ad suas Sedes accedant; volumus idcirco, ac declaramus, spirituale Locorum iisdem Diœcesibus attributorum regimen, per id tempus eodem statu, ac sub iisdem Ordinariis, uti in præsens est, perseverare, donec novi Antistites possessionem suarum Ecclesiarum rite susceperint.

In decernenda tamen nova Diœcesium circumscriptione, quæ Avenionensem quoque Ducatum, et Comitatum Venusinum complectitur, nullum inferri præjudicium volumus testatissimis Apostolicæ Sedis juribus super eas Regiones, quemadmodum alias, præsertim Vindobonæ apud Fœderatorum Principum Comitia, et in Consistorio habito die IV Septembris MDCCCXV protestati fuimus; illudque a Christianissimi Regis Religione Nobis pollicemur, ut vel eædem Regiones Apostolorum Principis Patrimonio reddantur, vel æqua saltem pro eis compensatio tribuatur, sicque Majestas Sua id perficiat, quod gloriosissimus ipsius Frater Decessori Nostro felicis recordationis Pio VI spoponderat, quodque, injustissima morte abreptus præstare nequivit.

In tanto equidem opere ad Dei gloriam, Animarumque salutem perficiendo id potissimum a misericordiarum Patre expetimus, et Deipara Virgine, ac Sanctis Dionysio et Ludovico, ceterisque Cœlitibus adprecantibus, quos Galliarum Regnum Statores, Propugnatoresque suos veneratur, assequi certo confidimus, ut aucto Sedium Episcopalium numero, et majori adscita Antistitum copia, uberius impleatur Ministerium verbi, doceantur indocti, et quæ perierant, oves in Pastoris sinum revocentur. Fiet sane hoc pacto, ut summum ex hac Diœcesium nova circumscriptione fructum Nos cepisse lætemur; ut nimirum grassantibus erroribus profligatis, re sacra ordinata, aucto Divini cultus splendore, Catholica Religio in amplissimo Regno in dies magis floreat, unaque sit, quod Nostra, et Christianissimi Regis vota, studia, ac consilia efflagitant, fides mentium, una pietas actionum.

Præsentes autem Litteras, et in eas contenta, et statuta quæcumque, etiam ex eo quod quilibet in præmissis, seu in eorum aliquo jus, aut interesse habentes, vel habere prætendentes etiam quomodolibet in futurum, cujusvis Status, Ordinis, Præeminentiæ, et Dignitatis sint, etiam specifica, et individua mentione, et expressione digni, illis non consenserint, seu quod aliqui ex ipsis ad præmissa minime vocati, vel etiam nullimode, aut non satis, vel sufficienter auditi fuerint, aut ex alia quælibet, etiam læsionis, vel alia juridica, et privilegiata, ac privilegiatissima causa, colore, prætextu, et capite etiam in corpore Juris clauso, nullo unquam tempore de subreptionis, vel obreptionis, aut nullitatis vitio, vel intentionis Nostræ, aut interesse habentium consensus, aliove quolibet defectu, quantumvis magno, inexcogitato, et substantiali, sive etiam ex eo quod in præmissis solemnitates, et quæcumque alia forsan servanda, et adimplenda minime servata, et adimpleta, seu causæ, propter quas præsentes emanaverint, non satis adductæ, verificatæ, et justificatæ fuerint, aut ex quibuslibet aliis causis, vel prætextibus notari, impugnari, aut alias infringi, suspendi, restringi, limitari, aut in controversiam vocari, seu adversus eas restitutionis in integrum, aperitionis oris, aut aliud quodcumque juris, vel facti, aut justitiæ remedium impetrari, easque omnino sub quibusvis contrariis constitutionibus, revocationibus, suspensionibus, limitationibus, derogationibus, modificationibus, decretis, vel declarationibus generalibus, vel specialibus quomodolibet, ac quibusvis de causis pro tempore factis minime comprehendi, sed semper ab illis exceptas esse, et fore, et tanquam ex Pontificiæ Providentiæ officio, deque Apostolicæ potestatis plenitudine factas, et emanantes omnimoda firmitate perpetuo validas, et efficaces existere, et fore, suosque plenarios, et integros effectus sortiri, et obtinere, ac ab omnibus, ad quos spectat, et spectabit quomodolibet in futurum perpetuo, et inviolabiliter observari, ac earumdem Ecclesiarum sic, ut præfertur, noviter erectarum, Episcopis, Capitulis, et Canonicis, aliisque, quorum favorem præsentes Nostræ Litteræ concernunt, perpetuis futuris temporibus plenissime suffragari debere, eosdemque super præmissis omnibus, et singulis, vel illorum causa ab aliquibus quavis auctoritate quomodolibet molestari, perturbari, inquietari, vel impediri posse, neque ad probationem, seu verificationem quorumcumque in eisdem præsentibus Nostris Litteris narratorum nullatenus unquam teneri, nec ad id in judicio, vel extra cogi, seu compelli posse, et si secus super his a quoquam quavis auctoritate scienter, vel ignoranter contigerit attentari, irritum et prorsus inane esse, et fore, pari Apostolica auctoritate volumus, atque decernimus.

Non obstantibus de jure quæsito non tollendo, aliisque nostris, et Cancellariæ Apostolicæ Regulis, ac supramemoratis Apostolicis Litteris — *Qui Christi Domini vices* — necnon Metropolitanum Ecclesiarum, a quarum subjectione aliquæ Suffraganeæ subtractæ sunt, ac tam Archiepiscopalium, quam Episcopalium Ecclesiarum actu existentium, a quibus certæ Territorii partes ad novas Diœceses constituendas sejunguntur, statutis, consuetudinibus, privilegiis, et indultis, etiam confirmatione Apostolica, vel quavis firmitate alia roboratis. Quibus omnibus, et singulis, etiamsi de illis, eorumque totis tenoribus, et firmis, specialis, specifica, et individua mentio, seu quævis alia expressio habenda, aut alia aliqua exquisita forma ad hoc servanda foret, illorum tenores, ac si de verbo ad verbum, nihil pœnitus omisso, et forma in illis tradita observata, inserti forent, præsentibus pro expressis habentes, ad præmissorum omnium, et singulorum dumtaxat effectum illis alias, in iis, quæ præsentibus non adversantur, in suo robore permansuris, latissime, et plenissime, ac specialiter, et expresse de Apostolicæ potestatis plenitudine derogamus, et derogatum esse volumus, cæterisque contrariis quibuscumque. Volumus etiam, ut ipsarum præsentium transumptis, etiam impressis, manu alicujus Personæ in Ecclesiastica Dignitate constitutæ, munitis, eadem prorsus fides ubique adhibeatur, quæ ipsis præsentibus adhiberetur, si forent exhibitæ, vel ostensæ. Nulli ergo omnino hominum liceat hanc paginam Nostrarum erectionis, constitutionis, adjectionis, dismembrationis, distributionis, divisionis, assignationis, subjectionis, dotationis, commissionis, mandati, decreti, declarationis, voluntatis, et derogationis infringere, vel ei ausu temerario contraire. Si quis autem hoc attentare præsumpserit, indignationem Omnipotentis Dei, ac Beatorum Petri, et Pauli Apostolorum Ejus se noverit incursurum.

Datum Romæ apud S. Mariam Majorem anno Incarnationis Dominicæ Millesimo octingentesimo decimo septimo. Sexto Kalendas Augusti. S. Pontificatus Nostri anno decimo octavo.

A. Card. pro-datarius.   H. Card. Consalvi.

*Visa de Curia.* D. Testa.

Loco ✠ Plumbi.

*F. Lavizzarius.*

---

## LITTERÆ APOSTOLICÆ

IN FORMA BREVIS AD ARCHIEPISCOPOS, ET CAPITULA ECCLESIARUM VACANTIUM SUPER DISMEMBRATIONE DIŒCESIUM.

Venerabilibus Fratribus Archiepiscopis, et Episcopis, ac Dilectis Filiis Capitulis, et Canonicis Ecclesiarum Vacantium Regni Galliarum.

PIUS PP. VII.

*Venerabiles Fratres, ac Dilecti Filii, Salutem et Apostolicam Benedictionem.*

Vineam, quam plantavit Dominus in florentissimo Galliarum Regno, respicientes, post tot, tantaque asperrimorum temporum discrimina, nihil sane ad utiliorem ipsius procurationem certius conducere agnovimus, quam multiplicare Operarios, qui in ipsa collaborent. Id Carissimus etiam in Christo Filius Noster Ludovicus Rex Christianissimus probe animadvertit, cupiensque suffulcire domum, quam venti vehementes concusserunt, sua Nobis vota significavit, ut, novis Diœcesium limitibus præfinitis, Episcopatuum numerus in primis augeretur, cognoscens, quantopere ad ceteras omnes Ecclesiæ res in amplissimo Regno feliciter deinde componendas id mirifice expediat.

Non est equidem, Venerabiles Fratres, ac Dilecti Filii, cur multo Vobis sermone explicemus, quo gaudio, et quam incenso studio animum appulerimus, ut pia hæc vota Religiosissimi Regis Apostolica Auctoritate Nostra complerentur. *Non enim ad mobilitatem humanarum rerum*, ut inquiebat S. Innocentius I, *de Ecclesia hoc pacto commutanda* cogitavimus, sed quod jamdiu optabamus, et pro temporum ratione assequi numquam potuimus, prospere nunc, ac feliciter, Deo juvante, confici posse gratulamur.

Cum itaque servatis Sedibus Archiepiscopalibus, et Episcopalibus quæ in præsens extant, alias plures ex iis, quæ ante annum MDCCCI numerabantur, denuo erigere decreverimus, nova proinde Diœcesium divisio peragenda erit, quam iis finibus designare statuimus, qui in majus Dominici Gregis commodum redundent.

Nostis profecto vestra experientia, quam magnæ id utilitatis ad rectam Diœcesium administrationem futurum sit, ideoque minime dubitamus, quin in propositam Diœcesium divisionem lubentem animum præbeatis. Hoc a Vobis singulis Nostris hisce Litteris animo fidenti requirimus; siquidem de animarum lucro res est, Venerabiles Fratres, ac Dilecti Filii, cui nullum nimium potest esse dispendium, quando eas Servator Noster Sanguinis Sui pretio redemit. Haud ergo pigeat Nostris hisce curis, optimisque Christianissimi Regis consiliis celeri responso obsecundare, ne quæ piæ, salubriterque disponenda sunt, ulla contentione turbentur, neve ulla parentur obstacula in iis exequendis, quæ a Nobis postulat sollicitudo, quam Ecclesiæ universæ ex Divina institutione dependimus. Omne interim donum perfectum a Largitore cunctorum bonorum Vobis adprecantes, Apostolicam Benedictionem Paternæ Nostræ benevolentiæ testem peramanter impertimur.

Datum in Arce Gandulphi Albanen. Diœcesis die XII Junii MDCCCXVII, Pontificatus Nostri anno decimo octavo.

PIUS PP. VII.

## EPISTOLÆ

AD SANCTISSIMUM DOMINUM NOSTRUM DATÆ PER ANTIQUOS GALLIARUM PRÆSULES, DE QUIBUS IN ALLOCUTIONE FACTA EST MENTIO.

Beatissime Pater,

Nuper ex parte Regis Christianissimi Nobis significatum est, diem properare, qua finem habenda sint ipsum inter, et Sanctitatem Vestram colloquia, quorum exitus erit pax Ecclesiæ Gallicanæ feliciter restituta [1]. Verum integra nondum foret concepta jam de tam fausto nuncio lætitia nostra, si adhuc pertimescendum haberemus, ne paterna viscera vestra quodam ægritudinis sensu laborarent, ex eo quod in luctuosis nimium, nec non Sanctitati Vestræ molestissimis, prout Ipsa testabatur [2], rerum tempestatibus (sed ab iis, in quibus nunc versamur, valde dissimilibus), Sanctitatis Vestræ votis non responderimus.

Etsi Nobis persuasum sit, Beatissime Pater, e memoria Sanctitatis Vestræ jam dudum evanuisse obliviscendas illas conflictationes, doloresque sustentatos, de quibus et vos, et nos quoque consolari, tanto, tamque inexpectato favore dignata Divina Providentia est; nihilominus pro nostris erga præcelsam Beati Petri Cathedram honore, et obsequio, pro Nostra in Sanctitatem Vestram huic Almæ Sedi, Deo optimo providente, tam gloriose insidentem, veneratione, ac pietate, pro nostro demum studio in Gallicanam Ecclesiam, de cujus decore nos semper juvat esse sollicitos, undequaque nobis incumbit et cura, et debitum nubila discutiendi, quæ circa genuinam nostram sentiendi rationem in animo Sanctitatis Vestræ suboriri potuisse doleremus.

Absit, Beatissime Pater, ut a Sancta Sede Apostolica ausu nefando discedere; absit ut Summorum Pontificum auctoritatem, et sacra jura quadantenus infringere prætenderimus; absque gravi injuria nobis adscribi non posset infanda hæc doctrina, scilicet quacumque de causa, quibuscumque circumstantiis, licitum unquam fuisse, aut esse, a Sacrosanctæ Romanæ Ecclesiæ sinu, et communione recedere. Nos sicut et Antecessores nostri, semper Religioni duximus, ipsam profiteri, et colere, ut Ecclesiarum omnium parentem, matrem, ac magistram [3], *ad quam propter potiorem principalitatem necesse est, omnem convenire Ecclesiam; hoc est, eos, qui sunt undique Fideles* [4].

Porro ut omnino tollatur, si quid hac de re dubii esse possit, præfatam declarationem, ac tam sacris dogmatibus adhæsionem solemniter, et ex animo renovamus. Hanc ante pedes Sanctitatis Vestræ, et ad imum Cathedræ suæ deponimus, significantes insuper, quod nedum unquam moras inferamus, quominus plenum effectum habeat, quidquid una cum Regia Majestate statuendum duxeritis ad arcenda ea, quæ Religionis bono, nec non Ecclesiasticarum legum executioni in Gallia obstare videantur, nos quinimo promptos, et paratos fore, si necessitas incumbat, in mare procellosum mitti, fluctibus obrui, *ut stet mare a fervore suo* [5].

Quapropter Sanctitatem Vestram enixe rogamus, quatenus, *quæ retro sunt, obliviscens* [6], et ea, quæ Nobis minime volentibus, cor paternum moestitia affecere, pia benevolentia quasi velo obtegens, filialis observantiæ, devotionis, et obedientiæ Nostræ testificationem hanc, nec non

---

1. *Discours du Roi à l'ouverture des Chambres.*
2. *Breve* Tam multa.
3. Hincmar. De divort. Lothar. et Tautlber.
4. S. Iræn. advers. hæret., l. III, c. 3.
5. Jon., 1, 3.
6. Philipp., III, 13.

et studii nostri ad obsecundanda ipsius erga nostram Ecclesiam proposita benigne audire non dedignetur.

Sint protestationes istæ, sint reverentiæ nostræ pignora talia, quæ digna videantur Sanctitate Vestra, quæ quidem propter honoris, ac jurisdictionis *Primatum*, quo Episcopatui universo supereminet, tam adhuc in ipsum imperio virtutum præest! «Digna sint Avis nostris, digna
« Nepotibus, ut verbis utamur unius e præclarissimis inter nostrates
« totius Cleri Gallicani nomine [1] : digna demum, quæ inter actus Ec-
« clesiæ authenticos annumerentur, quæque in immortalia volumina
« non tantum præsentis ævi, sed rerum, quæ pertinent ad futura sæcula,
« et *ad perpetuas æternitates* honorifice recondantur. »

Sanctitatis Vestræ pedibus provolutus Apostolicam benedictionem suppliciter, ac nominatim imploro,

    Beatissime Pater,

        *Sanctitatis Vestræ.*

*Humillimus, obsequentissimus, et devotissimus Filius, ac Servus.*

Eodem exemplo...
† Alex. Ang. olim Arch. Dux Remensis.
† A. L. H. olim Episcopus Nancejensis.
† Joannes Ludovicus d'Usson de Bonnac olim Episcopus Aginnensis.
† J. B. Duchilleau olim Episcopus Cabillonensis.
† Joannes Carolus Decoucy olim Episcopus Rupellensis.
Stephanus Joannes Baptista Ludovicus du Galois de la Tour olim Episcopus Nominatus Molinensis.

Parisis, die 8 Novembris 1816.

# DECLARATIO

### AB ORATORE EXTRAORDINARIO CHRISTIANISSIMI REGIS EMISSA

Sa Majesté Très-Chrétienne ayant appris, avec une peine extrême, que quelques Articles de la Charte Constitutionnelle qu'Elle a donnée à ses Peuples ont paru à Sa Sainteté contraires aux lois de l'Église, et aux

1. Bossuet, *Disc. sur l'unité de l'Église.*

sentiments religieux, qu'Elle n'a jamais cessé de professer; pénétrée du regret que lui fait éprouver une telle interprétation, et voulant lever toute difficulté à cet égard, a chargé le Soussigné d'expliquer ses intentions à Sa Sainteté, et de Lui protester, en Son Nom, avec les sentiments qui appartiennent au Fils Aîné de l'Église, qu'après avoir déclaré la Religion Catholique, Apostolique, et Romaine, la Religion de l'État, Elle a dû assurer à tous ceux de ses Sujets qui professent les autres Cultes qu'Elle a trouvés établis en France, le libre exercice de leur Religion, et le leur a, en conséquence, garanti par la Charte et par le Serment que Sa Majesté y a prêté. Mais ce Serment ne saurait porter aucune atteinte ni aux Dogmes, ni aux Lois de l'Église, le Soussigné étant autorisé à déclarer qu'il n'est relatif qu'à ce qui concerne l'Ordre Civil. Tel est l'engagement que le Roi a pris et qu'il doit maintenir. Tel est celui que contractent ses Sujets en prêtant Serment d'obéissance à la Charte et aux Lois du Royaume, sans que jamais ils puissent être obligés, par cet acte, à rien qui soit contraire aux lois de Dieu et de l'Église.

Le Soussigné, en adressant la présente déclaration à Son Éminence le Cardinal Secrétaire d'État, conformément aux ordres qu'il a reçus du Roi son Maître, a l'honneur de le prier de vouloir bien la mettre sous les yeux du Saint-Père. Il ose espérer qu'elle aura pour effet de dissiper entièrement toute autre interprétation, et par là de coopérer au succès des vues salutaires de Sa Sainteté, en affermissant le repos de l'Église de France.

Le Soussigné a l'honneur de renouveler à Son Éminence le Cardinal Secrétaire d'État l'assurance de sa très-haute considération.

Rome, ce 15 juillet 1817.

BLACAS D'AULPS.

## SUMMI PONTIFICIS PIE VII DIPLOMA

### AD COMITEM DE MARCELLUS.

DILECTO FILIO COMITI DE MARCELLUS, LUTETIAM PARISIORUM.

### PIUS PP. VII.

Dilecte fili, salutem et apostolicam benedictionem. Perlatæ ad Nos fuerunt litteræ tuæ, quibus legem quam de conventione inter Nos et Regem christianissimum inita Majestatis suæ nomine propositam fuisse condoluimus, a te una cum octo aliis regni proceribus in examen deductam, et juxta exemplum quod mittis, emendatam significas. Suspeximus equidem, dilecte fili, quæ tua in catholicam religionem studia sint, quæ pro ea custodienda, fovendaque sollicitudines, quæ demum in apostolicam Sedem fides, observantia, devotio. Benedicentes idcirco Patri luminum, qui hisce te pietatis sensibus roboravit, communivitque, ea te veritatis voce adproperamus confirmare, quam infirmitati nostræ divinitus traditam agnoscis, fidenterque compellas, ut in delata tibi difficillima consultatione lucerna sit pedibus tuis, ne a recti via infeliciter abducaris. Ast si maximum exinde gaudium suscepimus, peracerbo etiam dolore affecti fuimus ubi animadvertimus quas in memoratam legem variationes inductas perscribis. Neque enim ingenio, quo es, veritatis cupidissimo, te fugiet absonum sane esse, ut quæ de rebus sacris, ab apostolica Sede, collatis cum Rege christianissimo consiliis decreta fuerint, in deliberationem demum deducantur ab sæculari, licet perillustri, magistratu. Nullo præterea negotio si vel tantis per allatas correctiones perpendas, vel ipse perspicies improbanda ipsius leges capita, vel non uti par erat correcta fuisse, vel potius deteriori quandoque ratione proferri, vel demum adhuc retineri, ita ut pateat eam legem ipso, quem exhibes, modo emendatam, et initæ conventioni, et sanctioribus quibusdam Ecclesiæ juribus adversari. Quod si nonnulla ex iis, quæ ea lege præfiniuntur, per abusum quandoque irrepsere, cuilibet vel leviter consideranti patet aliqua interdum ad majora præcavenda mala necessitate cogente tolerari, minime autem probari. Haud tamen diffitemur pro explorata spe quam nobis injicit christianissimi regis religio, nostris jam paternis monitis excitata, remedia ipsum tanto huic malo opportuna adhibiturum, ut conventio ex ejusdem votis conciliata, feliciterque sancita, imo quoad nostrarum erat partium jam executioni demandata, ea penitus revocata lege religiose observetur. Cæterum id a tua pietate, prudentia, constantique in religionis bonum voluntate præstolamur, ut indutus pro thorace justitiam, adversus enuntiatam legem strenue contendas, atque ad liberam celeremque conventionis promulgationem, ejusdem fidelem executionem procurandam, ea qua valet gratia, auctoritate, solertia conniteris. Quæ ut optatum exitum nanciscantur, apostolicam benedictionem divini præsidii auspicem, tibi, dilecte fili, peramanter impertimur. Datum Romæ, apud sanctam Mariam Majorem, die 23 februarii 1818, pontificatus nostri anno XVIII.

(*Signatum.*)          PIUS PP. VII.

FIN DES PIÈCES JUSTIFICATIVES.